Ensayo

Historia

Paul Preston (Liverpool, 1946) es catedrático de Historia contemporánea española y director del Centro Cañada Blanch para el estudio de la España contemporánea de la London School of Economics & Political Science. Educado en Liverpool y en la Universidad de Oxford, de 1973 a 1991 fue sucesivamente profesor de Historia en la Universidad de Reading; en el Centro de Estudios Mediterráneos, en Roma; y en el Queen Mary College de la Universidad de Londres, donde ganó la cátedra de Historia contemporánea en 1985. En 1991 pasó a la London School. Analista de asuntos españoles en radio y televisión tanto en Gran Bretaña como en España, colaborador de diversos periódicos y revistas, entre sus libros destacan *España en crisis: evolución y decadencia del régimen franquista* (1978); *La destrucción de la democracia en España* (1978); *El triunfo de la democracia en España* (1986); *Franco, Caudillo de España* (1994); *La política de la venganza: el fascismo y el militarismo en la España del siglo xx* (1997); *Palomas de guerra* (2001); la edición actualizada de *La guerra civil española* (2006); *Idealistas bajo las balas* (2007); *El holocausto español* (2011); la edición actualizada de *Juan Carlos. El rey de un pueblo* (2012); *El zorro rojo. La vida de Santiago Carrillo* (2013); *El final de la guerra* (2014); *Un pueblo traicionado* (2019); *Arquitectos del terror* (2021), y *El gran manipulador* (2022). En 1986 le fue otorgada la Encomienda de la Orden del Mérito Civil, y en 2007 la Gran Cruz de la Orden de Isabel la Católica. En 1994 fue elegido miembro de la Academia Británica, y en 2006 miembro de la Academia Europea de Yuste, con la cátedra Marcel Proust. En 1998 ganó el I Premio Así Fue con su obra *Las tres Españas del 36*, que fue un gran éxito de crítica y público; y en 2006 le otorgaron el Premio Trías Fargas por el ensayo *Idealistas bajo las balas*, que trata sobre los corresponsales extranjeros durante la Guerra Civil.

Paul Preston

Arquitectos del terror

Franco y los artífices del odio

Traducción de
Jordi Ainaud i Escudero

DEBOLS!LLO

Papel certificado por el Forest Stewardship Council®

MIXTO
Papel procedente de
fuentes responsables
FSC
www.fsc.org
FSC® C117695

Penguin
Random House
Grupo Editorial

Título original: *Architects of Terror. Paranoia, Conspiracy and Anti-Semitism in Franco's Spain*
Primera edición en Debolsillo: marzo de 2023

© 2021, Paul Preston
Todos los derechos reservados
© 2021, 2023, Penguin Random House Grupo Editorial, S.A.U.
Travessera de Gràcia, 47-49. 08021 Barcelona
© 2021, Jordi Ainaud i Escudero, por la traducción
Diseño de cubierta: Penguin Random House Grupo Editorial basado
en el diseño original de Marc Cubillas
Imagen de cubierta: © Getty Images
Foto del autor: © Getty Images

Penguin Random House Grupo Editorial apoya la protección del *copyright*.
El *copyright* estimula la creatividad, defiende la diversidad en el ámbito de las ideas
y el conocimiento, promueve la libre expresión y favorece una cultura viva.
Gracias por comprar una edición autorizada de este libro y por respetar las leyes del *copyright*
al no reproducir, escanear ni distribuir ninguna parte de esta obra por ningún medio sin permiso.
Al hacerlo está respaldando a los autores y permitiendo que PRHGE continúe publicando libros
para todos los lectores. Diríjase a CEDRO (Centro Español de Derechos Reprográficos,
http://www.cedro.org) si necesita fotocopiar o escanear algún fragmento de esta obra.

Printed in Spain – Impreso en España

ISBN: 978-84-663-6020-3
Depósito legal: B-829-2023

Impreso en Black Print CPI Ibérica
Sant Andreu de la Barca (Barcelona)

P 3 6 0 2 0 3

Para mis admirados colegas y amigos,
Francisco Espinosa Maestre y Ángel Viñas

Índice

Prólogo

A grandes rasgos, este libro trata de cómo las noticias falsas contribuyeron al estallido de una guerra civil. Retoma las cuestiones planteadas en un volumen anterior, *El holocausto español*, ampliando especialmente su capítulo segundo, «Teóricos del exterminio». Otro elemento de relevancia contemporánea es la centralidad del tema del antisemitismo. En un país con una ínfima presencia de judíos —seguramente menos de seis mil en 1936— y un número poco mayor de masones, resulta sorprendente que una de las justificaciones fundamentales de una guerra civil que se cobró la vida de medio millón de españoles fueran los supuestos planes de dominación mundial de lo que se dio en llamar «el contubernio judeomasónico-bolchevique», con la carga profundamente despectiva del término «contubernio», en su acepción de «alianza vituperable».

En realidad, la guerra se libró para anular las reformas educativas y sociales de la Segunda República democrática y para combatir su cuestionamiento del orden establecido. En ese sentido, se luchó a favor de los terratenientes, industriales, banqueros, clérigos y oficiales del Ejército, cuyos intereses estaban amenazados, y en contra de los liberales e izquierdistas que impulsaban las reformas y el cuestionamiento indicado. Sin embargo, durante los años de la República, de 1931 a 1936, a lo largo de la guerra y durante muchas décadas después, se siguió fomentando en España el mito de que el enemigo derrotado en la contienda era el contubernio judeomasónico y bolchevique.

El presente libro no es una historia del antisemitismo ni de la antimasonería en España, ni tampoco del contubernio. Sobre los tres temas existen obras excelentes de Gonzalo Álvarez Chillida[1] e Isabelle Rohr[2] —sobre el antisemitismo—, de Javier Domínguez Arribas[3] y de José Antonio Ferrer Benimeli[4] sobre el contubernio, que me han sido de inmensa ayuda. También estoy en deuda con la aportación fundamental de Bernd Rother sobre la reacción de la derecha española ante el Holocausto.[5] Sin embargo, este libro difiere de las obras mencionadas en que adopta la forma de estudios biográficos de los principales individuos antisemitas y antimasónicos que propagaron el mito del contubernio y de los personajes centrales que pusieron en práctica los horrores que dicho mito justificaba. A ellos se dedican seis capítulos, mientras que dos abordan cuestiones de contexto relativas a Franco y su círculo, y su convicción de la existencia de tal contubernio.

El primer capítulo, «*Fake news* y Guerra Civil», examina la relación entre Francisco Franco y el contubernio. Analiza los motivos personales, profesionales y políticos que explican su ferviente adopción y posterior aplicación de la idea. Se examinan las lecturas, las amistades y las colaboraciones que consolidaron su utilización del mito. Los personajes clave son su cuñado y mentor político, Ramón Serrano Suñer, el psiquiatra Antonio Vallejo-Nágera y el pediatra y profesor universitario Enrique Suñer Ordóñez.

El segundo capítulo, «El policía», trata de Mauricio Carlavilla, uno de los propagandistas más desagradables del contubernio. El material que recogió como agente encubierto a finales de los años veinte fue la base del primero de los muchos best sellers sobre este asunto. De uno de sus libros, llegaron a venderse cien mil ejemplares. Fue un corrupto y un elemento clave en el intento de asesinar al presidente del Gobierno republicano Manuel Azaña. Entre sus múltiples publicaciones se encuentran tomos escabrosos sobre la sodomía y el satanismo.

El tercer capítulo, «El sacerdote», analiza la extraordinaria vida del padre Juan Tusquets. Como clérigo eminente, sus numerosas publicaciones sobre el contubernio judeomasónico-bolchevique tuvieron una enorme influencia. Entre sus lectores famosos se encontraban los generales Franco y Mola. A pesar de su vocación eclesiástica, Tusquets delinquió para espiar a las logias masónicas. Fue un activo propagandista de la sublevación militar de 1936, en cuyos preparativos participó. Antes de la guerra, confeccionó interminables listas de masones. Durante la contienda, fue en la práctica el jefe de la sección judeomasónica del servicio de inteligencia militar (SIM) de Franco, que recogía material con el que engrosar las listas de Tusquets, parte fundamental de la infraestructura de la represión. Tras la guerra, en cambio, se esforzó afanosamente por negar estas actividades.

El protagonista del cuarto capítulo es «El poeta», José María Pemán, un rico terrateniente y popular poeta y dramaturgo. Monárquico ferviente, Pemán fue uno de los principales propagandistas de la dictadura del general Primo de Rivera entre 1923 y 1930. Consternado por el advenimiento de la República democrática en 1931, se convirtió en un importante agitador civil y patrocinador de la sublevación militar de 1936. Cuando esta se produjo, se erigió en orador público oficial de los militares sublevados. En cientos de artículos y discursos públicos, propagó ideas virulentamente antisemitas y justificó la sangrienta represión del enemigo republicano. Tras la derrota de Hitler, se transformó en la cara moderada del régimen franquista. Reescribió con diligencia su pasado radical y fue honrado por el rey Juan Carlos I.

El quinto capítulo, titulado «El mensajero», se centra en un aristócrata terrateniente, Gonzalo de Aguilera, conde de Alba de Yeltes. A diferencia de los demás protagonistas de este libro, ni defendió la existencia del contubernio judeomasónico ni estuvo involucrado en el terror de masas; sin embargo, desempeñó un papel importante en la justificación de las atrocidades de los militares sublevados. Su madre era inglesa, fue educado en Inglaterra y Alemania y sirvió como oficial de enlace con el Ejército alemán en el frente oriental durante la Primera Guerra Mundial. Poseía dotes lingüísticas considerables y, durante la Guerra Civil, trabajó de enlace con los corresponsales de prensa extranjeros. Los que estaban a su cargo estaban fascinados por su idea de que la represión no era más que una labor de reducción periódica y necesaria de la clase obrera. Había interiorizado tanto la brutalidad que había vivido en el Marruecos español que acabó asesinando a sus dos hijos e intentando matar a su mujer sin éxito. Gracias a la consulta de gran parte de su correspondencia personal, se ha podido construir un fascinante retrato psicológico.

El título del sexto capítulo, «El asesino del Norte», se refiere al general Emilio Mola, oficial en las guerras de África cuyas memorias sobre su experiencia de combate se recrean en el salvajismo. Tras la caída de la dictadura de Primo de Rivera, ejerció como director general de Seguridad, cargo en el que intentó en vano frenar la marea republicana. En aquella época, era el oficial superior de Carlavilla y compartía su odio hacia los judíos, los masones y los izquierdistas, a los que colgaba por igual el sambenito de comunistas. Estaba absolutamente convencido de la autenticidad de un celebérrimo libelo fraudulento, *Los protocolos de los sabios de Sión,* y devoraba los libros de Tusquets. Su convencimiento de la existencia del contubernio explica el entusiasmo con el que supervisó el asesinato de decenas de miles de civiles como jefe del Ejército del Norte.

El séptimo capítulo, «El psicópata del Sur», trata del general Gonzalo Queipo de Llano, que participó en las guerras coloniales de Cuba y Marruecos y fue famoso por la violencia de su temperamento, así como por su ambición sin límites, que persiguió con una flexibilidad política infinita. Inicialmente monárquico, al sentirse despreciado por el rey y el dictador Primo de Rivera, el despecho le llevó a unirse a la causa republicana. A pesar del trato de favor que recibió de la República, un resentimiento personal parecido provocó un nuevo cambio de lealtad en 1936. Queipo de Llano participó en la sublevación militar y conquistó Sevilla para los rebeldes, un hito sobre el que construyó una leyenda épica. A modo de virrey del Sur, supervisó la brutal represión en Andalucía occidental y Extremadura, que llevó a la muerte a más de cuarenta mil hombres y mujeres, además de enriquecerse gracias a la corrupción.

El octavo capítulo, «La guerra interminable», relata cómo Franco y su círculo más íntimo —Ramón Serrano Suñer, su colaborador de toda la vida y jefe de gabinete, Luis Carrero Blanco y el escritor surrealista y cofundador del fascismo español Ernesto Giménez Caballero— continuaron propagando la noción del contubernio. Su antisemitismo fue un elemento clave en la relación de Franco con Hitler, que sobrevivió a la derrota del Tercer Reich. Franco publicó artículos y un libro denunciando el contubernio judeomasónico y se refirió a él incluso en su último discurso, pronunciado semanas antes de morir en 1975.

Varios factores unieron a los protagonistas. El más llamativo es su convicción unánime de la autenticidad y veracidad de *Los protocolos de los sabios de Sión*, así como de la idea de que la masonería tenía la culpa de la pérdida del Imperio español. Algunos de ellos —Francisco Franco, Emilio Mola, Gonzalo Queipo de Llano, Gonzalo de Aguilera, Mauricio Carlavilla, Antonio Vallejo-Nágera, Luis Carrero Blanco y Ernesto Giménez Caballero— estaban embrutecidos por sus experiencias en las guerras coloniales del norte de África. Tanto estos ocho como los cuatro que se libraron de luchar en Marruecos —Ramón Serrano Suñer, Juan Tusquets, José María Pemán y Enrique Suñer— ensalzaron las matanzas de la Guerra Civil. Después de la contienda —a excepción de Mola, que murió en 1937, y de Carlavilla y Franco, que nunca vacilaron en su antisemitismo— la mayoría recurrió a mentiras e invenciones para reescribir su comportamiento anterior. Desmontar sus falsedades es uno de los objetivos fundamentales de este libro.

1

Fake news y Guerra Civil

En la primavera de 1937, en la zona controlada por los militares sublevados bajo el mando del general Franco, se publicó un libro cuyo tema era el curso que había seguido hasta el momento la Guerra Civil. Titulado *La guerra en España contra el judaísmo bolchevique*,[1] la obra resulta curiosa porque en ninguna de sus páginas se menciona a los judíos ni a los bolcheviques. Además, en 1936 no había más de seis mil judíos en España, de los que alrededor de un treinta por ciento eran refugiados del nazismo que habían encontrado protección en la República después de 1934.[2] Además, el Partido Comunista de España era minúsculo. Así pues, ¿cómo podía ser aquella una guerra contra judíos y bolcheviques? Pero numerosos partidarios del golpe militar de julio de 1936 que provocó la Guerra Civil lo tenían clarísimo, lo que atestigua el éxito de una campaña masiva montada durante los años de la República para convencer a los españoles —en especial, a los católicos— de que su país estaba amenazado por una caterva de judíos, masones y bolcheviques. Tras esta idea fraudulenta de amenaza mortal a la nación, el alzamiento militar ocultaba el objetivo menos apocalíptico, y materialmente más rentable, de revertir las numerosas reformas con las que la Segunda República había planeado modernizar España. La coalición republicano-socialista que había gobernado durante los primeros dos años y medio del nuevo régimen, desde el 14 de abril de 1931, había desafiado a la Iglesia católica, los militares, la élite terrateniente, los banqueros y los industriales con un ambicioso programa de reformas sociales, económicas y educativas.

La derecha en pleno estaba indignada por este desafío a sus valores conservadores y a sus intereses económicos. En consecuencia, la prensa y el aparato de propaganda de la derecha montaron una gran campaña para deslegitimar a la República. Se invocaron prejuicios históricos muy arraigados para señalar al «otro» al que se podía culpar, temer y odiar. Este «otro» pasó a llamarse «contubernio judeomasónico-bolchevique», un concepto ficticio que representaba a la Segunda República como si el objetivo de esta fuera destruir la civilización cristiana y a su fiel guardián, España, en una ofensiva presuntamente planeada por los judíos y ejecutada por sus títeres: los masones e izquierdistas. Inculcar esta convicción conspiranoica en las masas conservadoras fue tarea de muchos; sin embargo, la transformación de este convencimiento en hostilidad a la República se debió principalmente a los escritos y conferencias de tres persuasivos propagandistas: el teólogo catalán Juan Tusquets, el policía Mauricio Carlavilla y el poeta José María Pemán. Tusquets reveló el propósito de las campañas simplistas contra los judíos y los masones: al afirmar que el contubernio pretendía dividir, dejó claro que sus esfuerzos se encaminaban a crear una oposición unificada.[3] El fin de Tusquets era reunir esa oposición frente a un enemigo imaginario mediante una propaganda fácilmente asimilable: «Todos a una, sin grupos, sin personalismos [...]. La verdad simpáticamente expuesta es todopoderosa»;[4] una aspiración que compartían Carlavilla y Pemán.

Así, aunque las fuerzas franquistas no lucharan en la Guerra Civil española para aniquilar a los judíos, la propaganda antisemita y antimasónica sirvió para unificar e intensificar la enemistad contra la República. De forma inevitable, el antisemitismo latente en la derecha española se convirtió en aprobación de las actividades de Hitler y los nazis. Se estableció una comparación entre la influencia de la que los nazis acusaban a los judíos en la Alemania de Weimar y la que supuestamente tenían en la España medieval. Asimismo, las actividades de los nazis se presentaron como una emulación en el siglo xx de la expulsión de los judíos por parte de los Reyes Católicos, medidas ambas que se presentaban como necesarias para proteger los valores e intereses nacionales.[5]

El antisemitismo y la idea de un complot ideado por los judíos para destruir la civilización cristiana y su autoproclamado adalid, España, habían proliferado en los círculos clericales y de la derecha durante siglos. Sin embargo, no fue hasta después de la instauración de la Segunda República, en abril de 1931, cuando adquirieron un papel clave en la política cotidiana. La extrema derecha estaba decidida a destruir el nuevo régimen y su programa reformista. Para justificar sus esfuerzos, se utilizó la coartada de que se trataba de una lucha a vida o muerte en defensa de los valores tradicionales de España contra la ofensiva de una fuerza coordinada de izquierdistas y masones dirigida por los judíos. El espantajo del contubernio judeomasónico-bolchevique proporcionó un sambenito muy práctico para agrupar a una amplísima gama de izquierdistas y liberales en un «otro» al que había que exterminar. Su lenguaje apocalíptico y a la vez simplista otorgaba una justificación inspiradora a lo que en realidad eran objetivos sectoriales concretos. Hubo numerosos «teóricos» de la conspiración que pudieron difundir sus opiniones en varios periódicos, entre los cuales los más vehementes eran los de ideología carlista, como *El Siglo Futuro* y *El Correo Catalán*, aunque las diatribas contra el contubernio judeomasónico-bolchevique pudieran encontrarse a menudo en diarios conservadores más generalistas, como el monárquico *ABC* y el católico *El Debate*.

La condena de la masonería y el antisemitismo latente eran habituales en la Iglesia católica y en los círculos políticos de la derecha en España mucho antes de la caída de la monarquía y el advenimiento de una República reformadora. El rechazo a lo que se condenó como una revolución, a pesar de las ambiciones moderadas del Gobierno republicano-socialista, fue tanto más virulento cuanto que varios de sus altos cargos políticos eran masones. Desde principios de 1932, los cuatro principales grupos de la oposición de derecha al nuevo régimen adquirieron un cariz antisemita cada vez más acusado. Dos de esos cuatro eran grupos monárquicos militantes, la Comunión Tradicionalista Carlista y el grupo alfonsista Acción Española, formado por ricos terratenientes, banqueros e industriales, muchos de los cuales eran destacados aristócratas.[6] Junto con los grupúsculos fascistas incipientes que confluirían en la Falange, el tercer grupo, deseaban derrocar a la República por medio de la violencia, por lo que se les conocía colectivamente con el apelativo de «catastrofistas». El cuarto grupo se aglutinó bajo el liderazgo intelectual del pensador católico Ángel Herrera Oria en la coalición Acción Popular. Se les llamaba «accidentalistas», porque Herrera sostenía que las formas de gobierno, republicanas o monárquicas, eran «accidentales» mientras que lo «sustancial» era el contenido social y económico del régimen. Aunque todos estos grupos se solaparan, Acción Popular suele considerarse la derecha «moderada».

La intensificación del antisemitismo en todos estos grupos puede atribuirse a la aparición en España, a partir de 1932, de numerosas traducciones del libelo ferozmente antisemita *Los protocolos de los sabios de Sión* y de un libro de gran éxito comercial e inmensamente influyente, *Orígenes de la revolución española*, de Juan Tusquets, un sacerdote catalán de simpatías carlistas.[7] La primera de las ediciones de *Los protocolos*, la que obtuvo mayor éxito de ventas, fue la traducción del duque de la Victoria a partir de la versión francesa de monseñor Ernest Jouin:[8] antes de la Guerra Civil, se reeditó cinco veces. Además, hubo otras seis traducciones, una de las cuales fue publicada por Tusquets.[9] Otra la llevó a cabo Onésimo Redondo, discípulo del hermano de Ángel Herrera, Enrique, y fundador de uno de los grupos que acabarían integrándose en la Falange. Redondo sostenía que *Los protocolos* eran auténticos con el argumento espurio de que se habían traducido del hebreo al ruso. Afirmaba, además, que la judería mundial había intentado frenéticamente impedir su difusión comprando ejemplares para destruirlos.[10] Ninguna de estas ediciones fue traducida del original ruso de Serguei Aleksándrovich Nilus.[11] El propio *Orígenes de la revolución española* de Tusquets había contribuido a popularizar las acusaciones de *Los protocolos* de que los judíos pretendían dominar el mundo a través de sus títeres, la masonería y los movimientos de izquierda. En 1963, uno de los principales protagonistas de este libro, Mauricio Carlavilla, publicó una edición comentada de *Los protocolos*.

De los tres líderes de los grupos fascistas que se fusionarían en la Falange, Onésimo Redondo fue el único activamente comprometido con el antisemitismo. Aunque era un entusiasta del nazismo y el traductor de la edición española de *Mein Kampf,* sus influencias eran las tradicionales católicas, asociadas a Tusquets y Enrique Herrera. El segundo, Ramiro Ledesma Ramos, estaba más influido por el fascismo italiano. Consideraba que el antisemitismo solo tenía relevancia en Alemania porque, a diferencia de España, donde la amenaza judía era una «mera abstracción», Hitler se enfrentaba a «enemigos concretos, enemigos de Alemania misma como nación». Entre dichos enemigos, los internos eran «el judío y su capital financiero».[12] El tercer fascista español, el líder de la Falange, José Antonio Primo de Rivera, sentía un interés relativamente escaso por el «problema judío», excepto cuando se trataba de la influencia judeomarxista en la clase obrera. Sin embargo, el diario falangista *Arriba* afirmaba que «la internacional judaico-masónica es la creadora de los dos grandes males que han llegado a la humanidad, como son el capitalismo y el marxismo». Después de que un obispo recomendara en diciembre de 1934 que los católicos no compraran en los grandes almacenes SEPU, de propiedad judía, en Madrid, José Antonio Primo de Rivera aprobó los ataques de los falangistas contra los mismos en la primavera de 1935.[13] Aunque no fuese activamente antisemita, José Antonio compartía la convicción de los más conservadores de que era legítimo aniquilar el contubernio judeomasónico-bolchevique mediante la violencia.[14] Fue durante la Guerra Civil y la Segunda Guerra Mundial cuando el antisemitismo se convirtió en un elemento importante del discurso falangista, a modo de emulación de los nazis y para ganarse su favor.

La influencia tanto de Tusquets como de *Los protocolos* podía verse en el lenguaje utilizado por los colaboradores de la revista monárquica *Acción Española*, portavoz del grupo conspirador de ultraderecha del mismo nombre. Entre los suscriptores de la publicación se hallaba el general Franco. El fundador y primer director de la revista fue el latifundista Fernando Gallego de Chaves, marqués de Quintanar. En un acto en el Ritz de Madrid celebrado en su honor por compañeros del grupo, Quintanar elogió *Los protocolos* y manifestó luego que el desastre de la caída de la monarquía se había producido porque «La gran conspiración mundial judeomasónica inyectó el virus de la democracia en las monarquías autocráticas para vencerlas, después de convertirlas en monarquías liberales».[15]

En el mismo número de la revista que informaba del discurso de Quintanar, apareció un artículo de otro latifundista, el marqués de la

Eliseda. Se trataba de una reseña adulatoria de una nueva edición de la versión francesa más traducida de *Los protocolos de los sabios de Sión*, la de monseñor Ernest Jouin, publicada por primera vez en 1920. Eliseda, siguiendo a Jouin, sostenía la autenticidad de *Los protocolos* sobre la base endeble de que el Museo Británico custodiaba un ejemplar del original ruso. Eliseda partía de la premisa —casi con toda seguridad, por influencia del libro de Tusquets— de que la «revolución española» —o sea, la caída de la monarquía— había sido obra de la masonería y el judaísmo y elogiaba *Los protocolos* por proporcionar tanto una «colección de argumentos poderosos contra los falsos principios democráticos» como «materia abundante para un ensayo analítico de la psicología judaica, de su especial concepto de las cosas y de sus caracteres raciales». Afirmaba que «los judíos se jactan de haber sembrado en el mundo "el veneno liberal y democrático" para llevarlo a sus manos a través de la anarquía y el caos» y llegaba a insinuar —en velada alusión a la diputada judía por Badajoz Margarita Nelken— que los sangrientos sucesos de Castilblanco del 31 de diciembre de 1931 eran fruto de la intervención de los judíos. A imitación también de Jouin, el marqués culpaba asimismo a los judíos tanto del asesinato del archiduque Francisco Fernando en Sarajevo como de la Revolución rusa. El artículo estaba repleto de tópicos antisemitas, como que, gracias a *Los protocolos*, «trasluce con claridad meridiana el pensamiento judaico, el desprecio en que tienen a los cristianos (que ellos denominan Goim, mientras a sí mismos se llaman israelitas, nunca judíos), y el concepto que tienen del honor, sentimiento que no sólo no poseen, sino que no comprenden». Sostenía Eliseda —presuntamente a partir de lo que él mismo había visto en Palestina— que «los judíos son verdaderos parásitos que explotan a los que son incapaces de producir».[16] La admiración de Eliseda por el libro —y el hecho de que su artículo se publicara en *Acción Española*— era reveladora de las actitudes del pensamiento monárquico dominante.

Otro suscriptor de dicha revista, Julián Cortés Cavanillas, citó *Los protocolos de los sabios de Sión* como prueba de que, por medio de masones destacados, los judíos controlaban las hordas anarquistas, socialistas y comunistas. La masonería era el «maléfico engendro de Israel» y, según Cortés, el hecho de que en el nuevo Gobierno republicano-socialista figurasen masones, socialistas y presuntos judíos era una prueba de que la alianza de Marx y Rothschild estaba detrás de la caída de la monarquía.[17]

Otros colaboradores de *Acción Española* eran el doctor Francisco Murillo Palacios y Wenceslao González Oliveros, quienes escribieron artículos elogiosos sobre los primeros logros del Tercer Reich, entre los que figuraba, para Murillo, el intento de contener la degeneración de la raza alemana a raíz del «cruce de sangre» con judíos y eslavos. Murillo manifestaba así su admiración por las opiniones de Hitler sobre los judíos y su relación con el marxismo: «El judío —dice Hitler— es el exponente del más craso egoísmo, excepto cuando se le presenta un botín común o un común peligro. Aunque estuvieran solos en el mundo no por eso se limpiarían de la suciedad (*Schmutz und Unrat*) en que se ahogan, ni cesarían en la lucha llena de odio que entre sí mantienen para explotarse y exterminarse, ni depondrían su pusilanimidad y su absoluta carencia de espíritu de sacrificio».[18]

Acción Española no fue más que una de las muchas influencias en el antisemitismo de Franco y su ferviente creencia en el contubernio judeomasónico-bolchevique. Aún más importante en el desarrollo de su pensamiento político fue un regalo del dictador Miguel Primo de Rivera. Poco antes de que Franco se fuera de Madrid para asumir el cargo de director de la Academia Militar de Zaragoza en 1927, Primo les suscribió a él y a varios altos cargos militares, entre los que figuraban los generales Emilio Mola y Gonzalo Queipo de Llano, a una publicación anticomunista con sede en Ginebra, el *Bulletin de l'Entente Internationale contre la Troisième Internationale*. La Entente, fundada por el derechista suizo Théodore Aubert y el ruso blanco exiliado Georges Lodygensky, era vehementemente antibolchevique y alababa los logros del fascismo y las dictaduras militares como baluartes contra el comunismo. Un emisario de la Entente, su vicepresidente, el coronel Odier, del Ejército suizo, había visitado Madrid y concertado con el general Primo de Rivera la compra de varias suscripciones por parte del Ministerio de la Guerra y su distribución entre algunos oficiales clave. Primo designó al coronel José

Ungría de Jiménez para que ejerciera de enlace con Ginebra. Ungría fue nombrado secretario del Centro Español Antibolchevique, la sección española de la Entente. Es significativo que, durante la Guerra Civil, Ungría fuese el jefe de la inteligencia franquista, el Servicio de Información y Policía Militar.[19]

El regalo de esta suscripción desencadenó de por vida la obsesión de Franco con la amenaza del contubernio judeomasónico-bolchevique. Varios factores explican la virulencia de su odio hacia la masonería. Algunos son anteriores a su suscripción a los boletines de Ginebra y a su lectura de las obras del padre Tusquets. Un motivo convincente fue su resentimiento por las simpatías masónicas de su padre, Nicolás Franco Salgado-Araujo. Francisco Franco despreciaba a Nicolás por ser un mujeriego que había abandonado a su esposa, Pilar Bahamonde, en 1907. En 1962, Franco lo reveló sin darse cuenta cuando escribió una extraña interpretación de la caída de Alfonso XIII en el borrador de sus memorias: alegó que la monarquía había sido derrocada por un grupo de «republicanos históricos, masones, separatistas y socialistas» y, con calificativos que remitían inconscientemente a su padre, tachó a los masones de «ateos, traidores en el exilio, delincuentes, estafadores, infieles en el matrimonio».[20]

La antipatía era mutua. A Nicolás Franco Salgado-Araujo, la obsesión de su hijo por el contubernio judeomasónico le parecía ridícula, como él mismo manifestó en cierta ocasión: «¿Qué sabrá mi hijo de la masonería? Es una asociación llena de hombres ilustres y honrados, desde luego muy superiores a él en conocimientos y apertura de espíritu».[21] La fijación de Franco también puede estar relacionada con el hecho de que su poco ortodoxo hermano menor, Ramón, fuese un masón cuyo comportamiento imprevisible, tanto en lo político como en lo personal, le había avergonzado en más de una ocasión. Pero los motivos familiares no son los únicos que explican la hostilidad de Franco hacia la masonería: también es probable que buscara venganza, pues los masones habían rechazado su solicitud de ingreso en la logia Lixus de Larache en 1924 porque, unos meses antes, Franco había aceptado el ascenso a teniente coronel por méritos, cuando la mayoría de los oficiales de Marruecos habían jurado respetar la norma de ascender solo por estricta antigüedad.[22]

Así pues, un Franco ya profundamente hostil a la masonería era muy sensible al contenido de los boletines de Ginebra, que recibió de forma ininterrumpida hasta 1936. Gracias a ellos, pero también a *Acción Española* y a las obras de Tusquets y Carlavilla, llegó a ver por todas partes la amenaza del contubernio judeomasónico-bolchevique y a creer que toda la izquierda española trabajaba, consciente o inconscientemente, en su provecho. En varias entrevistas concedidas en 1965, Franco reveló a dos biógrafos, Brian Crozier y George Hills, la influencia que la Entente había tenido sobre él. A este último, le comentó: «Mientras era director de la Academia Militar de Zaragoza empecé a recibir periódicamente una Revista que analizaba asuntos de la Comintern desde Ginebra. Más tarde, averigüé que Primo de Rivera había adquirido varias suscripciones a la misma, y pensé que podía interesarme, como así fue. Me permitió conocer el comunismo internacional: sus fines, su estrategia y su táctica. Pude ver al comunismo en acción en España, minando la moral del país, igual que en Francia».[23]

Como se verá en el capítulo posterior sobre Mauricio Carlavilla, parte del material que Franco leía como informes objetivos de terceros, en realidad, había sido producido dentro de España por un agente provocador al servicio del general Mola cuando este era director general de Seguridad. No se sabe si Mola se dio cuenta de que lo que estaba leyendo gracias a la suscripción por cortesía de Primo de Rivera procedía de su propio departamento. El agente en cuestión, Mauricio Carlavilla, se había infiltrado en el Partido Comunista Español y enviaba los exagerados informes de sus actividades a la Entente. De nuevo, como se verá en el capítulo sobre Mola, la vehemencia de su odio hacia los judíos y los masones se vio inflamada, según su propia confesión, por los boletines de la Entente, los escritos de Tusquets y los informes de Carlavilla.

Aproximadamente en la misma época en que fue entrevistado por Hills, Franco declaró a Brian Crozier que, en 1928, había comenzado «a estudiar sistemáticamente el comunismo» a partir de su suscripción al *Bulletin de l'Entente Internationale contre la Troisième Internationale*. Según Franco, la lectura atenta del *Bulletin* le había alertado de las turbias actividades de los comunistas españoles. Además, afirmaba que, hasta 1936, no se había perdido ni un solo número del boletín y que había convencido a otros oficiales de que lo leyeran. De hecho, Crozier se quedó con la impresión de que el contacto con la obra de la Entente le había cambiado la vida a Franco. La información procedente de Ginebra, que leyó con avidez desde 1928 hasta 1936, le aportaba «conocimientos y estímulos para la acción: el conocimiento del enemigo y la ambición de derrotarlo». Dada su susceptibilidad preexistente al mensaje de la Entente, no es de extrañar que Franco creyera a pies juntillas en el contenido de los boletines.[24]

De hecho, la receptividad de Franco a los diversos mensajes antimasónicos se intensificó con la llegada de la Segunda República. Tras su meteórico ascenso en el escalafón antes de 1931 —en particular, su prestigioso nombramiento en 1927 como director de la Academia General Militar de Zaragoza—, los obstáculos que encontró tras la instauración del nuevo régimen le provocaron un profundo resentimiento. El mayor golpe fue la clausura de la Academia en el verano de 1931, una decisión que Franco, inevitablemente, no atribuyó a motivos económicos, sino a una afrenta personal porque el político responsable de la misma, el ministro de la Guerra, Manuel Azaña, era masón, al igual que muchos otros miembros del Gobierno. Azaña, que dudaba de que Franco fuera leal a la República, le dejó sin destino durante ocho meses, con lo que este tuvo tiempo de sobra para asimilar la literatura antimasónica y antisemita. A principios de 1932, comenzó a leer el primero de los libros de Tusquets. Corroído por la envidia hacia los oficiales que ascendían con el nuevo régimen republicano, acabó por considerarlos lacayos de la masonería y del comunismo. Ese mismo año, Franco intentó recuperar el terreno perdido solicitando el ingreso en una logia masónica de Madrid, pero su petición fue rechazada una vez más por oficiales de indudables convicciones republicanas, entre los que se encontraba su hermano Ramón. Incluso cuando a Franco se le concedieron posteriormente puestos de responsabilidad, creyó que era espiado por oficiales masones.[25]

Durante la República, el siempre cauto Franco se cuidó de distanciarse de los generales que actuaban en las intrigas monárquicas. Sin embargo, compartía sin duda sus prejuicios y preocupaciones. Al fin y al cabo, estaba suscrito a *Acción Española*, que se dedicaba a justificar una sublevación contra una República que aquellos conspiradores consideraban ilegítima. Su pensamiento sobre cuestiones políticas, sociales y económicas se vio además influido por la lectura de la prensa de derechas y, como el propio Franco reveló más tarde, por las obras de Tusquets. Entre otros ascendientes clave en el pensamiento político de Franco, uno de los más importantes fue el brillante abogado Ramón Serrano Suñer, a quien conoció en 1929 en Zaragoza cuando era director de la Academia General Militar. Establecieron una estrecha amistad que pronto derivó en vínculos familiares: invitado a comer y cenar a menudo con la familia Franco, Serrano Suñer trabó conocimiento con la cuñada del general, Zita. Cuando se casaron en febrero de 1931, un amigo de Serrano, José Antonio Primo de Rivera, hijo del dictador y futuro fundador de la Falange, actuó como testigo. Franco hizo lo propio por el lado de la novia.[26] Tan estrecha fue esta amistad que Serrano Suñer se fue convirtiendo en una especie de mentor político de Franco. Por aquel entonces, y hasta la primavera de 1936, Serrano Suñer era miembro de la Acción Popular de Ángel Herrera y, tanto en las elecciones de 1933 como en las de 1936, fue candidato por su partido político, la Confederación Española de Derechas Autónomas (CEDA). Por razones evidentes, su periódico preferido era *El Debate* de Herrera, y Franco siguió su ejemplo.

Esto le puso en contacto con las ideas de Francisco de Luis, que, desde principios de 1933, había sucedido a Ángel Herrera como director de *El Debate*. De Luis era un ferviente defensor de la teoría del contubernio judeomasónico-bolchevique. Su *magnum opus* sobre el tema, *La masonería contra España*, se publicó en 1935 con el imprimátur eclesiástico. De Luis creía que *Los protocolos* eran una prueba documental verídica de los planes malignos de los judíos: «En el famoso programa secreto de los judíos, escrito en 1896, y providencialmente descubierto e impreso desde 1902 con el título de *Protocolos de los Sabios de Sión*, hallamos expresada netamente la dominación de la Masonería por el Judaísmo».[27] En su libro, en el que citaba con entusiasmo las obras de Juan Tusquets, *Los protocolos*, la prensa carlista y al general Mola, De Luis sostenía que el fin de la masonería era corromper la civilización cristiana con valores orientales. Su premisa era que «los judíos, padres de la masonería, puesto que no tienen patria, quieren que los demás hombres tampoco la tengan». Por eso, tras liberar a las masas de los impulsos patrióticos y morales, los judíos podían reclutarlas para asaltar los valores cristianos. En su interpretación, los católicos se enfrentaban a una lucha a muerte, porque «en cada judío va un masón: astucia, secreto doloso, odio a Cristo y su civilización, sed de exterminio. Masones y judíos son los autores y directores del socialismo y el bolchevismo».[28]

La Confederación Española de las Derechas Autónomas, el partido político creado a partir de la Acción Popular de Herrera, aparentemente moderada, estaba dirigida por un brillante abogado católico, José María Gil Robles, cuyo padre le había inculcado el carlismo. Un estrecho colaborador de Gil Robles era José María Fernández Ladreda, conde de San Pedro, que había sido alcalde de Oviedo durante la dictadura de Primo de Rivera. Comandante de artillería, había abandonado el Ejército en protesta por las reformas militares de Manuel Azaña. Era lógico que, en cuanto que militar y aristócrata, también formara parte del grupo de Acción Española. En agosto de 1933, como líder de la poderosa sección asturiana de Acción Popular, propugnó la creación de «un frente único católico contra la masonería y el judaísmo que pretenden destruir la civilización cristiana».[29] La retórica maniquea propagada por Tusquets, Carlavilla, De Luis y Los protocolos, que subyacía en gran parte de la retórica de la CEDA, implicaba la determinación de aniquilar físicamente a la izquierda.

Durante la campaña de la CEDA para las elecciones de noviembre de 1933, poco después de regresar de un viaje de estudios por la Alemania nazi, Gil Robles declaró en tono beligerante: «Hay que fundar un nuevo Estado, una nación nueva, dejar la patria depurada de masones judaizantes [...] Hay que ir al Estado nuevo, y para ello se imponen deberes y sacrificios. ¡Qué importa si nos cuesta hasta derramar sangre!».[30] El programa electoral de Gil Robles consistía en una diatriba contra las reformas agrarias y religiosas de la coalición republicano-socialista y los desórdenes de los que la responsabilizaban. En relación con la supuesta destrucción de la propiedad privada y de la Iglesia por parte de la República, hablaba del «dolor de la patria debatiéndose en las congojas de trágica agonía por los crímenes y desafueros de los energúmenos, a precio y servicio de las logias masónicas y del judaísmo internacional, con la cooperación del sectarismo marxista».[31] En un cartel electoral de la CEDA, aparecían los cuatro poderes monstruosos y siniestros que invadían España: un bolchevique, un separatista, un masón y un judío.[32]

La campaña de Gil Robles alcanzó su punto culminante en un discurso pronunciado el 15 de octubre en el cine Monumental de Madrid, cuyo tono solo podía hacer que la izquierda se planteara qué supondría para ellos una victoria de la CEDA: «Tenemos que reconquistar España [...]. Tenemos que dar a España una verdadera unidad, un nuevo espíritu, una política totalitaria [...]. Para mí solo hay una táctica hoy: formar un frente antimarxista, y cuanto más amplio, mejor. Es necesario, en el momento presente, derrotar implacablemente al socialismo». El lenguaje de Gil Robles no se distingue del de la extrema derecha conspiranoica:

> Necesitamos el poder íntegro y eso es lo que pedimos [...] Para realizar este ideal no vamos a detenernos en formas arcaicas. La democracia no es para nosotros un fin, sino un medio para ir a la conquista de un Estado nuevo. Llegado el momento, el Parlamento o se somete o lo hacemos desaparecer.[33]

Este discurso, descrito por *El Socialista* como una «auténtica arenga fascista», fue considerado por la izquierda como la expresión más clara de la amenaza que suponía la CEDA. Lo cierto es que cada frase del mismo fue recibida con estruendosos aplausos. Fernando de los Ríos, socialista moderado e ilustre catedrático de Derecho, señaló con horror que el llamamiento de Gil Robles a la depuración de judíos y masones era una negación de los postulados jurídicos y políticos del régimen.[34] Gil Robles terminó su intervención pidiendo apoyo económico para el partido, amenazando con incluir en una ominosa «lista negra de malos patriotas» a los que no contribuyeran. El tenor del discurso se trasladó a los carteles electorales, que resaltaban la necesidad de salvar a España de «marxistas, masones, separatistas y judíos».[35]

En marzo de 1934, José María Pérez Laborda, secretario general de la CEDA, declaró en una entrevista citada por el periódico londinense *The Jewish Chronicle*: «La judería como potencia internacional es el principal enemigo de la Iglesia católica y, por tanto, de nuestro partido, cuyo programa se basa en los principios del catolicismo. En este sentido más laxo, Gil Robles es antisemita». Pérez Laborda afirmaba a continuación que el antisemitismo del partido se dirigía contra la judería internacional, porque en España había muy pocos judíos. El periódico no se quedó tranquilo y comentó: «No hay que subestimar la grave amenaza ideológica, si no práctica, que representa para el judaísmo, no solo en España sino en el mundo entero».[36] Al cabo de un mes, el 22 de abril de 1934, una multitud de veinte mil personas se concentraba en El Escorial bajo una fuerte tormenta de aguanieve en una réplica de los mítines nazis. Con el maniqueísmo de rigor, los oradores proclamaron uno tras otro que había que defender a la verdadera España contra lo que tachaban de la «anti-España». Para Luciano de la Calzada, diputado de la CEDA por Valladolid, la verdadera España era la de quienes abrazaban la tradición española y los valores católicos: «Todo lo demás —judíos, heresiarcas, protestantes, comuneros, moriscos, enciclopedistas, afrancesados, masones, krausistas, liberales, marxistas— fue y es una minoría discrepante al margen de la nacionalidad, y por fuera y frente a la Patria es la anti-Patria».[37]

En los primeros meses de 1934, en una serie de mítines se anunció con optimismo la instauración del «nuevo Estado» en cuanto Gil Robles llegara al poder, al tiempo que se alertaba en tono apocalíptico sobre la creciente amenaza de la masonería y el judaísmo. Así, en uno de dichos eventos, celebrado en Uclés (Cuenca) por la organización juvenil de la CEDA, la Juventud de Acción Popular (JAP), con un gran despliegue de reuniones preparatorias, trenes especiales y autobuses, intervino Dimas de Madariaga, diputado de la CEDA por Toledo y representante de los terratenientes amenazados por las reformas agrarias propuestas por la República. Madariaga anunció que la defensa de los valores tradicionales y de los derechos de propiedad sería asumida por el «nuevo Estado», que no se basaría «en el liberalismo decadente, no circulará el veneno del marxismo y del separatismo, inoculado por masones, judíos y judaizantes».[38]

En la primavera de 1934, caducaron las suscripciones al *Bulletin de l'Entente Internationale contre la Troisième Internationale* pagadas por Primo de Rivera. Franco, que a la sazón era capitán general de Baleares, no dudó en renovar su suscripción, pagándola esta vez de su bolsillo, como indicó en la carta que escribió en francés desde Capitanía en Mallorca a Ginebra el 16 de mayo de aquel año:

> Señor:
> Estoy informado de la gran labor que realiza en defensa de las naciones y contra el comunismo, y deseo recibir todos los meses sus interesantísimos boletines de información, tan documentados y eficaces, para poder colaborar, en nuestro país, con su gran esfuerzo y estar al corriente de tales asuntos. Espero que tenga la bondad de informarme de las condiciones para que pueda recibir mensualmente sus boletines.
> Reciba mi más cordial saludo, con admiración y gratitud por su gran labor,
>
> FRANCISCO FRANCO

La Entente respondió enviando de inmediato un paquete de sus publicaciones. El 23 de junio, Franco mandó un cheque de cincuenta francos suizos como pago de la suscripción de 1935.[39]

A estas alturas, la Entente ya colaboraba con la Antikomintern de Joseph Goebbels en dirigirse con gran habilidad a personas influyentes, convencidas de la necesidad de prepararse para luchar contra comunistas, masones y judíos, y conectarlas entre sí. Los suscriptores recibían informes sobre supuestos planes de ofensivas inminentes de los tres enemigos. Vistas a través del prisma de dichos informes, las numerosas huelgas que se produjeron a lo largo de 1934 convencieron a Franco de que se había desatado una gran ofensiva comunista contra España.[40] Asimismo, su reacción ante los sucesos revolucionarios de Asturias reflejaba cómo habían influido en su modo de pensar los materiales que recibía de la Entente y las lecturas de *El Debate* y de las obras de Tusquets. Más tarde, Franco escribiría que la revuelta obrera había sido «concienzudamente preparada por agentes de Moscú», como parte de un contubernio de los republicanos (masones), los separatistas catalanes y los socialistas. El uso de la palabra «contubernio» delata su identificación con los que denunciaban la presunta conspiración judeomasónica-bolchevique. Así, según Franco, «la masonería [...] creía poder explotar la carne de cañón de los obreros a través del Partido Socialista para asaltar el poder. [...] con la experiencia y dirección técnica comunista, creían que iban a poder instalar una dictadura».[41]

En febrero de 1935, el Gobierno de coalición de los radicales y la CEDA nombró a Franco comandante en jefe de las tropas de Marruecos. Poco después de llegar a su nuevo destino, el 18 de marzo de 1935, un Franco ansioso por no perderse ninguno de los boletines, escribió a la Entente Internationale contre la Troisième Internationale, esta vez en español, para comunicar su cambio de domicilio, y volvió a hacerlo el 5 de junio para confirmar su nueva dirección.[42] Al poco tiempo, volvió a la Península como jefe del Estado Mayor. La aprobación por parte de la Comintern de la estrategia del Frente Popular, ratificada en su VII Congreso el 2 de agosto de 1935, fue utilizada por la Entente para convencer a sus suscriptores, incluido Franco, de que Moscú planeaba una revolución en España.[43] Entre los papeles de Franco se encuentra el texto en español de un largo informe sobre el VII Congreso que le envió la Entente.[44] En su conversación con George Hills, el dictador comentó cómo le había afectado dicho informe: «Los acontecimientos de finales de 1935 en España eran inquietantes. La violencia y el desorden iban en aumento. Sin embargo, lo que me preocupaba no era tanto lo que ocurría *dentro* de España como lo que ocurría fuera y las relaciones entre la gente de España y Moscú. Yo había recibido un informe completo de las actas del VII Congreso de la Comintern, pero tenía que estar seguro de que lo que se había decidido en Moscú se fuera a llevar a cabo en España».[45] Los frenéticos esfuerzos de Franco por provocar un golpe militar tras las elecciones de febrero de 1936 solo pueden entenderse como una confirmación de su convencimiento de que las predicciones apocalípticas de la Entente sobre la inminente toma del poder por parte de los comunistas estaban en lo cierto. En ese sentido, demuestran implícitamente que estaba dispuesto a tragarse entera la propaganda de la Entente.[46]

La campaña de la CEDA en las elecciones contra el Frente Popular de febrero de 1936 fue tan beligerante en su intensidad y malicia como la de los monárquicos y carlistas, enemigos declarados de la República. Uno de los ejes centrales de la propaganda cedista era que el judaísmo, el marxismo y la masonería eran el enemigo al que había que derrotar. Así, *El Debate* presentó las elecciones como una lucha a muerte entre España y la anti-España, entre la civilización y la barbarie. Las JAP, que se situaron al frente de la campaña de la CEDA, fueron aún más explícitas al proclamar que la batalla era entre Gil Robles, por un lado, y, por el otro, el triángulo (la masonería), la hoz y la estrella (de David).[47]

La Editorial Católica, que publicaba *El Debate*, editaba también la popularísima revista antisemita y antimasónica *Gracia y Justicia*. Financiada por elementos de la CEDA, dicha revista, de un humor satírico de brocha gorda, estaba dirigida por Manuel Delgado Barreto, estrecho colaborador del general Primo de Rivera. Su tirada semanal de doscientos mil ejemplares hacía de ella el semanario más influyente de la extrema derecha.[48] Un artículo del 7 de diciembre de 1935, con el título de «Masones, judíos, marxistas y otros bichos», se quejaba de que «los judíos, masones y camaradas los tenemos aquí a porrillo y también quieren destrozar a España». Terminaba con la amenaza de que pronto volarían todos por los aires. En otros números se pedía la expulsión de los judíos de España. En su edición de Navidad de 1935, proponía que en los belenes pusieran de camellos de los Reyes Magos a la masonería, el judaísmo y el marxismo.[49]

Un periódico aún más rabioso en su antisemitismo era *Informaciones*, que distribuía unos cincuenta mil ejemplares diarios. Era propiedad del millonario Juan March, que apoyó a los conspiradores militares, les proporcionó garantías de seguridad económica en caso de fracaso y financió gran parte de su esfuerzo bélico. El director de *Informaciones*, publicación subvencionada por la embajada de Alemania, era otro suscriptor de *Acción Española* e íntimo de March, Juan Pujol, que fue diputado de la CEDA por Madrid de 1933 a 1935, años que aprovechó para escribir una novela antisemita.[50] Durante la campaña para las elecciones de febrero de 1936, *Informaciones* declaró que «los judíos alemanes emigrados han hecho de España centro internacional del boicot contra la Alemania de Hitler que salva a Europa de las hordas rojas asiáticas».[51]

El antisemitismo abundaba en los panfletos clandestinos que distribuía la Unión Militar Española (UME), la organización que estaba en el centro de los preparativos del golpe, lo que se explica porque muchos de ellos fueron redactados por Mauricio Carlavilla. A mediados de julio de 1936, justo antes del golpe, la UME proclamaba que España estaba gobernada por «los traidores vendidos a la masonería y el judaísmo». Y su programa para el golpe incluía la «expulsión de España de los judíos y francmasones; disolución de los partidos políticos y organizaciones sindicales, etc.».[52]

La connivencia entre la prensa antisemita y los militares golpistas era innegable. A los pocos días del alzamiento, los sevillanos leyeron en el *ABC*: «Ha llegado el momento de que todos sin excepción brinden su concurso personal a las autoridades militares y al Ejército que lucha para salvar a la Patria de que caiga en las garras de la anti-España, constituida por la banca judía y sus auxiliares, las sociedades secretas de masones y las agrupaciones marxistas dirigidas desde Moscú. Contra toda esta canalla internacional hay que luchar con todos nuestros bríos».[53]

No es casualidad que un ferviente antisemita como Juan Pujol fuera nombrado jefe de la Oficina de Prensa y Propaganda de los rebeldes en agosto de 1936 y tuviera plena libertad para dar rienda suelta a su virulento odio hacia los judíos.[54] Típico de sus opiniones fue un artículo de diciembre de 1936 en el que escribió que las Brigadas Internacionales, «piojería de los *slums*», estaban controladas por «el Comité Secreto Israelita que gobierna al pueblo judío distribuido por el mundo, obstinado ahora más que nunca en dominarlo. En realidad, España está guerreando contra la Judería universal, que ya es dueña de Rusia y que ahora pretendía apoderarse de nuestro país». Entre los judíos que denunciaba estaba Margarita Nelken: «Judía y bien empedernida y hedionda esa alimaña de Margarita Nelken, venida aquí de un *gheto* alemán, con el padre buhonero. Judío es Companys —descendiente de judíos conversos—, y no hay más que verle la jeta para comprenderlo, sin necesidad de más exploraciones en su árbol genealógico».[55] Tales observaciones, como las citadas anteriormente de *Acción Española*, desmienten la afirmación franquista tantas veces repetida de que el antisemitismo español no era racista, sino solo religioso. Irónicamente, las referencias a la Inquisición en apoyo de esta tesis olvidan que, tras la expulsión de los judíos en 1492, se habían promulgado los estatutos de limpieza de sangre para impedir que cualquier persona con sangre judía ocupara altos cargos.[56] Cuando Pujol fue nombrado jefe de la Oficina de Prensa y Propaganda, escribió en *Domingo*, un semanario que había fundado él mismo, que la Guerra Civil española era «la guerra santa» de los judíos que habían enviado a las Brigadas Internacionales «a saquear» España.[57]

A pesar del antisemitismo manifiesto que emanaba de las publicaciones que dirigía Pujol, era evidente la preocupación que generaba su impacto en el extranjero. En febrero de 1937, uno de los responsables de prensa que tenía a sus órdenes, Laureano de Armas, escribió desde el cuartel general de Franco al director de *The Jewish Chronicle* en Londres:

> Estimado señor:
> Me han informado de que corre el rumor en Inglaterra de que el Movimiento Nacional Español es de carácter antijudío. Me han autorizado a declarar que esto es absolutamente falso y, por consiguiente, le agradecería mucho que informara a sus lectores de la verdad. Una política antijudía en España supondría la existencia de un problema judío, que, como usted sabe, no existe en este país. Además, un simple vistazo a los discursos del general Franco del 1 de octubre de 1936 y del 19 de enero de 1937 le demostrará que lo único que se excluye del programa de la Nueva España es el bolchevismo.[58]

Esta ingenua misiva pasaba por alto la tan cacareada asociación entre el judaísmo y el bolchevismo que establecían los rebeldes, y además daba a entender involuntariamente que lo único que impedía que la política de los golpistas fuera más antisemita era la escasez de judíos. En contra de las afirmaciones de Laureano de Armas de que no había antisemitismo en el nuevo Estado de Franco, se publicaron carteles falangistas con caricaturas ferozmente antijudías tomadas del semanario nazi *Der Stürmer*.[59] *The Jewish Chronicle* respondió citando la propaganda virulentamente antisemita de las charlas del general Queipo de Llano y de la prensa de la zona rebelde. El periódico preguntaba a Laureano de Armas cómo podían conciliarse esas soflamas constantes con la afirmación de que no había antisemitismo en la España de Franco. El periódico también informó de la admiración hacia *Der Stürmer* de los medios de comunicación rebeldes.[60]

El antisemitismo marcó la alianza entre los militares sublevados y la Iglesia católica, como puso de manifiesto el 28 de septiembre de 1936 un discurso del cardenal Isidro Gomá, arzobispo de Toledo y primado de toda España, dirigido a los defensores del Alcázar recién liberado, en el que se calificaba a la guerra de «choque de la civilización con la barbarie, del infierno contra Cristo». Gomá, tras lanzar sus dardos emponzoñados contra «el alma bastarda de los hijos de Moscú», situaba el origen de los desastres de España en el día en que la sangre española se mezcló con la de judíos y masones, que «envenenaron el alma nacional con doctrinas absurdas, con cuentos tártaros y mongoles aderezados y convertidos en sistema político y social en las sociedades tenebrosas manejadas por el internacionalismo semita».[61] Tres años más tarde, el propio Franco emplearía expresiones parecidas en otro acto celebrado en Toledo para conmemorar la liberación del Alcázar, al afirmar que los crímenes de las «hordas rojas» estaban inspirados en «la crueldad sin límites de una raza maldita».[62]

No es de extrañar que la admiración de Franco por los escritos de Tusquets hiciera que, cuando el propagandista catalán llegó a Burgos en septiembre de 1936, fuera acogido calurosamente en el cuartel general franquista, donde mantuvieron una estrecha relación durante la Guerra Civil[63] y huelga decir que Franco y Tusquets se dedicaron a fomentar sus prejuicios mutuos sobre judíos y masones. Tusquets también sirvió de enlace entre Franco y el cardenal Gomá. El 10 de mayo de 1937, Franco pidió al cardenal que convenciera al Vaticano para que condenara a los vascos por su apoyo a la República. Se quejó amargamente a Gomá de lo que, según él, era la hostilidad hacia los rebeldes de la prensa católica internacional, sobre todo en Gran Bretaña, Francia y Bélgica, y tachó de igual de perjudicial el tibio apoyo de las máximas autoridades eclesiásticas de algunos países. En su informe a Roma sobre la conversación, Gomá escribió: «El general atribuye el fenómeno a malquerencia tradicional, a miedo a situaciones de dictadura, a la acción neutral del populismo contemporizador, a la influencia del judaísmo y masonería y especialmente al soborno de algunos directores o redactores de periódicos que —es un hecho que consta— han recibido fuertes sumas para la odiosa campaña».[64] Que el tema seguía obsesionando a Franco se puso de manifiesto el 25 de julio de 1937, en la ceremonia de ofrenda al apóstol Santiago en la catedral de Santiago de Compostela, en la que el discurso de Franco, leído por el general Fidel Dávila, alababa al santo patrón de España como guía para el restablecimiento de la «unidad española, a tanta costa forjada», que «se quebró y despedazó al conjuro de secretas fuerzas revolucionarias que se escudaban en un laicismo ateo y en la masonería judaizante».[65]

Entre los convencidos de la existencia del contubernio judeomasónico-bolchevique a los que Franco dio un papel destacado estaba José María Pemán, quien, como se verá, a partir de octubre de 1936 presidió la Comisión de Cultura, que hacía las veces de Ministerio de Educación del improvisado Gobierno creado en octubre de 1936. La tarea de Pemán era depurar la docencia de judíos, masones y comunistas. El segundo de Pemán, el doctor Enrique Suñer, era un creyente aún más devoto en la existencia del contubernio. En julio de 1937, después de que Pemán emprendiera una serie de giras de propaganda, Franco nombró a Suñer presidente de la comisión en su lugar. Suñer cumpliría su cometido con tanto celo que Franco le eligió más tarde para presidir uno de los grandes instrumentos de la represión, el Tribunal Nacional de Responsabilidades Políticas.

Suñer se había dado a conocer como catedrático de Pediatría de la Universidad Central de Madrid, y durante la dictadura de Primo de Rivera había ocupado un cargo importante en el Ministerio de Educación. Poco antes de la llegada de la República, se ganó muchos enemigos en la izquierda. La dura reacción de la Guardia Civil a las manifestaciones estudiantiles en favor de la amnistía de los presos políticos, el 25 de marzo de 1931, se saldó con la muerte de un estudiante y un guardia civil, así como con dieciséis heridos graves. Indignado, Suñer dio rienda suelta a su «santa cólera» en un virulento

artículo publicado en *El Debate*, el 27 de marzo, titulado «La Pueri-
cultura de la Revolución». En él, afirmaba que las balas disparadas a
través de las ventanas de la sala para niños atacados de enfermedades
infecciosas de la Facultad de Medicina habían salido de las armas de
los estudiantes, lo que provocó la airada reacción de la Junta de la
Facultad de Medicina, que lo suspendió de su cátedra. El odio de
Suñer a la República le llevó a convertirse en miembro activo del
grupo de Acción Española.[66]

Poco después de ser nombrado vicepresidente de Pemán, en
1937, Suñer publicó su denuncia de los profesores e intelectuales a
los que consideraba responsables de la sangre derramada durante la
guerra. Su explicación era que el general Miguel Primo de Rivera
había sido demasiado tolerante con la oposición:

> Uno de los defectos más graves en que incurrió fue, a juicio mío,
> el no haber sabido obrar, cuando las oportunidades se presentaban pro-
> picias, con métodos «dictatoriales» en los que la justa represión alcan-
> zara el grado necesario. No obstante el sistema de multas, destitucio-
> nes y otras medidas parecidas, el noble corazón de Primo de Rivera
> mostróse débil para derramar sangre. Hubiera entonces bastado con
> la pérdida de vidas de uno de los días actuales para que el imperio de la
> ley y el respeto sagrado a las autoridades hubiesen sido hechos tan-
> gibles. Con unas cuantas docenas de penas capitales impuestas a los de
> arriba, y las necesarias deportaciones y expulsiones del territorio na-
> cional, muchos de los energúmenos, agitadores y cobardes revolucio-
> narios causantes de nuestras presentes desdichas hubiesen callado con
> silencio absoluto.[67]

Suñer distinguía dos clases de sangre. En el bando republicano,
estaba la «de conscientes criminales, autores de las hecatombes que
padecemos, de viles brutos, con instintos peores que las fieras». En el
bando de los militares sublevados, la sangre fluía «de hidalgos pechos
españoles —militares y milicianos— jóvenes generosos, llenos de una
abnegación y un heroísmo tan inmensos que sus heridas los elevan a
la altura de los semidioses de las leyendas helénicas». Luego, para justificar lo que él y Pemán hacían en la comisión, se preguntaba:

Y toda esta espantosa mortandad ¿ha de quedar sin el justo castigo? Nuestro espíritu se rebela contra una posible impunidad de los despiadados causantes de nuestra tragedia. No es posible que la Providencia y los hombres dejen sin castigar tantos asesinatos, violaciones, crueldades, saqueos y destrucciones de la riqueza artística y de los medios de trabajo. Es menester, con la más santa de las violencias, jurar ante nuestros muertos amados la ejecución de las sanciones merecidas.[68]

Suñer, que compartía las ideas de Pemán, denunció a todos los políticos republicanos como

hombres horrendos, verdaderamente demoníacos. Sádicos y vesánicos unidos a profesionales del hurto, de la estafa, del atraco a mano armada y del homicidio con alevosía, han ocupado carteras de Ministros, Subsecretarías, Consejos, Direcciones Generales y toda clase de puestos importantes. […] jabalíes y ungulados corriendo por el que fue Congreso de los Diputados, en busca de víctimas propiciatorias de sus colmilladas y de sus golpes de solípedos […]. Monstruos neronianos, directores de sectas y ejecutores de las mismas, han asesinado a la máxima esperanza de la Patria: Calvo Sotelo […]. Detrás de ellos quedan los masones, los socialistas, los comunistas, los azañistas, los anarquistas, todos los judíos dirigentes del negro marxismo que tiene por madre a Rusia y por lema la destrucción de la civilización europea. España ha sido y es teatro de un combate épico, ciclópeo, acción de titanes contra monstruos apocalípticos. Los programas expuestos en los «Protocolos de los Sabios de Sión» han empezado a cumplirse.[69]

Lo que se necesitaba era una «labor profunda, austera, callada, aplicadísima, como la realizada por esos dos grandes hombres, genios de hoy y de mañana, que se llaman Mussolini y Hitler».[70] El objetivo de la guerra, escribía Suñer, era «la fortaleza de la raza. Para ello hay que huir de toda clase de intolerancias y de sectarismos, inspirándose únicamente en la equidad y en el beneficio de todos los ciudadanos. […] Para que este programa ideal pueda cumplirse, hace

39

falta practicar una extirpación a fondo de nuestros enemigos, de esos intelectuales, en primera línea, productores de la catástrofe».[71] Su cargo de vicepresidente de la comisión presidida por Pemán le permitió vengarse a placer de la persecución de la que creía haber sido víctima. Decidido a eliminar a cualquier intelectual que hubiera contribuido a la cultura progresista de la República, Suñer envió numerosas denuncias al servicio de inteligencia rebelde, el Servicio de Información Militar, entre las que se encontraban las de personalidades conservadoras como el ilustre medievalista y filólogo Ramón Menéndez Pidal.[72]

Entre los miembros de *Acción Española* que encontraron acomodo junto a Franco, Pemán, Enrique Suñer y otros antisemitas, se encontraba el eminente psiquiatra Antonio Vallejo-Nágera. Este compartía sus ideas y, durante la Guerra Civil, como jefe de los Servicios Psiquiátricos militares de Franco, tuvo la oportunidad de ponerlas en práctica. Estaba obsesionado con la necesidad de la limpieza racial. En un libro publicado en 1934, había defendido la castración de los psicópatas.[73] Vallejo-Nágera recibió autorización oficial para poner en práctica sus teorías gracias a sus contactos personales tanto con Franco (su mujer era muy amiga de la esposa de Franco, Carmen Polo) como con altos cargos de la Falange.[74] Para afianzar su relación con Franco, Vallejo-Nágera recurrió al servilismo. Su libro sobre la psicopatología de la guerra, en el que incluyó sus investigaciones sobre los vínculos entre el marxismo y la deficiencia mental, lo dedicó a Franco «en respetuoso homenaje de admiración al invicto Caudillo Imperial, Generalísimo de los Ejércitos Españoles de Tierra, Mar y Aire». Vallejo-Nágera asumió como propia «esta labor tan trascendente de higienización de nuestra raza», para la que tomó como modelo a la Inquisición, porque creía, al igual que Franco, que esta había salvado a España de doctrinas ponzoñosas. Partiendo de la premisa de que «el espíritu racista siempre ha estado latente en España como lo pregonan los expedientes de limpieza de sangre en contra de judíos y moriscos», Vallejo-Nágera abogaba por «una Inquisición modernizada, con otras orientaciones, fines, medios, y organización; pero Inquisición».[75]

En agosto de 1938, Franco autorizó la asignación de recursos necesarios para que Vallejo-Nágera creara el Laboratorio de Investigaciones Psicológicas con el que se pretendía patologizar las ideas de la izquierda. El psiquiatra se propuso identificar los factores ambientales que fomentaban la expresión del «gen rojo» y los vínculos entre el marxismo y la deficiencia mental mediante pruebas psicológicas realizadas a presos republicanos vulnerables, físicamente agotados y mentalmente angustiados. El equipo de investigación estaba formado por dos médicos, un criminólogo y dos asesores científicos alemanes. Sus sujetos fueron brigadistas internacionales prisioneros en San Pedro de Cardeña y cincuenta mujeres republicanas presas en Málaga, treinta de las cuales habían sido condenadas a muerte. Partiendo de la premisa de que las mujeres eran degeneradas y, por lo tanto, propensas a la criminalidad marxista, explicó la «criminalidad revolucionaria femenina» debido a la naturaleza animal de la psique femenina y al «marcado carácter sádico» que aflora cuando las circunstancias políticas permiten a las mujeres «satisfacer sus apetencias sexuales latentes».[76] Su principal punto de partida era que el «gen rojo» contaminaba la pureza de la raza española con cepas judías. Su trabajo «confirmó» los prejuicios que la cúpula militar rebelde ya había asimilado a partir de las obras de Tusquets, Carlavilla y Pemán mediante argumentos «científicos» que justificaban sus opiniones sobre la naturaleza infrahumana de sus adversarios. Por todo ello, Vallejo-Nágera fue recompensado con el ascenso a coronel.[77]

Los colaboradores más íntimos de Franco, su cuñado y sucesivamente ministro de la Gobernación y de Asuntos Exteriores, Ramón Serrano Suñer, y su amigo de toda la vida, Luis Carrero Blanco, eran ambos creyentes en la veracidad de *Los protocolos de los sabios de Sión*. Serrano Suñer, como ministro de la Gobernación, había pronunciado el 19 de junio de 1938 un discurso de celebración del primer aniversario de la caída de Bilbao. En una larga diatriba contra los católicos franceses, como François Mauriac y Jacques Maritain, que habían insinuado que la causa franquista no tenía nada de sagrado, hizo comentarios que muchos de sus oyentes no debieron de entender del todo. El principal blanco de sus insultos fue el filósofo católico liberal Maritain, cuyas opiniones se resumían en esta petición: «Que maten en nombre del orden social o de la nación, lo cual es bastante horrible; pero que no maten en nombre de Cristo-Rey, que no es un jefe de guerra, sino un rey de gracia y caridad, muerto por todos los hombres, y cuyo reino no es de este mundo».[78] Maritain llegó a escribir: «Si hay en España un hombre que haya trabajado eficazmente a favor del comunismo internacional, es, sin duda alguna, el señor Largo Caballero, que así lo ha querido, pero también el general Franco, que quería todo lo contrario». Aún más exasperante para Serrano Suñer era la solidaridad de Maritain con la población católica del País Vasco, «víctima sangrante» de la guerra civil desencadenada por los sublevados.[79]

Serrano describió a Maritain como «este judío converso, que comete la infamia de lanzar a los vientos del mundo la especie de las matanzas de Franco y la necedad inmensa de la legitimidad del Gobierno de Barcelona». Retorciendo los hechos —Maritain era un protestante convertido al catolicismo y casado con una judía—, Serrano lo tachó de judío:

> España, que prestó a la Iglesia de Cristo el gran servicio de luchar contra la herejía protestante, renueva hoy ese servicio, haciendo esta otra salida al mundo. Frente a esto, ¿qué es lo que importa ni qué nos interesa a nosotros la sabiduría de Jaime Maritain? La sabiduría de Jaime Maritain tiene acentos que recuerdan la de los sabios de Israel y tiene las falsas maneras de los demócratas judíos. Nosotros sabemos que él está en trance de recibir, o recibe ya, el homenaje de las Logias y de las Sinagogas, tenemos derecho a dudar de la sinceridad de su conversión y a denunciar ante el mundo católico este peligro tremendo de traición.[80]

Un entusiasta editorial de *ABC* aplaudió la arremetida de Serrano Suñer contra «esa campaña inicua a que se entregan en Francia ciertos elementos que, deshonrando su condición en muchos casos, y los hábitos que visten, como en el de Maritain, el judío supuestamente converso, no son sino agentes de las logias hábilmente filtrados en determinados ambientes para producir efectos con sus campañas».[81] Esto desencadenó un aluvión de ataques antisemitas contra Maritain en toda la prensa de la zona rebelde. Los de Serrano Suñer serían secundados también por Juan Tusquets.[82]

Mientras Franco se ocupaba principalmente de los asuntos militares, las cuestiones políticas eran competencia de Serrano Suñer. Como ministro de la Gobernación y jefe efectivo de la Falange —era subjefe de la Junta Política de la que Franco era el jefe simbólico—, tenía el control total del aparato de propaganda del régimen. Su influencia se manifestó en el entusiasmo de la prensa rebelde, fuertemente controlada, por las medidas antisemitas del Tercer Reich y de la Italia fascista. A finales de enero de 1938, un artículo de *El Ideal Gallego* titulado «Loa al nazismo» declaraba: «En cinco años, Alemania se ha liberado de sus temibles enemigos: el judaísmo marxista. [...] En cinco años, Alemania se ha colocado nuevamente en la más alta cima del progreso y de la grandeza».[83]

José Pemartín, al igual que su primo José María Pemán y su íntimo amigo Eugenio Vegas Latapié, había sido un firme partidario de la dictadura de Primo de Rivera y miembro activo de Acción Española. En febrero de 1938 fue nombrado jefe del Servicio Nacional de Enseñanza Superior y Media del Ministerio de Educación Nacional. Poco después, publicó un programa detalladísimo para el futuro Estado franquista, *Qué es «lo nuevo»*, que era una curiosa amalgama de las ideas de Acción Española y la Falange. En él, Pemartín escribió que «ha tenido Hitler que desentrañar la mística del Racismo para despertar en el fondo oscuro de las venas germánicas el impulso heroico de los guerreros del Norte [...] no es solamente una mística, sino también la defensa contra una terrible realidad histórica: el destruccionismo satánico del pueblo judío, sentido en Alemania más que en otras partes».[84]

Hacia el final de su libro, Pemartín confiesa:

> Y es que aquel programa de catolización total de España no se podrá conseguir sin una acción decidida y oportuna contra las Sectas anticatólicas: contra la Masonería y el Judaísmo. [...] Pero no queremos terminar este libro sin señalar con todo vigor que la Masonería y el Judaísmo son los dos grandes y poderosísimos enemigos de los Fascismos, de la regeneración de Europa; más aún, específicamente de la regeneración de España en el sentido totalmente Católico que preconizamos. Hitler tiene plena razón en su lucha antijudaica a fondo.[85]

Como escribió Herbert Southworth en su momento, el libro de Pemartín «debe considerarse una obra de carácter oficial y con autoridad, no sólo por el lugar destacado del autor en la camarilla de Burgos, sino porque no se imprime ningún libro en territorio rebelde que no refleje la opinión oficial».[86] En 1970, todavía se vendían ejemplares de este libro en Madrid; de hecho, yo encontré varios en las estanterías de la Casa del Libro. Ni que decir tiene que, en la época en que este se publicó, la cobertura informativa de los acontecimientos en la Alemania nazi no mencionaba la persecución cada vez más encarnizada de los judíos.[87]

En la España de Franco, las afirmaciones generales dirigidas contra algún nombre colectivo que designara a los judíos, como «Israel» o «el Sanedrín» o «el Rabinato», iban acompañadas de referencias a estereotipos físicos, como podía verse en los escritos de Pujol, Pemán y otros. La distinción que solía hacerse entre antisemitismo religioso y racial no era más que un sofisma cuando se trataba del exterminio. Por supuesto, las consecuencias del antisemitismo en España no fueron las mismas que en Alemania y la mayor parte de la Europa continental. Las decenas de miles de personas que fueron asesinadas en los límites estrictos de España fueron menos que las víctimas del Tercer Reich y pocas de ellas eran judías. Sin embargo, la justificación de la matanza fue que los ejecutados eran títeres del contubernio judeomasónico-bolchevique. En los territorios donde había una comunidad judía, como en el Marruecos español, hubo una represión explícitamente antisemita que se ensañó con los judíos partidarios de la República. Veintidós de los cien judíos que se refugiaron en Tánger fueron fusilados. En Ceuta, treinta de los trescientos judíos de la ciudad fueron ejecutados. En Melilla, con una población judía mucho mayor, unos once fueron juzgados en consejo de guerra sumarísimo y ejecutados. A algunos judíos se les rapó el pelo en forma de cruz y muchos fueron recluidos en campos de trabajos forzosos. Los judíos del protectorado español fueron sometidos a una extorsión económica asfixiante. Además, como parte de la necesidad rebelde de reclutar a mercenarios moros, se difundió propaganda antisemita entre la población árabe en una campaña promovida por la poderosa sección local de la organización nazi exterior (Auslands-Organisation), que había sido clave para organizar el apoyo de Alemania a Franco.[88]

Durante la Guerra Civil, el antisemitismo subyacente en la prensa asociada a Acción Popular se hizo cada vez más explícito. Así, por ejemplo, el órgano de la Juventud de Acción Popular en Segovia, *La Ciudad y los Campos*, publicó siete artículos destacados sobre «la Bestia Judía» durante los tres primeros meses de 1937. En ellos se afirmaba que la «ruina de las grandes naciones» había sido obra de los judíos, a los que había que combatir «a muerte», y que la Guerra Civil era «una cruzada del siglo xx, la reconquista de España a sus enemigos, una misión imperial y un apocalipsis purificador».[89]

Este fue el tema constante hasta el final de la contienda. En su discurso triunfal en el espectacular desfile de la victoria celebrado en Madrid el 19 de mayo de 1939, Franco proporcionó más pruebas de que su pensamiento iba en la misma línea que el de Tusquets, Carlavilla, Pemán, Enrique Suñer y otros suscriptores de *Acción Española*. Durante la celebración de su victoria, Franco justificó la represión pasada, presente y futura vinculándola a la lucha eterna contra los judíos:

> La Victoria se malograría si no continuásemos con la tensión y la inquietud de los días heroicos, si dejásemos en libertad de acción a los eternos disidentes, a los rencorosos, a los egoístas, a los defensores de una economía liberal. [...] No nos hagamos ilusiones: el espíritu judaico que permitía la alianza del gran capital con el marxismo, que sabe tanto de pactos con la revolución antiespañola, no se extirpa en un día, y aletea en el fondo de muchas conciencias.[90]

Los verdaderos objetivos tenían que ver con los privilegios, pero el tema del enemigo racial y religioso estaba siempre ahí para disimularlos.

El discurso triunfal de Franco tuvo un sinfín de paralelos en las numerosísimas celebraciones de la victoria. Una de las más significativas fue la del 18 de julio de 1939, en el cerro de los Ángeles, en Getafe, al sur de Madrid, una espectacular ceremonia de desagravio a Jesucristo por el sacrilegio de un pelotón de milicianos republicanos que, el 28 de julio de 1936, había fusilado simbólicamente la estatua del monumento al Sagrado Corazón de Jesús. Este acto de la posguerra marcó el inicio de las obras de reconstrucción del monumento. Además de coches particulares y autocares y trenes abarrotados, fletaron más de cien camiones para que llevaran a la gente desde el centro de Madrid hasta el cerro. Decenas de peregrinos descalzos se dirigieron a escuchar el sermón del obispo de Alcalá-Madrid, Leopoldo Eijo Garay, que llegó flanqueado por unidades del Ejército y de la Falange. En su apasionado sermón a la multitud, retrató a los vencidos como «el satánico genio del mal, los judíos de hoy».[91]

Estos acontecimientos de la posguerra parecían justificar la presentación de Jorge Villarín del conflicto como una guerra contra los judíos y los bolcheviques. Sin embargo, el esfuerzo bélico de los rebeldes se había dirigido contra la Segunda República, sus reformas sociales y educativas y sus partidarios, entre los cuales los judíos y los bolcheviques eran una ínfima minoría. Obviamente, los planes de los militares golpistas y sus partidarios civiles encontraron cierta justificación en los desórdenes asociados a las insurrecciones anarquistas locales de 1932 y 1933 y a la huelga general revolucionaria de Asturias de octubre de 1934. Pero nada de esto tenía que ver con los judíos, los masones o los bolcheviques. La intención del golpe militar y la consiguiente guerra fue defender los privilegios de los propietarios, la Iglesia católica y los militares. Sin embargo, estos objetivos generales quedaron disimulados por la retórica antisemita, que sirvió de acicate a los golpistas, de excusa para tranquilizar sus conciencias y, al mismo tiempo, de justificación religiosa.

2

El policía

Las denuncias radicales del imaginario «contubernio judeomasónico y bolchevique» abundaban en la prensa de derechas antes de la Guerra Civil, muchos de cuyos columnistas y lectores consideraban hechos probados las fantasías antisemitas de *Los protocolos de los sabios de Sión*. En este aspecto, apenas había diferencia entre los pronunciamientos del fascista Onésimo Redondo, del catedrático de pediatría de la Universidad de Madrid Enrique Suñer, del director del periódico *El Debate* Francisco de Luis, del sacerdote Juan Tusquets y de un antiguo subordinado del general Mola, el policía Julián Mauricio Carlavilla del Barrio. Sin embargo, Carlavilla superó con creces a sus compañeros «teóricos» en el extremismo de su odio hacia judíos y masones —a los que calificó de «judíos *ersatz*», «sucedáneos de judíos»—, en el volumen de ventas de sus libros, así como en la corrupción y criminalidad de su vida personal y profesional.[1]

Nació el 13 de febrero de 1896 en el seno de una familia rural pobre de un pueblecito de Castilla la Nueva, Valparaíso de Arriba, en la provincia de Cuenca. Su padre, Manuel Carlavilla, era agricultor y su madre, Juliana del Barrio Martínez, maestra de pueblo. Tenía cuatro hermanos y dos hermanas. El joven Carlavilla trabajó como jornalero, recolector de aceitunas y pastor y siguió una formación rudimentaria como maestro de escuela.[2] A los veintiún años lo llamaron al servicio militar y pasó tres como soldado de reemplazo en Marruecos «por no poder pagar cuota ni sustituto». Cuando todavía estaba en Melilla, a finales de octubre de 1920, a la espera de su desmovilización el 31 de diciembre, se presentó a las oposiciones a agente de policía. Eligió la carrera de policía porque la tasa de examen era barata y las oposiciones en sí, fáciles. Como escribió más tarde, «si llegué a ser policía, fue por no costarme más que 150 pesetas y 45 días de estudio».[3] Una pregunta más relevante es cómo un hombre de pueblo y de escasa cultura se convirtió en un famoso vendedor de teorías conspiranoicas sobre la izquierda, con gran éxito comercial. La respuesta está en sus primeras experiencias en la fuerza policial.

Después de unas ocho semanas de estudio, Carlavilla aprobó las oposiciones y se incorporó al Cuerpo General de Policía. El 24 de junio de 1921, a la edad de veinticinco años, fue destinado a Valencia como agente de vigilancia de segunda clase, el penúltimo nivel del escalafón. Al cabo de tan solo once meses, lo trasladaron a Zaragoza a raíz de las quejas del gobernador civil de Valencia al director general de Seguridad de que las actuaciones de Carlavilla «desdoran el prestigio del Cuerpo».[4] En Zaragoza, conoció y trabajó bajo la dirección del inspector de la policía Santiago Martín Báguenas, que se convirtió en su mentor y amigo. Como comisario de segunda clase del Cuerpo de Vigilancia, Martín Báguenas, de treinta y ocho años, ocupaba un puesto situado cinco grados por encima del de Carlavilla en el escalafón.[5] La experiencia de ambos en Zaragoza fue el comienzo de su odio compartido hacia la izquierda y de su colaboración durante la siguiente década y media. Estuvieron involucrados en una violenta guerra contra los extremistas activos en la capital aragonesa. La salvaje oleada represiva al movimiento anarquista en Cataluña desencadenada por el general Severiano Martínez Anido había provocado detenciones en masa y una campaña de terror que había supuesto el asesinato de dirigentes clave como Francesc Layret, Salvador Seguí y Francesc Comes. En respuesta, Buenaventura Durruti, Ricardo Sanz, Francisco Ascaso y Aurelio Fernández formaron un grupo llamado Los Solidarios a finales de 1922. El 4 de junio de 1923, Los Solidarios asesinaron al cardenal de Zaragoza, José Soldevila Romero, profundamente impopular y ferozmente reaccionario. Entre los anarquistas, se creía que Soldevila financiaba a los pistoleros de los Sindicatos Libres y que había ayudado a organizar el asesinato de Seguí. Fue el primer paso de Los Solidarios para crear un grupo revolucionario, la Federación Anarquista Ibérica (FAI). Para financiarla, perpetraron una serie de audaces atracos.[6] Todo esto ocurría mientras Carlavilla estaba en el nivel más bajo del escalafón policial, el de agente de tercera. Durante su estancia en Zaragoza, Carlavilla recibió amenazas de muerte, según se dijo, de parte de «elementos anarcosindicalistas», aunque otro informe recogía que las amenazas habrían sido «por significarse en la persecución de elementos marxistas». Por su propia seguridad, en marzo de 1923, fue trasladado en rápida sucesión primero a Segovia y luego a Bilbao.[7]

En Bilbao, su hostilidad hacia la izquierda se intensificó.[8] Según su propio relato, su experiencia replicó lo que había visto en Zaragoza. Continuó trabajando contra la subversión izquierdista, aunque contra los comunistas más que contra los anarquistas. Afirmó así que el 23 de septiembre de 1923 había frustrado un atentado contra la vida de Indalecio Prieto. Un grupo de comunistas liderado por Óscar Pérez Solís planeaba volar las oficinas del periódico El Liberal de Prieto con él dentro. Por casualidad, Carlavilla pasaba por allí en un tranvía cuando vio a los hombres que habían ido a matar a Prieto delante del edificio y avisó a la Guardia Civil. Prieto se olvidó de la identidad de su presunto salvador y no mencionó más tarde la intervención de Carlavilla, algo por lo que este le guardó rencor de por vida.[9] En octubre de 1923, el policía solicitó el traslado a Madrid a una unidad bajo el mando de Martín Báguenas, que en diciembre de 1924 fue elogiada por su papel en la represión de anarquistas y comunistas.[10] En algún momento de esta serie de traslados, fue degradado a agente de vigilancia de tercera clase por causas desconocidas, aunque casi con seguridad relacionadas con su tendencia a la corrupción y a maltratar a los detenidos. En noviembre de 1925, aceptó un puesto en Marruecos, donde la paga era más alta. Allí, estableció contactos con figuras militares que le permitirían continuar su carrera.[11]

Mientras estaba destinado en Marruecos, le investigaron por sus actividades en Bilbao. Antes de que estas pesquisas concluyeran, el jefe de la policía de la zona solicitó que se le relevara de su cargo en la jefatura de Alcazarquivir (la actual Ksar el-Kebir) «por no cumplir los deberes de su cargo con el celo y prestigio debidos». El informe afirmaba que su comportamiento era «no solo censurable sino punible». Los abusos e irregularidades de los que se le acusaba incluían el «cobro de multas» que luego se guardaba en el bolsillo, así como la «prostitución clandestina tolerada y explotada en provecho propio». Sus actividades eran tan notorias que habían sido denunciadas en la prensa local. Lo destituyeron del cargo en Alcazarquivir y regresó a España, donde se encontró prácticamente en el paro.

Solicitó destino pero, dada la gravedad de sus delitos, le consideraron expulsado y, por lo tanto, le exigieron que pidiera la readmisión en el cuerpo. En consecuencia, el director general de Seguridad, el general Pedro Bazán Esteban, solicitó el expediente del caso al alto comisario en Marruecos. En el equipo de Bazán figuraba como jefe de la policía política —la Brigada de Investigación Social— Santiago Martín Báguenas, que había sido ascendido en abril de 1927 a comisario de segunda clase,[12] por lo que era muy probable que el caso de Carlavilla se estudiara de modo favorable al interesado. Además, también intercedió en su nombre el marqués de Magaz, embajador de España en el Vaticano, por recomendación de su tío, Ángel del Barrio Martínez, canónigo de la catedral de Tarazona, en la provincia de Zaragoza.[13] A la solicitud de documentación adicional, contestaron que no había pruebas concretas del carácter delictivo de la conducta de Carlavilla, pero, como sus actividades habían sido denunciadas en la prensa, era conveniente que lo enviaran de vuelta a España y que dicho traslado se considerase castigo suficiente. Al final, en junio de 1927 le asignaron un puesto en Madrid. Sin embargo, la solicitud de que le pagaran los atrasos correspondientes a los meses que había pasado en espera de destino le fue denegada porque su cese había sido «como sanción a la conducta equívoca observada por el dicho funcionario en la jefatura local de la Policía de Alcazarquivir».[14]

Después de un breve periodo en la capital, fue transferido el 1 de enero de 1928 a la División de Ferrocarriles de la Policía. Allí trabajó con la brigada volante[15] y formó parte de un equipo que obtuvo algunos éxitos notables. Junto con Francisco Horacio Iglesias Sánchez, con quien colaboraría frecuentemente durante los siguientes años, la brigada obtuvo una considerable notoriedad por atrapar a una banda de ladrones de joyas y por desarticular una «agencia de embarques clandestinos que facilitaba la huida a América de prófugos, desertores y otros delincuentes».[16] Su trabajo con la División de Ferrocarriles consolidó su creciente obsesión por el comunismo y la masonería. Formó parte del equipo que detuvo al político conservador José Sánchez Guerra cuando desembarcó en Valencia para liderar un frustrado golpe de Estado contra la dictadura a finales de enero de 1929.[17] Carlavilla escribió más tarde que sus investigaciones sobre el caso le habían llevado a la conclusión de que España estaba asediada por la masonería, el comunismo y el anarquismo.

Afirmó, además, que estaba profundamente alarmado por la falta de preocupación general ante esta amenaza, una inquietud que lo llevó a emprender su propia operación de inteligencia privada para denunciar a dichos enemigos:

> Lo hallé frente a mí cual muro de incomprensión inatacable desde las rebeliones de Ciudad Real y Valencia de enero de 1929. Personalmente, intervine bastante a fondo en la investigación de aquel frustrado intento revolucionario: hasta donde mis medios personales me permitieron y hasta donde las «Superioridades» me dejaron [...]. ¿Qué fue aquello para mí? [...] En dos palabras lo puedo decir: el relámpago primero de la tempestad, invisible aún, del asesinato masónico-comunista de España.

En realidad, los acontecimientos a los que alude fueron intentos de militares de alta graduación de derrocar la corrupta dictadura militar del general Primo de Rivera. Para justificar su clarividencia, Carlavilla dijo que el líder monárquico y profundamente conservador del movimiento, José Sánchez Guerra, había llegado a Valencia «con todos los requisitos de un revolucionario profesional, y rodeado de masones, republicanos y anarquistas». Afirmó también que el complot mal organizado, cuyo objetivo era restaurar la Constitución de 1876, estaba financiado por el capital internacional —lo que, en su lenguaje, era sinónimo de «judío»— y tenía por objetivo la imposición del comunismo en España:[18]

Muy poderosas razones patrióticas debía yo [de] tener el año 1929, inmediatamente después de *lo de Sánchez Guerra,* para introducirme en la conspiración, dándome arte y maña para lograr la más absoluta confianza del mando revolucionario. Esto lo hice por propia iniciati-. va, sin dar conocimiento a la Dirección de Seguridad, por *seguridad mía,* dada la comprobada *flaqueza* de la *Superioridad* policial, reflejo del estado de ánimo del Monarca. Correr el riesgo por partida doble, por parte de aquellos a quienes defendía y por parte de los conspiradores, concédaseme, debía [de] imponerlo muy alto imperativo; cuyo imperativo no podía ser otro que tratar por todos los medios de *evitarle* a mi Patria la catástrofe que yo preveía, sin detenerme el saber que, a la vez, salvaba con mi personal riesgo la vida física y la Corona del Rey, decidido cada vez más, por propio error y sugestiones ajenas, a perder Corona y vida.[19]

Su autoproclamado papel como agente secreto, mientras aún era miembro de la policía ferroviaria, consistió en infiltrarse en grupos de izquierda donde luego actuaría como agente provocador. Esto implicaba tanto la creación de una red de confidentes como la adopción de disfraces para participar en reuniones clandestinas. Según cuenta, lo hizo por iniciativa propia, sin informar a sus oficiales superiores. Sin embargo, a principios de 1930, el jefe de la policía ferroviaria no era otro que Santiago Martín Báguenas. Es difícil creer que este no conociera y aprobara la participación de Carlavilla en dos complots, finalmente abortados, para asesinar a Alfonso XIII y al general Miguel Primo de Rivera durante la inauguración de la gran exposición de Sevilla en mayo de 1929.[20] No existen pruebas de dichas tentativas más allá de las bravatas del propio Carlavilla, pero sí es cierto que se había infiltrado con anterioridad en una conspiración para secuestrar al dictador, aunque no para asesinarlo. La intriga había sido urdida por un grupo de oponentes a la dictadura, uno de los cuales era un destacado masón y militante del Partido Socialista, Juan-Simeón Vidarte.

Dicho plan, digno de una opereta, era drogar y secuestrar a Primo mientras estaba en la cama con una de sus amantes. Su neutralización sería el detonante de un golpe de los oficiales progresistas del Ejército. Al final, en la noche elegida para el secuestro, Primo no apareció, sino que envió en su lugar a un emisario con un ramo de flores para informar a la mujer de que ponía punto final a la relación porque él estaba a punto de casarse. A menos que Primo tuviera la costumbre de usar esta excusa para librarse de sus amantes, esto situaría el complot para secuestrar a Primo en junio de 1928, que fue cuando rompió su compromiso con la aristocrática Mercedes «Nini» Castellanos. En ese momento, la amante de Primo era Inés Luna, que estaba comprometida con Gonzalo Aguilera. Los detalles del plan de secuestro fueron omitidos de la narración ficcionalizada de Carlavilla, así como el hecho de que su oferta de asesinar a Primo a cambio de una importante suma de dinero hubiera sido rechazada de plano.[21]

Sostiene Carlavilla que no reveló a sus oficiales superiores lo que hacía en su tiempo libre, sino que, como escribió más tarde, «Tan solo cuando llegó Mola estimé no correr ningún riesgo por parte de la "Superioridad" policial, y le hice conocer mi *acción catalizadora* insertado en el círculo más exaltado de los revolucionarios».[22] En realidad, lejos de presentarse directamente al general Mola cuando este fue nombrado director general de Seguridad a principios de 1930, es mucho más probable que Carlavilla fuera introducido gradualmente en sus servicios secretos por Martín Báguenas, a esas alturas comisario de primera clase y jefe de la Brigada Social de la Dirección General de Seguridad desde el 27 de diciembre de 1930,[23] un cargo en el que era conocido por su brutalidad: en cierta ocasión, en 1930, la paliza que propinó al joven comunista Enrique Castro Delgado, con patadas en los testículos incluidas, provocó que su víctima quedara estéril.[24]

Poco después del ascenso de su mentor, Carlavilla también dejó la policía ferroviaria el 6 de enero de 1930, para incorporarse formalmente a la División de Investigación Social. Actuó como secretario de Martín Báguenas en la elaboración de la acusación contra los civiles implicados en la Sublevación de Jaca.[25] Informado por fin de las actividades clandestinas de Carlavilla como provocador, Mola estuvo más que encantado de utilizarlo para estos fines, como él mismo reconocería en dos ocasiones en sus memorias. En primer lugar, mencionó «el libro *El comunismo en España,* de Mauricio Karl —pseudónimo bajo el que se ocultan los nombres de dos personas que me son muy conocidas—», que sólo podían ser Martín Báguenas y Carlavilla, lo que sugiere que cualquier misión encomendada por Mola a Carlavilla lo habría sido por intermediación de Martín Báguenas. Mola describe más tarde el trabajo de un policía infiltrado anónimo que se había visto involucrado en un complot para asesinar al rey. Carlavilla se jactó más tarde de que se trataba de una alusión a su papel como responsable de abortar las conjuras contra la vida del monarca.[26]

Una de las tareas que tenía encomendadas Carlavilla era la vigilancia de las actividades de la oposición republicana. Sus prejuicios saltan a la vista cuando afirma que, gracias a ellas, tenía pruebas de que Azaña era homosexual:

> Por ser policía en ejercicio el autor, hubo de vigilar las actividades conspiradoras de Azaña, allá por el año 1930, cuando, elegido Presidente del Ateneo, empezó a tener alguna personalidad política. [...] No solo hay pista del homosexualismo en el que sería primera figura de la Segunda República. Cierto día del otoño de 1930, se produjo un escándalo mayúsculo en cierta dependencia demasiado estrecha del Ateneo. Azaña se propasó con cierto jovenzuelo, muy revolucionario a la sazón. Sufrió un error, pues el joven lo abofeteó y salió escandalizando y llamándole por las claras el calificativo que vulgarmente le correspondía.[27]

A finales de 1930, Mola encomendó a Carlavilla una misión a más largo plazo. Se trataba de recopilar un dosier sobre las presuntas actividades del Partido Comunista en España. Lo que Carlavilla confeccionó fue una mezcla delirante de fantasía y paranoia. Este sostiene que Mola le encargó dicho documento en nombre de la Entente Internacional contra la Tercera Internacional. Tras leer y aprobar su contenido, Mola lo envió a Ginebra. No sería descabellado suponer que la información del dosier se incluyera en los boletines que la Entente enviaba a sus suscriptores en España, entre los que figuraba el general Franco.[28] Dicho informe fue la base del primer libro de Carlavilla, *El comunismo en España.*

Carlavilla consideraba la llegada de la Segunda República un desastre y la materialización de sus profecías sobre el contubernio judeomasónico-bolchevique. La proclamación de la República fue seguida de la destitución de sus dos admirados superiores, Mola y Martín Báguenas. En cuanto a él, lo destinaron a una comisaría de Madrid, donde, con la excusa frecuente de encontrarse mal de salud, se tomaba mucho tiempo libre, que seguramente dedicaba a la redacción de su obra sobre el comunismo. Sostiene Carlavilla que, como precaución necesaria para preservar el anonimato, se había visto obligado a publicarlo bajo el pseudónimo de «Mauricio Karl», un supuesto «alemán y turista profesional». Como el libro criticaba al Gobierno y a la República, es posible que así también se protegiese de posibles sanciones de sus superiores en la policía. Más tarde, afirmó que el pseudónimo había sido idea de su editor, atraído por la sonoridad germánica del apellido «Karl». El texto de la cubierta del libro describía al autor como un agente del «Servicio Secreto Internacional». Ambas falsedades eran invenciones del propio Carlavilla, y sus desmentidos son ejemplos típicos de los burdos embustes que jalonaron su carrera. En el prólogo del libro, el abogado Luis Fernando Saavedra Núñez afirma haber conocido a «Mauricio Karl, alemán y turista profesional» en un hotel de Niza. A continuación, «explica» que, como «Karl» estaba a punto de partir hacia una misión en Manchuria, le había dejado el manuscrito original a Saavedra.[29] El libro fue objeto de numerosas y favorables reseñas en la prensa española, aunque varios críticos sospecharan de la verdadera identidad del autor. En *Mundo Gráfico*, José Luis Barberán comentaba sagazmente: «Esta obra, que aparece firmada con nombre extranjero, *Mauricio Karl,* está escrita, sin ningún género de dudas, por un policía español de alta categoría, que ha debido dedicar sus actividades durante bastante tiempo al servicio y estudio de los problemas de carácter social, aprovechando bien el tiempo empleado en este estudio, porque revela un conocimiento y un dominio completo de estos graves problemas». La conclusión del escritor era que la obra resultaba tan interesante que era «un libro que debían tener en su poder y consultarlo diariamente todos los elementos policíacos, desde el director general de Seguridad al más modesto de los funcionarios». En *ABC*, Álvaro Alcalá Galiano compartía las sospechas de Barberán.[30]

Otra reseña señaló que, en el prólogo, se decía del autor que era «un alemán que ha pasado cinco años en nuestro país actuando de agente secreto del Servicio Internacional contra el Comunismo», una entidad de cuya existencia el reseñador dudaba; sin embargo, dado que el informe original de Carlavilla había sido enviado a la Entente Internacional contra la Tercera Internacional, es muy probable que este se considerase agente de la organización.[31] Otro comentarista, intrigado por la identidad del autor, especulaba: «Hay quien supone que es un íntimo de Stalin. No falta quien sospeche que se trata del mismísimo Trotsky».[32] Inevitablemente, las críticas más elogiosas del libro aparecieron en la prensa de derechas. En un caso, fue recomendado como un libro que debía ser leído junto con un ejemplar de *Los protocolos de los sabios de Sión*.[33] En noviembre de 1933, el periodista de investigación José Luis Barberán apuntó que «Mauricio Karl» era en realidad Santiago Martín Báguenas, con gran disgusto de este último, que escribió de inmediato una carta al *ABC* desmintiéndolo. La presunción de Barberán era comprensible: según Carlavilla, como Martín Báguenas andaba escaso de dinero, habían decidido entre los dos que podía fingir ser el autor del libro. Así, consiguió vender varios cientos de ejemplares a miembros de la policía, por los que percibía una comisión del 40 por ciento del precio de venta al público.[34]

Curiosamente, una crítica cuestionó la veracidad del relato de Carlavilla de que había frustrado dos atentados contra el rey y el general Primo de Rivera.[35] La acusación de que eso eran invenciones procedía de la pluma del capitán de artillería en la reserva Jorge Vigón Suero-Díaz. Vigón era uno de los más destacados e influyentes monárquicos conspiradores contra la República, y pronto utilizaría los servicios tanto de Carlavilla como de su amigo Santiago Martín Báguenas.

Carlavilla afirmó más tarde que el miedo a las represalias le había obligado a destruir la documentación que demostraba su papel como agente infiltrado cuando se hizo evidente que la monarquía estaba a punto de caer.[36] Poco después de la instauración de la República, como castigo por sus actividades antirrepublicanas, Santiago Martín Báguenas se encontró en excedencia forzosa, con el salario reducido a la mitad, acusado de negligencia e incompetencia durante los desórdenes relacionados con la quema de iglesias en Madrid el 11 de mayo de 1931, así como de maltratar brutalmente durante los interrogatorios a los detenidos. En la práctica, se le castigaba por sus actividades para desarticular las conspiraciones republicanas contra la dictadura a las órdenes de Mola.[37] Carlavilla afirmó que él fue quien había dispuesto que Martín Báguenas ayudase a los conspiradores a preparar el golpe de Sanjurjo. Dada su habitual mendacidad, es más probable que fuera al revés y se aprovechase de que Martín Báguenas, asesinado en 1936, no podía contradecirle. Carlavilla y Martín Báguenas colaboraron «principalmente en frustrar todos los trabajos de la Policía tendentes a descubrir el Movimiento». Según el monárquico Juan Antonio Ansaldo, a cambio de su labor, Martín Báguenas recibía un importante salario mensual.[38] Sin embargo, cuando llegó al poder el Gobierno de derechas de la coalición entre el Partido Radical y la CEDA, el presidente del Gobierno, Alejandro Lerroux, lo llamó al servicio activo y promovió su ascenso meteórico. Martín Báguenas estuvo al frente del Grupo Especial de la Presidencia del Consejo de Ministros de Lerroux a principios de 1934, para luego ascender a jefe superior de la Policía de Madrid a partir del 1 de junio de 1935 y comisario general del Cuerpo de Vigilancia. Al cabo de un mes, ya era jefe de la Policía de Barcelona y, a los tres meses, delegado de Orden Público en Cataluña. En el que iba a ser su último Consejo de Ministros, Lerroux llegó a proponer que Martín Báguenas fuera nombrado director general de Seguridad. La propuesta fue aceptada por el presidente de la República, Niceto Alcalá-Zamora, pero el nombramiento no se produjo debido a la caída del Gobierno de Lerroux. Martín Báguenas devolvió los favores a Lerroux advirtiéndole el 17 de julio de 1936 que el alzamiento militar estaba previsto para esa noche y que debía abandonar Madrid, tras lo cual Lerroux emprendió el largo camino del exilio.[39]

Carlavilla era un conspiranoico que alegaba que masones, judíos, izquierdistas y homosexuales estaban confabulados para destruir España. Entre 1932 y 1936, tras el éxito del primero de sus libros sensacionalistas escritos con el pseudónimo de «Mauricio Karl» —el ya mencionado *El comunismo en España*—, publicó dos títulos más que cosecharon un gran éxito de ventas: *El enemigo* y *Asesinos de España*.[40] Y si en el primero había descrito a los socialistas, anarquistas y comunistas como los enemigos de España que debían ser derrotados, en los dos siguientes, Carlavilla afirmaba que los que estaban detrás de los asesinos izquierdistas de la nación eran los judíos, que manejaban a la masonería —«su primer ejército»—, al «ejército mercenario de Israel, el ejército marxista» y al capitalismo internacional. La grandeza española de los siglos XVI y XVII se había logrado con la expulsión de los judíos, mientras que la pérdida del imperio había sido culpa de los judíos y los masones. Para restaurar el esplendor imperial era preciso repetir las políticas que llevaban a cabo los nazis alemanes y los fascistas italianos, por cuyos dirigentes, Hitler y Mussolini, Carlavilla manifestaba una explícita admiración. La única esperanza de impedir la destrucción de la civilización cristiana y la instauración del imperio de Israel residía en derrotar a los «sectarios de la judería masónica». Como apenas había judíos en España, se entiende que el autor se refería a sus lacayos: los masones y la izquierda,[41] aunque también señalase que el PSOE contaba con numerosos militantes «judíos auténticos, como [Margarita] Nelken, y muchos judíos *recuperados*». Como prueba, Carlavilla incluía varias citas del *Mein Kampf* de Hitler: «Solo el conocimiento de la Masonería —esclava del judaísmo— da la clave para la comprensión de los verdaderos propósitos del Socialismo».[42]

Carlavilla afirmaba que el general Primo de Rivera, que murió de causas naturales, probablemente debido a una diabetes mal tratada, había sido envenenado por un masón judío, enviado, siempre según él, por el político y financiero catalán Francesc Cambó, «judío 100 por 100», cuando lo cierto era que Cambó no era judío ni masón. Por eso este intentó en 1934 demandar a Mauricio Karl por calumnia e injurias, aunque en vano, pues se desconocía la verdadera identidad del autor, que se libró así de comparecer ante el juez.[43] A pesar de todo, a principios de septiembre de 1934, *El enemigo* fue prohibido, aunque cuando se emitieron las órdenes de secuestro, solo quedaban cuatro ejemplares por vender. Eso sí: la segunda edición no fue autorizada ni siquiera tras la eliminación de los pasajes ofensivos, no solo debido a la artillería legal que Cambó había movilizado, sino también porque Carlavilla había llegado a insultar al ministro de la Gobernación, Rafael Salazar Alonso, acusándolo de estar «irradiado» por la masonería. Y lo cierto es que Salazar Alonso había sido masón antes de adoptar posiciones más conservadoras. Carlavilla escribió una carta de protesta afirmando que las prohibiciones eran obra de masones decididos a silenciarlo. Sus quejas se publicaron en la prensa de extrema derecha.[44]

Sin embargo, hizo comentarios aún más escandalosos sobre Cambó en su posterior libro, el virulentamente antisemita *Asesinos de España. Marxismo, anarquismo, masonería*, dedicado al Ejército en agradecimiento por haber sofocado la rebelión de octubre de 1934 en Asturias. Dos semanas antes de esos acontecimientos, Carlavilla había sido destinado a la sección de inteligencia política de la Dirección General de Seguridad.[45] Tras la derrota de la sublevación de los mineros, Carlavilla fue adscrito al Estado Mayor del comandante de la Guardia Civil Lisardo Doval Bravo, de cuarenta y seis años, tristemente famoso por su brutalidad. Carlavilla participó con entusiasmo en la posterior represión supervisada por Doval, interrogando a prisioneros. El 15 de noviembre, el director general de Seguridad, el capitán José Valdivia Garci-Borrón, envió a uno de sus subordinados, el inspector Ricardo Adrover, a investigar las atrocidades de Doval. Adrover fue expulsado violentamente de Asturias por Carlavilla, que amenazó con meterlo en la cárcel. Aunque la principal tarea de Carlavilla parece haber sido impedir la investigación de los excesos de Doval, se dijo que había traído consigo de Asturias las orejas y las narices de varios mineros como trofeos.[46]

En enero de 1936, Carlavilla publicó un compendio de sus tres primeros libros, que, para mayor confusión, llevaba el mismo título que el tercero, *Asesinos de España*, aunque incluía material añadido y, al mismo tiempo, omitía algunos pasajes de sus obras anteriores. En él, afirmaba que había distribuido gratuitamente a los oficiales del Ejército cien mil ejemplares del mismo, por los que renunciaba a percibir los derechos correspondientes.[47] Lo que se le olvidaba mencionar es que la impresión y distribución de esta edición —y, por lo tanto, su «generoso» gesto— formaban parte del plan coordinado por la trama civil de la Unión Militar Española para allanar el terreno al alzamiento inminente.[48] Carlavilla afirmó más tarde que la policía había tratado de impedir la distribución del libro, pero que solo había conseguido requisar cuatro mil ejemplares. En realidad, le acusaron de haberse conchabado con sus amigos policías para que confiscaran la mayoría de los ejemplares pagados por sus mecenas ultraderechistas, de modo que la venta de sus libros no se viera afectada negativamente.[49]

Que Carlavilla estaba obsesionado con el dinero es algo que pone más que de manifiesto la nota final de *Asesinos de España*:

> Lector amigo:
>
> Si este libro ha despertado en tu ánimo simpatía hacia mí, ayúdame a vivir no prestándolo sino a aquellos que no puedan comprarlo. Piensa que cada ejemplar no vendido es una peseta que pierdo yo, dos reales el editor y el resto el impresor, el librero, el encuadernador, los fabricantes de papel y tintas, la prensa que lo anuncia y, en fin, cuantos llevan una parte cristalizada en trabajo, jornales o beneficio, en cada ejemplar. Sobre todo, no olvides que solo ayudándome puedo continuar escribiendo en defensa de la verdad, a pesar de los riesgos, los sinsabores y enemigos que ello me ocasiona.[50]

En octubre de 1935, cuando el libro estaba a punto de publicarse, un grupo de sus admiradores, monárquicos y falangistas, expresaron su deseo de organizarle un homenaje. Ante la necesidad de proteger su identidad, se descartó el mecanismo habitual, un banquete. En su lugar, propusieron una cuestación para pagar una edición de lujo de sus tres primeros libros por el astronómico precio de cincuenta pesetas (unos 120 euros actuales) o de *Asesinos* por veinticinco pesetas. El dinero fue recogido y, presumiblemente, donado a Carlavilla, pero los libros jamás aparecieron. El anuncio de la cuestación se publicó en *La Nación*, el periódico de uno de los firmantes de la propuesta, Manuel Delgado Barreto, un amigo de extrema derecha de José Antonio Primo de Rivera. Tal vez debido a la lentitud con que llegaban las aportaciones, el mismo anuncio se volvió a publicar al cabo de una semana en *La Época*, junto a un artículo virulentamente antisemita que, con el título de «Israel manda», pretendía demostrar que *Los protocolos de los sabios de Sión* se basaban en hechos probados. Su autor afirmaba luego que, para lograr su plan de dominación mundial, los judíos tenían como principal instrumento a los masones. Firmado solo con una «M», es más que probable que el anónimo autor fuera también Carlavilla.[51]

La profundidad del antisemitismo de Carlavilla saltaba a la vista en su ataque a Cambó: «Su perfil judaico se trasluce y anuncia detrás de las cortinas de la farsa. Se le presiente, se le adivina, se le huele como a los rastros de las bestias, identificado siempre en las maniobras más sutiles, en los umbrales de la sombra, de la sangre y de las desgracias. Desprende su persona un vaho talmúdico». El libro terminaba con un provocador desafío a la derecha, tras presentar a judíos, izquierdistas y masones como buitres que se cernían sobre el cadáver de España: «El enemigo se ríe a carcajadas mientras las naciones albaceas de Sión se juegan a los dados diplomáticos el suelo de la muerte. Así puede ser el fin de España, que fue temida por cien naciones. Y así será, porque sus hijos ya no saben morir. Ni matar».[52] Las diatribas antimasónicas de Mauricio Karl eran citadas por extenso en la prensa carlista como hechos incontestables.[53]

A mediados de 1935, Carlavilla puso de manifiesto la toxicidad de su carácter ponzoñoso. En un artículo sobre el papel de la policía, Álvaro de Albornoz, que había sido ministro de Justicia de la República entre 1931 y 1933, hizo algunos comentarios sobre *El comunismo* y *El enemigo*: «firmados con el pseudónimo de Mauricio Karl, nos muestran de cuerpo entero a la policía de la vieja escuela española, aunque adulterado por una barroca y pintoresca seudocultura moderna». Señaló De Albornoz que el odio a la masonería «llena las páginas de *El enemigo* de rencor y de veneno. Ni uno solo de los hombres de la República se salva de su furia vengativa». Mencionaba el juicio de Karl sobre Santiago Casares Quiroga, exministro del Interior: «Acaso su destino final sea el de verse clavado en una esquina de la calle como un esputo sanguinolento por las cinco balas de un máuser». De Albornoz revelaba allí sus sospechas de que Mauricio Karl era el actual jefe de la policía de Madrid, Santiago Martín Báguenas:

«¡Espanta pensar que quien esto ha escrito pueda llegar a tener en sus manos la dirección de la Policía española!». Carlavilla replicó furioso en *El Siglo Futuro* para negar la insinuación de que Mauricio Karl era Martín Báguenas —un desmentido que repitió en *Asesinos de España*— y seguramente reveló más de lo que creía al afirmar que, si este fuera un alto mando policial, aplastaría a la masonería e insinuó que entonces De Albornoz podría darse por muerto.[54]

En febrero de 1935, una biografía del general Primo de Rivera escrita por César González Ruano fue criticada en el periódico liberal *La Voz* por afirmar que la muerte en París del depuesto dictador se debía a los masones. El autor del artículo, Rufino Blanco Fombona, tras calificar la acusación de «truculencias de novela de folletín», se preguntaba por las fuentes de González Ruano y ponía en duda que ningún masón quisiera asesinar a Primo. La «fuente» de González Ruano era el libro de Mauricio Karl *El enemigo*, en el que insinuaba que el exdictador había sido envenenado: «la víspera de su muerte, el general estuvo cenando con un masón de calidad; aún más: este hermanito era un judío sefardita». Esta burda patraña insinuaba además que la trama era obra de un misterioso «grupo M» que contaba con la aprobación del embajador español, el profundamente conservador José María Quiñones de León.[55] Carlavilla respondió indignado a los comentarios de Rufino Blanco en *La Voz* con una furiosa carta a *La Época* en la que aportaba unas ridículas «pruebas» de la veracidad de su relato: «Primero. Yo acuso a la masonería porque he obtenido "personalmente" la "confesión de parte". Segundo. Yo acuso a la masonería porque tuvo ocasión de ver al lado de Primo de Rivera, en París, a un judío y masón en posición de cometer impunemente el asesinato». En el caso muy improbable de que Carlavilla hubiera estado presente cuando Primo murió en París el 16 de marzo de 1930, es extraño que no interviniera para evitar que lo envenenasen.[56] El hijo del dictador y futuro fundador de la Falange, José Antonio, rechazó de plano la teoría de Carlavilla.[57]

Este, que aún no era más que un agente de segunda clase, fue expulsado de la policía el 27 de septiembre de 1935, según su expediente oficial, por «faltas graves». Las autoridades ya tenían los ojos puestos en él a raíz de las acusaciones de la primavera de 1935 de que estaba implicado en un plan para asesinar a varios políticos republicanos destacados. La investigación fue abandonada, aunque se iniciaron indagaciones sobre la autoría de sus libros *El comunismo en España* y *El enemigo*, debido a que ambos títulos revelaban secretos profesionales que solo conocían los miembros de la policía. Además, las sospechas recayeron sobre él porque en *El comunismo* se exigía que colgaran en la Puerta del Sol a doce políticos, entre los que figuraban Francisco Largo Caballero, Indalecio Prieto y Juan-Simeón Vidarte. Cuando le presentaron el pliego de cargos, Carlavilla confesó saber quién era Mauricio Karl, pero se negó a revelarlo. Presumiblemente siguiendo sus instrucciones, el secretario de Carlavilla, Gustavo Villar de la Riva, declaró ser el autor, pero su confesión se rechazó por inverosímil. Carlavilla manifestó que, si revelaba el nombre que se ocultaba tras Mauricio Karl, proporcionaría información a quienes querían matar a un hombre honrado por sus revelaciones sobre la masonería, el comunismo y el anarquismo. Alegó que los masones infiltrados en el aparato del Estado eran los que querían la información y añadió comentarios escandalosos e insultantes sobre políticos destacados, incluidos el entonces ministro de la Gobernación, Manuel Portela Valladares, y el subdirector general de Seguridad, Ramón Fernández Mato, que, según Carlavilla, querían averiguar la identidad de Mauricio Karl para asesinarlo. Todo esto, junto con las faltas disciplinarias que acumulaba en el expediente, culminó en su expulsión. Luis Fernando Saavedra Núñez fue interrogado por la policía durante la instrucción de la causa. A pesar de haber declarado en el prefacio de *El comunismo en España* que había conocido a Karl en Niza, negó conocer su verdadero nombre.[58] Por supuesto, Martín Báguenas conocía la identidad de Mauricio Karl; sin embargo, debido al cargo que ocupaba en Cataluña, o no pudo o no quiso ejercer su autoridad para salvar a Carlavilla.

En el recurso que presentó contra su expulsión, Carlavilla alegó que su cese había sido un acto de persecución por sus revelaciones antimasónicas o, en sus propias palabras, «por el delito de ser Mauricio Karl». Esta afirmación fue reiterada en un anuncio a toda página de *El comunismo*, *El enemigo* y *Asesinos de España*, que decía: «Por defender la verdad, acaba de sufrir Mauricio Karl un gravísimo quebranto».

Era una interpretación retorcida de la larga investigación de las autoridades sobre la autoría de sus obras antirrepublicanas y subversivas. En su confuso escrito de apelación, Carlavilla afirma que, puesto que no era ilegal criticar el marxismo, el anarquismo o la francmasonería, su expulsión debía de ser obra de masones con mando en la policía, en clara alusión a Manuel Portela Valladares, ministro de la Gobernación. Carlavilla alegó que era habitual que los masones asesinaran a sus críticos —una acusación habitual también en Juan Tusquets— y, para corroborarlo, afirmó que, cuando trabajaba como agente provocador infiltrado entre los opositores a la dictadura, la persona que le había dado la orden de asesinar a Alfonso XIII y al general Primo de Rivera en 1929 era el destacado dirigente del PSOE Juan-Simeón Vidarte.[59]

Aparte de sus actividades delictivas, Carlavilla era un activo colaborador de un grupo de conspiradores, la Unión Militar Española (UME), fundado en diciembre de 1933 por oficiales del Ejército indignados por la actuación de Manuel Azaña, que había impulsado reformas militares, clausurado el periódico *La Correspondencia Militar* y encarcelado a los oficiales involucrados en el golpe militar fallido del general Sanjurjo. La financiación de las actividades de la UME corría a cargo del grupo formado en torno a la revista ultraderechista *Acción Española*. El enlace era Jorge Vigón, que ya había encargado a Santiago Martín Báguenas la organización de un servicio de inteligencia para asegurarse de que los conspiradores estuvieran informados de lo que el Gobierno y su servicio de seguridad sabían acerca de sus actividades. El primer líder de la UME fue el teniente coronel falangista Emilio Rodríguez Tarduchy, a quien pronto sustituyeron el capitán Bartolomé Barba Hernández —que sentía un odio visceral por Azaña—, el capitán y abogado militar Eduardo Pardo Reina y el coronel Valentín Galarza. A finales de 1934, la UME ya tenía estrechos vínculos con la Falange y se encaminaba cada vez más a la preparación de un golpe militar.[60] En 1935, Carlavilla y Martín Báguenas continuaron colaborando. Además de utilizar su cargo en la Policía para prevenir acciones contra la UME, Carlavilla escribía gran parte del material de propaganda de esta, que circulaba profusamente entre los oficiales del Ejército que eran miembros o simpatizantes de la organización. Estos panfletos y folletos salían de la imprenta del hermano de Mauricio Carlavilla, Jesús, en Guadalajara. Además, Carlavilla se encargó de que la sede de su editorial en Madrid hiciera las veces de cuartel general de la UME en la capital.[61]

En mayo de 1936, un comunicado de la Dirección General de Seguridad reveló la supuesta implicación de Carlavilla, Pardo Reina, otros elementos clave de la UME y varios policías en conspiraciones para asesinar a Manuel Azaña, Largo Caballero y Diego Martínez Barrio. El asesinato de Azaña, el primero de los propuestos, se venía gestando desde marzo de 1935. Carlavilla financiaba la operación desde las oficinas de su próspera editorial. Pero en abril de 1935, Emiliano Carmelo Ruano Sánchez Seco, un confidente a sueldo de la Oficina de Información y Enlace, la misma unidad de inteligencia en la que estaba empleado Carlavilla, ya había revelado el complot. Ruano había servido en la Legión a las órdenes del tristemente famoso capitán Manuel Díaz Criado, para el que también había trabajado en Madrid. Díaz Criado había instigado la muerte a tiros de cuatro trabajadores en el parque de María Luisa de Sevilla en julio de 1931.[62] Ruano afirmó que Díaz Criado, Eduardo Pardo Reina y Julián Carlavilla habían contactado con él y, de forma harto inverosímil, le dijeron que la Dirección General de Seguridad les había ordenado reunir un equipo capaz de asesinar a Azaña, Largo Caballero y Martínez Barrio. Ruano, bajo la supervisión de Díaz Criado y con el dinero que le proporcionaba Carlavilla, comenzó a reclutar al equipo.

Para preparar los atentados, Carlavilla compró dos fusiles y dos pistolas y pagó la compra de un coche que debía utilizarse en la operación. También adquirió un bigote postizo, gafas y un sombrero grande para disfrazarse durante las entrevistas a los potenciales asesinos. Los pagos cesaron cuando Carlavilla decidió que quería voluntarios comprometidos que actuaran por convicción ideológica y no por dinero. El hombre elegido para matar a Azaña era un joven falangista, Cipriano Eroles Roda, que estaba previsto que atentara contra Azaña cuando este se dirigía a un mitin en Alcázar de San Juan (Ciudad Real). Se suponía que los miembros de su escolta fingirían una avería en el vehículo en el que viajaba Azaña, y Eroles, que los seguiría en el coche recién comprado, aprovecharía la ocasión para dispararle. Al final, Azaña no pudo asistir al mitin, que se acabó cancelando. Eroles abandonó el coche y las armas en una calle de Madrid, donde los encontró la policía. Carlavilla recibió aviso de que el caso estaba siendo investigado y el plan fue abortado.

La investigación fue archivada, oficialmente por falta de pruebas documentales, aunque muchos sospecharon que se había debido a que los autores, sobre todo Pardo Reina y Carlavilla, contaban con la protección de amigos y simpatizantes en las altas esferas. El jefe de la división de investigación de la Guardia Civil, el capitán Vicente Santiago Hodsson, había trabajado con Carlavilla y Martín Báguenas en la policía política creada cuando el general Mola era director general de Seguridad. El nuevo titular del cargo, el capitán José Valdivia Garci-Borrón, compinche de Alejandro Lerroux, era igualmente reaccionario. Lo destituyeron en junio de 1935 por su participación en el escándalo de Estraperlo. En el mejor de los casos, había hecho poco o nada por aclarar la tentativa de magnicidio de Carlavilla. El diario socialista de izquierdas *Claridad* señaló a Santiago Hodsson y Martín Báguenas como los principales protectores de Carlavilla y Pardo Reina. En el momento del complot para asesinar a Azaña, Díaz Criado trabajaba en el Gabinete de Información (el servicio de inteligencia) del Ministerio de la Guerra, liderado por José María Gil Robles.

Tras la victoria del Frente Popular en las elecciones de febrero de 1936, el caso fue reabierto. Un gran número de personas fueron interrogadas, incluyendo el secretario y empacador de Carlavilla, Gustavo Villar, Díaz Criado y Pardo Reina, quienes afirmaron que no sabían nada sobre el plan de asesinato. Se emitió orden de arresto contra Carlavilla, quien, avisado de lo que estaba a punto de suceder, el 18 de febrero de 1936 había logrado huir a Portugal con la ayuda de dos oficiales, Juan Antonio Escobar Raggio y el que era su socio desde hacía tiempo, Francisco Horacio Iglesias Sánchez. Al parecer, Carlavilla cruzó la frontera usando la placa de identidad de Iglesias.[63] Se abrieron diligencias contra Carlavilla, Díaz Criado, Pardo Reina, Gustavo Villar, Carmelo Ruano, Horacio Iglesias y Escobar Raggio; sin embargo, debido a la ausencia de Carlavilla, al negar los demás su participación en el complot y ante la falta de pruebas concretas, el caso fue archivado.[64]

Después de su expulsión de la policía, la principal actividad de Carlavilla fue la preparación de dos nuevos libros junto con su trabajo de recopilación de información para los conspiradores militares, que consistía básicamente en advertirles sobre el progreso de las investigaciones de sus actividades según le informaban sus compinches de la policía. También proporcionó a Bartolomé Barba listas de nombres de oficiales progresistas que «no eran de fiar», para que fueran eliminados de la UME. Los dos libros mencionados se titulaban provisionalmente *Hispanismo* y *La homosexualidad de un gobernante*. Ninguno de ellos llegó a publicarse, aunque material de este último, claramente una diatriba contra Azaña, apareció en la última obra de Carlavilla, *Sodomitas*.[65] Tras las elecciones que ganó el Frente Popular, su papel se centró en la redacción y distribución de propaganda a favor de un golpe militar. Participó activamente en la operación extraoficial de inteligencia montada para Mola por su viejo amigo, el inspector Santiago Martín Báguenas. El cerebro de todos los planes indicados parece haber sido este último, que trabajaba desde septiembre de 1932 para los conspiradores monárquicos y militares.[66] En Lisboa, Carlavilla se puso en contacto con el general exiliado Sanjurjo, pero manteniéndose al margen del complot militar.

Poco después del estallido de la guerra, Carlavilla se unió a la columna de voluntarios de la derecha en el exilio creada por el comandante Lisardo Doval. En Salamanca, Carlavilla ayudó a Doval a organizar y reclutar tropas para dicha columna y participó brevemente en ella como soldado de infantería. Doval lo envió de vuelta a Portugal para arreglar la compra de armas y suministros para la columna. Allí Carlavilla se puso en contacto con Nicolás Franco, que actuaba en nombre de su hermano. A su regreso a Salamanca, Carlavilla colaboró por poco tiempo con el padre Juan Tusquets en la recogida de información sobre presuntos masones, aunque trabajara cada vez más como agente de Nicolás Franco, que en la práctica era el factótum político de su hermano, con el cargo de secretario general del Estado. Uno de los planes de Nicolás era domeñar la Falange para acabar poniéndola a las órdenes de su hermano Francisco, algo para lo que recurrió a las habilidades de infiltración que Carlavilla había usado con los grupos de izquierdas a finales de los años veinte y principios de los treinta. Así, Carlavilla se hizo pasar por falangista, con cierto éxito al principio. Como confirmaría más tarde Felipe Ximénez de Sandoval, acabó participando en una de las distintas tentativas que se realizaron para liberar a José Antonio Primo de Rivera de la prisión republicana de Alicante.[67]

Una de las posibles soluciones era canjear al líder falangista por el hijo de Largo Caballero, presidente del Gobierno republicano. El joven Francisco Largo Calvo, que cumplía el servicio militar cuando se produjo el alzamiento, había sido detenido por oficiales rebeldes y, en septiembre de 1936, estaba encarcelado en Segovia. La propuesta de intercambio de prisioneros quedó en nada, pero, años después, en una entrevista concedida durante su exilio en México, Largo Calvo recordaba que Carlavilla le había visitado en la cárcel para intentar obligarle a escribir a su padre y conseguir que aceptara el canje:

En otra ocasión se presentó un falangista que me dijo que se llamaba Mauricio Karl, que posteriormente me enteré de que había sido inspector de policía de la Dirección General de Seguridad de Madrid, y me manifestó que le habían encargado gestionar mi canje con José Antonio Primo de Rivera, fundador de la Falange, que se encontraba preso en la Prisión Provincial de Alicante. Este individuo, que me visitó con frecuencia durante algún tiempo, se deleitaba manifestándome con verdadero sadismo que mi vida dependía de la de Primo de Rivera, lo que, teniendo en cuenta la situación en que decía encontrarse el jefe del fascismo español, era tanto como decirme que mis días estaban contados. Escribí una carta a mi padre informándole de cuál era mi situación, más que nada para que tuviera noticias mías, ya que como se suponía, y así pude comprobarlo posteriormente, tanto él como el resto de la familia me daban por fusilado, hasta el extremo de que mis hermanas se vistieron de luto; pero escribí la carta convencido de que nunca aprobaría mi padre canje tan descabellado, como así se lo hice saber a Mauricio Karl. Aún hoy ignoro si dicha carta llegó a su destinatario, ya que nunca tuve la fortuna de volver a ver a mi padre.[68]

Como veterano agente provocador, la principal función de Carlavilla era causar la mayor disensión posible en las filas de los falangistas. Bajo la dirección de Nicolás Franco, él y Ximénez de Sandoval escribieron el borrador del decreto de unificación entre la Falange y la Comunión Tradicionalista. Carlavilla afirmó más tarde que, después de que Francisco Franco accediera al cargo de Generalísimo y jefe del Estado, sospechaba de las intenciones subversivas de algunos elementos dirigentes de la Falange, la llamada camarilla «legitimista», parientes de José Antonio Primo de Rivera, decididos a impedir que la Falange cayera bajo el control franquista. Entre ellos estaban el vociferante Agustín Aznar, jefe de las milicias de la Falange y prometido de Lola, la prima de José Antonio; su adusta hermana Pilar; su ambicioso primo Sancho Dávila, jefe de la Falange de Sevilla, y su antiguo pasante, el sinuoso Rafael Garcerán. Al parecer, Carlavilla alentó las ambiciones de Aznar con la intención de tentarlo a cometer una grave indiscreción e informó a Nicolás Franco de que el grupo de Aznar mantenía contactos con el Gobierno republicano. Nicolás le ordenó que investigara el caso a fondo.

Mientras estaba en Sevilla, Carlavilla escribió un artículo en el periódico local de la Falange celebrando la ascensión de Franco a la jefatura del Estado. Dicho artículo, titulado «El Jefe del Estado. La Unidad», puso sobre aviso al grupo de Aznar de que Carlavilla trabajaba para Nicolás Franco. En consecuencia, una vez en Valladolid, Carlavilla fue víctima de dos tentativas de asesinato, una violenta agresión física y un intento de envenenamiento. Como el odio de los seguidores de Agustín Aznar ponía su vida en peligro constante, Carlavilla se refugió en Portugal. Es imposible poner una fecha exacta, pero es probable que fuera entre mediados y finales de octubre de 1936.[69] Curiosamente, en su adulador artículo sobre Franco, Carlavilla acuñaba una expresión, «el super-Estado masónico»,[70] que luego también adoptaría el Caudillo.

En efecto, en un importante discurso pronunciado el 11 de septiembre de 1945 ante los consejeros espirituales de la Sección Femenina de la Falange, Franco utilizó frases que apuntan a que había leído las obras de Carlavilla y le habían influido. Dijo a su público que la Guerra Civil se había emprendido para combatir la «maquinación satánica» de los masones que operaban en secreto. Ahora, les advirtió, España era atacada por «el super-Estado masónico» que controlaba la prensa y las emisoras radiofónicas del mundo, así como a los principales políticos de las democracias occidentales: «Sobre los Estados, sobre la vida propia de los Gobiernos, existe un súper Estado: el súper Estado masónico, que dicta sus leyes a los afiliados, a los que envía sus órdenes y sus consignas. Y existen quienes por ambiciones políticas y bastardías de todo orden obedecen a rajatabla sus consignas. Y como no son tontos, se han ido apoderando de gran parte de las radios y de la prensa universal, de los órganos de opinión». Este monstruoso poder, advirtió Franco, lo empleaban para denigrar a España.[71] De hecho, Carlavilla había alegado por primera vez que las logias masónicas constituían un súper-Estado en su libro *Asesinos de España*, y en otra parte del mismo, se refería al «super-Estado de Israel». En ese contexto, «Israel» era una referencia genérica a los judíos. Entre otras referencias diversas al súper-Estado, lo definía, incomprensiblemente, como una pinza con «la palanca del capitalismo articulada por el eje judío con la del marxismo».[72]

Una vez en Lisboa, Carlavilla trabajó durante un tiempo como agente de inteligencia extraoficial al servicio de Nicolás Franco, embajador en funciones en la capital lusa. El expediente de Carlavilla en los archivos de la policía española carece curiosamente de detalles sobre sus actividades en Portugal; parece que en un principio estaban encaminadas a espiar a los disidentes falangistas y carlistas exiliados. Por otra parte, para ganarse un sobresueldo, en colaboración con otro «agente honorario», Antonio Vélez y Fernández de la Torre, Carlavilla empezó a llevar a cabo transacciones financieras ilegales. Ambos acabaron por atraer la atención de la policía política portuguesa, la Polícia de Vigilância e Defesa do Estado (PVDE). En la primavera de 1939, el jefe de la PVDE ordenó que ciertos individuos españoles que ejercían funciones policiales pusieran fin a las mismas. El 13 de abril de 1939, Carlavilla era detenido por la PVDE en el curso de una investigación. Permaneció encerrado en la prisión política de la Cadeia do Aljube en Lisboa, de la que salió en libertad al cabo de cuatro días.

Un informe de la embajada de España en Lisboa del 19 de septiembre de 1939 reconocía que Carlavilla y su socio Antonio Vélez operaban con cierto éxito como agentes de inteligencia, pero lamentaba que la corrección de su conducta pública y privada dejara mucho que desear. El informe fue enviado a la Dirección General de Seguridad por el agregado policial de la embajada, Manuel Varela y decía, textualmente, que Carlavilla actuaba «en funciones privadas» para la embajada y que, «si bien, él y otros, la parte informativa la llevan con bastante acierto, éxito y agrado por parte del Sr. Embajador, no ocurre a mi juicio y según rápida información que de las mismas he podido obtener, con la parte moral, en todos sus aspectos públicos y privados».[73]

Este informe profético fue escrito solo tres días antes de que volvieran a detener a Carlavilla en compañía de Vélez. En esta ocasión, se practicaron investigaciones más exhaustivas sobre sus presuntas operaciones de contrabando y tráfico ilícito de divisas en el mercado negro. Carlavilla se describió ante la policía secreta portuguesa como «profesor y escritor», mientras que Vélez dijo ser *advogado*. Tras cumplir tres meses en la cárcel, ambos fueron expulsados de Portugal el 23 de diciembre de 1939. Sus expedientes indican que les fue «prohibida por tiempo indefinido su entrada en el país».[74]

Curiosamente, mientras Carlavilla estaba en Portugal, se produjo una serie de circunstancias en la organización de la policía franquista que le brindó una oportunidad a su medida. En 1937, el régimen creó una Brigada Antimarxista cuyo propósito era combatir la conspiración judeo-bolchevique y masónica que Carlavilla había contribuido tanto a denunciar. En el transcurso de 1937, en el cuartel general de Franco se crearon varias secciones dedicadas a la recogida y catalogación del material incautado en las zonas capturadas, en las oficinas de los partidos políticos y los sindicatos, en las logias masónicas y en los domicilios de los izquierdistas. Estaban la Sección Judeo-Masónica del Servicio de Información Militar, la Oficina de Investigación y Propaganda Antimarxista y la Oficina para la

Recuperación de Documentos. Los nombres obtenidos a partir de dicho material se introducían en un enorme fichero de izquierdistas a los que había que detener, juzgar y castigar. Estas secciones se fusionaron el 26 de abril de 1938 en la Delegación del Estado para la Recuperación de Documentos, bajo el mando de Marcelino de Ulibarri Eguílaz. Una de las personas más influyentes a las órdenes de Ulibarri era el policía Eduardo Comín Colomer, amigo de Carlavilla. En agosto de 1938, todos los servicios de seguridad de la zona franquista se habían unificado en el Servicio Nacional de Seguridad dirigido por el teniente coronel José Medina. En ese momento, según relata él mismo, Carlavilla trabajaba en Portugal a las órdenes de Medina.[75] Mientras tanto, uno de los principales departamentos del recién creado Servicio Nacional de Seguridad era la Policía de Investigación y Seguridad, que a su vez se dividía en varias secciones, una de las cuales, la de Antimarxismo, constaba a su vez de tres subsecciones: Masonería, Judaísmo y Publicaciones. Comín Colomer era el jefe de las subsecciones dedicadas a la masonería y el judaísmo, así como el director del *Boletín de Información Antimarxista*. Era inevitable que acabara reclutando a Carlavilla como colaborador. Al fin y al cabo, la creación de este organismo y sus actividades eran lo que este llevaba defendiendo desde su primer libro. Comín Colomer se convirtió en el ayudante de Marcelino de Ulibarri y desempeñaría un papel clave en la clasificación y selección del material capturado para su uso por la policía secreta.[76]

Es desconcertante que Carlavilla optara por quedarse en Portugal en lugar de volver a España a disfrutar del éxito de sus ideas. Dado su entusiasmo por el dinero, es muy probable que no regresara porque, en Portugal, sus ganancias ilícitas eran muy superiores a su salario como policía en España. En las fotografías que constan en su expediente de los archivos de la policía portuguesa, vemos a Carlavilla vestido con gran elegancia, mucha más de la que su rango en la policía le hubiera permitido. En marzo de 1940, Carlavilla recurrió contra su expulsión de la policía de septiembre de 1935, alegando que había sido víctima de una persecución política por su oposición al comunismo y a la masonería. Su solicitud contó con el aval del director general de Seguridad, el conde de Mayalde, José Finat y

Escrivá de Romaní, quien aprobaba de todo corazón su papel como anticomunista y antimasón. En mayo, la expulsión de Carlavilla fue borrada de su expediente y se reincorporó al cuerpo como agente de primera clase con destino en Madrid. En diciembre, solicitó la totalidad de los haberes adeudados desde su expulsión en septiembre de 1935.[77] Sin embargo, su regreso no fue, como cabía esperar, triunfal. Su posterior carrera de policía sería igual de mediocre que antes de su expulsión. Mayalde lo puso al frente de una Brigada Especial dentro de la Dirección General de Seguridad con la misión de controlar a los judíos residentes en España; una brigada que se había creado a petición de Heinrich Himmler. Mayalde no tardó en abandonar la Dirección General de Seguridad para ir a Berlín de embajador.[78]

En cualquier caso, Carlavilla parecía ahora más interesado en ganarse la vida cómodamente. Fundó y dirigió su propia editorial, NOS. Durante la Segunda Guerra Mundial, considerado una estrella de la extrema derecha, fue invitado a recorrer los campos de concentración nazis, donde le impresionó especialmente la persecución de los homosexuales. En su libro *Sodomitas* escribió: «Los campos de trabajo recibieron millares y millares de sodomitas de todas las clases sociales. Allí se les veía distinguiéndose de otras categorías de presos por el color de la estrella de tela cosida al uniforme carcelario, y también por ser solo ellos durante todo el tiempo los que permanecían de pie y debían estar marcando el paso sobre su propio terreno, lo cual hacía doblemente trabajosa su tarea». En la obra mencionada, planteaba más adelante una extraña explicación de por qué los alemanes trataban a los homosexuales con mayor dureza que a judíos y comunistas: según Carlavilla, eran más resistentes a la medicación antiafrodisíaca y, por lo tanto, sus instintos sexuales solo podían refrenarse mediante el agotamiento.[79]

En 1940 y 1941, estuvo destinado brevemente en Gerona, Palma de Mallorca y Barcelona. Sin embargo, después de reincorporarse a la policía, estuvo en excedencia la mayor parte del tiempo. Cuando lo destinaron a Palma de Mallorca a finales de 1941, lo ascendieron a inspector de segunda clase, pese a lo cual Carlavilla solicitó el traslado a Madrid. En vista de que dicha solicitud no prosperaba, presentó una baja por enfermedad tras otra a lo largo de 1942, alegando problemas respiratorios varios hasta que acabó pidiendo la excedencia en octubre de dicho año.[80] El expediente de Carlavilla revela que, en 1943, la Brigada de Información investigó a una mujer llamada Eloísa Sánchez Sánchez, que era socia de Carlavilla en un negocio de joyería. Este le había dado cincuenta mil pesetas para ayudarla a montar el establecimiento, domiciliado en un piso de su propiedad en la avenida de José Antonio de Madrid.[81] Eloísa Sánchez era la viuda de Eduardo Barriobero, el abogado anarquista corrupto que, en otoño de 1936, dirigía la llamada «Oficina Jurídica», el «sistema judicial» de la Cataluña revolucionaria. Durante el tiempo que estuvo en el cargo, Barriobero fue acusado de utilizar su posición para acumular considerables riquezas, ya que supuestamente se embolsaba enormes multas impuestas por posesión de objetos religiosos. Barriobero fue encarcelado después de que se descubriera que había ingresado importantes sumas de dinero en bancos franceses. A mediados de septiembre de 1936, encontraron a siete falangistas escondidos en el piso que Barriobero tenía alquilado en Madrid y por el cual Eloísa había percibido importantes sumas. No está claro si ese departamento se lo había alquilado a Carlavilla. Otra de las actividades para las que Carlavilla se asoció con Eloísa fue un viaje a París en el que intentaron en vano recuperar un alijo de joyas que el marido de Eloísa había llevado allí antes de su detención.[82] Tal vez sea coincidencia, pero algunos de los pocos éxitos de Carlavilla como detective habían sido en la búsqueda de ladrones de joyas. En un caso, según un artículo de su compañero Francisco Horacio Iglesias, él y Carlavilla habían seguido la pista de unas joyas robadas en París.[83]

Mientras se hallaba en Barcelona convaleciente de una enfermedad —aunque siguiera destinado en Palma de Mallorca—, Carlavilla dio varias clases particulares a la Asociación Sacerdotal San Antonio María Claret. A las mujeres no se les permitía asistir a sus charlas sobre las amenazas de los judíos, masones y comunistas, por lo que su público estaba formado por hombres, especialmente sacerdotes, falangistas y carlistas. En diciembre de 1947, solicitó plaza como profesor de la Escuela de Policía Española de Madrid.[84] En 1952, pidió con éxito su reincorporación a la policía, dentro de la cual, en octubre de

1953, alcanzó por fin el rango de comisario, destinado al Servicio de Información Nacional. En febrero de 1957, al cumplir la edad reglamentaria de jubilación, los sesenta años, se vio obligado a abandonar el cuerpo.[85] Durante todos esos años, al parecer, tuvo siempre un retrato de Hitler en su despacho.[86]

En el periodo inmediatamente anterior a su jubilación y en los tres años posteriores a la misma, Carlavilla produjo una serie de libros de gran éxito, incluidos algunos que eran ediciones no autorizadas de obras de políticos republicanos a los que añadía comentarios del editor críticos, por no decir ofensivos. En octubre de 1956, en un anuncio de *ABC*, el librero madrileño Rubiños publicaba una lista de sus diecisiete obras de no ficción más vendidas.[87] Once de los diecisiete títulos habían sido publicados por la editorial NOS, seis eran obras de Carlavilla y cinco llevaban un prólogo suyo. Entre ellas, se encontraba su libro más importante, una biografía de Alfonso XIII y, posiblemente uno de los más ridículos o delirantes, *Sodomitas*. Dado que el precio de venta al público de sus libros era de entre cincuenta y cien pesetas, significativamente superior a los precios medios de los libros de la época, todo apunta a que durante los años cincuenta el éxito económico de su empresa fue considerable.

Otra obra bastante extraña, publicada en 1955, *El dinero de Hitler*, decimotercero de la lista de Rubiños, era una traducción de un folleto de noventa y nueve páginas que había aparecido por primera vez en 1933 en Holanda como *De Geldbronnen van Het Nationaal-Socialisme. Drie Gesprekken Met Hitler* («Las fuentes de financiación del nacional-socialismo. Tres conversaciones con Hitler»). Su tesis era que los capitalistas estadounidenses habían financiado el ascenso al poder de los nazis con la esperanza de poder beneficiarse cuando el Tercer Reich dejara de pagar las reparaciones a Francia impuestas por el Tratado de Versalles. El presunto autor, Sidney Warburg, perteneciente en teoría a una conocida familia de banqueros, en realidad no existía. El libro fue rápidamente denunciado como un montaje y todos los ejemplares, retirados de la venta. A pesar de que se sabía que el libro era una patraña, Carlavilla lo publicitó como escrito por «el multimillonario Warburg» y se jactó de que su edición revelaba que «un "gang" financiero judío dieron [*sic*] sus millones [a Hitler en 1929 y a Lenin y

Trotski en 1917] para provocar la Guerra Mundial». Afirmó que, «después de años investigando, aporta un luminoso informe documental sobre la autenticidad de la obra». Las «ampliaciones históricas» escritas por Carlavilla casi triplicaban la extensión del libro e inflaban su tesis central para concluir que los judíos estadounidenses habían financiado a los nazis con el fin de provocar una gran guerra como paso hacia la dominación mundial.[88]

Sodomitas acabó siendo una de las obras de mayor éxito de Carlavilla. En 1956, fue la tercera en la lista de best sellers de Rubiños y, entre su primera publicación y los años setenta, tuvo otras doce ediciones. El libro se divide en tres apartados, que tratan respectivamente del supuesto vínculo entre la sodomía y el comunismo; lo que él llama la «escuela sodomizante»; los esfuerzos supuestamente concertados realizados para propagar la homosexualidad, y, en tercer lugar, la aparente conexión entre la sodomía, la política y el espionaje internacional. La combinación singular y aberrante de locura, invención y prejuicios del libro se refleja en el prólogo, que adopta la forma de una advertencia a los padres. Carlavilla describe la sociedad urbana como una jungla en la que acechan no animales feroces, sino pervertidos, y concluye que, si un hijo resulta corrompido, «"¡Mejor muerto!"… gritaréis desesperados. Sí; mejor muerto vuestro hijo… Mejor devorado por cualquier alimaña. Mejor para él, para vosotros y para con Dios».

Según Carlavilla, la relación entre la homosexualidad y el comunismo radicaba en que ambos eran virus que llevaban a la destrucción de la familia, de la propiedad privada y del orden social establecido: «la sodomía tiene una función comunista a través de los siglos, pues ambas "aberraciones", aun siendo de distinto tipo, son contrarias a la familia y a la propiedad privada y al orden tradicional». Carlavilla dedicaba un generoso espacio a la enemistad entre Hitler y la comunidad homosexual, pese a reconocer, con una referencia a Ernst Röhm (cuyo nombre escribe «Rhoen»), que el NSDAP estaba «infestado» de homosexuales. Con el peregrino argumento de que el comunismo es de inspiración directamente satánica, afirmaba que «el satanismo es el gozne que articula comunismo y homosexualismo». No es extraño que viera la influencia judía en ambos fenómenos, como de forma inevitable revela en el apartado sobre las fuerzas intelectuales propagadoras de la sodomía, en cuyo nutrido grupo incluyó a Spinoza, Marx, Engels, Freud y Einstein. La tercera parte del libro se basa en la biografía psicosexual de Azaña inédita que estaba preparando cuando tuvo que huir de España en 1936. Insinuando que la mayoría de los masones son homosexuales, traidores a sí mismos y vulnerables al chantaje, concluye, en su lógica retorcida, que a menudo son traidores al servicio del espionaje internacional. Carlavilla basaba esta opinión sobre todo en el caso de dos célebres espías británicos, Guy Burgess y Donald Maclean.[89]

Al cabo de un año de la publicación de *Sodomitas*, Carlavilla dio a la imprenta un ensayo igual de extravagante, *Satanismo*, basado en la idea de que la masonería era la creación de una secta judía de Babilonia influida por el mismísimo diablo. Si ya es grotesco que asociara al doctor Marañón con las funestas consecuencias sexuales de la cabalística, más estrafalaria aún es su tesis de que los judíos habían llevado a cabo millones de asesinatos rituales desde la Edad Media hasta bien entrados los años treinta del siglo xx.[90]

La publicidad de Rubiños fue seguida al cabo de un mes por un gran anuncio pagado por la Editorial NOS al mismo periódico. Las infladas descripciones de sí mismo y de los libros en oferta rayaban en la megalomanía. De sí mismo, Carlavilla decía que, como Mauricio Karl, él había predicho con exactitud en 1931, 1934 y 1935 cómo y cuándo el marxismo, el anarquismo y la masonería asesinarían a España. A continuación sostenía que, ya como Mauricio Carlavilla, había predicho cómo estos «asesinos de España» destruirían la cristiandad. Su biografía de Georgi Maximilianovich Malenkov, quien durante un breve lapso fuera sucesor de Stalin, *Malenkov. Biografía política y psico-sexual* (NOS, 1954) se presentaba como «una verdadera historia secreta de la URSS a través de la biografía del eunucoide que sigue siendo el primer hombre del Gobierno Soviético». La sinopsis de su libro sobre Roosevelt rezaba: «La traición del gran masón en Pearl Harbor, en Teherán y Yalta, entregando media Humanidad a Stalin. Una prueba documental de este gran crimen de lesa Cristiandad». *Sinfonía en rojo mayor*, un libro totalmente inventado, se presentaba como «el libro más terrible y maravilloso del siglo [...]. Historia que parece ser la novela más apasionante».[91]

La codicia de Carlavilla salta a la vista en sus actos de flagrante piratería. Uno de los primeros títulos que pirateó se publicó en 1945 en Guadalajara, en la imprenta de su hermano, y fue reimpreso por la Editorial NOS en 1947. Se trata de la traducción al español de las memorias del agente de inteligencia soviética Walter Krivitski, que se habían publicado en Londres y Nueva York en 1939.[92] Apareció con el extravagante título español de *Yo, jefe del Servicio Secreto Militar Soviético. Prólogo y Notas de Mauricio Carlavilla «Mauricio Karl»*, y presentado como una traducción del ruso a cargo de «M. B.», unas iniciales que no sería descabellado suponer que correspondiesen a Mauricio Carlavilla del Barrio. Lo cierto es que Krivitski nunca fue «jefe del Servicio Secreto Militar Soviético en Europa Occidental» y el libro no podía ser una traducción del ruso, porque el original estaba en inglés, redactado por el «negro» de Krivitski, Isaac Don Levine. Lejos de ser un hombre que había dirigido las operaciones de inteligencia soviética en España, Krivitski sabía muy poco sobre la Guerra Civil, ya que, antes de su deserción, había sido agente en Holanda.[93]

En 1952, Carlavilla publicó otra edición pirata, las «memorias» del disidente comunista Valentín González, «El Campesino», el antiguo minero que había ascendido en las filas del Ejército republicano hasta llegar a general y se hizo famoso por su brutalidad. Después de la guerra, González se exilió en Rusia, donde ingresó en la Academia Militar Frunze, de la que lo expulsaron por incompetente. Más tarde fue encarcelado en un campo de trabajo, del que se evadió con audacia, para alcanzar a pie la frontera con Irán. En el prólogo quedaba claro que Carlavilla no sabía que las «memorias» del Campesino las había escrito en realidad Julián Gorkin.[94] Sorprendentemente, dado que se trataba de una edición pirata, los anuncios publicados en la prensa incluían el piadoso comentario de que «de los derechos de autor en España de este libro no se lucrará El Campesino. Serán entregados a "Huérfanos de Asesinados" y "Ex cautivos". Como la moral y la jurisprudencia dictan, no se beneficiará el verdugo y sí sus víctimas». Teniendo en cuenta que ninguna de las dos asociaciones mencionadas existía, lo más probable es que los beneficios fueran por entero a Carlavilla.[95]

El siguiente volumen que contribuyó a aumentar sus ganancias fueron las memorias del comunista Jesús Hernández, que había sido ministro de Instrucción Pública durante la guerra. Estas se publicaron en México en 1953 como *Yo fui un ministro de Stalin*. En 1954, con un leve cambio del título original por el de *Yo, ministro de Stalin en España*, Carlavilla publicó su edición. Omitió la introducción de Hernández —en la que este aceptaba su parte de culpa en la represión llevada a cabo por el Partido Comunista durante la guerra— y añadió un virulento prólogo de cosecha propia.[96] Dos años más tarde publicaba una versión edulcorada del polémico informe de Indalecio Prieto al Comité Nacional del Partido Socialista en el que Prieto denunciaba al Partido Comunista. A pesar del evidente anticomunismo de Prieto, Carlavilla presentó de forma sesgada su trayectoria para convertirlo en responsable aparente de las atrocidades de los comunistas durante la Guerra Civil.[97]

El último título de esta serie de memorias publicadas ilegalmente fueron las de Francisco Largo Caballero, redactadas en México por Enrique de Francisco en 1954 a partir de las cartas que había recibido del veterano líder socialista tras su liberación de un campo de concentración alemán en 1945. En 1961, Carlavilla publicó su versión con el sensacionalista título de *Correspondencia secreta*. Y, además de añadir las habituales notas tendenciosas, omitió las últimas cien páginas del libro original, en las que Largo escribía sobre sus experiencias en el exilio.[98]

La irresponsabilidad, por no decir la insensatez, con la que Carlavilla lanzaba mentiras y exageraciones resulta evidente en su libro *Borbones masones*, que acusaba a la familia real española de pertenecer a la masonería. Era como si se le hubiera olvidado que, poco más de una década antes, había publicado una biografía de Alfonso XIII en la que todos y cada uno de los errores y desgracias del inconsciente monarca se atribuían a las malvadas maquinaciones masónicas. Los judíos, insistía Carlavilla, eran los enemigos de España y de la cristiandad, cuya «aspiración última y verdadera sería un total genocinio [*sic*] del pueblo español».[99] Repetía, además, la acusación formulada hacía ya veinte años de que los asesinatos de tres de los presidentes del Gobierno del reinado de Alfonso XIII —Cánovas, Canalejas y Dato—, así como la muerte del dictador Primo de Rivera, habían sido obra de los masones.[100] Añadía que «el gran secreto de las catástrofes de la Patria» era «el Alto Mando común anglo-judío». Su sentido defectuoso, por no decir demencial, de la cronología histórica resulta evidente en su selección de lo que «aquí, en España, puede contar [como] una de sus primeras grandes hazañas: la traición que permite la invasión agarena y su fantástica conquista de España casi entera». La pérdida del Imperio español a partir de la segunda década del siglo XIX también fue, según Carlavilla, obra de judíos y masones, en la que desempeñó un papel protagonista Juan Álvarez Mendizábal. «La Masonería española, obediente a su mando internacional anglojudío», estaba asimismo detrás de los separatismos catalán y vasco. En su delirio, Carlavilla sostenía que presidentes del Gobierno de la Restauración (1874-1923) como Práxedes Mateo Sagasta, José Sánchez Guerra y el conde de Romanones, además de intelectuales como Gregorio Marañón, eran judíos y masones.[101]

Como Franco estaba a punto de nombrar como su sucesor a Juan Carlos de Borbón, nieto de Alfonso XIII, los ejemplares del nuevo libro de Carlavilla, *Borbones masones*, fueron secuestrados por las autoridades.[102] En esta época, publicó también una de sus obras de mayor éxito, *Sinfonía en rojo mayor*, presunto libro de un médico ruso llamado Josef Landowsky. Tuvo muchas ediciones, varias traducciones y aún hoy se imprime. El manuscrito de 800 páginas había sido supuestamente hallado por un voluntario de la División Azul sobre el cuerpo de Landowsky, sin que se explicase por qué este llevaba un documento tan voluminoso en una zona de guerra. La obra se presentaba como traducida por el propio Carlavilla, que no sabía ruso. La absurda historia cuenta que Landowsky había sido reclutado para ayudar a drogar y secuestrar al teniente general Evgenii Karlovich Miller, jefe de la organización de las fuerzas rusas blancas en el exilio, la *Russkii Obshche-Voinskii Soiuz* (ROVS, Unión Militar Rusa) con sede en París.[103]

Durante los años cincuenta, Carlavilla redactó informes sobre el comunismo y sus presuntos orígenes judeomasónicos para la Presidencia de Gobierno de Carrero Blanco, unos informes que debieron llegar a Franco directa o indirectamente y cuyo contenido puede deducirse a partir de sus obras publicadas. Algunas de sus mentiras más rebuscadas se encuentran en su libro *Anti-España*, publicado a finales de esa década, en el que abundó en las interpretaciones cronológicamente extrañas de la historia de España que se encontraban en su biografía de Alfonso XIII. En su denuncia de lo que para Carlavilla era la falacia de la democracia, sostenía que

> desde la segunda década del siglo XVIII, desde la entrada de la masonería judeo-británica en España, [ha habido] consustancialidad entre Democracia y Traición a la Patria. Traición dictada, organizada y realizada por designio de Estados o Superestados extranjeros y en beneficio de ellos, a partir de la traición anglo-masónica que [...] termina por imponernos reyes masones extranjeros o virreyes con título de «reyes», obedientes a Superestados y Estados extranjeros enemigos de España. Y así pudo ser, únicamente así, la pérdida de nuestro Imperio, la decadencia permanente de la Patria y, por último, su asesinato frustrado del 1936; frustrado a costa de un millón de muertos.[104]

El panorama condensado de la historia de España a partir del siglo XVIII que ofrece Carlavilla es idéntico al que presentaba con insistencia Franco. Así, por ejemplo, en un largo discurso pronunciado en las Cortes el 14 de mayo de 1946, con el fin primordial de demostrar que su régimen no era una dictadura y que no estaba en deuda con el Eje, Franco no pudo resistirse a la tentación de pintar un panorama de la historia de España como una sucesión de desastres provocados por «sectarios materialistas», una referencia diplomáticamente disimulada al contubernio judeomasónico y bolchevique, en complicidad con los liberales.[105] En mayo de 1948, el Caudillo se refirió a las catástrofes que habían provocado en España la «masonería y las fuerzas del mal».[106] En marzo de 1950, dirigiéndose al Frente de Juventudes de Falange, habló de la historia de España a partir de Felipe II, que para él consistía en tres «siglos calamitosos» que habían traído decadencia, corrupción y masonería; por «masonería», Franco entendía el florecimiento de los valores liberales en España, que eran «la gran invasión del mal».[107]

Más estrambótica era la pretensión de Carlavilla de haber visto ya «a finales de 1936» que Franco no sería jamás aliado militar del Tercer Reich, algo de lo que él hubiera podido advertir a Hitler perfectamente gracias a los contactos que había hecho con jerarcas nazis cuando intentaba conseguir la liberación de José Antonio y que, según él, le otorgaban «cierta autoridad personal para ser creído». En un alarde de amnesia, sostenía que eso se debía a que había sido «el primer español y el que con más denuedo me había lanzado al ataque» del marxismo, la masonería y el judaísmo en España. Si él no hubiera ejercido su discreción por patriotismo, podría haber provocado la retirada de la ayuda alemana y la caída de Franco.

> Yo, señor Ansaldo, supe o adiviné, según quiera usted, que el Generalísimo jamás se aliaría militarmente con Alemania. Esto lo supe o lo adiviné —y tengo un testigo para probarlo— a finales de 1936 […] yo debí delatarle a Hitler que Franco no sería jamás el aliado Militar de la Alemania hitleriana. […] me sobraban medios para conseguir hacer llegar al Führer tal delación. Y cónstele también que tenía yo cierta autoridad personal para ser creído. No en vano era el primer español y el que con más denuedo me había lanzado al ataque del Marxismo, la Masonería y el Judaísmo en España en cuanto tal trinidad fue dueña de los destinos de la Patria. Y no creo dirá usted ni nadie que Marxismo, Masonería y Judaísmo eran para Hitler y los suyos meros tópicos de propaganda.[108]

Su antisemitismo volvió a ponerse de manifiesto en 1963, cuando publicó una edición anotada de *Los protocolos de los sabios de Sión*, al parecer consternado por las reformas progresistas que empezaban a introducirse en la doctrina católica a raíz del Concilio Vaticano II y en las que Carlavilla veía la mano oculta de las influencias judeomasónicas. Ahora bien, el hecho de que para la redacción de las notas recurriese al pseudónimo de «Charles Borough» indica que no quería ganarse la enemistad de las jerarquías eclesiásticas españolas.[109]

La iniciativa de Carlavilla podría estar relacionada con el hecho de que Franco también estaba traumatizado por las deliberaciones del

Concilio Vaticano, que cuestionaban su sistema entero de creencias. En notas redactadas en esa época, y escritas en términos similares a los empleados por Carlavilla, el Generalísimo expresaba su convicción de que la curia estaba infiltrada por masones y comunistas, y atribuía los cambios políticos contemporáneos en los países católicos a las acciones subversivas de los masones. A principios de 1963, Franco le confió a su primo Francisco Franco Salgado-Araujo, «Pacón», que seguía revisando la información de sus servicios secretos sobre lo que ocurría en las logias masónicas y en las concentraciones socialistas y comunistas de todo el mundo: «Nada me cogerá de sorpresa; hay que estar preparado para la lucha». Por eso mismo redactó largas notas sobre los vínculos entre el peligro masónico y la liberalización del catolicismo.[110]

A finales de los años cuarenta y principios de los cincuenta, Carlavilla insinuó que trabajaba para los servicios secretos españoles. De ser así, esto podría estar relacionado con el hecho de que empezó a publicar trabajos sobre la Unión Soviética. Se ha insinuado que tenía acceso privilegiado a la información de la CIA sobre Rusia. Lo corroboraría, además, el hecho de que dos de sus opúsculos fueran publicados por la Presidencia del Gobierno en tiempos de Carrero Blanco.[111] Se convirtió en un gran admirador del senador Joseph McCarthy y le dedicó uno de sus libros:

> Al senador José McCarthy, campeón de la cristiandad militante, en su lucha contra el Comunismo ateo, que pretende dominar cuerpos y matar almas, para imponer su esclavismo universal. Adelante, Senador; la prueba de vuestros éxitos y aciertos es la mundial tempestad de furia desencadenada contra vos por el Enemigo conocido y enmascarado. Su injurioso griterío universal debe considerarlo como el mayor y mejor aplauso que la Humanidad le puede tributar. Sea este libro testimonio de admiración por vuestro bravo combate; con el deseo de confortarle frente a incomprensiones, errores y traiciones.[112]

Con el paso del tiempo, el público que había devorado sus obras antes de la Guerra Civil y en las primeras décadas de la dictadura de

Franco fue disminuyendo, como pone de manifiesto el tono más bien desengañado del último libro de Carlavilla, las memorias *Anti-España 1959*, en las que insinuaba su desencanto con el régimen y hablaba despectivamente de su carrera como policía:

> He sido, y el menor tiempo posible para no perder mis derechos administrativos, funcionario de la Policía; un funcionario más, uno de tantos; he ascendido, llegando a la categoría que por antigüedad estricta me correspondía, y cuando me ha llegado la edad, he sido un jubilado más. Es todo, lector. Si esto es factor, distinción, honor, beneficio, cargo político, algo capaz de satisfacer mi vanidad, ambición o interés… nadie será capaz de afirmarlo… porque algo tan mediocre, una profesión obtenida por oposición, la obtuve en 1921, me la quitó la República en 1935 y la recuperé como cualquiera, con arreglo a la ley, en 1940. Tal es, lector, mi situación oficial pretérita y presente con respecto al Régimen actual.

Tras estas manifestaciones, de aparente humildad, pasaba a declarar con arrogancia que se abstenía de revelar sus opiniones sobre el régimen, porque, de hacerlo, mancillaría la pureza desinteresada de unos libros escritos con el único propósito de defender a España y a la cristiandad.[113]

La irrelevancia de sus obras en una España cada vez más incorporada a la sociedad de consumo occidental se refleja en el hecho de que, a mediados de los años setenta, Carlavilla viviese en un sórdido piso de la Gran Vía, sin hacer nada en todo el día, vestido con ropa interior sucia, rodeado de pilas de libros y revistas polvorientas y obsesionado con la amenaza comunista. Su situación personal parece que mejoró cuando se casó con Yolanda-Hortensia Nicieza González, una enfermera que hacía las veces de secretaria suya.[114] La única vida social que llevaba era reunirse con su antiguo jefe de la policía, Eduardo Comín Colomer, el inveterado propagandista franquista Tomás Borrás y los jóvenes dirigentes de grupos fascistas españoles marginales, como Mariano Sánchez Covisa, Jorge Mota y Santiago Royuela. Se reunían primero en cafeterías cerca de la plaza de Callao y, más tarde, en la California 47 de Goya, que se convertiría en punto de encuentro de neofascistas y donde coincidiría con Ángel Alcázar de Velasco. Carlavilla fue el gurú de varios grupos neonazis, como el CEDADE (Círculo Español de Amigos de Europa) de Jorge Mota y la Fuerza Nueva de Sánchez Covisa,[115] antes de fallecer el 24 de junio de 1982.[116]

3

El sacerdote

Entre los que alumbraron la perniciosa idea de que la Segunda República era la hija bastarda del concubinato de judíos y masones, el primero y es muy posible que el más influyente fue el sacerdote catalán Joan Tusquets Terrat. A través de sus propias publicaciones y de su edición en 1932 de *Los protocolos de los sabios de Sión*, divulgó la idea de que la República debía ser aniquilada en aras de la civilización cristiana. También reunió los datos que se utilizarían durante la Guerra Civil para facilitar la persecución de los presuntos cómplices del llamado «contubernio judeomasónico-bolchevique». Juan Tusquets, que utilizó la forma española de su nombre durante los años treinta, fue el autor del superventas *Orígenes de la revolución española*. Nació el 31 de marzo de 1901 en el seno de una rica familia de banqueros de Barcelona. Su padre era descendiente de banqueros judíos, catalanista convencido y amigo del gran político y banquero catalán Francesc Cambó. Su madre pertenecía a la riquísima familia Milà, mecenas de Gaudí. En su vida posterior, como parte de sus denodados esfuerzos por blanquear su pasado de inquisidor, Tusquets insistió muchísimo en que, durante su adolescencia, también él había militado en el nacionalismo catalán. Durante los disturbios revolucionarios de 1917, había salido a la calle con sus compañeros del colegio y había coreado consignas catalanistas. También había escrito versos nacionalistas como estos: «Arrieu les banderes, / colpegeu-vos els pits. / Naixien les fronteres. / Les heu trobades massa altes, / catalans esquifits» («Arriad las banderas, / golpeaos el pecho. / Nacieron las fronteras. / Se os hicieron muy altas, / catalanes canijos»). Sus manifestaciones en el sentido de que no había renegado nunca de sus convicciones catalanistas no eran igual de ciertas. La idea de un compromiso catalanista de toda la vida contribuyó a darle una imagen favorable entre los intelectuales católicos catalanes en los últimos veinte años de su vida; sin embargo, lo cierto es que Tusquets había ocultado deliberadamente su anticatalanismo militante de los años treinta.[1]

Tusquets cursó estudios secundarios en los jesuitas de Barcelona. Posteriormente, ingresó en la Universidad de Lovaina, donde su estancia se vio interrumpida por la muerte de su padre. Se trasladó a la Universidad Pontificia de Tarragona, donde se doctoró con una tesis sobre Ramon Llull, el gran matemático, lógico y filósofo mallorquín del siglo XIII. Uno de sus maestros y mayores influencias fue el teólogo Lluís Carreras. Tusquets se ordenó en 1926 en un proceso acelerado que le permitió evitar el servicio militar. En 1927, el teólogo capuchino Miquel d'Esplugues, uno de sus padrinos eclesiásticos, le describía así: «esbelto, flexible, nervioso, propenso a los arranques de genio y a la *boutade* más bien clásica, inteligentísimo, con un bagaje cuantioso de cultura antigua y moderna, mucho más robusto físicamente de lo que aparenta, trabajador incansable, vanidoso en las cosas pequeñas y humilde en los principios; en las grandes, profundamente piadoso y muy educado». El padre Esplugues tenía al joven erudito por «una de las más brillantes y firmes esperanzas de la Iglesia y de la patria».[2] Cinco años más tarde, el padre Esplugues ya había cambiado de opinión respecto a Tusquets debido a las denuncias incendiarias del joven contra la masonería. Más concretamente, el padre Esplugues rompió sus relaciones con Tusquets en respuesta a sus ataques al venerable líder catalán Francesc Macià.[3]

Por su ostentosa devoción y su enorme cultura, en 1926 Tusquets fue nombrado profesor del seminario de la capital catalana. Mientras desempeñaba esta labor, recibió el encargo del arzobispo de Tarragona, el cardenal Francesc Vidal i Barraquer, de escribir un libro que combatiera el teosofismo de Helena Blavatsky, cuyo concepto de una religión universal basada en los principios de la fraternidad, la libertad de culto, la justicia y la igualdad tenía vínculos y similitudes con la masonería. La fe de Madame Blavatsky en una antigua hermandad de maestros espirituales con sede en el Tíbet, los «Maestros», evocaba la idea de los sabios de Sion. Muy al principio de su carrera, Tusquets manifestó sus sospechas sobre un amplio abanico de sociedades, de las que surgirían sus obsesiones con la masonería y los judíos. En uno de sus libros posteriores, escribió:

> Hay un campo neutral donde se alían con frecuencia protestantes y teósofos. Son las sectas moralizadoras y altruistas: naturismo, vegetarianismo, antialcoholismo, educación sexual, *boy-scouts*, obrerismo, esperantismo, internacionalismo, Rotary-Club, etc. etc. [...] Una energía oculta mueve estratégicamente estos sectores y los que anteriormente hemos citado, y los lanza contra la Iglesia católica. ¿Es quizás el judaísmo? Casi no me atrevo a afirmarlo, al ver la simpatía con que muchos intelectuales católicos hablan de las iniciativas de los hijos de Israel.[4]

En el curso de sus investigaciones para el libro sobre el teosofismo, el interés de Tusquets por las sociedades secretas y las sectas de todo tipo, en particular la masónica y la judía, se convirtió en una obsesión. Hay aspectos del texto, como la inclusión de los nombres y direcciones de las personas de las que sospechaba, que apuntan a su vocación de espía y delator. Tras el éxito de la obra, continuó trabajando en el tema en colaboración con los jesuitas, que, según él, eran «una organización internacional muy fuerte, y con una serie importante de confidentes, que pusieron por entero a mi disposición».[5]

A pesar de sus remotos orígenes judíos, o tal vez a causa de ellos, cuando se instauró la Segunda República, las investigaciones de Tusquets sobre las sociedades secretas se tiñeron de un feroz antisemitismo y de un odio aún más feroz a la masonería. En un nuevo rechazo a su entorno familiar, se volvió un anticatalanista acérrimo, quizá motivado por el deseo de reconocimiento de la derecha antirrepublicana, que era visceralmente anticatalanista. Adquirió gran notoriedad al lanzar una acusación falsa al devoto y muy católico presidente de la Generalitat de Cataluña, Francesc Macià, de ser masón, basándose en documentos falsificados por la organización de extrema derecha francesa Action Française y publicados en la revista *L'Ordre*. Al mismo tiempo, criticó al periódico católico catalanista *El Matí* por sus campañas antifascistas.[6] El cardenal Francesc Vidal i Barraquer escribió al nuncio papal que uno de los artículos escritos por Tusquets en el curso de dicha polémica era «altamente injurioso e inoportunísimo». Vidal tenía constancia personal de que Macià no era masón. A pesar de que la falsificación fue denunciada en su momento, Tusquets seguía aún manteniendo sus acusaciones contra Macià y *El Matí* en 1939.[7] Comenzó a colaborar con otro sacerdote, el padre Joaquim Guiu Bonastre, párroco de la iglesia de los Santos Justo y Pastor, cerca de la catedral, junto con el cual creó una red de lo que Tusquets consideraba sus «confidentes», principalmente masones que les informaban de las reuniones de la logia, pero también otras personas que compartían sus obsesiones. A pesar de su religiosidad, Tusquets no desdeñaba recurrir al espionaje ni al robo. Una de las principales logias de Barcelona tenía su sede en la calle de Avinyó, junto a un dispensario de la Cruz Roja. Como la tía de Tusquets vivía encima del dispensario, desde su piso, él y el padre Guiu podían controlar las idas y venidas de los masones. Además, años más tarde se jactó ante el intelectual católico Albert Manent de haber conseguido poner en nómina a la portera del edificio de la logia, quien, a cambio de dinero, le llevaba cada día la correspondencia destinada a la entidad. Tusquets se convirtió en un experto en abrir sobres con el vapor de una tetera. Tras leer el contenido, los devolvía a la portera para que los entregara. En una ocasión, él y Guiu entraron en otra logia y provocaron un incendio, para aprovechar la confusión y robar una serie de documentos.[8]

Estas «investigaciones» y la información recopilada constituían la base de los artículos regulares, y vehementemente antimasónicos y antisemitas, con los que Tusquets colaboraba en el periódico carlista *El Correo Catalán*, así como de su libro *Orígenes de la revolución española*. Más tarde, Tusquets alardearía así de la fama que le había proporcionado ese libro: «Fue un best seller que vendió miles y miles y miles de ejemplares, aquí, en América y en todas partes». También afirmó que, cuando se publicó, recibió cartas de felicitación: de la casa del rey exiliado Alfonso XIII, del cardenal Vidal i Barraquer, de Francesc Cambó y del amigo de Cambó, el padre Miquel d'Esplugues. Cuando le preguntaron años después si había conservado las cartas, dijo que, después de contestar, las había destruido.[9] Tratándose de un hombre tan obsesionado con blanquear su pasado, parece algo raro, sobre todo en el caso de una carta del rey en el exilio. Si es verdad que recibió tal correspondencia, su destrucción podría deberse a que tanto Cambó como Esplugues rompieron con él hacia esa misma época, disgustados por su extremismo. Vidal i Barraquer le reprendió hasta el punto de decir que sus opiniones no debían asociarse a un miembro del clero y que debería haber publicado el libro con un pseudónimo. Si los tres personajes citados le enviaron cartas, no es probable que fueran amistosas. En el caso de Alfonso XIII, hay que tener en cuenta que, como se verá en los posteriores enfrentamientos de Tusquets con Cambó, la pertenencia a la Falange iba acompañada del rechazo a la monarquía.

El libro, hay que reconocerlo, tuvo un éxito inmenso. Publicado en enero de 1932, la primera edición de diez mil ejemplares se agotó a principios de febrero. La segunda, con una tirada de veinte mil ejemplares, también voló de las estanterías y le siguió una tercera, con otras veinticinco mil unidades.[10] Fue notable por su decisiva contribución a la popularización de la noción polarizadora de que la República era fruto del contubernio judeomasónico y bolchevique. Llevaba un prólogo del doctor Cipriano Montserrat, profesor de teología del Seminario de Barcelona donde Tusquets daba clases. Escribiendo sobre «la tenebrosa secta masónica», el doctor Montserrat afirmaba: «Queda fuera de toda duda que la masonería ha contado en nuestro caso con sus seculares aliados: el capitalismo judío y los profesionales del motín».[11] El doctor Montserrat no se dignaba a explicar por qué los capitalistas judíos habían intentado, mediante la fuga de capitales, destruir la República que en teoría era su herramienta para destruir el catolicismo español. Al igual que la obra anterior de Tusquets, *Orígenes de la revolución española* incluía los nombres y direcciones de muchos de los que él consideraba los más siniestros artífices de la conspiración judeomasónica y bolchevique y los beneficiarios del «oro judío». La publicación de esta información solo podía ser una incitación a la violencia contra ellos.[12]

Tusquets afirmó que su misión era advertir a los católicos de las terribles amenazas que suponían los judíos: «El judaísmo, con su primogénita, la Masonería, extendieron redes perturbadoras por todos los ámbitos del Estado; movieron, con hilos invisibles, los títeres políticos y han obtenido los resultados que a la vista están y que ningún católico sincero puede contemplar sin temor ni amargura. En las sectas radica el origen inmediato de la Revolución».[13]

En su libro, Tusquets citaba *Los protocolos* como prueba «documental» para demostrar su tesis de base de que existía «una organización, secreta e internacional, de los judíos, que quiere destruir los Estados cristianos y sustituirlos por una organización judaica internacional». A lo largo de los años, utilizó varios términos para referirse a esta organización judía internacional, incluyendo «el Sanedrín», pero más a menudo «Israel». Israel, afirmaba, «se ha propuesto arruinar la civilización cristiana, a fuerza de revoluciones, propagandas impías y pornográficas, desastres económicos y liberalismos sin mesura». Y añadía que «el Judaísmo y la Masonería utilizan, para lograr sus turbios fines, la palanca popular del Socialismo».[14]

Proyectando visiblemente sus propios y violentos sentimientos, expresó su temor a las represalias de la masonería. En particular, temía que lo envenenaran médicos masones:

> Mi cometido presenta más de un riesgo. Mucho me temo que mis indiscretas charlas sean castigadas por la acción, directa o indirecta, de los Masones. Nadie crea que estoy enfermo de manía persecutoria. Continúo siendo uno de los entes más tranquilos del mundo. Pero no tengo ningún motivo para ocultar mi opinión —leal y bien fundada— sobre las venganzas masónicas. No ha mucho en Barcelona se ha organizado una logia especial de médicos (Menéndez Pelayo, 10); hecho muy significativo, sobre todo para los que poseemos documentación copiosa acerca de los métodos que emplean los hermanos del mandil en sus luchas políticas. En fin, si algo desagradable me aconteciera, acháquelo el lector a las organizaciones secretas y afírmese en la decisión de combatirlas.[15]

La reacción de los masones estuvo lejos de las siniestras amenazas imaginadas por Tusquets. Desde luego, estaban indignados, pero su respuesta se limitó a organizar una campaña publicitaria para contrarrestar las acusaciones más extremas de Tusquets. Dicha campaña comenzó con una carta abierta en la que se reprendía a Tusquets por sus manifestaciones erróneas.[16] Le siguieron dos libros en respuesta al sacerdote. El primero era de Ramón Díaz.[17] El segundo, de un exsacerdote misionero católico y teólogo convertido en masón, el doctor Matías Usero Torrente. Su libro se titulaba *Mi respuesta al P. Tusquets*. Entre los documentos recogidos por Tusquets, que ahora se conservan en Salamanca, sobrevive un folleto publicitario del libro junto con cartas de organizaciones masónicas sobre la distribución del mismo. El folleto llamaba la atención sobre la ola de propaganda reaccionaria que atacaba a la República. En él, se asumía erróneamente que, por haber estudiado en un colegio de los jesuitas, Tusquets pertenecía a esta orden. Dejando de lado este error, Usero denunciaba que *Orígenes de la revolución española* era «un cúmulo de lugares comunes para embaucar incautos. Contestar es hacer luz, es dar a la Humanidad un escudo y una rodela que le permita luchar con los parásitos», lo que remachaba con estas palabras: «Tusquets, trapisondista consciente y jesuita, miente a sabiendas».[18]

La respuesta totalmente pacífica de los masones desmintió por completo las extrañas afirmaciones de Tusquets de que al escribir *Orígenes de la revolución española* temía por su vida. Años más tarde, alegó que, en represalia por sus actividades con Joaquim Guiu, los masones habían intentado asesinarlos en dos ocasiones. Si hay algo de verdad en lo que dice, los masones en cuestión no pusieron mucho empeño. Este es el inverosímil relato de Tusquets de los dos intentos de asesinarlo. En el primero, un escuadrón de sicarios les esperaba frente a la casa del padre Guiu. Tusquets afirmó que esquivaron la muerte por el simple procedimiento de subir de un salto a un taxi mientras los asesinos se quedaban sin saber qué hacer en la concurrida vía Layetana. En el segundo, cuenta Tusquets que un grupo de anarquistas del periódico de la CNT *Solidaridad Obrera* que compartía sus opiniones y admiraba sus escritos, para demostrarle su aprecio, le puso un escolta semipermanente que le seguía a todas partes en moto. La presencia del guardaespaldas habría evitado el atentado. Semejante benevolencia por parte de unos anarquistas es totalmente increíble dado su ferviente anticlericalismo. Además, para conocer los escritos de Tusquets, los anarquistas tendrían que haber sido lectores del periódico carlista *El Correo Catalán*, lo cual era muy improbable: la CNT era acérrima enemiga de los carlistas, patrocinadores de los Sindicatos Libres. Por último, las estrecheces económicas de la CNT en esos momentos les hubieran impedido asumir la compra de una motocicleta.[19]

El libro denunciaba que la Segunda República era hija de la masonería y acusaba al presidente, el devoto católico Niceto Alcalá-Zamora, de ser a la vez judío y masón.[20] El mensaje era claro: España y la Iglesia católica solo podrían salvarse con la destrucción de judíos, masones y socialistas, es decir, de toda la izquierda del espectro político. *Orígenes de la revolución española* no solo se vendió masivamente, sino que provocó una ruidosa polémica nacional que sirvió para dar aún más popularidad a sus ideas. El 2 de marzo, en su rueda de prensa desde la presidencia de Cataluña, Macià refutó con detalle las acusaciones totalmente infundadas de Tusquets, lo que, por supuesto, dio una publicidad inestimable al libro.[21] La tesis central del autor de que la República era una dictadura en manos de la «masonería judaica» se difundió aún más a través de sus numerosos artículos en *El Correo Catalán* y de una serie de quince libros de gran éxito («Las Sectas») que editó en colaboración con Joaquim Guiu.

Las últimas páginas de los *Orígenes* anunciaban la inminente publicación del primer volumen de «Las Sectas» el 20 de marzo de 1932. El anuncio estaba redactado en el mismo tono de advertencia ante un inminente ataque del enemigo judeo-masónico: «¿Quiere vd. que no le cojan desprevenido los acontecimientos políticos? ¿Desea formarse un criterio documentado de la marcha del mundo? ¿Le conviene tener noticias precisas de los elementos sectarios que actúan en su pueblo, región o Estado? Suscríbase a "Las Sectas". Los informes de esta revista procederán siempre de fuentes muy serias y de personas muy capacitadas». Las «noticias precisas» prometidas a los suscriptores consistían básicamente en denuncias de que la Segunda República estaba dirigida por judeomasones.

Tusquets había revelado su aversión a los judíos en *Orígenes* y reconocía abiertamente que se basaba en la lectura de *Los protocolos*.[22] El segundo volumen de «Las Sectas» incluía una traducción completa al español de *Los protocolos* y también repetía en él sus calumnias contra Macià.[23] La primera parte del libro, firmada por «Fabio» y casi con toda certeza escrita por Tusquets, era un ensayo sobre la autenticidad de *Los protocolos*.[24] El apartado con el título de «Aplicación a España de los Protocolos», escrito por Jesús Lizárraga, afirmaba que la ofensiva de los judíos contra España se había frenado gracias a su expulsión en 1492. A partir de entonces, aseguraba, la determinación de los judíos de destruir la España católica se había canalizado a través de la masonería, «el ejército mercenario y oculto». El sentimiento antiespañol fomentado en las colonias por los masones condujo a la desastrosa guerra con Estados Unidos y a la pérdida de Cuba y Filipinas en 1898. Las siguientes armas que utilizaron fueron los movimientos socialistas y anarquistas, promovidos, según Lizárraga, por las promesas de botín de las riquezas de los pudientes. A esto se opusieron los presidentes del Gobierno Antonio Cánovas del Castillo, José Canalejas y Eduardo Dato, por lo que fueron asesinados por las mismas fuerzas siniestras que intentaron acabar repetidamente con Antonio Maura. A continuación, los masones de inspiración judía utilizaron la Institución Libre de Enseñanza y las Juntas de Defensa dentro del Ejército para fomentar la división y la revolución. Sus nefastos planes fueron frenados por poco tiempo por la dictadura del general Miguel Primo de Rivera, pero finalmente fructificaron con la caída de la monarquía y la instauración de la Segunda República, que, siempre según el relato de Lizárraga, había abierto el camino a una persecución religiosa que atentaba contra todos los españoles y a una serie de medidas que favorecían a los judíos, entre ellas, la construcción de numerosas sinagogas. Lizárraga también veía la mano judeomasónica en el movimiento de reforma agraria y en la redistribución de los grandes latifundios, que consideraba pruebas de la afirmación de *Los protocolos* de que los judíos querían apoderarse del territorio español.[25]

La influencia de la edición de *Los protocolos* de Tusquets fue considerable, como podrá apreciarse en el capítulo sobre José María Pemán de este libro. De hecho, inspiró gran parte de la oratoria de Pemán en tiempos de guerra, su obra épica *Poema de la bestia y del ángel* y su política como presidente de la Comisión de Cultura y Enseñanza, uno de los siete pseudoministerios de la Junta Técnica del

Estado de Franco. El cuñado de Tusquets, Víctor Guillén, quedó tan convencido con el libro que distribuyó ejemplares entre sus parientes y amigos. Después de la Segunda Guerra Mundial, Guillén negó la existencia del Holocausto y albergó en su casa un importante museo lleno de fotografías de Hitler y Eva Braun y de banderas y parafernalia nazis.[26] El libro también cautivó al joven carlista René Llanas de Niubó, que había sido un destacado miembro de la Unión Patriótica en los años veinte y se convertiría en uno de los principales acólitos de Tusquets. Llanas escribió el decimocuarto volumen de «Las Sectas», *El Judaísmo,* en el que deploraba el anticatolicismo y el paganismo de los nazis, pero afirmaba con rotundidad sobre Hitler: «en su campaña de antisemitismo, le sobra razón». Llanas causó un gran revuelo en Barcelona con una conferencia titulada «Judaísmo», en la que, inspirado en su mentor intelectual, proclamó que «el judaísmo, la masonería, el comunismo y tras ellos la muerte, que como los cuatro jinetes del Apocalipsis, se lanzan por España, desolándolo todo. [...] Los judíos se han valido primero del socialismo y después del comunismo para extender la desolación por todo el mundo». En abril de 1933, dio una serie de conferencias en Madrid, entre ellas dos con el título «Masonería y judaísmo».[27] Como se verá, Llanas de Niubó sería uno de los colaboradores clave de Tusquets en los esfuerzos por crear una infraestructura civil para el alzamiento de julio de 1936.

La repercusión de sus escritos fue tan grande que, a finales de 1933, Tusquets fue invitado por la Asociación Antimasónica Internacional a visitar el recién creado campo de concentración de Dachau. Según Tusquets, «lo hicieron para enseñarnos lo que teníamos que hacer en España».[28] Dachau se creó para confinar a varios grupos que los nazis querían poner en cuarentena: los presos políticos (comunistas, socialistas, liberales, católicos y monárquicos opositores al régimen) y los que definían como «asociales» o «desviados» (homosexuales, gitanos, vagabundos). Más de cincuenta años después, Tusquets diría que se había escandalizado por lo que vio e incluso que hizo campaña contra el antisemitismo nazi,[29] lo que es sencillamente falso. En realidad, en aquella época, la cantidad e intensidad de sus publicaciones antisemitas y antimasónicas no disminuyeron. En el décimo volumen de «Las Sectas», en el capítulo consagrado a la actividad de los masones, Tusquets dedicó elogios a la reacción de Hitler frente al problema judío y a la cárcel berlinesa de Spandau.[30]

El octavo volumen de «Las Sectas» lo escribieron casi por entero Tusquets y Guiu. El primero contribuyó con un artículo sobre lo que, según él, eran los esfuerzos de la masonería para combatir la victoria de la derecha en las elecciones de noviembre de 1933.[31] En una extraña inversión de sus anteriores ataques a Francesc Macià, Guiu escribió un himno de alabanza a la muerte católica del presidente catalán recién fallecido.[32] El resto del volumen parece haber sido redactado a cuatro manos entre Tusquets y Guiu. Consistía en un largo alegato en defensa de la tesis de que el doctor José Protasio Rizal Mercado, el nacionalista filipino fusilado por los españoles en diciembre de 1896, no era el héroe proclamado por los masones, sino en realidad un devoto católico.[33] No está claro qué interés podía tener esto para los lectores de «Las Sectas». En cambio, es más probable que les atrajera la larga retahíla de nombres y direcciones de los cargos y miembros principales de las distintas ramas regionales del Gran Oriente español.[34] Esta sería de gran utilidad como parte de la infraestructura documental de persecución de los masones durante la Guerra Civil y tras ella.

Tusquets llegaría a ejercer una enorme influencia en la derecha española en general y, más en concreto, sobre el general Franco, que devoraba con entusiasmo sus diatribas antimasónicas y antisemitas.[35] De hecho, durante la guerra, gracias a los libros y conferencias tanto de Tusquets como de Pemán, la idea de que la contienda se libraba contra un contubernio judeomasónico y bolchevique dominó la retórica del bando rebelde. Sin embargo, Tusquets hizo algo más que desarrollar las ideas que justificaban la violencia. Él y Joaquim Guiu participaron activamente en la preparación del levantamiento militar contra la República. Gracias a sus contactos con los carlistas catalanes, fueron una parte importante de la trama civil de apoyo a la conspiración. Formaron un «comité antimasónico» secreto que participó en un grupo llamado Voluntariado Español organizado por la Unión Militar Española en Barcelona en 1934. Su comité utilizaba el nombre encubierto de «Orden de Caballeros de la Inmaculada-Legión de

San Jorge». Entre sus miembros se encontraban funcionarios, ultraderechistas y agentes y oficiales de la Policía, la Guardia Civil y el Ejército, que proporcionaban las armas. El paraguas del Voluntariado Español era el aparentemente inocuo Club España.[36] Desde mediados de abril de 1936 hasta mediados de julio, Tusquets y Guiu actuaron como enlaces entre la UME y los diversos voluntarios civiles que pretendían apoyar la sublevación en Barcelona.

También se pusieron al frente de la producción de propaganda antirrepublicana con un policía, Juan Segura Nieto, un joven empresario, Juan Aguasca Bonmatí, y el abogado carlista René Llanas de Niubó, autor, como se recordará, de un volumen ferozmente antisemita de «Las Sectas». Aguasca Bonmatí era el secretario del capitán Luis López Varela, el miembro de la UME responsable de la organización del golpe de Estado en Barcelona. Desde finales del verano de 1934, el trío elaboraba un boletín en versión española y catalana, *Cuadernos de Información* y *Quaderns d'Informació*. De periodicidad mensual en un principio, tras las elecciones del Frente Popular de febrero de 1936, pasaron a producir entre diez y quince mil ejemplares ciclostilados que se distribuían diariamente a todas las guarniciones del Ejército, puestos de la Guardia Civil y oficinas de organizaciones carlistas, falangistas, monárquicas y demás simpatizantes, como los Sindicatos Libres.[37] El cuñado de Franco y más adelante ministro de la Gobernación, Ramón Serrano Suñer, alabaría el impacto de los *Cuadernos* en los oficiales retirados del Ejército que luego participaron en el golpe, así como su influencia en «la formación del ambiente precursor del Alzamiento».[38] En los últimos días antes del golpe, Guiu recibió, de manos del policía Juan Segura Nieto, instrucciones selladas de López Varela para los voluntarios civiles del Club España, así como brazaletes para identificarlos como colaboradores de confianza de los militares sublevados.[39] Además de estas actividades, a finales de mayo de 1936, Tusquets se había dirigido al multimillonario catalán Francesc Cambó para pedirle ayuda económica para una revista que bien podía ser *Cuadernos de Información*. Es posible que se animara a hacerlo, porque Cambó, como amigo del padre de Tusquets, le había escrito para felicitarle —según el propio Tusquets— por el éxito de *Orígenes de la revolución española.* Como se verá, la ayuda económica no se materializó, lo que probablemente sea el motivo por el cual Tusquets atacó luego con saña a Cambó.

A pesar de ese pequeño contratiempo, Tusquets hizo una importante contribución a la causa rebelde tanto antes como durante la Guerra Civil. Desde principios de los años treinta, junto con Joaquim Guiu, Tusquets se había dedicado a confeccionar listas de judíos y masones, en parte basándose en la información proporcionada por una red de lo que él llamaba «mis fieles y audaces informadores». Algunos eran masones. Otros compartían las obsesiones de Tusquets y Guiu y se infiltraban en las logias masónicas o las espiaban. Interrogado por las autoridades franquistas en junio de 1942, un compañero del Club España, Firmo Casanova y de Vallés, habló de su colaboración con Guiu durante los años de la Segunda República en El Collell (Girona), un pueblo con muchas conexiones con la familia Guiu. Su testimonio arroja una luz reveladora sobre la auténtica dimensión de sus actividades y deja entrever lo exagerado de sus teóricos resultados:

> Fruto de estos trabajos fue la confección de un fichero que se guardaba en casa del señor Guiu y el cual constaba de numerosísimas fichas en las que se recogían las actividades y filiación masónica de los individuos a los que antes ha hecho referencia y no solo de los que constaban en los boletines de las Logias sino de también de aquellos sujetos que fundadamente se suponía que eran Masones por cuanto ayudaban a ellos. Se extendía la observación, vigilancia y acopio de datos también a las múltiples sociedades teosóficas, espiritistas, nudistas, naturistas, pseudo–científicas, etc., que bajo estos marbetes ocultaban su filiación y raigambre masónica, ya que por haberse dedicado, como antes ha dicho a estos trabajos puede afirmar que tales sociedades eran regidas e inspiradas por las Logias e incluso por elementos extranjeros afines a estas que por interesar indudablemente a su política ayudaban y amparaban estas sociedades con fermento revolucionario, recordando a este propósito a un Cónsul inglés que por aquella fecha desempeñaba sus funciones en Barcelona y cuyo nombre se le ha borrado de la memoria, pero no así sus actividades ya que este

Cónsul influía en la política imperante entonces en Cataluña teniendo reuniones en su casa con elementos directivos de tal política, actividades todas estas que en el fichero del señor Guiu eran recogidas y notadas cuidadosamente.[40]

No es de extrañar que a Casanova no le viniera a la cabeza el nombre del cónsul británico, ya que es inconcebible que el titular de la época apoyara a estos grupos: entre 1926 y 1938, el cónsul era Norman King, antiizquierdista acérrimo y devoto simpatizante de la causa franquista.[41]

Otro de los colaboradores de Tusquets y Guiu en la producción de los *Cuadernos de Información* fue Bartolomé Galí Coll. En su declaración de posguerra, afirmó que todos los ejemplares que quedaban se habían perdido cuando la sublevación fue derrotada en Barcelona. Al igual que Firmo Casanova y de Vallés, este sabía que Guiu había escondido duplicados de los archivos, pero no sabía dónde. A él interesaban especialmente las actividades de los clubes nudistas y naturistas. Tras infiltrarse en ellos, llegó a la conclusión de que eran frentes de una operación para captar a izquierdistas para la conspiración judeomasónica y bolchevique mediante las artimañas sexuales de jóvenes desnudas, las llamadas «damas rojas». En su extravagante relato, las damas rojas seducían a jóvenes de clase obrera para que se convirtieran en pistoleros de la FAI. A este esfuerzo por destruir la sociedad cristiana contribuían las sociedades espiritistas y anabaptistas, ya que «la Masonería tendía sus hilos secretos por todas estas organizaciones».[42]

Relatos más realistas de la labor de los colaboradores de Tusquets y Guiu fueron el de una viuda que había vivido con la familia de Guiu, Carolina Barderi Solé, y el de un policía, Ramón Tubau Coma, que colaboró estrechamente con él antes de la guerra y durante la misma. Carolina Barderi relató cómo su equipo de colaboradores se había infiltrado en las logias masónicas y había informado sobre sus miembros. El hecho de que ella también hubiera contribuido a recopilar datos para el fichero apunta a que gran parte de lo que figuraba en el mismo procedía de cotilleos, cuando no de invenciones. Barderi contó que, a finales de julio de 1936, la policía de la Generalitat había registrado la casa de Guiu y confiscado el fichero. Ramón Tubau reveló lo activos que habían sido tanto Tusquets como Guiu en la preparación de la sublevación militar. Tubau había recaudado fondos de empresarios conservadores para la compra de armas en nombre de Guiu, para quien Tubau continuó haciendo acopio de información durante la guerra.[43]

En los primeros días del golpe, Tusquets observaba los acontecimientos en el centro de la ciudad y recibía y transmitía información a los demás miembros del Voluntariado Español.[44] Con el colapso de las estructuras de la ley y el orden inmediatamente después de su derrota, los derechistas de todo tipo, industriales, terratenientes y clérigos, estaban en grave peligro en la España republicana, muy en especial el propio Tusquets, que, dada la inmensa notoriedad alcanzada por sus libros y la polémica suscitada por sus ataques a Macià, había conseguido enemistarse con todo el espectro de la izquierda. Tusquets consiguió escapar de Barcelona, pero su fiel colaborador, Joaquim Guiu, se quedó como un elemento importante de la quinta columna rebelde y sobrevivió sin problemas en la capital catalana hasta el 31 de mayo de 1937. Ese día, una patrulla del servicio de seguridad republicano se presentó en su domicilio, del que se encontraba ausente. Detuvieron a sus padres y a Carolina Barderi Solé. Guiu se había escondido en casa de un primo de Carolina, en el pueblo de El Collell, donde fue detenido en mayo de 1938 y acabaría siendo asesinado el 30 de enero de 1939.[45]

Pero antes incluso de que estallara la guerra, en mayo de 1936, el domicilio de Guiu había sido registrado por las autoridades republicanas, que requisaron todo lo que encontraron de su fichero. Según Firmo Casanova y Carolina Barderi Solé, Guiu había estado haciendo copias de las fichas por si se daba el caso. Tubau afirmó que Guiu tenía tres copias completas del fichero, una de las cuales es posible que estuviera en manos de Tusquets. Casanova suponía que, durante la guerra, Guiu había seguido haciendo copias y reproducido aproximadamente un tercio de las fichas. Todos los colaboradores de Guiu coinciden en que había escondido una copia íntegra del fichero en un lugar seguro. Carolina Barderi Solé creía que se la había confiado a un amigo carpintero, que era uno de sus feligreses. Otros de sus colaboradores creían que el duplicado estaba escondido en las catacumbas de su parroquia de los Santos Justo y Pastor. Sin embargo, unas excavaciones en el subsuelo de la iglesia practicadas durante la posguerra no encontraron el archivo.[46] Así pues, no está claro qué parte del fichero pudo transportar Tusquets desde Barcelona a la zona rebelde, si es que consiguió llevarse algo. En 1938, este afirmó que había tenido que abandonar las fichas en la España republicana.[47] Sin embargo, la consulta de ejemplares de sus libros y de los demás títulos de «Las Sectas», así como su prodigiosa memoria y su capacidad de invención, debieron de permitirle una reconstrucción parcial del fichero.

Dos de los hermanos de Juan Tusquets, Jaume, abogado, y Manuel, estudiante de farmacia, estaban también entre los miembros civiles del Voluntariado Español. Apoyaron la rebelión militar porque Juan les aseguró que «la religión estaba en peligro, que existía un peligro comunista ateo». Ambos murieron en los combates de Barcelona en la madrugada del 19 de julio de 1936. En consecuencia, Tusquets pasó a la clandestinidad y se trasladó primero a la casa de Gertrudis Milà, pariente de su madre, y luego al piso de otro de sus hermanos, Magí, médico, editor y padre del futuro arquitecto Óscar y de la futura editora Esther.[48]

La magnitud del peligro al que se enfrentaba Tusquets resultó aún más evidente cuando Emili Blay, marido de su hermana María Teresa, fue asesinado en Vilafranca del Penedés el 26 de julio. Al cabo de tres días, una patrulla de la FAI anarquista estuvo a punto de registrar el edificio donde se encontraba el piso de Magí. Pese a afirmar que unos simpatizantes anarquistas lo habían salvado de un intento de asesinato de los masones, estaba más que claro que, si la patrulla atrapaba al padre Tusquets, lo matarían. Magí salió de casa y encontró a una escuadra de la organización nacionalista Estat Català, que obligó a los anarquistas a pasar de largo sin registrar el edificio. Finalmente, por mediación de un amigo que era cónsul de Portugal, Andreu, hermano de Emili Blay, que era cónsul en funciones de Paraguay, consiguió un pasaporte portugués para Tusquets en el que figuraba como nacido en Guimeraes. El 30 de julio, en un coche del consulado paraguayo, el padre Tusquets llegó al puerto y, con el pasaporte falso, logró embarcar en un mercante alemán, el *Urkelmark*, con destino a Génova. Más tarde Tusquets contaría, en otro de sus relatos inverosímiles, que, para evitar que lo arrojasen por la borda, tuvo que convencer al capitán del barco de que no se oponía al nazismo. Si esa historia es cierta, no debió de resultarle muy difícil, en vista de las opiniones antijudías que expresaba habitualmente en sus publicaciones. El barco llegó a Génova el 31 de julio y, desde allí, Tusquets se dirigió a Roma, donde permaneció hasta finales de agosto. Por último, con el permiso del Vaticano, atravesó Francia y llegó a Pamplona.[49] Allí entró en contacto con el padre Luis de Despujol Ricart, a quien Tusquets conocía de cuando Despujol había sido canónigo de la catedral de Barcelona. Este último era íntimo amigo y colaborador del cardenal Isidro Gomá, arzobispo de Toledo y primado de España. Al igual que Gomá, Despujol había fijado su residencia en la capital navarra. Con el aval de tan ilustres prelados, Tusquets se trasladó pronto a Burgos para colaborar con las autoridades rebeldes. Al principio, se alojó en una pensión, pero pronto se encontró cuidando a su desconsolada hermana y a los dos hijos de esta. Entre sus numerosas actividades, cultivó la relación con Gomá.[50]

El escritor carlista Antonio Pérez de Olaguer coincidió con Tusquets en la pensión y dejó de él un retrato sorprendentemente humorístico que, en muchos aspectos, coincide con el realizado unos años antes por Miquel d'Esplugues:

> Rubio, risueño, delicado, místico, diligente y con un valor seco, magnífico, sin petulancia, empeñado en encontrar masones hasta debajo de las servilletas. [...] El doctor Tusquets, que saca los cuentos como las cerezas de una cesta —una arrastra a la otra— siguiendo el uno al otro, se apresura a narrar, con el gracejo de su estilo y la sal de sus ilustraciones gráficas, una nueva historia. [...] Y el doctor Tusquets, que domina el secreto de los chistes, que consiste en adelantarse a la risa de los oyentes, rompe a reír a carcajada limpia, con esa risa suya, un poco infantil, simpática, estrepitosa.

Tan agradable era su compañía que todo el mundo estaba pendiente de «su labia hábil y retozona». Especialmente aficionado a los juegos de palabras, en una ocasión retó a sus compañeros a encontrar las tres únicas palabras en español que contienen las cinco vocales. Después de que nadie acertase a responder, dio la respuesta en tono triunfal, calificándolas a las tres de horribles: «*murciélago, funerario y republicano*».[51]

Muy popular en los círculos militares como máximo enemigo español de la masonería, Tusquets tenía asegurada una calurosa acogida en Burgos.[52] El hecho de que tanto Mola como Franco, cuyo odio a los masones rayaba en la paranoia, fueran lectores entusiastas de sus libros le garantizó que encontraría un puesto de honor en los altos círculos de los nacionales. Cuando por fin empezó a trabajar directamente para los rebeldes de Burgos, primero a las órdenes de Mola y luego, a las de Franco, sus conocimientos o sospechas acerca de presuntos masones sirvieron de base para una parte importante de la infraestructura organizativa de la represión. Durante un periodo del tiempo que Tusquets pasó en Burgos trabajando con Mola, colaboró con una de las figuras más siniestras del bando nacional, un amigo y antiguo subordinado del general, el policía Julián Mauricio Carlavilla del Barrio, protagonista del capítulo anterior. Durante la breve temporada en que Tusquets y Carlavilla coincidieron en el cuartel general de Mola, se dedicaron a rastrear la prensa en busca de pruebas de influencias masónicas o judías. Sin embargo, esa colaboración llegó a su fin cuando Carlavilla empezó a trabajar para Nicolás Franco. A raíz de sus investigaciones sobre los seguidores de Manuel Hedilla, en mayo de 1937, había sido víctima de un atentado en Valladolid, tras lo que huyó a Portugal.[53] En cualquier caso, la colaboración entre el devoto y altivo Tusquets y el sórdido Carlavilla no fue modélica. En un tono de tardío desdén, Tusquets se distanciaría de su colaborador de guerra en la confección de listas, y le dijo al historiador Jordi Canal que Carlavilla era un «nazi apasionado que inventaba más que Comín Colomer», en referencia a otro policía que escribía libros polémicos atacando a la izquierda.[54]

Tras la proclamación de Franco como jefe del Estado de los nacionales en Salamanca el 1 de octubre de 1936, la estrella de Tusquets fue en rápido ascenso, a lo que le ayudó enormemente el nombramiento, el 4 de octubre, del padre José María Bulart como capellán de la familia Franco. Bulart, secretario del obispo de Salamanca, Enrique Plá y Deniel, era muy amigo de Tusquets y antiguo compañero de estudios en Barcelona. El padre Bulart le aconsejó que, cuando no él no estuviera disponible, Tusquets fuera al palacio episcopal a decir misa para la familia del Generalísimo. Tusquets se convirtió en asiduo del palacio episcopal, donde los Franco habían fijado su residencia ante la educada insistencia del obispo Plá y Deniel. Así, Tusquets se congració lo suficiente con la familia Franco como para ser nombrado preceptor de la hija del dictador, Carmen. El sacerdote tuvo que desplazarse con frecuencia entre Salamanca y Burgos, porque en noviembre de 1936 lo nombraron preceptor de las dos hijas del general Fidel Dávila, presidente del «Gobierno» rebelde, la Junta Técnica. También conoció a Serrano Suñer, con quien estrechó pronto una relación fundada en el hecho de que ambos habían perdido hermanos en la lucha contra la izquierda. Si a ello se añade su relación con el cardenal Gomá, se constata que Tusquets se hallaba tan cerca de los centros de poder que no es de extrañar que pudiera escribir en 1938: «Después del Movimiento Nacional, me he sentido más acompañado que nunca. Escribo por indicaciones de la jerarquía eclesiástica. El Generalísimo aprueba mis campañas. Las ha respaldado el ministro Serrano Suñer, ese hombre que parece todo lógica, pero tiene mucho nervio y corazón».[55]

Luis de Despujol, en calidad de secretario del cardenal Gomá, informó a este desde Salamanca que «Tusquets está bien situado y bien considerado. Su principal actividad es la búsqueda de documentos masónicos y todo lo que con ello tiene relación. Se ha montado una oficina por el Gobierno a este fin y Tusquets está empleado en ella siendo el alma de la misma». También fue designado consejero de la Comisión de Cultura y Enseñanza de la Junta Técnica, presidida por José María Pemán, para asesorar en asuntos relacionados con la educación religiosa, en particular sobre la censura y los libros que debían retirarse de la circulación. Sus gestiones condujeron a la denuncia de maestros de escuela y profesores universitarios que había que depurar. Durante toda esta época, mantuvo su estrecha relación con el cardenal Gomá.[56]

Lo que no es en absoluto cierto, a pesar de las exageradas afirmaciones de Tusquets en sentido contrario, es que la idea de un

Servicio de Prensa y Propaganda rebelde fuera suya y que él la hubiera dirigido: «yo fui el encargado del servicio de prensa durante la guerra. Porque fui yo quien sugirió la creación de este servicio, a condición de que fuera algo secreto, limpio. Y con este servicio de prensa influí mucho, porque era algo diario. Lo hacía yo solo con la ayuda de un cura amigo mío que tenía yo en Burgos. Recogíamos todo lo que se publicaba, lo traducíamos y salía la mar de bien».[57] Pero el Servicio de Prensa y Propaganda estaba ya en marcha antes de que Tusquets empezara a trabajar para Franco. Es cierto que tenía funciones concretas en dicho servicio, como escudriñar la prensa en busca de pruebas de intervención de la masonería, algo que sí pudo deberse, sin duda, a una sugerencia suya.

Al igual que otros que habían sufrido la pérdida de un ser querido a manos del otro bando, Tusquets parece haber sentido una mezcla de sed de venganza y pensamientos suicidas. Tal vez por eso el pálido y elegante sacerdote entablara una amistad tan estrecha con el igualmente traumatizado Ramón Serrano Suñer tras la llegada del cuñado del Caudillo a Salamanca el 20 de febrero de 1937. Haciéndose eco del desquiciado general José Millán Astray, Tusquets le dijo a su amigo carlista Antonio Pérez Olaguer en Burgos: «Yo estoy enamorado de la muerte. Y la muerte es la novia más desdeñosa y más ingrata. Cuando ella se da cuenta de que se la quiere, de que se la idolatra, de que se la ama de veras, huye, se escapa, deserta».[58]

Poco después de que Franco estableciera su cuartel general en Salamanca, el afán de venganza de Tusquets pudo satisfacerse en la oficina a la que el padre de Despujol se refería en su informe al cardenal Gomá. En 1937, en parte a propuesta suya y con el estímulo del propio Franco, el cuartel general había estado recogiendo material incautado en las zonas capturadas en las oficinas de los partidos políticos y los sindicatos, en las logias masónicas y en los domicilios de los izquierdistas. El escrutinio y la catalogación de dicho material se llevó a cabo principalmente en la Sección Judeo-Masónica del Servicio de Información Militar rebelde, cuyo teórico director era el comandante Antonio Palau, aunque el trabajo de análisis de la documentación lo realizara Tusquets, que había inspirado su creación. Su principal labor era la de recopilar y sistematizar toda la información sobre los masones, tanto la recogida por los servicios de inteligencia como la publicada en la prensa diaria republicana e internacional. A partir de este material, inflaba las listas, los dosieres y los expedientes que ya tenía sobre los masones que suponía enemigos de la causa rebelde. Esta información, a menudo inexacta, desempeñaría un papel crucial en la represión a liberales e izquierdistas; sin embargo, Tusquets se mostró igual de diligente a la hora de desenmascarar a posibles masones entre quienes habían apoyado la sublevación militar.[59] Haciéndose eco de las palabras de Pérez Olaguer, el falangista Maximiano García Venero comentó: «buscaría rastros de masonería en los escritos, las palabras y la conducta privada de los adheridos al Movimiento Nacional. Tusquets veía masones por todas partes». Tusquets le dijo en cierta ocasión a Ramón Garriga, estrecho colaborador de Serrano Suñer en el servicio de prensa, que podía detectar a un masón por la forma en que se colocaba el pañuelo en el bolsillo superior de la chaqueta. A partir de este material, redactaba informes sobre «nuestros adversarios», que enviaba tanto al alto mando del Ejército como a la jerarquía eclesiástica.[60]

El cardenal Gomá se alegró e informó al cardenal Pacelli, secretario de Estado del Vaticano, de que las autoridades militares estuvieran «intensificando la eliminación de la masonería». Explicó que «para ello se ha organizado una oficina de investigación similar al Deuxième Bureau e instalado en la misma Presidencia del Gobierno de Burgos, dirigida por especialistas».[61] El propio Tusquets describió el escrutinio de la prensa republicana y de la documentación capturada, la elaboración de sus expedientes de sospechosos de masonería, como el trabajo de la «policía intelectual» del nuevo régimen.[62]

Sin embargo, el padre Tusquets se quejaba constantemente de que su salario por sus distintos trabajos era «pequeño, muy pequeño». En febrero de 1937, escribió en términos aduladores al cardenal Gomá, exponiendo sus esfuerzos en favor del régimen:

> Voy a exponerle cuál es mi situación actual en Burgos. Se hace una labor a fondo, en muchos ramos y aspectos, de la cual conviene esté muy bien informado V. E., pues esta información contribuirá a desenmarañar los enredos que nuestros adversarios tejen en el

extranjero contra el Nuevo Régimen, contra el Generalísimo y contra V. E. que hoy encarna en España la voz de la Iglesia. Sentiría dejar esta labor. Pero debo mantener a mi hermana, cuyo esposo fue bárbaramente asesinado, y a sus dos niños, y para no contraer deudas me sería muy importante poder ingresar en el Cuerpo Castrense como auxiliar.

Este medio para aumentar sus ingresos fue, según Tusquets, idea del general Fidel Dávila, presidente de la Junta Técnica. Como consejero de la Comisión de Cultura y Enseñanza de la Junta Técnica, y dado su contacto personal casi diario con Dávila, debió de serle fácil recabar su apoyo para el plan. Sin duda, es más probable que la sugerencia partiera del propio Tusquets que del mismo Dávila. Sin embargo, dado que un gran número de sacerdotes carlistas navarros se habían ido a la guerra sin más, abandonando sus parroquias sin permiso, había motivos para que Tusquets pudiera decir misa y predicar a las milicias falangistas y carlistas de vez en cuando. Ahora, era necesario solicitar el permiso de Gomá. Una vez que este se lo concedió, Tusquets recibió el grado militar de alférez-sacerdote y sirvió brevemente como capellán de unidades en la milicia falangista. Se afilió a la Falange, y figura en las listas de afiliados catalanes del partido.[63] A pesar de su nuevo cargo y del sueldo adicional, así como de su éxito como escritor y conferenciante, Tusquets seguía sin tener dinero, de lo que se quejó al coronel de su unidad. Al no poder autorizar que le aumentaran el sueldo, el coronel le propuso como solución regalarle un caballo. A partir de entonces, cada vez que Tusquets necesitaba dinero para su hermana, se limitaba a solicitar lo necesario para cambiar las herraduras al caballo, por un importe siempre idéntico al que esta necesitaba.[64]

Además de sus emolumentos como consejero de la Comisión de Cultura y Educación y como capellán castrense, sus ingresos aumentaron cuando, a finales de 1936, el cuartel general de Franco facilitó la creación de una editorial. Los gastos de la empresa, Ediciones Antisectarias, parecen haber sido sufragados en gran parte por el dinero de la familia de Tusquets. De las tareas administrativas, se hizo cargo su hermano Carlos. A lo largo de los dos años siguientes, y continuando con lo que había hecho con «Las Sectas», publicaría veinte volúmenes que denunciaban las siniestras maquinaciones de los enemigos judíos y masónicos de España.[65] La declaración de intenciones de la nueva empresa rezaba: «La finalidad de estas Ediciones es puramente patriótica y en modo alguno partidista. En ellas colaborarán personalidades de diversas ideologías, pero no figurará ni un autor dudosamente adherido al Régimen, ni una idea que no contribuya a defender las normas que para España va dictando S. E. el Generalísimo Franco». Se hacían tiradas cuantiosísimas, de entre diez y treinta mil ejemplares, que se vendían a precios irrisorios, de entre una y dos pesetas.[66] Además de los cuatro títulos atribuidos a Tusquets, el autor de otro, el rabiosamente antisemita *El Judaísmo*, firmado por el inexistente «Barón de Santa Clara», bien pudo ser Tusquets o posiblemente René Llanas de Niubó. Se distribuyeron miles de ejemplares de este por toda la España rebelde. También se publicaron artículos firmados por el «Barón de Santa Clara» en el periódico dominical *Domingo* de San Sebastián. Los títulos y la temática apuntan a que eran obra de Tusquets: «La revolución española y sus fuerzas ocultas: los judíos» y «El espíritu demagógico de Israel».[67] Al menos tres de los autores de la serie trabajaban junto con Tusquets en la Sección Judeo-Masónica del SIM y basaron sus libros en su documentación. Esto indica que funcionaba como el brazo propagandístico de la sección antimasónica de los servicios secretos. Sin embargo, la editorial se gestionaba como una empresa familiar, propiedad conjunta del padre Tusquets y su hermano Carlos. A pesar de que Tusquets afirmara que era una empresa pobre, los libros que publicaba eran éxitos de ventas enormes que alcanzaban decenas de miles de ejemplares. Serrano Suñer colaboró con él y escribió el prólogo elogioso de su polémico opúsculo *Masones y pacifistas*.[68] También participó en el semanario carlista para niños *Pelayos*, difundiendo su mensaje sobre el enemigo judeomasónico a una generación más joven. Se ha especulado con que incluso fuera Tusquets quien crease *Pelayos*.[69]

El rubio Tusquets era un inspirado orador y realizaba giras de conferencias propagando sus teorías conspirativas ante un público numeroso y agradecido. El 1 de noviembre de 1936 dio una conferencia en el Teatro Principal de Burgos sobre «La francmasonería como fuerza revolucionaria». El acto carlista incluyó la interpretación del himno tradicionalista *Oriamendi*, acompañado por la banda del Requeté.[70]

El estilo apasionado de Tusquets fue descrito así por Pérez Olaguer:

> Su figura alta, esbelta, elegante, sobresale airosa sobre la mesa, en la que esperan unos documentos inéditos. El doctor Tusquets habla. [...] Sus ojos menudos se le escapan de la prisión rematada por el arco perfecto de las cejas difuminadas y breves. La luz de las baterías resbala en los cabellos rubios y en la tez pálida. Y el doctor Tusquets habla [...]. Su oratoria, cuidada, segura, es tajante, enérgica, decisiva. No emplea imágenes. No se recrea en colores. Va a lo suyo. A lo concreto, a lo positivo, a lo audaz. Todo dicho en tono menor, pero con claridad. El doctor Tusquets habla... y su gesto está siempre en consonancia con su palabra. Una mano, la izquierda, tendida a lo largo del cuerpo. Una mano, la derecha, alzada siempre, rubricando la frase, matizando el concepto, subrayando la palabra. Y cuando llegan la acusación y la demostración indiscutibles, la mano izquierda sale de su ostracismo, surge decidida, valiente, violenta y se une a su compañera y en franca colaboración alzan ambas, elevan la elocuencia al grado máximo. Y el orador se transfigura y la conferencia alcanza ya toda su plenitud.[71]

Antonio Ruiz Vilaplana, que también asistió al acto, se muestra menos entusiasta al describir cómo la oratoria serena de Tusquets se transforma de pronto, para rugir «ferozmente pidiendo la eliminación y exterminio de todos los masones». Ruiz Vilaplana, que era secretario judicial, comenta que la atribución de Tusquets a los francmasones de horrores y crímenes varios fue decisiva para intensificar la represión en Burgos. Tusquets tachó los comentarios de Ruiz Vilaplana de calumnias porque estaba alarmado por su posible impacto en la imagen internacional de los rebeldes. La preocupación por la publicidad que se daba a las exageraciones de Tusquets era compartida por Cambó.[72]

La conferencia de Burgos se publicó posteriormente con el título de *La francmasonería, crimen de lesa patria*, de la que se imprimieron varias ediciones y se vendieron treinta mil ejemplares. En ella, Tusquets repetía sus acusaciones de que la masonería era una creación judía, un arma del imperialismo inglés y responsable del derramamiento de sangre en las revoluciones mexicana y rusa. La culpaba de la Semana Trágica de 1909, de los sucesos revolucionarios de 1917, del advenimiento de la República y de la insurrección de Asturias en octubre de 1934. Era el eje del que irradiaban ramas subordinadas como los Clubes Rotarios y el Pen Club. La calificaba de cáncer en el cuerpo y veneno en las venas de la nación. Afirmó que entre los instrumentos de la masonería se encontraban el nudismo, el esperantismo y el vegetarianismo, acusaciones que llevarían a la persecución policial de los practicantes de estas actividades inocuas. Acusó a los francmasones de abusar sexualmente de los niños y de propagar el incesto. La masonería, según Tusquets, había organizado directamente el asesinato y mutilación de José Calvo Sotelo.[73]

Otra de sus incendiarias conferencias, titulada «Masonería y separatismo», la pronunció en el Teatro Principal de San Sebastián el 28 de febrero de 1937 y rápidamente se convirtió en el volumen IV de las Ediciones Antisectarias, otro éxito de ventas. Entre varias afirmaciones desconcertantes, incluía esta: «No es exacto [...] que los masones hayan intentado asesinarme más de cuatro veces», cuando Tusquets se refería a menudo a los presuntos intentos de asesinato contra él por parte de los masones, de los que daba versiones contradictorias.[74] Y lo que es más sorprendente, reconoció implícitamente en su conferencia que *Los protocolos* quizá fueran falsos, al afirmar: «los famosos *Protocolos de los sabios de Sión* que, si no son auténticos, merecen serlo, ya que todas sus predicciones se han cumplido». Dos años más tarde, Tusquets escribiría: «Se discute la autenticidad de los *Protocolos de Sión*. Es una cuestión secundaria. Auténticos o no, expresan los objetivos y procedimientos del judaísmo. Además, todos sus párrafos sustanciales pueden confirmarse con textos de indudable alcurnia israelita». Dada su conflictiva relación con la verdad, estas declaraciones plantean importantes dudas sobre si Tusquets sabía que *Los protocolos* eran una invención cuando los publicó y los utilizó para sus ataques personales durante los años treinta.[75]

En su conferencia de San Sebastián, culpó a la masonería de la pérdida del Imperio español y de la aparición de los nacionalismos catalán y vasco. También «desveló» el origen masónico de los inocentes concursos de poesía de Barcelona conocidos como «Jocs Florals». Realizó una interpretación intensamente partidista de la reciente historia de Cataluña, con duras críticas al periódico católico El Matí y al partido político conservador de Cambó, la Lliga Catalana (sucesora de la Lliga Regionalista), al que acusó de estar bajo influencia masónica. También criticó al separatismo vasco, aunque, en San Sebastián, lo hizo en términos algo menos agresivos que los que aplicaba al catalanismo: atribuyó el separatismo vasco a los planes «judaizantes» de los masones.[76]

Poco después de la conferencia de Tusquets en San Sebastián, Francesc Cambó escribió la siguiente carta a Joan Ventosa i Calvell, su colaborador en la Lliga Catalana y encargado de canalizar el apoyo económico que Cambó prestaba a la causa rebelde:[77]

> El tal padre Tusquets, mezcla de imbécil, intrigante y granuja, inició la publicación de unas entrevistas en el diario católico milanés Italia. No continuó la publicación porque el arzobispo-cardenal de Milán dio orden terminante de que no se publicara nada más del padre Tusquets. Tú ya debes de saber que este individuo se dedica en Burgos y en Salamanca a difamarnos a nosotros y a todo el clero catalán que simpatiza con la Lliga [Regionalista], especialmente benedictinos y capuchinos. Este padre Tusquets, en los primeros meses de la República, era un macianista ardiente, un separatista à outrance y se dedicaba a difamarnos a ti y a mí por aquello de «los últimos puntales de la monarquía». Hará cosa de un año que vino a casa [...] dándoselas de catalanista fervoroso, gestionando una subvención mía para una revista que quería publicar. Pues bien, este individuo ha dicho las cositas que podrás leer en la copia textual que te incluyo de las dos entrevistas publicadas en Italia. ¿No podrías conseguir que el doctor Gomà le tapara la boca o le hiciera salir de España?[78]

Es probable que la revista para la que Tusquets solicitaba financiación fuera Cuadernos de Información. La idea de que Ventosa pudiera influir en Gomá se debía a la circunstancia de que la mano derecha del cardenal, Luis de Despujol, era cuñado de Ventosa.

En una conferencia titulada «La masonería y el obrero», pronunciada en Zaragoza el 21 de marzo de 1937, Tusquets llevó su antisemitismo a nuevas cotas. Según el diario falangista local *Amanecer*, subrayó la subordinación de la masonería a los judíos. Argumentó asimismo que el movimiento obrero era un títere en manos de los revolucionarios judíos, citando como prueba el hecho de que los revolucionarios rusos más prominentes profesaban dicha religión. Hizo una distinción poco convincente entre la «nación judaica» y los miembros judíos individuales de la conspiración, algo que, en vista de sus habituales referencias colectivas a «Israel» y al «Sanedrín», resultaba hipócrita. También se anunció por entonces la publicación de dicha conferencia en Ediciones Antisectarias, pero esto no llegó a producirse.[79] Un rasgo habitual de las charlas que ofrecía Tusquets era el escalofriante listado de crímenes que atribuía a los masones. El impacto de estas conferencias y su posterior publicación condujeron inevitablemente a la intensificación de la represión de la masonería.[80]

Entre el dinero que ganaba con Ediciones Antisectarias, su sueldo de capellán, el truco de los gastos del caballo y su trabajo para el SIM, Tusquets, a pesar de sus obligaciones familiares, no debía de ser tan pobre como aparentaba. El alcance de las operaciones de recogida de información de la Sección Judeo-Masónica se amplió, el 20 de abril de 1937, con la creación de la Oficina de Investigación y Propaganda Antimarxista, cuyo personal estaba formado por oficiales del Ejército y voluntarios. Sus funciones consistían esencialmente en hacer lo que Tusquets venía realizando desde 1930: «recoger, analizar y catalogar todo el material de propaganda de todas las clases que el comunismo y sus organizaciones adláteres hayan utilizado para sus campañas en nuestra patria, con el fin de organizar la correspondiente contrapropaganda, tanto en España como en el extranjero». Además del material impreso incautado a todas las organizaciones de izquierdas, desde los republicanos conservadores hasta los anarquistas, pasando por los masones, los pacifistas y las feministas, se escudriñaba la correspondencia y las listas de afiliados y suscripciones de los partidos y sociedades, para crear un gran fichero de izquierdistas a los que había que detener y juzgar.

Al cabo de apenas un mes, Franco hizo nombrar al carlista Marcelino de Ulibarri Eguílaz jefe de la Delegación de Servicios Especiales, con el cometido de «recuperar cuanta documentación relacionada con las sectas, y sus actividades en España, estuviese en poder de particulares, autoridades y organismos oficiales, guardándola cuidadosamente en lugar alejado de todo peligro, y en el que pudiera ordenarse y clasificarse para llegar a constituir un Archivo que nos permitiera conocer, desenmascarar y sancionar a los enemigos de la patria».[81]

El dinámico y prepotente Ulibarri gozaba de una considerable influencia gracias a su larga amistad tanto con Franco como con Serrano Suñer. Gran admirador de Tusquets, era aún más obsesivo en su odio hacia los masones y los judíos. De hecho, Ulibarri era conocido entre sus camaradas carlistas como «el martillo de la masonería».[82] A las pocas semanas, Ulibarri había creado la Oficina de Recuperación de Documentos (ORD). A principios de junio, el País Vasco estaba a punto de caer en manos de los franquistas y Ulibarri consideraba que el objetivo de la ODR era la incautación sistemática y posterior clasificación de la documentación perteneciente a los vencidos. Pronto pidió la fusión de su Oficina de Recuperación de Documentos con la Oficina de Investigación y Propaganda Antimarxista. En el verano de 1937, ante la perspectiva de la toma de Santander y Asturias tras la caída del País Vasco, Ulibarri pidió que se acelerara la recogida de documentación para agilizar la posterior represión. Declaró explícitamente que, tras cada victoria, las autoridades rebeldes necesitaban «las piezas documentales inculpatorias de la culpabilidad de personas que han de ser inmediatamente juzgadas». Tras la victoria franquista en Teruel de febrero de 1938 y el posterior avance a través de Aragón hacia el Mediterráneo, se abrían enormes oportunidades en cuanto a la incautación de documentación de izquierdas. La deseada fusión departamental de Ulibarri se formalizó el 26 de abril de 1938, cuando Serrano Suñer, como ministro de la Gobernación, dictó un decreto por el que se creaba la Delegación del Estado para la Recuperación de Documentos (DERD), cuyo objetivo era recoger, almacenar y clasificar todos los documentos procedentes de partidos políticos, organizaciones y personas «hostiles o incluso desafectas al Movimiento Nacional» para facilitar su localización y sanción.[83]

Dada la envergadura de las actividades centralizadas, no es de extrañar que el prepotente Ulibarri acabara chocando con Tusquets. El 10 de mayo de 1938, Ulibarri escribió desde Salamanca a este último pidiéndole que le entregara su archivo personal. Que esto no fue muy del agrado de Tusquets se desprende de su escueta respuesta desde Burgos, en la que expresó su sorpresa por la petición y, obviando la referencia a su archivo personal, afirmó que el SIM ya había entregado todo su material masónico. Ulibarri le respondió fríamente que los fondos del SIM no eran el problema y le reiteró la petición de su archivo personal. Además, añadió que creía que Tusquets había recibido abundante material masónico capturado por la Falange en Toledo. En su respuesta, Tusquets negó tener el material de Toledo, afirmó que su archivo personal no estaba en la España nacional y comunicó con sorna a Ulibarri que sus libros estaban a la venta en las librerías. Es posible que, dadas las dificultades que debió de haber tenido Tusquets para sacar su material de Barcelona, dijera la verdad. Lo cierto es que Ulibarri pareció aceptar las alegaciones de Tusquets, que acabó colaborando con la DERD.[84] En una referencia oblicua a este intercambio, Tusquets escribió que, en respuesta a la petición de toda su información, había dicho: «para darle todos mis datos hace falta la trepanación».[85]

El último de los libros de Tusquets en la serie publicada por Ediciones Antisectarias fue el virulentamente antisemita *Masones y pacifistas*. El libro era una interpretación escabrosa de los orígenes, ritos y ceremonias de la masonería y un relato mendaz de su papel en las décadas previas a la Guerra Civil. Estaba repleto de acusaciones sobre «los secretos destinos de Israel» y «el misterioso poder judaico» que se encontraba detrás de todas las sociedades secretas del mundo.[86] Tusquets achacó la Guerra Civil y la violencia de la izquierda a las maquinaciones judías. Atribuía la quema de iglesias durante la contienda a lo que él llamaba «el ciego orgullo de una raza deicida»: «La pretensión de multiplicar en España los templos masónicos y de convertirla en sierva del judaísmo ha incendiado los más bellos altares de España y ha destruido iglesias milenarias. [...] El demonio y la Francmasonería están animados por idéntico propósito: destruir la civilización cristiana, edificar sobre sus ruinas el templo materialista y despótico del Judaísmo».[87]

Los apartados del libro que trataban sobre la historia reciente de España eran una mezcla de flagrante mendacidad y arrogantes afirmaciones del papel profético del propio Tusquets. En su relato de los sucesos revolucionarios del 6 de octubre de 1934 en Cataluña, afirmó que en agosto había publicado un artículo que predecía exactamente lo que iba a suceder, lo que provocó otro atentado de los masones contra su vida. Dada la enorme complejidad de los acontecimientos políticos locales y nacionales que condujeron a la proclamación del Estado catalán dentro de la República Federal Española en ese día, es del todo imposible que hubiera previsto el curso de los acontecimientos, pese a lo cual Tusquets escribió: «Tuve la fortuna de exacerbar los ánimos en tal grado que los talleres ordenaron un atentado contra mí. Se frustró de un modo casi grotesco. Para evitar males mayores, pasé una quincena en Andorra». Respecto a los sucesos de Asturias y Cataluña, se lamentaba de la culpable debilidad demostrada en la represión posterior, flaqueza que atribuía a las maquinaciones masónicas.[88] Al llegar en su narración al asesinato de José Calvo Sotelo, su fantasía no conoció límites. Calificó este deplorable suceso, que se produjo de forma improvisada y espontánea, como fruto de una meticulosa planificación previa. Ni que decir tiene que atribuyó la destrucción de Guernica por los bombardeos alemanes a la labor de los milicianos de izquierdas.[89]

Hasta la ocupación de Cataluña en enero de 1939, Tusquets siguió trabajando en una Sección Judeo-Masónica muy reducida dentro del SIM. En Barcelona, al igual que en otras provincias, el contenido de librerías, almacenes de editoriales y archivos particulares fue confiscado y reunido en la Delegación Territorial de Recuperación de Documentos de la provincia. En los casos en que había un gran número de ejemplares de algún libro, se reducían a pulpa para ayudar a resolver la escasez de papel de la posguerra.[90] Una vez clasificados, los ejemplares se enviaban a la Delegación

Central de Recuperación de Documentos en Salamanca, donde se utilizaron como una de las fuentes clave de pruebas para la labor del Tribunal Especial para la Represión de la Masonería y el Comunismo creado en febrero de 1940. Tusquets llegó con las fuerzas de ocupación y, al menos durante un breve periodo, participó en la clasificación del material catalán. Resulta de lo más irónico que él fuera el artífice del traslado de dicho material a Salamanca: la campaña para su devolución, sesenta años después, fue una de las empresas catalanas más importantes dentro del movimiento de recuperación de la memoria histórica. En 1941, se propuso premiar a Tusquets por los servicios prestados con la concesión de dos medallas, la Medalla de Campaña con distintivo de vanguardia y la Cruz Roja del Mérito Militar.[91]

A pesar de la decepción de su enfrentamiento con Ulibarri, Tusquets se había convertido en una figura inmensamente influyente en la zona nacional. Siempre había puesto un gran empeño en crear vínculos con los gobernantes. Sus estrechos lazos con el cardenal Gomá y los generales Franco y Dávila demostraban que estaba dispuesto a sacarles el máximo provecho por lo que se refería a cargos y promociones. En julio de 1937, por ejemplo, escribió una carta aduladora felicitando a Pedro Sainz Rodríguez por su reciente nombramiento como jefe nacional de Educación en la Junta Técnica y ofreciéndole sus servicios.[92] También había logrado establecer una buena relación con Ramón Serrano Suñer. La oportunidad surgió en marzo de 1938, cuando el distinguido filósofo católico francés Jacques Maritain criticó los bombardeos rebeldes de Barcelona, que describió como «el bombardeo más violento llevado a cabo desde que existen las fuerzas aéreas». Según Maritain, «si las razones humanitarias bastan para condenar semejante masacre de no combatientes, esta masacre es tanto más repudiable cuanto que los responsables de las operaciones pretenden defender la civilización cristiana». Maritain, que era un converso al catolicismo casado con una judía, fue denunciado como «este judío converso» por Ramón Serrano Suñer el 12 de mayo y, de nuevo, el 19 de junio de 1938, en un discurso conmemorativo de la caída de Bilbao. Tras afirmar que las palabras de Maritain se hacían eco de la retórica de los sabios de Sion denunciada por *Los protocolos*, lo calificó de favorito «de las logias y de las sinagogas». Una semana después de las declaraciones de mayo de Serrano Suñer, Juan Tusquets salía en apoyo del ministro, publicando un artículo en el que atacaba a Maritain por sus vínculos con judíos, masones y nacionalistas catalanes.[93] Cambó se sintió totalmente consternado, porque estos ataques confirmaban su opinión de que las manifestaciones de Tusquets eran tan exageradas y demagógicas que resultaban contraproducentes para la imagen internacional del régimen. Por eso mismo, el Gabinete de Prensa y Propaganda que había creado en París nunca le dio publicidad.[94]

No obstante, el apoyo de Tusquets a Serrano Suñer dio sus frutos a principios de 1938, cuando el ministro creó el Servicio Nacional de Propaganda y encargó a Tusquets la tarea de seleccionar el material que la Iglesia católica desearía ver publicado en la prensa del régimen. Serrano escribió al nuncio papal Ildebrando Antoniutti para informarle.[95] Esta tarea específica fue inflada por Tusquets en entrevistas posteriores hasta presentarse como responsable de todo el operativo de prensa y propaganda franquista.[96] A finales de 1938, con la gran ofensiva rebelde contra Cataluña muy avanzada, Franco y Serrano Suñer pidieron a Tusquets que propusiera nombres para dirigir las instituciones que crearían las fuerzas de ocupación. Con base en sus consejos, según Tusquets, Franco eligió al futuro alcalde de Barcelona, Miquel Mateu, y realizó otros importantes nombramientos. Tusquets también alegó que había aconsejado a Franco que en su política relativa a Cataluña respetara la lengua y la cultura catalanas. Suponiendo que esto fuera cierto, lo cual es muy improbable, Franco no le hizo caso.[97] A lo largo del otoño de 1938, mientras las tropas de Franco se concentraban para su asalto final a Cataluña, Tusquets se esforzó extraordinariamente en organizar una feroz campaña contra la mediación internacional en la guerra. En términos utilizados también por Franco y Mauricio Carlavilla, denunció a la Sociedad de Naciones como un paso hacia «el Super-Estado Judaico».[98]

En cuanto Barcelona fue ocupada por las tropas franquistas, a finales de enero de 1939, el padre Tusquets regresó a la ciudad donde, una vez eliminada la masonería de la vida española, y tal vez traumatizado por las actividades de las fuerzas de ocupación en Cataluña, empezó a rechazar las oportunidades de promoción. Afirmó que, al final de la guerra, Serrano Suñer le ofreció el cargo de director general de Prensa y Propaganda. Pero no deseaba dedicar su tiempo a revisar toda la prensa diaria para imponer la línea editorial de cada periódico y sugerir los artículos que debían publicarse, así que se negó, y le explicó a Serrano Suñer que deseaba volver a sus obligaciones eclesiásticas.[99] Asimismo, cuando más tarde Franco le ofreció el cargo de asesor religioso del Consejo Superior de Investigaciones Científicas, lo rechazó, alegando que no quería vivir en Madrid, lejos de su hermana viuda y de sus sobrinos. Teniendo en cuenta que en los años anteriores Tusquets se había regodeado de su cercanía a los epicentros del poder y que, con el argumento de las estrecheces económicas, había procurado acumular sueldos de forma descarada, llama la atención la negativa a dos cargos tan importantes y bien remunerados.

Es posible que se sintiera conmocionado por la brutalidad de las fuerzas franquistas en la ocupación de Cataluña y tal vez sintiera cierta culpa por su papel en el fomento de los odios que la impulsaron. Sin embargo, no hay nada en sus entrevistas, invariablemente autojustificativas, que sugiera que ese fuera el caso. Desde luego, más tarde afirmó que había hecho un esfuerzo especial para sacar a sus conocidos de los campos de concentración. Quizá sea cierto, pero no ha salido a la luz ninguna prueba de ello. Además, en varias entrevistas afirmó que había evitado que grandes tesoros catalanes, como el Archivo de la Corona de Aragón y la Biblioteca de Cataluña, sufrieran el destino de tantas otras instituciones catalanas, cuyos libros, documentos y papeles fueron incautados y enviados a Salamanca, proceso que él había fomentado. Es posible que tuviera el poder de hacerlo, ya que los cargos oficiales que había aceptado en febrero de 1939 eran los de «asesor de Cultura» y delegado del Ministerio de la Gobernación en la Diputación Provincial. Como especialista en pedagogía y en catequesis,[100] habiendo contribuido tan sustancialmente a la mentalidad de odio que subyacía en la represión en Cataluña, es concebible que se alarmara por las consecuencias prácticas de sus campañas antimasónicas y antijudías.

Lo más probable es que considerara la victoria franquista en la Guerra Civil como una reivindicación de su campaña contra lo que él veía como el contubernio judeomasónico y bolchevique. Solo aceptó una mínima promoción oficial, porque, con su misión cumplida, se sintió capaz de volver a la enseñanza religiosa. También es posible que le convenciera la presión de la alta jerarquía eclesiástica. El cardenal Gomá se sentía incómodo con la participación de algunos clérigos militantes en la Falange. El Vaticano no veía con buenos ojos que se asociara al clero con la ferocidad de la represión que estaba siendo objeto de escrutinio internacional, ni tampoco con los vínculos cada vez más estrechos de Franco con la Alemania nazi. El papel oficial de Tusquets como jefe de la sección judeo-masónica de los servicios de inteligencia militar ya no era aceptable.[101] Por lo tanto, la educación religiosa se fue convirtiendo en la principal preocupación de Tusquets, que fundó las revistas *Formación Catequista* y *Perspectivas Pedagógicas*. Ediciones Antisectarias se convirtió en la Editorial Lumen. Bajo la dirección de su hermano Carlos, Lumen se especializó en textos religiosos. Juan Tusquets obtuvo una cátedra de Pedagogía en la Universidad de Barcelona y escribió varios libros sobre el tema, así como sobre Ramon Llull, el filósofo mallorquín del siglo XIII. Sin embargo, seguía estando orgulloso de su labor precedente y de su relación con Franco, encantado de que le pidieran de vez en cuando consejo sobre cuestiones como la agitación estudiantil. También mantuvo su amistad con el capellán de Franco, José María Bulart. Durante estos años, vivió tranquilamente en Barcelona con su madre viuda, su hermana María Teresa y los dos hijos de esta. La fortuna familiar relacionada con la banca hacía tiempo que se había disipado.

En entrevistas concedidas en su vejez, Juan Tusquets intentó, de diversas maneras, desvincularse de su pasado. Afirmaba que, a principios de los años treinta, era su compinche, Joaquim Guiu, y no él, quien se había obsesionado con la masonería.[102] En vista del número y la intensidad de sus publicaciones de denuncia acerca de la conspiración judeomasónica y bolchevique, es evidente que Tusquets no decía toda la verdad. Negó cualquier participación en la represión e incluso llegó a afirmar mendazmente que se había negado en redondo a que sus listas de nombres fueran utilizadas por las autoridades franquistas. Tusquets intentó dar a su propia obra antimasónica una respetabilidad retrospectiva, insinuando que obedecía a un encargo del muy venerado cardenal progresista Francesc Vidal i Barraquer. En realidad, el único encargo que le había hecho Vidal i Barraquer fue el de su libro sobre el teosofismo. Vidal i Barraquer también escribió un prólogo a su *Manual de catecismo*. Sin embargo, no fue el responsable de las posteriores campañas antimasónicas y antisemitas de Tusquets; al contrario, los ataques de este tanto a Francesc Macià como a Niceto Alcalá-Zamora supusieron un considerable engorro para el cardenal.[103]

A pesar de sus acusaciones contra Francesc Macià y sus virulentos ataques al catalanismo durante la Guerra Civil, Tusquets declaró, increíblemente: «Siempre procuré hacer mi trabajo sin renunciar nunca a mi identidad de catalán y catalanista, ni con Franco ni con nadie». Aún más inverosímiles son sus declaraciones en el sentido de que, en sus informes a Franco durante la Guerra Civil, había denunciado la persecución nazi de los judíos tras quedar impactado por su visita al campo de concentración de Dachau en 1934, por invitación de la Asociación Antimasónica Internacional: «Eran campos destinados a agotar a los judíos. Yo había ido a Alemania con cierta ilusión para saber esto de Hitler y sus promesas. Pero me desengañé al ver que todo era paganismo y que perseguían a los judíos. Cuando Franco me encargó que le hiciera el resumen diario de la prensa yo le iba destilando en aquella información lo que hacían los nazis, y que toda aquella liturgia de la Falange no dejaba de ser una secta más, como la masonería». Seguramente le fallaba la memoria, ya que, en el momento de la visita, aún faltaban cuatro años para las detenciones en masa de judíos. Esta descripción posterior está claramente matizada por lo que llegó a conocer sobre los campos de exterminio nazis, tal y como funcionaban durante la Segunda Guerra Mundial. Cuando Tusquets visitó Dachau en 1934, no podía saber qué prisioneros eran judíos, ya que todavía no estaban clasificados como tales. Además, sus declaraciones no se compadecen con su pertenencia a la Falange y con el hecho de que siguiera haciendo propaganda antisemita en sus conferencias y escritos, y con mayor vehemencia a medida que avanzaba la

Guerra Civil. En 1939, por ejemplo, escribió sobre la esvástica que «este símbolo [es] respetable en cuanto significa el nuevo Estado de nuestra bienquerida Alemania». En todas sus entrevistas, se jactó de su amistad con Franco, afirmando absurdamente que sabía que en realidad el Caudillo era anglófilo, procatalán convencido y que solo había tratado con Mussolini y Hitler por necesidad.[104]

En otro caso, solo cabe suponer que la memoria le volvió a traicionar: sostiene Tusquets que mientras aconsejaba a Franco sobre cómo debía de tratar a Cataluña, le había dicho que había cometido un gran error al nombrar al general Severiano Martínez Anido capitán general de la región. Según él, le dijo al Caudillo que había causado «una pésima impresión en Cataluña, sobre todo entre los obreros, que estaban muy en su contra». En respuesta a su advertencia, Franco, siempre según Tusquets, le dijo que meditaría si era posible cesarlo, a lo que añadió: «Piense que antes de llegar a lo que quiero, tengo que quemar a muchos individuos». Prescindiendo de la absoluta inverosimilitud de que Franco justificara una decisión propia a un cargo de segunda fila de su entorno, la anécdota presenta problemas insuperables. Para empezar, en ningún momento de toda su vida fue Martínez Anido capitán general de Cataluña, sino gobernador militar y civil de Barcelona antes de 1923. Durante la dictadura de Primo de Rivera, fue su eficaz ministro del Interior, cargo que también ocupó en el primer Gobierno de Franco. Otro gran fallo de esta anécdota sobre una conversación inverosímil que se supone tuvo lugar al término de la Guerra Civil es que Martínez Anido había muerto en diciembre de 1938.[105]

Tusquets era un hombre inteligente y, al parecer, profundamente religioso. Lo que no fue en absoluto es honrado. Su enérgica cruzada de una década contra los judíos, los masones, la izquierda y el nacionalismo catalán y vasco se basó en una considerable, aunque equivocada, capacidad de investigación, así como en la exageración maliciosa y la mendacidad más absoluta. Sus consecuencias, en cuanto a vidas perdidas o arruinadas, fueron incalculables. En las numerosas entrevistas engañosas concedidas cerca del final de su vida, minimizó —por no decir que blanqueó— su papel tanto en el fomento de los odios que condujeron a la Guerra Civil como a la hora de facilitar la repre-

sión durante la misma. Trasladó la culpa de sus campañas a su amigo
Joaquim Guiu y negó descaradamente su anticatalanismo. No puede
saberse si estas mentiras fueron fruto del remordimiento por lo que
había hecho; sin embargo, es más probable que no tratara más que de
proteger su reputación de religioso erudito.[106]

4

El poeta

A su muerte, el 9 de julio de 1981, José María Pemán fue homenajeado por personalidades de derechas y de izquierdas como un monárquico liberal y autor enormemente prolífico de más de sesenta y cinco obras de teatro, quince libros de poesía, treinta novelas y ensayos políticos, cientos de discursos y conferencias y como columnista habitual en la prensa.[1] Dos meses antes de su muerte, ya enfermo, Pemán recibió del rey Juan Carlos la que se considera la más insigne condecoración del mundo, la Orden del Toisón de Oro, habitualmente reservada a los jefes de las casas reales. Su imagen benévola quedó inmortalizada en las fotografías de la ceremonia, en las que se veía al rey agachándose a hablar con Pemán, que permanecía sentado.[2] Sus honores, su enorme producción literaria y, según todos los que le trataron, su encanto personal ocultaban el hecho de que durante veinticinco años fue una de las figuras más tóxicas y divisivas de la extrema derecha española. Desde mediados de los años veinte hasta finales de los cuarenta, fue sucesivamente un incondicional de la dictadura de Primo de Rivera, un enemigo acérrimo de la Segunda República democrática, un defensor del exterminio de la izquierda durante la Guerra Civil y, a continuación, un firme partidario de la causa franquista. Sus escritos y discursos entre mediados de los años veinte y mediados de los treinta contribuyeron enormemente a la ruptura de la convivencia política que fue el preludio de la contienda bélica. Sus virulentas campañas de propaganda durante la guerra alentaron y justificaron la salvaje represión desatada por las fuerzas franquistas. Por eso, esta aclamada personalidad literaria aparece en el presente libro en cuanto que incitador al odio.

Pemán era un ferviente monárquico cuyas manifestaciones estaban impregnadas de un consumado esnobismo y un antisemitismo constante. A partir de 1947, su posición evolucionó un poco. Si bien su admiración por Franco fue duradera, se atenuó a partir de los años cincuenta al comprobar que el dictador jamás restauraría la monarquía en la persona del heredero al trono exiliado, don Juan de Borbón. Aun así, durante los años del franquismo se le consideró un intelectual del régimen, si bien no era tan íntimo del dictador como Pemán daba a entender en sus escritos. Consiguió transmitir sus ideas evitando la confrontación directa con el régimen y sus columnas fueron censuradas muy rara vez durante los años cincuenta y sesenta.[3] La abierta discrepancia entre la realidad de su pasado y la imagen benévola de sus últimos años fue el resultado de una reinvención mendaz de su trayectoria, más que de sus convicciones. A diferencia de Dionisio Ridruejo, sinceramente arrepentido, Pemán nunca renegó de su pasado, sino que se limitó a negarlo.[4]

José María Pemán nació en Cádiz el 8 de mayo de 1897. Sus padres eran Juan Gualberto Pemán, ilustre diputado del Partido Conservador por El Puerto de Santa María, y María Pemartín, de una rica familia de bodegueros jerezanos. La educación de José María en el elitista colegio marianista de San Felipe Neri le dotó de una considerable cultura clásica y de unas ideas de derechas profundamente tradicionalistas. Uno de los dos hermanos de su madre estaba casado con Inés Primo de Rivera, hermana del futuro dictador Miguel. El primo de José María, José Pemartín, hijo de su otro tío materno, se convertiría en un estrecho colaborador ideológico. Pemán heredó de su familia tierras y viñedos en la finca El Cerro, en Jerez, y estrechó lazos con la aristocracia local casándose en 1922 con María del Carmen Domecq Rivero Núñez de Villavicencio y González, hija de la marquesa viuda de la Casa Domecq, como se reflejó en sus discursos y escritos contrarios a la reforma agraria y en su elitismo y esnobismo.[5]

Estudió Derecho en la Universidad de Sevilla y se doctoró por la Universidad de Madrid con una tesis sobre Platón. Ejerció brevemente de abogado penalista, pero, tras ser acusado de una grave irregularidad en 1924, abandonó pronto la profesión. En sus memorias, atribuye la brevedad de su carrera jurídica a su deseo de centrarse en la literatura. De hecho, sus rentas le permitieron dedicarse más a la poesía. Era un católico devoto hasta la beatería. Envió ejemplares de sus libros al influyente director del diario católico *El Debate*, Ángel Herrera Oria, la eminencia gris del catolicismo político en España, como tarjeta de presentación. En 1909, Herrera había fundado, junto con el jesuita Ángel Ayala, la ultraconservadora Asociación Católica Nacional de Propagandistas (ACNP), un grupo de católicos dinámicos y profesionales de alto nivel. Impresionado por los libros de Pemán y por su ostentosa devoción, en 1925, Herrera le invitó a escribir en *El Debate* y le eligió como secretario local de la ACNP en Cádiz. Así, durante casi cinco años, Pemán se volcó en una campaña para que los volúmenes considerados subversivos en el Índice de libros prohibidos del Vaticano fueran requisados de las bibliotecas privadas. A partir de 1928, utilizó su autoridad en el partido único de la dictadura, la Unión Patriótica (UP), para que la policía se incautara de toda la literatura pornográfica que pudiera encontrarse en los quioscos callejeros.[6]

Gracias a sus relaciones con Miguel Primo de Rivera y Ángel Herrera, Pemán pudo desempeñar un papel importante a escala nacional como el principal ideólogo de la Unión Patriótica. Más tarde afirmaría que había sido durante sus actos de propaganda para la Unión Patriótica cuando perfeccionó las dotes de orador que consolidaron su fama en la zona franquista durante la Guerra Civil. Aprendió así a manipular a públicos grandes y pequeños, utilizando distintas técnicas en función de si, por ejemplo, había mujeres entre la audiencia.[7] En la provincia de Cádiz, su importancia en la Unión Patriótica cimentó sus vínculos con los elementos locales más reaccionarios, como el cacique de Jerez, Francisco Moreno y Zuleta de Reales, conde de los Andes, y los caciques de Cádiz, el almirante Ramón de Carranza, marqués de la Villa de Pesadilla, y su hijo Ramón de Carranza, marqués de Soto Hermoso.[8] Para Pemán, la nación estaba amargamente dividida entre una anti-España que abarcaba todo lo heterodoxo y extranjero y una España auténtica, de valores religiosos y monárquicos tradicionales, como expresó en la misión que preveía para la UP: «es tiempo de escoger definitivamente entre Jesús y Barrabás».[9]

Pero la Unión Patriótica nunca llegó a ser el partido que Pemán anhelaba, sino que fue más bien una organización cívica de las clases altas y medias que la utilizaron para manifestar su adhesión al régimen y obtener así los beneficios correspondientes.[10] En julio de 1927, Primo le nombró presidente de la sección gaditana de la UP, cuyo periódico, *La Información,* se convirtió en portavoz de las ideas cada vez más autoritarias de Pemán. Como cabía esperar, pese a las vanas promesas del régimen de luchar contra la corrupción, Pemán no hizo nada para desafiar el poder de Moreno y Zulueta ni de la familia Carranza. Los lazos de Pemán con la dictadura se hicieron cada vez más estrechos. En 1927, fue nombrado miembro de la recién creada Asamblea Nacional, corporativa y no electa, un ineficaz intento de legitimación del régimen a través de un falso Parlamento.[11] Se convirtió en el ideólogo semioficial del régimen con la redacción del manual de la UP, *El hecho y la idea de la Unión Patriótica,* en el que dedicó una página tras otra a denunciar la soberanía popular y el sufragio universal. También arremetió contra la idea de que las lenguas regionales fueran una justificación para el separatismo, desdeñando el gallego y el catalán como meros dialectos y el euskera como «una venerable reliquia».[12] Publicó un compendio de discursos del dictador con el título *El pensamiento de Primo de Rivera.*[13] Fue nombrado secretario de la sección de la Asamblea Nacional Consultiva encargada de redactar una nueva Constitución, cuyo borrador inacabado pretendía eliminar la libertad individual y los partidos políticos.[14]

En noviembre de 1929, se celebró un espectacular banquete, presidido por el propio dictador, para honrar la contribución de Pemán a la Unión Patriótica. En su discurso de agradecimiento, Pemán afirmó que España se enfrentaba a «un nuevo problema: el problema mismo de la Patria atacada en sus cimientos mismos por el comunismo, el separatismo, el terrorismo; el dilema agudo de Patria o Sóviets, de orden o anarquía». Veía a la nación dividida entre sus enemigos comunistas internos y sus defensores patrióticos, reunidos en la Unión Patriótica.[15] Gracias a Pemán, la idea de «la anti-España» se convertiría en uno de los pilares de la justificación de la Guerra Civil contra la izquierda y de la represión llevada a cabo por los militares sublevados en 1936.[16]

La fe de Pemán en la superioridad política de la aristocracia y sus relaciones con esta se consolidaron a principios de agosto de 1927 cuando Alfonso XIII le nombró caballero de la exclusiva Orden de Montesa, en la iglesia madrileña de la Concepción Real de Calatrava. A esta orden, profundamente racista y reaccionaria, solo podían acceder quienes acreditaran «dos primeros apellidos hijosdalgo de sangre [...], tener escudo de armas; ser descendiente él, su padre y madre y abuelos varones de casa solar conocida; no haber ejercido oficios viles, mecánicos o industriales; no ser de raza o mezcla de judío, moro, hereje, converso ni villano, por remoto que sea [...] no ser él, sus padres o abuelos procuradores, prestamistas, escribanos públicos, mercaderes al por menor o haber tenido oficios por el que hayan vivido o vivan de su esfuerzo manual».[17]

En esta época, Pemán estrechó sus lazos con los teóricos de la extrema derecha que serían sus colaboradores principales en los esfuerzos por derrocar la República: Ramiro de Maeztu, Víctor Pradera, José Calvo Sotelo y Antonio Goicoechea.[18] A medida que la estrella del dictador menguaba, Pemán se convirtió en uno de sus últimos apoyos, cada vez más comprometido con la defensa de sus ideas autoritarias y antidemocráticas.[19] Se hicieron tan amigos que el último de sus frecuentes almuerzos tuvo lugar el 28 de enero de 1930, el día en que Primo dimitió.[20] En las semanas posteriores a que presentara su dimisión a Alfonso XIII, Primo convocó varias reuniones con Pemán y sus otros colaboradores clave. Habló de dar otro golpe militar encabezado por él mismo o por un general más joven, pero no encontró los sostenes necesarios. Por ello, al ver que no iba a tener éxito, instó a sus seguidores a crear un partido político que llevara por bandera las ideas de su régimen.[21] Tras la muerte de Primo de Rivera en París el 16 de marzo de aquel mismo año, se formaron colas ante el domicilio de Pemán en Cádiz para darle el pésame.[22]

En cumplimiento de los deseos de Primo, un grupo de sus exministros, su hijo José Antonio y Pemán anunciaron la fundación de la Unión Monárquica Nacional. Para Pemán, se trataba de crear un vehículo para utilizar políticamente a los que apoyaban la dictadura,[23] cuya obra se comprometía a continuar el manifiesto de la UMN, con devoción a la memoria de Primo y sumisión a sus doctrinas.[24] El dictador fue enterrado con gran pompa en Madrid el 3 de abril. Pemán acompañó el armón de artillería que llevaba su féretro. Como era inevitable, en 1930 fue uno de los principales oradores, junto con José Antonio Primo de Rivera, en la campaña propagandística de ámbito nacional de la UMN en favor de una monarquía autoritaria.[25] Durante todo este tiempo, cultivó el trato con Alfonso XIII. A finales de octubre de 1930, cuando el rey visitó Cádiz, Pemán fue uno de los portadores del palio bajo el cual el monarca hizo su entrada en la iglesia de Santo Domingo.[26]

Junto a José Antonio, Pemán fue un entusiasta participante en la campaña de la UMN que amenazaba con la «violencia sagrada» para impedir la llegada de la República. Sus discursos eran provocadores y belicosos. El 1 de octubre de 1930 manifestó que si los socialistas querían el poder político, tendrían que luchar por él en las calles y no ganarlo en las urnas. Aunque de existencia efímera, la UMN fue un paso más hacia el fascismo español de los años treinta, con la monarquía como guinda del pastel dictatorial. Subrayando que «las masas no confían en los programas políticos, anhelan un líder», Pemán sostenía que «solo por el momento debemos ser moderados para no dividir a la derecha monárquica».[27] Los discursos de Pemán provocaron una considerable hostilidad por parte de la izquierda. Uno de ellos impresionó tanto a un joven intelectual monárquico, Eugenio Vegas Latapié, que este se acercó a Pemán a su término. Fue el comienzo de una estrecha e importante amistad.[28] Tras otro discurso, pronunciado en Oviedo en 1930, Pemán fue invitado a cenar en casa del marqués de la Rodriga, cuya residencia, con su biblioteca y su vajilla de porcelana de Dresde describiría Pemán años después con su habitual esnobismo. Ya de madrugada, se presentó allí el general Franco, que se sumó a la sobremesa. Años más tarde, Pemán daría una gran trascendencia a este primer y breve encuentro.[29]

En diciembre, en el transcurso de la campaña, Pemán negaba que la UMN fuera lo mismo que la Unión Patriótica y afirmó que se trataba de un partido nuevo; aunque, apenas cinco meses antes, había defendido que la Unión Patriótica debía limitarse a cambiar su nombre por el de Unión Monárquica Nacional.[30] Dada la heterogeneidad de los partidarios de Primo, fue difícil conseguir una lista de candidatos unida para los comicios municipales del 12 de abril de 1931. Como resultado de las diferencias tácticas con Carranza y el conde de los Andes, Pemán dimitió de su cargo como presidente de la sección provincial de la UMN y anunció que se retiraba de la política. No se presentó a las elecciones.[31]

La victoria de la coalición de republicanos y socialistas en las municipales horrorizó a Pemán. Le indignó que el voto del pueblo provocase el advenimiento de la Segunda República y, el mismo día, la derrota de lo que a su juicio eran principios inmutables establecidos durante siglos. Tras la quema de iglesias en Madrid el 12 de mayo de 1931, proclamó que había llegado «el fin del mundo».[32] En consecuencia, se unió a Ramiro de Maeztu, Vegas Latapié y otros ideólogos para intentar crear una revista que propagara el monarquismo autoritario y estableciera vínculos con movimientos autoritarios similares en Europa. De hecho, Vegas Latapié estaba profundamente impresionado por Action Française. El marqués de Quintanar, que era un admirador del grupo portugués de derechas Integralismo Lusitano, estaba entre los que habían tratado con Primo la idea de lanzar una revista de esta ideología.[33] A las pocas horas de la instauración de la República, las principales figuras de la UMN se reunieron en casa del conde de Guadalhorce, Rafael Benjumea y Burín, que había sido ministro de Fomento de Primo. Creyendo que la monarquía había caído por no ser lo bastante autoritaria, acordaron fundar una «escuela de pensamiento contrarrevolucionario moderno».

El marqués de Pelayo y otros aristócratas pusieron el dinero necesario para financiar las actividades subversivas contra la República que organizaría el general Luis Orgaz. Parte de estos fondos se destinaron a la creación de la sociedad cultural Acción Española, cuyas actividades políticas legales habrían de servir de tapadera para los conspiradores en la preparación de un golpe militar. El primer número de la revista homónima apareció el 15 de diciembre de 1931 bajo la dirección teórica del conde de Santibáñez del Río (otro de los títulos de Quintanar).[34] Los dirigentes de Acción Española constituyeron la correa de transmisión ideológica que conectó el autoritarismo moderado de Primo de Rivera con la violencia despiadada del franquismo.[35]

Al principio, la entidad formaba parte de la Acción Nacional de Ángel Herrera, que pronto cambió de nombre por el de Acción Popular. Al menos públicamente, Pemán aceptó de forma simbólica su táctica legalista y rechazó la violencia, lo que se contradecía con su defensa de una cruzada nacional por la religión y la patria; es decir, la lucha para derrocar a la República, a la que consideraba anticlerical y sometida a la perniciosa influencia extranjera.[36] A principios de 1932, Pemán pronunció una conferencia ante los socios de la entidad. El tema era «la locura de la democracia», por culpa de la cual «las masas se han rebelado de su puesto, que no es un puesto directivo, sino de acatamiento», y el blanco de sus ataques era «la traición de los intelectuales» que «han favorecido esta rebelión, claudicando ante las masas y adulando sus instintos». Repitió la conferencia en varios lugares de España. Y en abril, en Valencia, dirigió sus críticas contra Unamuno y Ortega y Gasset.[37]

En mayo de 1932, Pemán fundaba también la revista *Ellas. Semanario de Mujeres Españolas*, aparentemente destinada a movilizar el voto femenino. Sin embargo, los artículos sobre moda, ropa y recetas de cocina no eran más que un mero camuflaje para difundir el contenido católico, fascista, antisemita y misógino que, en otra publicación, no hubiera pasado el escrutinio de la censura. Para el primer número, Pemán escribió un artículo denunciando el sufragio universal, en el que hacía el revelador comentario: «el papel de la mujer no es el papel activo de conquistar, sino el pasivo de ser conquistada». A pesar de su declarada aversión a la democracia, Pemán aceptaba, condescendiente, que «es preciso también dar a la mujer española unas claras y someras lecciones sobre lo más fundamental de nuestro gran ideario político tradicional y español, e instruirla sobre las modalidades y formas con que ella puede contribuir a la difusión, propaganda y triunfo de ese ideario». En otra ocasión, escribió que «Dios quiso sancionar el pecado original e impuso a la mujer [...] el dolor de la maternidad y la sujeción al varón, que la dominaría».[38] La revista publicaba con frecuencia artículos antisemitas con títulos como «El socialismo, aliado del judaísmo», «Los traidores que venden su patria», «Frente a la invasión de los judíos» y «Socialismo, comunismo, judaísmo». Al cabo de varios meses, como era alérgico a la rutina de las tareas administrativas, Pemán renunció a su papel de director de la revista, pero continuó como colaborador y columnista.[39]

Pemán no participó activamente en el fallido golpe de Estado del general Sanjurjo del 10 de agosto de 1932, pero desempeñó un papel secundario en él. Asistió a algunas de las reuniones preparatorias y era amigo de uno de los principales conspiradores militares, el coronel José Enrique Varela. La policía sospechó de su implicación, pero no pudo demostrarla. Sin embargo, Pemán huyó igualmente a Gibraltar, donde años después escribiría que «en hora de peligro persecutorio, me refugié por breves días».[40] Ante el fracaso del golpe, los dirigentes de Acción Española intensificaron sus actividades conspirativas. El objetivo principal era una campaña masiva de recaudación de fondos para asegurar que el siguiente intento tuviera más éxito. En poco tiempo, acumularon diecisiete millones de pesetas.[41] La preparación del siguiente golpe de Estado se basó en un esfuerzo propagandístico para denigrar a la República, algo difícil porque gran parte de los medios de comunicación de la derecha fueron clausurados a raíz de la intentona golpista. En *Ellas*, que no se vio afectada por el cierre, Pemán publicó numerosos y exaltados himnos de alabanza a los implicados en la Sanjurjada. Celebró a los que «dieron su vida por España. Murieron heroicamente en la jornada del 10 de agosto de 1932» y denunció el destierro de 145 oficiales del Ejército implicados a Villa Cisneros, en la colonia española del Sáhara Occidental.[42] Participó en la campaña contra la autonomía catalana con discursos públicos y también con artículos en *Ellas*. Pemán dijo de Cataluña que «más que borracha de separatismo, está únicamente ligeramente mareada»; afirmó que solo había un puñado de nacionalistas catalanes sinceros y denunció que la mayoría de los defensores de la independencia eran unos cínicos que utilizaban el nacionalismo para conseguir cargos en las instituciones regionales. Por ello, reivindicó un nacionalismo español potente que combatiera contra los separatistas catalanes.[43] En *El Debate*, calificó el Estatuto de Autonomía de Cataluña de «destructor y catastrófico» y «de una inconcebible fealdad», obra de «las masas decadentes».[44]

Tras el fracaso de la Sanjurjada, Acción Popular se dividió. Los elementos más moderados se convirtieron en la Confederación Española de Derechas Autónomas (CEDA), mientras que el grupo de Acción Española fundó un partido político, Renovación Española, cuyo objetivo era la destrucción violenta de la democracia. Como defensor de la monarquía antiparlamentaria, Pemán abogó por la unión con la Comunión Tradicionalista carlista.[45] Participó en un ciclo de conferencias organizado por esta última en el cine Ópera de Madrid junto con Antonio Goicoechea. El 23 de febrero de 1933, Vegas Latapié montó un banquete para cuatrocientos comensales en homenaje a Pemán en el hotel Ritz. Uno de los oradores era Pedro Sainz Rodríguez, que leyó un mensaje ferozmente provocador de José Calvo Sotelo («Vivimos en guerra») y expresó su alegría por el hecho de que los excombatientes de la Primera Guerra Mundial de Italia, Alemania, Portugal, Polonia y otros países fueran capaces «de todo, incluso de morir matando» para poner fin a lo que tildó de «espantapájaros parlamentario». El discurso de Pemán fue un llamamiento a la conquista del Estado por parte de falanges de guerreros decididos a aplastar la democracia. Como parte de su campaña para unir las fuerzas de la extrema derecha, Pemán empezó a escribir en el periódico carlista *El Siglo Futuro*. Sus objetivos se cumplieron con la creación de una coalición electoral bajo el nombre de TYRE (Tradicionalistas y Renovación Española).[46] En marzo de 1933, en un artículo en *Ellas*, elogiaba los esfuerzos de su amigo José Antonio Primo de Rivera por crear un partido fascista y ensalzó el régimen fascista italiano por sus valores de «autoridad, obediencia, jerarquía, disciplina».[47] Estas actividades ponen de manifiesto la conexión cada vez más estrecha de Pemán con el grupo de Acción Española, en el que por fin —escribe este con alborozo— la aristocracia asumía el papel que le correspondía en la lucha por el derrocamiento de la República.[48]

El 27 de septiembre de 1933 se estrenaba en Madrid *El divino impaciente*, el drama de Pemán sobre la vida de san Francisco Javier. A instancias de Manuel Herrera Oria, hermano de Ángel, se había propuesto escribir una obra que combatiera la legislación laica de la República, percibida por la derecha como una persecución religiosa. Esta respuesta a la expulsión de los jesuitas, pese a durar tres horas y estar escrita en verso, tuvo un éxito espectacular. Durante los meses siguientes, día tras día en varias ciudades españolas, se ofrecieron cientos de representaciones y se formaron largas colas para comprar entradas que a menudo se convertían también en manifestaciones antirrepublicanas. No cabe duda de que el impacto de la obra contribuyó al éxito de la derecha en las elecciones de noviembre de 1933. Representada en la Italia fascista, en el Tercer Reich, en Irlanda y en varios países de América Latina, y con unas ventas de más de cien mil ejemplares de su edición impresa, hizo ganar mucho dinero a Pemán, que ya era un hombre rico.[49]

Durante la campaña electoral de noviembre de 1933, Pemán se presentó como diputado independiente monárquico por Cádiz con el partido ultrarreaccionario Acción Popular-Unión Ciudadana y Agraria, que se presentaba en coalición con la CEDA. Defendía los intereses de la oligarquía terrateniente amenazada por los proyectos de reforma agraria de la República. Además de Pemán, sus candidatos eran Ramón de Carranza y José Antonio Primo de Rivera. Su línea antidemocrática se manifestaba en la consigna: «Hay que votar a candidatos que vayan al Parlamento a destruir el régimen parlamentario». Pemán fue un incansable defensor de una virulenta retórica que acusaba a la República de ser un régimen ateo y marxista decidido a destruir el país. Llamando a recuperar la grandeza de España a través de una monarquía autoritaria, uno de sus lemas era «Votemos para dejar de votar algún día». Sus compañeros de candidatura en la coalición local de ultraderecha eran, como ya se ha dicho, Ramón de Carranza y José Antonio Primo de Rivera, así como dos carlistas. En el Teatro de las Cortes, en San Fernando, el 13 de noviembre, en un mitin cuyo cartel encabezaba Pemán, junto a Carranza y José Antonio, un grupo de anarquistas abrió fuego contra la platea. No está claro cuál de los tres destacados candidatos de la derecha era su objetivo. Un comerciante fue asesinado y la esposa de Estanislao Domecq resultó gravemente herida por cuatro balas. Pemán, que fue elegido diputado a las Cortes por Unión Ciudadana y

Agraria, al tomar posesión de su escaño anunció que actuaría como monárquico independiente.[50]

En un comentario revelador sobre su triunfo electoral, declaró: «Es el momento de que pensemos en la inutilidad definitiva de todo este sistema». El defecto del sistema, a sus ojos, era que, a pesar de haber ganado esta vez, en las siguientes elecciones, la derecha podía perder.[51] Aunque, hasta el golpe militar de julio de 1936, Pemán siguió siendo un enemigo declarado de la República y criticó ferozmente tanto a los monárquicos parlamentarios como al accidentalismo de la CEDA, su actividad fue insignificante. Solo pronunció dos discursos, ambos en la primavera de 1934, a favor de la amnistía para los conspiradores de la Sanjurjada. Su incapacidad para improvisar o para hacer frente a las interrupciones y a los abucheos le inhibía. Dos comentaristas entendidos en la materia, Dionisio Ridruejo y Ramón Serrano Suñer, coinciden en considerar sus discursos como artificiales y carentes de toda espontaneidad.[52] Pemán fue nombrado consejero de la Comisión de Instrucción Pública, pero no asistió a ninguna reunión; sin embargo, asumió la presidencia de Acción Española en la primavera de 1934 y se dedicó a impulsar la creación del Bloque Nacional, sucesor de TYRE, una alianza más o menos formal de Renovación Española, la Comunión Tradicionalista y el Partido Nacionalista del doctor Albiñana.[53]

En diciembre de 1933, Pemán escribió el prólogo entusiasta a un volumen de discursos de Calvo Sotelo en el que se mostraba convencido de la existencia del contubernio judeomasónico y bolchevique. Para elogiar a Calvo, lo contraponía a los intelectuales republicanos que habían traicionado a la Patria, «los que coqueteaban con Moscú y con Ámsterdam, los que tenían, como esposos adúlteros, citas nocherniegas en las logias exóticas, [...] los que se derretían de efusión en las sinagogas tetuaníes».[54] Como Ámsterdam era el principal centro del comercio de diamantes, el topónimo se consideraba sinónimo de «judaísmo». La tarea política más importante de Pemán durante finales de 1934 y principios de 1935 fue la redacción de una serie de ocho artículos de fondo que escribió para *Acción Española*, con el título de «Cartas a un escéptico en materia de formas de gobierno», que posteriormente se recogieron en un libro.[55] El escéptico anónimo al que iban dirigidas las cartas podría considerarse un seguidor del protector de Pemán, Ángel Herrera. En general, Pemán intentaba refutar la idea de Herrera de que las formas de gobierno eran «accidentales» y que lo fundamental era su contenido social y político.

En consecuencia, se propuso desmontar todos los argumentos a favor del republicanismo y justificar la monarquía hereditaria.[56] Elogió la monarquía como superior a la república, a la que calificaba de «más natural que la monarquía; es decir, más elemental, más retrasada, más pecaminosa». La gran aportación de la monarquía era la «superación de la baja naturaleza animal del hombre» y la «realización de su alta naturaleza racional».[57] Había poca sustancia intelectual en argumentos como «las liturgias de los presidentes republicanos tienen siempre un aire bufo de parodias regias. Escoltas, carrozas, palacios son accidentes naturales en torno de la Majestad heredada; pero son irritantes vanidades en torno de la magistratura advenediza».[58] Entre los inconvenientes del republicanismo que enumeraba Pemán, se encontraba la ausencia tanto de «la augusta imparcialidad» como del «prestigio de la realeza». Más endeble aún era su argumento de que «en las repúblicas democráticas, las supremas magistraturas que han de mandar sobre todo recaen siempre en hombres de partido. Y "todo" y "partido" son palabras que se repugnan hasta en su sonido mismo».[59]

La justificación elogiosa de Pemán de la monarquía hereditaria presentaba este sistema como «la fórmula hereditaria, con vejez de siglos y anclaje de mundos, ha existido como un producto normal de la más antigua y universal sabiduría». Es, según él, «un poder recibido de Dios para el bien de la comunidad». Una de sus ventajas sobre la república, sostenía, era su capacidad de mantener a raya al socialismo.[60] Tanto la Primera como la Segunda Repúblicas se representaban como regímenes desastrosos y criminales, caracterizados por el desorden, las luchas civiles y la ruina económica.[61] Las «Cartas» culpaban del advenimiento de la Segunda República a los monárquicos tibios que no habían sabido defender lo más importante. Pemán tachaba a cualquier presidente electo de simple cacique o de político que no pretendía más que llegar a la cima de su ambición personal, mientras que el príncipe hereditario gobernaba como un deber y un servicio. Era como si nunca hubiera oído hablar de Alfonso XIII.[62]

En el mitin organizado por Gil Robles el 22 de abril de 1934 con el fin de presionar a Alcalá-Zamora para que aprobara una amnistía para los implicados en la intentona golpista del 10 de agosto, se cantó un himno con música de *Sigurd Jorsalfar* de Grieg y letra de Pemán, cuya beligerante letra incluía los versos: «Adelante, con fe en la victoria; / por la Patria y por Dios, a vencer o morir».[63] En las Cortes, Pemán defendió a Sanjurjo con el extraño argumento de que la victoria electoral de la derecha en noviembre de 1933 representaba que «la masa popular [...] el 19 de noviembre votó, no ya por la amnistía, sino por la completa, clara y absoluta justificación del 10 de agosto». El 20 de mayo de 1934, Pemán intervenía en el banquete de mil personas en el hotel Palace para dar la bienvenida a Calvo Sotelo a su regreso del exilio.[64]

Pemán no se presentó a la reelección en las Cortes en los comicios de febrero de 1936, lo que no es de extrañar dado su escaso éxito como diputado. Sí intervino, en nombre de un amigo, en varios mítines en La Mancha. Después de que un público mayoritariamente socialista le escuchara con respeto, Pemán terminó su discurso, según diría más tarde, con las siguientes palabras: «Acaso no nos volvamos a ver más. Acaso quedemos hoy citados para vernos la próxima vez, frente a frente, en una trinchera o en una barricada. Si es así, yo os anuncio desde ahora que combatiré con coraje, pero sin odio».[65]

Como era inevitable, vio con horror la victoria del Frente Popular y desempeñó un papel importante en los preparativos de la sublevación militar. Entre los papeles del general Varela incautados en Barcelona, se encontraban las listas manuscritas de Pemán con los componentes del Gobierno que se instauraría tras la victoria de los sublevados.[66] Asimismo, Calvo Sotelo —antes de pronunciar su tristemente célebre discurso en las Cortes del 16 de junio, que contribuyó de forma considerable a enrarecer el clima en el preludio a la Guerra Civil— pidió a Pemán que le preparara unas notas para su manifiesto de «rebeldía nacional».[67] Cuando Calvo Sotelo fue asesinado el 13 de julio de 1936, Pemán escribió una necrológica para *Acción Española* que, debido al estallido de la guerra, no se publicó hasta octubre de ese año. En ella revelaba su actitud ante el alzamiento: «No hay nada que decir. Primero, porque no es permitido. Segundo, porque todo lo dice con su propia e incomparable elocuencia el mismo hecho brutal. De eso no hay nada que decir: ¡Hay mucho que hacer! ¡Y por Dios y por Santiago que se hará!».[68] Posteriormente, Pemán escribió varios homenajes entusiastas a Calvo Sotelo. En uno de ellos, soltó la flagrante mentira de que este no sabía nada del golpe militar inminente. En el mismo texto, atribuía a Margarita Nelken la amenaza de muerte presuntamente lanzada contra Calvo Sotelo por Dolores Ibárruri el 16 de junio en las Cortes.[69]

Es muy propia de Pemán la ligereza con la que calumnia a las figuras republicanas. La presunta amenaza no solo no había provenido de Margarita Nelken, sino que tampoco la había formulado Ibárruri. En la lamentablemente famosa sesión de las Cortes del 16 de junio, Calvo Sotelo había expresado su apoyo a una sublevación con estas palabras: «Considero que también estaría loco el militar que al frente de su destino no estuviera dispuesto a sublevarse en favor de España y en contra de la anarquía». El presidente del Gobierno, Santiago Casares Quiroga, contestó que, tras esa provocación, haría responsable a Calvo Sotelo de lo que pudiera ocurrir. La posterior intervención de la Pasionaria consistió en gran parte en una denuncia de las maniobras de la derecha para justificar un levantamiento militar. Sus palabras textuales fueron: «Y si hay generalitos reaccionarios que, en un momento determinado, azuzados por elementos como el señor Calvo Sotelo, pueden levantarse contra el Estado, hay también soldados del pueblo… que saben meterlos en cintura». A partir de ese comentario, se construyó el mito franquista de que la Pasionaria había amenazado a Calvo Sotelo y, por lo tanto, era en parte culpable de su asesinato el 13 de julio.[70] La exactitud en los detalles, e incluso su veracidad, no eran características distintivas de los escritos y discursos de Pemán. Así, por ejemplo, a raíz de la rotura del cerco del Alcázar de Toledo, compuso un himno de alabanza a la «hazaña» de los cadetes que imaginaba debían ser los principales defensores de la fortaleza, cuando, en realidad, constituían menos del uno por ciento de las fuerzas rebeldes allí presentes, en su inmensa mayoría, guardias civiles.[71]

No tardó en justificar públicamente el golpe y el terror que lo acompañó. El alzamiento triunfó casi de inmediato en Cádiz y Jerez, donde se desató al instante una carnicería. En cuanto resultó claro que Jerez estaba segura en manos de los rebeldes, Pemán salió de su finca, El Cerro de Santiago, y pronto se convirtió en la voz oficial de los rebeldes.[72] Sus elogios abiertos a los asesinatos comenzaron en Radio Jerez el 24 de julio, en una emisión en la que Pemán habló del «enemigo interior de la Patria» como si los republicanos fueran nativos insurrectos de las colonias. Con visible satisfacción, se alegró del fracaso del golpe militar, porque habría sido una forma demasiado fácil de salvar a España, «como la lotería o el premio gordo […] trayéndosela en bandeja a la cama, como los periódicos, al lado del desayuno […]. Era demasiada la podredumbre de la vida oficial española para que se regenerase sin dolor. Un golpe feliz y rápido era un precio demasiado barato para un tesoro tan espléndido como es esta España grande y resurgida que queremos». Por dura que fuese la guerra, la saludó como algo «necesario» y «conveniente». La guerra, cuyo fin era evitar que la Virgen fuera rusa y judía, constituía una «suprema lección» que Dios había mandado «para que en su transcurso nos purifiquemos; para que en sus caminos dejemos atrás nuestros errores y pecados, y lleguemos al final puros y limpios».

La guerra se libraba contra lo que él llamaba «hordas de bárbaros invasores». La comparación implícita de la izquierda obrera con los invasores bereberes del 711 se volvía explícita en afirmaciones como esta: «La guerra con su luz de fusilería nos ha abierto los ojos a todos. La idea de turno político ha sido sustituida para siempre por la idea de exterminio y de expulsión, única válida frente a un enemigo que está haciendo en España un destrozo como jamás en la Historia nos lo causó ninguna nación invasora».[73] A finales de julio de 1937, hablando en Santiago de Compostela, Pemán manifestó que España estaba luchando para librarse de la «judería internacional», para no ser el «edecán de Inglaterra» y no proveer a Rusia de «oro y cuadros robados», sino para volver a «sus destinos jacobeos de brazo derecho de Dios».[74]

La satisfacción con la que hablaba de matar iba invariablemente acompañada de obsequiosos halagos a los verdugos. Desde el principio, Queipo de Llano fue objeto de su más rendida adulación. En el acto en el que los militares sublevados adoptaron como propia la bandera monárquica el 15 de agosto de 1936, Pemán se dejó llevar en alas de la retórica más vacua sobre la misión providencial de los rebeldes, presumiendo de que «veinte siglos de civilización cristiana están movilizados detrás de nosotros». Tras dirigirse a Queipo con el curioso apelativo de «el segundo Giralda» (en alusión al campanario de la catedral de Sevilla), le formuló las siguientes preguntas retóricas: «¿Verdad que en aquellas primeras veinticuatro horas había algo superior a lo humano detrás de ti? ¿Verdad que tú sentías en el hombro, aconsejándote y animándote, el rostro de niña de la Virgen de los Reyes [patrona de Sevilla]? Sí, todo ha tenido el sello de lo providencial». A continuación, Pemán se deshizo en elogios hacia Franco por su serenidad, hacia Queipo por su «arrojo» y hacia «el brazo vacío y colgante» de Millán Astray, para terminar rogando a la Virgen «que mi pobre voz de juglar, pregonero de esta cruzada por las tierras de España, tenga nervio y músculo para que el "¡Arriba España!" que me sale del fondo de mi corazón no sea viento en el viento, sino realidad de ascensión y de empuje que levante a mi Patria más allá de las últimas estrellas».[75]

Tras la toma de Sevilla por parte de Queipo, las columnas rebeldes se desplegaron para conquistar las ciudades y pueblos de los alrededores, por el este, hacia Córdoba y, por el oeste, hacia Huelva. En Cádiz, cumplía la misma misión, con idéntico salvajismo, la columna de un amigo de Pemán, Manuel Mora Figueroa. Pemán lo justificó alegando que la izquierda derrotada debía ser aniquilada por completo: «Como el enemigo está en casa no puede hablarse propiamente de un frente enemigo que se retira; pues siempre, aun después de derrotado y deshecho queda enemigo conviviendo receloso a nuestro lado, huido en el monte, emboscado en el disimulo. Todo esto exige, tras cada paso ganado, una labor de limpieza de policía, de guarnecimiento de los pueblos».[76]

En la conquista de las poblaciones, sobre todo de las que habían estado en manos de la izquierda durante unos días, participaron con entusiasmo los varones más jóvenes de las familias terratenientes que se habían enfrentado a la reforma agraria de la República. Algunos se unieron a las columnas que avanzaban sobre Madrid. Otros, entre los que se encontraban amigos de Pemán, como Ramón de Carranza, crearon una especie de caballería de terratenientes con el nombre de Policía Montada de Voluntarios. Sus unidades estaban formadas tanto por los terratenientes como por caballistas, garrochistas, rejoneadores y domadores de caballos. A modo de deporte o de cacería, llevaron a cabo una campaña continua contra la izquierda en el sur.[77] Pemán aplaudió extasiado los esfuerzos de estos miembros de su propia clase, los señoritos, y la alegría con la que llevaban a cabo su sanguinaria labor. Para Pemán, aquello era la «redención del señorito; especialmente del señorito andaluz. El señorito, en estos días, tomando un fusil o montándose en un caballo, ha vuelto a ser "señor". Se ha librado del diminutivo: porque, él primero, ha empezado por librar del diminutivo a sus pensamientos, a sus afanes y a su vida. El señorito andaluz, sobre el campo de batalla, se ha ganado el ascenso a señor».[78]

Vestido habitualmente con el uniforme de la Falange, Pemán siguió a las columnas de Castejón y Yagüe en su mortífero avance desde Sevilla hasta Madrid. Tanto entonces como durante gran parte de la guerra, viajaba en el Rolls Royce de su primo José Domecq de la Riva, «Pepe Pantera», famoso piloto de carreras.[79] Tal era su identificación con la causa rebelde que, a finales de agosto de 1936, se organizó en Lucena (Córdoba) una suscripción pública no precisamente voluntaria para pagar la impresión y distribución de diez mil ejemplares de uno de sus discursos. Se trataba de su paternalista «Alocución a los obreros», dirigido a los trabajadores con promesas inverosímiles de lo que los rebeldes victoriosos iban a hacer por ellos. Los trabajadores supervivientes a la salvaje represión en las zonas controladas por Queipo de Llano habrían expuesto una visión muy diferente de lo que les esperaba.[80]

Para afianzar su posición, a principios de agosto, Pemán había solicitado audiencia con Franco en el palacio de Yanduri en Sevilla para pedirle permiso «para acercarme a los frentes y ser recibido en los cuarteles generales, a fin de poder escribir sobre la guerra». Pemán ya había visitado los frentes, pero Franco le convirtió en el propagandista oficial de los rebeldes. En este, su segundo encuentro con Franco, Pemán quedó prendado del Generalísimo: «es admirable su sencillez y clarividencia [...] parece no darse cuenta de su enorme fuerza actual y de la unanimidad con que le siguen». Tras recibir carta blanca de Franco para visitar los cuarteles generales de las principales unidades del ejército rebelde, Pemán pudo viajar con total libertad por el territorio conquistado para avivar el frenesí bélico con sus discursos a las tropas y también a los civiles de las ciudades de la retaguardia. Decía Pemán que Franco incluso le invitó a ser uno de los primeros en entrar en Madrid. Como sus tropas acababan de tomar Maqueda, Franco confiaba que la capital cayera de forma inminente.[81]

Por estas fechas, en septiembre de 1936, Pemán mantuvo una conversación con el jefe de la Junta Técnica, el general Miguel Cabanellas —al que, en uno de sus libros de memorias, Pemán se refiere como «Virgilio Cabanellas», lo que revela su escasa preocupación habitual por los detalles—. Cabanellas le pidió ayuda para redactar un decreto que prohibiera el luto, especialmente a las madres, viudas y prometidas de los republicanos ejecutados. Con ello «se cortaría esa especie de protesta viva y de dramático testimonio que, al conquistar cualquier pueblo, nos presentan por plazas y esquinas esas figuras negras y silenciosas que, en el fondo, tanto como un dolor, son una protesta». Pemán le habría respondido: «Creo que se ha matado y se está matando todavía por los nacionales demasiada gente». Este relato del propio Pemán pretendía sin duda ser un testimonio de su humanitarismo y moderación. Sin embargo, vislumbramos al verdadero Pemán de la época cuando reconoce que no era que las matanzas fueran injustificadas, sino simplemente que eran demasiado numerosas y habla de «esa triste, pero no dudo que precisa, función de ejemplaridad o escarmiento». Es totalmente inverosímil su afirmación de que, al pedir a Cabanellas que contemplara la posibilidad de reducir la escala de la represión, le pidió que tuviera en cuenta lo que habían escrito Bernanos y Hemingway: con su característica dejadez, al reconstruir su conversación con Cabanellas, se le olvidó que la versión original en inglés de *Por quién doblan las campanas* no se publicó hasta 1940 y la traducción al español no vio la luz hasta 1944, y en México, porque en España no fue hasta 1968. Además, la versión original en francés de *Los grandes cementerios bajo la luna* de Bernanos no se publicó hasta 1938 y no se tradujo al español hasta 1986, cinco años después de la muerte de Pemán.[82]

Como quizá correspondiera a los católicos devotos de la época, Pemán era homófobo y sus prejuicios estaban especialmente alerta cuando se trataba de Azaña.[83] Cipriano Rivas Cherif, amigo íntimo y cuñado de Azaña, recuerda que, durante la guerra, este, junto con la actriz Margarita Xirgu y el poeta Federico García Lorca, habían sido acusados con regularidad por Pemán de perversión homosexual.[84] Curiosamente, Ramón Ruiz Alonso, el hombre que detuvo a Lorca, declaró en más de una ocasión que el motivo de la muerte del poeta fue la «rivalidad literaria». Evidentemente, había muchas razones que explicaban la hostilidad de la derecha hacia Lorca en Granada.[85] Es muy improbable que la rivalidad literaria fuera una de ellas; sin embargo, es difícil no sospechar que Pemán era el rival poético de Lorca al que se refería Ruiz Alonso.

El propio Pemán reveló sin querer sus sentimientos de antagonismo hacia Lorca al recordar su encuentro con él en una estación de tren de Madrid en 1934. Describió esta ocasión en un artículo poco sincero publicado en el diario *ABC* en 1948, con el objetivo principal de contrarrestar la publicidad negativa que el asesinato seguía generando para el régimen. Para ello, Pemán insistía, de forma absurda, en que la obra de Lorca no poseía una dimensión política, con lo que daba a entender que fue asesinado por motivos no políticos. No pudo resistirse a comentar que, en su encuentro de 1934, habían discutido los respectivos impactos de *El divino impaciente* y de *Yerma* de Lorca. Los lectores de *ABC* debían de estar al tanto del espectacular éxito de la obra de Pemán. Por eso, su comentario de que *Yerma* era una obra minoritaria tenía un deje despectivo. Con satisfacción mal disimulada, Pemán señaló que apenas había butacas ocupadas en las funciones de *Yerma* y que su permanencia en cartel había sido artificial y por razones políticas, algo que, por cierto, contradecía su intento de presentar a Lorca como apolítico, aunque, desde luego, evidenciaba esa rivalidad que podría haber inspirado los comentarios de Ruiz Alonso.[86]

Los motivos de resentimiento personal que impulsaron a este último, antiguo diputado de la CEDA y devoto de Ángel Herrera, a intentar implicar maliciosamente a Pemán en el asesinato de Lorca siguen siendo un misterio.

Poco después de conocerse el asesinato de Lorca el 18 de agosto, Manuel de Falla telefoneó a Pemán para expresarle su horror. Al cabo de treinta y tres años, Pemán afirmaría, en una carta al estudioso lorquiano Eduardo Molina Fajardo, que, nada más confirmar la muerte, había dejado de inmediato una nota en el cuartel general de Franco en Cáceres subrayando el impacto negativo que tendría la noticia y aconsejando una investigación inmediata.[87] Este relato es directamente falso. Más verosímil resulta lo que cuenta en sus memorias Eugenio Vegas Latapié. Según él, Falla envió a Pemán una carta el 18 de septiembre en la que expresaba su inquietud por la magnitud de la represión. Suponiendo que Pemán, católico devoto como él, estaría igualmente consternado, le rogó que utilizara su prestigio para intentar que cesaran las matanzas. Poco después, el 22 de septiembre, Pemán acompañó a Eugenio Vegas Latapié y Eugenio Montes en una misión para ver a Franco en su cuartel general del palacio de los Golfines de Arriba en Cáceres. Entre varios temas que querían tratar figuraba la necesidad de reducir el número de asesinatos indiscriminados en la retaguardia rebelde. Al final, fue Vegas quien planteó la cuestión. Pemán no intervino, incapaz de aportar nada sin un texto preparado de antemano. Franco se limitó a demostrar su más absoluto desinterés por sus inquietudes.[88]

Al cabo de unos días, en su respuesta a Falla, con una mezcla característica de falsedad y exageración, Pemán escribió:

> Yo precisamente estoy lleno de las mismas inquietudes que Vd. y he iniciado algunos pasos en este sentido, que Dios ha querido que tengan éxito en algunos casos particulares. Ahora […] he de decir a algunas autoridades que me hacen el honor de escucharme […] que si al principio fue necesario el absoluto rigor, ya puede ser ocasión de que se vaya dejando paso a una cierta clemencia que, acaso, atraiga a muchos que solo por engaño delinquieron o se extraviaron.

De hecho, sus intervenciones en casos concretos fueron escasas. Años más tarde, afirmó que, en la reunión de Cáceres con Franco —en la que, según Vegas Latapié, Pemán no abrió la boca—, había pedido clemencia para una persona no identificada.[89] Si efectivamente Pemán le había insinuado a Cabanellas que el número de asesinatos era excesivo, esa reunión quizá fuera la base de las afirmaciones de Pemán en su carta a Falla. Lo cierto es que apenas tenemos constancia de sus intercesiones. Se sabe que intervino en favor de los poetas Manuel Machado y Gerardo Diego, después de que estos se manifestaran debidamente arrepentidos.[90] En unas memorias posteriores, insistió en que había intervenido, en vano, en el caso de un amigo anónimo de Cádiz. Incluso en 1976, Pemán escribía: «la dureza represiva, lo que se llama el "escarmiento", forma parte de la dolorosa panoplia de instrumentos característicos de una Guerra. Creo que esa finalidad objetivamente se hubiera podido cumplir con un cupo menos de ejecuciones». Su opinión sobre la represión puede deducirse de sus elogios a la familia Zamacola, dos de cuyos vástagos encabezaban la tristemente célebre cuadrilla de los «Leones de Rota», culpables de asesinatos y violaciones en la provincia de Cádiz.[91]

El relato de Pemán sobre la muerte de Lorca y su reacción personal fue evolucionando con el paso de los años. A mediados de 1937, escribió a la actriz Lola Membrives, que le había planteado la cuestión. Sospechando que Membrives simpatizaba con los republicanos, Pemán restó importancia a sus preocupaciones y le respondió en tono paternalista: «El episodio triste del fusilamiento de Lorca es algo independiente de la magna causa nacional y sobre el cual hasta el más fervoroso nacionalista debe tener en suspenso el juicio hasta tanto se esclarezcan sus circunstancias y razones».[92] A principios de diciembre de 1948, Pemán publicó el artículo ya mencionado en el que, pese a que reconocía el horror de la muerte de Lorca, se esforzaba en decir que no tenía nada que ver con la represión llevada a cabo por las fuerzas de Franco («totalmente ajeno a toda responsabilidad e iniciativa oficial»). De hecho, su principal preocupación era que el asesinato era «uno de los cargos que más vulgarmente se utilizan contra España en toda la América de habla española».[93]

Tras los encuentros con Franco y Cabanellas, Pemán regresó a Cádiz para una breve estancia, pero pronto se puso en marcha para cumplir la misión de Franco. Habló ante los micrófonos de Radio Club Portugués para denunciar a los republicanos como individuos «con esa predilección marxista de abrir los vientres de las mujeres. Es el instinto ciego de los sin Dios y sin Patria». Proclamó que había que librar una guerra en España porque la obra de la Inquisición había quedado inconclusa[94] y, a continuación, se dirigió al frente de Madrid para enlazar con las columnas africanas del general Varela que, según creían los rebeldes, estaban a punto de entrar en la capital. Pemán había recibido el encargo del general Franco «de comunicar por radio a España y al mundo entero la toma de Madrid».[95] Escribió un artículo ridículamente lírico y arrogante en el frente madrileño justo al empezar la presunta ofensiva final: «el Ejército español tiene puesto el pie en el estribo de la barrera. El salto es inminente. Lo sabía el cañón y por eso sonaba de esa manera casi humana. [...] Jamás en la Historia del mundo ha sido tomada en guerra una capital de la extensión, del perímetro y de la población de Madrid».[96]

Pronunció decenas de discursos por toda la zona rebelde y escribió numerosos artículos. En septiembre, en un discurso en Cádiz, jugó con la idea de que la única buena literatura en esos tiempos podía encontrarse en las arengas de generales aguerridos como Franco, Millán Astray, Yagüe y Queipo de Llano, cuya elocuencia debía medirse en el cumplimiento de sus amenazas, lo que ilustró con el ejemplo de la entrada de Yagüe en Badajoz y la matanza posterior. Contó con fruición cómo «los Regulares, con el cuchillo en la boca —relámpago de plata en la negra sombra de sus caras— se lanzaron a la brecha. ¡Qué mayor elocuencia!». En alabanza del derramamiento de sangre a lo largo de la ruta seguida por las columnas de Yagüe, lo comparó con el abono necesario para una futura y abundante cosecha. Comparó la misión de esas columnas con «otra guerra de la Independencia que, como la anterior, tiene por objeto expulsar de España a las hordas extranjeras que habían acampado en ella».[97] En abril de 1937 expresó la misma idea de un modo más escalofriante en una emisión de Radio Jerez cuando describió la guerra como «esa contienda magnífica que desangra a España».[98]

Vegas Latapié comentó que lo único que Pemán quería hacer era recorrer los campos de batalla arengando a las tropas, charlar con los generales en sus cuarteles, pavonearse por las ciudades de la retaguardia vestido de uniforme y visitar los hospitales para fotografiarse con los heridos y las enfermeras.[99] El propio Pemán se jactaba con frecuencia de pronunciar discursos «en iglesias y en cuarteles; bajo el sol y bajo las estrellas. He arengado a soldados próximos a entrar en combate y he animado a heridos en los hospitales de sangre». En otro discurso, adornó su gesta de oropeles literarios: «Hablé en los caminos y en las veredas; en las plazas y en las calles, y hasta me he dirigido a un grupo de soldados, próximos a entrar en fuego. También he escuchado aplausos en los Hospitales, donde algunos heridos me aplaudían con una sola mano, porque la otra, tronchada como una rosa, figuraba en el altar bendito de la Patria».[100] A finales de septiembre, encontrándose en Vitoria, lo reconocieron por la calle. Se congregó una multitud, a la que Pemán se dirigió espontáneamente. Una de sus siguientes paradas fue Pamplona. Allí, para dirigirse a las masas desde el balcón del cuartel general carlista, se encasquetó la boina roja del requeté.[101] Como mínimo en una ocasión, se dirigió a las tropas republicanas por megafonía: «¿Cómo es posible que estéis vueltos contra España y contra ese Dios al que vuestras madres os enseñaron a rezar? ¿Por qué sois siervos del extranjero rojo?».[102]

Ataviado de falangista, tenía acceso a los cuarteles generales de Queipo de Llano, Varela, Yagüe, Solchaga y Aranda.[103] Pronunció discursos en varias ceremonias de jura de bandera de alféreces provisionales, formados a toda prisa. Su obra de gran éxito *De ellos es el mundo* resumía la Guerra Civil como una batalla entre malvados asesinos y santos franquistas. Incluía un himno de alabanza a los alféreces provisionales por el que fue recompensado con el nombramiento de alférez provisional honorario en abril de 1938. A partir de entonces, en sus apariciones públicas alternó el uniforme falangista con el militar.[104]

A principios de octubre de 1936, en premio a sus esfuerzos, Pemán fue nombrado presidente de la Comisión de Cultura y Enseñanza, una de las siete secciones de la Junta Técnica del Estado creada por Nicolás Franco. Bajo la presidencia conjunta del general

Fidel Dávila, las otras seis eran Hacienda; Justicia; Industria, Comercio y Abastos; Agricultura y Trabajo Agrícola; Trabajo y Obras Públicas, y Comunicaciones. La comisión había sido idea del amigo de Pemán Eugenio Vegas Latapié, que estaba decidido a poner en práctica el ideario de Acción Española. Su principal misión era aplastar «la anti-España», un concepto que había difundido Pemán, entre otros. Eso suponía purgar los colegios, las escuelas normales y las universidades de todo el personal liberal y de izquierdas. Pemán y sus compañeros de Acción Española habían fomentado la idea de que estas personas eran las responsables de la proliferación de las venenosas ideas democráticas, socialistas, comunistas, anarquistas, anticlericales y feministas. En particular, las ideas que emanaban del gran centro intelectual que era la Institución Libre de Enseñanza eran anatema. Vegas Latapié estaba decidido a que una de las misiones primordiales del proyecto franquista fuera la erradicación de las reformas educativas de la República mediante un lavado de cerebro nacional, y la Comisión de Cultura y Enseñanza iba a ser el primer paso. Su labor se sustentaría inicialmente en un aparato de terror y, más adelante, en el control total de los medios de comunicación y del sistema educativo.

El proyecto fue acogido con entusiasmo por Pemán, que hacía tiempo que renegaba de los intelectuales. Sin embargo, al principio rechazó el puesto, alegando su horror a cualquier tipo de trabajo administrativo, o, por decirlo con sus palabras, «mi absoluta incapacidad para sentarme detrás de una mesa a escribir otra cosa que no sean versos, comedias o artículos». Más tarde afirmó que la presión de los militares le había obligado a aceptar el cargo. En realidad, su reticencia tenía poco que ver con el deseo de escribir poesía y obras de teatro: lo que Pemán quería era un ayudante «para que me supliera en la mesa burocrática y permitiera la continuidad de mis viajes a los frentes de batalla». Finalmente aceptó con la condición de que hubiera un vicepresidente que asumiera las funciones administrativas. El elegido, por recomendación del general Mola, fue Enrique Suñer Ordóñez, que sustituyó a Pemán en la mayoría de las reuniones semanales con los presidentes de las otras seis comisiones. Suñer compartía la obsesión de Pemán con el contubernio judeomasónico y bolchevique. Sin embargo, ya en 1970, Pemán se desvincularía de la labor de la comisión, olvidaría que la había presidido y afirmaría no haber sido más que un mero vocal de la misma.[105]

Suñer era un fanático sediento de venganza por los desaires que, según él, había sufrido en tiempos de la República. Sus deseos se vieron facilitados por el hecho de que, a principios de 1937, quedó al frente de la sede de la comisión en Burgos. Pemán tenía su residencia principal en Cádiz, lo que, unido a sus interminables paseos por los frentes de batalla, daba a Suñer una considerable libertad. Fue durante lo que Vegas Latapié llamó su «turismo de guerra» cuando Pemán, luciendo camisa azul de falangista y boina roja carlista, realizó la mayor parte de sus sanguinarias arengas.[106] Según su mujer, «en un año, y en repetidas permanencias, [Pemán] solo estuvo dos meses en casa».[107]

El 10 de diciembre de 1936, el alcance de las aspiraciones de la comisión quedó plasmado en las instrucciones que se enviaron a las «comisiones depuradoras de Instrucción Pública» locales. El texto, redactado por Vegas Latapié y firmado por Pemán, que no se había ni molestado en leerlo, declaraba que la depuración pretendía ser punitiva y preventiva a la vez. No habría tolerancia para «los envenenadores del alma popular primeros y mayores responsables de todos los crímenes y destrucciones que sobrecogen al mundo y que han sembrado de duelo la mayoría de los hogares honrados de España». Se afirmaba asimismo que los culpables de las atrocidades y atropellos «son sencillamente los hijos espirituales de catedráticos y profesores que, a través de instituciones como la llamada "Libre de Enseñanza", forjaron generaciones incrédulas y anárquicas».[108]

Cuando finalmente leyó el texto, Pemán escribió una reveladora carta a Vegas Latapié, que era uno de los vocales de la comisión y, al principio, quien la dirigía en la práctica. En su misiva, Pemán se lamentaba de que «como la circular de marras, con mi firma, me ha hecho aparecer [sic] el Torquemada de esta Inquisición, llega a mí diariamente la marea de las lágrimas y las súplicas de Cádiz, de Sevilla, de Córdoba…». Dio a entender que, al asumir la responsabilidad de la comisión, «estoy dando toda una obra, un ambiente y un nombre creados tan trabajosamente durante años».[109] Era como si no pudiera ver que los objetivos de la comisión coincidían totalmente con sus manifestaciones públicas de la década anterior. No fue hasta 1970 cuando sintió la necesidad de intentar desvincularse del proyecto.[110]

De hecho, a pesar de sus quejas en privado a Vegas Latapié sobre la incomodidad que le producía la labor de la comisión, en público la justificó con vehemencia. En un discurso pronunciado en Salamanca el 18 de marzo de 1937, transmitido por Radio Nacional, Pemán definió la guerra así: «España lucha contra lo que no es España». En esta cruzada contra la anti-España, declaró que «no es esa tarea burda de *limpieza y fregado,* sino tarea exquisita de manipulación, de un tesoro patrio, cuya responsabilidad tenemos frente al porvenir: tarea que hay que realizar con mano dura para el expurgo necesario, y al mismo tiempo con el máximo cuidado, para no desperdiciar ni un átomo, ni una partícula de aquella parte de la inteligencia nacional que sea todavía susceptible de aprovechamiento y de redención». Habló en términos escalofriantes del dilema de los rebeldes ante el «expurgo de material humano». En otras palabras, «excluidos los que optaron por lo antinacional, masónico, judío o marxista», que debían ser exterminados, la cuestión era si algún miembro de la intelectualidad liberal merecía la redención. No le cabía duda de que la mayoría merecía el castigo más implacable: «Para el delito de alta traición nacional que significa el pacto masónico, judío o internacionalista cometido con el agravante de la inteligencia, el Nuevo Estado se reserva toda su dureza».

El abanico de intelectuales a los que podía señalarse se puso de manifiesto en su nostálgica diatriba contra los opositores a la dictadura de Primo de Rivera. Pemán no pudo disimular su rencor hacia el filósofo Miguel de Unamuno, que implícitamente formaba parte del tipo de intelectuales a los que había que depurar. Se refirió a las *Hojas Libres,* el periódico clandestino producido por Unamuno y otros miembros de la resistencia en el exilio contra la dictadura de Primo de Rivera. Enviadas a España desde París, las *Hojas* denunciaban la corrupción del régimen y, por tanto, indignaban a Pemán. Hablando como si el régimen de Primo no hubiera sido una dictadura, tronó contra «aquellas *Hojas Libres* que resumían toda la bajeza de los salones y toda la cobardía de la clandestinidad».[111] A esas alturas,

Unamuno ya había fallecido; sin embargo, antes de la desaparición del venerable intelectual el 31 de diciembre de 1936, Pemán tuvo la oportunidad de presenciar su caída.

Pemán participó en el infame acto del paraninfo de la Universidad de Salamanca en el que el filósofo Miguel de Unamuno presuntamente pronunció su célebre frase sobre el esfuerzo bélico rebelde: «Venceréis pero no convenceréis». Pemán asistía en calidad de presidente de la Comisión de Cultura y Enseñanza y pronunció el discurso final justo antes de la célebre intervención de Millán Astray. Fue un largo, repetitivo, ampuloso y vacío refrito de los tópicos sobre la cruzada contra la anti-España. Comenzó describiendo con orgullo sus actividades propagandísticas, comparándose de nuevo con un juglar errante medieval:

> Verdaderamente, cuesta trabajo en estos días de guerra que vivimos, y más a quien como yo la está viviendo algo de cerca, recorriendo España en menesteres de patriótica juglaría; cuesta trabajo aislar el ánimo y el espíritu suficientemente para tratar un tema, como correspondería acaso a este acto. Pero, al fin y al cabo, hablar en este acto de retaguardia, hablar en esta Universidad de Salamanca, que es en definitiva uno de los componentes también de la cruzada, uno de los campamentos en que ha de librarse la batalla definitiva, que es la batalla del pensamiento, de la idea y del espíritu. Y hablar aquí de la obra de la España vieja e inmortal no es apartarse tanto de las líneas de fuego como de las líneas del frente, donde en última instancia se está peleando por restaurar las mismas cosas eternas de España, a la que vamos todos a defender.

Su discurso caldeó aún más los ánimos ya de por sí encrespados en la sala.[112] Según un relato contemporáneo de *ABC*, cuando Millán Astray gritó: «¡Muera la inteligencia!», Pemán trató de corregir el desliz de imagen exclamando: «¡No; no digamos "muera la inteligencia", sino "mueran los malos intelectuales"!».[113] Años después, negó haberlo hecho y atribuyó la rectificación al propio Millán Astray.[114]

Tras el acto en la universidad, se organizó un banquete «íntimo» en honor a Pemán por iniciativa de los Guardias Cívicos de Salamanca y del alcalde de la ciudad, Francisco del Valle Marín. Los demás oradores, a excepción de Unamuno, también fueron invitados. Cuando Pemán regresaba a su hotel, Millán Astray lo detuvo en la calle y lo abrazó. Para regocijo de los numerosos espectadores para los que Millán hacía semejante número, «desprendiéndose de la Medalla de Sufrimientos por la Patria, que llevaba prendida en el pecho, se la entregó a Don José María Pemán, y este [consciente asimismo de la oportunidad publicitaria] la besó y se la devolvió al glorioso fundador del Tercio, en medio de la gran emoción de las personas que presenciaron el rasgo».[115] Como ya se verá, el servilismo compulsivo de Pemán iba más allá de Franco, pero no solo hasta Queipo de Llano y Millán Astray, sino también hasta Mussolini y Hitler.

Unos dieciséis mil docentes fueron víctimas de la comisión; en el mejor de los casos, perdieron su puesto de trabajo, y en el peor, sufrieron la cárcel o la ejecución. En el *Boletín Oficial del Estado* se encuentran innumerables casos de profesores universitarios destituidos. Pemán firmaba las notificaciones en calidad de presidente de la Comisión de Cultura y Enseñanza.[116] Es difícil calcular el número de maestros que fueron ejecutados tras los juicios sumarios colectivos. Algunos estudios provinciales indican que la cifra ascendió a varios centenares. Así, por ejemplo, hubo más de cuarenta ejecuciones de maestros en León y como mínimo treinta en Burgos y Zaragoza. Cuando Franco creó su primer Gobierno, el 1 de febrero de 1938, la comisión fue disuelta e incorporada al recién creado Ministerio de Educación de Pedro Sainz Rodríguez. Aunque algunas de las ejecuciones se produjeron antes del nombramiento de Pemán, fue bajo su dirección cuando se institucionalizaron las purgas del personal docente, que continuaron hasta bien entrados los años cuarenta.[117] En la práctica, Pemán apenas participaba en el funcionamiento diario de la comisión, que estaba en manos de Suñer, quien le sustituiría en la presidencia el 11 de junio de 1937. En años posteriores, pese a afirmar que solo había sido miembro de la comisión, Pemán reclamaría la lucrativa pensión vitalicia que conllevaba su cargo de presidente en la misma, de un rango equivalente al de ministro de Educación.[118]

Con independencia de lo que dijera en su vida posterior, no cabe duda de que Pemán creía en la labor de la Comisión de Cultura y

Enseñanza. A principios de mayo de 1937, en un discurso dirigido a los maestros de escuela de Salamanca, Pemán declaró: «Nada hay en España laico, ni neutro, ni indiferente. Todo es satánico o divinamente religioso. Llevad, pues, a la escuela sentido militar y sentido miliciano también [...]. Enseñadles la significación de estos bellos símbolos magníficos, el yugo y las flechas, que hablan del espíritu equilibrado de la España nueva, dura y autoritaria, como el yugo y como las flechas libre y audaz».[119] Ese mismo año, asistió en Burgos a una concentración de doce mil estudiantes falangistas y nueve mil carlistas que describió con alborozo en su diario como «una maravillosa estampa hitleriana». Sin embargo, le afligía que los dos grupos se situaran en bloques distintos, manifestándose con sus diferentes uniformes, los falangistas con sus camisas azules y los carlistas con sus boinas rojas. Se lamentaba no solo de la falta de unidad, sino también de las escasas dotes oratorias de Franco, que nunca llegaría a ser un líder fascista como es debido.[120]

En paralelo a su trabajo de propagandista y en la comisión, sus opiniones se iban volviendo cada vez más extremas. A mediados de diciembre de 1936 publicó un artículo típicamente incendiario y racista. En respuesta a «los miopes que se escandalizaban por lo bajo: ¡los moros colaborando a la salvación de España!», afirmó grotescamente que «los moros en camino de madurez y mayoría de edad» volvían «a España a agradecer y defender la civilización occidental». Pemán lo justificaba con una alambicada argumentación en la que enfrentaba la barbarie de Oriente con Occidente —formado por España, Marruecos, Portugal y Chile—, que, para él, tenía «como legítima cosa española, talle de mundo». A ese grupo de países había que añadir la Italia fascista y la Alemania nazi, que habían reconocido recientemente a la España de Franco. Para ilustrar las fuerzas opuestas de la barbarie oriental, describió así las consecuencias de una batalla: «un día, bajo un poniente de sangre, yo vi la Casa de Campo, ribera de Madrid, sembrada de cadáveres rusos, judíos, senegaleses. Más mundo, más historia; otra vez los bárbaros, otra vez la agresión del Oriente». Los judíos, según Pemán, no es que controlaran la República desde lejos, sino que ya venían a luchar a España.[121]

Es difícil creer que quienes leían los artículos de Pemán o jaleaban sus discursos acabaran de entender todas sus invenciones retóricas. Lo mismo podría decirse del propio Pemán. En un discurso pronunciado en San Sebastián el 21 de enero de 1937, habló del «carácter de universalidad imperial del movimiento» y «lanzó la consigna de fervorosa españolidad para el pensamiento nuevo».[122] Su ingente obra es una exhibición de lo que en español se llama el «verbo fácil», aunque a menudo pueda equipararse con la diarrea verbal. Un crítico se refirió a él como un «articulista sumamente habilidoso que sabía no decir nada de un modo sumamente encantador».[123]

En diciembre de 1936, Pemán le contó al marqués de Quintanar que estaba trabajando en un poema épico sobre la guerra. Lo escribió mientras acompañaba a las columnas que asediaban Madrid, leyendo fragmentos a los oficiales de los distintos cuarteles y puestos de mando. Se convertiría en el *Poema de la bestia y el ángel*, otra interpretación maniquea de la política y la sociedad españolas que sería uno de los textos antisemitas más importantes producidos en España. En palabras de Herbert Southworth, era una transcripción lírica de *Los protocolos de los sabios de Sión*. Durante los meses siguientes, Pemán hizo lecturas públicas del borrador del texto.[124] Los extractos eran en la práctica incitaciones a la violencia basadas en la misma devaluación racista del enemigo que era una constante de los discursos de Pemán. Este, en mayo de 1937, declaró en Radio Nacional que la guerra se libraba contra «una Europa judía, untuosa y masónica» y, tras adular a Franco, justificó así la violencia y la destrucción: «Los incendios de Irún, de Guernica, de Lequeitio, de Málaga o de Baena, son como quema de rastrojos para dejar abonada la tierra de la cosecha nueva. Vamos a tener, españoles, después del paso de este vendaval arrasador, tierra lisa y llana para llenarla alegremente de piedras imperiales».[125]

Impulsado por su afán de protagonismo, Pemán colaboró con entusiasmo en la disolución de los grupos monárquicos Acción Española y Renovación Española y en su incorporación al recién creado partido único Falange Española Tradicionalista y de las Juntas de Ofensiva Nacional-Sindicalistas, una burda amalgama de la Falange, los carlistas y todos los demás grupos de la derecha. Pemán y su primo,

Julián Pemartín, actuaron como intermediarios entre los carlistas y la Falange. Y, al igual que haría en muchos aspectos de su carrera en esa época, más tarde renegaría de sus vínculos con la Falange en un virtuoso despliegue de sofismas risibles, e incluso contradictorios. Negó haber participado en la unificación, y afirmó que se había limitado a consentir una imposición desde arriba, lo que, para variar, no es cierto.[126] El 13 de septiembre de 1936, confió a otro primo, su colaborador de toda la vida, José Pemartín, su convicción de que las fuerzas que luchaban contra la República debían unirse en la Falange. Contó que le había dicho a Franco que, en su opinión, él y sus generales debían imponer una unificación dentro de ese grupo.[127] El 8 de mayo de 1937, el secretario de la recién creada Junta Política, el capitán Ladislao López Bassa, escribió a Pemán en calidad de presidente de Acción Española con una invitación nada amenazadora a que la entidad se integrara en FET y de las JONS. Sin demora, Pemán contestó con «nuestra respuesta, entusiásticamente afirmativa», proclamando que los miembros de Acción Española entrarían en el partido único «con gran alegría y orgullo».[128] El 16 de mayo de 1937, como presidente de Acción Española, encabezó una delegación que fue a Salamanca a ofrecer a Franco su adhesión al nuevo partido, insistía, con «alegría y orgullo». Al cabo de unos meses lo recompensaron nombrándolo uno de los cincuenta miembros del Consejo Nacional de FET y de las JONS, la copia franquista del Gran Consiglio del Fascismo de Mussolini. Pemán aceptó este honor con la seguridad de que no le supondría esfuerzo alguno.[129]

En abril de 1938, el *Poema de la bestia y el ángel* fue publicado en edición de lujo por la revista *Jerarquía*, dirigida por el sacerdote falangista Fermín Yzurdiaga.[130] De hecho, Pemán despreciaba a Yzurdiaga y a sus seguidores, porque su fascismo se alejaba en exceso de la doctrina católica. En su diario del 18 de octubre de 1937, los denunció como «un grupo delicuescente, inconcreto y narcisista».[131] Sin embargo, se alegró de que publicaran su libro. En el poema, la guerra civil entre los militares sublevados y la República democrática se presentaba como la batalla entre Satanás y Dios, que había elegido a España como último bastión de la civilización occidental contra la amenaza del «Oriente rojo y semítico». Esta lucha épica era relatada por el ángel del Apocalipsis. Basándose en *Los protocolos de los sabios de Sión*, Pemán culpaba a los judíos y a las logias masónicas de todos los males, no solo de España, sino del mundo entero. Detrás de la máscara retórica de la ciencia y la libertad, en la tierra, la Bestia había adquirido la forma del Sabio de Sion, cuyos instrumentos de poder eran la Logia Masónica y la Sinagoga. El propósito de ambos, según Pemán, era la aniquilación de la España católica. El Sabio de Sion maldijo tanto la tierra como la Cruz. «La Logia y la Sinagoga, deciden la batalla y lanzan su doble maldición. Primero, contra la tierra, que el judío odia y persigue, por su amor exclusivo al oro, riqueza fluida y mobiliaria como su vida errante. Segundo contra la Cruz, odio secular de su raza». Pemán «explica» la maldición del Sabio a la tierra por simples celos: «porque mi pueblo errante y trotamundos / no la posee… ¡maldigo yo la tierra!».[132]

Esta supuesta doble amenaza era una referencia velada a la reforma agraria de la República y al fin de la confesionalidad del Estado. Como terrateniente y católico piadoso, Pemán estaba dolido con estas medidas de la Segunda República, que veía como instrumento de los judíos: «El enemigo infiel, sierpe que ahoga / la garganta de España, y apretado / tiene su cuerpo, es de la Sinagoga / el oculto poder». «Sinagoga» era la forma antisemita de referirse a todo lo relativo a la izquierda.[133] En referencia explícita a otros acontecimientos contemporáneos, Pemán afirmaba también en el poema que el asesinato de Calvo Sotelo había sido obra de una alianza de judíos, masones y multinacionales como Shell e ITT que buscaban vengarse de «un hombre, el primero en el mundo, que se atrevió a luchar, frente a frente, contra los grandes poderes internacionales de la finanza judaica: José Calvo Sotelo». No sabía o prefería ignorar que la multinacional estadounidense Texaco proporcionaba a crédito a Franco todo el combustible que necesitaba.[134] Además de su antisemitismo, puede constatarse la misoginia de Pemán, por ejemplo, en su relato del sitio del Alcázar, en el que «gritan al fondo de la calleja oscura / los bramidos de fieras / de mil hombres borrachos de locura / y mil sucias rameras / en furia el sexo hambriento y sin ternura».[135]

A lo largo de 1938 y 1939, Pemán envió ejemplares de su poema a personalidades del régimen y también a Alfonso XIII. Después de

1945, sin embargo, dejó de mencionarlo y se esforzó por borrarlo de su biografía.[136] Ya en 1939 afirmaba que el antisemitismo del *Poema de la bestia y el ángel* no derivaba del «odio de raza»,[137] afirmación que desmienten las descripciones estereotipadas del poema de los ficticios sabios de Sion con «narices de cuervo y barbas de cabra»: «Sobre la piel de toro, cien narices ganchudas / como picos de cuervos, y cien barbas de chivo, / planean el reparto / de la segunda túnica de Dios».[138] También destila odio racial su malévola recreación de una de las visitas de la diputada socialista Margarita Nelken al sitio del Alcázar de Toledo en agosto de 1936:

> *Y aquella tarde, contra*
> *las luces del crepúsculo sangriento,*
> *una Walkiria rubia, desmelenada al viento,*
> *llena los aires de rencor: «Las piedras*
> *del Alcázar —les grita— serán lechos*
> *para vuestras mujeres y nuestros milicianos».*
> *Y las uñas sangrantes de sus manos*
> *repintadas, profanan la serena*
> *tarde y la dulce Sagra de abejas de oro llena.*
> *¡Ay maldita, maldita*
> *tú, la hebrea; la del hijo sin padre: ¡Margarita!*
> *¡Nombre de flor y espíritu de hiena!*[139]

Existen fotografías de Pemán en «la dulce Sagra» de Toledo acompañando a Pepe Sáinz Nothnagel, jefe provincial de la Falange toledana mientras inspeccionan los cadáveres de republicanos.[140]

A finales de mayo y principios de junio de 1938, Pemán y Millán Astray visitaron juntos Italia para participar en una gran fiesta de solidaridad italoespañola. Allí, Millán Astray, que creía parecerse al poeta y aventurero italiano Gabriele D'Annunzio, le preguntó a Pemán: «¿Es verdad que yo me parezco a Gabriel D'Annunzio?», a lo que Pemán respondió: «No dudo de que su calva de bóveda renacentista y su ojo tuerto le aproximan bastante a usted, mi general, a la figura física del poeta».[141] Fueron invitados a situarse a ambos lados de Mussolini mientras este presidía una gigantesca concentración de ciento cincuenta mil camisas negras. En su discurso, Pemán, presentado como representante de «la nueva España fascista», se congratuló del creciente dominio del fascismo: «Vamos hacia la paz fascista: heredera de la Paz Romana». Fue fotografiado, junto a Millán, en posición de firmes con el uniforme falangista, levantando el brazo derecho en el saludo fascista.[142] Tan hipnotizado quedó por el Duce y la rígida disciplina de los fascistas a los que había visto desfilar que, a su regreso a España, escribió un retrato admirativo del líder italiano con el título de «Esto os traigo de la fuente misma». Posteriormente, solicitó por vía diplomática una fotografía con el autógrafo del Duce.[143] Su adoración por Mussolini se plasmó en el *Poema de la bestia y el ángel*, donde puso en boca del «águila de Roma» esta clara alusión al líder fascista: «la mirada de un César, claro y semidivino, / con un cráneo redondo como un casco de acero / y un labio prominente que arremete al Destino».[144]

Todavía deslumbrado por su encuentro con Mussolini, en un gran mitin celebrado en Sevilla el 18 de julio de 1938 para celebrar el segundo aniversario de la rebelión militar, Pemán abrió su largo discurso dirigiéndose al público como «camaradas de la Falange». A continuación, se lanzó a una larga y ferviente justificación de la existencia de FET y de las JONS, que estaba en total contradicción con sus anteriores escritos sobre las glorias de la monarquía hereditaria. En su arenga, alabó al nazismo alemán y al fascismo italiano como «movimientos gemelos al nuestro». A continuación, afirmó que el partido único, «esta fórmula fascista», era la única forma de lograr el «nexo de la unión entre el poder y la sociedad». Entre los precedentes históricos de esta fórmula que mencionó en el discurso, se encontraban las sociedades esclavistas de Atenas y Esparta. Pemán se refirió al secretario general de FET y de las JONS como «nuestro secretario» y alabó la «justicia» de Queipo de Llano, incluida «la sentencia de la última pena para el cabecilla envenenador del obrero». Terminó pidiendo con orgullo a sus «camaradas todos» que recordaran que era «un consejero nacional y más que todo un poeta que ama a España y quiere el porvenir glorioso de ella en la Falange».[145]

Es probable que Pemán no se diera cuenta de las contradicciones en las que incurría su panegírico; se trataría de un caso de disonancia cognitiva más que de simple hipocresía. Los antiguos compañeros de Acción Española de Pemán estaban ya tan irritados por «sus veleidades falangistas» que habían empezado a distanciarse de él, pero este discurso era de un entusiasmo falangista tan frenético que monárquicos de alto nivel como Eugenio Vegas Latapié y Jorge Vigón escribieron furiosas cartas reprendiendo a Pemán. Les molestó especialmente su metáfora sobre el modo en que Franco había llevado a cabo la unificación de las distintas fuerzas en FET y de las JONS, según Pemán, como un escultor que, una vez tallada su obra, barre del suelo las «virutillas» inútiles. Si la carta de Vigón era irónica, la de Vegas Latapié era una dura e implacable crítica a Pemán por abandonar los ideales de Acción Española y asociarse con quienes disfrutaban de las sinecuras, prebendas y demás privilegios de la Falange. Esta contenía una acusación implícita de cobardía, ya que, a diferencia de Vegas, Pemán no había luchado en el frente de batalla. La relación de ambos continuó siendo cordial, pero no volvió a ser la misma. Las memorias de Vegas lo retratan como un egoísta encantador, demasiado interesado en medrar.[146]

En un artículo publicado en 1967, refiriéndose a una de las muchas fotografías suyas con uniforme falangista, Pemán manifestó con ligereza: «Yo nunca estuve inscrito en ningún partido ni agrupación política más que en la Unión Patriótica, adonde me llevó don Miguel Primo de Rivera, que decía que aquello no era política». Además, consideraba que el uso de las insignias falangistas mientras fue miembro del Consejo Nacional era una mera formalidad sin trascendencia.[147] Había olvidado la satisfacción que le producía la preeminencia que le proporcionaban. El 27 de enero de 1939, por ejemplo, para celebrar la caída de Barcelona, vistiendo la camisa azul y tocado con la boina roja de la Falange, presidió un gran desfile en Cádiz en su calidad de Consejero Nacional de Falange Española Tradicionalista y de las JONS. En su discurso, cacareó que las victorias de Franco eran una humillación para las democracias.[148] En esta época, escribía artículos descalificando el catalán y el euskera como dialectos, utilizando la misma terminología que había empleado durante la dictadura ferozmente anticatalana de Primo de Rivera.[149]

Como era inevitable, pretendía siempre nadar y guardar la ropa. En un artículo muy posterior, elogiaba el falangismo como «levadura de entusiasmo y como incitación a la justicia social» y reconocía que un par de años antes había participado en un acto en Cádiz en el que había cantado el himno falangista *Cara al sol* mientras hacía el saludo fascista con el brazo levantado. Sin embargo, dado que España en ese momento intentaba entrar en el Mercado Común Europeo, reconoció que era «improcedente para el bien de la Patria conservar gestos, himnos e indumentarias que pueden haber sido sobrepasados». La página en la que se publicó su artículo llevaba también, se supone que sin ironía expresa, un anuncio de «Laxante Richelet para víctimas del estreñimiento».[150]

Poco después de la publicación del poema, Pemán recibió el encargo de su amigo Pedro Sainz Rodríguez, ministro de Educación Nacional, de escribir una historia oficial de España para niños. Publicada en septiembre de 1939, con una untuosa dedicatoria a Franco, era un texto obligatorio en las escuelas y debió de proporcionarle mucho dinero. En ella, como en sus discursos de guerra en el frente, el tema central era la constante cruzada contra los enemigos de España. En el primer volumen, que abarcaba desde los primeros tiempos hasta 1504, los enemigos de la civilización eran los árabes y los judíos, a los que extrañamente se presentaba en un mismo bloque. El desprecio de Pemán por ambos le llevó a desdeñar el esplendor de la civilización árabe como un barniz superficial que enmascaraba su salvajismo y barbarie, y a describir a los judíos como un pueblo motivado únicamente por su odio a España y al cristianismo. Afirma Pemán que «los judíos eran en España verdaderos espías y conspiradores políticos: que vivían en la secreta amistad con los moros y en la callada esperanza de los turcos. [...] Los judíos estaban organizados en verdaderas sociedades secretas de intriga y conspiración. En esas sociedades se habían preparado crímenes horribles».[151]

La historia oficial de Pemán presentaba a la Inquisición como una institución benévola cuyo gran logro fue limpiar España de judíos. En un esfuerzo poco entusiasta por distanciar a España de la política racista del Tercer Reich, afirmó que la expulsión de los judíos había sido impulsada por «los altísimos motivos religiosos y patrióticos, no por una cuestión de odio de raza». La clave de la reconquista de España frente al islam había sido garantizar el control de Sevilla y Córdoba teniéndolas «bien limpias de judíos».[152] En el segundo volumen de la obra, sustituían a árabes y judíos en el papel de enemigos acérrimos de España el protestantismo y la masonería.[153] Muy típico de Pemán es su relato teñido de fanatismo del complejo proceso de desmantelamiento del sistema feudal mediante la desamortización de las tierras eclesiásticas y de la nobleza. El presidente del Gobierno liberal Juan de Dios Álvarez Mendizábal, de ascendencia judía, vio frustrada su esperanza de que la expropiación y la venta de tierras de las órdenes religiosas resolvieran los problemas económicos que atravesaba la Corona debido a las guerras carlistas en los años treinta del siglo XIX y sentara, a la vez, las bases de la futura prosperidad de España mediante la creación de un campesinado minifundista autosuficiente: las propiedades confiscadas se vendieron en subasta en grandes lotes, lo que hizo que su precio se situara muy por encima de las posibilidades incluso de los pequeños propietarios. Para Pemán, en cambio, Mendizábal no era más que un ladrón judío dedicado a la empresa un tanto contradictoria de enriquecer a la burguesía y llevar a cabo la revolución.[154] El autor de esta interpretación totalmente maniquea de la historia de España, y de hecho el principal defensor de la idea del enfrentamiento entre España y la anti-España, se burló de ella en su vida posterior al insinuar que derivaba de lo que él llamaba «la interpretación republicana de la historia de España en términos de buenos y malos».[155]

A finales de marzo de 1939, Pemán estaba en el cuartel general del general Solchaga. El día 28 acompañó a las primeras tropas franquistas que entraron en Madrid y anunció la victoria a la nación desde los estudios de Unión Radio, que habían sido tomados por los quintacolumnistas. Su fantasioso relato describía la caballerosa actitud de las tropas de ocupación con los prisioneros del Ejército republicano y denunciaba el saqueo por parte de los anarquistas de las casas de sus amigos. Afirmaba que, en un par de días, todo habría regresado a su cauce.[156] Al cabo de muchos años, escribió un relato edulcorado de aquellos días, en el que pasaba por alto la represión desatada en Madrid y elogiaba lo que llamaba «la vuelta a la normalidad».[157] Su papel en la guerra fue celebrado el 17 de julio en una multitudinaria ceremonia en la que las capitales de cada provincia le enviaron un pergamino dedicado, ilustrado con un paisaje o monumento local famoso. En un tono de falsa modestia, su discurso resumió lo que había hecho «por Dios y por la Patria»: «En su servicio recorría los caminos de España de arriba a abajo, de lado a lado; he persignado la tierra de España, la he abarcado desde el aire con abrazo ambicioso de posesión nupcial, y en esta tierra yo le he dado a la guerra un grano de arena».[158]

En un libro escrito en esa época, Pemán proclamó su compromiso con el fascismo. Lo justificó con la extraña afirmación de que la variante española del fascismo era un fenómeno religioso. Sin embargo, eso no le impidió elogiar a Hitler y Mussolini.[159] En 1940, realizó un obsequioso retrato de Franco que aún puede encontrarse en la página web de la Fundación Nacional Francisco Franco. Retrata al Caudillo «que cumple una obra de Dios» y alaba «su absoluta e inatacable austeridad». Si la ignorancia podría disculpar quizá este retrato del Caudillo corrupto, es difícil de justificar que embelleciera el esfuerzo bélico de Franco y la posterior represión: «Había que llevar hacia allí, en dosis exactas, el perdón, el castigo y la catequesis [...]. Nunca agradeceremos bastante al Caudillo la absoluta equidad y falta de apasionamiento con que abordó esta difícil tarea de equilibrios. Fue el magnífico cirujano de pulso firme, preocupado a la par por la eficacia y la anestesia. Conquistó la zona roja como si la acariciara: ahorrando vidas, limitando bombardeos».[160]

El siempre olvidadizo Pemán no recordaba, por supuesto, su emisión de Radio Castilla del 8 de diciembre en la que describía cómo, desde el Cerro de los Ángeles, había contemplado las llamas que se elevaban desde los tejados de la capital: «La Artillería y la Aviación nacionales, antes de tomar Madrid, están purificándolo».[161] Además, en este panegírico de Franco y también en su polémico homenaje a Calvo Sotelo, parecía ajeno a las contradicciones entre sus elogios a la dictadura franquista y su defensa de la monarquía hereditaria. La única explicación es que era lo suficientemente ingenuo como para creer que Franco no hacía más que allanar el camino para la restauración.

Sorprendentemente, Pemán afirmó más tarde que jamás había admirado demasiado a Franco.[162] Una vez más, le fallaba la memoria. Hacia la época en que escribía su elogio de Franco, el Caudillo estaba autorizando al Gobierno el pago de importantes cantidades a cambio de la ficticia gasolina sintética que le ofrecía un ratero y timador austriaco, Albert von Filek. Franco estaba convencido de que Von Filek había rechazado espectaculares ofertas internacionales por su invento y había presentado la idea al Caudillo por pura devoción personal. Al final, tras realizar las comprobaciones pertinentes, la estafa quedó al descubierto y Filek fue encarcelado.[163] Pemán, sin embargo, escribió más tarde sobre el episodio un auténtico despropósito: «Yo creo que Franco no creyó nunca en la gasolina mágica. Pero no le convenía aplastar la leyenda por si alguno caía en la trampa».[164]

Las victorias iniciales del Tercer Reich acentuaron las tendencias fascistas del Movimiento, lo que solo preocupaba a Pemán en la medida en que parecía amenazar el retorno final de la monarquía. Desde luego, su entusiasmo antisemita no disminuyó. Eso sí: durante el ciclo de conferencias celebrado en 1940 en la Academia de Jurisprudencia para conmemorar la vida de Calvo Sotelo, se produjo un enfrentamiento. Pemán clausuró el ciclo el 13 de julio con un discurso en el que atribuyó la inspiración del Movimiento a su héroe, Calvo Sotelo, lo que, implícitamente, le arrebataba dicho honor a José Antonio Primo de Rivera, a quien elogió, en cambio, por su noble origen social, su poesía y su brillantez como abogado.[165] Al salir del acto, le felicitó calurosamente Miguel Primo de Rivera y Sáenz de Heredia, hijo del dictador y hermano de José Antonio. Al día siguiente, Pemán tomó el tren hacia Cádiz. Esa noche, un falangista llegado en coche oficial le dejó una carta sorprendentemente agresiva del mismo Miguel Primo de Rivera, que le acusaba de ser «enemigo del actual régimen» y de detestar a José Antonio. Dijo que, si Pemán lo negaba, estaría añadiendo «cobardía a [su] falacia». Informado por el portero del edificio de Pemán de que este se había ido a Cádiz, Primo de Rivera escribió: «Siento que esto haya impedido cumplir mi decisión de abofetearte, cosa que llevaré a efecto en la primera ocasión que te encuentre». La referencia a abofetear era un desafío a un duelo. Al parecer, la carta había sido escrita a instancias de Ramón Serrano Suñer, que se había ofendido porque consideraba que el discurso menospreciaba el papel de su amigo José Antonio y de la Falange.[166]

La primera reacción de Pemán fue contestar a Miguel Primo de Rivera para explicarle que había malinterpretado la conferencia. Sin embargo, después de redactar una carta en tono apaciguador el 16 de julio, se abstuvo de enviarla cuando descubrió que circulaban numerosas copias de la misiva de Primo de Rivera entre la cúpula dirigente franquista. Muy alarmado e indignado, Pemán consultó a su amigo, el general Varela, que era ministro de la Guerra. Este le aconsejó que fuera a Madrid y dispusiera que sus padrinos en el aparentemente inevitable duelo fueran su amigo común, el general carlista Ricardo Rada, y el subsecretario del ministerio, el general Camilo Alonso Vega, que era amigo de Franco de toda la vida. Miguel Primo de Rivera nombró padrinos a dos falangistas, el escritor Manuel Halcón y Manuel Mora Figueroa, gobernador civil de Cádiz. La situación era digna de un sainete, ya que Pemán, su oponente y los cuatro padrinos eran todos amigos. Además, Pemán había enviado el texto de su discurso a Franco a través de Jorge Vigón. Es poco probable que Franco compartiera el disgusto de Serrano Suñer, porque el discurso le había proclamado rey implícitamente al insinuar que solo podía sucederle un monarca: «Hoy por hoy ya tiene España mando único. Ya tiene España monarquía, en el sentido puro». En consecuencia, Franco le dijo a Alonso Vega que resolviera el asunto con discreción. Halcón, Rada y Alonso Vega convencieron con facilidad al poco entusiasta Miguel Primo de Rivera de que retirara el desafío.[167] No obstante, durante los días inmediatamente posteriores, Pemán tuvo protección policial en su domicilio de Cádiz. A final, unas cartas amistosas entre los dos antagonistas restauraron la paz.[168]

La intervención de Serrano Suñer en el asunto se entrevé en otras consecuencias que afectaron a Pemán: el 23 de julio de 1940, el adusto ministro de Educación, José Ibáñez Martín, lo destituyó del cargo de director de la Real Academia, al que había llegado en diciembre de 1939; además, durante casi dos años, hasta mayo de 1942, la prensa recibió la orden de no darle publicidad y se le prohibió escribir en el *ABC*. Serrano Suñer se encargó de que no se le renovara en el cargo de consejero nacional de la Falange. Pemán respondió con una gira de conferencias por Hispanoamérica. Finalmente, el 4 de octubre de 1944 fue restituido al frente de la Academia.[169] La enemistad entre Pemán y Serrano Suñer no tardó en intensificarse. En el periodo previo a su caída del poder en septiembre de 1942, Serrano Suñer se enfrentó a la abierta hostilidad de algunos generales destacados. En un banquete privado en honor de un amigo al que se le había concedido una importante condecoración militar, a un discurso de Camilo Alonso Vega le siguió otro de Pemán, en el que este hizo una referencia velada a lo que se percibía como el excesivo poder de Serrano Suñer: «La paz que ganó el militar, que el militar la administre». Inevitablemente, la noticia llegó a Serrano, que convenció a Franco de que Pemán había pronunciado un discurso subversivo incitando a la sublevación. Ni que decir tiene que la investigación posterior exoneró a Pemán.[170]

Seis semanas antes de su muerte en Roma, el 28 de febrero de 1941, Alfonso XIII abdicó en favor de su hijo Juan. Casi inmediatamente, Vegas Latapié y Pemán comenzaron a trabajar con tesón para que se restaurase la monarquía. Vegas escribió a don Juan el 22 de febrero instándole a nombrar un secretario y un consejo. Entre los nombres que propuso para el mismo estaba el de Pemán. Pemán acabó siendo nombrado jefe del Consejo Privado, del que formaban parte, entre otros, Sainz Rodríguez y Gil Robles.[171]

La invasión de Rusia por parte de los alemanes hizo las delicias de Pemán, quien, sin embargo, después de Stalingrado, empezó a albergar dudas sobre el Tercer Reich, aunque no fue hasta mucho después cuando comenzó a reescribir gradualmente la historia de su admiración por Hitler. Del mismo modo, aunque se sintió algo incómodo por la negativa de Franco a restaurar la monarquía, tardó en asociarse con los opositores monárquicos del Caudillo y se mantuvo adulador y fiel al régimen del que cobraba su pensión. Las cosas cambiaron con la derrota del Tercer Reich en junio de 1945.[172] Comenzó a distanciarse poco a poco del régimen franquista, del que seguía obteniendo considerables beneficios. En febrero de 1945, Franco le había nombrado procurador en las Cortes que se había inventado en marzo de 1943 para congraciarse con los aliados: un tercio de los diputados los nombraba directamente el Generalísimo.

El cambio de tono de Pemán fue un reflejo de la reorientación política de Franco. Su cinismo y su doblez coincidían con los de su amo. Con la vista puesta en los aliados occidentales, Franco empezó a dar menos importancia a la Falange y algo más a la versión profundamente conservadora de la democracia cristiana del régimen. Para consumo exterior, nombró al católico conservador Alberto Martín Artajo ministro de Asuntos Exteriores. Manteniendo un control férreo sobre la política exterior, Franco utilizó a Martín Artajo como la cara aceptable de su régimen. Este le dijo a Pemán que hablaba por teléfono al menos una hora al día con Franco y que utilizaba unos auriculares especiales para tener las manos libres y así poder tomar notas. Pemán escribió cruelmente en su diario: «Franco dicta la política internacional y Artajo es el ministro taquígrafo».[173]

Cuando don Juan de Borbón fijó su residencia en la elegante localidad costera de Estoril, cerca de Lisboa, en febrero de 1946, Pemán fue uno de los 458 firmantes de una carta colectiva de bienvenida conocida como «el saluda». Todos eran figuras prominentes de la sociedad franquista. Franco se puso furioso y dijo a su gabinete: «Esta es una declaración de guerra [...] hay que aplastarlos como [a] gusarapos». Convencido de que se trataba de una conspiración masónica, anunció que metería a todos los firmantes en prisión sin juicio, aunque luego, después de que le hicieran cambiar de opinión, optó por repasar la lista de firmantes e ir indicando los castigos correspondientes a cada uno de ellos, desde la retirada de pasaporte hasta inspecciones de Hacienda o la destitución de sus cargos. Pemán no figuró entre los castigados, porque su lealtad a Franco era indiscutible. Además, escribió una carta sinuosamente aduladora a Carrero Blanco en la que se las ingenió para subrayar que su devoción por Franco no se veía mermada en absoluto por su compromiso con la monarquía y expresó su «admiración y el cariño por el general que ganó la Guerra y al que España tanto debe». Su posición podría resumirse así: «ni Franco sin rey, ni rey sin Franco».[174] A diferencia de sus amigos

Eugenio Vegas Latapié, Pedro Sainz Rodríguez y el marqués de Quintanar, Pemán no se exilió.

Tras la Segunda Guerra Mundial, se concentró en sus actividades literarias como dramaturgo y columnista de prensa. Su principal actividad política, que queda fuera del ámbito de este capítulo, tuvo como objetivo la restauración de la monarquía. Todo lo que hizo en ese contexto se enmarcó cuidadosamente en una lealtad manifiesta a Franco y a su régimen. De hecho, los elementos del régimen que el propio Franco quería borrar fueron atribuidos por Pemán a la Falange con la que él mismo había estado tan identificado.[175] Era lo bastante inteligente como para ver que las cosas estaban cambiando y lo suficientemente cínico como para reservarse sus opiniones para su diario íntimo. El 15 de diciembre de 1946 almorzó con Martín Artajo, quien le dijo que Franco de verdad creía en la Falange y trataba a los ministros falangistas como si fueran de la familia. Pemán escribió en su diario: «Dios mío, si me hubieran dicho que Franco tenía una amiga mal me hubiera parecido y mucho me hubiera extrañado. Pero esto es peor: tiene una convicción, lo que yo creía que no tenía; lo que era preciso que no tuviera para poderse manejar hasta el final con esa desenvoltura y agilidad fría que le ha valido sus mejores éxitos. Su capacidad de cálculo, frialdad y hasta ingratitud».[176]

A principios de los años cincuenta, Pemán volvió a su habitual admiración por Franco para escribir —aunque ahora a regañadientes— sobre la consumada habilidad con la que el Caudillo enfrentaba a las distintas facciones del régimen.[177] En 1957, fue nombrado presidente del Consejo de don Juan. A medida que se fue dando cuenta de que Franco no tenía intención de nombrar a don Juan como sucesor, Pemán expresó su frustración, aunque siempre en el ámbito de su diario, en el que el 14 de octubre de 1958 anotaba: «Franco está conduciendo el auto de España [...] con carnet de camión, es decir con malicia gallega y elementalidad de general de infantería».[178]

En abril de 1970, a petición de algunos amigos, Josep Benet, Albert Manent, Jordi Pujol y Salvador Casanovas, escribió una columna en *ABC* en defensa de la lengua catalana. Era la respuesta a una intervención de Adolfo Muñoz Alonso en el debate sobre la reforma educativa en la que había hablado del «virus» de las lenguas regionales. Aunque el comentario ofensivo de Muñoz Alonso fue retirado del acta de sesiones, provocó un escándalo.[179] La columna de Pemán estaba muy lejos del feroz anticatalanismo de sus artículos de los años treinta. Es interesante que atacara a Muñoz Alonso como falangista. Su defensa de la lengua catalana era un síntoma de la flexibilidad de su memoria y de su capacidad para evolucionar con los tiempos. Al fin y al cabo, se intuía la proximidad de un cambio.

Durante el largo proceso en el que Pemán se fue desprendiendo de su pasado de extrema derecha, pareció vivir según un principio que había esbozado en los años veinte. Dirigiéndose a quienes se sentían incómodos por abandonar los viejos partidos monárquicos para unirse a la Unión Patriótica por miedo a que los considerasen traidores, había declarado: «A esos españoles [a los] que aún les cohíbe el prejuicio de que no digan que "cambian de camisa", cuando el cambiar de camisa, si ya está sucia o hecha jirones por el uso, es lógico, higiénico, y hasta de buen tono».[180] Habiendo ocupado numerosos cargos políticos durante los años veinte, en la Unión Patriótica y en la Asamblea Nacional, en los años treinta, como dirigente de la Unión Monárquica Nacional, como diputado y como presidente de Acción Española, y durante la Guerra Civil como ministro del primer Gobierno de Franco y como miembro del Consejo Nacional de la Falange, es notable que, en unas memorias publicadas en 1976, Pemán pudiera hablar de «mi falta de vocación política en versión activa».[181] Es como si, con la muerte de Franco, pensara que su propio pasado franquista quedaba borrado.[182] Con igual falta de autoconocimiento —o mendacidad— pudo afirmar que, en el encuentro con Franco que le había llevado a desempeñar el papel de propagandista itinerante de los sublevados y efectivamente ministro de Educación, «únicamente me confortaba la seguridad de que Franco conocía mi desinterés político; mi falta de ambiciones».

Pemán murió en Cádiz, el 9 de julio de 1981. Con el tiempo, su aspecto físico había evolucionado desde el típico fanático falangista con bigote hasta algo más cercano a un clérigo con aspecto de búho. Hasta el último día, mantuvo su profunda admiración por Franco.[183] A pesar de la imagen cuidadosamente cultivada en su libro sobre sus encuentros con el dictador, la admiración estaba lejos de ser mutua. En sus sobremesas, Franco se quejaba a menudo de lo que consideraba la lengua viperina y la falsedad de Pemán, aunque también hay que decir que Franco no era dado a hablar bien de nadie, con la posible excepción de Hitler y Mussolini.[184] En los últimos años, la creciente concienciación sobre el lado oscuro de Pemán y su papel en la Guerra Civil ha inspirado esfuerzos para eliminar su nombre de algunas de las muchas calles que lo llevan en ciudades de toda España. En el caso de Jerez, sortearon la cuestión cambiando el nombre de la calle por el de «Poeta José María Pemán».[185]

5

El mensajero

Un terrateniente de la aristocracia con tierras en la provincia de Salamanca se jactó ante unos extranjeros de que, el día en que había estallado la Guerra Civil, había hecho que sus trabajadores se pusieran en fila, había escogido a seis de ellos y les había pegado un tiro para escarmiento de los demás. El aristócrata, oficial de caballería en la reserva, se llamaba Gonzalo de Aguilera y Munro. Su finca, la Dehesa del Carrascal de Sanchiricones, estaba situada entre Vecinos y Matilla de los Caños, dos pueblos ubicados respectivamente a treinta y treinta y cinco kilómetros al suroeste de Salamanca. Sus bravatas, en realidad, eran simple palabrerío: en los archivos de la Asociación de Memoria Histórica de Salamanca no hay constancia de semejante atrocidad; sin embargo, existe en ellas un fondo de verdad.[1]

El 12 de agosto de 1936, cuatro jornaleros fueron asesinados en una finca de la localidad vecina de San Pedro de Rozados, la Dehesa de Continos, propiedad de uno de los amigos de Aguilera. Las ejecuciones fueron obra de soldados franquistas. Es probable que Aguilera aprobara e incluso envidiara lo que el dueño de Continos había hecho y quizá fantaseara con su participación en los hechos, lo que le llevó a exagerarla para subrayar su identificación con la causa rebelde.[2] Cualquiera que sea la base real, los sentimientos que subyacen a las fanfarronadas de Aguilera eran representativos del odio que consumía al campo español en los años anteriores a la guerra, pese a lo cual, en muchas de las cartas que Aguilera escribió a su esposa durante el conflicto, demostraba su preocupación por los criados de la Dehesa del Carrascal de Sanchiricones y sus jornaleros; una preocupación en línea con la que manifestaba por las labores propias de cada estación, así como por la salud y las perspectivas de venta del ganado.[3]

La fría y calculada violencia de lo que ocurrió en la Dehesa de Continos reflejaba una actitud común entre los grandes terratenientes de las regiones latifundistas de España. Los violentos conflictos sociales del periodo de 1918 a 1921, denominado el «Trienio Bolchevique», habían sido aplastados por la represión militar, pero los odios resultantes continuaron vivos en ambos bandos. Las huelgas del trienio habían indignado a los terratenientes, que no podían perdonar la insubordinación de los braceros, a quienes consideraban casi infrahumanos. Así, el paternalismo que había mitigado un poco la brutalidad diaria de la vida de los jornaleros llegó a un abrupto final. Las divisiones sociales se acentuaron a partir de abril de 1931, cuando los intentos de reforma agraria de la Segunda República hicieron que los terratenientes incumplieran la legislación sobre el trabajo rural con cierres patronales para los trabajadores sindicados, ya fuera dejando la tierra sin cultivar o simplemente negándoles el empleo. Los jornaleros a los que sí contrataban percibían salarios de miseria. Recoger bellotas, normalmente destinadas a los cerdos, o aceitunas caídas al suelo por las inclemencias del tiempo, abrevar las bestias o incluso recoger leña eran actos calificados de «cleptomanía colectiva».[4] Los campesinos hambrientos sorprendidos cometiendo semejantes «fechorías» eran apaleados con brutalidad por agentes de la Guardia Civil o guardias armados de las fincas.[5]

Tras la caída de la coalición de republicanos y socialistas en el otoño de 1933, los terratenientes volvieron a las relaciones semifeudales de dependencia que habían sido la norma antes de 1931. Las constantes infracciones de la legislación laboral llevaron en el verano de 1934 a una huelga nacional de campesinos convocada por el sindicato socialista de trabajadores del campo, la Federación Nacional de Trabajadores de la Tierra (FNTT). Pese a ser legal, la huelga fue duramente reprimida por el ministro del Interior, Rafael Salazar Alonso, representante de los terratenientes de una de las provincias más conflictivas, Badajoz. La FNTT quedó muy maltrecha, los sindicalistas fueron hostigados por la Guardia Civil y se reforzó la seguridad de las fincas para evitar que se pudiera aliviar el hambre con la caza furtiva o el robo de las cosechas.

El sur se vio también muy afectado por la sequía de 1935, el paro aumentó hasta más del 40 por ciento en algunos lugares y los mendigos abarrotaban las calles de las ciudades. Las hogueras del odio estaban encendidas. Los hambrientos y sus vecinos ricos de la clase media y alta rural se miraban con miedo y resentimiento. Los ánimos se encresparon durante la campaña de la derecha para las elecciones de febrero de 1936, en un ambiente en el que los desastres naturales contribuían a la crispación social: después de la prolongada sequía de 1935, a principios de 1936 las tormentas malograron la cosecha de aceitunas y dañaron los cultivos de trigo y cebada. La victoria de la izquierda en las elecciones coincidió con un desempleo aún mayor. Se reforzó la legislación laboral y los trabajadores fueron «alojados» en fincas no cultivadas. Los terratenientes se enfurecieron ante estos indicios de que la sumisión de los campesinos tocaba a su fin: los que, según ellos, tenían que mostrarse serviles exigían ahora con firmeza reformas. El cambio en el equilibrio de poder provocó la ira y el miedo de los latifundistas, muchos de los cuales se implicaron activamente en el complot militar para derrocar a la República, otros lo financiaron y otros aguardaron expectantes las noticias.[6]

Cuando estalló la Guerra Civil, en las zonas latifundistas situadas en territorio republicano, muchos terratenientes corrían un grave peligro de muerte a manos de la izquierda local. Las baladronadas de Aguilera, con independencia o no de que tuvieran un fondo de verdad, estaban en consonancia con las acciones de otros terratenientes que tomaron represalias preventivas. Muchos se unieron a la rebelión, acompañaron a las columnas de Franco y desempeñaron un papel activo en la selección de las víctimas capturadas en las aldeas para su posterior ejecución.[7] El odio de los terratenientes hacia el proletariado rural encontró un instrumento apropiado en las columnas africanas de Franco, en una época en la que se habían trazado paralelismos explícitos entre la izquierda peninsular y los cabileños del Rif; los «crímenes» de los rojos que oponían resistencia al alzamiento militar se consideraban idénticos a los «crímenes» de los rifeños que habían masacrado a las tropas españolas en Annual en 1921. A sus ojos, el papel de las columnas africanas en 1936 era una repetición del que habían tenido los Regulares y la Legión al socorrer Melilla en 1921.[8]

La brutalidad que padecían las ciudades peninsulares conquistadas por las fuerzas coloniales españolas no era más que una repetición de la que habían padecido los pueblos marroquíes a manos de las mismas tropas.

La actitud de los militares rebeldes ante la izquierda y la clase obrera rural e industrial solo puede entenderse en el marco de la mentalidad poscolonial. Los africanistas y los terratenientes veían a los campesinos sin tierra y al proletariado industrial como una raza colonial de súbditos racialmente inferiores. Cuando hablaban de la izquierda, lo hacían en términos patológicos. El corresponsal del *Chicago Daily Tribune*, Edmund Taylor, lo resumió con brillantez:

> El enemigo era una molécula compleja de un veneno espiritual llamado «comunismo» para abreviar, aunque el progresismo fuera su componente individual más mortífero y más odiado. Una vez inoculado en el organismo humano, este veneno actuaba como un virus: no solo era incurable, sino contagioso. Ciertos hombres conocidos como los Líderes se habían autoinoculado perversamente el veneno y, al igual que Satanás en la mitología católica, trataban deliberadamente de propagar la infección tanto como podían. Como la encarnación del mal, estos hombres merecían ser castigados. Sus víctimas, que podrían haber sido buenos españoles si no hubieran tenido la mala suerte de ser infectados por los Líderes, no merecían el castigo propiamente dicho, pero había que fusilarlos del modo más humano posible porque eran incurables y podían infectar a otros.[9]

Otro corresponsal, John Whitaker, del *Chicago Daily News*, lo expresó con menos sutileza: «El uso de los moros y la ejecución en masa de prisioneros y civiles eran las bazas ganadoras de los "mejores" elementos de España… Hablé con toda clase de ellos, a centenares. Si tuviera que resumir su filosofía social, sería extremadamente sencillo: las masas los superaban en número; tenían miedo a las masas; y se propusieron reducir el número de las masas».[10] Edmund Taylor descubrió que esta era una opinión que compartía el capitán Gonzalo de Aguilera, el terrateniente salmantino que había mentido al afirmar que había matado a seis de sus trabajadores: los prisioneros «valían la pena porque les podías interrogar y ahorrabas munición, pero no valía la pena mantenerlos con vida y por eso no los mantenían».[11] Eso fue en los primeros días de la guerra. Desde principios de 1937, sí que mantenían con vida a los prisioneros para incorporarlos a las fuerzas rebeldes.

Esta idea probablemente se expresara en toda su crudeza en las conversaciones privadas de los oficiales del Ejército, pero, en público, los propagandistas rebeldes pensaban que era más respetable hablar de un «movimiento» para poner fin al contubernio judeomasónico-bolchevique y defender «España» o, para ser más exactos, una definición particular y sectaria del país, lo que había dado pie a la idea de una guerra a muerte entre España y la anti-España, como glosaba de forma harto reveladora el fiscal de un consejo de guerra celebrado en Sevilla a finales de 1937:

> Fue el XVI el siglo de mayor grandeza de España. Entonces no se ponía el sol en sus dominios. Nuestra gran centuria. La de los místicos, santos y artistas. ¡El siglo del Imperio español! Pues, ¿sabéis cuántos habitantes tenían entonces nuestra Patria, y era grande? ¡Doce millones! ¿Qué importa que ahora desaparezca la mitad de sus habitantes, si eso es necesario para reconquistar nuestro Imperio?[12]

Durante la marcha de las tropas franquistas hacia Madrid, el reportero jefe de United Press en Europa, Webb Miller, quedó profundamente conmocionado por las atrocidades que presenció en Santa Olalla, entre Talavera y Toledo. En esta última ciudad, tras la liberación del Alcázar, había charcos de sangre en las calles y las huellas que habían dejado al cruzarlos quienes habían sido llevados a rastras eran la prueba de la existencia de ejecuciones sumarias en masa. Un oficial franquista le explicó su política: «Estamos luchando contra una idea. La idea está en el cerebro, y para matarla tenemos que matar al hombre. Debemos matar a todos los que tengan ideas "rojas"».[13] Una de las versiones más radicales de esta teoría la expresó el capitán Aguilera, que durante la Guerra Civil fue uno de los encargados de tratar con los corresponsales de prensa extranjeros en la zona rebelde.

Sus ideas eran escandalosas, pero como las exponía con tanta elocuencia, en un inglés prácticamente nativo y sin inhibiciones, a los periodistas les parecía convincente. Aguilera era un militar de caballería que jugaba al polo y convenció a todos los periodistas con los que trabajaba de que era un deportista consumado. Además, era el undécimo conde de Alba de Yeltes, con grandeza de España, y un importante terrateniente con propiedades en las provincias de Salamanca y Cáceres. Cuando Aguilera le dijo a John Whitaker: «Tenemos que matar, matar y matar, hágase cargo», se limitaba a expresar las opiniones de su oficial superior, el general Mola.[14]

Aguilera relató la siguiente teoría biológica de los orígenes de la guerra a Charles Foltz, el corresponsal de la Associated Press:

> ¡Alcantarillas! —refunfuñó el conde—. Las alcantarillas son la causa de todos nuestros males. Las masas de este país no son como ustedes, los americanos, ni siquiera como los británicos. Son esclavos por naturaleza. No sirven para nada más que para esclavos y solo cuando los tratan como esclavos son felices. Pero nosotros, las personas decentes, cometimos el error de darles viviendas modernas en las ciudades donde tenemos nuestras fábricas. Pusimos alcantarillas en esas ciudades, alcantarillas que se extienden hasta los barrios de los obreros. No contentos con la obra de Dios, interferimos así con su voluntad. El resultado es que la población esclava aumenta. Si no tuviéramos cloacas en Madrid, Barcelona y Bilbao, todos estos líderes rojos habrían muerto en su infancia en lugar de excitar a la chusma y provocar el derramamiento de la noble sangre española. Cuando termine la guerra, deberíamos destruir las alcantarillas. El control de natalidad perfecto para España es el control de natalidad que Dios quiso que tuviéramos. Las alcantarillas son un lujo que debe reservarse a quienes lo merecen, los líderes de España, no a los esclavos.

Un periodista británico que se rio de estas extrañas ideas fue expulsado de la España nacional después de que el capitán Aguilera lo denunciara por «rojo peligroso».[15]

Aguilera no era en absoluto un caso único. En los relatos de los corresponsales sobre sus experiencias, suelen aparecer cuatro oficiales encargados de atender a la prensa extranjera y, de los cuatro, los que se mencionan con más frecuencia son el jefe del servicio de prensa de Franco, Luis Bolín, y, por supuesto, Aguilera. Bolín había sido nombrado capitán honorario de la Legión como premio por su participación en la operación que llevó a Franco de Canarias a Marruecos. Ataviado con pantalones y botas de montar, contra las que golpeaba una fusta, se paseaba amenazador entre los corresponsales con el ceño fruncido. A pesar de que «era incapaz de montar una bayoneta o ponerle el cargador al fusil», iba siempre de uniforme y se comportaba con una grosería que avergonzaba a los verdaderos oficiales del cuerpo. Según sir Percival Phillips, de *The Daily Telegraph*, lo despreciaban y lo detestaban. «Creen que no tiene derecho a pavonearse con su uniforme».[16] Bolín, según Noel Monks, del *Daily Express*, escupía sobre los cadáveres amontonados de prisioneros republicanos a los que acababan de ejecutar, muchos de ellos apenas adolescentes, mientras gritaba: «¡Gusanos!».[17] Era odiado y temido por la prensa extranjera porque amenazaba a menudo con fusilar a los periodistas,[18] y se ganó una fama eterna por detener y maltratar a Arthur Koestler poco después de la captura de Málaga por los nacionales, en febrero de 1937.[19]

De los otros subordinados de Bolín, uno, el comandante Manuel de Lambarri y Yanguas, era un bohemio bastante amable que, en la vida civil, había trabajado en París como ilustrador de la revista *Vogue*.[20] Otro, el capitán Ignacio Rosales, tenía opiniones solo un poco más refinadas que las de Aguilera.[21] Según Virginia Cowles, Rosales era un millonario de Barcelona,[22] que explicaba a los periodistas que tenía a su cargo «que no se puede enseñar a las masas; que necesitan el látigo porque son como perros y solo le hacen caso al látigo. Esa gente carece de entendimiento y hay que manejarla con mano dura. Mano dura para tenerlos a raya». Como muchos oficiales, de Mola para abajo, Rosales coincidía en la explicación biológica del conflicto de clases en España: «un influjo de gérmenes hostiles a España a través de las ciudades industriales de la costa; de estas impurezas en su sangre, hay que limpiar a España. Se está purificando y saldrá de esta prueba nueva y fuerte. Las calles de Madrid se teñirán de sangre, pero después... después se habrá resuelto el problema del paro».[23] De hecho, el «determinismo orgánico» era un elemento central de la ideología de la derecha española, desde la *España invertebrada* de José Ortega y Gasset hasta el *Genio de España* de Ernesto Giménez Caballero. Era uno de los pilares de la mentalidad de los oficiales del Ejército.[24] Aguilera más tarde también expondría esta idea con gran virulencia en su libro *Cartas a un sobrino*.[25]

El propio Franco declaró al corresponsal del periódico francés *Candide*, en agosto de 1938, que el fascismo variaba según las características nacionales, porque cada nación era un organismo y cada fascismo nacional, la reacción de su sistema inmunológico: «una reacción de defensa del organismo, una manifestación del querer vivir, del no querer morir, que, en ciertos momentos, se apodera de todo un pueblo».[26]

Para Franco, como para Aguilera y Rosales, la lógica de este argumento era que cualquier individuo cuyas ideas no encajaran con su concepción de la patria era un síntoma de una enfermedad y, por lo tanto, había que extirparlo.

Aguilera repitió su teoría organicista y el problema de las alcantarillas a Whitaker:

> ¿Sabe cuál es el problema de España? ¡La fontanería moderna! En tiempos más sanos —o sea, en tiempos más sanos espiritualmente, ya me entiende—, la plaga y la peste hacían estragos entre las masas en España. Las mantenían en su justa dimensión, ya me entiende. Ahora, con la eliminación de las aguas residuales y similares moderneces, se multiplican demasiado rápido. Son como animales, y es imposible que no se infecten con el virus del bolchevismo. Al fin y al cabo, las ratas y los piojos son los portadores de la peste. Ahora confío que entienda lo que queremos decir cuando hablamos de la «regeneración de España».[27]

Whitaker viajaba con el Estado Mayor de las columnas africanas que avanzaban hacia Madrid. Sus conversaciones diarias con los oficiales le convencieron de que Aguilera era completamente representativo de su mentalidad, con la única diferencia de que hablaba un inglés perfecto y no tenía reparo alguno en contar sus teorías a cualquier periodista que tuviera a mano:

Aguilera se remojaba el gaznate con otra copita de coñac y procedía, entre asentimientos y comentarios de aprobación de otros oficiales del ejército de Franco: «Mire usted, nuestro plan es exterminar a un tercio de la población masculina de España. Esto limpiará el país y nos librará del proletariado. También tiene su lógica desde el punto de vista económico: así ya no habrá nunca más paro en España, ya me entiende. Haremos otros cambios. Por ejemplo, acabaremos con esta tontería de la igualdad de las mujeres. Yo crío caballos y animales en general, ya me entiende. Lo sé todo sobre las mujeres. Se terminará esta tontería de llevar a un señor a juicio. Si la mujer le es infiel, la matará como a un perro. Es repugnante que se entrometa un tribunal entre marido y mujer».[28]

La misoginia que Aguilera reveló a Whitaker se había acentuado visiblemente desde sus primeras muestras en las cartas a su entonces prometida, Inés Luna, en las que había escrito que deseaba «educarte a mi gusto», afirmaba que «La mujer no debe estar bajo la influencia de nadie más que su marido» y hablaba de que tenía que cambiarle el carácter.[29]

El padre del capitán Aguilera era el décimo conde de Alba de Yeltes, el teniente coronel de la Caballería Española Agustín María de Aguilera y Gamboa. Su madre era una inglesa llamada Mary Ada Munro, nacida en Boulogne-sur-Mer (Francia), de orígenes relativamente humildes que, para no avergonzar a Agustín, había ocultado presumiendo de un pasado ficticio como aristócrata escocesa. Cuando se conocieron, a bordo de un tren en Francia, la joven Mary, de veintinueve años, era probablemente maestra. Gonzalo nació en Madrid el 26 de diciembre de 1886, cuando sus padres aún no estaban casados. Tal vez como rechazo a esa realidad, durante el resto de su vida Ada Munro adoptó un estricto puritanismo. En particular, la horrorizaba el escándalo social y tenía una actitud de lo más rígida hacia las madres solteras. De hecho, ella no pudo casarse hasta 1899, porque la regente María Cristina no le concedió a Agustín de Aguilera el permiso necesario para que un miembro de la aristocracia, oficial de la guardia real y cortesano, contrajera matrimonio. Cuando finalmente se desposaron, Agustín perdió el título, que no le fue restituido hasta 1910 por Alfonso XIII. Tanto Gonzalo como su hermana María del Dulce Nombre (a quien su familia llamaba «Nena») se criaron en un hogar en el que se hablaba por igual en inglés, en francés y en español. En 1909, Gonzalo le escribió a Inés Luna: «El inglés es lo que mejor hablo yo, y mira que es raro. En inglés tengo mucha facilidad de palabra; en cambio el castellano lo chapurreo cuando más interés tengo en decir las cosas bien». No se sabe si Gonzalo tuvo una infancia feliz, ya que Agustín y Ada fueron padres muy estrictos.[30]

Lo que sí sabemos es que, a la edad de nueve años, lo enviaron a Inglaterra como interno a un colegio preparatorio recién fundado por los jesuitas, el Wimbledon College. Siguió a continuación los pasos de su padre cuando el 5 de octubre de 1897 ingresó en el Stonyhurst College, el colegio privado de los jesuitas de Lancashire, donde estudió hasta el 10 de julio de 1904.[31] Su carrera como alumno fue singularmente mediocre. A pesar de su posterior reputación de distinguido erudito, figuró siempre entre los últimos de su clase y tampoco destacó como deportista.[32] Después de Stonyhurst, al serle imposible entrar en una universidad británica, pasó algún tiempo estudiando ciencias y filosofía en Baviera, con la misma falta de éxito, aunque aprendió alemán. Durante esa época, según afirma en su autobiografía, le influyó mucho la lectura de la *Crítica de la razón pura* de Kant. Además, se aficionó a la música de Bach y Wagner. A pesar de su medianía en los estudios, estaba dotado para las lenguas y para la música, le interesaba la mecánica y era un lector voraz. En diciembre de 1909, escribía a su novia, Inés Luna: «Cuando estaba yo en Alemania siempre estaba metido en fábricas (por gusto, no porque me obligase mi padre) y tenía la intención de dedicarme a ello». En la misma carta, le hablaba de saber tocar la guitarra. A su regreso a España en 1905, liberado de los jesuitas, Aguilera pasó dos años en Madrid haciendo vida de señorito, como rico ocioso y esnob anglófilo imbuido de un fuerte sentido de privilegio de clase.[33]

El 25 de febrero de 1908, cuando contaba veintiún años —una edad insólitamente avanzada—, Gonzalo de Aguilera fue llamado al servicio militar en el Ejército español como recluta de caballería. Destinado a una yeguada, solicitó y recibió de inmediato el permiso para ausentarse del servicio. En agosto de 1908, gracias a las influencias de su padre, consiguió ingresar en la Academia del Arma de Caballería de Valladolid como alumno algo talludo. Para gran disgusto de don Agustín, Gonzalo no aprovechó su capacidad intelectual, sino que fue un estudiante más bien vago. Sus cartas a Inés Luna, escritas desde dicha academia, indican su desinterés por los estudios. Para evitar las clases o ponerse al día de lo que se había perdido, pasaba con frecuencia por la enfermería, a veces por una lesión de rodilla auténtica, pero a menudo con dolencias imaginarias ante las que el médico de la unidad, amigo suyo, hacía la vista gorda. Dedicaba mucho tiempo a escribir cientos de cartas de amor a Inés y a contemplar su retrato. También le arrestaban con frecuencia por su participación en bromas y novatadas.[34] A pesar de todo, se graduó como alférez en junio de 1911. Después de un breve periodo en los húsares, en febrero de 1912 se presentó voluntario para servir en Marruecos, con la esperanza de huir de la vida de cuartel en España, aunque eso fue precisamente lo que se encontró en África. En febrero de 1912, Gonzalo fue destinado a Melilla, donde pasó un mes en el Estado Mayor del «capitán general del Territorio» antes de servir en varias unidades de combate. Por su desempeño en acción, fue premiado con la Cruz del Mérito Militar de primera clase el 10 de noviembre de 1912 y ascendido a teniente primero el 13 de julio del siguiente año. Su breve búsqueda de aventura y gloria terminó al cabo de un mes cuando fue destinado a la Península, concretamente a Alcalá de Henares y Madrid, donde llevaba una vida relativamente privilegiada, que le permitió pasar dos meses de permiso en Londres en el verano de 1914 y participar en una competición hípica en Badajoz en 1915. En octubre de ese año, fue destinado al Estado Mayor del Ministerio de la Guerra.[35]

El 19 de junio de 1916, gracias a su dominio del alemán, el inglés y el francés, lo enviaron a Berlín, donde, como agregado militar asistente, colaboró hasta el 20 de noviembre de 1917 en la labor de la Embajada española con la llamada «Oficina *pro captivis*», que velaba por los intereses de los prisioneros de guerra, inspeccionando los campos de prisioneros, organizando intercambios de presos y manteniendo informadas a sus familias. Se trataba de un proyecto humanitario creado en parte por iniciativa de Alfonso XIII, que es muy posible que recomendara a Gonzalo de Aguilera para el cargo.[36] Los horrores que Gonzalo presenció, tanto en el frente oriental como en el occidental, le afectaron profundamente, aunque no parece que exteriorizara sus sentimientos. Es probable que su ya escaso entusiasmo por la vida militar disminuyera aún más; lo cierto es que, a su regreso a España, no buscó destino fuera de Madrid. A finales de los años cuarenta o principios de los cincuenta, en su obra autobiográfica *Cartas a un sobrino*, escribió así sobre sus experiencias en Alemania:

> Como sabes, durante la I Guerra Mundial me tocó estar en Alemania y vi de cerca aquellas montañas de dolor y sufrimiento que lleva consigo la guerra moderna y de las que el individuo no tiene escapatoria posible. Aquellos montones de cadáveres de hombres, mujeres y niños por las carreteras heladas de Polonia, aquellas ingentes matanzas del Oeste donde además podía observar de cerca las primeras víctimas de gases, que al toser arrancaban tejidos mucosos bronquiales. Aix la Chapelle casi entero era un hospital de sangre, y en días de gran batalla veía cargar los camiones de brazos y piernas para llevarlos a enterrar, y en la retaguardia los dolores familiares y la ruina económica. Allí empecé a dejar de ser cristiano; porque no cabe que una deidad omnisciente y amorosa no tuviera otros medios para conseguir sus fines que a través del martirio y perdición de sus criaturas.[37]

Es muy probable que esta experiencia le embruteciera; desde luego, su fervor por masacrar rojos durante la Guerra Civil apunta a que no contribuyó en nada a humanizarlo.

Tras su regreso a España, un mes antes de cumplir treinta y un años, estuvo destinado en la Península, en Madrid y Salamanca. Se ha dicho que, en algún momento de su carrera, fue ayudante de campo del general Sanjurjo, aunque en su hoja de servicios no consta referencia alguna.[38] Tampoco participó en la victoriosa campaña de pacificación de Marruecos de 1925, aunque volvió a servir brevemente en África: en diciembre de 1926 fue destinado a Tetuán, al frente de un tabor de Regulares montados que patrullaba y protegía las vías de acceso a la ciudad, lo que podría ser la base de las hazañas bélicas de las que alardeaba.[39] Permaneció en Marruecos hasta agosto de 1927, tras lo cual pasó a la situación de disponible. Fue destinado a la Casa Militar de Alfonso XIII, y consolidó su amistad personal con el rey. Se retiró del Ejército en protesta por la exigencia de que los oficiales prestasen juramento de lealtad a la República, aunque pudo beneficiarse de las generosas condiciones de retiro voluntario de los decretos del 25 y 29 de abril de 1931, promulgados por el flamante ministro de la Guerra, Manuel Azaña.[40]

Antes, en noviembre de 1917, su regreso de Alemania le había permitido ver a su amante, la joven de veinticinco años Francisca Magdalena Álvarez Ruiz, a la que había puesto un piso en Madrid unos años antes. Temeroso de su padre, había tratado de mantener la relación en secreto. En la primavera de 1916, Magdalena se quedó embarazada y en diciembre de 1916 le dio un hijo, Gonzalo, fuera del matrimonio. Él continuó manteniéndola en el piso de Madrid, pero no vio a Gonzalo hasta su regreso de Alemania, cuando el niño tenía ya casi doce meses. Durante varios años no lo reconoció, porque tanto don Agustín como doña Ada desaprobaban de todo corazón lo que consideraban una escandalosa relación con Magdalena. Como él mismo había sido en parte un hijo no deseado, jamás demostró sentimientos fuertes de amor o de afecto por su propio vástago. Fue ascendido a capitán en julio de 1919 y formó parte de la unidad que escoltaba a Alfonso XIII durante las vacaciones de verano.

El 1 de diciembre de 1919, su padre murió y Gonzalo heredó el condado y los bienes de la familia. Aguilera se convirtió en el undécimo conde de Alba de Yeltes.[41] Durante la Guerra Civil, se aseguró de que todos los periodistas que tenía a su cargo estuvieran al tanto de su título nobiliario, aunque, por el motivo que fuera, varios creyesen que era el decimoséptimo conde. Dado que era un fanfarrón compulsivo, quizá esperaba con ello dar a entender que su título era aún más antiguo de lo que era. De igual modo, hizo creer a sus amigos de la prensa que había servido con gran valentía en la guerra de Marruecos, luchando al frente de una unidad de Regulares montados, y que se había distinguido por su valor y una imprudencia rayana en la temeridad. Un admirador lo describió como «un duro exoficial de caballería de los que creo se suelen calificar de "a la antigua usanza"».[42] No cabe dudar de que participase en combates ni que compartiese plenamente los mismos prejuicios que sus compañeros. Sin embargo, en una guerra en la que las recompensas por el coraje y la temeridad fueron considerables, como demuestra la meteórica carrera de Francisco Franco, en su hoja de servicios no se encuentra nada especialmente destacado.

Aunque desde la muerte de su padre ya era libre de casarse con Magdalena, no lo hizo hasta 1935.[43] De hecho, continuó haciendo vida de soltero adinerado, pasando a menudo largos periodos de permiso en París y Londres. Se tomó dieciocho meses de excedencia, desde marzo de 1924 hasta agosto de 1925, durante los cuales nació su segundo hijo, Agustín.[44] En Salamanca, se hizo amigo de Diego Martín Veloz, un terrateniente ferozmente reaccionario, que tenía muchas conexiones con los militares conspiradores, incluidos los generales Queipo de Llano y Goded. Había participado en el golpe de Sanjurjo de agosto de 1932 y, en la primavera de 1936, colaboró con la guarnición de Salamanca en la preparación del alzamiento. Cuando estalló la guerra, Martín Veloz, como otros terratenientes salmantinos, puso un enorme empeño en reclutar campesinos para las fuerzas rebeldes.[45]

El desdén que Gonzalo mostraba hacia Magdalena, algo que sería un rasgo intermitente en su relación, era sintomático de su sentido de privilegio de clase. Además, era un mujeriego empedernido, algo en lo que, siendo alto, guapo y oficial de caballería, Gonzalo había tenido un éxito considerable. El 16 de abril de 1909 había conocido en Madrid a Inés Luna Terrero, de la que ya hemos hablado antes, una célebre belleza salmantina con la que inició un romance apasionado. Inés era enormemente rica y, al igual que Gonzalo, hablaba inglés, francés y alemán. Era una feminista progresista que escandalizaba a la opinión local porque fumaba y, en lugar de montar en silla de amazona, lo hacía con pantalones.[46] Durante los siete meses siguientes, Gonzalo le escribió numerosas cartas, de las que se han conservado más de cien. Además de constituir un extraordinario compendio de romanticismo exagerado, misoginia arrogante, mal genio y doblez, estas misivas son inmensamente reveladoras de su carácter y su deseo de soledad. En las primeras, Gonzalo trata a Inés de usted. Así, a los tres días de conocerla, le escribió con su vehemencia característica: «Adorada Inés, [...] Le [sic] quiero, le quiero y le querré siempre». Se había apoderado de él una pasión desenfrenada, y pronto empezó a hablarle de matrimonio.[47]

Con el paso de las semanas, sin embargo, su tono pasó de ser el de un vasallo adorador a uno de superioridad masculina, oscilando entre dirigirse a ella con fórmulas como «Mi adorada, mi amada, mi idolatrada Inés» y llamarla «Mi queridísima chiquilla» o «chiquita». Muchas de las manifestaciones de Gonzalo de las que tenemos constancia —en particular sus fanfarronadas ante los corresponsales durante la Guerra Civil— indican que exigía sometimiento y respeto; el escepticismo mostrado por Inés en las anotaciones que hizo a las cartas conservadas demuestra que ella no debió de poder cumplir con ese requisito. En una carta del 22 de abril de 1909 en la que Gonzalo afirmaba que Inés le hacía sufrir, ella escribió más tarde, en inglés: «You jest!!!!!!!!» («¡¡¡Bromeas!!!»). En otra enviada el 1 de julio de 1909, por ejemplo, ella anotó junto a una de sus exageradas declaraciones de amor: «Amor de niño, agua en un cestillo». Mucho después de que rompieran, Inés añadió a una carta en la que él había afirmado que nunca la olvidaría: «Cómo cambian los tiempos». Su desconfianza estaba más que justificada. En agosto de 1909, se había sentido desolada al enterarse por su dama de compañía, Luisa, de los chismes que corrían sobre la infidelidad de Gonzalo con varias mujeres, pero sobre todo con la voluptuosa Magdalena Álvarez. Gonzalo había conocido a Magdalena en un salón de baile de Madrid en 1908, cuando él estaba a punto de ingresar en la Academia del Arma de Caballería de Valladolid y ella era una joven planchadora de dieciséis años.

Al principio, Gonzalo negó airado dicha relación, pero no tardó en insinuar que quizá Inés estaría mejor con otro,[48] aunque, al mismo tiempo, le declarase su amor de un modo cada vez más desmedido, a menudo en francés, refiriéndose a Inés como «ma petite fiancée». Sin embargo, Inés mantenía sus dudas sobre los amoríos de Gonzalo con otras mujeres, incluida Luisa, una acusación de la que él se reía: «La fulana Luisa se cuela; a mí no me conoce más que de vista y no sabrá seguro cómo me llamo pues somos muchos los que le hemos dicho cosas y hasta pellizcado [...]. Lo de las dos novias mías tampoco es verdad, ya te lo hubiese dicho. ¿La Luisa sabe que eres novia mía? Porque si lo sabe puede que lo dijese por molestarte».[49]

Sin embargo, al confirmarse las sospechas de Inés sobre Magdalena, Gonzalo le pidió perdón por haberla herido y le habló de su vergüenza y de lo injustificable de su conducta: «Tengo el firme propósito de nunca disgustarte más y de siempre serte sumiso en todo. Quiero que seas mi reina y me mandes, pero que siempre me quieras».[50] Sin embargo, como esto no disipaba la desconfianza de Inés, Gonzalo se fue arrastrando más y más: «pensando en ti y en lo canalla que soy yo — soy un miserable». Ofreció «la sincera contrición mía de la pena que tengo por *haber sido tan animal.* — Estoy bajo tu dominio y puedes hacer conmigo lo que quieras». De hecho, parece que informó a Inés de que seguía en contacto con Magdalena, en una agresiva carta que ella debió de destruir, ya que no figura entre las conservadas. En respuesta a la furia de Inés, Gonzalo volvió a arrastrarse: «la infamia mía me da tal pesar y rabia de mí mismo que no tengo tranquilidad sin hacer algo más por tratar de demostrarte que si yo te hiero y tú por ello sufres, en ello tengo mi castigo; vas a ser mi mujer».[51]

Es difícil saber a ciencia cierta a quién engañaba Gonzalo, si a Inés o a sí mismo. Ella, por su parte, parece haber expresado sus propias dudas. Como Gonzalo recibía con regularidad cartas de Magdalena en la academia, su relación era conocida por los demás cadetes y, por lo tanto, imposible de mantener en secreto.[52] Para anticiparse a un descubrimiento casi seguro de su infidelidad, se ofreció torpemente a enviarle dos cartas que había recibido en septiembre de Magdalena, a la que definía como «mi antigua novia». Afirmó que no le había hablado de ellas a Inés «por temor [a] que creyeses tú [que] tenía algún otro interés que la lástima que me da y cuando leas la carta creo que tú también la tendrás compasión». Al cabo de unos días, envió a Inés una de las cartas de Magdalena, afirmando de forma inverosímil que no conseguía encontrar la otra. Le restó importancia, diciendo que, en la que adjuntaba, Magdalena le había pedido dinero, porque su madre estaba enferma y ella necesitaba ropa nueva «por ser principio de la temporada de teatro». Se burló de la falta de elegancia y de los errores ortográficos de las cartas de «la fulana». Por último, Gonzalo decía esperar instrucciones de Inés sobre cómo responder y concluía con las palabras: «Te quiero con toda mi alma y nunca más que en ti pensaré».[53]

De hecho, la carta de Magdalena que Gonzalo envió a Inés revela que no era ni por asomo la patética criatura descrita por Gonzalo. Magdalena le reprochaba que su tardanza en responder a su anterior misiva le había hecho temer que hubiera sufrido un accidente de equitación: «La tonta soy yo de molestarme y pasar un mal rato por quien no se lo merece». No parece que Gonzalo hubiera leído con atención lo que le había enviado a Inés: estaba claro que era Magdalena, no su madre, quien estaba enferma. Quería ropa, pero no para ir al teatro, sino para estar guapa para su próxima visita. La carta está llena de indicios de que estaba en contacto frecuente con Gonzalo y de que era su amante:

> Gonzalo, si puedes hacer el favor de mandarme dinero, lo que puedas, pues tengo la falda para teñirla y no puedo ir a por ella, y quisiera tenerla para cuando tú vengas. Dirás que soy una fresca al escribirte esto, pero tú me has dicho que lo haga así cuando lo necesite. Escríbeme pronto a vuelta de correo y dime cómo has salido de Código. Estos días se me hacen muy largos hasta verte, no pienso más que en ti, desde que me levanto hasta que me acuesto y aun cuando estoy durmiendo. Adiós, vida mía, sabes que te quiero con toda mi alma y solo tuya será tu Magdalena.[54]

Él había respondido enviándole suficiente dinero para comprar una falda, algunas blusas y un par de botas. Al reconocérselo a Inés, fingió que era una obra de caridad a una pordiosera.

Es imposible que Inés pasara por alto los indicios de mendacidad de Gonzalo en la carta de Magdalena y siguió albergando sospechas, a las que él respondió indignado: «¡¡Inés!! ¿Pero qué ha sido eso? ¿No he hecho todo lo que me pedías? ¿No digo que haré lo que te parezca? ¿No estoy completamente supeditado a ti? *¿Entonces a qué viene tu manera de escribirme en la forma de tu carta de esta mañana?* ¿No habrá una manera más cariñosa de expresar tus deseos? ¿Quieres que terminemos? ¿Es así como contestas a mi franqueza contigo? Suponte que no te digo nada y la tengo viviendo aquí [...] o no me quieres o no me comprendes».[55]

Este arrebato inflamó aún más las sospechas de Inés, que respondió diciendo que intentaría contactar con Magdalena a través de un intermediario. Aguilera, furioso, la acusó de cometer una «grandísima indiscreción» y una barbaridad, aparentemente porque afirmaba que, al hacerlo ella, dañaría la reputación de ambos: «Si alguien se entera, ¿qué pensarán de ti? ¿Qué dirán de mí?». Lo más probable es que no quisiera que la noticia de su relación con Magdalena llegara a oídos de sus padres.[56] Sin embargo, Inés siguió adelante y exigió ver todas las cartas que le había enviado Magdalena. Gonzalo respondió que no podía dárselas porque estaban en Madrid y, en todo caso, las necesitaba para intercambiarlas por las cartas que él había enviado a Magdalena. Y le escribió en tono imperioso: «Otra vez insisto en que ni tú *ni nadie* tome medidas para hacer cualquier cosa».[57]

Pronto suplicó perdón por su mal genio. En un esfuerzo por convencer a Inés de que había terminado con Magdalena, escribió sobre ella en términos degradantes: «Como te decía en Salamanca, la fulana no me ha escrito. Yo ya me lo imaginaba que te creías que ella y yo éramos más íntimos de lo que en realidad era». Como Inés seguía desconfiando, Gonzalo insistió en denigrar a Magdalena. «Tu carta es un recelo constante, ¿crees que no te quiero? ¿Es por lo de esa? ¿Cómo quieres que te mande cartas de ella cuando no las recibo? Dices que soy débil con ella; ca, no lo creas: si ella alguna vez se ha interesado por mí era precisamente porque la tenía en un puño, es porque la he contestado a sus cartas, me alegraría vieses las formas de esas contestaciones. No sé lo que haría para quitarte a esa de la cabeza. Ella no me importa nada. Nunca más la voy a volver a ver o a escribir y me quedo por ello tan fresco». Y, a continuación, proclamaba que, si alguna vez recibía otra carta de Magdalena, se la enviaría a Inés sin abrir. Sin embargo, picada por las murmuraciones de Luisa, ella seguía dudando de él,[58] por lo que Gonzalo cargó aún más las tintas contra Magdalena: «En eso de faldas y botas, no hay cuidado vuelva yo a ejercer la caridad. Vaya una camisa de once varas en que me metí».[59]

El romance con Inés chocó con obstáculos insalvables entre las Navidades de 1909 y las primeras semanas de 1910. Al parecer, esta lo atosigó con sus sospechas y le exigió que le demostrara su amor casándose con ella, lo que provocó una crisis en su relación. Se diría que la exigencia de matrimonio de la exótica y librepensadora Inés empujó a Gonzalo a preferir a Magdalena, que le admiraba y adoraba de modo incondicional. La respuesta de él fue escribir cruelmente a Inés a finales de enero de 1910 que «solo te tenía una pasión puramente física» e incluso aconsejarle: «Creo que debes romper conmigo porque las cosas entre los dos van demasiado de prisa y si no, estoy viendo tendremos un cataclismo».[60] A su angustiada respuesta, él replicó con un burdo sofisma: «Mi engaño solo tiene una disculpa y es que quería quererte y quería ver si con el tiempo te podría querer. Quererte sí te quiero pero no lo suficiente para casarme contigo. […] Hace ya mucho tiempo que te he dicho que había algo que impedía completa franqueza entre los dos y ese algo indescriptible era que yo a ti no te quería como yo quisiera a la que ha de ser mi mujer». Y después le preguntaba sin mucha convicción si no podían seguir siendo amigos.[61] Durante los cinco meses siguientes, además de afearle a Inés el carácter, Gonzalo volvió a combinar declaraciones apasionadas de amor con reiteradas manifestaciones de su determinación de no desposarse con ella. Evocando con ardor sus relaciones físicas, le escribió: «Tú moralmente eres mía pues lo has deseado». Inés le acusó de mantener un harén y terminaba sus cartas «con un apretón de manos» e incluso llegó a decir, en respuesta a la noticia de la lesión de rodilla de Gonzalo, que estaría encantada si se quedaba cojo. En una carta dirigida a él, Inés se despedía así: «*À bientôt*, sapillo».[62]

Sin embargo, su relación se mantuvo, aunque a trompicones, durante algún tiempo, en gran parte por iniciativa de él. Después de un largo intervalo en la correspondencia que se ha conservado, Inés envió una carta de ruptura definitiva a Gonzalo, quien le escribió a principios de 1911 que la formalidad de sus cartas le chocaba hasta el punto de esperar que ella se dirigiera a él hablándole de «usted».[63] En su desesperación, Aguilera se las arregló para conseguir un permiso de un mes, con la esperanza de verla en Madrid. Inés rechazó todos sus intentos de visitarla y ordenó a su cochero que no se detuviera si se cruzaban con él en la calle. Escribe Gonzalo: «Tengo unas ganas de verte horrorosas y el no dejarte ver me aguijonea más». De hecho, se pasaba el día entero frente a la casa de Inés, esperando verla, y por eso escribe también: «Te habrás fijado que tengo una paciencia asiática para esperar sentado o, mejor dicho, de pie». Junto a esta frase, Inés dibujó un monigote. «Así —continuaba la carta de Aguilera—, la gente se convence [de] que definitivamente me has mandado a hacer gárgaras y que ya no quieres tener nada que ver conmigo. [...] Quisiera verte una barbaridad, pero es que no te puedes hacer idea de lo que deseo verte». Inés anotó al margen: «Hay que reprimirse». Aguilera terminaba con una amenaza de suicidio: «Adiós, Inesilla ferochona, déjame que te vea solo un momento alguna vez. Si tu resentimiento es hondo, no es menor mi remordimiento, y delante de tu ventana debiera pegarme un tiro». Aquí Inés dibujó otro monigote con una pistola humeante y el comentario: «¡Ay! ¡Qué miedo!», seguido de la palabra «embustero» y el dibujo de un corazón traspasado por una flecha.[64]

Gonzalo intentó esporádicamente que Inés volviera con él. Le escribió dos veces cuando estaba destinado en Marruecos. En la primera, especuló: «Si me lo perdonases...». En la segunda, le confesó: «Siento un deseo irresistible de arrodillarme delante de ti y deshacerme, y cuanto más sufriese, más feliz sería porque así sentiría que reparaba en algo mis faltas».[65] El asedio continuó hasta bien entrado 1919. Le escribió cada dos meses mientras estaba destinado en Alemania durante la Primera Guerra Mundial, insinuando la posibilidad de su reencuentro. En una carta, le comentó: «Aquí las mujeres le sobran a uno, pero debido a eso y a que las alemanas nunca me han gustado, me fastidian. Además estoy deseando casarme y quiero volver a España para eso, porque ya me quedan pocos años de juventud y hay que aprovecharlos». En otra, le reprochaba: «Todos y todas se casan y tú y yo nos vamos a quedar para vestir, tú santos y yo santitos». Le preocupaba que alguien se la birlara y se mostraba en ocasiones celoso: «¿Tú qué haces? ¿Cuántos novios tienes?». Inés, que al parecer estaba al tanto de que Gonzalo seguía con Magdalena, respondía con menos frecuencia y sin comprometerse. Aguilera la invitó a ir a Alemania o a Suiza, donde podría verla fácilmente, pero todos sus esfuerzos en este sentido fueron en vano. Después de heredar los títulos y las tierras de su padre en diciembre de 1919, el ahora capitán de caballería consiguió que lo destinaran a Salamanca. Todavía en 1922, redactaba cartas llenas de resentimiento en las que se lamentaba de que Inés rechazara sus proposiciones.[66]

Ella se limitó a perdonarle sus infidelidades, pero nada más. Nunca se casó y, en apariencia, lo llevó en su corazón hasta el fin de sus días; un sentimiento que no impidió a Inés tener numerosos amantes, incluido el dictador Miguel Primo de Rivera, a quien conoció en el hipódromo de Madrid en la primavera de 1928 cuando él ya estaba comprometido con la aristocrática Mercedes «Nini» Castellanos. No tardaron en mantener un romance, con encuentros clandestinos en la *suite* de Inés del hotel Palace. Con un considerable coste político, el dictador rompió su compromiso con Nini en junio de 1928. Continuó viendo a Inés incluso durante su breve exilio en París tras su caída del poder. Se habló de matrimonio, pero Primo murió el 16 de marzo de 1930 antes de que la cosa prosperara.[67]

Don Agustín Aguilera nunca había aprobado a Inés, pero estaba aún más indignado con Magdalena, que tenía ocho hermanos y era de una clase social muy inferior a la de Gonzalo.[68] El padre de Magdalena, Ginés Álvarez, era un modesto cochero (es decir, que alquilaba carruajes y, más tarde, coches) del barrio madrileño de Chamberí y su madre, Julia Ruiz, era planchadora, al igual que Magdalena en esa etapa de su vida. Agustín le prohibió verla, pero Gonzalo no le hizo caso. Si la relación le ocasionaba problemas, aún más se los ocasionó a Magdalena, que, por su condición de mantenida, cortó lazos con su familia y su entorno social. Magdalena se encontró aislada y tuvo que criar a su hijo sola, sin poder acompañar a Gonzalo en la sociedad y rechazada por la familia de él. Peor aún para ella: Gonzalo seguía empeñado en resucitar la relación con Inés con cartas dignas de un adolescente embobado. En 1924, para deleite de su madre, pareció que Gonzalo propondría matrimonio a la joven de veintidós años Livia Falcó y Álvarez de Toledo, hija del duque de Fernán Núñez, pero la relación se terminó en el verano de 1925 debido a la intervención de Magdalena. Con el pequeño Gonzalo de ocho años a su lado y empujando un cochecito en el que llevaba al recién nacido

Agustín, se encaró con Livia en la calle y le dijo que había tres motivos por los cuales no podía casarse con Gonzalo de Aguilera: los dos niños y la pistola que blandió ante Livia, con la que pensaba matarla si seguía viéndolo. Gonzalo acabó yéndose a vivir con Magdalena a Madrid en 1930, pero no se casó con ella hasta 1935.[69]

Una prueba del esnobismo de Gonzalo es el hecho de que, a pesar de que el condado de Alba de Yeltes no se creó hasta 1659, este consideraba a los Álvarez de Toledo unos advenedizos, ya que no habían alcanzado la condición de nobles hasta el siglo xv.[70] Su esnobismo se reveló también en su actitud ante la relación entre su hermana Nena y su mejor amigo, el coronel Abilio Barbero Saldaña, un brillante piloto de las fuerzas aéreas españolas. La ironía residía en el hecho de que tanto la madre de Gonzalo, que había contraído matrimonio con alguien de clase social más elevada, como Gonzalo, que se casaría con Magdalena, coincidieran en su feroz oposición al matrimonio de Nena con Abilio, por ser este socialmente inferior. Se negaron a asistir a su boda en enero de 1929 y resistieron a todos los intentos de Nena y Abilio de restablecer relaciones cordiales. Paradójicamente, el asunto llevó a Gonzalo a casarse por fin con Magdalena, porque se dio cuenta de que, si moría soltero, su título pasaría, no a sus hijos, sino a los de Nena y Abilio. Por eso, cuando estos tuvieron su primer vástago en mayo de 1930, Gonzalo solicitó y obtuvo el permiso real reglamentario para casarse, aunque no lo hiciera hasta el 17 de abril de 1935. Sin embargo, a pesar de vivir con Magdalena, seguía llevando la vida social de un soltero.[71]

Los prejuicios aristocráticos de Gonzalo y su círculo social profundamente conservador hacían inevitable que simpatizara totalmente con los militares rebeldes en 1936. Entre sus amigos se encontraban elementos clave en la conspiración, como el inventor del autogiro, Juan de la Cierva, y Luis Bolín, el corresponsal en Londres del diario *ABC*. Sin embargo, a diferencia de muchos de sus amigos aristócratas y militares, Aguilera no participó en la trama golpista, pese a que tuvo que estar al tanto de su gestación. Durante la primavera de 1936, había seguido el desarrollo de los acontecimientos con creciente inquietud y, al enterarse del asesinato de Calvo Sotelo el 13 de julio, tomó la drástica decisión de huir de Madrid. Metió a Magdalena y a sus dos hijos en su coche, con un mínimo de equipaje, y se dirigió a Salamanca, dejando atrás su biblioteca.[72]

Su madre, su hermana y su marido y los dos hijos de estos se quedaron en Madrid. A diferencia de Gonzalo, Abilio Barbero no había abandonado el Ejército en protesta por las reformas militares de Azaña y ahora era general de brigada y jefe de una sección del Estado Mayor. Por ser amigo de Mola, estaba en peligro y, como era de esperar, fue arrestado, y él y su familia sufrieron terribles privaciones durante la guerra. A pesar del desdén con el que Mary Ada Munro había tratado a Nena y Abilio, ellos la cuidaron durante la contienda. Y lo que Gonzalo supo del sufrimiento de su madre, hermana y sobrinos en Madrid aumentó inevitablemente su odio visceral hacia los republicanos.[73]

Tras mudarse al caserón abandonado y destartalado de Carrascal de Sanchiricones, y pese a estar enfermo de gripe, al enterarse de que había estallado la guerra, Aguilera salió del retiro y se presentó voluntario para las fuerzas nacionales, con la esperanza de servir como oficial de caballería. No obstante la escasez de oficiales, las autoridades militares de Salamanca, sorprendentemente, lo rechazaron. Así pues, se dirigió a Burgos donde, a finales del 24 de julio, fue recibido por el general Mola, comandante del Ejército del Norte, a quien conocía tanto por el tiempo en que había estado destinado en Marruecos como por su cuñado Abilio. Mola se dio cuenta de que, con sus conocimientos lingüísticos, Gonzalo sería útil en la maquinaria de propaganda rebelde y, por lo tanto, fue adscrito informalmente al Estado Mayor de Mola en la Oficina de Prensa y Propaganda, que dirigía Juan Pujol Martínez. Pujol había sido director del diario madrileño *Informaciones*, que pertenecía a Juan March, quien le había conseguido un escaño en las Cortes como diputado por Baleares. A Aguilera se le encomendó la tarea de supervisar los movimientos y los escritos de los corresponsales de prensa extranjeros, por lo que ejercía a veces de guía y a veces, de censor.[74]

Uno de sus primeros encargos fue acompañar a un grupo de reporteros de Burgos a Salamanca para entrevistar a Miguel de Unamuno. Eran André Salmon, de *Le Petit Parisien*, Hubert Knickerbocker, del International News Service, y Harold Cardozo, del *Daily*

Mail. El permiso se concedió con la premisa de que se trataría de un golpe propagandístico, dadas las feroces críticas de Unamuno a la República en aquella época. Los tres periodistas fueron cuidadosamente elegidos por sus simpatías hacia la causa rebelde. Aguilera se alarmó cuando Unamuno declaró que normalmente se alinearía contra los vencedores, fueran quienes fueran; sin embargo, se sintió globalmente satisfecho de la entrevista, ya que el filósofo definió la causa de los rebeldes como «la lucha de la civilización contra la barbarie». A medianoche, Aguilera llevó al trío de periodistas a cenar al Gran Hotel de Salamanca. En la mesa, no pudo disimular la aversión que sentía por Unamuno por su participación en la caída del dictador Miguel Primo de Rivera y del rey Alfonso XIII.[75]

A los pocos días de su nombramiento como adscrito al Estado Mayor de Mola, se instaló en un hotel de Burgos. Después de su misión en Salamanca, lo encontramos conduciendo entusiasmado cada día hacia el sur para participar en los combates por el puerto de Guadarrama y el Alto de León, entre los pueblos de Guadarrama y San Rafael.[76] No tardó en hacer de guía a los periodistas extranjeros que cubrían el avance del Ejército del Norte en el País Vasco, lo que le llevó a viajar sin tregua por todo el frente, pernoctando unas veces en Burgos y otras, en Valladolid. Su alegría por esta nueva actividad se vio empañada por la preocupación ante la probable posibilidad de que hubieran saqueado su casa en Madrid, por el temor de que su madre corriera algún peligro y porque echaba de menos a Magdalena.[77]

En el curso de la Guerra Civil, escribía a su esposa siempre que podía. Es digno de mención que, después de los años de maltrato recibidos y de que al final intentara matarla, todas y cada una de sus veinticuatro cartas que se han conservado son profundamente afectuosas, parecidas a las que había escrito a Inés veinticinco años antes. Comienzan con fórmulas del tipo «Mi queridísima mujer», «Mi queridísima guapísima» o «Mi querida Minona» (el apodo cariñoso con que a veces la designaba), y terminan con palabras como «Adiós, mi guapa de mi vida, sabes lo mucho que te quiero y que nunca te olvido», «Sabes lo mucho que te quiere tu marido» o «Sabes que siempre en todo momento pienso en ti y estoy deseando verte».[78]

Según Sefton Delmer, del *Daily Express*, Aguilera, «de todos los oficiales del Estado Mayor de Mola era quien hablaba mejor el inglés»; tan bien que, según Harold Cardozo del *Daily Mail*, podrían haberle tomado por británico,[79] lo que no es de extrañar, puesto que su madre era inglesa y él había sido educado en Inglaterra, donde, por cierto, había adquirido también una sólida formación en latín. En una ocasión, su excelente inglés salvó al corresponsal estadounidense Webb Miller de la ejecución. Las autoridades franquistas habían interceptado un telegrama abreviado de la United Press, de la que Miller era el director de noticias europeas, pidiéndole que investigara los rumores de un complot para asesinar a Mola. Creyendo que Miller estaba involucrado en el mismo, lo detuvieron y, cuando ya se lo llevaban, tuvo la suerte de ver a Aguilera y se las arregló para gritarle. Este investigó la situación de Miller y consiguió aclarar el malentendido.[80]

La joven corresponsal estadounidense Frances Davis estaba fascinada por Aguilera:

> Es de una antigua familia española de terratenientes. Tiene la cara delgada, incolora; el pelo, pajizo; los ojos claros parece también que no tuvieran color. Lleva un pañuelo de seda blanca en el cuello de su túnica, porque es un hombre sensual y le gusta el tacto fresco de la seda; y además es un distintivo de su arrogancia. Lleva botas de un cuero flexible y de gran calidad, así como una fusta. Está por encima de toda ley, disciplina y norma. Educado en Inglaterra, se siente orgullosísimo de su acento de Oxford, de la facilidad con que maneja el idioma. «Tengo el don de la palabra —dice—. ¿A que sí? ¿Eh?»[81]

A pesar de su cargo oficial de enlace de prensa, Aguilera no perdía ocasión para sumarse a la lucha. John Whitaker, aunque aborreciese sus ideas políticas, admiraba su coraje: «Aguilera era uno de los hombres más valientes que he visto nunca. Era realmente más feliz bajo el fuego y, cuando yo quería llegar al frente, nos conjurábamos para organizar nuestras propias expediciones, después de que la oficina de propaganda las vetara».[82] El 4 de septiembre, participó en la toma de Irún por parte de los nacionales. Toda la batalla, extremadamente sangrienta, fue presenciada por los corresponsales de prensa extranjeros después de que Aguilera los llevara a la ciudad como si fueran una unidad de las fuerzas rebeldes victoriosas.[83] También había participado en los combates por los puertos de Guadarrama y Somosierra, al norte de Madrid, cuando las fuerzas de Mola amenazaron la capital. Cuando el Ejército del Norte de Mola finalmente enlazó con las columnas africanas de Franco a principios de septiembre, Aguilera se trasladó al sur para llevar al cuerpo de prensa a cubrir la ofensiva sobre Toledo y Madrid. En ruta, comentó a los corresponsales que había llevado a Irún «que los llevaría a Madrid de la misma manera en cuanto aplastaran a "los esclavos"».[84] En una ocasión, durante la ofensiva, él y el capitán Roland von Strunk, observador militar alemán en España bajo la apariencia de corresponsal del periódico nazi *Völkischer Beobachter*, se enfrentaron a tiros con milicianos republicanos hasta que fueron a rescatarlos de su precaria posición, tras lo cual los elogiaron por el gran número de enemigos que habían matado. Durante el sitio de Madrid, Aguilera participó en combates en la Casa de Campo, Pozuelo, Aravaca y el Jarama.[85]

A diferencia de la mayoría de los oficiales de prensa que se sentían responsables de la seguridad de los periodistas que les habían sido asignados, Aguilera se guiaba por el principio de que, si había que correr riesgos para conseguir noticias, siempre que fueran favorables a los militares rebeldes, ayudaría a los reporteros a correrlos. Agitando el bastón de mando, paseando arriba y abajo delante de los coches de la prensa aparcados en fila, Aguilera organizaba los viajes al frente de batalla. Llevaba a menudo a los periodistas que tenía a su cargo hasta la línea de fuego y lo «bombardeaban y ametrallaban» junto a ellos.[86] La queja más habitual de los reporteros de la zona rebelde era que pretendían que publicaran comunicados anodinos y que no se acercaran adonde estaban las noticias de verdad, sobre todo cuando a los militares rebeldes les iba mal y, en particular, cuando se trataba de periodistas considerados demasiado «independientes». Incluso las personas que contaban con el favor de los rebeldes sufrían retrasos humillantes mientras esperaban que les expidieran salvoconductos para visitar el frente, donde, además, les vigilaban de cerca.[87] Por eso Aguilera era tan popular entre los reporteros de derechas de los que se encargaba: porque estaba dispuesto a llevarlos peligrosamente cerca del frente y utilizaba su influencia con la censura para ayudarlos a que aprobaran sus crónicas. Las excursiones que organizaba Aguilera se consideraban particularmente emocionantes, porque le encantaba encontrarse bajo el fuego enemigo y daba por sentado que los periodistas compartían su adicción al riesgo.[88] H. R. Knickerbocker, de la agencia International News Service, lo consideraba «nuestro mejor amigo de entre todos los oficiales blancos [...]. El capitán Aguilera tiene cincuenta y dos años, aparenta cuarenta, se comporta como si tuviera treinta y es el mejor oficial de prensa que he tenido el gusto de conocer, porque él sí nos lleva a las noticias, o sea, al frente».[89]

A pesar de su carácter aventurero, Aguilera esperaba que «sus» periodistas se atuvieran a sus instrucciones. El 11 de septiembre de 1936, F. A. Rice, el corresponsal del periódico conservador *The Morning Post*, fue a Burgos a buscar un salvoconducto para el frente. Fue detenido e interrogado por Aguilera, que había conocido a Rice el 25 de agosto, tras lo cual el periodista había publicado un artículo que pretendía dar una imagen del exalumno de Stonyhurst que resultara atractiva para los lectores de su periódico, que en su mayoría habían estudiado en centros también privados y elitistas como Stonyhurst. En su escrito, Rice se refería a Aguilera sin mencionar su nombre, simplemente como «un capitán español»: «De una eficiencia tremenda y un brío casi inverosímil, sin duda es el hombre adecuado en caso de apuro; me lo imagino de monitor en Stonyhurst, respetado por todos, pero no muy popular». En otro artículo, enviado desde Francia y, por lo tanto, no sometido a la censura de los rebeldes, Rice había utilizado la expresión «terror insurgente» para referirse al asalto de los nacionales a Irún el 1 de septiembre. Aguilera criticó ambos artículos y acusó a Rice de dar a conocer su nombre en el primero, cosa que no era cierta. Además, consideraba que los comentarios de Rice sobre su persona indicaban «una actitud no del todo respetuosa». El reportero señaló que la información de que era exalumno de Stonyhurst se la había proporcionado el mismo Aguilera y resultaba de un interés evidente para un corresponsal británico, aparte de no ser fruto de una confidencia. Aguilera alegó que, poniendo en duda su popularidad en la escuela veinte años antes, Rice le había causado un perjuicio susceptible de demanda. Lo que este último describió más tarde como «una conversación de una extrema aspereza» prosiguió con un Aguilera indignado por la expresión «terror insurgente». Le recordó a Rice que «se adoptarían medidas estrictas» con los periodistas que se refiriesen a los rebeldes como «insurgentes» o a los republicanos como «leales» o «tropas del Gobierno» en lugar de «rojos». Aguilera presentó a Rice una elección de lo más difícil: o se iba de España o se quedaba, pero bajo férrea vigilancia y sin permiso para cruzar la frontera, que era la única forma de enviar una crónica sin pasar por la censura franquista. «Mis mensajes serían fuertemente censurados para adecuarlos al punto de vista de los insurgentes. Los corresponsales que representaran a revistas totalmente favorables a los insurgentes tendrían prioridad en el envío de artículos, y como hasta ese momento yo había podido moverme en ambos bandos, no tenía garantía alguna de cuándo me permitirían salir.» Rice optó por marcharse. Lo registraron en Pamplona, le confiscaron todo el material fotográfico y leyeron su correspondencia privada, para luego escoltarle hasta la frontera. El periódico de Rice, *The Morning Post*, comentó su expulsión en un editorial: «Proclama *urbi et orbi* que cualquier noticia que emane de fuentes derechistas pertenece al ámbito de la propaganda más que al de la realidad.»[90]

En el caso de John Whitaker, a quien Aguilera tenía motivos de sobra para considerar hostil a la causa rebelde, el trato fue mucho más siniestro. Al principio, Aguilera había simpatizado con Whitaker porque le habían concedido la Croce di Guerra italiana en Etiopía, y lo había llevado en viajes que la oficina de propaganda rebelde había vetado. Sin embargo, tras conocer a varios comandantes de las columnas africanas, Whitaker empezó a rehuir la ayuda de Aguilera y la oficina de prensa, y a visitar el frente para ver las cosas por su cuenta. Aguilera intuyó que Whitaker estaba viendo unos métodos de los franquistas que no debía ver. Una madrugada, durante la marcha sobre Madrid de los rebeldes, Aguilera se presentó en el alojamiento de Whitaker con un agente de la Gestapo y le amenazó con fusilarlo si se acercaba al frente, salvo en visitas acompañadas: «La próxima vez que vayas al frente sin escolta y haya tiros, te mataremos. Diremos que has sido víctima del fuego enemigo. ¡Tú ya me entiendes!».[91] Desde el punto de vista de la causa franquista, no cabe duda de que Aguilera estaba en lo cierto al intuir que Whitaker era peligroso: sus recuerdos de lo que vio en España figuran entre los relatos más espeluznantes y convincentes del comportamiento del Ejército de África.

El profundamente conservador Cardozo consideraba a Aguilera «por lo general, un buen amigo de los periodistas» a pesar de su «espeluznante» forma de conducir.[92] Aguilera tenía a su disposición un chófer llamado Tomás Santos, pero insistía en conducir en persona un Mercedes que Cardozo describió como «uno de los coches más temperamentales que he visto nunca. O bien se lanzaba a 120 kilómetros por hora, tomando las curvas de un modo escalofriante, o bien se apagaba y los coches en los que iba la prensa no tenían más remedio que seguirlo en fila casi al mismo ritmo que si fueran a pie».[93] A Arnold Lunn, exalumno del elitista colegio de Harrow, conservador destacado y convertido al catolicismo, la forma de conducir hábil pero temeraria de Aguilera le resultaba aterradora y estimulante a la vez, y la explicaba como la combinación de un fatalismo oriental y una indiferencia a la muerte típicamente españoles. Lunn escribió en tono irónico sobre la costumbre que tenía Aguilera de tomar por el interior las curvas cerradas de las carreteras de montaña, aunque eso implicara ponerse en contradirección:

> Ningún cálculo racional de probabilidades puede explicar el hecho de que Aguilera siga con vida. Lo lógico sería creer que tarde o temprano chocaría con otro igual que él al doblar una curva, pero eso aún no ha ocurrido. Le pregunté si podía ayudarnos a resolver el misterio. «Lo cierto —dijo en tono grave— es que tengo un extraño sexto sentido. Llámelo "clarividencia" o "telepatía" o como usted quiera. Cuando me voy a encontrar con un coche en la siguiente curva, lo sé y punto, y aminoro la velocidad y me sitúo en el lado opuesto de la carretera». […] Antes de separarnos, yo casi había empezado a creer en sus dotes telepáticas, ya que más de una vez frenó y se situó en el lado preciso de la calzada justo a tiempo para evitar una colisión con un coche en una curva que quizá presintiera, pero era imposible que lo hubiera visto. Y mi fe se basaba en argumentos más racionales, porque su habilidad era asombrosa. Recuerdo una ocasión en la que su

clarividencia no le funcionó. Bajábamos a toda velocidad por una carretera de montaña con un precipicio a nuestra izquierda. Habíamos tomado la curva metiéndonos en el carril contrario, como de costumbre, y al doblarla, nos encontramos con un enorme camión. Aguilera no se inmutó, sino que lo esquivó con su habitual destreza; sin embargo, lo sorprendió el inmenso remolque que arrastraba el camión, que se nos echó encima al cruzarnos con el vehículo y a punto estuvo de arrojarnos de la carretera.[94]

En cierta ocasión, mientras llevaba a Lunn, Aguilera se enfureció con un peatón que tardaba en apartarse después de que el oficial tocara la bocina de su veloz Mercedes. Aguilera aceleró y el joven transeúnte tuvo que apartarse de un brinco. Después, le comentó a Lunn:

> Un tipo me hizo lo mismo el otro día, pero por suerte para él, tengo buenos frenos. Mientras él se recuperaba del susto de haberse salvado por un pelo, yo salté, lo agarré del pescuezo y lo metí en el coche. El pueblo estaba casi en lo alto del puerto, y yo corrí catorce kilómetros cuesta abajo mientras él lloraba a mi lado. A continuación, lo saqué del coche y lo dejé para que volviera andando a casa. Seguro que sudó la gota gorda antes de llegar. Ese tipo era un ibérico típico. Conoces el *Quijote*, ¿verdad? Pues Don Quijote es el típico conquistador franconormando, alto, rubio, de ojos azules, etc.; en cambio, Sancho Panza es el típico ibérico achaparrado y rechoncho. Los Sancho Panzas estaban perfectamente bien hasta que los rojos los conquistaron, pero desde luego no darán nunca líderes.[95]

En otra ocasión aseguró a varios corresponsales que le había pegado un tiro a uno de sus chóferes por haberse salido de la carretera. «Era un rojo acabado», alegó.[96] Al igual que la historia de que había matado a seis jornaleros, puede que fuera un ejemplo más de su tendencia a exagerar.

La combinación del estado de las carreteras y la conducción de Aguilera afectó al Mercedes. El 13 de abril de 1937, viajando de Burgos a Vitoria con un periodista francés, patinó bajo una fuerte lluvia y se despeñó doscientos metros por una cuesta cerca de la aldea de Castil de Peones. Tanto el conductor como el pasajero escaparon con unos simples moretones. Aguilera mantenía el coche en buen funcionamiento gracias a las piezas de recambio que obtenía como botín de guerra, como cuando cambió una rueda dañada por la de un coche quemado durante el bombardeo de Guernica.[97]

Sefton Delmer, a pesar de que Aguilera le había informado de que iban a expulsarle de la España rebelde, escribió más tarde que siempre sentiría «el más cálido afecto» por él. En Burgos, Delmer le llamaba «Aggy» y siguieron siendo amigos después de la guerra.[98] Aguilera se había sentido avergonzado al notificarle su detención y la obligación de salir de la zona nacional. Su papel en el asunto se limitó a leer en voz alta una orden que afirmaba que Delmer había publicado información que podía ser de utilidad para el enemigo y que sus artículos estaban «calculados para ridiculizar a las fuerzas armadas españolas». De hecho, Delmer y Aguilera se fueron a continuación a tomar una copa juntos. Además, tras la contienda bélica, se vieron en Londres y Aguilera le dijo a Delmer que su expulsión había sido por orden de los alemanes. El artículo que había servido de excusa para justificar la expulsión relataba un ataque de la aviación republicana a Burgos. Delmer había escrito que un avión británico de dimensiones reducidas había logrado pasar inadvertido para luego atraer el fuego de las baterías antiaéreas de Burgos, pese a lo cual había escapado intacto. El artículo, le comentó Aguilera en tono jocoso entre copa y copa, «no solo anima a los rojos a volver a atacar Burgos, sino que deja a los artilleros de las baterías antiaéreas como unos ineptos». A Aguilera le caía bien Delmer y le confió que le importaba un bledo lo que dijera el periodista sobre la artillería, ya que él era oficial de caballería.[99]

En una carta enviada desde Estocolmo, adonde fue a cubrir la guerra entre Finlandia y Rusia, Delmer escribió: «¡De todos los oficiales de prensa, censores y escoltas que he conocido, tú fuiste el primero, el más importante, el que mejor me caía y al que más admiraba! No me importó que me expulsaras: ¡está claro que era más valioso para vuestra causa que informara sobre el bando contrario que sobre el vuestro!».[100] A los periodistas más progresistas les repugnaban las ideas políticas del conde, una mezcla de crueldad despiadada y esnobismo moralizante. Además de su racismo y su sexismo, Aguilera estaba convencido de que una cuestión crucial que influiría en el resultado de la guerra era «la existencia y la influencia de los poderes satánicos».[101]

Según el corresponsal estadounidense Edmund Taylor, Aguilera era «un hombre culto, con el acento y los tics lingüísticos de un oficial del Ejército colonial de la India, rico y aristocrático». Aguilera le había contado a Taylor que era «descendiente de un conquistador y de una princesa india; Moctezuma, creo», otra historia que bien podría haber sido pura invención.[102] En el bando rebelde, abundaban los oficiales ricos y aristócratas, que formaban parte asimismo del aparato de prensa. En el cuartel general de Burgos, una periodista estadounidense novata, Frances Davis, se encontró con un oficial que hablaba inglés de Oxford mientras se golpeaba las botas con una fusta; casi seguro, Aguilera. Después de explicarle que la prensa estaría a las órdenes del Ejército, cambió de tema y le preguntó si tenía algún ejemplar de *The New Yorker*: «Una revista fenomenal. Si tienes algún número de sobra, tráemelo cuando vengas, ¿quieres? Chau».[103] Por la noche, mientras tomaba una copa con ellos, Aguilera, con su acento inglés de clase alta, hipnotizaba a los periodistas que tenía a su cargo con su interpretación racista de la guerra. Una dimensión de su teoría era que «la guerra era un conflicto entre las ideologías nórdicas y orientales, en la que la parte oriental, representada por los rojos, naturalmente, la habían introducido en España los moros, que con el tiempo se convirtieron en esclavos de los españoles del norte y así engendraron el proletariado. El proletariado, convertido al marxismo, doctrina oriental que este llevaba en la sangre, intentaba ahora conquistar España en beneficio de Oriente, y la insurrección era literalmente una segunda Reconquista por parte de los cristianos nórdicos».[104]

En palabras idénticas a las usadas por Whitaker, Frances Davis, en sus memorias, cuenta cómo Aguilera deleitaba a los corresponsales congregados con sus teorías:

> Se da un golpecito en la bota con la fusta para llamarnos la atención y suelta un discursito: «¿Saben cuál es el problema de España? La

fontanería moderna. En tiempos más sanos —o sea, en tiempos más sanos espiritualmente, ya me entienden—, se podía contar con que plagas y pestes redujeran el número de las masas en España y las mantuvieran dentro de unas dimensiones manejables. Ahora, con los modernos sistemas de alcantarillado, se multiplican demasiado rápido. Las masas no son mejores que los animales, ya me entienden. Es imposible que no se infecten con los virus de la "libertad" y la "independencia". ¿Entienden lo que les quiero decir al hablar de la "regeneración" de España? Nuestro plan es exterminar a un tercio de la población masculina. Esto purgará al país. También tiene su lógica desde el punto de vista económico: se acabó el paro en España. [...] ¡Las masas son incapaces de razonar! ¡Derechos! ¿Acaso un cerdo tiene derechos? Tenemos que matar, matar... ya me entienden».[105]

A pesar de su radicalismo, y tal como se deduce de sus relaciones con Delmer y Knickerbocker, a la mayoría de corresponsales Aguilera les caía bien, como puede comprobarse en un telegrama que Pablo Merry del Val le reenvió de parte del periodista australiano Noel Monks, uno de los reporteros que había dado a conocer el bombardeo de Guernica y que, por lo tanto, era odiado por las autoridades franquistas. Después de ese bombardeo, el *Daily Express* lo envió a Madrid por su propia seguridad. Allí, buscó a Ada Munro y escribió a Merry del Val: «Por favor diga al capitán Aquilera [*sic*] que he visto a su madre en Madrid. Stop. Se encuentra a salvo y bien y le manda un beso. Atendida por periodistas británicos. Recuerdos. Noel Monks».[106]

Después de regresar a Londres, Arnold Lunn se mantuvo en contacto con Aguilera,[107] a quien consideraba «no solo un militar, sino también un sabio». En la sierra de Gredos, Aguilera le dijo a Lunn:

> Los rojos siempre andan despotricando sobre el analfabetismo en España, pero si pasaran unos meses viviendo entre las montañas quizás empezaran a entender que la gente que no sabe leer es a menudo más sabia que la gente que sí sabe. La sabiduría no es lo mismo que la educación. Tengo pastores en mis granjas que son inmensamente sa-

bios, quizá porque leen las estrellas y los campos y quizá porque no leen los periódicos.

Sus opiniones sobre el tema tenían, por supuesto, algo de discriminatorio, ya que también se jactaba de tener una biblioteca de tres mil libros que había leído y anotado y que estaba convencido de que la chusma de Madrid le habría destrozado, un motivo de amargura comprensible.[108]

Tras la Guerra Civil, Aguilera escribió dos libros, de los que solo se publicó el primero, sobre el átomo, en 1946. Llevaba en el frontispicio una nota que decía: «Toda vez que el producto económico que pudiera sacarse de esta obra es destinado a beneficio de las Hermanitas de los Pobres de una determinada provincia, no se regalan ejemplares».[109] El segundo, *Cartas a un sobrino*, escrito a finales de los años cuarenta y principios de los cincuenta, no encontró editor. Es una obra idiosincrásica de carácter autobiográfico en la que desarrolla versiones aparentemente científicas de las ideas con las que había deleitado a los periodistas durante la guerra.[110]

Un voluntario inglés en el bando franquista, Peter Kemp, también señaló que Aguilera era muy leído, con sólidos conocimientos de literatura, historia y ciencia, de un intelecto brillante aunque excéntrico y con un dominio del insulto que durante la contienda le valió entre los corresponsales extranjeros el apodo de «Capitán Veneno».[111] Tenía una dilatada perspectiva histórica de las causas de la decadencia de las democracias occidentales:

> La gente en Gran Bretaña y Estados Unidos está empezando a pasarse al comunismo como ya han hecho los franceses. Está ese tal Baldwin en Inglaterra, que ni siquiera sabe que es un rojo, pero los rojos lo controlan. Y, por supuesto, el tal Roosevelt, que es un rojo descarado. Pero todo esto se remonta a más allá de Baldwin y Roosevelt. Comienza con los enciclopedistas en Francia, las revoluciones americana y francesa. ¡La Ilustración! ¡Los Derechos del Hombre! ¿Acaso un cerdo tiene derechos? Las masas son incapaces de razonar y pensar. Luego la cosa continúa con el liberalismo de la escuela de Mánchester en Inglaterra. Esos son los criminales que crearon el capitalis-

mo. Tendrían que hacer ustedes limpieza en casa. Si no la hacen, los españoles nos uniremos a los alemanes e italianos para someterlos a todos. Los alemanes ya nos han prometido que nos ayudarán a recuperar nuestras colonias de América, que ustedes y su corrupto imperialismo protestante nos robaron. Y vamos a actuar muy pronto, ya me entienden.[112]

Poco después de que los franquistas conquistaran Toledo, Aguilera escribió desde Cáceres una reveladora carta a Magdalena en la que se quejaba de molestias estomacales y de no dormir lo suficiente:

> … pero todo lo compensa porque entré en Toledo el primer día. Luego volví allí dos días más. Chica, lo del Alcázar ha sido extraordinario porque al final solo defendían un montón de escombros. De las mujeres y niños (unos 600) no hubo un solo herido y solo se murieron dos señoras de más de 70 años. Allí se mató a mucha gente de los rojos. La subida a Zocodover era una cantidad de muertos por todas partes. Nosotros en la toma solo perdimos unas cien bajas, que no es nada. Ya andan de cabeza y no aguantan. La carretera desde Talavera hasta Santa Olalla estaba llena de muertos rojos. Había más de dos mil entre las viñas y los olivares y había que pasar a toda velocidad porque no se aguantaba el olor. Los primeros días antes de que empezasen a enterrarlos aquello era cosa de pesadilla.[113]

Su deleite en relatar las matanzas apunta a que creía de verdad en la mayoría de cosas que contaba a los periodistas.

Después de que los ejércitos de Franco vieran frenado su avance en Madrid, Aguilera siguió acompañando a los periodistas pero también empuñó las armas en las diversas batallas que se libraron alrededor de la capital a principios de 1937. Durante el intento de los rebeldes de cercar la ciudad, luchó en la batalla del Jarama. También desempeñó un doble papel durante la campaña de los nacionales contra el País Vasco en la primavera de 1937. Participó en la lucha como adscrito a las Brigadas de Navarra y también continuó vigilando al cuerpo de prensa. Estuvo en el frente todos los días y, en una ocasión, tuvo un espantoso accidente de coche.[114] En la toma de

Bilbao, entró en la ciudad antes que el grueso de las fuerzas de Mola, acompañado por algunos de los representantes más impulsivos y temerarios de la prensa.[115] Aguilera, su colega el comandante Lambarri y un grupo de periodistas, entre los que se encontraba Harold Cardozo del *Daily Mail*, fueron jaleados por una entusiasta multitud pronacional. Cardozo y los demás reporteros llevaban las boinas rojas del requeté carlista y se sintieron avergonzados, porque los aclamaran tomándolos por quienes no eran. El comandante Lambarri se limitó a reírse y dijo: «Me han besado chicas mucho más guapas a mí que a ti». Cardozo creyó que, en cambio, Aguilera estaba profundamente disgustado. «Su estricta mentalidad de militar y sus ideas políticas particulares le hicieron ver con cierto resentimiento esta implicación involuntaria de unos extranjeros en lo que él consideraba una ocasión de íntimo regocijo patriótico español, por lo que se mostró sarcástico y mordaz en sus comentarios».[116]

En privado, sin embargo, Aguilera reveló a su esposa Magdalena que estaba encantado con los efusivos saludos de las mujeres de Bilbao: «Ya estamos en Bilbao. ¿Y sabes quién fue el primer oficial de armas que entró en la ciudad nueva? Tu marido. Jamás en la vida me han besado más mujeres en menos tiempo. Fue una cosa fantástica de emoción. [...] Subí al balcón de la Diputación y la gente hizo silencio y les solté unas palabras».[117] Estaba igual de emocionado porque su relación con los corresponsales le otorgaba cierta fama: «Tendrías una sorpresa al oír la radio hablar de mí, casi todos los periódicos constantemente me citan, sobre todo en Francia. De fotos tengo otras tantas que me han traído ayer y además he salido en el cine y hasta en Londres me han visto».[118] No era la primera vez que se jactaba de su creciente celebridad: «Tengo muchas fotos, ya veré cómo te las mando. He salido por ahí en muchos periódicos extranjeros [*sic*], además estos días se han ocupado bastante de mí».[119] Le habría encantado recibir el número del semanario británico *The Sphere* en el que su fotografía ocupó un lugar destacado, ya que era una revista que sus amigos ingleses leían. Los informes de las agencias de noticias de la prensa regional también lo mencionaban.[120] Que le entusiasmara su presencia en los medios de comunicación sugiere que sus fanfarronadas de que había matado a seis jornaleros y a su chófer, así como otras exageraciones, se debían a una necesidad de atención constante y eran actos de autoafirmación.

Aguilera entró en las ruinas de Guernica con las unidades de las Brigadas de Navarra. Posteriormente, al igual que todo el servicio de prensa franquista, participó en el encubrimiento del bombardeo de la ciudad, lo que implicaba someter a estricta vigilancia a los periodistas que no fuesen «de confianza» que intentasen acercarse a las ruinas de la ciudad, así como expulsar a los que escribieran reportajes negativos. También suponía marcar directrices estrictas a los reporteros simpatizantes en cuanto a la forma de sus artículos.[121]

A este respecto, se produjo un incidente que resultó embarazoso tanto para Aguilera como para sus superiores: la detención de Hubert Knickerbocker durante la campaña contra el País Vasco en abril de 1937. Knickerbocker era un periodista que, con sus artículos para la cadena de prensa Hearst, había ayudado mucho a la causa franquista.[122] El 28 de marzo de 1937, envió el siguiente telegrama a Aguilera: «Dentro de unos días cruzaré frontera Irún. Agradecería mucho me ayudara informando a las autoridades para agilizar mi entrada. Impaciente por verle».[123] Si Aguilera intervino, fue en vano: el 12 de abril, Knickerbocker fue detenido en la frontera cuando intentaba pasar de Francia a España. Esta muestra de creciente intolerancia hacia los corresponsales extranjeros por parte del bando franquista fue interpretada por el embajador estadounidense, Claude Bowers, como que «debe de haber algo en la situación actual que el general Franco no quiere que se pregone al resto del mundo».[124] Había algunos elementos de la campaña de conquista del País Vasco —en particular, los bombardeos de ciudades indefensas por la Luftwaffe— que las autoridades franquistas no querían que fueran presenciados por corresponsales extranjeros. A pesar de que se le dijo que no podía entrar en España, Knickerbocker cruzó clandestinamente la frontera. Lo capturaron, lo encarcelaron y acto seguido lo expulsaron de España. A su regreso a Londres, escribió: «Una denuncia de personas desconocidas ha provocado mi detención». En un libro posterior, manifestó: «La Gestapo ordenó mi detención y permanecí encerrado durante treinta y seis horas en una celda para condenados a muerte en San Sebastián, de donde escapé gracias a la decidida y contundente ayuda de mi amigo y colega Randolph Churchill».[125]

Si es verdad que Knickerbocker fue detenido por orden de agentes alemanes, es improbable que la denuncia procediese de Aguilera, sino de los servicios de seguridad que rodeaban las actividades de la Legión Cóndor. Tanto si Knickerbocker creía que sus aprietos eran culpa de Aguilera como si no, lo cierto es que el incidente afectó a su actitud, hasta ese momento favorable a la causa franquista. A los pocos días de su regreso a Londres, su periódico le envió un telegrama con la pregunta: «¿Qué clase de sociedad crearía el general insurgente Francisco Franco si ganara la guerra civil?». Knickerbocker se vengó del modo más eficaz y contundente, limitándose a contestar a la pregunta, en *The Washington Times* del 10 de mayo de 1937, con una recopilación de comentarios antisemitas, misóginos y antidemocráticos de Aguilera y, en particular, con su afirmación de que «vamos a fusilar a cincuenta mil en Madrid. Y da igual adonde intenten escapar Azaña y Largo Caballero (el presidente del Gobierno) y toda esa gentuza: los atraparemos y los mataremos hasta el último hombre, aunque tengamos que perseguirlos durante años por todo el mundo».

El artículo de Knickerbocker fue citado por extenso en el Congreso de Estados Unidos el 12 de mayo de 1937, por lo que puede deducirse que fue un importante golpe de propaganda contra los franquistas, que se produjo poco después del bombardeo de Guernica. El artículo de Knickerboker incluía las siguientes declaraciones de Aguilera, presentado con el falso nombre de «capitán Sánchez»: «Es una guerra de razas, no solo una guerra de clases. Usted no lo entiende, porque no se da cuenta de que existen dos razas en España: la de los esclavos y la de los gobernantes. Los rojos, desde el presidente Azaña hasta los anarquistas, son todos esclavos. Tenemos el deber de ponerlos de nuevo en su sitio, sí, de volver a encadenarlos, por así decirlo». Furioso por la reelección de F. D. Roosevelt, Aguilera afirmaba: «Todos sus demócratas son meros lacayos del bolchevismo. Hitler es el único que reconoce a un "rojo" nada más verlo». Las palabras que pronunciaba más a menudo eran: «¡Sacadlos y pegadles un tiro!». Creía que había que abolir los sindicatos y que estar afiliado a uno debía ser castigado con la pena de muerte. Sus ideas sobre los efectos perniciosos de la educación también fueron recogidas por Knicker-bocker: «Debemos destruir este engendro de escuelas rojas que la sediciente República creó para enseñar a los esclavos a rebelarse. Basta con que las masas sepan leer lo justo para entender órdenes. Debemos restaurar la autoridad de la Iglesia. Los esclavos la necesitan para que les enseñe a portarse como es debido». Aguilera le había repetido a Knickerbocker opiniones sobre las mujeres parecidas a las que le había expresado a Whitaker: «Es una aberración que las mujeres voten. Nadie debería votar, y mucho menos las mujeres». Según él, los judíos eran «una plaga internacional». Su definición de la libertad era «un espejismo que utilizan los rojos para engañar a los teóricos demócratas. En nuestro Estado, la gente tendrá la libertad de mantener la boca cerrada».[126] Sin embargo, no es probable que el artículo de Knickerbocker en *The Washington Times* dañara la relación personal que tenía con Aguilera: en agosto de 1937, cuando este planeaba una visita a Londres, escribió a Knickerbocker proponiéndole que se vieran. En su amistosa respuesta, dirigida al «capitán Aggie», Knickerbocker le comunicó con pesar que no podrían verse, porque acababa de salir para Shanghái.[127]

A mediados de enero de 1937, se creó la Delegación del Estado para Prensa y Propaganda, dirigida por el profesor pronazi y ferozmente antisemita Vicente Gay Forner de la Universidad de Valladolid. Sin embargo, Aguilera continuó en el Estado Mayor de Mola hasta después de la campaña vasca. Mola murió en un accidente de avión el 3 de junio de 1937. Abundaron los rumores de que el accidente no había sido tal, sino consecuencia de un sabotaje organizado por Franco. Gonzalo, que era devoto de Mola, estaba convencido de ello y no tuvo reparos en exponer su teoría a amigos y parientes.[128]

Con la muerte de su protector, Aguilera fue trasladado, el 19 de julio de 1937, a la delegación.[129] En esa época, y quizá porque le molestaba la pérdida de libertad que implicaba su nuevo puesto, solicitó volver al servicio activo como oficial de caballería. Parece que la solicitud no tuvo éxito,[130] pero eso no influyó en su disposición a involucrarse directamente en el frente. Participó en el posterior asalto a Santander, acompañando de nuevo a las Brigadas Navarras. De hecho, entró en la ciudad vencida el 24 de agosto de 1937, acompañado por el corresponsal de *The Times*, dos horas antes que las tropas de Franco. Se cruzaron con miles de milicianos republicanos, todavía armados pero totalmente paralizados y abatidos por la rapidez de su derrota.[131] Poco después, en la ciudad recién capturada, el capitán Aguilera se ofreció a llevar a Virginia Cowles a León, donde estaría más cerca del cuartel general de Franco mientras continuaba con la ofensiva de Asturias. Aún tenía el Mercedes de color amarillo claro en cuyo asiento trasero guardaba dos grandes rifles y «un chófer que conducía tan mal que normalmente le pedía que se echara una siesta». Calzado con botas de caballería y espuelas y ataviado con un gorro del que colgaba una borla azul, Aguilera conducía el coche como si fuera un caballo de carreras. Como las carreteras estaban atascadas debido al aluvión de desplazados y a las tropas italianas, conducía maldiciendo el tráfico. De vez en cuando se lamentaba: «No se ve ni una sola chica guapa. Cualquier chica que no sea fea como un pecado encuentra sitio en un camión de los italianos». En su trato con esta corresponsal extranjera, no hacía gala de sus mejores modales, sino todo lo contrario: debido a la presencia de Virginia Cowles, una mujer atractiva que se parecía un poco a Lauren Bacall, su tono grosero se hizo más evidente. Después de haberse detenido a preguntar el camino a alguien que resultó ser alemán, Aguilera comentó: «Son majos, los alemanes, pero se pasan de serios; no parece que vayan mucho con mujeres, pero supongo que no han venido a eso. Si matan a suficientes rojos, se les puede perdonar todo»;[132] y añadió:

> —¡Condenados rojos! ¿Por qué tuvieron que meter ideas en la cabeza a la gente? Todo el mundo sabe que la gente es tonta y que es mejor que les digan lo que tienen que hacer en lugar de dar ellos las órdenes. El infierno es demasiado bueno para los rojos. Me gustaría empalarlos a todos y verlos retorcerse en los postes como mariposas...
> El capitán se detuvo a ver qué impresión había causado su discurso, pero no le di ninguna respuesta, lo que pareció enojarlo.
> —Solo hay una cosa que odio más que a los rojos —dijo.
> —¿Cuál?
> —¡Las lloricas![133]

Durante el ataque a Gijón, Aguilera vio una larga fila de hombres con picos y palas. «Prisioneros rojos, capturados en Santander —dijo a los periodistas—. He oído que construyeron una de las carreteras de la montaña en ocho días. No debieron dejarles mucho tiempo para dormir, ¿eh? Así es como hay que tratarlos. Si no necesitáramos carreteras, pediría un fusil y me cargaría a un par».[134] Virginia Cowles preguntó a otro oficial si los soldados rasos del Ejército de Franco sabían por qué estaban luchando. Deseoso de complacer a la periodista, el oficial colaboró eligiendo a un soldado joven al azar y se lo preguntó. El muchacho respondió: «Estamos luchando contra los rojos». Le preguntó qué quería decir con «los rojos», y el soldado contestó: «La gente que ha sido engañada por Moscú». ¿Por qué creía que los habían engañado? Nueva respuesta: «Son muy pobres. En España es fácil que te engañen». La inocente respuesta enfureció a Aguilera, que estaba escuchando, y le espetó al muchacho: «¿Así que crees que la gente no está satisfecha?». El chico tartamudeó aterrado: «Yo no he dicho eso, señor», a lo que Aguilera replicó brutalmente: «Tú has dicho que eran pobres. Me parece que eres tú quien está lleno de ideas rojas».[135] El capitán Aguilera ya tenía a Virginia Cowles por roja a raíz de un simple comentario que había hecho cuando Aguilera despotricaba sobre lo destructivos que eran los rojos por haber volado un puente: Cowles había observado que quizá lo único que pretendían era frenar el avance de los rebeldes. La insinuación de que los rojos actuasen movidos por la lógica militar en lugar de por su maldad intrínseca provocó que Aguilera la mirara a los ojos y le soltara: «Hablas como una roja». Aguilera redactó un informe hostil en el que ponía en duda que Cowles fuera de fiar, lo que hubiera provocado su detención de no haber sido porque, para suerte de la periodista, una serie de encuentros fortuitos le permitieron llegar antes a la frontera con Francia.[136]

El admirador inglés de Aguilera, Peter Kemp, escribió después de la guerra: «Pese a ser un fiel amigo, un crítico intrépido y una grata compañía, a veces dudo de que sus cualidades fueran realmente las indicadas para la tarea que le habían confiado de exponer la causa de los nacionales a desconocidos importantes. Por ejemplo, le contó a un distinguido visitante inglés que había matado a seis de sus jornaleros *"pour encourager les autres,* ya me entiende"». Las dudas de Kemp se debían a las curiosas ideas de Aguilera «sobre las causas fundamentales de la Guerra Civil. La más importante, si mal no recuerdo, era la introducción del alcantarillado moderno. Antes de esto, la chusma había muerto de varias enfermedades útiles; ahora vivían y, por supuesto, había que ponerlos en su sitio. Otra teoría fascinante era que los militares rebeldes deberían fusilar a todos los limpiabotas». Aguilera se lo explicó así a Kemp: «Mi querido amigo, es lógico. Un tipo que se arrodilla a limpiarte las botas en un café o en la calle es comunista seguro, así que ¿por qué no le pegas un tiro y listo? No hace falta ir a juicio: su misma profesión indica que es culpable».[137] Después de que se publicaran las memorias de Peter Kemp, Aguilera lo demandó por la historia de que había matado a los jornaleros. Según los editores, Kemp retiró la anécdota, pero no sirvió de mucho, porque el libro ya se había agotado. En cualquier caso, Aguilera había repetido el episodio a otros, incluido el corresponsal de la agencia francesa Havas, Jean d'Hospital.[138] Está claro que jamás se le pasó por la cabeza que sus disquisiciones fueran de interés suficiente como para acabar impresas.

Aunque Aguilera era desinhibido cuando hablaba con los periodistas, sobre todo si creía que eran derechistas simpatizantes de la causa de Franco, nunca descuidaba su trabajo de propagandista de la misma. Cuando las tropas rebeldes conquistaron Asturias, la represión llevada a cabo por los Regulares moros y la Legión fue particularmente feroz.[139] No es de extrañar que Aguilera se preocupara de que no se tomaran fotografías de soldados llevando paraguas o empujando bicicletas para no dar la impresión de que estaban saqueando, aunque él tampoco le hacía siempre ascos al botín de guerra: «le oyeron murmurar que era algo muy emocionante y tentador, y que al fin y al cabo no era en absoluto lo mismo que robar». Cuando acompañó a las tropas marroquíes que entraron en Barcelona el 26 de enero de 1939, consiguió colarse en el despacho del presidente de la Generalitat, Lluís Companys, y le robó la radio.[140]

Aguilera le contó un día a Lunn: «Es el triste deber de nuestra generación administrar una justicia ejemplar. Solo podemos salvar a

España de la repetición de estos horrores si imprimimos en las mentes de esta generación un hecho de suprema importancia, que hay un Dios en el cielo y justicia en la tierra». Se enorgullecía de la aplicación de la «justicia» sumaria, como le comentó también a Lunn: «Ganaremos. Somos los más misericordiosos. Fusilamos, pero no torturamos». Sin embargo, estropeó el efecto de sus palabras cuando volvió a dirigirse a Lunn en un aparte sobre Charles Foltz, el corresponsal que había planteado el tema de las atrocidades: «Por supuesto, hay un aspecto de este asunto que no podemos esperar que nuestro joven amigo entienda: la existencia y la influencia de los poderes satánicos. Pero mi amigo el caíd Ali Gaurri sí lo entendería».[141] Aguilera derrochaba autocomplacencia. Sobre los moros, decía: «Estamos orgullosos de luchar codo a codo con ellos, y ellos están orgullosos de luchar con nosotros. Después de la guerra de Marruecos enviamos soldados a gobernarlos, y no tuvimos problemas hasta que la República empezó a enviar políticos. Si eso hubiera durado, habríamos perdido Marruecos».[142] Su opinión de los moros de los Regulares y la Legión no era compartida por otros observadores: Edmund Taylor escribió que «habían llevado consigo fuera de África una atmósfera espiritual como el hedor de la madriguera de una alimaña, el hedor de la carroña y de la bestia».[143]

John Whitaker consideraba al capitán Aguilera como un mero portavoz de muchos de los que luchaban en el bando nacional. En realidad, precisamente por ese motivo, Luis Bolín sometía a un estricto control a los oficiales de prensa. Según sir Percival Phillips, de *The Daily Telegraph*, la mayor parte de ellos eran

jóvenes aristócratas o diplomáticos, amables y blandengues en su mayoría, a los que Bustemente [pseudónimo de Bolín] controla con puño de hierro. Les telefonea a todas horas del día y de la noche para abroncarles y darles órdenes, pero nunca consejo, y, debido a este martilleo constante, nunca expresan una opinión, ni siquiera sobre el tiempo, para que ningún corresponsal cablegrafíe que circula tal o cual idea «en el cuartel general» o «en círculos bien informados» o «entre los portavoces del Generalísimo» […] también nos tienen alejados de todos los oficiales con el mismo cuidado que si tuviéramos la peste.[144]

A pesar de los ímprobos esfuerzos de Bolín, no era difícil encontrar a muchos con opiniones parecidas a las de Aguilera. Las teorías de Rosales eran como las que Taylor, Knickerbocker, Whitaker y otros habían escuchado en boca de Aguilera.

En abril de 1939, Aguilera se retiró del Ejército, todavía como capitán, y regresó a sus fincas y a sus libros. Decidió no volver a su domicilio de Madrid, que habían saqueado a conciencia. Se dedicó a localizar los varios miles de libros bellamente encuadernados y anotados de su biblioteca, de los que consiguió recuperar casi un tercio. Su vivienda habitual era Carrascal de Sanchiricones donde al principio invirtió considerables energías en la mejora de sus actividades agropecuarias, especialmente la cría de ganado y caballos y el cultivo de trigo. Escribió cartas detalladas y muy cariñosas a su madre contándole los pormenores.[145] Sin embargo, pronto se desilusionó profundamente con la política de la España de la posguerra. Le disgustaba que Franco no mostrara intención alguna de restaurar la monarquía y favoreciera a los advenedizos de la Falange en lugar de a una nobleza a la que ya no se trataba con deferencia. En lo personal, como escritor no tuvo éxito y se distanció de sus dos hijos, ninguno de los cuales siguió el camino que a él le hubiera gustado. Tampoco parece que lo respetasen demasiado entre la aparente alta sociedad de Salamanca. Además, como terrateniente, a pesar de sus esfuerzos iniciales por modernizar su patrimonio, pronto perdió tanto el interés como el dinero, y dejó la administración en manos de Magdalena. Pasaba gran parte de su tiempo jugando con aparatos eléctricos y mecánicos, leyendo mucho y experimentando con la agricultura moderna. Aparte de sus ocasionales arrebatos de mal genio, trataba al personal de la casa y a los jornaleros con consideración y generosidad. Él y Magdalena pasaban largos periodos fuera de Sanchiricones, particularmente durante los meses de invierno, entre Andalucía, Madrid y el País Vasco. Rara vez abría las cartas, sino que las amontonaba para luego quemarlas de una.[146]

Gonzalo iba con cierta frecuencia a visitar a sus amigos de Londres. Escribió artículos sobre temas científicos, especialmente sobre el átomo, para el periódico salmantino *La Gaceta Regional*, gracias a su amistad con el director, Francisco Bravo, uno de los fundadores de la Falange.[147] Resumió sus intereses científicos en el libro ya mencionado sobre el tema. Y también escribió un conjunto de *Cartas a un sobrino*, una mezcla notablemente erudita, pero desorganizada, de memorias con digresiones históricas y filosóficas escrita a finales de los años cuarenta y principios de los cincuenta. Las lecturas citadas son de una diversidad asombrosa, desde el *Osservatore Romano* hasta los informes de la Asociación Americana de Psiquiatría, pasando por la mitología griega y Leibniz.[148]

De tono a veces autocompasivo, *Cartas a un sobrino* está plagado de indicios de que a Aguilera le había resultado muy difícil volver a la vida civil. Comenzaba amargamente con la afirmación de que su vida se había desarrollado en solitaria meditación y rodeado de desconfianza. Utilizando la primera persona del plural para referirse a sí mismo, lo atribuía a «la desgracia de usualmente haber sabido más que el corro en que circunstancialmente nos encontrábamos o por siempre haber manifestado el disgusto o menosprecio que nos producían las descabaladas opiniones de los osados y de los arbitristas». Afirmaba haber sido acusado de ser un rebelde e inadaptado, algo que le parecía inevitable, ya que se sentía rodeado de «hipocresía, mentira, envidias y chicanería». Le disgustaba el contexto de la posguerra, porque le parecía que las certezas morales de la contienda habían sido sustituidas por la transigencia y la dilución de los «principios firmes». En una referencia a su retiro del Ejército en 1931 y a su hoja de servicios, escribió: «Toda la vida hemos procurado servir a la Patria de balde y sin ulterior intención de prebendas y emolumentos. Varias veces por hacer frente a la corriente desorbitada y a la injusticia hemos afrontado graves perjuicios propios y con la tristeza de no haber conseguido gran cosa».[149]

El libro desarrollaba muchas de las ideas con las que había obsequiado a los miembros del cuerpo de prensa a su cargo durante la guerra. Derrochaba referencias eruditas a Aristóteles, Cicerón, los padres de la Iglesia, un montón de filósofos medievales, Calvino, Galileo, Spinoza y Descartes, intercaladas con declaraciones extrañas como: «lo que aquí llamamos "higiene política" es lo que los ingleses dicen *wisdom*» y «la palabra "revolución" es de significado esencialmente satánico, el primer revolucionario en el mito cristiano fue

Luzbel».[150] Se enorgullecía especialmente de sus lecturas de literatura, filosofía e historia inglesas, y menudean las alusiones a Shakespeare, Marlowe, Hume, Adam Smith, Gibbon, Buckley, Darwin, J. S. Mill, Bentham y George Bernard Shaw. Trazaba comparaciones entre la Inquisición española y el comunismo soviético, relacionando al Santo Oficio con la policía secreta soviética, la GPU, lo que no implicaba que sus opiniones sobre el comunismo hubieran mejorado en absoluto: para Aguilera, seguía siendo «la negra nube de Oriente» y un «inmenso tumor maligno». El problema era, más bien, los elementos comunistas del cristianismo primitivo.[151]

En medio de una discusión sobre los méritos relativos de las diferentes razas, escribió sobre la «patente superioridad» del hombre blanco. En una variante de las ideas racistas que había comentado a Whitaker y sus colegas, Aguilera dividía a la humanidad en las «razas nórdico-europeas» y «las masas afroasiáticas» e indicaba que «el estado centralista, como su nombre indica, es el más adecuado para regir los destinos de las masas inferiores. [...] En África, con el sistema nervioso particular de la raza negra, en que las excitaciones adquieren formas más o menos epilépticas, solamente el ritmo continuado acompañado de un pandero o tambor produce unas formas místicas extasiales muy curiosas, y como son gentes simplistas, su misticismo degeneró en lubricidad sexual».[152]

Tal y como se entrevé, el libro revela una obsesión por el sexo que ya se adivinaba en sus cartas a Inés Luna, en las que eran frecuentes las referencias a los besos y a los arrumacos, inusualmente explícitas en los círculos sociales en los que se movía la pareja.[153] Aguilera estaba muy interesado en demostrar «las anormalidades sexuales en las gentes inclinadas al sacerdocio» y que «al cristianismo siempre se han sentido atraídos las mujeres y los eunucos». En particular, asociaba el misticismo religioso con la aberración sexual, que se encuentra en las «vírgenes con deficiencias menstruales» y lo que él llamaba «eunucoides». Abunda la misoginia, y así, afirma que una mujer que llegara a los treinta años todavía virgen se convertía en una «soltera agria, que para la tranquilidad de todos está mucho mejor detrás de unas rejas de clausura». En la línea de sus comentarios a Whitaker sobre el derecho del hombre a matar a su mujer, escribió: «el adulterio toma características de crimen cuyo inmediato castigo con muerte de los culpables por el esposo ultrajado ha sido aceptado como ley natural en todas las sociedades hasta que aparecen los síntomas decadentes de las civilizaciones». También defendía el cinturón de castidad como barrera necesaria contra la promiscuidad femenina, a la que achaca la degeneración de la raza en cuanto a introducción del cáncer, perversión sexual, desequilibrio mental y pigmentación anómala de la piel.[154]

Pero el tema recurrente de *Cartas a un sobrino* era el anticlericalismo: «Ahí está nuestra España y los países cristianos en que las órdenes han ejercido casi un monopolio de la educación y cuanto más en sus manos, mayor ha sido la decadencia material y ética y más propensa la corrupción».[155] En este sentido, Aguilera estaba encantado de que un amigo le hubiera dicho que estaba «más loco que don Quijote» por criticar a la Iglesia católica.[156] Parece a punto de justificar incluso las atrocidades anticlericales cometidas por la izquierda durante la Guerra Civil: «Por eso la turbamulta acéfala que solo obra por instintos, en cuanto se aflojan las restricciones sociales y el motín se apodera de la calle, su certera inclinación le induce a quemar iglesias y matar clérigos». Todo ello formaba parte de una demolición de la glorificación franquista de la historia de España. En un salvaje análisis del Siglo de Oro español tan grato a la retórica franquista, tacha a las figuras emblemáticas de Isabel la Católica y santa Teresa de Ávila de «marimachas». Suponiendo que la incoherencia de gran parte del texto no hubiera impedido su publicación, es inconcebible que la censura franquista la hubiera permitido.[157]

Gonzalo se convirtió en un «personaje» muy conocido en Salamanca. Era asiduo de una tertulia de médicos y profesores que se reunían en el Café Novelty de la plaza Mayor, entre los que se encontraban el exfalangista y más tarde rector de la Universidad de Salamanca, Antonio Tovar, y el canónigo José Artero, catedrático de Musicología. Durante la Guerra Civil, Artero había trabajado en el Servicio de Recuperación de Objetos de Culto requisados por la izquierda, especialmente por los anarquistas de Cataluña. Su odio a estos últimos le llevó a hacer un célebre comentario mientras oficiaba una ceremonia en la catedral de Tarragona el 21 de enero de 1939.

Artero se excitó tanto que, durante la homilía, gritó: «¡Perros catalanes! No sois dignos del sol que os alumbra». Otro de los amigos de Aguilera, como ya se ha dicho, era el falangista Francisco Bravo Martínez, director del periódico salmantino *La Gaceta Regional*.[158]

Dejando nubes de polvo a su paso, ataviado con casco de cuero y pantalones del uniforme de caballería, Aguilera realizaba en moto su viaje diario a la capital de provincia. A principios de los años sesenta, un conocido lo describió de la siguiente manera: «de porte muy distinguido, impecablemente vestido, alto, con bigote y una mirada hipnótica y profundamente inquietante, que subía las escaleras con gran dificultad, debido al enfisema pulmonar que le hacía resoplar de continuo y respirar agónicamente entre enormes fatigas».[159] Se le consideraba un excéntrico local, conocido por los divertidos artículos y poemas que Bravo Martínez le publicaba en *La Gaceta Regional*.[160] Todas las librerías de Salamanca solían guardarle las novedades más interesantes, basándose en la razonable suposición de que las compraría. Tanto para los libreros como para los médicos, su erudición parecía no tener fin. Aparte de los facultativos, Aguilera tenía pocos amigos de verdad. Era un individuo tan solitario como él mismo se había descrito en sus cartas a Inés Luna desde la Academia del Arma de Caballería.[161] Conocía a otros terratenientes, pero ninguno llegó a entablar amistad con él. Lo consideraban un conversador fascinante, pero su irritabilidad no le hacía ganar precisamente amigos o conocidos. A menudo hablaba de escribir un libro sobre «un personaje extraño de África».[162] Nunca pudo resignarse del todo a la vida civil y, a medida que envejecía, se volvió cada vez más difícil, arisco y malhumorado. Descuidó sus fincas y su casa, que cayeron en el deterioro.

El mismo conocido que había notado la distinguida apariencia de Aguilera, describió un enfrentamiento que Gonzalo tuvo con un funcionario de Hacienda en Salamanca, provocado por el hecho de que no había abierto las cartas del fisco. Aguilera alternaba las amenazas con muestras de cortesía a la antigua usanza: refiriéndose a la pistola que llevaba, gritó: «¡No saben lo que soy capaz de hacer!». En otra ocasión, en la que necesitaba hablar con el alcalde de Matilla de los Caños, Alipio Pérez-Tabernero Sanchón, a quien odiaba sin motivo aparente, entró en el Ayuntamiento a caballo. En la misma línea, por declarar el 1 de octubre de 1942, en el hotel Palace de Madrid, que era «enemigo del régimen», se vio obligado a pagar una enorme multa de diez mil pesetas (superior al salario anual de un capitán del Ejército). Evitó la cárcel gracias a la intercesión de un poderoso amigo, el gobernador civil de Salamanca. En otra oportunidad, en mayo de 1948, se le impuso otra gran multa de veinticinco mil pesetas por no declarar su cosecha al Servicio Nacional del Trigo.[163]

El antifranquismo público y bastante notorio de Aguilera parece derivar de dos motivos de resentimiento relacionados. Por un lado, estaba indignado porque Franco no hacía esfuerzo alguno por restaurar la monarquía y estaba, de hecho, peleado con el heredero del trono, don Juan de Borbón. Por otro lado, Aguilera creía que Franco había sustituido la elegante sociedad de la vieja aristocracia por un corrupto y codicioso conjunto de falangistas advenedizos. En 1945, cuando el recién creado monopolio estatal del tabaco, Tabacalera S.A., reemplazó a la antigua Compañía Arrendataria de Tabacos, se le ofreció el cargo de representante provincial en Salamanca, una bicoca por su elevado prestigio social y su salario. En vez de aceptar lo que era una recompensa por sus servicios, se lo tomó como un insulto degradante. El enviado del régimen que llegó a su finca con la noticia fue recibido con una respuesta furiosa: «Le digo a usted y al hijoputa de Franco que se salgan ahora mismo de mis tierras». En otro pronto de orgullo herido, en 1959, se dio de baja de su club, la exclusiva Gran Peña. Cuando cumplió setenta años, la peña dejó de cobrarle la suscripción como hacía con todos los miembros. Aguilera se indignó porque le parecía un acto de caridad condescendiente. Siguió siendo monárquico y, por lo tanto, partidario de don Juan de Borbón, lo que le llevó a volverse cada vez más antifranquista. Fue invitado, aunque no asistió, a la puesta de largo de la hija de don Juan, Margarita, en Estoril en 1955.[164]

Empezó a sufrir manía persecutoria. En cierto momento de 1962, lo visitaron los arrendatarios de una de sus fincas en Cáceres, preocupados por los rumores de que estaba a punto de ceder el arriendo a otra persona. Le habían escrito previamente, pero no les había respondido. Aguilera irrumpió en el salón donde le esperaban, dio un portazo y luego recorrió la estancia a zancadas, gritando: «¡Yo no he escrito, porque no contesto a nadie!». Cuando hicieron ademán de irse, les pidió que se quedaran, pero siguió hablando sin parar durante varias horas, saltando de un tema inconexo a otro. Solo paraba para toser por el enfisema o para comer un plato de avena con leche. Recordó el día —24 de agosto de 1937— de su entrada en Santander antes que el resto de las tropas franquistas y les relató el miedo que sentía, solo para cambiar luego de opinión: «miedo no, no he tenido miedo en mi vida». Entre otras divagaciones, les explicó sus excéntricas teorías sobre la religión y las obras de caridad de su esposa. Al final, dejó que se fueran, no sin antes asegurarles que seguirían siendo sus arrendatarios. Se marcharon convencidos de que habían estado en presencia de un loco de atar.[165]

Magdalena se preocupó cuando empezó a hablar de suicidio y se negó a permitir que alguien más tomara decisión alguna sobre la gestión de la finca o incluso sobre el mantenimiento de la casa. Tenía tanto miedo de sus violentos ataques de ira que, a finales de 1963, por su propia protección, pidió a sus dos hijos que vinieran a vivir a la casa familiar de Carrascal de Sanchiricones. El mayor, de cuarenta y siete años, Gonzalo de Aguilera Álvarez, era capitán de caballería en la reserva. Había luchado en la Guerra Civil y había resultado gravemente herido. Mientras convalecía, se había enamorado de Manuela Lodeiro, enfermera del hospital militar de Lugo. Reproduciendo la respuesta de su padre ante su relación con la socialmente inferior Magdalena Álvarez, el conde había reaccionado con ira y les había prohibido casarse. Lo hicieron de todos modos y se instalaron en Lugo, donde tenían una hija, Marianela. El hijo menor, Agustín de Aguilera Álvarez también tenía una relación difícil con su padre. Para furor de Gonzalo, en 1951, a los veinticinco años, Agustín se había fugado con la joven María Ángeles Núñez Ispa, de dieciocho, con la que se casó. Se dedicaba a la agricultura en Majarromaque, cerca de Jérez de la Frontera, donde vivía con su esposa y sus dos hijas y un hijito.[166] Conociendo muy bien la irascibilidad de su padre, y a pesar de los inconvenientes para sus propias familias, ambos descendientes accedieron a la petición de su madre y pasaban el mayor tiempo posible en Sanchiricones cuidando de su padre. Es posible que su llegada despertara los celos de Gonzalo, debido al estrecho vínculo de los hijos con su madre, que Gonzalo creía que ya no le amaba.[167]

Al cabo de un año, las cosas no habían mejorado. La familia discutió a regañadientes la posibilidad de declarar a Gonzalo incapacitado mental e ingresarlo en un psiquiátrico. Por miedo al escándalo y con el natural horror de ver al cabeza de familia declarado demente, dudaron. Al enterarse de lo que pasaba, Gonzalo montó en cólera y sus ataques de ira se volvieron aún más inquietantes. Al final, pusieron el asunto en manos de un abogado de Salamanca. Dado que Gonzalo sufría ahora problemas bronquiales y rara vez acudía a la tertulia del café de la plaza Mayor, se inventaron la excusa de que dos de sus amigos médicos habían ido a verle para diagnosticarlo. Un psiquiatra, el doctor José Fermín Prieto Aguirre, acompañado por otro médico, Emilio Firmat Cimiano, concluyó que Gonzalo era paranoico. Se puso tan difícil que sus hijos redistribuyeron la casa para que tuviera su propia vivienda con su televisor y sus libros. Escondieron todas las armas y cuchillos que, como asiduo cazador, poseía. Gonzalo se consideraba secuestrado y encarcelado por su familia. A principios de agosto de 1964, incluso escribió una carta denunciándolo a las autoridades judiciales de Salamanca. Tenía terribles ataques de rabia, durante los cuales profería amenazas e insultos desde los aposentos donde vivía solo. A veces encontraba armas y, a mediados de agosto, sus hijos le quitaron una navaja. Pero el proceso legal para internarlo era largo y complicado.

Antes de que se completaran los trámites, Gonzalo perdió por completo la cabeza. Después de comer, a las cuatro de la tarde del viernes 28 de agosto de 1964, su hijo menor Agustín entró en la habitación del conde a buscar unos papeles. Cuando su padre se quejó de que le dolían los pies, Agustín se arrodilló y empezó a masajearlos. Como en un extraño eco de sus ideas sobre cómo tratar a los limpiabotas, Gonzalo comenzó a insultar a su hijo. Sacó un viejo revólver que había logrado esconder, un recuerdo de su estancia en África, y sin previo aviso, le pegó un tiro. Gravemente herido en el pecho, Agustín se dio la vuelta y salió tambaleándose de la habitación. Su hermano Gonzalo, alertado por el sonido del disparo, corrió hacia la habitación y el conde le disparó de lleno en el pecho y en el brazo. Pasando por encima del cadáver de su primogénito, salió en busca de Agustín para rematarlo. Lo halló muerto en la puerta de la cocina. Acto seguido, recargó tranquilamente el revólver. Magdalena, que ya tenía setenta y dos años, salió de su cuarto. Vio a su marido que la miraba fijamente mientras recargaba la pistola sobre el cadáver de su hijo, y consiguió encerrarse en otra habitación mientras Gonzalo iba a por ella. Algunos trabajadores de la finca, que habían entrado después de oír los tiros, se quedaron paralizados de miedo al ver al conde agitando el revólver, amenazador. Consiguieron llamar a la Guardia Civil mientras Magdalena escapaba por una ventana. Cuando la Benemérita llegó, ordenaron a Gonzalo que tirara el arma y saliera con las manos en alto. El conde, aplacada su furia, obedeció. Cuando uno de los números le preguntó por qué había matado a sus hijos, le respondió con calma: «Maté a Agustín porque no es hijo mío, y en cuanto a Gonzalo… si no le mato a él, él me hubiera matado a mí».

Después de rendirse, todavía en pijama, permaneció sentado delante de la casa durante más de tres horas esperando tranquilamente la llegada del juez de instrucción de Salamanca. Su esposa, fuera de sí por el dolor y la rabia, le gritó: «¡Asesino, criminal!» y, hasta que los campesinos la calmaron, rogó a los guardias civiles: «¡Matadlo, que es un salvaje!». Tras su detención, llevaron al conde al sanatorio psiquiátrico provincial de Salamanca, donde quedó recluido. Él y los números de la Guardia Civil que lo acompañaban fueron a Salamanca en el coche en el que los periodistas de *La Gaceta Regional* habían acudido a la casa. Los reporteros que lo entrevistaron contaron que, de camino, charlaba amigablemente con el conductor. Habló de los coches que había tenido en épocas distintas, de fútbol, de la organización del tráfico en Francia y del mal estado de las carreteras; «Hablo para no acordarme de lo sucedido», dijo. Cuando le informaron de que lo iban a llevar a una clínica psiquiátrica, comentó que los psiquiatras no suelen estar en sus cabales y observó: «A los que fueron a verme les llamé médicos de pueblo y se enfadaron conmigo».[168] Durante los meses que pasó en el hospital psiquiátrico, se distraía insultando a las monjas que lo atendían.[169] Su nuera, Concepción Lodeiro López, y su nieta, Marianela de Aguilera Lodeiro, se libraron de la carnicería porque habían ido a Lugo a hacer los preparativos para la boda de la joven. La esposa y los tres hijos de Agustín estaban en el sur de España. Aunque se inició una instrucción judicial, Gonzalo nunca fue juzgado. Permaneció en el hospital con una demencia incurable ligada a una profunda depresión. Después de dejar de tomar la medicación prescrita para sus problemas pulmonares, circulatorios y psiquiátricos, murió en el hospital de un fallo cardiorrespiratorio. Fue casi nueve meses después de su crimen, el 15 de mayo de 1965. Le sobrevivió su viuda Magdalena, que murió al cabo de siete años, el 3 de diciembre de 1972.[170]

Sería un error creer que los desvaríos anteriores de Aguilera no habían sido más que manifestaciones de un enorme trastorno psicológico que acabó aflorando en el trágico desenlace familiar. Hay pocas dudas de que eran totalmente típicos de otros portavoces considerados apropiados para la causa, como Bolín y Rosales —elegidos por Mola— o Pemán —escogido por Queipo de Llano— o Vallejo-Nágera —seleccionado por Franco—: un oficial le dijo a Webb Miller que «"hay que matar a todos los que tengan ideas rojas". Otro joven oficial rebelde, amable, atractivo e inteligente, me contó que él había ejecutado en persona a setenta y un hombres».[171] Y de lo que no cabe duda alguna es de que las opiniones de Aguilera eran próximas a las de Mola, Franco, Queipo de Llano y otros militares de la cúpula rebelde. En lugar de concluir, sin más, que Aguilera estaba loco, sería más fructífero analizar hasta qué punto su perturbación psicológica y la de los líderes rebeldes mencionados era el resultado de la internalización de esas ideas.

6

El asesino del Norte

Emilio Mola Vidal fue responsable del asesinato de más de cuarenta mil civiles en las provincias que controló durante la Guerra Civil. Tras su muerte, fue honrado con un enorme monumento y Franco le concedió un ducado a título póstumo. Fue objeto, además, de varias biografías encomiásticas.

Nació el 9 de julio de 1887 en Placetas, en la provincia de Santa Clara (Cuba), donde estaba destinado su padre, Emilio Mola López, capitán de la Guardia Civil y duro partidario de una férrea disciplina. Su madre, Ramona Vidal Caro, era cubana de origen catalán. El padre lo crio en un ambiente de rígida obediencia militar. En 1894, la familia se fue a España y se instaló en Gerona, donde Emilio terminó sus estudios primarios y cursó los secundarios. En agosto de 1904, con apenas diecisiete años, ingresó como cadete en la Academia de Infantería de Toledo. Allí le inculcaron la idea de que la derrota de 1898 había deshonrado al Ejército por culpa de la traición de los políticos. Junto con muchos de sus compañeros de estudios, adquirió una profunda hostilidad hacia el mundo civil, que veían como fuente de vicio y corrupción en contraste con lo que les enseñaban: la integridad y el honor castrenses. En la academia, se graduó como número uno de su promoción, pero su seriedad le hizo acreedor del apodo de «el Prusiano».[1] Esto se reflejó en la vida posterior en su impopularidad. Guillermo Cabanellas comentó que «no era persona que gozara de simpatía. Ni siquiera sus subordinados le apreciaban con exceso, no sólo porque hacía observar rígida disciplina, sino también por la distancia que en el trato ponía». Dicha impopularidad se debía, dicen, a «la exagerada rigidez, el culto a la nadería y otras aberraciones».[2]

Según José María de Iribarren, el joven abogado católico que fue su secretario de julio a diciembre de 1936, «era siempre áspero y breve en la conversación y de ordinario duro y severo en sus modales». Esto contrasta con su aparente buen humor durante la Guerra Civil. Mola era feo, pero se lo tomaba a broma con Iribarren, a quien contó que, cuando era estudiante en la academia militar, un profesor le preguntó qué disfraz se había puesto en carnaval. Cuando Mola le respondió que ninguno, el profesor le dijo: «La verdad es que usted no necesita ponerse careta; usted, al natural, parece una máscara».[3] Estas contradicciones las resume Iribarren de forma esclarecedora: «Ese hombre esdrújulo, de expresión adusta, de ojos duros y labio seco, es en el fondo un sentimental y, a ratos, un chiquillo». Iribarren lo describió como «un carácter extraordinario, de una voluntad de hierro, de un temperamento excepcionalmente dominador y sagazmente agudo. Todo lo que en el exterior tenía de áspero, de imperativo, de inexorable, lo tenía de efusión y alegría en la intimidad». Mola contaba también que, mientras era director general de Seguridad, le había gastado una broma pesada al coronel José Riquelme con una bomba falsa. Cuando alguien le regaló un telescopio, le gustó tanto que se lo enseñaba a las visitas. Jugaba en su oficina con una ametralladora que alguien le había dado y, a veces, hacía rodar por el suelo una granada de imitación. Una vez más, para Iribarren, era «un gigante con alma de niño».[4]

Antes de cumplir los veinte años, Emilio sirvió en la guerra colonial española de Marruecos como teniente. Al igual que otros africanistas, aprendió una forma cruel de guerra sin cuartel; una guerra en la que el único mérito era la valentía, y en 1909 le concedieron por ella la Medalla Militar. En agosto de 1911, en busca de un rápido ascenso, se trasladó a las Fuerzas Regulares Indígenas, un cuerpo de tropas de choque creado dos meses antes por iniciativa del teniente coronel Dámaso Berenguer, en respuesta a las graves derrotas de 1909 y 1911. Integradas por mercenarios locales, los Regulares eran famosos por su brutalidad. Mola era tolerante con su salvajismo, pero totalmente rígido a la hora de imponer su autoridad. Muchos oficiales más cualificados, como los de Artillería e Ingeniería, creían que el sistema de ascensos por méritos en el campo de batalla favorecía a los temerarios frente a los profesionales. Mola era un entusiasta del sistema de méritos y llegó a aborrecer a sus críticos —muchos de ellos, republicanos— y a insinuar que eran unos cobardes.[5]

Como oficial de Regulares, Mola se convirtió en protegido de Berenguer. Fue herido en 1912, por lo que le ascendieron a capitán «por méritos de guerra». En febrero de 1914, por su valentía en el frente, le otorgaron la categoría de comandante. Pasó breves temporadas en la Península, en Barcelona, Santander y Madrid, pero al poco tiempo regresó a Marruecos donde participaba a menudo en combates. En 1921, fue ascendido a teniente coronel por antigüedad. Dirigió los Regulares de Ceuta en las operaciones posteriores a Annual y fue herido de nuevo.[6] El 1 de enero de 1922, en Ceuta, se casó con María de la Consolación Bascón y Franco, una sevillana de veintiocho años. Fue destinado a Logroño en mayo de 1922, pero regresó a África en agosto de 1924 y participó en el desembarco en Alhucemas. Fue ascendido dos veces más por méritos de guerra —ascensos que serían impugnados durante la República—: el 3 de febrero de 1926, a coronel, y el 2 de octubre de 1927, a general de brigada, además de recibir la Medalla Militar. Por último, lo nombraron comandante militar de Larache.[7]

Las memorias de sus vivencias en África, que escribió en 1936 en los meses previos al estallido de la guerra, con el título de *Dar Akobba*, abundan en descripciones de cráneos aplastados e intestinos desparramados. El libro pone de manifiesto que sus experiencias en África lo habían embrutecido por completo. Así, por ejemplo, Mola se recrea en la descripción de los restos que dejaron, en el cauce de un río, de un harca (partida de guerrilleros) enemiga que había emboscado a una unidad de sus Regulares, quienes, a su vez, habían emprendido una salvaje venganza. Los cadáveres destrozados presentaban señales de haber sido mutilados deliberadamente: «Muertos y más muertos dentro del agua, entre las piedras, enredados en las adelfas, enterrados bajo los escombros en el fondo de sus trincheras, todos desnudos o casi desnudos, con heridas horribles, cráneos deshechos, brazos y piernas separados del tronco, vientres abiertos mostrando a la intemperie repugnantes mondongos de color indefinido. Se percibía un pronunciado olor a carnicería». Sabiendo que una forma de acelerar el ascenso era aumentando el número de bajas del enemigo, Mola llamó a otro oficial: «Deseo que vengas, porque como quiera que en esto de las matanzas morunas siempre se fantasea mucho, tengo especial interés en que tú mismo veas los "fiambres"». Y a continuación describe cómo «los soldados no podían reprimir su entusiasmo entre tanto harqueño muerto; era raro el "paisa" que no deshacía un cráneo a culatazos o hundía su machete buscando un corazón».[8] Además de regodearse en el derramamiento de sangre, las memorias de Mola están marcadas por las constantes fanfarronadas sobre sus hazañas en una operación relativamente menor en el verano de 1924, la defensa de Dar Akobba, una atalaya bien fortificada, durante el asedio de Xauen por Abd el-Krim, antes de la evacuación que comenzó en noviembre.[9] Su biógrafo Carlos Blanco Escolá describe a Mola como «un hombre marcado por el rencor, ambicioso, con grandes dosis de hipocresía, cruel con afición a lo macabro y desmesuradamente ególatra».[10]

El 13 de febrero de 1930, tras la caída de la dictadura de Primo de Rivera, Afonso XIII eligió como sucesor al ya general Dámaso Berenguer para encabezar un Gobierno de transición a la normalidad constitucional. El excelente desempeño de Mola en los Regulares a las órdenes de Berenguer motivó su nombramiento como director general de Seguridad. Mola, que, en ese momento, como se ha dicho, era el comandante de la importante plaza atlántica de Larache, aceptó el cargo con gran reticencia, ya que esta designación interrumpía su carrera militar.[11] La aceptación del puesto por parte de Mola, fruto de su lealtad personal a Berenguer, perjudicó su reputación anterior de relativamente progresista, porque Mola, ante el aumento de la frecuencia de las manifestaciones estudiantiles y de las huelgas de la clase obrera, se entregó de pleno a reprimir la subversión política. Hasta la caída de la monarquía, al cabo de catorce meses, Mola se dedicó a aplastar la agitación obrera y estudiantil, al igual que había aplastado a los rebeldes en Marruecos. El hermano de Francisco Franco, Ramón, un célebre aviador, dijo que Mola trataba a la población española igual que a los cabileños del Rif.[12]

Para perseguir sus objetivos, Mola creó un escuadrón antidisturbios de élite, bien preparado físicamente y bien armado. Eficaz y trabajador, recabó una cantidad inmensa de datos sobre la actuación de los opositores republicanos gracias a la Brigada de Investigación Social (BIS), un grupo de agentes de la policía secreta dirigidos por el profundamente reaccionario Santiago Martín Báguenas, cuyo lugarteniente era el siniestro Luis Fenoll Malvasía. Con su ayuda, Mola estableció un complejo sistema de espionaje dedicado a la vigilancia de los republicanos, en especial de los que estaban en el Ejército y las universidades. Agentes de la policía se infiltraron con éxito en grupos de izquierdas, en los que actuaban como agentes provocadores bajo la supervisión de Fenoll. La misma red continuaba en buena parte activa en 1936, cuando Mola la utilizó para ayudar a los conspiradores en los preparativos del alzamiento militar.[13]

Mola, alto y con gafas, quizá tuviera aspecto de sabio asceta, pero, al igual que los demás africanistas, odiaba a la izquierda por su oposición a la aventura colonial. Estaba más que convencido de la existencia del llamado «contubernio judeo-masónico-bolchevique».[14] El socialista Juan-Simeón Vidarte formaba parte de una delegación del Ateneo de Madrid que le visitó en esta época para pedirle la liberación de algunos jóvenes de la entidad que habían sido detenidos por participar en una manifestación. Mola se negó con el argumento de que los detenidos no eran presos políticos, sino políticos culpables de delitos comunes, y que todos los socios del Ateneo eran masones y, por tanto, estaban bajo la influencia judía. Años más tarde, al relatar esta escena, Vidarte evocaría así a Mola: «Era alto, desgarbado, de gesto autoritario, áspero y duro».[15] De hecho, la vehemencia con la que Mola criticó a Ramón Franco agrió sus relaciones con el hermano de este, el general Francisco Franco. El 4 de noviembre de 1930, Ramón se fugó de una prisión militar donde estaba recluido por sus declaraciones prorrepublicanas. Mola escribió en sus memorias que, fugándose, Franco se había comportado «como un vulgar maleante». El 15 de diciembre, Ramón, como parte de una intentona revolucionaria frustrada, robó un avión y se disponía a bombardear el Palacio Real de Oriente cuando, al ver a los niños que jugaban en los jardines, desistió. Un panfleto, al parecer salido del despacho de Mola, lo denunció así: «Un mal nacido, ebrio al parecer de vuestra sangre, robando un avión militar, ha lanzado esta mañana sobre Madrid unas hojas excitándoos a la rebelión y a que proclaméis la República». Y, a continuación, pedía que Ramón y sus compañeros fueran perseguidos como perros rabiosos. Furioso, el general Franco viajó desde Zaragoza, donde era el director de la Academia General Militar, para protestar, pero Mola negó que tuviera nada que ver con el panfleto.[16]

Mola sobreestimaba la amenaza del minúsculo Partido Comunista Español, al que consideraba el instrumento de siniestras maquinaciones judeomasónicas. Esto no hace sino demostrar que daba crédito a los delirantes informes de sus agentes, en particular los de Martín Báguenas y del sórdido y obsesivo Julián Mauricio Carlavilla del Barrio. El propio Mola, al igual que Franco y otros generales, era lector asiduo de los boletines y demás publicaciones de la Entente Internacional contra la Tercera Internacional, a los que estaba suscrito por cortesía del general Primo de Rivera. En abril de 1930, obsesionado por la necesidad de aplastar la supuesta amenaza comunista, Mola creó la Junta Central contra el Comunismo, compuesta por representantes de los ministerios de la Guerra, Marina y Justicia junto con el teniente coronel José Ungría Jiménez, que a finales de junio de 1927 había sido nombrado secretario del Centro Español Antibolchevique, la sección española de la Entente. La misión de Ungría era difundir la propaganda anticomunista de la Entente, mientras que la vigilancia de los comunistas se confiaba a la recién creada Sección de Investigación Comunista de Mola dentro de la BIS. Ungría pasaba la información de la red de agentes de Mola a la Entente en Ginebra, donde se incorporaba a los boletines que se enviaban a Franco y a otros altos cargos.[17] Las opiniones de Mola sobre los judíos, los comunistas y los masones también se vieron afectadas por la información recibida de la organización de las fuerzas rusas blancas en el exilio, la Russkii Obshche-Voinskii Soiuz (ROVS, Unión Militar Rusa) con sede en París. Aun después de haber perdido el cargo, Mola permaneció en estrecho contacto con el líder de la ROVS, el teniente general Evgenii Karlovich Miller.[18] El 14 de agosto de 1936, durante una cena con su Estado Mayor, Mola manifestó: «Los judíos odian la idea de la nacionalidad. Son un cúmulo de rencores viejos, de malas intenciones, de resentimientos raciales trasnochados».[19]

Resulta irónico, en vista de su posterior colaboración durante la Guerra Civil, que uno de los que Mola mantuviera vigilados por su participación en maquinaciones antimonárquicas fuese Gonzalo Queipo de Llano, cabecilla de un comité militar revolucionario que había redactado planes detallados para la toma de centros de comunicación y cuarteles militares clave. Los conspiradores republicanos fueron seguidos por los agentes de Mola mientras trataban de forjar vínculos con el movimiento anarquista y comprar armas.[20] Él mismo ordenó la detención de varios oficiales, incluido Ramón Franco.[21] La intentona republicana principal se frustró por el levantamiento prematuro de la guarnición de la ciudad de Jaca, en las estribaciones del Pirineo, en la provincia de Huesca. Allí, el 12 de diciembre, los capitanes Fermín Galán, Ángel García Hernández y Salvador Sediles se anticiparon en tres días a la fecha acordada para la sublevación de ámbito nacional y su revuelta fue sofocada.[22] Galán y García Hernández, como cabecillas de la sublevación de Jaca, fueron juzgados en consejo de guerra sumario el 13 de diciembre y condenados a muerte.[23] La derrota de los rebeldes de Jaca fue un revés que debilitó a los conspiradores y provocó la pérdida de apoyo de numerosos oficiales. La rebelión de ámbito nacional se llevó a cabo, como estaba previsto, el 15 de diciembre. Los aviadores rebeldes capturaron la base aérea de Cuatro Vientos, pero quedaron aislados al no materializarse la huelga general que esperaban en su apoyo.[24]

El futuro de Mola se vio ensombrecido por la ejecución de Galán y García Hernández, así como por los disturbios estudiantiles del 25 de marzo de 1931. En la Facultad de Medicina de la Universidad de Madrid, en el edificio San Carlos de la calle Atocha, las manifestaciones estudiantiles en apoyo de la amnistía para los presos políticos fueron brutalmente reprimidas por la Guardia Civil. Murieron un estudiante y un guardia civil y otras dieciséis personas resultaron heridas de gravedad. Mola fue culpado del uso de la fuerza indiscriminada. Sus instintos de africanista salieron a relucir en las palabras que usó para excusarse: «¡San Carlos se había convertido en la *kasba* de la rebeldía!».[25]

Al cabo de tres semanas, el 14 de abril, se proclamaba la Segunda República. Entre los cánticos de la multitud que se regocijaba en las calles, algunos pedían la cabeza de Mola. Se congregó una turba frente a su casa, pero militantes de la Federación de Juventudes Socialistas impidieron que la quemaran.[26] Mola, convencido de que lo detendrían por su persecución a los opositores republicanos, pasó una semana escondido en la finca de Toledo de un aristócrata conocido suyo.[27] A pesar de haber reprimido a los republicanos, la repugnancia que le provocó la huida del rey hizo que mostrara muy poco entusiasmo por la restauración de la monarquía. Además, en opinión de Ramón Serrano Suñer, Mola como director general de Seguridad, «vio tales cosas, debilidades, deserciones y cobardías que quizá por ello no tuvo ya entusiasmos monárquicos».[28]

El 21 de abril Mola se entregó al ministro de la Guerra, Manuel Azaña. Pese a haber prestado juramento de lealtad a la República, y con gran malestar por su parte, fue arrestado y recluido en lo que, más adelante, describiría como una «celda húmeda y maloliente» de una cárcel militar. El 22 de abril fue interrogado por un juez sobre los acontecimientos del 25 de marzo. Se cree que alegó que la orden de recurrir a la Guardia Civil para la represión la había dado el ministro de la Gobernación, el marqués de Hoyos.[29] Mola se había enemistado con una de las víctimas de su época como director general de Seguridad, Ángel Galarza Gago, del ultrajacobino Partido Republicano Radical-Socialista. Nombrado fiscal general del Estado el 15 de abril, Galarza tenía muchas cuentas que saldar con Mola.[30] A raíz de su participación en la conspiración prorrepublicana de diciembre de 1930, Galarza había sido encarcelado y estaba furioso por haber recibido una sentencia más larga que el resto de los condenados. Durante la lucha contra la monarquía, los llamamientos para que se castigara a los beneficiarios del antiguo régimen habían llevado a que se creara, en julio de 1930, una «comisión de responsabilidades» informal en el Ateneo de Madrid, con la esperanza de llevar a Alfonso XIII y a los colaboradores de la dictadura ante la justicia. Seis miembros del Gobierno provisional de la República —Azaña, Fernando de los Ríos, Prieto, Marcelino Domingo, Maura y Alcalá-Zamora— habían pertenecido a dicha comisión y, una vez en el poder, se encargaron de que se aplicaran sus conclusiones. La asignación de responsabilidades era una causa popular, pero también un cáliz envenenado, que dividió a la coalición republicana y creó enemigos, entre los que Mola era uno de los más destacados.[31]

Galarza ordenó que juzgaran a Mola por «imprudencia temeraria» en la represión de la manifestación de San Carlos. Mola fue procesado y se redactó el acta de acusación, que este recurrió el 28 de abril, aunque sin éxito, alegando que él no había sido el responsable de la actuación represiva con los manifestantes en la Facultad de Medicina. El 1 de mayo, mientras el caso de Mola estaba pendiente de juicio, se interrogó al marqués de Hoyos, quien afirmó que, como ministro, no había dado instrucciones detalladas más allá de la orden de prevenir los disturbios. El 3 de julio, el Tribunal Supremo anuló la orden de ingreso de Mola en prisión y este fue puesto en libertad;[32] sin embargo, al cabo de un solo día, Galarza, que había sido nombrado director general de Seguridad el 13 de mayo, ordenó que volvieran a detenerlo. A la espera de un juicio que nunca tuvo lugar, Mola permaneció como número 31 en la lista de generales de brigada, pero sin destino, en situación de «disponible». Puede entenderse su indignación.[33] El general Berenguer ya había sido arrestado por varios delitos, pero sobre todo por su papel como ministro de la Guerra durante el juicio sumario y la ejecución de Galán y García Hernández. Estas detenciones alimentaron la imagen vengativa que la República tenía entre la derecha.[34] Para los africanistas, Mola era un héroe de la guerra de África que, como director general de Seguridad, se había limitado a cumplir con su cometido sofocando la subversión.

Mola expresaría más tarde su odio al Ateneo en un discurso pronunciado en Valladolid en octubre de 1936: «Nosotros no hemos hecho más que dar un papirotazo a ese castillo en el aire que habían levantado los intelectuales estúpidos de la cacharrería del Ateneo».[35]

En el verano de 1931, Lerroux y otros ministros del gabinete protestaron porque Mola seguía en la cárcel, algo que Prieto consideraba «una iniquidad» en vista de que la esposa de Mola estaba a punto de dar a luz su cuarto hijo. El 5 de agosto, Azaña dispuso que le conmutaran la cárcel por el arresto domiciliario.[36] No es de extrañar que, al ver que aquellos a los que había perseguido recientemente se encontraban ahora en cargos de poder, Mola sintiera rencor y hostilidad hacia la República y un odio enconado y personal por Azaña, por no hablar de su resentimiento hacia Alfonso XIII, a quien consideraba un cobarde desertor. En el caso de Azaña, otro motivo que alimentaba su odio eran las reformas militares que habían provocado la revisión de sus ascensos a coronel y general de brigada, considerados cuestionables ambos. Aunque no perdió su rango de general de brigada, Mola cayó hasta la misma posición adonde habría llegado si hubiera sido ascendido por antigüedad, pese a lo cual, el 10 de agosto de 1932, pasó a la segunda reserva, lo que en la práctica suponía su retiro forzoso. Todo ello hizo que cayera en picado, y de forma humillante, desde la décima posición en la lista de generales de brigada a principios de 1932 hasta el número 240 en la lista de la segunda reserva. El hecho de que esto sucediera el mismo día del golpe de Estado fallido del general Sanjurjo, en el que Mola no participó, parece que se debió a una mera coincidencia.[37] La justificación fue un tecnicismo: la aplicación de un decreto del 9 de marzo de 1932 que establecía el traslado a la segunda reserva de cualquier general que hubiera pasado más de seis meses en situación de «disponible». Mola debió de padecer una angustia considerable durante los meses en los que esperaba en vano un destino. Se ha especulado con que esta dura medida fue la respuesta de Azaña a su exoneración de toda responsabilidad en los acontecimientos de marzo de 1931 por parte del Tribunal Supremo.[38] Como acaso fuera inevitable, a la luz de esta decisión aparentemente malintencionada, Mola, influido además por los informes paranoicos que recibía de Carlavilla y por los dosieres de la ROVS, estaba cada vez más convencido de que el advenimiento de la República era obra de judíos y masones.

Durante el periodo posterior a su pase a la reserva, Mola se dedicó a cultivar su afición por construir juguetes de madera, sobre todo soldaditos y maquetas de barcos de guerra, para lo cual tenía cierta habilidad. También escribió, bajo el pseudónimo de «W. Hooper», un manual de ajedrez, un juego que no dominaba, aunque pudo redactarlo en tres semanas a partir de otros manuales existentes. Se vendió muy bien en Sudamérica y le hizo ganar mucho dinero.[39] Sus hagiógrafos utilizan estas actividades para dar a entender que Mola se vio obligado a recurrir a ellas debido a sus estrecheces económicas, cuando lo cierto es que, entre el 22 de abril de 1931 y el 10 de agosto de 1932, en situación de «disponible», Mola cobró el 80 por ciento de su sueldo de general, mientras que a partir del 11 de agosto de 1932, al pasar a la segunda reserva, su sueldo se redujo al 75 por ciento,[40] debido a la pérdida de algunos complementos salariales asociados con el servicio activo. Por otra parte, escribió tres volúmenes de memorias que cosecharon también un considerable éxito de ventas: *Lo que yo supe*; *Tempestad, calma, intriga y crisis*, y *El derrumbamiento de la monarquía*. A finales de 1931, en el primer volumen de estas memorias, comenta que se dio cuenta de la amenaza que representaba la masonería gracias a un panfleto que le llegó procedente de Francia: «Cuando, por imperiosa obligación de mi cargo, estudié la intervención de las logias en la vida política de España, me di cuenta de la enorme fuerza que representaban, no por ellas en sí, sino por los poderosos elementos que las movían desde el extranjero, los judíos». La revista de derechas *Acción Española* celebró la aparición del libro con una exultante reseña de nueve páginas de Eugenio Vegas Latapié, uno de sus fundadores y ferviente defensor de la violencia contra la República.[41]

Cuando Mola escribió el segundo volumen de sus memorias, *Tempestad, calma, intriga y crisis,* se mostró más explícito en sus ataques a masones y judíos. Dio a entender que esto se debía a que, además de los informes del general Miller, ahora había leído los libros antimasónicos del padre Tusquets y *Los protocolos de los sabios de Sión*. Así, Mola escribió que la inestabilidad que había llevado a la instauración de la República derivaba del «odio de una raza, transmitido a través de una organización hábilmente manipulada. Me refiero concretamente a los judíos y a la masonería. Eso es lo básico; todo lo demás ha sido circunstancial». Atribuía el supuesto odio de los judíos hacia España a tres motivos: «la envidia que les produce todo pueblo con patria propia; nuestra religión, por la que sienten aborrecimiento inextinguible, ya que a ella atribuyen su dispersión por el mundo; el recuerdo de su expulsión», para luego establecer una extrañísima relación entre dichos «motivos» y la masonería: «¡He aquí los tres vértices de triángulo masónico de las logias españolas!».[42] Durante la Guerra Civil, el general ruso Miller siguió enviando sus informes a Mola,[43] quien, al parecer, estaba convencido de la absoluta veracidad de *Los protocolos*.[44]

En diciembre de 1933, Mola concluyó su amargo y polémico libro *El pasado, Azaña y el porvenir*, en el que se hacía eco de la animosidad de buena parte de los militares hacia la República en general y hacia Azaña en particular. Este último era, según él, «un rabioso antimilitarista», un «hombre frío, sectario, vanidoso y con más bagaje de odios que de buenos deseos. Desde el mismo instante que tomó posesión del Palacio de Buenavista se dio a la tarea de triturar el Ejército; más todavía, de pulverizarlo».[45] Consternado por lo que consideraba el antimilitarismo antipatriótico de la izquierda, lo atribuyó a varias causas, principalmente al hecho de que:

> Los pueblos decadentes son víctimas predilectas de la vida parasitaria de organizaciones internacionales, y éstas, a su vez, elementos utilizados por las grandes potencias en beneficio propio, aprovechándose de la circunstancia que es precisamente en las naciones débiles donde la acción de tales organizaciones adquiere un desarrollo más intenso, como son las naturalezas enfermizas el campo más abonado para que crezcan y se multipliquen con la máxima virulencia los gérmenes patológicos. [...] Es significativo, además, que todas suelen estar mediatizadas cuando no dirigidas por los judíos. [...] Las organizaciones a que vengo aludiendo constituyen el más temible enemigo que tiene el sentimiento nacionalista de los pueblos. [...] Conocido el verdadero objeto de las organizaciones de que vengo hablando, no ha de extrañar que su acción más intensa la ejerzan contra las instituciones militares, pues consideran a éstas como constitutivas del sector social donde más arraigado puede encontrarse el ideal nacionalista. No importa a los judíos —tenaces propulsores de estas campañas— hundir un pueblo, ni diez, ni el mundo entero, porque ellos, sobre tener la excepcional habilidad de sacar provecho de las mayores catástrofes, cumplen su programa. El caso de lo ocurrido en Rusia es un ejemplo de gran actualidad, que ha tenido muy presente Hitler: el canciller alemán —nacionalista fanático— está convencido de que su pueblo no puede resurgir en tanto subsistan enquistados en la nación los judíos y las organizaciones internacionales parasitarias por ellos

alentados o dirigidos; por eso persigue a uno y otros sin darles tregua ni cuartel.[46]

Taciturno y tímido, Mola nunca había destacado por su popularidad, pero con este best seller, se ganó la admiración de los africanistas más reaccionarios.[47]

En abril de 1934, la amnistía aprobada por el Gobierno de Alejandro Lerroux permitió a Mola volver al servicio activo en el Ejército. En la segunda mitad de 1934, escribió tres veces a su amigo y mentor, el general Sanjurjo, para expresar su preocupación por el hecho de que el Gobierno del partido radical estaba perdiendo el control del orden público. No se involucró en la represión tras los acontecimientos de octubre en Asturias y Cataluña; sin embargo, preocupado por la posibilidad de que la izquierda volviera a levantar cabeza tras su derrota, escribió de nuevo a Sanjurjo para expresarle su inquietud por la izquierda y el separatismo catalán.[48] En mayo de 1935, cuando Gil Robles se hizo cargo del Ministerio de la Guerra, anuló las revisiones de ascensos de Azaña y, decidido a reforzar la capacidad represiva del Gobierno, nombró a Franco jefe del Estado Mayor y, consciente de su ignorancia en asuntos militares, lo dejó al frente del ministerio. Franco purgó la cúpula militar de oficiales republicanos leales y ascendió a conocidos opositores al régimen. Nombró a Mola comandante militar de Melilla en el verano de 1935 y, a finales de año, jefe de todas las fuerzas españolas en Marruecos. La utilización del Ejército de África en la represión de Asturias había intensificado la hostilidad de esas tropas hacia la izquierda. Durante seis meses, Mola trabajó en terreno abonado para preparar el previsible papel del Ejército de África en la Península en caso de sublevación. Durante este periodo, él y Franco situaron a un gran número de coroneles en puestos clave que más tarde facilitarían el golpe de julio de 1936.[49] También en la Península, Franco hizo mucho para planificar el posterior esfuerzo bélico de los rebeldes. Se construyeron fortificaciones que dominaran Madrid y se realizaron maniobras militares contra un hipotético enemigo de la clase obrera. Para deleite de Sanjurjo, Franco trajo secretamente a Mola a la capital y lo estableció en una oficina aislada del Ministerio de la Guerra con el objetivo de que preparase los planes de operaciones para que el Ejército colonial aplastara a la resistencia izquierdista.[50]

Para Mola, el efecto más inmediato de la victoria del Frente Popular en las elecciones del 16 de febrero se produjo al cabo de cinco días, cuando el nuevo ministro de la Guerra, el general Carlos Masquelet, presentó al gabinete una serie de propuestas de nombramientos; entre ellas, la de Franco para la Comandancia General de las Islas Canarias, la de Goded para la Comandancia General de las Islas Baleares y la de Mola para la plaza de gobernador militar de Pamplona. El traslado de Mola fue el menos perspicaz de todos estos nombramientos: la capital navarra era el cuartel general del movimiento carlista y de su milicia, el Requeté. Con su nuevo cargo, Mola se encontraría en una posición ideal para organizar los planes de insurrección en la Península.

Mola se tomó su traslado no solo como un ataque preventivo del Gobierno, sino también como un insulto personal de su odiado Manuel Azaña, ahora presidente del consejo. Le indignó en especial que, a su salida de Ceuta, lo increpase una muchedumbre de transeúntes republicanos que habían acudido para celebrar su marcha.[51] Además, la mayoría de los africanistas temían que el triunfo del Frente Popular implicara su procesamiento por las atrocidades cometidas en Asturias, así como la reaplicación de la revisión de ascensos de Azaña. Nadie podía sentirse más vulnerable a este respecto que Mola, a raíz de la publicación de su libro con virulentos insultos contra Azaña. Antes de salir de Marruecos el 4 de marzo, Mola había confiado la dirección de la trama golpista en Marruecos al teniente coronel Juan Yagüe, comandante de la Legión en Ceuta,[52] y había escrito a Sanjurjo el 3 de marzo para manifestarle su lealtad incondicional y declarar que no participaría en ningún intento de golpe de Estado que no fuera a sus órdenes: «yo no me embarco más que con V. única y exclusivamente con V. permaneciendo totalmente alejado de todo y todos, mientras no sea ponerme a su servicio».[53] Camino de Pamplona, Mola pasó ocho días en Madrid, durante los cuales participó en la reunión clave de generales del 8 de marzo, y se puso en contacto con el coronel Valentín Galarza Morante, jefe de la organización conspirativa de la derecha, la Unión Militar Española, y con importantes figuras civiles como Calvo Sotelo, Juan de la Cierva y Antonio Goicoechea. También renovó sus vínculos con sus antiguos subordinados de la policía, especialmente con Martín Báguenas, que sería de vital importancia para facilitar los preparativos del golpe.[54]

En Madrid, en la ya mencionada reunión del 8 de marzo, el verdadero motor de los generales Mola, Franco, Orgaz, Villegas, Fanjul y Varela, más allá de su retórica común sobre la necesidad de «salvar a España», era el resentimiento por la pérdida de cargos importantes y el odio a la República progresista. Los asistentes se comprometieron a actuar si el Frente Popular desmantelaba la Guardia Civil o reducía el tamaño del cuerpo de oficiales, si estallaba la revolución o si se pedía a Largo Caballero que formara gobierno. Varela, afirmando que hablaba en nombre de Sanjurjo, declaró que lo único que hacía falta era un golpe de Estado contundente en Madrid. A Mola, en cambio, más pesimista, le preocupaba que los preparativos en la Península estuvieran menos avanzados que en África. Además, abogaba por un alzamiento coordinado de civiles y militares coordinados en provincias.[55]

Pese a las dudas de Mola, los demás acordaron que Varela, con el apoyo de Orgaz, debía encargarse de los preparativos para un golpe de Estado el 20 de abril. Pero los servicios de seguridad los descubrieron, y Varela fue separado del servicio activo y quedó bajo arresto domiciliario en Cádiz. Por orden de Sanjurjo, se entregó a Mola todo el material preparatorio del golpe de Varela y Orgaz: mapas, nombres y notas. Y es que, debido a su labor con las guarniciones de África, la red de inteligencia que controlaba a través de Martín Báguenas y su eficacia prusiana, Mola era claramente el hombre más indicado para organizar el alzamiento. A finales de mayo, Sanjurjo reconoció formalmente a Mola como «Director», y este podría contar con la inestimable colaboración de Galarza, apodado por los conspiradores «el Técnico».[56]

Cuando Mola llegó a Pamplona, confió al gobernador militar en funciones, el coronel José Solchaga, su preocupación de que había muchos titubeantes en el Ejército, entre los que incluía a «Franquito». Supuestamente, cuando se reunieron un par de días más tarde, justo antes de partir hacia sus nuevos destinos, Franco le había dicho: «Vete tú primero y yo iré después».[57] El mismo Mola era cauto en extremo.

Galarza sabía que la policía lo tenía vigilado y le advirtió de que había agentes del Gobierno infiltrados en la UME.[58]

Las dudas de Mola sobre un posible fracaso fueron disipadas por el financiero Juan March, quien proporcionó su incalculable apoyo moral y económico a Mola y a los demás golpistas.[59] Profundamente hostil a la República, March se alegró al enterarse de la reunión del 8 de marzo de los generales conspiradores, pero se alarmó al oír sus temores sobre los riesgos, en particular en el caso de Mola, que al parecer había dicho: «Por la Patria estoy dispuesto a jugarme la vida, pero no los garbanzos». March le envió el siguiente mensaje: «Usted no debe preocuparse por su familia. Si algo le sucede, Juan March se ocupará de ellos. Además éste le garantiza a usted, por adelantado, la suma de un millón de pesetas». Esto permitió a Mola instalar a su esposa y cuatro hijos en Biarritz.[60] Más allá de la solución de sus preocupaciones personales, este confiaba en la ayuda de Juan March para el golpe, junto con importantes sumas de Calvo Sotelo y Goicoechea y varios financieros e industriales navarros y vascos.[61] Durante la primavera de 1936, March aportó garantías económicas para superar las dudas de varios generales clave y mantenerlos en la conspiración. En marzo, para la compra de armas, también proporcionó a Franco y Mola un crédito de 500.000 libras a través del Banco Kleinwort, que aumentó a 800.000 libras en agosto y a 942.000 libras en diciembre. En Biarritz, durante la primavera de 1936, la compra de armas estaba en la agenda de las frecuentes reuniones de Mola con March, quien solía imponer duras condiciones de pago del principal y los intereses.[62]

El Gobierno republicano confiaba que el traslado de Mola desde Marruecos a la pequeña guarnición de Pamplona lo neutralizaría. Se daba por sentado que el general no se entendería con los carlistas locales, profundamente reaccionarios; al fin y al cabo, había comentado a menudo a sus compañeros oficiales que a su abuelo lo habían matado los carlistas por liberal.[63] Pero Mola seguía teniendo en sus manos los hilos clave de la trama y la plena confianza de los oficiales más influyentes de Marruecos y de su red policial. Llegó a Pamplona el 14 de marzo y, a los tres días, los oficiales locales le presentaron a B. Félix Maíz, un contratista navarro de treinta y seis años que sería su enlace inicial con los carlistas. Tras descubrir su común entusiasmo por *Los protocolos de los sabios de Sión* y las obras de Juan Tusquets, ambos congeniaron de inmediato. Para alegría de Maíz, Mola, que aún recibía los paranoicos informes anticomunistas de la ROVS desde París, le dijo: «vamos contra un enemigo que no es español». Maíz, cuyas memorias incluyen largos extractos de *Los protocolos*, creía que era inminente una guerra a muerte entre los cristianos y los lacayos de los judíos: «la gran Bestia [...] hordas compactas de brutos encerrados en el pantano del Mal». Este veía la situación política de un modo aún más extremo: «Circulan ya por España equipos completos de "tipos" inyectados con el morbo de la rabia, dispuestos a clavar sus sucios colmillos en carne cristiana».[64] Otro importante colaborador local de Mola fue Raimundo García y García, «Garcilaso», director del *Diario de Navarra* y diputado de las Cortes. Al igual que Maíz, compartía las ideas ultraderechistas de Tusquets, y había conocido a Mola en Marruecos, donde, además, había trabado amistad con Sanjurjo. En 1936, aprovechó su cargo de diputado de las Cortes para facilitar su labor de enlace entre Sanjurjo y Mola.[65]

El alzamiento militar del 17-18 de julio de 1936 se planeó con más cuidado que cualquier otra intentona previa. Las lecciones del fallido golpe de Sanjurjo del 10 de agosto de 1932 habían sido bien aprendidas. Mola tenía por objetivo la toma coordinada de las guarniciones de las cincuenta provincias de España y la rápida aniquilación de la clase obrera organizada. Durante los meses siguientes, emitió una serie de «instrucciones reservadas» que trazaban el plan de los rebeldes para instaurar el terror. Cinco de estas instrucciones estaban numeradas y había otras concretas para las fuerzas armadas y para Marruecos. La primera, redactada a finales de abril de 1936, esbozaba «el objetivo, los métodos y los itinerarios». No insinuaba que la motivación del levantamiento fuera religiosa ni una respuesta al desorden: la justificación era la victoria electoral de la izquierda y la consiguiente amenaza de reformas legislativas. El pilar central del éxito tenía que ser el terror político sin piedad para derrotar a un enemigo superior en número: «Se tendrá en cuenta que la acción ha de ser en extremo violenta, para reducir lo antes posible al enemigo, que es fuerte y bien organizado. Desde luego, serán encarcelados todos los directivos de los partidos políticos, sociedades o sindicatos no afectos al Movimiento, aplicándose castigos ejemplares a dichos individuos, para estrangular los movimientos de rebeldía o huelgas».[66]

Para Mola, el terror consistía, en primer lugar, en desmantelar cualquier posible resistencia en el camino hacia el poder, pero también en «purificar» España de los elementos nocivos de la izquierda. Sin embargo, también sería sistemático en las áreas bajo su control donde la izquierda apenas supusiera una amenaza. Así, una de las primeras decisiones de Mola fue ordenar la ejecución de su chófer, porque sospechaba que era simpatizante del Frente Popular.[67] El odio a la República que subyace en las instrucciones se expresó con virulencia en una emisión radiofónica de Mola del 27 de febrero de 1937, en la que afirmó que consideraba a la República como el instrumento con el que «el judaísmo internacional y la masonería sectaria» pretendían destruir a España: «Nació la segunda República, y como fue engendrada con pecado de traición, nació raquítica, contrahecha, espuria, más que un parto, fue un aborto; como aborto, tenía que perecer, y pereció».[68]

La segunda de las instrucciones secretas, fechada el 25 de mayo, esbozaba una estrategia novedosa. El foco de los anteriores intentos de golpe de Estado había sido Madrid, desde donde se desplegarían las columnas del Ejército para conquistar el resto de España. Consciente de la dificultad que suponía apoderarse de la capital, el plan de Mola era que Madrid fuera atacada por columnas procedentes de ciudades en las que confiaba que el golpe tendría éxito, como Burgos, Valladolid, Zaragoza y Valencia. Para las ciudades del sur, donde tenía dudas, su plan era utilizar al Ejército de África. Las instrucciones de Mola a las fuerzas de Marruecos eran emplear una violencia extrema. El 24 de junio envió uno de sus mensajes más reveladores y decisivos a Yagüe, a quien había dejado al frente de la conspiración en África, nombrándole ahora «jefe de todas las fuerzas de Marruecos […] hasta la incorporación de un prestigioso general». Declaró que, debido a su «absoluta confianza» en Yagüe, le autorizaba a llevar a cabo el golpe como le pareciera, aunque le ordenó que actuara «con gran violencia, ya que las vacilaciones no conducen más que al fracaso».[69] Yagüe respondió con entusiasmo: «Soy optimista. […] La juventud está en la calle y matan y mueren por sus ideales; terminarán triunfando los mejores, los más fuertes, los más valientes y estos gobernarán con autoridad por haber escalado los puestos con valor y sangre».[70] Seis días después de la primera serie de instrucciones para Yagüe, llegaron veinticinco más específicas que guiarían a este último no solo en Marruecos, sino más tarde en la Península. Entre ellas se incluían órdenes de utilizar a los mercenarios marroquíes, a la Legión y a la Falange para controlar el orden público (lo que les daba rienda suelta para la represión) y de «eliminar los elementos izquierdistas, comunistas, anarquistas, sindicalistas, masones, etc.».[71]

A mediados de mayo, el incansable Yagüe envió a un emisario, el teniente coronel Seguí, a Pamplona para informar a Mola de que las guarniciones marroquíes estaban listas para sublevarse.[72] El 25 de mayo, Mola redactó su segunda serie de instrucciones secretas, el plan estratégico de alzamiento regional al que seguirían los ataques concertados a Madrid por columnas procedentes de provincias.[73] Sin embargo, como demuestra una larga carta a Sanjurjo del 4 de junio, Mola era extremadamente pesimista debido a la evidente falta de apoyo civil al golpe. Escribió que debería generarse más violencia para crear una espiral de terror y represalias de la izquierda que hiciera cundir el pánico entre la derecha.[74] El 1 de julio, Mola se quejaba: «Se ha intentado provocar una situación violenta entre dos sectores políticos opuestos para apoyados en ella proceder; pero es el caso hasta este momento —no obstante la asistencia prestada por algunos elementos políticos— no ha podido producirse porque aún hay insensatos que creen posible la convivencia con los representantes de las masas que mediatizan al Frente Popular».[75]

Un elemento clave fue asegurar la colaboración del general Gonzalo Queipo de Llano el 1 de junio. Su papel como director general del cuerpo de vigilancia de fronteras, los Carabineros, le autorizaba a viajar por toda España.[76] A pesar de su escasa simpatía ideológica por el carlismo, Mola se daba perfecta cuenta de que necesitaba su apoyo, que consideraba «una importante fuerza nacional indispensable». Consciente de que entre los regimientos de los que disponía había muchos reclutas de Asturias que probablemente fueran socialistas, quería reforzar sus filas con entre mil quinientos y dos mil fanáticos carlistas.[77]

Sin embargo, le preocupaba que la ayuda de los carlistas se ofreciera a «cambio de concesiones inadmisible[s]» que «nos harían prisioneros de ese cierto sector político en el momento de la victoria». Le sacaba de quicio la intransigencia del líder carlista Manuel Fal Conde. Mola no quería hipotecar el futuro, entre otras cosas porque, para conseguir la colaboración de Miguel Cabanellas, el general al mando de Zaragoza, tenía que comprometerse a mantener la bandera republicana, el Himno de Riego y convocar elecciones constituyentes para decidir el futuro de España. Mola necesitaba desesperadamente doce mil fusiles y un millón de cartuchos y tuvo que apelar a Cabanellas, que había sido diputado en las Cortes por Jaén y era uno de los masones a los que Mola consideraba enemigos de España.[78] En su instrucción secreta del 5 de junio, manifestó que, tras la victoria del alzamiento, se crearía un directorio militar que «se comprometerá durante su gestión a no cambiar el régimen republicano».[79]

La conspiración se vio facilitada por la complacencia del Gobierno ante las repetidas advertencias. El director general de Seguridad, José Alonso Mallol, trabajaba con denuedo para combatir el terrorismo falangista y vigilar las actividades de los oficiales hostiles. En mayo, entregó a Azaña y Casares Quiroga una lista de más de quinientos conspiradores que, según él, debían ser detenidos de inmediato. Temerosos de las posibles reacciones, Azaña y Casares no actuaron. Mallol señaló con el dedo a Mola, pero nada se hizo al respecto. Poco después de que Casares fuera nombrado presidente del Gobierno, hizo caso omiso de la información que le proporcionó el comunista navarro Jesús Monzón, que indicaba que los carlistas estaban haciendo acopio de armas.[80] La pasividad de Casares Quiroga animó a Mola —siempre partidario de la audacia hasta el punto de que parecía disfrutar del peligro— a actuar de forma aún menos disimulada,[81] en parte también gracias a que contaba con la protección de su antiguo subordinado, Santiago Martín Báguenas, que dirigía la red de espionaje creada por los conspiradores. Este, pese a hallarse en excedencia, mantenía el contacto con sus colegas de la Dirección General de Seguridad y proporcionaba a Mola informes delirantes, por no decir inventados, de las presuntas actividades de los soviéticos en España. Y lo que es más importante: tenía a Mola al tanto de toda inspección prevista en Pamplona, lo que le daba tiempo suficiente para ocultar cualquier elemento sospechoso.[82] Las profundas sospechas de Alonso Mallol sobre lo que se estaba tramando en Pamplona le llevaron a la ciudad a finales del 3 de junio con sesenta policías y un nutrido contingente de guardias de asalto de las provincias vecinas. El propósito aparente de la misión era interceptar armas que pasaban de contrabando por la frontera, pero el objetivo real era desmantelar la conspiración. Como Mola había sido avisado de antemano por Martín Báguenas, los hombres de Alonso Mallol no encontraron nada incriminatorio.[83] El 15 de junio, en el monasterio de Irache, cerca de Estella, Mola mantuvo una reunión secreta con los comandantes de las guarniciones de Pamplona, Logroño, Vitoria y San Sebastián. Al enterarse, el alcalde de Estella informó al gobernador civil de Navarra, quien cercó el monasterio con unidades de la Guardia Civil. Cuando el gobernador llamó a Casares Quiroga para pedirle más instrucciones, el presidente del Gobierno le ordenó indignado que se retirasen, tras alegar que Mola era un republicano leal que debía ser respetado por las autoridades.[84]

A finales de junio, Mola hizo el reparto de tareas entre los conspiradores: Franco tenía que ponerse al mando del alzamiento en Marruecos; Cabanellas estaría al frente en Zaragoza; el propio Mola, en Navarra y Burgos; Saliquet, en Valladolid; Villegas, en Madrid; González Carrasco, en Barcelona, y Goded, en Valencia. Pero Goded insistió en intercambiar ciudades con González Carrasco.[85] Mola y los demás conspiradores se resistían a proceder sin Franco, ante las vacilaciones de este. Como comandante de la Legión y, sucesivamente, director de la Academia Militar y jefe del Estado Mayor, su influencia entre la oficialidad no tenía rival. El golpe tenía pocas posibilidades de éxito sin el Ejército marroquí, que era incuestionablemente leal a Franco. Las vacilaciones de este provocaron las iras de Mola. El 8 de julio, Alfredo Kindelán consiguió hablar unos minutos con Franco por teléfono y se horrorizó al enterarse de que aún no estaba convencido de secundar el golpe. Mola lo supo cuarenta y ocho horas después.[86] El 12 de julio, el día en que el avión que debía llevarlo de Canarias a Marruecos aterrizó en Casablanca, Franco envió un mensaje en clave a Kindelán, que estaba en Madrid, para que se lo transmitiera a Mola.

Decía: «geografía poco extensa», y significaba que se negaba a participar en el alzamiento por considerar que las circunstancias no eran lo bastante favorables. Kindelán recibió el mensaje el 13 de julio. Al día siguiente se lo envió a Mola, que estaba en Pamplona, a través de una bella dama de la alta sociedad, Elena Medina Lafuente Garvey, quien, junto con Consuelo Olagüé y Luisa Beloqui, fue una de las mensajeras de los conspiradores. Medina se lo cosió en el cinturón de su vestido. Cuando Mola leyó el mensaje, se enfureció y tiró iracundo el papel al suelo. Ya más tranquilo, ordenó que buscaran al piloto Juan Antonio Ansaldo y dio instrucciones de que llevara a Sanjurjo a Marruecos para cumplir la misión que habían confiado a Franco. Mola informó a los conspiradores de Madrid de que no se podía contar con este. Sin embargo, al cabo de dos días, llegó un nuevo mensaje que confirmaba la participación de Franco.[87]

El 16 de julio, el superior inmediato de Mola, el general Domingo Batet, jefe de la región militar de Burgos, tuvo un tenso encuentro con él en el ya mencionado monasterio de Irache, cerca de Estella. Le hizo dar su palabra de que no estaba «comprometido en ninguna aventura». Cuando, pese a haber empeñado su palabra, Mola se rebeló, Batet le llamó por teléfono para afeárselo, pero Mola alegó que «por encima de mi palabra y de mi honor estaba el interés de España».[88]

Mola era tan profundamente pesimista sobre el posible apoyo civil al levantamiento y la participación de Franco que se planteó abandonar el proyecto.[89] Tanto sus dudas como su crueldad se reflejan en su quinta instrucción secreta del 20 de junio, que incluía la siguiente amenaza: «Ha de advertirse a los tímidos y vacilantes que aquel que no está con nosotros está contra nosotros, y como enemigo será tratado. Para los compañeros que no sean compañeros, el movimiento triunfante será inexorable».[90] Por su parte, fue una irresponsabilidad seguir adelante a sabiendas de que, sin un éxito inmediato, el alzamiento degeneraría en una larga y sangrienta guerra civil. El 15 de julio, durante las fiestas de San Fermín, Mola se vio sumido en la desesperación por la noticia que le trajo a Pamplona su hermano menor Ramón, de treinta y nueve años, capitán de infantería en Barcelona y enlace de Emilio con los conspiradores en la capital catalana.

Los servicios de seguridad de la Generalitat habían descubierto los planes del alzamiento en Cataluña y Ramón, profundamente pesimista, le rogó a su hermano que desistiera. Emilio le respondió que era demasiado tarde y ordenó a Ramón que regresara a la Ciudad Condal. Fue como si lo condenara a muerte. Cuando el golpe fracasó, como Ramón había predicho, el hermano menor de Mola se suicidó, lo que aumentó en él su ferocidad. Muestra de ello es que no le conmoviera en absoluto que el presidente de la Generalitat, Lluís Companys, salvara la vida de su padre, el general retirado de la Guardia Civil Emilio Mola López, de ochenta y tres años.[91]

Mola tenía que hacer malabarismos con las exigencias contradictorias de Cabanellas y los carlistas: estos querían instaurar una monarquía teocrática, mientras aquel planteaba una dictadura militar republicana que aceptara la libertad de culto. Según José María de Iribarren, las dificultades para conseguir el apoyo de los carlistas llevaron a Mola a contemplar la posibilidad de fusilar al líder carlista Fal Conde y luego «pegarse un tiro».[92] Redactó una instancia para dejar el Ejército e incluso pensó en retirarse a Cuba.[93] El conflicto se resolvió en parte gracias a la intervención de Sanjurjo, Garcilaso y el conde de Rodezno. Mola mantenía unas relaciones mucho mejores con la Falange, que, como tenía menos que ofrecer, no era tan exigente.[94] A todo esto, es difícil calcular la influencia que tuvo la noticia del asesinato de Calvo Sotelo el 13 de julio, ya que Mola afirmó más tarde que ocho horas antes ya había dado órdenes para que el Ejército de África se rebelara. Aun así, el asesinato decidió la participación de muchos que hasta ese momento vacilaban.[95]

A pesar de un aluvión de noticias inquietantes, Casares Quiroga al principio no se dio cuenta de la gravedad de la situación. Sin embargo, a las 21 horas del 18 de julio presentó su dimisión y, en un esfuerzo por aplacar a los rebeldes, Azaña nombró un gabinete centrista presidido por el moderado Diego Martínez Barrio, quien hizo el insólito gesto de llamar a Mola a las dos de la madrugada del 19 de julio para proponer una solución de compromiso: para evitar una sangrienta lucha fratricida, Martínez Barrio hacía el humillante sacrificio de negociar con un general amotinado. La conversación fue fríamente cortés, pero inútil. Después de que le ofrecieran un cargo en el Gobierno, Mola lo rechazó alegando que era demasiado tarde y que un acuerdo de compromiso sería una traición para las bases que apoyaban a ambos bandos.[96]

El bando de proclamación del estado de guerra de Mola en Pamplona, el 19 de julio de 1936, rezaba: «El restablecimiento del principio de autoridad exige inexcusablemente que los castigos sean ejemplares, por la seriedad con que se impondrán y la rapidez con que se llevarán a cabo, sin titubeos ni vacilaciones».[97] El mismo día, Mola se dirigió a una concentración de todos los alcaldes de la provincia de Navarra con estas palabras: «Hay que sembrar el terror [...] hay que dar la sensación de dominio eliminando sin escrúpulos ni vacilación a todos los que no piensen como nosotros. Nada de cobardías. Si vacilamos un momento y no procedemos con la máxima energía, no ganamos la partida. Todo aquel que ampare u oculte [a] un sujeto comunista o del Frente Popular será pasado por las armas».[98] Una de las primeras víctimas fue el comandante de la Guardia Civil de Pamplona, José Rodríguez Medel, cuyo crimen fue permanecer fiel a su juramento de obediencia al poder constituido. Cuando rechazó la invitación a unirse a los sublevados, Mola le dijo que podía marcharse libremente, aunque, al parecer, comentó más tarde: «Tenemos que liquidar a aquel hijo de puta». Y en efecto, Rodríguez Medel fue ejecutado poco después por los guardias civiles de su guarnición, tres de los cuales —que también se habían negado a sumarse a los rebeldes— fueron asimismo fusilados.[99] Mola declaró a un grupo de periodistas a mediados de agosto: «Mi objetivo es reconstruir España y castigar a los miserables asesinos que son nuestros adversarios».[100]

Al igual que sus compañeros de conspiración Franco y Queipo de Llano, Mola tenía el mismo concepto del proletariado español que de los marroquíes: una raza inferior a la que había que subyugar mediante una violencia brusca e inflexible. La identificación entre los obreros españoles y los cabileños rebeldes arrancaba ya de los primeros tiempos de la República. Al principio de la guerra, Mola declaró que «hemos de iniciarla [la rebelión] exclusivamente los militares: nos corresponde por derecho propio, porque ese es el anhelo nacional, porque tenemos un concepto exacto de nuestro poder».[101] Los sueños

militares de crear un nuevo Imperio español habían sido reemplaza-
dos por la determinación de subyugar a la propia España con los
mismos métodos que se habían empleado en Marruecos.

Sin embargo, mientras Franco y Queipo aplicaban en el sur de
España el terror ejemplar que habían aprendido en el norte de África, Mola se encargó de la represión en unas provincias muy diferentes:
Navarra, Álava, las ocho provincias de Castilla la Vieja, las tres de
León, las cuatro de Galicia, dos tercios de Zaragoza y prácticamente
toda Cáceres, donde el golpe tuvo éxito en cuestión de horas o días.
Las excusas utilizadas para las masacres de Andalucía y Badajoz —las
presuntas atrocidades de la izquierda o la amenaza de un contragolpe
comunista— no valían para las zonas católicas y profundamente conservadoras que pronto cayeron en manos de Mola. En el fondo, el
«crimen» de los ejecutados había sido haber votado por el Frente
Popular, haber desafiado su propia subordinación como trabajadores
o como mujeres.[102] A pesar de la mínima resistencia de la izquierda,
de la represión en las provincias que se encontraban bajo la jurisdicción general de Mola se encargaron los carlistas, la Falange y otros
grupos derechistas locales. Fue un baño de sangre indiscriminado.
Resuelto a eliminar a «los que no piensan como nosotros», Mola
contaba con listas elaboradas por diligentes colaboradores, como Garcilaso. Entre los que debían recibir «castigos ejemplares» figuraban,
además de sindicalistas y militantes de partidos de izquierda, librepen-
sadores de todo tipo —masones, vegetarianos, nudistas, espiritistas,
esperantistas— que serían detenidos y torturados, cuando no asesinados.[103] En el ejemplar de su diario que entregó a su amigo José María
Azcona, Iribarren escribió que Mola había borrado la frase «Esta
guerra nos va a resolver el problema agrario», un comentario digno
de Gonzalo de Aguilera.[104]

Sin embargo, a pesar de sus instrucciones de que se impusiera un
terror ejemplar, apenas diez días después del levantamiento, Mola
comentó a Iribarren: «Toda guerra civil es espantosa, pero ésta es de
una violencia verdaderamente terrible».[105] Un atisbo de remordimiento parecido puede entreverse en un comentario hecho el 30 de
agosto. Cuando Gil Robles lo visitó en Valladolid y le preguntó
cómo iban las cosas, Mola, con la cabeza entre las manos, gritó: «¡En

buena nos hemos metido! Daría algo bueno por que esta guerra acabara a fines de año y se liquidara con cien mil muertos».[106]

Tras enviar a Juan Ansaldo a recoger a Sanjurjo en Portugal, la noticia de la muerte del general cuando el avión se estrelló el 20 de julio, junto con las derrotas de Fanjul en Madrid y Goded en Barcelona, sumieron a Mola en la desesperación. Sus oscilaciones entre un optimismo desmedido y un pesimismo suicida apuntan a un trastorno bipolar.[107] A los dos días del fatal accidente de Sanjurjo, Mola trasladó su cuartel general al suroeste de Burgos, liberándose así de los carlistas. En su primer discurso, había afirmado que controlaba toda España, excepto Madrid y Barcelona.[108] Concedió entrevistas triunfales a varios periodistas extranjeros. Y el 23 de julio, en una conversación salpicada por los tiros de las ejecuciones de republicanos, aseguró al americano Reynolds Packard y a su esposa Eleanor: «Pueden estar seguros de que la lucha terminará antes de tres semanas. Se lo digo porque, si no estuviera seguro de que esta revolución iba a triunfar rápidamente y sin gran derramamiento de sangre, jamás habría participado en ella». Packard lo describió así: «Un hombre alto y casero que usaba gafas de culo de botella y buscaba a tientas palabras para expresarse. Nos pareció incapaz de la menor hipocresía política».[109]

Por su parte, el corresponsal británico del *Daily Express*, Sefton Delmer, lo describió como «un asceta alto, ligeramente encorvado y de aspecto anciano que, con sus gafas de miope, se parecía más a mi idea de un secretario del papa que a un general» y añadió «El optimismo personificado». Mola declaró: «Mandamos en toda España, excepto en Madrid, Barcelona y Bilbao. Y tomaremos Madrid antes de fin de mes». Le dijo a un periodista francés que confiaba en obligar a Madrid a rendirse por el hambre. Delmer, simpatizante de la causa rebelde, comentó: «Cada noche, a las dos en punto de la madrugada, me despertaban las ráfagas de tiros. Eran los disparos de los pelotones de ejecución de Mola, que noche tras noche arrastraban a sus cautivos desde la abarrotada prisión para cumplir las penas de muerte sumarias dictadas por los consejos de guerra durante el día. Y cada día traían a más y más cautivos —civiles, no soldados prisioneros en combate— para que ocuparan el lugar de los muertos de la noche anterior».[110]

El 24 de julio, Mola creó un directorio militar provisional de siete hombres, la llamada Junta de Defensa Nacional. Anunció a su Estado Mayor que «en beneficio del nuevo Estado, es conveniente, y así me lo han aconsejado, que se forme un Gobierno nacional, una junta de defensa, como teníamos previsto en el alzamiento, pues de no hacerlo pronto corremos el riesgo de que lo formen otros... Y no quiero ahondar más en esto, que no es momento ahora...».[111] Esos comentarios indicaban que ya estaba pensando en su posible rivalidad con Franco y Queipo. El plan inicial había sido formar un Gobierno presidido por Sanjurjo. Goicoechea y otros miembros del grupo monárquico Renovación Española convencieron a Mola de que un directorio exclusivamente militar inhibiría las disputas políticas. Estaba formado por los generales Mola, Miguel Ponte, Fidel Dávila y Andrés Saliquet y dos coroneles del Estado Mayor, Federico Montaner y Fernando Moreno Calderón, bajo la presidencia teórica de Miguel Cabanellas, el general de mayor rango del bando rebelde tras la muerte de Sanjurjo. Mola no incluyó a Franco hasta el 3 de agosto.[112]

Joaquín Pérez Madrigal, que fuera activista de extrema izquierda y luego diputado lerrouxista por Ciudad Real, le había acompañado desde Pamplona. En un notable acto de hipocresía y clarividencia, este antiguo miembro del grupo de diputados llamados «jabalíes» de las Cortes, había aparecido en Pamplona el 18 de julio en busca de «purificación y redención». Tras contactar con el conde de Rodezno y Garcilaso, consiguió introducirse en el Estado Mayor de Mola.[113] Más tarde, afirmaría que había desempeñado un pequeño papel en la confección de la Junta de Defensa. Según Pérez Madrigal, Mola había pensado al principio nombrar como presidente al general Severiano Martínez Anido, pero él convenció a Mola de que la fama de brutalidad de Martínez Anido hacía de Cabanellas un candidato más aceptable, y el hecho de que los demás rebeldes considerasen a Cabanellas de un peligroso liberalismo suponía una ventaja por lo que se refería a la imagen internacional de los sublevados. Lo cierto es que Mola nombró unilateralmente a Cabanellas para presidir la junta, en teoría por una cuestión de rango, pero en la práctica porque deseaba apartarlo del mando activo en Zaragoza. Mola había visitado la ciudad en persona el 21 de julio y había visto con horror que Cabanellas actuaba con moderación a la hora de aplastar a los contrarios al alzamiento. En cuanto Cabanellas hubo salido de Zaragoza, Mola encargó a Pérez Madrigal que lo mantuviera ocupado llevándolo a interminables giras de propaganda por la zona rebelde.[114]

Fue en las zonas de España donde el golpe militar encontró poca o ninguna resistencia donde más evidentes se hicieron los verdaderos objetivos de guerra de los rebeldes, a saber, la aniquilación de todo lo que significaba la República, empezando por el intento de acabar con los privilegios de los terratenientes, los industriales, la Iglesia católica y el Ejército, y continuando por las reformas progresistas republicanas en materia de educación y derechos de la mujer. La ejecución de sindicalistas, militantes de partidos de izquierdas, cargos municipales electos, funcionarios republicanos y maestros de escuela y masones, que no habían cometido delito alguno, constituía lo que se ha dado en llamar «asesinatos preventivos».[115] En un primer momento, Mola se puso en contacto con el jefe provincial de la Falange en Navarra, José Moreno, para autorizar su participación en la carnicería. La consigna falangista navarra era: «Camarada: tienes obligación de perseguir al judaísmo, a la masonería, al marxismo y al separatismo. Destruye y quema sus periódicos, sus libros, sus revistas, sus propagandas».[116] Cuando Mola fue informado de las atrocidades, se dice que respondió: «Yo lamento como ustedes todas esas cosas; pero yo necesito de la Falange y no he podido menos de darle atribuciones»; sin embargo, no cabe duda de que Mola instigó los asesinatos.[117]

De hecho, era en Navarra donde Mola podía sentirse totalmente seguro del éxito. Allí, una de cada diez personas que habían votado por el Frente Popular fue asesinada, 2.822 hombres y 35 mujeres en total.[118] El 19 de julio, Mola envió una columna de mil ochocientos hombres del coronel Francisco García Escámez de Pamplona a Logroño, donde pusieron en marcha una represión a gran escala.[119] Mola nombró gobernador civil de Logroño a un artillero, el capitán Emilio Bellod Gómez, al que ordenó que actuara con «mano muy dura», a lo que Bellod respondió: «No pase cuidado, mi general, así lo haré». La mayor parte de las matanzas —en su mayoría, extrajudiciales— tuvieron lugar entre el 19 de julio y el mes de enero de 1937, cuando Bellod fue relevado.

Las palizas y las torturas, la cárcel y la muerte fueron el destino de los izquierdistas. Hubo mujeres asesinadas y a las esposas de los hombres ejecutados les rapaban la cabeza y las obligaban a beber aceite de ricino y las sometían a menudo a violaciones y otras vejaciones sexuales. En Logroño capital, la cárcel provincial y el cementerio municipal pronto se llenaron. A finales de diciembre, se habían producido casi dos mil ejecuciones en la provincia, entre ellas, las de más de cuarenta mujeres. En el curso de la guerra, el 1 por ciento de la población total de la provincia fue ejecutado.[120] En Galicia, se desató una represión igual de feroz. Incluso comparada con la de las provincias de Castilla la Vieja, la represión en las tierras gallegas fue enormemente desproporcionada, teniendo en cuenta lo reducidísima que había sido la resistencia, lo que podría considerarse indicativo de la escasa legitimidad que los rebeldes se atribuían a sí mismos.[121] En total, hubo en Galicia más de 4.500 ejecuciones, incluidas las de 79 mujeres.[122]

Las otras provincias que pronto se encontraron a las órdenes de Mola experimentaron el mismo grado de salvajismo. Uno de sus colaboradores más íntimos y de confianza fue el general de división Andrés Saliquet Zumeta, que organizó el golpe y la posterior represión en Valladolid. Saliquet utilizó a las milicias falangistas para aplastar la resistencia de la izquierda en toda la provincia. A lo largo de todo el verano y el otoño, era probable que cualquiera que hubiera ocupado un cargo en un partido de izquierda o progresista, en un ayuntamiento o en un sindicato, fuera capturado por los falangistas y fusilado. Las cifras exactas de la magnitud de la represión en la provincia de Valladolid son imposibles de calcular, ya que muchas de las muertes no se hicieron constar en ninguna parte. El estudio local más reciente sitúa la cifra en más de tres mil.[123] Que Mola estaba al tanto de lo criminal de la empresa lo demostró a mediados de agosto un mensaje de radio al comandante de la Guardia Civil de Valladolid interceptado por el Ministerio de la Guerra en Madrid. Yendo de Valladolid a Burgos, Mola se enfadó cuando su coche se retrasó porque hubo que esperar a que despejaran la carretera de los cadáveres que se amontonaban en ella. En su mensaje exigía que, en lo sucesivo, las ejecuciones se llevaran a cabo lejos de las carreteras principales y que los cuerpos se enterrasen de inmediato.[124]

En Salamanca y en otras ciudades de la provincia como Ciudad Rodrigo, Ledesma y Béjar, la resistencia fue aplastada rápida y brutalmente. Como en los meses anteriores al golpe militar no había habido apenas violencia en Salamanca, la mayoría de los liberales e izquierdistas no intentaron huir. Sin embargo, los militares organizaron una caza de brujas de liberales, izquierdistas y sindicalistas. Los derechistas locales crearon una Guardia Cívica, unidades paramilitares que llevaron a cabo una represión prácticamente incontrolada que degeneró en venganzas personales y criminalidad pura y dura. Columnas armadas de falangistas se abalanzaron sobre las aldeas y se llevaron a los denunciados por izquierdistas para fusilarlos o encarcelarlos. Tras los interrogatorios y las torturas, algunos simplemente «desaparecieron», mientras que a otros los trasladaron a la cárcel provincial. Muchos de los encarcelados morían de enfermedades contraídas en las condiciones antihigiénicas de una prisión proyectada para cien prisioneros, pero que alojó a más de dos mil durante la guerra, a razón de doce o más en celdas destinadas a uno o dos hombres.[125]

El 31 de julio de 1936, desde Radio Pamplona, Mola realizó la primera de varias intervenciones radiofónicas en todas las cuales subrayó su compromiso de continuar sin piedad con la represión: «Yo podría aprovechar nuestras circunstancias favorables para ofrecer una transacción a los enemigos; pero no quiero. Quiero derrotarlos para imponerles mi voluntad, que es la vuestra, y para aniquilarlos. Quiero que el marxismo y la bandera roja del comunismo queden en la Historia como una pesadilla. Mas como una pesadilla lavada con sangre de patriotas»; unas palabras estrechamente relacionadas con las teorías organicistas de la extrema derecha: para Mola, en efecto, el derramamiento de sangre era una necesidad biológica.[126] En privado, expresaba opiniones parecidas. Sus bravuconadas acerca de que se alegraba al firmar tres o cuatro sentencias de muerte cada día figuran entre las muchas revelaciones que llevaron a un indignado Manuel Arias Paz, de la Delegación de Prensa y Propaganda, a ordenar el secuestro del libro de José María de Iribarren sobre Mola. En la misma conversación del 14 de agosto, por cierto, Mola reveló que, de no haber sido soldado, le hubiera gustado ser cirujano.[127]

El 20 de agosto, Mola trasladó su cuartel general al Ayuntamiento de Valladolid, donde permaneció dos meses. Mientras llevaban allí sus muebles, fue a Salamanca para recibir la visita de Yagüe, que se recreó hablando de la matanza de Badajoz. Cuando llegó la hora de que este se fuera, una multitud se congregó para vitorearle en torno a la comitiva de vehículos en los que viajaba. Mola le abrazó ostentosamente y dijo: «Este es mi discípulo predilecto».[128]

A mediados de diciembre de 1936, el filósofo Miguel de Unamuno escribió el siguiente comentario a su amigo Quintín de Torre sobre Franco y la represión: «En cuanto al Caudillo —supongo que se refiere al pobre general Franco—, no acaudilla nada en esto de la represión, del salvaje terror de retaguardia. Deja hacer. Esto, lo de la represión de retaguardia, corre a cargo de un monstruo de perversidad, ponzoñoso y rencoroso, que es el general Mola».[129]

Después de las muertes de Sanjurjo, Goded y Fanjul, Mola quedó como el único general que podía rivalizar con Franco. Mola y Franco estaban a años luz tanto en preferencias políticas como en temperamento. Iribarren hizo una comparación tácita entre ellos: Mola no era «el general frío, imperturbable, hermético. Era el hombre cuyo rostro traduce la impresión del momento, cuyos nervios tirantes acusan la contrariedad». Como ajeno a los problemas de seguridad, paseaba por Burgos vestido de paisano, solo o con algún amigo, e iba a cafeterías o al cine. Viajaba en coche sin escolta. En su caótico cuartel general no existía ningún tipo de seguridad. Prácticamente cualquiera podía entrar a hablar con él.[130] Y no solo descuidaba su protección, sino también su imagen. Mola no cultivaba a la prensa, mientras que Franco concedía de forma habitual entrevistas para darse autobombo. Mola, en cambio, se negaba por sistema a hacer declaraciones a los medios, lo que acabó dando pie a que le apodasen «el General Invisible».[131]

Sin embargo, como cerebro técnico del alzamiento, Mola cosechó notables fracasos. El Ejército de África, a las órdenes de Franco, no tardó en convertirse en la piedra angular del éxito de los nacionales. El hecho de que Mola diera por descontada la victoria de los golpistas en todas las grandes ciudades menos en Madrid fue el principal fallo de su plan, aunque ni él mismo estuviera seguro de que fuera posible: a mediados de junio, había reconocido ante un grupo de colaboradores en Pamplona que «ni en los cuarteles ni en las calles se podía ganar».[132] La derrota de los sublevados en Barcelona, Valencia, País Vasco, Santander y Asturias mermó considerablemente la capacidad de las guarniciones de Zaragoza, Pamplona, Burgos y Valladolid de enviar columnas hacia Madrid. Hacía tiempo que Mola había constatado el escaso entusiasmo de las tropas de reemplazo en la Península. Además, se dio cuenta a última hora de que andaban escasos de armas y municiones. El 22 de julio se lamentaba ante el monárquico José Ignacio Escobar de que la más mínima ayuda militar de Francia al Gobierno de Madrid bastaría para inclinar la balanza a favor de la República. Aceptó a regañadientes que carecía de las fuerzas necesarias para tomar Madrid y que, por lo tanto, dependería de las columnas africanas de Franco.[133] En cuanto a sus deficiencias como estratega, cabe destacar que el 15 de agosto comentó que, en toda su carrera, nunca había comandado fuerzas tan numerosas como las que había enviado a Somosierra.[134]

Tanto Mola como Franco pidieron ayuda al Tercer Reich. La diferencia es que los emisarios de Franco eran alemanes con contactos directos con el Partido Nazi, provistos de documentación creíble y peticiones relativamente ambiciosas. El enviado de Mola, José Ignacio Escobar, no tenía papeles ni demandas concretas, excepto la de fusiles y diez millones de cartuchos para fusiles. Mola tuvo que buscar viejos contactos dentro del conservador cuerpo diplomático alemán, que era hostil a cualquier aventurerismo en España. A los ojos de las autoridades germanas, Franco era sin duda el general rebelde principal, mientras que Mola les resultaba poco profesional y sin visión. De hecho, el mismo Mola parecía incapaz de pensar más allá de los cartuchos de fusil y lo que podían costar.[135] El 3 de agosto, Mola envió el siguiente (y penoso) telegrama a Franco: «Ruego telegrafíes Agramonte embajador en Berlín diciendo haga saber a personalidades políticas alemanas que tú y yo estamos en absoluto identificados en la acción militar y en el proyecto de reconstrucción nacional. Es cosa interesante pues allí existe quien cree lo contrario».[136]

Irónicamente, al mismo tiempo, en el cuartel general de Franco en Marruecos, según su primo Pacón, «A todos nos embargaba el temor de que la columna del general Mola llegase a Madrid antes que las de Franco y nos pisasen la papeleta». Existen numerosas pruebas circunstanciales que indican que Franco estaba retrasando delibera- damente su ofensiva sobre Madrid, porque no quería que la capital cayera mientras siguiera en activo la Junta de Defensa, controlada por Mola. Si caía con Franco aún no en ella, el triunfo político sería de Mola. El 11 de agosto, este le suplicó a Franco que acelerara el avance so- bre Madrid: «Consideraciones de orden político y económico me obligan a reiterar la necesidad de avanzar cuanto antes sobre Madrid. El enemigo está desmoralizado (tengo documentos que lo acreditan) y es preciso no darle tregua». Mola tenía razón. La falta de una defen- sa seria en la capital, antes de la llegada de la ayuda soviética o de las Brigadas Internacionales, representaba una oportunidad única. Fran- co respondió con astucia el mismo día: «1.° Siempre consideré como tú que problema capital y de primerísimo orden es ocupación de Madrid, y a ello deben encaminarse todos los esfuerzos. 2.° Al com- pás de esta acción deben reducirse los focos y dominar las zonas in- teriores ocupadas, en especial en Andalucía, con muy peligrosos fo- cos». En otras palabras, aunque daba por bueno el análisis de Mola sobre la importancia de un rápido avance sobre Madrid, él estaba ocupado en la pacificación del sur, lo que, por supuesto, retrasaría la caída de la capital. Su plan se hizo evidente cuando, al cabo de un solo día, después de que Yagüe se apoderase de Mérida, Franco le ordenó que se desviara en su avance sesenta y dos kilómetros hacia el oeste para pacificar Badajoz, una ciudad sin importancia estratégica.

Nueve días más tarde, el 20 de agosto, Mola envió desesperado el siguiente telegrama: «En imposibilidad actuar frente sobre Madrid superioridad aviación enemiga diga plan avance sobre Madrid caso demorarse concentrar actividad otro frente. Ruégole urgente contes- tación». Franco le respondió que su avance sería lento. El 3 de sep- tiembre, un Mola cada vez más frenético enviaba otra petición a Franco:

> Mi querido general: urge que me envíes un millón de cartuchos […]. También ando muy mal de ametralladoras […]. Te ruego que con la mayor urgencia me envíes la mitad de las que ha recibido de

Alemania. La gente está un poco «mosca» contra mí porque cree que no hago nada para que se le dote de lo necesario. Dicen que todo va para ahí y que acaparáis la aviación. Algo de razón tienen. […] Manda el material que te pedí y me ofreciste el otro día. Creo que no me dejaréis, por la cuenta que os tiene, sin municiones y demás elementos necesarios.[137]

Mola no había previsto que sus fuerzas se debilitarían debido a la necesidad de enviar tropas a San Sebastián, Asturias y Aragón, ni por el tiempo que tardó Franco en llevar el Ejército de África hasta la Península. Yagüe y sus tropas estaban listos para salir de Marruecos hacia el continente el 15 de julio. Contaban con tres barcos mercantes —*Monte Toro*, *Vicente Puchol* y *Antonio Lázaro*— para el transporte de las tropas y la artillería. Pero, aunque el Dragon Rapide enviado a recoger a Franco llegó a Canarias el 15 de julio, él no salió de las islas hasta el 18; a esas alturas, la Marina de Guerra, que estaba en manos de los republicanos, controlaba el estrecho de Gibraltar. Mola escribió en su cuaderno: «La situación que padecemos se debe exclusivamente a no haber hecho lo que se debió hacer y se pudo hacer en su momento». En el cuartel general de Mola reinaba la amargura, tanto en ese momento como más tarde a causa de los retrasos de Franco, a quien criticaban por su hipocresía. Desde luego, Mola dejó claro que no se fiaba de él, pero que ponía el esfuerzo de la guerra por delante de cualquier ajuste de cuentas.[138]

El plan inicial de Mola de llevar a cabo un golpe rápido se vino abajo tras los reveses de Fanjul en Madrid y Goded en Barcelona y la tardanza de Franco en llevar el Ejército de África a la Península. El propio Mola contribuyó al fracaso del levantamiento en la capital por su retraso a la hora de enviar tropas desde Burgos, Pamplona y Valladolid, para ayudar a los rebeldes en la capital. Por culpa de su odio —y el de los carlistas— hacia el nacionalismo vasco, debilitó la ofensiva sobre Madrid al dividir sus fuerzas para asaltar Guipúzcoa. Su indecisión permitió que las milicias obreras improvisadas detuvieran a las columnas de soldados, requetés carlistas y falangistas que envió contra Madrid en los puertos de la sierra de Guadarrama que daban acceso a la capital: el puerto de Somosierra, al norte, y el Alto del León, al noroeste. Las cosas fueron tan mal que Mola tuvo que mentir a sus subordinados e Iribarren escribió más tarde sobre «su tortura interior». El 25 de julio, Mola telegrafió a Franco que se estaba planteando trasladar todas sus fuerzas al norte de la cuenca del Duero para esperar a las columnas de Franco, a lo que este respondió con la firmeza y el optimismo que le caracterizaban: «Mantenerse firmes seguro triunfo».[139] Mola había subestimado el nivel de resistencia popular en Barcelona y Valencia. Al no conseguir extender su red de conspiradores en la Marina, había retrasado la llegada a España del Ejército de África. En general, parecía tener una idea relativamente limitada de la utilidad de los aviones en el conflicto que se avecinaba.

Como organizador del alzamiento, Mola tenía ambiciones de poder, como puede deducirse de las palabras del locutor de su emisora oficial, Radio Castilla, que, presumiblemente con su permiso, lo presentó con estos elogios:

> Aquí le tenéis, españoles, con todas las características de los grandes caudillos, de los que tienen inteligencia clara para ver, voluntad recia para realizar, y mano firme y pulso seguro para conducir a un pueblo a la victoria. Porque el general Mola, al mismo tiempo que Jefe de un Ejército, es Caudillo de una Nación que lucha por su existencia, por la civilización auténticamente cristiana y española puesta en trance de muerte por la Anti-España del marxismo, del separatismo y de la masonería.

El 13 de septiembre, el mismo locutor lo presentaba como uno de los caudillos que traerían la victoria.[140] Maíz comenta la irritación de Mola, antes de finales de julio, al comprobar que el cuartel general de Franco estaba difundiendo la idea de que le había prometido a Franco la dirección del movimiento.[141]

Y este último sería en definitiva el beneficiario de la decisión de Hitler de enviar veinte bombarderos a los rebeldes. El 29 de julio, un exultante Franco telegrafiaba a Mola: «Hoy llega primer avión transporte. Seguirán llegando dos cada día hasta veinte. También espero seis cazas y veinte ametralladoras». El telegrama terminaba con un triunfal: «Somos los amos. ¡Viva España!».[142] El 1 de agosto, era de nuevo Franco quien tranquilizaba a Mola en otro telegrama: «Aseguraremos paso convoy, capitalísimo para impulsar avance».[143]

El 31 de julio, después de que le dijeran que, según la prensa francesa, el Gobierno republicano había designado a Prieto para que negociara con los rebeldes, Mola estalló: «¿Parlamentar? ¡Jamás! Esta guerra tiene que terminar con el exterminio de los enemigos de España». Mola le contó a Iribarren que «una guerra de esta naturaleza tiene que acabar por el dominio de uno de los dos bandos y por el exterminio absoluto y total del vencido. A mí me han matado un hermano, pero me la van a pagar».[144] En realidad, su hermano Ramón se había suicidado ante el fracaso del alzamiento. El 14 de agosto se oiría a Mola comentar: «Hace un año hubiese temblado de firmar un fusilamiento. No hubiera podido dormir de pesadumbre. Hoy le firmo tres o cuatro todos los días al auditor, ¡y tan tranquilo!».[145] El 18 de agosto, le dijo a Millán Astray: «En este trance de la guerra, yo ya he decidido la guerra sin cuartel. A los militares que no se han sumado a nuestro movimiento, echarlos y quitarles la paga. A los que han hecho armas contra nosotros, contra el Ejército, fusilarlos. Yo veo a mi padre en las filas contrarias y lo fusilo».[146]

A pesar de ser el motor del golpe militar, la posición de Mola sufrió un varapalo fatal con la muerte de Sanjurjo y los fracasos de Goded en Barcelona y Fanjul en Madrid, del que podría decirse que fue en parte responsable, debido a su retraso en el envío de tropas a la capital.[147] Además de sus deficiencias militares, Mola cometió errores políticos graves en las luchas internas por el poder. Su objetivo para la España de la posguerra era una dictadura republicana, libre de marxismo y masonería. Declaró a la prensa francesa el 24 de julio: «Nuestro movimiento es solo republicano. La patria solo puede encontrar su noble expresión en un régimen elegido libremente por el pueblo».[148] El 1 de agosto, el heredero del trono español, don Juan de Borbón, llegó a España en un Bentley con chófer. Con el pseudónimo de «Juan López» y vestido con un mono azul, boina roja y la bandera monárquica en un brazalete, se dirigió al frente. Al día siguiente, Mola, al enterarse de que don Juan tenía intención de presentarse voluntario para luchar en el bando rebelde, ordenó su detención a la Guardia Civil. Lo detuvieron en Aranda y luego lo escoltaron hasta la frontera. Se dice que Mola, furioso, amenazó con mandar fusilar a don Juan «con todos los honores que a su elevado rango corresponden». La brusquedad de su conducta y el hecho de que no consultara a los demás generales revelan tanto la falta de sutileza del general como sus sentimientos antimonárquicos. El 3 de agosto, el fundador de las Fuerzas Aéreas Españolas, el infante Alfonso de Orleans Borbón, llegó a Burgos procedente de su exilio en Francia para ofrecer sus servicios como piloto. El jefe del Estado Mayor de Mola lo echó con cajas destempladas. Ambos incidentes motivaron que los oficiales más monárquicos pasaran a apoyar políticamente a Franco.[149]

Para consolidar dicho apoyo, Franco tuvo la astucia de anunciar en Sevilla, el 15 de agosto, que las fuerzas rebeldes adoptarían la bandera monárquica rojigualda, una decisión que tomó sin consultar para nada a Mola, cuya ingenuidad pronto volvería a hacerse patente. Cuando Franco impidió que don Juan de Borbón se presentara voluntario para enrolarse en el crucero *Baleares*, tuvo la cautela de presentar un acto que, en realidad, formaba parte de sus propios planes de poder absoluto como si estuviera motivado por su inquietud por la seguridad del heredero del trono y, al mismo tiempo, por la necesidad de asegurarse de que este fuera «rey de todos los españoles» y no se viera comprometido por haber luchado con uno de los dos bandos en la guerra. Según Iribarren, Mola estaba furioso porque Franco se había desdicho de su compromiso de no cambiar ni la bandera ni el régimen republicano.[150]

El 7 de agosto, Franco ya había establecido su cuartel general en Sevilla. En ese momento, la comunicación entre él y Mola era más bien escasa. Alrededor del 12 o 13 de agosto, Mola informó a un agente de los servicios de inteligencia alemanes que sus fuerzas andaban desesperadamente escasas de aviones, armas y, sobre todo, municiones y que tenía problemas para comunicarse con Franco. El agente alemán anotó en su informe: «En mi opinión, los suministros para el grupo del norte son de la máxima urgencia en la actualidad, ya que hasta ahora los suministros se han enviado exclusivamente al grupo del sur».[151] Al cabo de cuatro días, se estableció la conexión telefónica entre Sevilla y Burgos y los dos generales hablaron. Mola —en apariencia, sin darse cuenta de las implicaciones políticas de lo que se le pedía— accedió a las demandas insistentes de Franco de no duplicar los contactos con los alemanes, asunto en el que él había tenido más éxito. Así, este cedió a Franco el control general de los suministros, sin percatarse de la importancia de la dimensión internacional de la guerra. Los aliados políticos de Mola estaban asombrados por su inocencia. José Ignacio Escobar le preguntó si había aceptado por teléfono que el jefe del movimiento fuera Franco. Mola contestó con total ingenuidad: «De eso no se ha hablado ni hay nada acordado todavía. Es una cuestión que se resolverá en un momento oportuno. Entre Franco y yo no hay pugnas, ni personalismos. Estamos perfectamente compenetrados, y el dejar en sus manos este asunto de las adquisiciones de armamento en el extranjero tiene por objeto exclusivamente el evitar una duplicación de gestiones que redundaría en perjuicio del servicio». Escobar alegó horrorizado que esto en la práctica era como decirles a los alemanes que Mola era un subordinado. Al ceder el control de los suministros de armas, Mola convirtió a Franco en la figura dominante del bando rebelde. Escobar estaba convencido de que Mola había podido organizar el golpe porque daba por sentado que triunfaría enseguida, pero que a esas alturas, abrumado por la magnitud de la tarea que tenía ante sí, había optado por ceder el protagonismo a Franco.[152] La falta de preocupación de Mola respecto al control de los suministros de armas es un reflejo de las acusadas diferencias que existían entre él y Franco, tanto en ambición personal como en temperamento.

Pese a las inquietudes de sus seguidores, Mola tenía una buena relación con Franco.[153] Además, parecía dispuesto a reconocer la posición superior de Franco en cuanto a suministros extranjeros y tropas de combate. En una larga carta del 4 de agosto, Franco se presenta a sí mismo como un dechado de generosidad en cuanto a apoyo económico y material, jactándose de que los proveedores extranjeros «no me apuran pago» y podía ofrecerse a enviar «muy pronto ponderosa ayuda aérea» a Mola.[154] El 16 de agosto, Franco voló a Burgos. Las fotografías revelan —y es imposible que Mola no lo viera— que los vítores con los que fue aclamado por la población local indicaban que ya era visto como el verdadero líder de los rebeldes. Después de la cena, Mola y Franco pasaron varias horas encerrados en un cónclave secreto. Aunque no se tomó decisión alguna, estaba claro para ambos que, para proseguir la guerra con eficacia, se necesitaba un mando militar supremo único.[155] Dado que Franco tenía prácticamente el monopolio de los contactos con los alemanes e italianos, y en vista del rápido avance de sus columnas africanas, Mola tuvo que darse cuenta de que la elección de Franco para asumir la autoridad necesaria era prácticamente inevitable. El Estado Mayor de Franco ya había cargado los dados al convencer a la inteligencia militar alemana de que la victoria en Extremadura lo había consolidado sin discusión como «comandante supremo». Los periódicos portugueses y otros sectores de la prensa internacional lo calificaban asimismo de «comandante supremo», seguramente a partir de las informaciones que les proporcionaba su propio cuartel general. El cónsul de Portugal en Sevilla ya se había referido a él como «el comandante supremo del Ejército español» a mediados de agosto.[156] Un agente alemán informó al almirante Canaris a mediados de agosto que «la victoria en Extremadura ha establecido un contacto externo entre el grupo del norte y el del sur, así como un contacto con Lisboa. El comandante en jefe es sin duda alguna Franco».[157]

Mola no tuvo más remedio que acabar aceptando la situación. El 20 de agosto, envió un mensaje pesimista y en tono deferente a Franco, en el que le informaba de que sus fuerzas se enfrentaban a dificultades en el frente de Madrid debido a la superioridad aérea del Gobierno y le preguntaba sobre su ritmo de avance hacia la capital. Mola quería saber si, en caso de que Franco se retrasara, él debía concentrar sus actividades en otro frente. La respuesta de Franco, enviada al día siguiente, dejó claro que calculaba que su avance iba a sufrir un retraso considerable.[158] Mola estaba pensando en cómo coordinar sus fuerzas en aras de la campaña bélica, no de una lucha por el poder. Sin embargo, en la tarde del 23 de agosto, la visita de Johannes Bernhardt a Valladolid le hizo ver hasta qué punto Franco había ido consolidando su posición. Bernhardt transmitió a Mola la grata noticia de que un ansiado cargamento alemán de ametralladoras y municiones estaba en camino en un tren procedente de Lisboa. La alegría de Mola se empañó notablemente cuando Bernhardt le dijo: «He recibido órdenes de decirle que usted no recibe todas estas armas de Alemania, sino de manos del general Franco». Mola se quedó lívido, pero se vio obligado a aceptar que era consecuencia del hecho de que el general Helmuth Wilberg, jefe del comité interservicios designado por Hitler para coordinar la intervención germana, ya había acordado que Franco sería el conducto para los suministros alemanes, que se enviarían solo cuando él lo solicitara y a los puertos que él indicara.[159]

A finales de agosto, llegó al cuartel general de Mola la noticia de una carta que Franco había enviado a Casares Quiroga el 23 de junio. De una ambigüedad laberíntica, el texto insinuaba al mismo tiempo que el Ejército sería leal si se le trataba de forma adecuada y que era hostil a la República, e implicaba claramente que, si Casares ponía a Franco al mando, podría desmantelar los complots. En años posteriores, los hagiógrafos de Franco presentarían esta carta como una jugada maestra para despistar a Casares o como un último gesto magnánimo de paz. No existe prueba alguna de que la carta llegara a su destinatario, pero si lo hizo, Casares no aprovechó la oportunidad de neutralizar a Franco, comprándolo u ordenando su arresto. A Mola le parecía inconcebible que Casares Quiroga hubiera recibido la carta, porque, de haber sido así, él habría sido relevado del mando de inmediato. Mola se indignó con la misiva porque la consideraba una prueba de la doblez de Franco y de su posible traición a los planes del alzamiento.[160]

En vista de las dificultades de la ofensiva sobre Madrid, Mola emprendió una campaña para aislar el País Vasco y cerrar el acceso a la frontera con Francia. Tras declarar que aspiraba a una «victoria aplastante» y que no pensaba en una paz negociada,[161] Mola ordenó bombardear diariamente Irún y Fuenterrabía tanto desde el mar como desde aviones alemanes e italianos, que lanzaban panfletos amenazando con repetir lo que se había hecho en Badajoz. Los milicianos que defendían Irún, mal armados y sin apenas instrucción, lucharon con valentía, pero fueron desbordados el 3 de septiembre. Miles de refugiados huyeron de Irún presa del pánico hacia Francia cruzando el puente internacional sobre el río Bidasoa de Irún. El País Vasco, Santander y Asturias estaban ahora aislados tanto de Francia como del resto de la España republicana. Las fuerzas rebeldes ocuparon San

Sebastián el domingo 13 de septiembre de 1936. Mola emitió un ultimátum el 25 pidiendo la inmediata rendición de Bilbao y amenazando con un asalto total por tierra, mar y aire. El 12 de octubre, afirmó que capturaría Bilbao en una semana.[162]

A pesar de la coordinación entre Franco y Mola, primero por telegrama y luego por teléfono, la cuestión del mando único estaba en el orden del día. Mola voló a Cáceres el 29 de agosto para discutir el asunto con él.[163] Los rebeldes consolidaron su posición a lo largo de agosto y septiembre después de que el general José Enrique Varela conectara Sevilla, Córdoba, Granada y Cádiz. La velocidad con que las columnas de Franco avanzaban hacia el norte y se desplegaban por Andalucía y Extremadura contrastaba con el fracaso de Mola en la captura de nuevos territorios. Las fuerzas de Franco contaban con el apoyo del Tercer Reich y de la Italia fascista, mientras que Mola estaba abandonado a su suerte. Se ha comentado que Mola compensó su parálisis en el frente de batalla intensificando la represión en la retaguardia. En la noche del 15 de agosto, en Radio Castilla de Burgos, dio carta blanca a todos los implicados en la represión, declarando: «Alguien ha dicho que el movimiento militar ha sido preparado por unos generales ambiciosos y alentados por ciertos partidos políticos dolidos por una derrota electoral. Esto no es cierto. Nosotros hemos ido al movimiento, seguidos ardientemente del pueblo trabajador y honrado, para librar a la patria del caos y la anarquía». Mola proclamó su intención de aniquilar al enemigo —«todo esto se ha de pagar, y se pagará muy caro. La vida de los reos será poco»— sin contemplar negociación alguna. El mismo mensaje de exterminio y eliminación quirúrgica de aquellos a los que consideraban hostiles a la idea de España de los rebeldes podía escucharse en todas sus emisiones.

En la misma intervención del 15 de agosto, Mola justificó así el salvajismo al que había dado rienda suelta: «Va mi palabra a los enemigos, pues es razón y es justo que vayan sabiendo a qué atenerse, siquiera para que llegada la hora de ajustar las cuentas no se acojan al principio de derecho de que "jamás debe aplicarse al delincuente castigo que no esté establecido con anterioridad a la perpetración del delito"».

Mola afirmaba que el golpe pretendía liberar a España de «los triángulos y compases simbólicos de las logias y el incestuoso contubernio del oro de capitalistas desalmados con los apóstoles de las Internacionales, [...] del caos de la anarquía, caos que desde que escaló el Poder el llamado Frente Popular iba preparándose con todo detalle al amparo cínico y hasta con la complacencia morbosa de ciertos gobernantes». Los instrumentos de esta anarquía eran «los puños cerrados de las hordas marxistas». Para Mola, la culpa del caos recaía directamente sobre un hombre:

> Sólo un monstruo, de la compleja constitución psicológica de Azaña pudo alentar tal catástrofe; monstruo que parece más bien la absurda experiencia de un nuevo y fantástico doctor Frankenstein que fruto de los amores de una mujer. Yo, cuando al hablarse de este hombre oigo pedir su cabeza, me parece injusto: Azaña debe ser recluido, simplemente recluido, para que escogidos frenópatas estudien en él «un caso», quizá el más interesante, de degeneración mental ocurrido desde el hombre primitivo a nuestros días.[164]

Según José María Pemán, Mola afirmó en un discurso que, «si lo cazaba, pasearía a Azaña por las calles de Madrid como un endriago, encerrado en una jaula».[165]

En su arenga del 15 de agosto amenazó a «los tibios», amenazas que llevó a la práctica en el trato que dispensó al «blandengue» general Víctor Carrasco Amilibia, comandante militar de Logroño, quien, pese a haber dudado a la hora de implicarse en la conspiración, impuso la ley marcial y detuvo al gobernador civil, al alcalde y al comandante de la Guardia Civil; sin embargo, no ejerció la represión con la intensidad que deseaba Mola, que acabó enviando a Logroño al coronel García Escámez para ocuparse del trabajo sucio. Carrasco fue arrestado por orden de Mola, encarcelado durante tres años, juzgado por «negligencia» y expulsado del Ejército.[166]

Mientras la República se debatía en busca de ayuda extranjera y sus desorganizadas milicias se replegaban en torno a la capital, los rebeldes reforzaban su estructura de mando. El 21 de septiembre, en un aeródromo de los alrededores de Salamanca, los principales generales sublevados se reunieron para elegir a un comandante en jefe, tanto por motivos militares evidentes como para facilitar las negociaciones en curso para obtener ayuda de Hitler y Mussolini. Franco había hecho creer a los monárquicos —por medio del general Alfredo Kindelán— y a los falangistas —mediante el coronel Juan Yagüe— que él defendería sus objetivos. Kindelán organizó la reunión el 21 de septiembre en Salamanca. Franco fue elegido generalísimo —o sea, comandante supremo— a pesar de las reticencias de algunos de los otros oficiales, pero, sorprendentemente, no de Mola, que llegó a manifestar: «Pues yo creo tan interesante el mando único que si antes de ocho días no se ha nombrado generalísimo, yo no sigo. Yo digo: ahí queda eso. Y me voy».[167]

Este hecho seguramente refleja que Mola reconocía, por un lado, las dificultades a las que se enfrentaban sus fuerzas del norte en comparación con los éxitos espectaculares del Ejército de África de Franco, y por otro, que no podía competir con él en cuanto a contactos con alemanes e italianos. Pese a conocer las enervantes dudas de Franco sobre la conveniencia de unirse al levantamiento, Mola se tomó a bien la consagración de su rival —al menos, en público—: al subir al coche tras el cónclave, dijo a sus ayudantes que en la reunión se había decidido nombrar a un generalísimo. Cuando le preguntaron si lo habían nombrado a él, Mola respondió, desconcertado: «¿A mí? ¿Por qué? A Franco». Al cabo de unas semanas, le comentó a un amigo: «Yo fui el que entonces propuse el nombre de Franco. Es más joven que yo, de más categoría, cuenta con infinitas simpatías y es famoso en el extranjero». Franco ocupaba el puesto 23 de entre los 24 generales de división en activo. Mola, cuatro puntos más abajo en el escalafón, era el número 3 de los generales de brigada.[168] Sin embargo, según Maíz, cuando Mola regresó de Salamanca, se mostró profundamente descontento con lo ocurrido. Además, era consciente del apoyo que los alemanes habían prestado a la candidatura de Franco. Maíz afirma que estaba decidido a desafiarle, pero, cuando sus amigos le animaban a ello, siempre les respondía: «Primero Bilbao, después iremos a Salamanca». El 26 de noviembre de 1936, en una cena en Navalcarnero, Franco oyó a Mola y Varela debatir si en la posguerra el régimen sería republicano o monárquico; Varela llegó incluso a comentar que

Mola sería un buen presidente de la República.[169] En otras palabras, daba por sentado que la cuestión de la jefatura del Estado se decidiría después del conflicto armado. Cuando Solchaga expresó su inquietud por el ascenso de Franco, Mola le replicó: «A obedecer y a ganar la guerra». Solchaga, profundamente pesimista, le comentó a Mola: «Ya sabe usted mi teoría, como los buenos van cayendo, al final nos meterán en la cárcel a los supervivientes». Este lo consoló con las siguientes palabras: «Si vivo, muchos se han de llevar un disgusto porque conservo la correspondencia».[170]

Cuando se celebró la reunión de seguimiento en Salamanca, el 28 de septiembre, para determinar las atribuciones del generalísimo, Franco jugaba con cartas marcadas gracias a la decisión trascendental que había tomado en la población toledana de Maqueda. Allí, desvió sus tropas, que debían atacar Madrid, para intentar levantar el sitio del Alcázar de Toledo, un objetivo más ventajoso desde el punto de vista político. Mola se enfureció con la decisión de Franco, porque mermaba sus posibilidades de capturar Madrid: Yagüe podría haber caído sobre la capital mientras aún estaba mal defendida. En sus notas para una futura historia de la guerra, Mola escribió: «Estamos perdiendo el tiempo con tantos vítores al César y tantos salves a las águilas imperiales. Menos imprenta». Seguía dolido seis meses después, cuando anotó en su diario en marzo de 1937: «En septiembre pudo caer Madrid y en consecuencia todo lo demás. Hoy ha de caer todo lo demás para que caiga Madrid».[171] Mola y otros, que habían aceptado nombrar a Franco solo comandante en jefe militar, se alarmaron ante la propuesta de Kindelán de que el cargo de generalísimo conllevara las funciones de jefe del Estado «mientras durase la guerra». Mola aceptó a regañadientes únicamente porque no veía alternativa. Ni él ni los generales monárquicos que esperaban que la propuesta allanara el camino a la restauración de Alfonso XIII previeron que, después de su nombramiento como jefe de Gobierno del Estado español, Franco se arrogaría plenos poderes como jefe del Estado.[172]

En Ávila, poco después, Mola le dijo al político monárquico Pedro Sainz Rodríguez que había impulsado la candidatura de Franco por su capacidad militar y por ser el que más votos obtendría. Sin embargo, manifestó que consideraba su liderazgo algo puramente transitorio,

> porque creo en su eficacia militar y porque es quien más fácilmente puede reunir los votos de todos. Pero tengo la convicción de que todo esto es transitorio desde el punto de vista político; una situación provisional que ha de ser revisada a fondo al terminar la guerra. [...] he pensado que Franco no tiene ambiciones políticas, sino militares, y no pondrá obstáculos, cuando todo acabe, para que se haga esa revisión.

Mola daba por sentado que él desempeñaría un papel importante en la configuración del futuro político tras finalizar la guerra.[173] Muchos años después, Queipo de Llano le comentó al monárquico Eugenio Vegas Latapié que hubiera sido desastroso nombrar a Mola «porque hubiéramos perdido la guerra».[174]

En cuanto fue dueño absoluto de la situación, aun a costa de perder Madrid, Franco reorganizó las fuerzas rebeldes. A Queipo de Llano se le dio el mando del Ejército del Sur, mientras que Mola recibía el mando del Ejército del Norte, creado mediante la fusión de sus tropas con las del Ejército de África. Debido al retraso causado por el desvío a Toledo y la ralentización del ritmo de las operaciones durante las dos semanas en las que Franco estuvo ocupado consolidando su poder, la ofensiva sobre Madrid no se reanudó hasta el 12 de octubre. A Mola le habían dado un cáliz envenenado. La capital caótica y prácticamente indefensa que él había instado a Franco a atacar a mediados de agosto pronto se vio reforzada por la llegada de los tanques y aviones soviéticos y las Brigadas Internacionales.[175] De todos modos, el propio Mola aprovechó la oportunidad para compensar su fracaso en la toma de Madrid al principio de la contienda. El corresponsal australiano Noel Monks lo entrevistó a principios de octubre, cuando comenzaba el asedio a la capital, y Mola le dijo: «Quédate unos días y nos tomaremos un café en la Puerta del Sol». Monks publicó el comentario y unos republicanos bromistas pusieron una mesa para esperarlo, con un cartelito que decía: «Reservada para el general Mola». El optimismo de los rebeldes era tal que algunas emisoras de radio difundieron la noticia de que Mola se disponía a entrar en Madrid a lomos de un caballo blanco.[176]

Monks y otros corresponsales escucharon unas irresponsables declaraciones de Mola de principios de octubre en las que se jactaba de tener, además de cuatro columnas que atacarían Madrid desde el exterior, una quinta columna en el interior a punto para iniciar la sublevación. En la práctica, eso implicaba que los francotiradores y demás personal que intentaba perjudicar a la República eran soldados, lo que desencadenó la eliminación de los prisioneros de derechas, en especial, los oficiales del Ejército que se habían comprometido a unirse a sus camaradas rebeldes. La represión en Madrid se intensificó al acercarse las columnas rebeldes y arreciar los bombardeos de la capital.[177] De hecho, los políticos republicanos también empezaron a hacer referencias a las declaraciones de Mola desde principios de octubre. En el lenguaje popular y en la retórica política, la expresión «quintacolumnista» pasó a designar a cualquier partidario de los rebeldes, real o en potencia, activo o en la cárcel. El término fue adoptado por primera vez como mecanismo para apelar a los sentimientos y pasiones del pueblo, el 2 de octubre, por parte de la oradora comunista Dolores Ibárruri, «la Pasionaria», que proclamó:

> «Cuatro columnas» dijo el traidor Mola que lanzaría sobre Madrid, pero que la «quinta» sería la que comenzaría la ofensiva. La «quinta» es la que está dentro de Madrid; la que, a pesar de las medidas tomadas, se mueve en la oscuridad, se sienten sus movimientos felinos, se escucha el sonido de sus voces opacas, en el «bulo», en el rumor, en el grito de pánico descompasado. Y a este enemigo hay que aplastar inmediatamente; y aplastarle sobre la marcha, mientras que nuestras heroicas milicias luchan fuera de Madrid.[178]

Al cabo de dos días, en la ceremonia en la que fue nombrada comandante honoraria del Quinto Regimiento comunista, Ibárruri repitió sus comentarios sobre Mola y los «emboscados y traidores ocultos que pensaban que podían actuar impunemente: pero les demostraremos que están equivocados».[179]

Cinco días después, el comisario político del Quinto Regimiento, el comandante Carlos Contreras (pseudónimo del comunista italiano y agente soviético Vittorio Vidali) presentó un análisis aún más explícito de las declaraciones de Mola para marcar las directrices que seguir para quienes se encargaran de la eliminación de la Quinta Columna: «El general Mola ha tenido la complacencia de indicarnos el lugar donde se encuentra el enemigo. Nuestro Gobierno, el Gobierno del Frente Popular, ha tomado ya una serie de medidas, orientadas a limpiar Madrid, de una manera enérgica y rápida, de todos los elementos dudosos y sospechosos que podrían, en un momento determinado, crear dificultades para la defensa de nuestra ciudad».[180]

El discurso de Contreras supuso la consagración del término «quinta columna» para designar al conjunto de los partidarios de los rebeldes que se encontraban en la zona republicana.[181] El 21 de octubre, las Juventudes Socialistas Unificadas formularon una definición laxa de la quinta columna que abarcaba a todos los que apoyaban a los rebeldes activa o pasivamente, y concluían diciendo que «el exterminio de la "quinta columna" será un gran paso para la defensa de Madrid».[182] Así, Mola contribuyó a la mayor atrocidad ocurrida en la zona republicana: el asesinato de 2.500 prisioneros en el pueblo de Paracuellos de Jarama, en las afueras de la capital, llevado a cabo conjuntamente por anarquistas y comunistas;[183] unos prisioneros que eran presuntos miembros de la quinta columna. En su último informe a Stalin, ya en la posguerra, el búlgaro Stoyán Mínev, alias «Boris Stepanov», delegado de la Comintern en España desde abril de 1937, escribió con orgullo que los comunistas tomaron nota de las implicaciones del discurso de Mola y «en un par de días llevaron a cabo las operaciones necesarias para limpiar Madrid de quintacolumnistas».[184]

A finales de mes, las fuerzas de Mola ya habían tomado un anillo de pequeñas ciudades y pueblos en los alrededores de la capital, entre los que se encontraban Brunete, Móstoles, Fuenlabrada, Villaviciosa de Odón, Alcorcón y Getafe. Sin embargo, era demasiado tarde y el 22 de noviembre su ofensiva su detuvo. El momento perfecto para tomar Madrid habría sido antes de que Franco desviara sus fuerzas hacia Toledo, algo que Mola consideró una traición y uno de los múltiples motivos de que se sintiera cada vez más irritado con él. El embajador italiano Roberto Cantalupo envió el siguiente informe a Roma a mediados de marzo:

> Si existiera alguna lógica en la historia, el jefe de la nueva España podría haber sido el general Mola, fundador del *movimiento salvador* cuando Franco estaba todavía en Marruecos, de donde debería haber llegado en julio, cuando Mola ya había librado el primer enfrentamiento serio con los comunistas de Madrid y organizado la resistencia militar, algo cuyo mérito se atribuyó luego a Franco por una serie de circunstancias la más importante de las cuales fue el hecho de que había traído consigo de Tetuán a las mejores tropas. […] Pero entre Mola y Franco, el verdadero político era, en ese momento, el primero. Sereno, tenaz y meditativo, sensato en sus palabras y a la hora de mandar a sus hombres, seriamente preparado para la vida pública.

En opinión de Cantalupo, Mola se estaba preparando para una futura lucha de poder cuando murió en un accidente aéreo.[185]

Mola sabía que los líderes de la Falange y de los carlistas, Manuel Hedilla y Manuel Fal Conde, respectivamente, estaban resentidos porque no se reconocía su contribución al esfuerzo bélico. A finales de noviembre de 1936, Kindelán, Mola y otros se indignaron cuando Franco ascendió a su hermano, el otrora anarquista Ramón, a teniente coronel y lo nombró comandante de la base aérea de Mallorca. Las cosas empeoraron en diciembre. Como presidente de la Junta de la Guerra Carlista, Manuel Fal Conde, había enfurecido a Franco debido a su afán de preservar la independencia del carlismo desde finales de octubre. La situación llegó a un punto crítico a finales de año. Después de que se decidiera conceder a los oficiales del Requeté el rango de alféreces provisionales del Ejército Regular, Fal Conde, con el permiso de Mola, creó el 8 de diciembre la Real Academia Militar de Requetés para formar por cuenta propia a los oficiales carlistas. Franco montó en cólera al considerar que eso equivalía a un golpe de Estado, y se planteó ordenar que fusilaran a Fal Conde, aunque, para evitar el riesgo de conflicto con los requetés que luchaban en el frente, se contentó con desterrarlo a Portugal. Varela, que simpatizaba con los carlistas, compartió el disgusto de Mola, que alcanzó su cota máxima a raíz de la unificación de la Falange y la Comunión Tradicionalista Carlista. En la Falange, así como entre los carlistas y varios generales, se habló de crear un movimiento de oposición a Franco, a lo que Mola se resistió para no provocar la pérdida de la ayuda alemana e italiana. Sin embargo, cuando se publicó el decreto de unificación, Mola comentó que representaba la aniquilación tanto de la Falange como de la Comunión Tradicionalista. La necesidad de ganar la guerra le obligó a tragarse el sapo, pero no sin antes decirle a Vigón: «Todo esto se arreglará. Todo esto es provisional». Franco se enteró de sus comentarios a través de los informantes que tenía en el cuartel general de Mola y en la Falange. Por lo tanto, es comprensible que se haya dado por hecho que Franco estuvo detrás del accidente fatal de Mola, así como del atentado que este sufrió la noche anterior.[186]

El fracaso de los rebeldes en Guadalajara impuso a Franco un giro estratégico trascendental, largamente defendido por Mola y el resto de los generales de la cúpula militar. La evidencia de que los republicanos concentraban a sus mejores tropas en el centro y descuidaban otros frentes le llevó a abandonar a regañadientes su obsesión por Madrid y a destruir la República por etapas en el resto de España. Ya antes de Guadalajara, en el cuartel general de Mola se cuestionaba la estrategia de Franco, sobre todo por parte del coronel Juan Vigón Suero-Díaz, su perspicaz jefe del Estado Mayor. La confianza de Mola en Vigón se refleja en su comentario de que este era «mis manos y mis pies». El coronel escribió a Kindelán el 1 de marzo de 1937 para instarle a que convenciera a Franco de que diera prioridad a las operaciones en el norte con el fin de apoderarse de las fábricas de armamento y de las reservas de carbón, hierro y acero de las provincias vascas,[187] una petición similar a la que había cursado el general Hugo Sperrle, comandante de la Legión Cóndor, quien planteó que las operaciones coordinadas tierra-aire podrían alcanzar la victoria en el País Vasco.[188] Se necesitaron tres semanas y el desastre de Guadalajara para que Franco se convenciera de que, como alardeaba Sperrle, la Legión Cóndor podía ser decisiva. El 23 de marzo, Franco llamó a Mola a Salamanca y le dio la orden concreta de concentrar a cuarenta mil soldados para la ofensiva y toma de Bilbao.[189]

Los italianos no tenían muy buena opinión de la capacidad militar de las fuerzas con que contaba Mola. Cantalupo escribió a Ciano a mediados de febrero de 1937: «El Ejército del Norte pone a las órdenes de Mola —que intelectualmente parece muy superior a Franco— unas decenas de miles de hombres de escaso valor militar, con una organización de lo más mediocre y que no han participado, por lo menos de momento, en acciones de particular importancia». A pesar de la superioridad intelectual de Mola, Cantalupo no dudaba de que Franco era capaz de imponerse a cualquier desafío de su parte.[190] El plan operativo de Mola fue enviado a los alemanes el 20 de marzo. Al día siguiente, el coronel Wolfram von Richthofen, jefe del Estado Mayor de la Legión Cóndor, anotó en su diario: «tienen puestas en nosotros unas expectativas absurdas, pero confiamos en que puedan cumplirse». Las disposiciones para el enlace con Sperrle y Von Richthofen se concretaron en reuniones celebradas los días 22, 24 y 26 de marzo, en las que participaron el general Alfredo Kindelán, como jefe de la aviación de Franco, los generales José Solchaga y José López Pinto como comandantes de campo y el menudo Juan Vigón como jefe del Estado Mayor de Mola. Von Richthofen se enfadó con Mola por su absurdo optimismo al creer que apenas encontrarían resistencia en Bilbao debido al temor que habían demostrado los izquierdistas asturianos y que todo terminaría en cuestión de semanas. Si Mola se equivocaba al pensar que Bilbao caería fácilmente, la campaña, según Von Richthofen, iba a ser muy larga. Explicó a sus homólogos españoles la novedosa estrategia de «apoyo aéreo cercano», consistente en el empleo de la aviación en ofensivas terrestres sostenidas para aplastar la moral de las tropas enemigas y cortarles la retirada.[191] Unos días antes de que comenzara la operación, Franco informó a Cantalupo de que exigía tener el mando supremo de las fuerzas italianas y alemanas: «Insiste tenazmente en la necesidad de que le confíen el mando supremo de todas las tropas en esta operación y tenga a su plena disposición las divisiones italianas para emplearlas junto con las españolas».[192] La ineptitud estratégica tanto de Mola como de Franco era tal que no pasó mucho tiempo antes de que tanto los alemanes como los italianos exigieran una mayor participación en las decisiones clave. El 9 de abril, Cantalupo informaba a Ciano sobre «la casi absoluta falta de unidad de acción entre el Generalísimo y sus principales colaboradores, incluidos Mola y Queipo de Llano». Según Cantalupo, después de aprobar los planes operativos, Franco lo dejaba todo en manos de los demás, salvo para hacer algún comentario general de vez en cuando.[193] Faupel y el general Roatta acordaron decirle claramente a Franco que debía seguir los consejos de los militares alemanes e italianos si quería recibir más ayuda.[194]

En vista de su inexperiencia, Mola y Vigón se vieron obligados a aceptar dicha colaboración y el consejo de Sperrle y Von Richthofen, que estaban impacientes por practicar y desarrollar su nueva técnica. Así, con la expresa aquiescencia de Franco, los alemanes llevaron la voz cantante en la campaña. Sperrle escribió en 1939: «Todas las recomendaciones de la Legión Cóndor sobre la conducción de la guerra fueron agradecidas y seguidas». Mientras se planeaba el avance, Von Richthofen anotó en su diario el 24 de marzo: «estamos prácticamente a cargo de todo, pero libres de toda responsabilidad»; y el 28 de marzo: «Soy un comandante de campo con plenos poderes en la práctica [...] y tengo el mando combinado en tierra y aire».[195] En estas reuniones se acordó que los ataques se llevarían a cabo «sin consideración alguna hacia la población civil».[196] Sin embargo, la irritación de Von Richthofen con Mola fue rápidamente en aumento. En la reunión del 25 de marzo, Mola había tenido dificultades para entender los planes del alemán. Él, que casi seis meses antes había afirmado que capturaría Bilbao en una semana, ahora pretendía lograrlo en tres semanas. Al final, tardó casi tres meses. Al día siguiente de la reunión, Mola ordenó lanzar la ofensiva el 30 de marzo a pesar de que la artillería necesaria no iba a estar lista hasta el 31. Von Richthofen le advirtió que sus aviones no despegarían hasta ese día. Mola, humillado, llamó a Franco para insultar a los pilotos alemanes y Von Richthofen apuntó en su diario con desdén: «Demasiado estúpido».[197]

El 31 de marzo, Mola llegó a Vitoria para dar los últimos toques a la ofensiva que ahora se iba a poner en marcha al día siguiente. Para generar un pánico masivo, redactó una amenaza que fue difundida e impresa en un folleto lanzado sobre las principales ciudades: «Si vuestra sumisión no es inmediata, arrasaré Vizcaya, empezando por las industrias de la guerra. Tengo medios sobrados para ello».[198] Con la misma determinación de aplastar la moral del enemigo, ordenó la ejecución de dieciséis prisioneros en Vitoria.[199] A este acto de violencia gratuita le siguió un bombardeo masivo de artillería y aviones durante cuatro días en el este de Vizcaya, en el que la pequeña y pintoresca villa de Durango fue destruida por dos bombardeos de la Aviazione Legionaria italiana que mataron a más de trescientos civiles.[200]

El 2 de abril, Sperrle criticó el optimismo desbordante de Mola acerca de que los vascos no querrían luchar, e incluso exigió saber por qué Mola no había acompañado la ofensiva aérea inicial con el avance por tierra que los alemanes esperaban. Sperrle acusó a Mola de permitir que los vascos que se batían en retirada se reagruparan, porque su infantería era pusilánime, su artillería solo disparaba una vez al día y a sus hombres les dejaban hacer un alto para almorzar. Según Solchaga, Mola respondió en tono agresivo que sus hombres estaban agotados después de 48 horas de lucha en terreno abrupto.[201] Furioso, Von Richthofen lo culpó airadamente de falta de energía y liderazgo débil, acusaciones que Vigón admitió en silencio y sin dejar de sonreír. Mola replicó insistiendo sin mucha convicción en lo problemático del terreno y en la falta de instrucción de sus hombres. Sperrle le amenazó diciéndole que, si los hombres de Mola no podían coordinarse adecuadamente con las fuerzas aéreas disponibles, sería mejor llevarlos a otro frente. Mola trató entonces de desviar la atención de las deficiencias de sus hombres exigiendo que se diera prioridad a la destrucción de las industrias de Bilbao. Cuando Von Richthofen preguntó perplejo qué sentido tenía destruir unas industrias que estaban a punto de capturar, Mola respondió: «España está totalmente dominada por los centros industriales de Bilbao y Barcelona. Bajo tal dominio, España nunca podrá ser limpiada. España tiene demasiadas industrias que solo producen descontento», y añadió que «si la mitad de las fábricas españolas fueran destruidas por los bombarderos alemanes, la reconstrucción posterior de España sería mucho más fácil». Von Richthofen escuchó atónito la idea de Mola de que la salvación de España exigía la aniquilación del proletariado industrial y luego enumeró todas las razones por las que era una locura destruir la base industrial de un país, diciéndole que «jamás había oído una estupidez semejante». A pesar de todo, Mola le dijo a Vigón que emitiera la orden. Cuando Von Richthofen le respondió que la orden tenía que proceder de una autoridad superior, el propio Mola firmó órdenes de ataque contra objetivos industriales vascos. Antes de cumplirlas, Sperrle y Von Richthofen esperaron aclaraciones de Franco, quien visitó el frente el 4 de abril, aparentemente para presenciar la victoria, pero en realidad para resolver las diferencias entre Mola y Sperrle. Durante su estancia, al parecer, Franco autorizó la aplicación parcial de la orden firmada por Mola el 2 de abril, y así, el 9 del mismo mes, se produjo un ataque aéreo a la fábrica de explosivos de Galdácano.[202]

Tras sus enfrentamientos con Sperrle y Von Richthofen del 2 de abril, el avance de Mola sobre Bilbao continuó atascado por la obstinada resistencia de los vascos y por las pésimas condiciones meteorológicas, que impedían los ataques aéreos. Los enfrentamientos entre Von Richthofen y un furibundo Mola no cesaban; el primero acusaba al segundo de no ajustar los movimientos de sus tropas a la disponibilidad de la Legión Cóndor. Von Richthofen envió un telegrama de protesta a Franco el 9 de abril.[203] Al cabo de unas semanas, el embajador alemán Wilhelm Faupel informó a Berlín de que la ofensiva de Bilbao había «acusado desde el primer día una preparación defectuosa, errores de mando y una preparación del todo insuficiente de las tropas»,[204] opinión que compartía el alto mando italiano. Los italianos reconocían que Mola seguramente se sentía cohibido por el temor a que los ataques indiscriminados a la población civil le enemistaran con los carlistas.[205] El 20 de abril, las fuerzas de Mola comenzaron la segunda fase de su ofensiva con apoyo aéreo alemán. Los aviones de Von Richthofen acabaron arrojando bombas sobre las tropas de Mola, lo que motivó un feroz enfrentamiento entre ambos.[206] El 23 de abril, Sperrle, Von Richthofen, Mola y Vigón estaban tan desanimados por la lentitud del avance que llegaron a plantearse la posibilidad de reducir Bilbao a «escombros y cenizas».[207] El 25 de abril por la noche, Von Richthofen anotó en su diario: «unidades listas para mañana».[208] Esa misma noche, siguiendo las instrucciones de Mola, Radio Salamanca emitió la siguiente advertencia al pueblo vasco: «Franco está a punto de asestar un poderoso golpe contra el cual toda resistencia será inútil. ¡Vascos, rendíos ahora y salvaréis la vida!».[209] El poderoso golpe moral al que se refería la emisión de Mola no acabaría cayendo sobre Bilbao, sino sobre un objetivo más pequeño pero igualmente significativo: la histórica villa de Guernica. La autorización del ataque procedió de Franco y no de Mola, aunque ambos tuvieron buen cuidado de no dar las órdenes por escrito.[210]

El posterior escándalo internacional sobre Guernica reveló aspectos de lo más sorprendentes de la mentalidad del alto mando franquista y, en particular, del general Mola. Según el embajador de Estados Unidos, Claude Bowers, la destrucción de Guernica estaba «en consonancia con la amenaza de Mola de exterminar todos y cada uno de los pueblos de la provincia a menos que Bilbao se rinda».[211] Mola y Vigón sabían perfectamente que Guernica era la antigua capital de Euskadi y poseía una profunda importancia simbólica para el pueblo vasco. A pesar de que las autoridades franquistas negaran haberla bombardeado, Mola repetía como un poseso en la radio su anterior amenaza: «Arrasaremos Bilbao, y su solar vacío y desolado quitará a Inglaterra todo deseo británico de apoyar a los bolcheviques vascos en contra de nuestra voluntad. Es preciso que destruyamos la capital de un pueblo perverso que se atreve a desafiar a la causa irresistible de la idea nacional».[212] Mola participó activamente en la operación de encubrimiento de la responsabilidad del bombardeo. El 28 de abril, cuando Guernica estaba a punto de ser ocupada, ordenó que se impidiera a la prensa internacional, a la Cruz Roja y a todas las personas no autorizadas por las autoridades rebeldes la entrada en la ciudad, que permaneció acordonada cinco días tras su captura. Durante ese tiempo, se eliminaron de las ruinas las pruebas del bombardeo y los cadáveres.[213] A principios de mayo, el embajador italiano en Londres, Dino Grandi, informó de que las amenazas de Mola habían provocado una considerable inquietud en la prensa y en el Parlamento.[214] Años más tarde, Iribarren, que ya había perdido su admiración por Mola, recordó aquellas atrocidades. En septiembre de 1970, hablando con su amigo José de Arteche sobre los esfuerzos de Vicente Talón por exonerar a Mola del bombardeo de Guernica, comentó: «Pero si en Mola era una obsesión hacer un escarmiento entre los vascos». O, como también le dijo Iribarren a Arteche en más de una ocasión: «No pensaba en más que en matar».[215]

Aunque el ataque tuvo éxito desde el punto de vista estratégico, fue un desastre en cuanto a la imagen e hizo que Von Richthofen se enfureciese con Mola por no haber logrado avanzar y desaprovechar así la ocasión que sus aviadores habían creado: «la ciudad estuvo completamente bloqueada por lo menos durante veinticuatro horas; hubieran sido unas condiciones de partida ideales para un rotundo éxito, solo con haber lanzado a las tropas al ataque». En un informe posterior, describiendo la destrucción de Guernica como la operación de más éxito de toda una serie destinada a crear una gran bolsa de tropas vascas al este de Bilbao, Von Richthofen lamentó que el lento avance de las fuerzas de Mola permitiera a los vascos evitar el cerco y reagruparse en terreno seguro al oeste de Guernica.[216] A finales de mayo, las tropas de Mola cercaron Bilbao, pero el general no vivió para ver cómo los ataques de la Legión Cóndor permitían a sus fuerzas romper las líneas de defensa el 12 de junio. Al cabo de una semana, caía Bilbao.

Las quejas de los alemanes sobre el estilo dilatorio de Mola concuerdan con el análisis del historiador vasco Xabier Irujo. El 29 de abril, una emisora franquista afirmaba que «una de las condiciones más sobresalientes de nuestro general Mola es su decisión y su rapidez»; sin embargo, el ritmo medio de avance de Mola en el País Vasco durante toda la Guerra Civil fue de 0,2 kilómetros al día. Incluso durante la campaña de la primavera de 1937, pese a contar con el apoyo aéreo alemán e italiano, fue de solo 0,6 kilómetros al día.[217]

Serrano Suñer dice que la victoria en el País Vasco habría tenido un impacto político en Franco y cita los discursos de Mola del 29 de enero y 28 de febrero de 1937 como prueba de sus preocupaciones. Mola proponía que Franco cediera parcialmente el monopolio del poder, conservando la jefatura del Estado y el mando supremo del Ejército, para que Mola pasara a presidir el Gobierno. Tanto Serrano como Maíz ven en estos discursos una prueba del deseo de Mola de una política de posguerra más liberal que la que se daría más tarde con Franco.[218]

Incluso en la zona republicana, y más tarde entre los exiliados republicanos, se especuló sobre los posibles motivos ocultos de la desaparición de Mola. Juan-Simeón Vidarte creía ver en ella la mano de

Franco, que, según él, estaba celoso porque Mola estaba a punto de conseguir la gloria de capturar Bilbao. Además, Franco sospechaba que Mola podía tramar algo con el líder falangista renegado Manuel Hedilla, que le había visitado en Pamplona el 12 de julio. Vidarte consideraba sospechoso que tanto el dirigente carlista Manuel Fal Conde como Hedilla hubieran sido silenciados por Franco y suponía que se debía a que ambos tenían vínculos con Mola. Aunque las causas de la actuación de Franco contra ambos fueron muchas y complejas, lo cierto es que a principios de 1937 corrían rumores por la zona rebelde de que Mola formaría gobierno e incluiría a Hedilla como ministro.[219]

El secretario de Mola, José María Iribarren, llevaba un diario. Con un lápiz diminuto, en un paquete de cigarrillos apoyado en la rodilla, anotaba las conversaciones de sobremesa de Mola y sus visitantes.[220] A principios de 1937, hizo una selección de sus apuntes y otros documentos como base para un libro. Leyó fragmentos del original a Mola, quien hizo algunas correcciones y le dio su aprobación. Además, le dijo que sería útil para las memorias de la conspiración y el alzamiento que él mismo estaba escribiendo. A continuación, Iribarren le entregó el texto a su editor en Zaragoza. La censura local, dirigida por dos profesores universitarios, lo autorizó sin cambios porque sabían que tenía el visto bueno de Mola. Se publicó el 3 de mayo, e Iribarren envió ejemplares a Franco, Mola y otros generales, así como a Gil Robles. Mola le escribió de inmediato para darle las gracias y desearle «el éxito merecido».[221]

Al cabo de unos días, *La Gaceta Regional* de Salamanca imprimió una reseña elogiosa; en cambio, el delegado de Prensa de la Oficina de Prensa y Propaganda, Manuel Arias Paz, se puso histérico. Nombrado por Serrano Suñer en abril de 1937, Arias Paz era un oficial del cuerpo de ingenieros que había creado una emisora de radio para Franco. Básicamente, era un matón arrogante que, en el fondo, no estaba cualificado para el trabajo que le habían encomendado, más allá de sus opiniones reaccionarias extremas y su devoción por el Generalísimo. Sus habilidades literarias no iban más allá de redactar algunos artículos sobre cómo valorar el precio justo de un coche de segunda mano.[222] Arias Paz ordenó que todos los ejemplares del libro fueran confiscados de las librerías y destruidos. Mandó detener a Iribarren el 24 de mayo e hizo que registraran su habitación de hotel. Este se las arregló para enviar una petición de ayuda a Mola, que estaba en Vitoria, supervisando la campaña vasca. Este ordenó su puesta en libertad y Arias Paz obedeció la orden, pero acto seguido exigió que Iribarren se presentara ante él en las oficinas de la Delegación de Prensa y Propaganda en Salamanca, donde lo sometió a un agresivo interrogatorio.

Fuera de sí, Arias Paz gritaba una y otra vez que debían fusilar a Iribarren por lo que había revelado en su libro. El retrato de Mola y su círculo hablando constantemente de las campañas de Marruecos daba a entender que existía un paralelismo entre la guerra civil y la guerra colonial, lo que perjudicaba la imagen de los rebeldes. Igual de alarmante para Arias Paz era que Iribarren dejara constancia de que Mola hablaba de «sublevación» y «conspiración», lo que implicaba que el golpe no había sido un movimiento popular espontáneo. Aún más le inquietaron las revelaciones de Mola sobre las debilidades y deficiencias de los demás conspiradores y, sobre todo, que el 16 de julio hubiera dado palabra de honor a Batet de que no se rebelaría. Las descarnadas referencias de Mola y sus compañeros a la represión que citaba el libro, sobre todo, a las ejecuciones sin juicio y a lo que planeaban hacer cuando cayera Madrid, eran un auténtico regalo para la propaganda republicana.

El libro estaba dedicado a Mola y, en el prólogo, se explicaba que el general había corregido y luego aprobado el original. Arias Paz lo negó de plano y afirmó falsamente que Mola le había dicho que no había leído el libro más que por encima. A Iribarren se le permitió salir, pero fue arrestado de nuevo al día siguiente y pasó varias horas más en la cárcel, esperando que lo fusilaran en cualquier momento. Al final, apareció Arias Paz y mencionó, como quien no quiere la cosa, que se había olvidado de trasladar a la policía la orden de Mola de que lo dejaran en libertad. También olvidó decirle a Iribarren que, lejos de repudiarlo, Mola lo había defendido vehementemente por teléfono. Pero, a diferencia de este, tal como descubrió Iribarren más tarde, muchos oficiales superiores cercanos a Mola y Franco se habían sentido ofendidos por el libro.[223] Tras infructuosos esfuerzos por conseguir que le permitiesen publicar una edición corregida y censurada, Joaquín Arrarás convenció a Iribarren de que escribiera una biografía completamente nueva y elogiosa de Mola: «Tú has visto a Mola en zapatillas, pero es preciso que des al público otra versión heroica y encomiástica del general muerto».[224]

El 2 de junio, Mola mantuvo una acalorada discusión con Franco por teléfono. No se sabe de qué hablaban, pero su ayudante le oyó decir antes de colgar el auricular de golpe: «No lo comprendo, no. Repito. Yo no paso por eso». Se pudo oír cómo expresaba su disgusto por el hecho de que Franco prestara más atención a los alemanes que a él y también murmurar que Franco toleraba la corrupción. Se ha especulado con que Franco había propuesto destituir a Mola como comandante del Ejército del Norte para privarle de la gloria de conquistar Bilbao.[225]

Mola murió en un accidente de avión el 3 de junio de 1937. Salió de Pamplona rumbo a Vitoria y de ahí hacia Burgos. En esta última provincia, entre los pueblos de Castil de Peones y Alcocero, el avión se estrelló y murieron todos los que iban a bordo. Testigos del pueblo que vieron el avión justo antes del accidente comentaron que volaba con los motores apagados, lo que dio lugar a sospechas de sabotaje por la introducción de azúcar en el depósito de combustible, algo que explicaría que los motores se pararan. La sospecha se veía reforzada por el hecho de que, como relató Iribarren, la noche anterior al accidente mortal, Mola hubiera sido víctima de lo que pareció ser un intento de embestir su coche mientras circulaba. La explicación oficial de que la aeronave sencillamente se estrelló contra una colina debido a la espesa niebla que reinaba queda desvirtuada por las declaraciones de los testigos que pudieron ver con claridad la aeronave. El pastor que llegó primero al avión estrellado comentó que lo había visto volar a la deriva, como si no tuviera piloto. El padre del aviador, Ángel Chamorro, estaba convencido de que su hijo había sido asesinado.[226] Al parecer, cuando oyó la noticia de la muerte de su marido, Consuelo Bascón de Mola exclamó: «¡Ha sido Franco!».[227] Es cierto que Franco estaba profundamente molesto por los rumores de que Mola quería presidir el Gobierno y dejarle a él el mando supremo de las fuerzas armadas y la jefatura del Estado y de la Falange.

Tanto Franco como Serrano Suñer temían que, en la siguiente visita de Mola a Burgos, les presentara un ultimátum en toda regla. Eso podría explicar la discusión telefónica en la víspera de la muerte de Mola.[228]

Franco recibió la noticia con frialdad, actitud compartida por su Estado Mayor. Al día siguiente, en Valladolid, Vegas Latapié se encontró con José Antonio de Sangróniz, el jefe de la oficina diplomática de Franco. Cuando Vegas expresó su pesar, Sangróniz le respondió: «Al fin y al cabo, no es para tanto. Un general que muere en el frente... Bueno, pues es casi normal».[229]

En enero de 1937, Cantalupo había informado a Roma sobre «el conflicto silencioso y latente entre los generales Franco, Mola y Queipo de Llano».[230] El embajador alemán Faupel informó de que Franco «sin duda se siente aliviado por la muerte del general Mola. Me dijo hace poco: "Mola era un tipo tozudo, y cuando le daba órdenes que se apartaban de sus propuestas, solía preguntarme: '¿Ya no confías en mis dotes de mando?'"».[231]

Una de las primeras cosas que hizo Franco, después del fatal accidente de Mola, fue ordenar que confiscaran todos sus papeles. Mola le había dicho a Iribarren que estaba escribiendo una historia de la conspiración y de la guerra, un extremo confirmado por Maíz, que tuvo acceso a sus cuadernos y los cita en su último libro. Un oficial del Estado Mayor fue a su cuartel general de Vitoria y requisó los papeles, según Maíz, cuando Mola aún volaba hacia Burgos. Es razonable suponer que Franco no quería que circulase una versión de los hechos que revelara su escasa aportación a los preparativos del alzamiento.[232] Franco asistió al funeral de Mola sin exhibir el más mínimo rastro de emoción. Mientras bajaban el féretro por la escalinata del cuartel general de la división, el Generalísimo levantó el brazo derecho en un enérgico saludo fascista. Debido a los kilos que había engordado en los meses anteriores, se le desgarró el uniforme por el sobaco ante la hilaridad reprimida de algunos de los espectadores.[233] Hitler comentó años más tarde: «La verdadera tragedia para España fue la muerte de Mola; allí estaba el verdadero cerebro, el verdadero líder. Franco se coló en la historia como Pilatos en el Credo».[234]

7

El psicópata del Sur

Durante la Guerra Civil e inmediatamente después, Gonzalo Queipo de Llano y Sierra gozó de una adoración sin límites. Su primer biógrafo descubrió «en su alma enérgica y sencilla, en su espíritu castizo y zumbón, en su flexibilidad y valentía, en su compleja apariencia, el "estilo" de un soldado de raza».[1] Para otros hagiógrafos, era sencillamente «un noble español», «el arquetipo del militar español».[2] El periodista Enrique Vila dedicó su crónica de la conquista de Sevilla al «general Queipo, figura gigantesca de la epopeya de Sevilla que salvó a España».[3] Pero ninguno de estos panegiristas superaría nunca al hombre sobre el que escribieron, que con falsa humildad hablaba del dolor que le causaba «traicionar su sincera modestia» para luego autoproclamarse constantemente «el iniciador del movimiento que salvó a España».[4] Sin embargo, este dechado de virtudes fue, a lo largo de su vida, un descontento crónico, errático, poco de fiar, inestable y volátil, irascible y siempre dispuesto a recurrir a la violencia. Obsesionado con su prestigio y con el simbolismo de medallas y títulos, era un matón, un chivato que delató a sus camaradas y un adulador que se deshacía en elogios a sus superiores. En las emisiones de radio diarias en las que intervino después de apoderarse de Sevilla, vomitaba incitaciones al asesinato y a la violación. Bajo su autoridad, más de cuarenta y cinco mil personas fueron asesinadas en el sur de España. El contraste entre la hagiografía y la realidad no podría ser mayor.

Nacido el 5 de febrero de 1875 en Tordesillas, a orillas del Duero, Gonzalo Queipo de Llano era el quinto hijo del juez de villa Gonzalo Queipo de Llano y Sánchez y de la bastante aristocrática (y muy orgullosa de ello) Mercedes Sierra y Vázquez de Novoa. El magistrado se había jugado y perdido a las cartas las otrora considerables propiedades de la familia y, por eso, cuando Gonzalo dejó la escuela a los catorce años, sus padres pusieron sus esperanzas en que se hiciera cura. Pero el adolescente se rebeló contra la estricta disciplina del seminario al igual que antes había rechazado la de su escuela. La crisis llegó al cabo de solo cuatro meses, cuando en doloroso castigo por una de sus travesuras le obligaron a rezar arrodillado sobre un saco de garbanzos. Se escapó del seminario con tres compañeros, después de tirar piedras a los sacerdotes que trataban de impedírselo, y se escondió en casa de una tía en El Ferrol. Su madre se horrorizó, pero su padre aceptó que quizá Gonzalo fuera más apto para la vida militar. Quería alistarse a un regimiento de caballería, pero era demasiado joven, así que, como medida temporal, se incorporó a la banda de un regimiento de artillería el 28 de julio de 1891, en la que su absoluta falta de dotes para la música le impidió hacer carrera como corneta. En 1893, su padre utilizó su influencia política para conseguir que aceptaran a Gonzalo en la Academia de Caballería de Valladolid, donde su mediocridad intelectual le hizo suspender importantes exámenes. Pero lo que le faltaba en intelecto, lo compensaba con energía y agresividad. Gracias a esto, y a una providencial escasez de oficiales de caballería en la colonia de Cuba, consiguió por fin, no sin retraso, graduarse en febrero de 1896.[5]

De ahí en adelante, su carrera se caracterizaría por una descontrolada propensión a la violencia. De camino a Cuba, donde llegó el 26 de mayo de 1896, respondió a las burlas de otro pasajero —por sus malos resultados académicos— propinándole un puñetazo en la cara. En agosto de ese año, después de empinar el codo con un conocido cubano, este le propuso ir a un burdel, donde presumía de haber encontrado a una prostituta preciosa a la que había convertido en amante para su disfrute exclusivo. Resultó que Queipo se acostaba con la misma mujer, cuya profesión ignoraba. Fuera de sí, tiró al hombre de un carruaje que circulaba a toda velocidad y, creyendo que lo había matado, huyó. Mientras estaba escondido, el cuartel donde había sido destinado fue atacado por rebeldes y todos sus camaradas perecieron. Tras este asombroso golpe de suerte —uno de los muchos de su carrera militar— que impidió que lo masacrasen, fue condecorado en varias ocasiones y ascendido primero a teniente y luego a capitán por su arrojo en varios enfrentamientos con los rebeldes cubanos. La combinación de temeridad, irresponsabilidad y brutalidad también se manifestó en su afición a matar a tiros las reses destinadas a alimentar a su unidad. Otro de sus pasatiempos consistía en increpar a los peatones que se protegían del sol con sombreros de paja de ala ancha con cintas anchas y cubriéndose la cara con una especie de talco. Tomándolos por rebeldes, Queipo les paraba por la calle, les cortaba las cintas de los sombreros y les limpiaba la cara a la fuerza. A los que se resistían, les propinaba una paliza. Las autoridades militares acabaron repatriándolo para evitarle problemas. La derrota de España ante Estados Unidos en 1898 impidió que Queipo volviera a Cuba.[6] Fue durante su estancia en la isla cuando contrajo hepatitis, probablemente debido a la ingesta de agua no potable. El daño al hígado ocasionado por su reticencia a tratar su enfermedad, una vez ya fue diagnosticado, provocó que le aconsejaran que eliminara el alcohol y las grasas de su dieta, una recomendación que rara vez siguió.[7] Haciendo gala de su típica bravuconería irresponsable, Queipo pensaba que el reconocimiento de su enfermedad disminuiría su imagen de hombre de férrea virilidad.

El 5 de octubre de 1901 se casó con Genoveva Martí, una joven profundamente tímida y, por ese motivo, en apariencia fría, que descubrió consternada que Queipo no había solicitado permiso oficial para casarse, por lo que permaneció encarcelado durante su primer mes de matrimonio. Lo cierto es que aquel no fue un enlace feliz. Tuvieron tres hijas —Ernestina (1903), Mercedes (1905) y María de la Asunción («Maruja», 1907)— y un hijo —Gonzalo (1911)—. Pero Queipo era un mujeriego empedernido, y eso, junto con sus correrías, entre las que hubo varios duelos, hizo que la convivencia resultara difícil para Genoveva. Años más tarde, la cada vez más retraída esposa acompañaba en contadas ocasiones a su marido a los actos sociales, en los que cedió su lugar a su hija Maruja, por quien el padre demostraba un favoritismo enfermizo.[8]

El hecho de estar casado y con hijos no moderó en absoluto el deleite en el riesgo físico o la violencia que Queipo sentía. Durante unas maniobras de instrucción antes de ir a Marruecos, el 8 de mayo de 1908, uno de sus hombres se cayó del caballo a las, en aquel momento torrenciales, aguas del Henares. Queipo se zambulló en el río y salvó al soldado de caballería de morir ahogado, por lo que recibió una medalla al valor. El 6 de octubre de 1909, su regimiento desembarcaba en Melilla. Tras ocho tediosos años en un cuartel, se alegró de tener la oportunidad de luchar en el recién creado protectorado español de Marruecos, aunque su estancia allí fue corta: el 18 de diciembre estaba de vuelta en España. De junio de 1910 a marzo de 1911, participó en una misión en Argentina para estudiar la cría de caballos. A su regreso al norte de África, fue nombrado director de un criadero de caballos situado entre Larache y Alcazarquivir. El 14 de noviembre de 1911, era ascendido a comandante. Durante los años siguientes que pasó en Marruecos, intervino en combates en los que exhibió su habitual temeridad. Su narcisismo y ambición alcanzaron cotas patológicas y, a medida que iba ascendiendo en el escalafón, su audacia y su egoísmo aumentaban en paralelo. El 7 de julio de 1913, Queipo encabezó una carga de caballería en Alcazarquivir y participó con alegre furia en una sangrienta lucha cuerpo a cuerpo. Lo recompensaron el 20 de abril de 1914 con el ascenso a teniente coronel.[9]

Para Queipo, como para tantos oficiales, Marruecos fue una experiencia embrutecedora. Opinaba que había que aplastar la revuelta de los cabileños del Rif con la máxima contundencia. Al igual que muchos africanistas, incluido Franco, se oponía frontalmente a quienes confiaban en que la presencia española en Marruecos debía establecerse por medios pacíficos. Sin embargo, las relaciones de Queipo con Franco siempre fueron tensas. Más tarde afirmó que le había consternado la visible satisfacción con la que el joven Franco castigaba a sus soldados moros, propinándoles brutales palizas por infracciones sin importancia de las ordenanzas.[10] Franco, a su vez, también acumulaba agravios contra Queipo, que habían empezado con un incidente en África cuando, en presencia de otros oficiales, este le acusó de cobarde.[11] Al igual que otros africanistas, Queipo creía fervientemente en el derecho del Ejército a intervenir en la política para proteger a España no solo de sus enemigos externos, sino también de los que los generales consideraban sus enemigos internos.

Pese a estar cargado de medallas al valor, a Queipo le faltaba la condecoración que más anhelaba, el máximo honor militar de España: la Cruz Laureada de San Fernando.[12] El hermano de Franco, el aviador Ramón, se burlaba de Queipo por la forma en que exageraba sus éxitos en Marruecos y por su obsesión con los uniformes. Insistía en que todos los oficiales bajo su mando se dejaran bigote y humillaba a aquellos cuyos mostachos no le satisfacían. También exigía que llevaran siempre guantes. Para burlarse de él, algunos empezaron a ponérselos junto con el bañador cuando iban a la playa.[13]

Queipo sirvió en Marruecos en un momento en que las fuerzas de ocupación españolas se enfrentaban a importantes revueltas de la población indígena. Los ocupantes eran vulnerables, porque controlaban algunas ciudades importantes pero apenas el interior. Las ciudades estaban conectadas por una serie de blocaos, fortificaciones de madera con guarniciones de veintiún hombres que vivían en un aislamiento espantoso y cuya moral se veía minada por la incertidumbre de la llegada de agua, alimentos y leña cada pocos días. La absurda pérdida de vidas humanas hizo que la hostilidad popular contra la aventura colonial fuera en aumento y que los gobiernos se mostraran cada vez más reacios a enterrar recursos en la guerra. Esto llevó a una profunda división entre los políticos partidarios de una acción defensiva de vigilancia de las ciudades y los oficiales africanistas como Queipo, impacientes por emprender la ocupación total del Rif. Entre los oficiales que creían que la solución pasaba por la conquista de todo el territorio estaba el impetuoso general Manuel Fernández Silvestre, que emprendió una temeraria campaña a principios de 1921 durante la cual se desplazó rápidamente hacia el oeste desde Melilla, para ocupar un territorio inaccesible y hostil. Esto provocó el enfrentamiento con Abd el-Krim, el agresivo nuevo líder que había empezado a unificar las tribus bereberes del Rif. En la tercera semana de julio de 1921, Abd el-Krim obtuvo una victoria aplastante sobre Fernández Silvestre cerca de Melilla. Partiendo del pueblo de Annual, a lo largo de tres semanas, las fuerzas de los cabileños infligieron una derrota a los ocupantes españoles que los obligó a retroceder casi hasta las puertas de Melilla, mientras eran masacradas una guarnición tras otra. Las deficiencias de unas tropas españolas mal alimentadas se hicieron patentes en toda su crudeza. Los cabileños, víctimas de la brutalidad de los ocupantes, se vengaron con horribles matanzas en los puestos de avanzada de Dar Drius, Monte Arruit y Nador, en las inmediaciones de Melilla, donde en pocas semanas murieron nueve mil soldados españoles.[14] Durante los dos años siguientes, el territorio se fue recuperando poco a poco, pero el dilema central estaba planteado con meridiana claridad: retirada u ocupación.

Queipo fue ascendido a general de brigada el 29 de diciembre de 1922 y, al cabo de cuatro meses, se le confió el mando de la zona de Ceuta. La instauración el 13 de septiembre de 1923 de la dictadura militar o «Directorio» del general Miguel Primo de Rivera podría haber infundido esperanzas a los africanistas como Queipo; este, sin embargo, y según informaron al dictador, al enterarse de la noticia, exclamó: «¡Le dan el poder a Miguel Primo! ¡Nos llevará a la anarquía!».[15] Pero, como era habitual en él, Queipo no quiso hacer públicas sus inquietudes y se negó a firmar un telegrama de protesta contra el nuevo régimen, redactado por algunos compañeros. De hecho, él y el dictador compartían una amistad que se remontaba a la época en la que Queipo había actuado de padrino de Primo en el duelo de este contra el escritor liberal Rodrigo Soriano. Sin embargo, la egolatría de Queipo no tardó en provocar el deterioro de la relación. En sus memorias de esta época, este insinuó que todos y cada uno de los reveses militares españoles en Marruecos no habían sido sino consecuencia de no hacer caso a sus opiniones.[16] La obsesión de Queipo por la «misión» de España en Marruecos le llevó a colaborar en enero de 1924 con varios oficiales más, entre los que se encontraba Francisco Franco, en la fundación de la *Revista de Tropas Coloniales*, portavoz de los imperialistas más agresivos del Ejército. Con su típica retórica exagerada, Queipo expresó la frustración general de los africanistas frente a los políticos a los que culpaban de la decadencia de España, mientras en un adulador himno de alabanza a Alfonso XIII, «nuestro rey, orgullo y esperanza de la Patria», rendía homenaje a «unos cuantos hombres de corazón que, arriesgándolo todo, afrontaron la ardua tarea de hacer resurgir el espíritu español».[17]

En el verano de 1924, Miguel Primo de Rivera insistía cada vez más en la necesidad de abandonar el protectorado marroquí. El primer paso sería una operación para cerrar cuatrocientas posiciones y blocaos. La constatación de que se avecinaba la retirada provocó la deserción de un gran número de mercenarios marroquíes de las filas españolas y animó al líder rifeño Abd el-Krim a pasar a la ofensiva con un fuerte ataque que cortó la carretera Tánger-Tetuán y que llegó a amenazar incluso Tetuán. El dictador emitió un comunicado el 10 de septiembre de 1924 anunciando la evacuación de la zona. Varios oficiales —entre ellos, según parece, Franco— trataron de convencer a Queipo de Llano de que se pusiera al frente de una conjura para derrocar a Primo de Rivera. El 23 de septiembre de 1924, una columna partió de Tetuán para levantar el asedio de la guarnición de Xauen, en las montañas. El hecho de que confiaran a un subordinado la responsabilidad de la operación enfureció a Queipo, que escribió una carta de protesta tan intempestiva que provocó que le separasen del mando de Ceuta. Ya con anterioridad se habían oído voces exigiendo su destitución a raíz del procaz discurso que había pronunciado ante una delegación de arqueólogos portugueses el 5 de agosto de 1923. A todo ello, Queipo respondió escribiendo una serie de largas cartas en las que se quejaba del maltrato a que era sometido. Xauen fue abandonada en noviembre de 1924.[18]

El empeño de Queipo en aniquilar la resistencia marroquí mediante una brutalidad sin freno le ocasionó conflictos con varios oficiales de alta graduación, entre los que figuraban amigos de Primo de Rivera como los generales Ricardo Burguete, José Villalba Riquelme y Alberto Castro Girona, que abogaban por métodos de conquista más moderados, motivo por el cual eran llamados «civilistas». Queipo acusó a Riquelme de pacifista y cobarde, y lo denunciaron por haber proferido parecidos insultos contra Castro Girona, aunque él negara con vehemencia haberlo hecho. La verdadera razón de su hostilidad hacia Castro Girona era más personal y prosaica: después de que Queipo le sucediera al frente de la comandancia militar de Tetuán, Castro había seguido utilizando el coche oficial con chófer y la residencia asociada al cargo. Las cosas empeoraron a medida que Queipo se iba involucrando en el fomento de la oposición a la dictadura. Al principio, Primo de Rivera se mostró tolerante, porque sabía que Queipo solía actuar primero y pensar después; como le dijo el general

Leopoldo Saro a Queipo en una carta de junio de 1926, «tienes la desgracia de pensar en alta voz».[19] En realidad, los pensamientos que pudiera albergar Queipo por lo que se refiere a su oposición al régimen no iban más allá del rencor contra altos cargos que él consideraba que habían subestimado sus méritos. Así, por ejemplo, escribió al rey en 1925 una carta de queja sobre las presuntas injusticias de las que había sido víctima, en un tono tan ofensivo que provocó la posterior animadversión del monarca.[20]

Como era inevitable, Queipo fue relevado asimismo del mando de Tetuán, aunque antes de un año lo nombraron gobernador militar de Córdoba, circunstancia que no le impidió hacer constantes bromas sobre el dictador y su régimen, que invariablemente llegaban a oídos de Madrid. Por ejemplo, en una cena ofrecida por los terratenientes locales, repitió un chiste que circulaba en Sevilla según el cual un urinario público recién inaugurado, con la indicación «UP», era la sede local del partido político de Primo de Rivera, la Unión Patriótica. Para evitar las consecuencias de sus chanzas, inmediatamente lanzó una campaña para congraciarse con el dictador. En ese sentido, dijo a sus compañeros que las acusaciones en su contra eran «calumnias, falsedades y caprichosas invenciones» y que apoyaba sin reservas al Directorio militar. Sin embargo, se le relacionó con conspiraciones contra la dictadura y pronto fue destituido de su cargo.[21] Los «civilistas» se vengaron de él cuando la Junta Clasificadora del Ejército, presidida por el general Burguete, se negó a ascenderlo a general de división y el 31 de marzo de 1928 lo relegó a la reserva, alegando que era «poco disciplinado, díscolo y difícil de ser mandado». Su respuesta inmediata fue una carta torrencial de protesta de dieciséis folios, escritos en letra pequeña, para autojustificarse. Después de que su recurso fuera rechazado, declinó indignado las ofertas de Primo de Rivera para que aceptara lucrativos cargos civiles y se planteó, incluso, retarlo a duelo.[22]

Al parecer, el rey había prometido a Queipo que no firmaría el documento que lo enviaba a la reserva y este se tomó la firma del monarca como una traición personal. Fue esta circunstancia, combinada con la herida a su amor propio, más que cualquier motivo patriótico, lo que le llevó a unirse al movimiento republicano para derrocar a la monarquía (algo por lo cual, en 1931, sería generosamente recompensado). En su carta de junio de 1926, Leopoldo Saro había instado a Queipo a que buscara la reconciliación con Primo. Según Saro, el dictador habría dicho estas palabras sobre Queipo: «Es una verdadera lástima, pues es un hombre bueno y a quien yo he querido mucho, que se empeña en tropezar conmigo». El orgullo inflado de Queipo le impidió seguir este consejo. Primo escribió a un amigo que «Queipo es enemigo de sí mismo […]. Como yo conozco el carácter de Queipo, había de presumir que no saldría de aquí sin querer tirar las columnas del templo, consagrándose a enaltecer su figura destruyendo la de los demás». En contraste con esa tendencia a emular a Sansón, mientras se encontraba en paro forzoso, Queipo se dedicó a montar una pequeña fábrica de detergente en polvo, que metía en saquitos de papel, y pasaba las mañanas recorriendo los barrios de clase obrera vendiéndolos a domicilio. También trabajó en un libro que fue publicado a finales de 1930: *El general Queipo de Llano perseguido por la dictadura*, un himno de alabanza a sí mismo, un relato egoísta de sus peripecias en Marruecos y un lamento por la persecución de la que creía haber sido objeto. Era un testimonio irrefutable de su arrogancia y su orgullo desmedidos.[23]

Al mismo tiempo, ante quien quisiera escucharle, Queipo criticaba a Primo de Rivera del modo más insultante. A principios de febrero de 1930, oyó el rumor de que el hermano del general, José Primo de Rivera, se había referido a él tildándolo de «chulo». Respondió con una carta en la que declaraba que estaba dispuesto a ajustar cuentas con el dictador mismo. Terminaba la misiva con un desafío —«Conmigo no se ha atrevido nadie»— y adjuntando los datos de su domicilio, en una clara invitación a batirse en duelo. Como José Primo de Rivera era un anciano enfermo y sin hijos, el hijo mayor del dictador, José Antonio, se encargó de defender el honor familiar. El 11 de febrero se dirigió a la casa de Queipo, quien no quiso dejarle entrar, sino que le propuso que se vieran en el Lyon d'Or, el café de la calle de Alcalá donde se reunía su tertulia de amigos. Esa misma noche, José Antonio, su hermano Miguel y su primo Sancho Dávila aparecieron en el café. José Antonio sacó la carta y le preguntó a Queipo si era el autor de la misma. Cuando Queipo respondió que sí, José Antonio le pegó un puñetazo en la cara y lo tiró al suelo. Queipo, que tenía entonces cincuenta y cinco años, se puso de pie enseguida y se abalanzó sobre su agresor, casi treinta años más joven. Se armó una trifulca y llamaron a la policía. Como la víctima era un general y los tres agresores, tenientes en la reserva, el incidente quedó bajo jurisdicción militar, y concluyó con el licenciamiento deshonroso de José Antonio, a quien Queipo guardaría rencor de por vida, y a la larga, con el aumento de la desconfianza de la derecha hacia este último.[24]

En su libro *Queipo* formuló una crítica legítima de la magnitud de la corrupción bajo la dictadura de Primo de Rivera, aunque también había algo de proyección en su crítica mordaz de las características de Primo que él mismo compartía plenamente: su vanidad y su donjuanismo.[25] Resentido por la humillación de su ascenso frustrado, Queipo de Llano arrinconó su hasta entonces servil devoción a Alfonso XIII y demostró, en feliz expresión de Ian Gibson, una «lealtad transferible».[26] Esperaba que la llegada al poder de su amigo Dámaso Berenguer supusiera la aprobación de su ascenso, pero al parecer Alfonso XIII lo vetó. Queipo tachó de «usurpadores» a Alfonso y a los Borbones y luego contrastó la monarquía con la República, «el régimen que hoy existe en España que, por haberlo votado el pueblo, es el verdaderamente legítimo».[27] Impulsado por el resquemor personal más que por el compromiso político, se convirtió en presidente de la Asociación Militar Republicana. Afirmaba ser masón y se autocalificaba de «republicano y demócrata hasta la pared de enfrente». Un oficial republicano de verdad, Antonio Cordón, no lo tenía en mucha estima. Creía que Queipo conspiraba no por convicción, sino porque se sentía menospreciado por Alfonso XIII,[28] algo que el propio Queipo reconoció al cabo de unos veinte años en una carta al general Franco: «Por tradición familiar y por mi propia manera de pensar fui siempre, lo soy y moriré siéndolo, fervientemente monárquico».[29]

El 17 de agosto se pactó en San Sebastián un futuro Gobierno republicano provisional bajo la presidencia de Niceto Alcalá-Zamora. Para facilitar la transición a la República, en septiembre se creó un comité militar revolucionario cuyos integrantes representaban a un amplio espectro de las fuerzas armadas. Lo presidía Queipo, quien, junto con Ramón Franco, elaboró planes detallados para la toma de los principales centros de comunicación y cuarteles militares. Pero el director general de Seguridad, el general Emilio Mola, se enteró de los planes e hizo que Queipo y otros fueran arrestados brevemente. Cuando otros conspiradores más comprometidos lo fueron a visitar a la cárcel, lo encontraron rodeado de amigos, bebiendo vino y disfrutando a fondo del papel de víctima. Sus diatribas contra el rey no les parecieron más que palabrería hueca,[30] aunque uno de los conspiradores comentaría más tarde que Queipo había abogado por el asesinato de Alfonso XIII.[31]

Las relaciones de Queipo con Mola ya eran malas a raíz de dicha detención, pero el resentimiento de Queipo fue a más debido a los comentarios que Mola hizo sobre él en el libro que escribió sobre su época al frente de la Dirección General de Seguridad. Este afirmaba que la vigilancia policial se había relajado porque Queipo había dado su palabra de honor al primer ministro, el general Berenguer, de que no estaba involucrado en la conspiración republicana:

> Se me ha censurado mucho que conociendo las actividades revolucionarias del general Queipo de Llano no le tuviera sujeto a estrecha vigilancia. A eso he de contestar que dicho señor estuvo vigilado hasta poco antes del movimiento, en que, una mañana, el presidente del Consejo, después de una entrevista con dicho general, me ordenó suprimir la observación directa que ejercía sobre él, pues, como no tenía motivos para dudar de su sinceridad, ya que le creía un perfecto caballero, daba por ciertas las manifestaciones que le había hecho de que sus frecuentes visitas a la casa del señor Alcalá Zamora [líder del movimiento republicano en aquel entonces] eran debidas únicamente a que estaba escribiendo un prólogo para un libro del que era autor.

Cuando Mola se negó a disculparse por haber insinuado que Queipo era un mentiroso sin honor, este, siempre irascible, se planteó retarle a duelo, pero luego decidió que sería mejor vengarse publicando un libro con su propia versión de los hechos.[32]

La clave del complot en Madrid era el aeródromo militar de Cuatro Vientos. Habían asegurado al «comité revolucionario» conjunto de militares y civiles republicanos que la Unión General de Trabajadores Socialistas apoyaría el golpe militar con una huelga. Las perspectivas de éxito se vieron mermadas cuando, el 12 de diciembre, tres días antes de la fecha acordada, con la esperanza de desencadenar un movimiento prorrepublicano en las guarniciones de Huesca, Zaragoza y Lérida, los capitanes Fermín Galán, Ángel García Hernández y Salvador Sediles se levantaron en Jaca (Huesca). Los dos primeros fueron fusilados tras un consejo de guerra sumario el 14 de diciembre. Sus muertes provocaron la retirada del complot de numerosos oficiales, en particular de artillería. Aunque las fuerzas bajo el mando de Queipo de Llano y los aviadores de Cuatro Vientos se adelantaron al día siguiente, lo hicieron con un profundo y más que justificado pesimismo. De hecho, la operación entera se vino abajo toda vez que la esperada huelga general en Madrid no se materializó. El asunto terminó en un fiasco, aunque luego sus protagonistas fueran aclamados como héroes.[33]

El general Franco envió una carta expresando su indignación por estos acontecimientos a su amigo José Enrique Varela, en aquel entonces todavía coronel. Hablando sobre su hermano Ramón, Franco escribió: «No tiene arreglo, está loco perdido y hace tiempo perdió la noción de todo». Refiriéndose a Queipo, continuó: «Lo de Jaca un asco, el ejército está lleno de cucos y cobardes y un loco exaltao [sic] arrastró a la colectividad de la manera más cochina».[34] Más allá del desprecio de Franco, Queipo de Llano acabaría siendo uno de los más beneficiados del episodio de Cuatro Vientos, a pesar de que un importante compañero de conspiración y futuro jefe de la aviación republicana, Ignacio Hidalgo de Cisneros, creyera que sus vacilaciones habían sido determinantes, junto con la ausencia de una huelga general, para la derrota del movimiento revolucionario. Tras el éxito inicial en el aeródromo, el siguiente paso fue neutralizar la cercana guarnición del ejército de Campamento, pero Queipo se retrasó, perdió toda posibilidad de ataque por sorpresa y el aeródromo fue recapturado. Hidalgo de Cisneros describía a Queipo como «el típico militarote de caballería, tal como lo pintan en las novelas y en el teatro. De uniforme tenía buena pinta, era alto, fuerte, con grandes bigotes, parecía un hombre enérgico y decidido». Queipo y los demás conspiradores destacados huyeron al exilio. Pasó varias semanas en Portugal con Ramón Franco, antes de llegar a París, vía Bélgica, el 11 de enero. En el camino, el grupo se desvió para visitar al líder catalán exiliado Francesc Macià en Bruselas. Según Hidalgo de Cisneros, Queipo de Llano, que era un notorio anticatalanista, «empezó a mostrar su falta de diplomacia, o más claro, su facilidad para decir barbaridades». Insultó al anciano Macià, diciéndole que despreciaba sus ideas nacionalistas y que se había unido a regañadientes a los demás en la visita solo porque Macià también era víctima de Primo de Rivera.[35]

Más tarde, en los primeros meses de 1931 en París, con unos recursos económicos limitadísimos, el grupo permaneció bajo la estrecha vigilancia de la policía francesa. Queipo de Llano les ocasionó problemas por la virulencia de sus críticas a la monarquía y a la Iglesia católica en unas entrevistas poco afortunadas. Más tarde, el general Burguete describiría con desprecio la actuación de Queipo: «Tú, eterno payaso, funcionabas ya de sempiterno bufón en el extranjero».[36] Para tratar de controlarlo, los demás se aseguraron de que alguien le acompañara en todo momento, diciéndole, para su gran satisfacción, que era demasiado importante como para no llevar un guardaespaldas. Le picaba en su amor propio no tener, a diferencia de Ramón Franco, Prieto y Marcelino Domingo, a ningún agente de la policía secreta siguiéndole. También daba rienda suelta a su satiriasis desperdiciando tiempo y energías en sus vanos intentos de seducir a Elena, la bella y joven cajera de la pensión donde se alojaban. En una ocasión, mientras alternaba con las atractivas bailarinas y cantantes de un local nocturno, se enzarzó en una pelea y fue detenido. Le disgustó que el incidente apareciera en la prensa francesa, y la esposa de Vidarte, Francesca Linares, trató de consolarle diciéndole: «Es natural que esté usted preocupado, general. Su buen nombre puede padecer en los medios republicanos», a lo que Queipo replicó furioso: «¡A mí qué me importan los republicanos! ¡A mí quien me importa es mi mujer!». Cuando llegó la noticia de la proclamación de la Segunda República el 14 de abril, el grupo se puso en marcha inmediatamente hacia España. A su llegada, fueron recibidos como héroes en la frontera y, más tarde, también en Madrid.[37]

Poco después de la instauración del Gobierno provisional, Queipo fue ascendido a general de división, en premio a su actividad en la oposición republicana. El ascenso tenía efectos retroactivos desde el 31 de marzo de 1928, cuando había sido originalmente bloqueado. A diferencia de la mayoría de sus futuros compañeros del bando rebelde durante la Guerra Civil, su resentimiento hacia los oficiales que habían colaborado con la dictadura le llevó a aplaudir las controvertidas reformas militares de Manuel Azaña. Y fue colmado de honores, primero con el nombramiento de comandante de la Primera División Militar Orgánica (el equivalente al antiguo cargo de capitán general), con sede en Madrid, y más tarde con la concesión de otros cargos importantes.[38] Sin embargo, ni sus nuevos cargos ni su pulquérrimo bigote le sirvieron de nada cuando retomó su ofensiva amorosa con Elena, que visitó Madrid en la primavera de 1931.[39] En el contexto de la hostilidad militar latente hacia la incipiente República, se consideraba a Queipo un activo valioso, cuando su compromiso con el régimen democrático no obedecía a nada más que a su resentimiento hacia el rey.[40]

Queipo proclamó públicamente su lealtad a la República en numerosas ocasiones. Como jefe de la división militar de Madrid, salió a la calle en un esfuerzo por detener la quema de iglesias en mayo.[41] Confiando en su propia popularidad, se presentó sin éxito como candidato independiente por Salamanca en las elecciones generales del 28 de junio de 1931. Para disgusto del líder católico José María Gil Robles, candidato rival, Queipo utilizó su coche oficial con chófer militar para su campaña. Recibió 13.500 votos, solo el 4 por ciento de los emitidos.[42] En público, se comportaba como un personaje de opereta, aprovechando cualquier oportunidad para llevar el uniforme completo con fajín de general. Incluso se presentó de esta guisa en la Casa del Pueblo de Madrid para expresar su apoyo a la causa socialista.[43] En la inauguración oficial de las recién elegidas Cortes, el 28 de julio de 1931, montó junto al coche del presidente en una yegua que había pertenecido al rey.[44] Poco después, en un acto celebrado en el Casino Militar de Sevilla, se refirió al gabinete, inadvertidamente, como «el Gobierno de Su Majestad».[45]

En el verano de 1931, sus imprevisibles manifestaciones privadas dejaron clara su escasa fiabilidad. Se le oyó afirmar que «yo podría ser dictador, soy el más indicado, y podría gobernar siete u ocho años; pero después el pueblo me arrastraría». El ministro de la Guerra, Manuel Azaña, recibió numerosas quejas por el comportamiento arrogante y autoritario de Queipo hacia sus subordinados. En mayo, poco después de su nombramiento como jefe de la Primera Región Militar, había empezado a sustituir a los oficiales superiores de la guarnición de Madrid sin contemplación alguna, humillándolos delante de sus tropas. Y provocó indignación general con un discurso en el que afirmó que las tropas no tenían que obedecer ni respetar a los oficiales a los que acababa de separar del mando de sus unidades. En Bilbao, Queipo declaró que, antes de la instauración de la República, «el Ejército no había sido más que una corporación de lacayos al servicio de la casa Borbón», palabras que estuvieron a punto de provocar una respuesta violenta de los oficiales allí presentes, furiosos por escuchar tales afirmaciones de un chaquetero descarado que antes había sido el favorito del rey. A principios de julio de 1931, hizo que detuvieran a un reportero que había escrito un artículo crítico sobre él. Azaña se vio obligado a intervenir y, tras ordenar que pusieran en libertad al periodista, comentó que Queipo parecía no darse cuenta de que no tenía los amplios poderes sobre los civiles de los que habían gozado los capitanes generales en tiempos de la monarquía.[46]

Queipo no permaneció mucho tiempo al frente de la Primera Región Militar. El 30 de julio de 1931, fue nombrado jefe de la Primera Inspección General del Ejército. Y, aunque estaba satisfecho con el nuevo cargo, procuró hacerle la vida imposible a su sucesor en la comandancia de Madrid, el general Rafael Villegas y Montesinos. Se ganó el favor de Niceto Alcalá-Zamora, presidente de la República, delatando a otros oficiales involucrados en conspiraciones monárquicas.[47] El 6 de diciembre, gracias a esta creciente amistad, fue nombrado jefe del Cuarto Militar del Presidente. La familia de Queipo comenzó a pasar los veranos con la de Alcalá-Zamora en la residencia presidencial veraniega de La Granja, lo que dio pie a un estrecho vínculo entre sus hijos, especialmente en el caso de Ernestina Queipo de Llano y el hijo mayor del presidente, Niceto, que acabarían casándose el 29 de diciembre de 1934. Como la esposa de Queipo, Genoveva, se mantenía cada vez más en segundo plano, su acompañante habitual era su atractiva hija Maruja, de veintitantos años.[48]

Mientras tanto, Queipo hacía todo lo posible para ganarse también el favor de Manuel Azaña, ahora presidente del Gobierno y ministro de la Guerra. A finales de 1931, visitaba con asiduidad el despacho de Azaña para contarle las habladurías sobre los oficiales que conspiraban contra la República, como los generales Goded, Barrera y Sanjurjo. El 21 de septiembre, incluso se presentó a altas horas de la noche en su casa para lanzar acusaciones infundadas y expresarle su compromiso personal con la República. La disposición aduladora de Queipo a delatar a sus compañeros derivaba del hecho de que quería el apoyo de Azaña para una nueva candidatura a diputado, esta vez para un escaño del Partido Radical por Valladolid. Pero Azaña le contestó que estaría encantado de apoyarle si conseguía la aprobación de la sección vallisoletana del partido y eso no era lo que Queipo esperaba. En realidad, Azaña lo tenía en muy poca estima, tal como revela este comentario de su diario: «Queipo es un simple y su frente, muy angosta».[49]

En el cargo de inspector general, Queipo era un absoluto inepto, que se entrometía en asuntos que estaban fuera de su jurisdicción, pronunciaba discursos indiscretos y causaba toda clase de problemas. Azaña anotó en su mismo diario: «Es de una ligereza e indiscreción notables», y se quejaba de sus constantes intromisiones: «Me tiene frito». En cambio, Queipo se veía a sí mismo como una figura de enorme importancia nacional y estaba constantemente buscando oportunidades para pronunciar discursos.[50] En diciembre de 1931, su egolatría le llevó a exigir el uso de un coche blindado. Al enterarse de que el único de este tipo en manos del Gobierno lo habían construido para el general Primo de Rivera, Queipo amedrentó al subsecretario del Ministerio de la Guerra para que este se lo enviara. Cuando Azaña se enteró, ordenó que le devolvieran el coche «para que se sepa lo que valen sus órdenes».[51] Queipo concluyó que sus esfuerzos por congraciarse con Azaña habían sido infructuosos y, en 1932, reorientó sus atenciones para aprovechar la proximidad que le proporcionaba el cargo y afianzar así su relación personal con

Alcalá-Zamora. Se dedicó a sembrar cizaña contándole al presidente de la República que había un sinfín de conspiraciones militares, pero que Azaña era demasiado frívolo como para darse cuenta. La afición a la rumorología de Queipo lo acercó a Alcalá-Zamora y contribuyó a que las tensiones entre el presidente del Consejo y el de la República se recrudecieran. Las constantes proclamas de Queipo de lealtad a la República y a Alcalá-Zamora no pasaban desapercibidas entre la clase política; Martínez Barrio, por ejemplo, describió así al general: «chismoso y locuaz antes y después, muy pagado entonces de su lealtad a la República y a don Niceto, con quien buscaba, y consiguió, entroncarse familiarmente».[52]

El general Sanjurjo estaba al tanto de que Queipo había denunciado sus actividades conspirativas a Azaña y Alcalá-Zamora. Cuando por un momento pareció que su golpe militar del 10 de agosto de 1932 había triunfado en Sevilla, se dice que Sanjurjo exclamó: «Lo que voy a reírme de Queipo de Llano», en referencia tanto a la profesión pública de su republicanismo como a sus esfuerzos por descubrir la trama. Queipo, que se consideraba amigo de Sanjurjo, se quedó perplejo al enterarse del comentario: su inconsciencia le impedía ver la relación entre su delación de Sanjurjo y el enfado de este con él.[53] Queipo se sintió tan molesto que, durante la ceremonia oficial de homenaje a varios oficiales cuya intervención había sido clave para frustrar la Sanjurjada, infringió el protocolo para pronunciar un discurso y presentar con entusiasmo a la multitud al alcalde de Sevilla, el doctor José González Fernández Labandera,[54] a quien él mismo ordenaría ejecutar en Sevilla al cabo de cuatro años, el 10 de agosto de 1936.[55]

El rencor que sentía Queipo por Azaña fue en aumento debido a su deseo no correspondido de hacerse con un escaño en las Cortes. El 7 de marzo de 1933, durante el acalorado debate parlamentario sobre Casas Viejas —el pueblo gaditano donde un movimiento revolucionario anarquista había culminado con la muerte de varios lugareños a manos de la Guardia de Asalto—, los oficiales responsables afirmaron falsamente que habían actuado siguiendo órdenes y se inventaron la inverosímil historia de que Azaña en persona había dado la orden de pegar «tiros a la barriga» de los anarquistas. Queipo de Llano, que seguía buscando un puesto en el Partido Radical, habló con Rafael Salazar Alonso, un destacado colaborador del líder de dicha formación, Alejandro Lerroux. En los pasillos de las Cortes, ante testigos, Queipo le habló a Salazar Alonso de una carta de un teniente de la Guardia de Asalto en la que afirmaba que él y otros, que habían firmado una declaración negando que les hubieran dado orden de disparar, lo habían hecho bajo coacción. Eso no solo contradecía lo que Azaña había afirmado en las Cortes, sino que, viniendo de Queipo, parecía tener el aval del presidente de la República.

Cuando Azaña se enteró, obtuvo con algunas reticencias el beneplácito de Alcalá-Zamora para obligar a Queipo a dimitir, lo que dejó de nuevo a este en situación de «disponible». Siempre descontento, el general empezó a amenazar veladamente al Gobierno con la adopción de represalias, algo que Azaña no se tomó en serio:

> De este general de dos metros comienzan a decir también que se propone hacer esto y otro; me lo dicen de la Dirección General de Seguridad. Pero yo no lo creo. Lo que hará sin duda será proferir necedades, que las produce naturalmente. En el ejército nadie le hace caso. Y al él se debe, por su torpeza, uno de los mayores disgustos que tuvimos al comienzo de la República, cuando se decretó el cambio de mandos de la guarnición de Madrid, y él lo realizó brutalmente.[56]

Después de que Azaña cesara en septiembre de 1933, Lerroux recompensó a Queipo con el nombramiento de inspector general de Carabineros. Era un puesto de alta graduación, muy bien remunerado, pero insuficiente para las ambiciones de Queipo.

En mayo de 1935, Gil Robles asumió la cartera de Guerra y nombró a Francisco Franco jefe del Estado Mayor. Alcalá-Zamora le reprochó el nombramiento con estas palabras: «Pero, Gil Robles, ¿por qué insiste usted en ese nombramiento, sabiendo que se opone a él casi todo el Ejército, comenzando por el jefe de mi Cuarto Militar, el general Queipo de Llano?».[57] Es inconcebible que Franco no se enterase del comentario. Además, en mayo de 1935, Queipo de Llano se enfrentó a Gil Robles por su oposición a una propuesta de aumento de sueldo para los carabineros. La carta que escribió al ministro pidiéndole que influyera en el voto de las Cortes sobre el tema se filtró a la prensa después de que Queipo distribuyera el texto entre sus camaradas. Tras el escándalo consiguiente, fue destituido, aunque no tardaron en restituirle el cargo, lo que refleja su estrecha relación con el presidente de la República.[58]

Queipo contempló con estupor la destitución de Alcalá-Zamora el 7 de abril de 1936, acusado de haber actuado de forma inconstitucional. Su reacción fue doble: por un lado, comenzó a buscar de inmediato otra vía de ascenso dentro de la República y, por el otro, a conspirar contra el régimen. El blanco de sus maquinaciones fue Diego Martínez Barrio, el político conservador republicano que era presidente en funciones (después de que las Cortes votaran la destitución de Alcalá-Zamora y antes del nombramiento de Azaña como nuevo presidente el 10 de mayo). Temeroso de perder el cargo de inspector general de la Guardia de Fronteras, fue a ver a Martínez Barrio vestido con el uniforme de gala y con todas sus condecoraciones a la vista. Ante un Martínez Barrio despectivo y sorprendido, se quejó de la «indecente» hostilidad que creía que muchos políticos sentían hacia él y juró por sus medallas que era «hombre de honor y republicano de la cabeza a los pies». Fuera de sí por la indignación, Queipo le dijo a Martínez Barrio que el dolor que le causaban las acusaciones de deslealtad a la República era peor que la muerte. Posteriormente, el 23 de junio, escribió una carta servil al mismo Martínez Barrio pidiendo su intercesión para que uno de sus sobrinos, Gonzalo Queipo de Llano y Buitrón, consiguiera un puesto de juez municipal en Málaga. Si su petición prosperaba, añadió el general, cuando su sobrino asumiera el cargo, haría todo lo que le pidiera Martínez Barrio.[59]

Pero Queipo, antes incluso de jurar lealtad a Martínez Barrio, había intentando ponerse en contacto con el general Mola para sumarse a la conspiración militar antirrepublicana en curso. Mola, como es natural, se mostró escéptico dada la reputación de Queipo como republicano destacado, además de por la animosidad personal que reinaba entre ellos. Como ya vimos, en 1930, siendo Mola director general de Seguridad, había espiado las actividades antimonárquicas de Queipo. Sin embargo, en pocos meses, las cosas cambiaron. Mola fue detenido el 21 de abril de 1931 por su labor como director general de Seguridad. Después de pasar cuatro meses en el calabozo, y profundamente resentido, este quedó en libertad a condición de que diera a Queipo de Llano (entonces capitán general de Madrid) su palabra de honor de que no huiría. Por si esto no fuera suficiente para agriar sus relaciones, Mola había hablado mal de Queipo en sus memorias, y el libro de Queipo *El movimiento reivindicativo de Cuatro Vientos* atacaba a Mola con contundencia.[60] Todo esto explica por qué Queipo no fue invitado a la reunión de oficiales disidentes celebrada en Madrid el 8 de marzo de 1936 en la que se decidió que el general Sanjurjo, en el exilio, debía encabezar el golpe propuesto y que los preparativos debían comenzar con Mola como director general y el coronel Valentín Galarza como jefe de enlace.[61]

Ya en abril de 1936, cuando Queipo le pidió una entrevista, Mola se mostró muy desconfiado. Como el propio Queipo reconocería más tarde a Joaquín Arrarás, Mola, al igual que muchos otros oficiales, le consideraba un traidor y un republicano. A la luz de su experiencia con el personaje y guiándose por su instinto de policía, Mola tomó la precaución de pedir primero a Galarza que investigara la seriedad de las intenciones de Queipo. En cuanto estuvo seguro de ellas, Mola accedió a celebrar la reunión,[62] que tuvo lugar en Pamplona el 12 de abril, solo dos días después de la visita de Queipo a Martínez Barrio. Queipo se jactó de que había aprovechado la libertad de movimientos que le proporcionaba su cargo como inspector general de Carabineros para colaborar en la incipiente conspiración. Según dijo, había utilizado las visitas a varias guarniciones para determinar si sus oficiales apoyarían el alzamiento. Gratamente sorprendido, Mola le pidió que continuara explotando su libertad de movimientos para evaluar el apoyo a la conspiración. Queipo volvió a Pamplona el 1 de junio y Mola le invitó a dar una charla en el casino militar. Mola le demostró mayor confianza en su encuentro del día siguiente en la Casa Otamendi, una posada a veinte kilómetros de Pamplona. Cuando se volvieron a ver el 23 de junio, Queipo le expresó su deseo de encabezar el alzamiento en su Valladolid natal, y no le gustó nada que le dijeran que de eso se encargaría el general Andrés Saliquet, mientras que él debía responsabilizarse del alzamiento en Sevilla. Pese a considerar la capital revolucionaria de Andalucía como un cáliz envenenado, Queipo aceptó.[63]

Aunque triunfó en Sevilla, quince años después Queipo seguía lamentándose de que lo hubieran mantenido al margen del alzamiento en Valladolid. Le escribió una carta a Franco que era una versión exagerada en el mejor de los casos —y en el peor, inventada— de su actuación en los preparativos del golpe. En la misiva, afirmaba que había empezado a conspirar contra la República poco después de su instauración. Aún más falaz era al afirmar que sus actividades antirrepublicanas le habían convertido en inspirador del golpe militar de 1936. Curiosamente, a pesar de no haber sido invitado a la reunión en la que Mola fue nombrado director de la conspiración, afirmó que había sido él quien le había captado: «Llegué a ser el iniciador del Movimiento y logré convencer a Mola para que se pusiera al frente de este». El resto de la carta de Queipo es una prodigiosa sarta de mentiras, empezando por su afirmación de que, «en Sevilla, en donde no había nada organizado, yo, personalmente, inicié el levantamiento y triunfé».[64]

Eso era una falsedad absoluta, ya que la derecha local llevaba planeando un golpe de Estado desde 1931. En julio de aquel año, en respuesta a una huelga anarcosindicalista en Sevilla, los clubes de terratenientes —el Círculo de Labradores y la Unión Comercial— habían formado un grupo paramilitar denominado «Guardia Cívica», financiado por algunos de los derechistas más notorios de la ciudad: Javier Parladé Ybarra, Pedro Parias González, teniente coronel retirado de la caballería y latifundista, y José García Carranza, un famoso torero apodado «Pepe el Algabeño». Bien armada, la Guardia Cívica estaba a las órdenes de un brutal africanista, el capitán Manuel Díaz Criado, «Criadillas». Los ultraderechistas reprimieron la huelga violentamente. Tomaron prisioneros y fusilaron a cuatro de ellos en el parque de María Luisa, asesinatos que fueron el primer paso para la creación de la trama civil tanto del fallido levantamiento militar de agosto de 1932 como del golpe de Queipo de Llano y su posterior régimen.[65]

A pesar de su fracaso, la Sanjurjada de agosto de 1932 acabaría dejando un legado triunfante gracias al comandante José Cuesta

Monereo, un oficial del Estado Mayor adjunto al general Miguel Cabanellas, director de la Guardia Civil. Cuesta Monereo acompañó a Cabanellas en sus giras de inspección por Sevilla y estuvo en la ciudad en agosto de 1932, enviado por Cabanellas para actuar como enlace entre los conspiradores y la Guardia Civil local. En la mañana del 10 de agosto, se había puesto a las órdenes del gobernador civil de Sevilla, Eduardo Valera Valverde, cuya actitud ante el golpe era ambigua. Cuesta llevaba mensajes entre Valera, Pedro Parias y la Guardia Cívica. Su papel le dio una perspectiva única de los errores cometidos en 1932 y le ayudó a planificar el golpe de 1936 en Sevilla. El éxito de las fuerzas de la clase obrera en 1932 le enseñó la importancia de evitar la convergencia de los trabajadores en los centros neurálgicos de la ciudad: el edificio de la Telefónica, el Ayuntamiento, los arsenales militares y el Gobierno Civil. Cabanellas fue destituido por su presunta participación en la Sanjurjada, pero Cuesta quedó impune.[66]

Así pues, a pesar de las quejas de Queipo en sentido contrario, los planes para el golpe en Sevilla ya estaban en marcha cuando este se puso en contacto con los conspiradores de la capital andaluza en abril. El problema era que no se fiaban de él lo suficiente como para hacerle partícipe de la trama. Su relación con Alcalá-Zamora y la promoción que había recibido de la República despertaban suspicacias. Los falangistas sevillanos, en particular, eran profundamente hostiles a Queipo, en gran parte porque su cabecilla era el primo de José Antonio, Sancho Dávila, a quien no se le había olvidado el episodio de la pelea del Lyon d'Or en 1930. Pepe el Algabeño, también falangista, desconfiaba de los motivos del recién llegado.[67] Queipo tuvo que recurrir a la recomendación del teniente coronel Alberto Álvarez-Rementería a su hermano Eduardo (comandante y presidente del Comité Militar de la Falange en Sevilla) para poder reunirse con el comandante Cuesta Monereo, quien, con la ayuda de los capitanes Manuel Gutiérrez Flores y Manuel Escribano Aguirre, era el verdadero organizador de la conspiración local. La meticulosa capacidad de organización de Cuesta Monereo sería la clave del éxito del golpe en la capital andaluza.[68]

El objetivo principal de Queipo en su primera visita a Sevilla en abril era ver a su viejo amigo el general José Fernández Villa-Abrille y Calivara, comandante de la Segunda División Militar, para captarlo para la conspiración. Aunque Villa-Abrille rechazó la propuesta de Queipo, no denunció la subversión a las autoridades. A partir de entonces, Queipo apenas contribuyó a organizar el alzamiento en Sevilla; sin embargo, en cuanto se entrevistó con Cuesta Monereo en julio, le pusieron en contacto con los conspiradores de todas las unidades del Ejército implicadas, desde la caballería, la artillería y el transporte hasta las comunicaciones. Ya a mediados de mayo, Cuesta había convencido al comandante Santiago Garrigós Bernabéu, segundo de la Guardia Civil en la región, para que se sumara a los conspiradores. Cuando Queipo hizo su segunda y tercera visitas en julio, Garrigós ya tenía preparada la sublevación de todos los cuarteles de la Guardia Civil de la provincia.[69] El hecho de que hubiera tantos elementos involucrados desmiente las posteriores afirmaciones de Queipo de que había tenido que dar el golpe casi en solitario.[70]

Villa-Abrille continuó asegurando a las autoridades locales y nacionales republicanas que no había subversión alguna en marcha en la zona que tenía a su mando. El 7 de junio, cuando el ministro de Agricultura, Mariano Ruiz-Funes, visitó Sevilla, Villa-Abrille y los comandantes de todas las unidades principales juraron lealtad al Gobierno. Cuando el gobernador civil de la provincia, José María Varela Rendueles, le dijo que había recibido informes de contactos sediciosos entre la guarnición y civiles locales de extrema derecha, Villa-Abrille lo negó categóricamente. Tampoco informó a Varela Rendueles cuando Queipo hizo su segunda visita a Sevilla a principios de julio.[71] Como era muy propio de él, Queipo de Llano demostró gratitud a su amigo amenazando más tarde con matarlo.[72]

En ese segundo viaje, Queipo se alojó en el céntrico hotel Simón. Gracias a los buenos oficios de Eduardo Álvarez Rementería, pudo conocer a Cuesta Monereo y a los oficiales del Comité Militar de la Falange. El general Villa-Abrille, para no tener que reunirse con Queipo —lo que le habría obligado a informar de la reunión—, se dirigió a Huelva con la excusa de dirigir unas prácticas del Estado Mayor. Le acompañaba el capitán Gutiérrez Flores, entusiasta conspirador falangista. Cuesta Monereo aconsejó a Queipo que ambos, con el capitán Escribano Aguirre, siguieran a Villa-Abrille. Mientras

Queipo esperaba en una venta en las afueras de Huelva, Gutiérrez Flores, primero, y después Cuesta Monereo y Escribano trataron de convencer a Villa-Abrille de que se reuniera con Queipo. Temeroso de verse comprometido, Villa-Abrille vaciló: «Pero ¿tiene que ser ahora mismo? ¿El general Queipo no puede verme mañana en mi despacho oficial?». Finalmente, alarmó tanto a Cuesta Monereo como a Queipo cuando dijo que si se veía con él estaría obligado a informar del encuentro al Gobierno.[73]

El 15 de julio, Queipo llevó a su esposa y a su hija menor Maruja a Málaga, donde pensó que estarían a salvo en el domicilio de su hija casada Mercedes. Cuando el alzamiento fracasó en la ciudad, se refugiaron en el consulado italiano hasta que pudieron embarcar en un vapor de esta nacionalidad y trasladarse a Sevilla en agosto.[74] El propio Queipo apenas había regresado a Madrid el 16 de julio cuando Galarza le ordenó que fuera a la capital andaluza. A pesar de lo que averiguó sobre la meticulosa planificación de Cuesta, más tarde lo describió como una misión suicida. Llegó a Sevilla a las ocho de la mañana del día siguiente, reservó una habitación en el hotel Simón, hizo una visita formal al general Villa-Abrille y luego se fue a la provincia de Huelva, con la excusa de que debía realizar una inspección en Ayamonte, en la frontera con Portugal. Sin embargo, en la capital onubense recibió un mensaje de Cuesta Monereo en el que se le informaba de que el alzamiento había comenzado en Marruecos y se le instaba a regresar de inmediato a Sevilla. Sorprendentemente, Queipo no canceló la inspección en Ayamonte; es muy probable que por miedo a que lo detuvieran. Por eso fue a ver al gobernador civil, Diego Jiménez Castellano, y le aseguró que era leal a la República. Jiménez Castellano informó convencido a Varela Rendueles que Queipo le había dicho que, después de ir a Ayamonte, volvería a Sevilla y de allí se dirigiría en avión a Madrid, donde le había asegurado que se pondría al frente de las fuerzas gubernamentales para aplastar el golpe militar. Pero cuando Queipo estaba a punto de salir para Ayamonte, volvió a salirle al paso el emisario de Cuesta Monereo, que le instó a regresar a Sevilla. Gracias a sus promesas de fidelidad, Jiménez Castellano dio orden a la Guardia Civil de que dejaran pasar a Queipo de camino a la capital andaluza. Queipo le devolvió el gesto haciéndolo fusilar el 5 de agosto.[75]

Las vacilaciones de Queipo camino de Ayamonte apuntan a que planeaba huir a Portugal. Por supuesto, él y sus hagiógrafos justificaron más tarde su nada heroico comportamiento en las primeras horas del golpe militar de un modo completamente inverosímil. En su carta de junio de 1950 a Franco, Queipo formulaba la increíble afirmación de que había ido a Huelva «con el pretexto de visitar las fuerzas de Carabineros allí existentes, con objeto de que mi presencia en Sevilla no infundiese sospecha» y presentó su ambiguo encuentro con Jiménez Castellano como una maniobra audaz y valiente.[76]

Cuando Queipo de Llano llegó a Sevilla la mañana del 18 de julio, lo primero que hizo fue ir a ver a Villa-Abrille en el cuartel general de la división. Como el reconocimiento de ese encuentro habría contradicho la versión posterior de Queipo sobre la conflictiva reunión que había mantenido luego a mediodía, a cuyo término mandó arrestar a su antiguo amigo, Queipo negó que la reunión matinal hubiera tenido lugar. Es más, afirmó incluso que lo primero que había hecho al llegar a Sevilla fue reunirse con Pepe el Algabeño, a quien le dijo tan tranquilo que alertara a la Falange mientras él iba a comerse un filete. En respuesta a sus declaraciones al respecto en artículos y emisiones posteriores, Cuesta Monereo le escribiría más tarde: «Su memoria en este asunto no le es totalmente fiel».[77] Seguramente, la visita a Pepe el Algabeño fue posterior a la entrevista con Villa-Abrille, a quien Queipo dijo luego que había arrestado él sin la ayuda de nadie. Además de a Villa-Abrille, Queipo detuvo también al general Julián López-Viota, junto con sus respectivos ayudantes de campo. Para ello, según su versión, se habría visto obligado a golpear a Villa-Abrille;[78] sin embargo, otros testigos presenciales declararon que Queipo no golpeó a su amigo, sino que lo abrazó y trató amistosamente de convencerle de que se uniera al levantamiento.[79] Según Cuesta Monereo, el hecho de que Villa-Abrille no denunciara las actividades conspirativas de Queipo fue crucial para el éxito del alzamiento en Sevilla. La recompensa de Villa-Abrille fue que, en lugar de ser ejecutado, sufrió «prisión atenuada» con la paga completa de general.[80]

Aún más épico es el relato de Queipo sobre cómo «capturó» en solitario el cuartel de Infantería y a su comandante, el coronel Manuel

Allanegui Lusarreta. Con absoluto desprecio, afirmó, por su seguridad personal, fue al cuartel con su ayudante de campo, el capitán César López Guerrero, y el capitán Escribano. En su versión falaz de los hechos, al no conseguir convencer al coronel Allanegui de que se sumara a los rebeldes, ordenó a uno de sus compañeros que volviera al cuartel general de la división y trajera a Cuesta Monereo para que intercediera ante Allanegui. Mientras tanto, Queipo se quedó solo, como rehén voluntario entre una multitud de fieles republicanos, dispuesto a resolver la situación «a tiros», es decir, que estaba listo para luchar contra todo el regimiento de infantería por su cuenta.[81] En realidad, Queipo no estaba solo en el cuartel, ni mucho menos: había otros oficiales de infantería presentes que le ayudaron a persuadir a Allanegui de que tomara el mando. La situación se resolvió cuando le convencieron de que les acompañara al cuartel general de la división para consultar a Villa-Abrille. Allanegui, que ignoraba que Villa-Abrille ya estaba bajo arresto, accedió y fue detenido a su llegada.[82]

Tras la detención arresto de los oficiales republicanos de mayor graduación, el éxito del golpe en Sevilla estaba asegurado. Queipo lo atribuyó a su audacia y brillantez al enfrentarse a las ingentes (e imaginarias) fuerzas que se alzaban contra él. El 23 de agosto concedió una entrevista al periodista americano Hubert Knickerbocker, en la que declaró que su éxito era consecuencia de su audacia: «Era una ciudad roja con decenas de miles de partidarios del Frente Popular dispuestos a salir a la calle a disparar contra los militares. Pero el general De Llano se les adelantó. Con solo ciento ochenta soldados, sabía que no podía hacer nada más que morir si se ponía a la defensiva. Así que metió a sus ciento ochenta soldados en vehículos en los que los envió a recorrer la ciudad para que disparasen ante el menor signo de resistencia».[83]

Es probable que semejantes fanfarronadas se debieran al resentimiento de Queipo a raíz de los primeros decretos promulgados el 24 de julio por la recién constituida Junta de Defensa Nacional, entre los que figuraba la designación de los generales «Francisco Franco como Jefe del Ejército de Marruecos y del Sur de España y Emilio Mola para Jefe del Ejército del Norte», lo que pinchó la burbuja de su amor propio y su satisfacción por el éxito obtenido en Sevilla. Queipo, que ocupaba un puesto más alto en el escalafón que Franco y Mola, se indignó tanto que tachó las líneas del telegrama en el que se le comunicaban los nombramientos. Hasta el 26 de agosto, su único cargo oficial fue el de simple inspector de Carabineros, aunque hubiera asumido la comandancia de la Segunda División (la región militar de Sevilla). Ese mismo día le confirmaron al frente de la división y lo nombraron general en jefe «de las fuerzas que operan en Andalucía», mientras que Franco quedaba al mando de «las fuerzas de Marruecos y del Ejército Expedicionario». El 1 de octubre terminaba su independencia como comandante del Ejército del Sur con el nombramiento de Franco como generalísimo y jefe del Estado. A partir de esa fecha, Queipo pasó a simultanear los cargos de inspector de Carabineros y general jefe del Ejército del Sur, pero a las órdenes de Franco.

Al mismo tiempo, el Generalísimo estaba indignado con las bravatas de Queipo de que había conquistado Sevilla con un puñado de hombres, cuando, en realidad, había sacado el máximo partido de los primeros contingentes del Ejército de África que Franco había enviado a la Península.[84] Cuanto más alardeaba Queipo de su heroísmo, menos importancia daba a la ayuda que le había prestado Franco. Como era inevitable, entre los dos reinaba la tensión. Al cabo de menos de un año de los hechos, Queipo había reducido aún más el número de soldados que tenía a sus órdenes. En un extenso relato, publicado a principios de 1938 pero escrito antes, reiteró su afirmación de que había capturado la ciudad, contra todo pronóstico, gracias al valor espontáneo y a la ayuda de apenas ciento treinta soldados y quince civiles. En su charla radiofónica del 1 de febrero de 1938, exageró aún más y dijo que había tomado la capital andaluza con catorce o quince hombres. Contó a uno de sus hagiógrafos que se había enfrentado a un contingente de más de cien mil «comunistas» bien armados, cuando, en realidad, los trabajadores derrotados solo contaban con ochenta fusiles entre todos, poca munición y estaban armados, a lo sumo, con escopetas de caza, pistolas antiguas y navajas.[85]

Lejos de ser un acto de heroísmo espontáneo, el golpe había sido planeado al detalle por Cuesta Monereo y ejecutado por una fuerza de al menos cuatro mil hombres. La gran mayoría de la guarnición de Sevilla estaba involucrada en el alzamiento, incluidas unidades de artillería, caballería, comunicaciones, transporte, el cuerpo de intendencia, zapadores, la Guardia Civil y muchos otros, como puede deducirse perfectamente incluso de las listas de participantes que constan en el servil panegírico de Queipo de Llano escrito por el periodista Enrique Vila.[86] Esta nutrida fuerza se apoderó de los centros neurálgicos de la ciudad, del edificio de Telefónica, del Ayuntamiento y del Gobierno Civil, tras un bombardeo de artillería. Aplicando lo aprendido por Cuesta Monereo en agosto de 1932, para impedir la llegada de trabajadores de las zonas periféricas, se bloquearon las principales vías de acceso al centro y se aplicó un terror indiscriminado en los barrios obreros.[87] Curiosamente, años más tarde, Cuesta Monereo seguía atribuyendo el éxito del golpe en Sevilla al «valor y audacia personales» de Queipo.[88]

Bajo la supervisión general de Queipo, el aplastamiento posterior de la resistencia de la clase obrera dentro de la ciudad se confió al comandante de la Legión Antonio Castejón Espinosa. La historiografía rebelde minimizó el papel del Ejército de África en la sangrienta represión de los barrios obreros de Triana, La Macarena, San Julián y San Marcos. Se decía que apenas habían participado treinta legionarios que Castejón había traído de Marruecos, otros veinte que ya se encontraban en Sevilla, cincuenta requetés carlistas, cincuenta falangistas y otros cincuenta guardias civiles.[89] Contra civiles en gran parte desarmados, estos doscientos hombres bien armados habrían sido una fuerza considerable; sin embargo, en un informe posterior dirigido a Cuesta Monereo, el capitán Gutiérrez Flores reveló que, el 21 de julio de 1936, tanto la Guardia de Asalto como la V Bandera de la Legión «por completo» participaron en la operación.[90] Los falangistas procedían en su mayoría del Círculo de Labradores, el club de los terratenientes ricos. La trama civil del alzamiento fue orquestada por los dirigentes de la entidad, Ramón de Carranza, Pedro Parias González y Pepe el Algabeño. Queipo de Llano les recompensó nombrando a Carranza alcalde y a Parias, gobernador civil de Sevilla.[91] La mañana del 19 de julio, los derechistas armados dirigidos por Ramón de Carranza emplearon lo que él mismo calificó de «castigo brutal» para aplastar la resistencia de la clase obrera en los barrios de la Gran Plaza, Amate y Ciudad Jardín,[92] mientras bombardeos de artillería destruían las viviendas. Para su último ataque a La Macarena, el 22 de julio, Queipo utilizó aviones con los que bombardeó y ametralló el barrio.[93] El terror sistemático dejó miles de víctimas. No obstante, Queipo vetó el duelo público, prohibición que se repitió incesantemente y de forma amenazadora en la prensa y en la radio.[94]

Tras la inmediata conquista de los barrios, comenzó una represión más sistemática. Se llevaron a cabo ejecuciones en masa al amparo del bando de guerra promulgado por Queipo de Llano el 18 de julio, pero redactado por Cuesta Monereo unos días antes.[95] En todas las ciudades y provincias de la Andalucía Occidental, aunque la redacción pudiera variar ligeramente, su amplitud era tal que, en la práctica, equivalía a decretar el fusilamiento de todos los que se opusieran al levantamiento.[96] Así, los responsables de las matanzas podían afirmar que «aplicaban el bando de guerra» como si se tratara de un procedimiento legal, cuando, en realidad, Queipo de Llano no tenía autoridad para promulgar un decreto de esa clase.[97] El resultado fue que sacaban de sus casas a hombres y mujeres para luego fusilarlos y dejar sus cuerpos en las cunetas para que se pudrieran o hasta que las autoridades municipales fueran a recogerlos. Cuesta dinamizó el proceso, exigiendo a los cuartelillos de la Guardia Civil cientos de informes sobre la represión en cada pueblo y ciudad de Andalucía y Extremadura.[98]

El 23 de julio, Queipo de Llano promulgó otro bando en el que decretaba sin rodeos que a todos los responsables de la organización de una huelga que fueran capturados los fusilarían junto con un número igual de huelguistas escogidos a discreción por las autoridades militares. Disponía también que cualquiera que desobedeciera sus edictos sería fusilado sin formación de causa. Al día siguiente, Queipo promulgó su Sexto Bando, que serviría de base para la represión indiscriminada. En él se dictaba que

al comprobarse en cualquier localidad tales actos de crueldad contra las personas, serían pasadas por las armas las Directivas de las organizaciones Marxistas o comunistas que en el pueblo existieran, y caso de no darse con tales directivos, serían ejecutados un número igual de afiliados, arbitrariamente elegidos, sin perjuicio, claro está, de las penas que habrían que [sic] aplicarse a los responsables materiales de los vandálicos hechos de que se trate.[99]

Este bando fue utilizado para justificar la ejecución de un gran número de hombres, mujeres y niños que eran inocentes de todo delito.

Para hacerse cargo del proceso, Queipo de Llano eligió a un sádico, el capitán de infantería Manuel Díaz Criado, que había comandado a la Guardia Cívica responsable de los asesinatos en el parque de María Luisa. Le dio el cargo de delegado militar gubernativo de Andalucía y Extremadura, con poder de vida y muerte sobre los habitantes de la región. Por orden de Díaz Criado, los barrios obreros de Triana y La Macarena se quedaron sin población masculina. Entre los cientos de prisioneros detenidos y arrojados a la prisión provincial se encontraban también niños y ancianos. A la mayoría los sacaron y fusilaron de inmediato sin ningún tipo de procedimiento judicial, mientras que a otros los dejaban pudrir en el inmundo barco prisión *Cabo Carvoeiro*.[100] Díaz Criado era un matón degenerado que usaba su posición para satisfacer su sed de sangre, para enriquecerse y para obtener gratificación sexual. Queipo conocía perfectamente el uso que Díaz Criado hacía de sus poderes ilimitados, pero no hizo caso de ninguna queja contra él, lo cual tampoco es de extrañar, teniendo en cuenta las acusaciones de que el propio Queipo abusaba sexualmente de las mujeres republicanas que acudían a él en busca de ayuda.[101] Al final, a mediados de noviembre de 1936, el mismísimo Franco se sintió obligado a instar a que lo destituyeran. La sustitución de Díaz Criado por el comandante de la Guardia Civil Santiago Garrigós Bernabéu no supuso un gran alivio para la aterrada población.

Queipo y Cuesta pusieron un especial interés en la represión en el resto de Sevilla y las provincias vecinas, de la que se encargaron en parte las tropas de Castejón y en parte una columna mixta de falangistas, guardias civiles y unidades montadas a sueldo de los terratenientes locales y dirigidas por Ramón de Carranza, el flamante alcalde de Sevilla.[102] Sus atrocidades eran jaleadas y celebradas tres veces al día por Queipo en charlas radiofónicas muy eficaces que Cuesta Monereo calificó de «armas de guerra» y en las que solía incluir incitaciones a la violación y al asesinato en masa, así como fanfarronadas sobre el terror y el «castigo» que infligían a pueblos y aldeas. Así, por ejemplo, en su alocución de la tarde del 23 de julio, dirigiéndose a los trabajadores en huelga, proclamó: «Yo os autorizo, bajo mi responsabilidad, a matar como a un perro a cualquiera que se atreva a ejercer coacción sobre vosotros; que si lo hiciereis así, quedaréis exentos de toda responsabilidad».[103] Otras veces, en cambio, negaba que las fuerzas que estaban a su mando hubieran cometido asesinato alguno: «No puede nadie en absoluto probar que se ha cometido, en ningún pueblo, en ninguna parte, la villanía de asesinar a una sola persona».[104]

Ese mismo día, la censura consideró que una parte de su charla nocturna era demasiado explícita como para reproducirla en la prensa; Queipo había dicho: «Nuestros valientes Legionarios y Regulares han enseñado a los rojos cobardes lo que significa ser hombre de verdad. Y, de paso, a sus mujeres también. Después de todo, estas comunistas y anarquistas se lo merecen, ¿no han predicado el amor libre? Ahora por lo menos sabrán lo que son hombres de verdad y no milicianos maricones. No se van a librar por mucho que forcejeen y pataleen». El 31 de julio, tres párrafos del resumen de *La Unión* sobre su discurso de la tarde fueron «burilados» (es decir, borrados) por la censura. Las alteraciones de la censura eran habituales cuando el alegato contenía alusiones sexuales explícitas. Otras veces era porque daba información militar. El 1 de junio de 1937, y de nuevo a principios de septiembre, Queipo se quejó de que la censura hubiera cortado parte de su discurso y exigió que no volviera a ocurrir.[105] Años más tarde, Cuesta Monereo reconoció que lo que aparecía en la prensa no era más que un resumen, «quitándole la sustancia, el picante, la ironía o la sátira que siempre utilizaba».[106] En vista de lo que se publicó, es difícil imaginar la toxicidad de los originales sin rebajar.

Muchos de los discursos de Queipo de Llano estaban repletos de alusiones sexuales que, dada su naturaleza en gran parte extemporánea, arrojaban una luz reveladora sobre su estado mental. El 26 de julio tronó: «Os digo que a todo afeminado o invertido que lance alguna infamia o bulos alarmistas contra este movimiento nacional tan glorioso, lo matéis como a un perro».[107] Arthur Koestler entrevistó a Queipo a principios de septiembre de 1936:

> Durante unos diez minutos describió en un constante torrente de palabras, que de vez en cuando se volvían extremadamente picantes, cómo los marxistas abrían los estómagos de las mujeres embarazadas y les clavaban lanzas a los fetos; cómo habían atado a dos niñas de ocho años a las rodillas de su padre, las violaban, les echaban gasolina y les prendían fuego. Esto continuó sin cesar, una historia tras otra, una perfecta demostración clínica en la psicopatología sexual. Por las comisuras de la boca del general rezumaba saliva, y sus ojos brillaban con el mismo centelleo que yo había observado durante algunos momentos de su alocución.

Koestler comentó sobre las charlas: «El general Queipo de Llano describe las escenas de violación con un bárbaro deleite que es una incitación indirecta a la repetición de semejantes escenas».[108]

Había mucha gente del bando rebelde a la que repugnaba la obscenidad del lenguaje de Queipo. Ejemplos típicos eran sus afirmaciones de que Dolores Ibárruri, «la Pasionaria», era una «mujerzuela» al servicio de las tropas republicanas que, de joven, había trabajado de prostituta en una taberna del Somorrostro.[109] A finales de agosto, al describir el avance franquista sobre Talavera, se jactó de la captura de prisioneras y de lo que les harían los Regulares, además de burlarse nuevamente de Dolores Ibárruri: «¡Qué contentos van a ponerse los Regulares, y qué envidiosa la Pasionaria!».[110] Seguían una tónica parecida sus denuncias de rumores alarmistas como obra de «afeminados» o «invertidos».[111] Los jóvenes falangistas Dionisio Ridruejo y Pedro Gamero del Castillo, jefe provincial de la Falange en Sevilla, se mostraron consternados por la grosería de los discursos de Queipo.[112]

Típicamente repulsivo fue su comentario sobre una atrocidad que supervisó él en persona. El 18 de septiembre, los líderes de unos ocho mil refugiados atrapados en la provincia de Badajoz decidieron emprender una marcha forzada hacia las líneas republicanas. Dividieron esta desesperada masa humana en dos grupos: el primero de ellos, compuesto por unas dos mil personas; el segundo, por unas seis mil. El primer contingente contaba con una docena de hombres armados con fusiles y un centenar con escopetas; el segundo, con cerca del doble de armas para proteger a los niños, a las mujeres con bebés en brazos, a otras embarazadas y a muchos ancianos que constituían el grueso de las columnas. La primera columna, más pequeña, llegó a la zona republicana. La segunda, más grande y lenta, cruzó la carretera principal de Sevilla a Mérida entre Monesterio y Fuente de Cantos. Como era inevitable, la columna se extendió y se dividió en varios grupos, ya que los ancianos y las familias jóvenes avanzaban mucho más despacio que los demás. Queipo de Llano estaba plenamente al tanto de que las columnas estaban formadas mayoritariamente por civiles mal armados, así como de su posición. Y, pese a todo, las atacó como si fueran unidades militares bien equipadas. Preparó una hábil emboscada con una fuerza de quinientos soldados, guardias civiles y milicianos falangistas y carlistas. Muchos refugiados resultaron muertos o heridos y más de dos mil cayeron prisioneros y fueron llevados a Llerena. En su charla del 18 de septiembre, Queipo de Llano se jactó de este acto de salvajismo gratuito, que calificó de brillante victoria sobre lo que llamó «una concentración enemiga». Presentó a los civiles inermes de la columna de refugiados como milicianos a los que acusó de cobardes por haberse dejado vencer por quinientos soldados. Se refirió en tono siniestro a los prisioneros, entre los que había numerosos heridos: «Hay varias mujeres, algunos maestros de escuela y otros hombres de carrera». A lo largo del mes siguiente, en Llerena, se llevó a cabo una masacre: cada mañana ametrallaban a prisioneros en la plaza de toros, mientras que muchas de las mujeres fueron violadas.[113]

Las charlas de Queipo eran inmensamente populares en la España rebelde y también entre los miles de derechistas atrapados en la zona republicana, donde es probable que fueran el detonante de sangrientas represalias.[114] De hecho, como tantos elementos de la reputación de Queipo, la idea original de las emisiones fue de Cuesta Monereo, que había organizado la toma de los estudios de Unión Radio Sevilla con la colaboración del comandante del Ejército en la reserva Antonio Fontán de la Orden, amigo suyo y director de la emisora. Cuesta se ocupó también con Fontán de los aspectos técnicos necesarios, además de contribuir sustancialmente a la redacción de los guiones.[115]

A modo de ejemplos gráficos de lo que Gamel Woolsey llamó «la pornografía de la violencia»,[116] tenemos los relatos de Queipo de atrocidades escalofriantes, aunque totalmente inverosímiles, más reveladoras de su propia psicopatología que de cualquier realidad. Sostenía Queipo que en la zona republicana los rojos empalaban vivos a los hombres y luego los obligaban a ver cómo a sus esposas e hijas «primero las violaban ante sus ojos, luego las rociaban de gasolina y al final, las quemaban vivas»; que a los sacerdotes les abrían el vientre y se lo llenaban de cal viva; que a las mujeres les metían algodón empapado en gasolina en la vagina y luego les prendían fuego; que en las calles de Barcelona violaban a las monjas y torturaban a los sacerdotes.[117] Un alto cargo del servicio de propaganda de Queipo, Antonio Bahamonde y Sánchez de Castro, viajaba de ciudad en ciudad, buscando en vano pruebas de las horribles atrocidades descritas en las charlas nocturnas. Más tarde, ya en el exilio, escribió que eran producto de la imaginación del general.[118] Un indicio del impacto de estas patrañas obscenas puede verse en las memorias de la poetisa y novelista angloamericana Helen Nicholson, baronesa de Zglinitzki, que escuchaba todas las noches en Granada lo que ella llamaba «los cuentos de buenas noches» de Queipo.[119] El zoólogo inglés sir Peter Chalmers-Mitchell dejó constancia de que escuchaba en Málaga a Queipo de Llano «vomitando sus burlas y amenazas».[120]

En 1933, en su libro sobre la frustrada revolución de diciembre de 1930, Queipo había vilipendiado a quienes no habían mostrado clemencia al ordenar las ejecuciones de Galán y García Hernández.[121] En su charla del 5 de agosto de 1936, exigió que se eliminaran del diccionario las palabras «amnistía» e «indulto». El 30 de agosto, Queipo declaró que la búsqueda de los criminales republicanos se prolongaría durante diez o veinte años. También afirmó que en la zona rebelde no había atrocidades. Sin sentido alguno de la ironía, manifestó que cualquier ejecución que se atuviera al bando de guerra era perfectamente legal y que los ajusticiamientos extrajudiciales se llevaban a cabo «siguiendo las indicaciones del bando, y no por el capricho de matar como ellos, que lo hacen con la mayor crueldad, quemando seres vivos, arrojándolos en los pozos que luego dinamitan, sacándoles los ojos, cortándoles los pechos a las mujeres».[122] Entre las barbaridades inventadas por Queipo se encuentra su afirmación de que, en la histórica ciudad de Ronda, que domina el río Guadalevín desde lo alto del «tajo» —una garganta de casi cien metros de profundidad—, un gran número de prisioneros fueron asesinados al ser arrojados al abismo.[123] Lo cierto es que en Ronda solo una persona se arrojó al tajo: un hombre que, temiendo caer en manos del comité anarquista local, se suicidó precipitándose al vacío.[124]

Lo que se sabe de las charlas de Queipo de Llano se basa en las informaciones de la prensa del día siguiente, junto con algún que otro fragmento grabado por quienes las escucharon. Las comparaciones que se han podido efectuar entre las dos fuentes indican que los textos publicados eran un pálido reflejo de la ferocidad de los discursos originales. Un ejemplo revelador fue consecuencia de la adopción de la bandera monárquica por parte de los rebeldes un tórrido 15 de agosto de 1936, otro motivo de fricción que intensificó la antipatía latente entre Franco y Queipo. Franco llegó a Sevilla con Millán Astray, pero Queipo se negó a acompañarle a la recepción, diciendo: «Si Franco quiere verme, ya sabe dónde estoy». Además de llegar tarde, Queipo pronunció un discurso incoherente que, a medida que se hacía más largo y complicado, provocó las sonrisas burlonas de Franco y Millán Astray. La prensa se abstuvo de comentar la ironía de que el hombre que había ayudado a instaurar la República insultara la bandera republicana y manifestara un entusiasmo sin límites por la monarquía.[125] Un corresponsal portugués describió así la ceremonia, que se celebró bajo un sol abrasador: «Aparece Queipo de Llano, el general locutor. Sevilla le adora. Su risa fácil y chocarrera, su elocuencia ruidosa, andan de boca en boca».[126]

Esa noche, en la radio, Queipo repitió sus anteriores elogios a la bandera monárquica rojigualda. La prensa del día siguiente recogió una parte de su emisión, pero omitió una diatriba aún más virulenta contra la bandera republicana tricolor (roja, gualda y morada). En cambio, el poeta y propagandista José María Pemán, que participaba en el programa, tomó nota de sus palabras. Exponiendo una vez más sus obsesiones, y tal vez su pasado sexual, Queipo declaró que «el morado en mi juventud nos evocaba, ante todo, el color del permanganato, remedio usual para las blenorragias y otras enfermedades del amor». Cuando Queipo empezaba a emplear términos sexuales explícitos, solía haber por allí cerca algún auxiliar que le apagaba el micrófono. En la versión del programa que publicó la prensa no aparecía la alusión a las enfermedades, pero no está claro si fue debido a que el auxiliar cumplió raudo su cometido o a la intervención de la censura.[127]

Los directores de periódicos sabían que no debían publicar las más escandalosas incitaciones a la violación y al asesinato. De hecho, en el cuartel general de los rebeldes preocupaba que los excesos de Queipo fueran a perjudicar su causa en el extranjero. Los técnicos de la radio a menudo podían anticipar cuando Queipo estaba a punto de soltar un taco o alguna obscenidad. Uno de ellos tenía el encargo de disimular las groserías haciendo ruido con una lámina de metal.[128] Pero con eso no bastaba, por lo que la autocensura instintiva de la prensa fue formalizada y reforzada por Cuesta Monereo el 7 de septiembre. Algunos de sus 14 puntos eran rutinarios, para evitar que se divulgara información militar sensible, alusiones a la ayuda que llegaba a la República desde el extranjero o a la contribución de Alemania e Italia a la causa rebelde. Cuesta ordenó específicamente que se censurase la versión impresa de las emisiones de radio: «En las charlas radiadas del General, suprimir todo concepto, frase o dicterio que, aun cuando ciertos, debido, sin duda, a una vehemencia y exaltada manifestación patriótica, *no son apropiados ni convenientes para su publicación*, por razones bien conocidas de la discreción e inteligencia de nuestros periodistas que tantas pruebas vienen dando de ello al aplicar su criterio con una prudencia y tacto dignos de encomio». Más en concreto, «en las medidas represivas se procurará no revestirlas de frases o términos aterradores, expresando solamente "se cumplió la justicia", "le llevaron al castigo merecido", "se cumplió la ley", etc., etc.».[129]

Mucha gente estaba convencida de que Queipo estaba borracho cuando pronunciaba sus charlas. Según el embajador de Estados Unidos, «Hablaba con una voz tan cazallosa que los republicanos le apodaban "el borracho de Sevilla" y montaron un ingenioso *sketch* radio-fónico con ese título, en el que iban puntuando los comentarios más delirantes del general con gritos de "¡viva vinos!" [*sic*]».[130] Florentín Ara, que era profesor en Jaca, escuchaba Unión Radio de Sevilla por ser una de las mejores fuentes de noticias. Dejó constancia de su vergüenza y asco al escuchar las emisiones de Queipo de Llano con esta anotación en su diario: «Yo esperaba oír a un caudillo digno de la amplitud del movimiento; pero, cuando he escuchado las sandeces, mentiras, chabacanerías de ese borracho general que se dice venido a reconstruir España, como hombre y como español me he sentido ofendido e indignado».[131]

Gamel Woolsey, esposa de Gerald Brenan, escribió en 1939: «Nos resultaba de lo más fascinante, irresistible siempre». Tanto a ella como a Gerald les parecía divertido y vomitivo a la vez:

> Es imposible que se haya oído algo así en la radio antes que él o que vaya a oírse después. Desde luego, tiene una personalidad radiofónica tremenda, crea un personaje que parece una combinación de ferocidad y una especie de humor alegre y cruel. Me han dicho que no bebe en absoluto, pero tiene la lengua melosa y desenvuelta y el fraseo alegre y alambicado típicos del bebedor habitual. Charla durante horas con perfecta soltura, aunque a veces se encalle en alguna palabra para luego corregirse con total desparpajo, mientras habla de «estos villanos *fascistas*» y detrás de él se oye una voz lastimera que le corrige: «No, no, mi general, marxistas». «Qué más da», dice el general, que prosigue como si nada: «Sí, canalla anarquista de Málaga, ¡esperad a que llegue dentro de diez días! Me sentaré en un café de la calle Larios a tomarme una cerveza, y por cada trago que dé, caerán diez de los vuestros. ¡Fusilaré a diez de los vuestros por cada uno de los nuestros!, (ruge) ¡aunque tenga que sacarlos de la tumba para fusilarlos!».

Años después, Brenan escribiría:

> Era un magnífico locutor. Toda su personalidad, cruel, bufonesca, satírica, pero maravillosamente viva y real, se reflejaba ante el micrófono. Y esto se debía a que no intentaba ningún truco de oratoria

sino que se limitaba a decir lo que le pasaba por la cabeza. Su voz de whisky, aunque más tarde nos dijeron que no bebía, contribuía al efecto. [...] era completamente natural y desenvuelto. A veces, por ejemplo, cuando no conseguía entender sus notas, se dirigía a sus ayudantes y les decía: «No entiendo lo que pone aquí. ¿Hemos matado a quinientos o quinientos mil rojos?» «Quinientos, mi general.» «Bueno, no importa. No importa si esta vez son solo quinientos. Porque vamos a matar a cinco mil, no: a quinientos mil. Quinientos mil solo para empezar, y luego ya veremos.» [...] Sus charlas estaban llenas de anécdotas, chistes, insultos, absurdidades, todo de una viveza y una expresividad pasmosas, pero terrorífico cuando te dabas cuenta de que se refería a las ejecuciones en masa que estaban sucediendo a su alrededor.[132]

En la misma línea, el falangista José Antonio Giménez-Arnau, que solía escucharlo mientras estaba escondido en San Sebastián en 1936, escribiría más tarde: «Hay noches en que conseguimos captar la voz de Queipo de Llano. ¿Cómo no creer que está borracho, como dicen los "rojos", si yo mismo lo creo? Cuando más tarde lo encuentro en Roma y se lo cuento reirá a carcajadas, pues en su vida tomó una copa de vino».[133]

Dada su personalidad violenta, los excesos de Queipo probablemente no requerían alcohol. Además, debido a la hepatitis que había padecido de joven, no le convenía beber, aunque eso no significa que fuera abstemio; al fin y al cabo, también se suponía que debía evitar la carne roja, pero comía filetes con asiduidad habitual. Cuesta Monereo comentó mucho después de la muerte de Queipo que no era que «no bebiera, sino que no debía beber. No bebía, era un enfermo de hígado. ¿En cuántas ocasiones, yo, que no bebo, le quité la copa de la mano, a punto de brindar, por saber el daño que le producía?». A raíz de la caída de Toledo, sin darse cuenta de que el micrófono seguía encendido, gritó al final de su programa: «"Venga vino" y una palabra gruesa».[134] El 25 de julio, habló de compartir con un grupo de taxistas una copa de vino de las muchas cajas que le habían enviado los bodegueros locales. Al día siguiente, comentaba: «El otro día dije que de las bodegas de Sevilla me han enviado muchas cajas de vino, y ya hay gente dedicada a decir por ahí que mis oficiales y yo estamos todo el día borrachos como cubas, y que esta voz aguardentosa mía se debe al alcohol que bebo. ¡Quién pudiera hacerlo, porque el vino me gusta de verdad! Pero el hígado me impide probarlo siquiera».[135] En una ceremonia celebrada en marzo de 1938, declaró: «Yo hubiera tenido mucho gusto en festejar este acto tomando una copa con ustedes, pero es cierto que soy abstemio, a pesar de lo que dicen mis enemigos». Su nieto escribió: «Nunca le vi beber, salvo una copa pequeña de vino en el almuerzo».[136]

Parece, pues, que la sed de sangre expresada en sus discursos no era consecuencia del alcohol, sino de su instintivo deleite por la crueldad, como se hizo evidente en los métodos con los que, después de asegurarse su base de poder en la ciudad de Sevilla, Queipo fue dominando gradualmente toda Andalucía Occidental, siempre bajo su supervisión directa. Por ejemplo, el 4 de agosto de 1936 escribió una carta al general José López Pinto instándole a acelerar el proceso de aniquilación de la izquierda en Cádiz. Dicha misiva demuestra que Queipo se daba cuenta de que habían llegado a un momento clave de la represión y que tenían que ser despiadados. Muchas ciudades y pueblos de Cádiz, Huelva, Sevilla y gran parte de Córdoba y Granada estaban bajo control de los rebeldes, pero el grueso de la población eran simpatizantes republicanos, socialistas y anarcosindicalistas. Para evitar cualquier resistencia en la retaguardia mientras sus columnas avanzaban hacia el norte, Queipo ordenó que se intensificara la represión y que mataran a los prisioneros. Dos días después de la carta a López Pinto, Queipo envió a Cádiz como gobernador civil al teniente coronel en la reserva Eduardo Valera Valverde, que había participado en el golpe de Sanjurjo de 1932, con órdenes de «obrar con más energía». Como respuesta, Varela Valverde empezó a llevar a cabo ejecuciones de forma más sistemática a partir del 8 de agosto.[137]

Queipo se jactó de su participación en la represión en la «Relación Jurada de Servicios Prestados» en su escrito de solicitud de la Cruz Laureada de San Fernando. Sobre la operación de ocupación de las comarcas mineras del norte de la provincia de Huelva, escribió: «El castigo fue terrible, pues en aquellas operaciones el enemigo perdió más de 4.000 hombres, por lo que no se volvió a turbar allí más la tranquilidad». El 31 de julio, las columnas invasoras recibieron instrucciones que les ordenaban «energía en la represión», firmadas por Queipo, aunque probablemente redactadas por Cuesta Monereo. El «enemigo» eran los cuarenta mil civiles de la zona. Hubo cierta resistencia esporádica y se da el caso de que murieron once derechistas en Salvochea (El Campillo, Huelva). Al cabo de dos semanas, las instrucciones del Estado Mayor de Queipo dejaron claro que sus columnas gozaban de una enorme superioridad en armamento y que apenas esperaban encontrar oposición.[138] Como demuestran sus charlas radiofónicas, Queipo observó encantado su avance por las comarcas mineras.[139]

El terror físico que constituía la base del poder de Queipo iba acompañado de una represión económica a gran escala, lo que Rúben Serém ha llamado el «Estado cleptocrático», «el equivalente económico de la política militar de tierra quemada adoptada por el Ejército de África», en el que Sevilla sirvió de campo de pruebas para el resto de la España rebelde.[140] La cleptocracia revestía múltiples formas. La intimidación pura y dura provocó que las asociaciones obreras y los sindicatos locales se disolvieran «voluntariamente» y entregaran sus fondos.[141] Los donativos de oro y plata de los ricos es posible que fueran voluntarios pero no se puede descartar la intimidación. Se inventaron numerosos mecanismos para facilitar el saqueo económico. Las cuestaciones obligatorias, que en la práctica eran una forma de extorsión organizada, tenían el doble objetivo de financiar el esfuerzo de guerra y castigar a los republicanos. Se promovieron «suscripciones» por varias causas: al principio, «para los soldados», y más adelante, para comprar aviones, para apoyar al Ejército, para comprar el acorazado *España*. Quienes se negaban a contribuir se consideraban «desafectos al régimen» y se les castigaba con multas para quienes podían pagarlas y cárcel o ejecución para quienes no podían, con el argumento de que su incapacidad económica era un delito de «auxilio a la rebelión».[142] Sin atisbo de ironía, Queipo alababa en sus charlas el espíritu patriótico de los obreros que entregaban sus salarios para las suscripciones.[143] Cierta vez, Queipo negoció con un empresario de reputación más que dudosa la concesión del monopolio de la importación de arroz, que le fue otorgada a cambio de la mitad de los beneficios y con la amenaza del militar de que mandaría fusilar al empresario si le engañaba.[144]

Una parte de las «aportaciones» solía acabar en los bolsillos de los falangistas o los guardias civiles que las recaudaban,[145] aunque uno de los mayores beneficiarios de las suscripciones fue el mismísimo Queipo. El 25 de agosto de 1936, utilizó una suscripción para comprarse un valioso bastón de mando antiguo con el puño de oro. Al cabo de diez días, se hizo otra para obsequiarle un álbum, grabado en oro, con 37.000 firmas de personas que le rendían homenaje.[146] En agosto de 1937, se lanzó una nueva suscripción para darle las gracias por haber salvado Sevilla. Se trataba de ofrecer «perdurable testimonio de gratitud al libertador de Sevilla, pero que además asegurase a éste una holgada posición económica para después de la guerra».[147] En sus emisiones, Queipo declaraba constantemente que no tenía necesidad de homenajes; sin embargo, en su charla del 16 de agosto, al referirse a «la suscripción del homenaje hecho a mi persona», cometió el lapsus delator de que esta se hizo «según feliz iniciativa que yo tuve». En cuatro meses, según anunció, las contribuciones alcanzaron la asombrosa suma de 2.147.291 pesetas, aunque la cifra publicada variase ligeramente según el medio, entre la que había dado Queipo por la radio, los 2.200.000 pesetas según el *ABC* e incluso los 2.500.000 pesetas, en declaraciones del gobernador civil al periódico *La Unión*.[148] Lo cierto es que la cantidad recaudada apenas llegó a las cien mil pesetas. Además, por mucho que sus hagiógrafos y su hijo proclamaran que la mayor parte de los donativos procedían de «los humildes», la suscripción no iba más allá de una deducción obligatoria del salario de los funcionarios municipales y provinciales.[149]

Más allá de la modesta suma recaudada mediante las deducciones salariales, las enormes cifras que hicieron públicas Queipo, el gobernador civil y la prensa le permitieron comprar un magnífico cortijo llamado Gambogaz, con 550 hectáreas de terreno en la zona denominada «La Cartuja», en Camas, cerca de Triana.[150] Insistiendo en la falsedad de que la ingente suma era fruto de la suscripción, Queipo declaró que el homenaje patriótico le permitía disponer de dinero a su antojo. Sin embargo, el 8 de diciembre de 1937, en respuesta a las acusaciones procedentes de medios de comunicación republicanos, negó que hubiera comprado la finca para vivir de rentas y alegó que la compra de Gambogaz era «para obrar en él la reforma agraria, sirviendo de base a la labor futura del Gobierno».[151] Para disimular su lucro personal, se orquestó el montaje de que el dinero de la suscripción se había utilizado para crear una fundación benéfica en aras de comprar tierras para los mutilados de guerra y los pobres. En su emisión del 24 de diciembre de 1937, Queipo manifestó que el único propósito de Gambogaz «es para aplicarlo a fines sociales, de auxilio y remedio al obrero campesino. Servirá ese cortijo como base para establecer la Reforma Agraria».[152]

De hecho, lejos de ser facilitada por un simple acto de entusiasmo popular, la operación había sido una estafa muy bien montada. Las constantes referencias de Queipo a la «suscripción en mi honor» estaban dirigidas principalmente a inflar la idea de su popularidad. Pero el dinero recaudado mediante la «suscripción» no le bastaba ni de lejos para lo que él quería. Recientes investigaciones realizadas por los descendientes de los propietarios originales de la finca y por una organización cívica de Sevilla, la Plataforma Gambogaz, han revelado que el grueso del dinero para la adquisición de dicha finca fue aportado por el Banco de España. Queipo obtuvo los fondos alegando que eran para una entidad con fines sociales de nueva creación, la Fundación Benéfica Social Agraria Gonzalo Queipo de Llano. El 24 de diciembre de 1937, un notario, Fulgencio Echaíde Aguinaga, actuando como testaferro, compró por un millón trescientas mil pesetas el 85,93 por ciento (480 hectáreas) de la finca Gambogaz. El 14,07 por ciento restante quedó en manos de la familia del vendedor, José Vázquez Rodríguez. Acto seguido, Echaíde Aguinaga donó la finca a la fundación. Un grupo de compinches de Queipo, entre los que se encontraban Pedro Parias y Ramón de Carranza, constituyeron un patronato presidido por un auditor de guerra, el coronel Francisco Bohórquez Vecina. Se anunció que el objetivo de la fundación era «la adquisición y parcelación de terrenos aptos para ser entregados a labradores de intachable conducta e indiscutible adhesión a la causa, que hayan tomado parte en la Cruzada de liberación o como consecuencia de ella hayan sufrido daños en sus personas, en las de sus familiares o en sus bienes». Durante los años siguientes, la familia de

Vázquez Rodríguez recibió presiones y amenazas físicas de Queipo y Ramón de Carranza para que vendiera las setenta hectáreas restantes a la fundación por mucho menos de lo que valían. En octubre de 1943, la Fundación Agraria transfirió la propiedad de la finca a Queipo de Llano.[153]

De 1937 a 1939, Gambogaz albergó un campo de concentración para prisioneros republicanos. En varias ocasiones, entre 1938 y 1943, el administrador de la finca de Queipo consiguió lo que en realidad era mano de obra esclava para trabajar las tierras. Cuando los presos del campo no estaban suficientemente cualificados, se solicitaba mano de obra especializada al gobernador civil de la provincia, que a su vez daba las instrucciones oportunas al director de la prisión provincial de Sevilla, como revela la siguiente instrucción del gobernador civil al director en mayo de 1939:

> Siendo necesarios en la «Fundación Queipo de Llano» del Cortijo de Gambogaz brazos para las faenas de la recolección de la expresada finca y teniendo en cuenta que ya en otras ocasiones se han utilizado detenidos gubernativos para estos menesteres en el Cortijo citado, se servirá V. designar entre los referidos detenidos en esa Prisión a la disposición de mi Autoridad, treinta de ellos, de los de mejor conducta y comportamiento y que sepan el oficio que van a desempeñar, de los que se hará cargo el encargado del Cortijo EMILIO ELENA LANDA, debiendo quedar en la Fundación como tales detenidos a mi disposición.[154]

Los beneficios acumulados de la finca permitieron a Queipo comprar más tierras en otros lugares de la provincia.[155] El proceso seguido con Gambogaz guarda cierto parecido con el que permitió a Franco adquirir el Pazo de Meirás.[156] El cortijo se convirtió en el refugio personal de Queipo, donde, sobre todo en sus últimos días, se dedicó a la cría de caballos y ganado.[157]

La cuota de poder de Queipo fue el origen de considerables fricciones con Franco, por quien Queipo sentía un indisimulado desprecio, ya que era inferior en el escalafón. Su falta de tacto provocaba que su camarada más joven se diera perfecta cuenta de su desdén. Por ejemplo, al oír que, a modo de disfraz, Franco se había afeitado el bigote en el trayecto de Canarias a Marruecos, Queipo comentó con sarcasmo y gran aceptación que el bigote era lo único que Franco había sacrificado por España.[158] La antipatía era mutua. Franco siempre se había sentido incómodo ante el apenas disimulado desdén de Queipo, que se remontaba a su época en África,[159] y desconfiaba de él por su traición a la monarquía en 1931. En agosto de 1936, discutieron acaloradamente en Sevilla porque Franco quería que sus columnas africanas entraran en Madrid, mientras que Queipo pretendía utilizarlas para una gran campaña de expansión del triángulo Sevilla-Huelva-Cádiz que ya controlaba, con el fin de conquistar toda Andalucía.[160] Franco hizo caso omiso de las pretensiones de Queipo y el 1 de agosto ordenó a una columna que ocupara Mérida y entregara siete millones de cartuchos a las fuerzas del general Mola. La columna había partido el domingo 2 de agosto en camiones proporcionados por Queipo cargados con munición de la fábrica de armamento de Sevilla. Queipo se quejó durante años de que Franco nunca había reconocido esta y otras aportaciones cruciales.[161]

A mediados de agosto de 1936, Queipo demostró tanto su carácter vengativo como su desprecio por Franco al ordenar la ejecución de los dos hijos del general Ricardo Burguete, Luis y Manuel. Su hostilidad hacia Burguete se remontaba a los tiempos de África. Y odiaba a Luis, porque este le había denunciado por presunta cobardía en Marruecos. Por otro lado, nunca había perdonado a Ricardo su papel como presidente de la Junta Clasificadora del Ejército que, en 1928, le había denegado el ascenso a general de división. Destrozado por el dolor, este último dio rienda suelta a sus opiniones sobre Queipo en un artículo titulado «Yo acuso», publicado en la zona republicana. Repasó la carrera de Queipo en Marruecos como una sarta de actos de cobardía y engaño. Le llamó «miserable bufón, cobarde y borracho» y se refirió así a sus charlas radiofónicas: «Bien cuadra tu misión de gallina mojada en alcohol a tu corazón de verdugo». Queipo comentó los insultos en su charla del 17 de marzo diciendo que le daban igual.[162]

En un caso parecido de venganza y mezquindad, el 14 de agosto, Queipo sometió a consejo de guerra al general Miguel Campins, el recién nombrado comandante militar de Granada, por el delito de «rebelión militar». El «delito» de Campins había sido su tardanza en obedecer a Queipo cuando este le llamó por teléfono a las 3 de la tarde del 18 de julio para ordenarle que declarase el estado de guerra en Granada. Campins respondió que tenía que reflexionar antes de adoptar una medida tan grave, porque no tenía conocimiento de desorden alguno que la justificara. Así pues, Campins tardó dos días en declarar la ley marcial, porque pretendía evitar un derramamiento de sangre innecesario en la ciudad.[163] Al principio, Queipo aceptó la explicación sobre el retraso, pero luego cambió de opinión y denunció a Campins con furia en su charla del 21 de julio: «Tengo que daros cuenta de la traición del general Campin [sic], que ha jugado infamemente con dos barajas, engañándonos al Gobierno y a mí».[164] Incluso insinuó que si Campins hubiera sido hombre de honor, se habría suicidado.

Campins era íntimo de Franco, con quien había sido subdirector de la Academia General Militar de Zaragoza a finales de los años veinte. Franco escribió varias cartas a Queipo pidiendo clemencia para él. Decidido a fusilarlo, Queipo las leyó para luego romperlas. Un tribunal militar presidido por el general José López Pinto, un ultraderechista que era estrecho colaborador de Queipo, condenó a Campins a muerte. Franco hizo un último esfuerzo desesperado para salvar a su amigo y envió a su primo Pacón con otra carta. Negándose a abrirla, Queipo le replicó: «No quiero abrir ninguna otra carta de su general que trate de este enojoso asunto, y dígale que mañana domingo será fusilado». Campins fue ejecutado por un pelotón de legionarios el 16 de agosto. Dolores Roda, su esposa, que aún no estaba informada de la ejecución, envió un telegrama pidiendo noticias de su marido a Queipo, quien escribió la siguiente instrucción: «Comunique que su marido falleció 16 corriente». El mensaje se envió al cabo de once días al general Cabanellas en Zaragoza para que este se lo transmitiera a Dolores Roda.[165]

El trato brutal dispensado a Campins pone de manifiesto la crueldad gratuita de Queipo, al igual que las ejecuciones de Jiménez Castellanos y Labandera unos días antes. La ejecución de Campins se debió en parte al deseo de humillar a Franco y fue un agravio más en la larga lista de su mutua hostilidad. Franco se vengó en 1937 haciendo caso omiso de las súplicas de misericordia de Queipo en favor de su amigo el general Domingo Batet, condenado a muerte por oponerse al alzamiento en Burgos.[166] De hecho, Franco no era el único de los altos mandos que despreciaba a Queipo por sus obscenas emisiones de radio. Sin embargo, a pesar de las fricciones existentes entre ellos y las ambiciones de cada uno, Queipo votó por Franco en la histórica reunión para elegir al comandante supremo de las fuerzas rebeldes que se celebró el 21 de septiembre en un improvisado aeródromo cerca de Salamanca. Al cabo de muchos años, el monárquico Eugenio Vegas Latapié preguntó a Queipo de Llano —después de que este criticara a Franco— por qué había votado por él. Queipo contestó: «¿A quién íbamos a nombrar? [...] Cabanellas no podía serlo. Además de republicano, todo el mundo sabía que era masón. [...] A Mola no podíamos tampoco nombrarlo, porque hubiéramos perdido la guerra. Y yo [...] estaba muy desprestigiado...». Sin embargo, Queipo no ocultó su descontento con la decisión tomada.[167] La siguiente etapa del ascenso de Franco al poder supremo se selló en otra reunión celebrada en Salamanca una semana después de la primera. Antes de que comenzara la sesión de la tarde, Queipo y Mola ya habían regresado a sus cuarteles generales respectivos y, por lo tanto, no se hallaban presentes cuando se llegó a un acuerdo a regañadientes por el cual se nombraba a Franco jefe de Gobierno, además de Generalísimo. De hecho, el presidente de la Junta Técnica del Estado de Burgos, el general Miguel Cabanellas, seguía albergando dudas al respecto, y no se decidió a firmar el decreto hasta que hubo mantenido largas consultas telefónicas con Mola y Queipo en la noche del 28 de septiembre. Según el hijo de Cabanellas, Queipo le dijo: «Franco es un canalla. No es ni será hombre de mi simpatía. Hay que seguirle el juego hasta hacerlo reventar».[168] También le comentó a Dámaso Gutiérrez Arrese, uno de los médicos del cuartel general de Franco: «No se haga usted ilusiones, pues de aquí no saldrá nada bueno porque hemos elegido un jefe que es egoísta y mezquino». Por supuesto, no faltaban chivatos dispuestos a informar a Franco de esta clase de comentarios.[169]

El mismo día en que fusilaron a Campins, detuvieron a Federico García Lorca, al que ejecutaron dos días más tarde. Se ha especulado mucho sobre el hecho de que, antes de ordenar su muerte, el recién nombrado gobernador civil, el comandante José Valdés Guzmán, de cuarenta y cinco años y africanista, además de camisa vieja falangista, llamara por teléfono, o por radio, a Queipo para comprobar si podía proceder a la ejecución. Al parecer, Queipo le contestó: «A ese, café con leche, mucho café», una forma eufemística de decir que lo matasen.[170] Una de las nietas de Queipo, la historiadora Genoveva García Queipo de Llano, basándose en el conocimiento personal de su abuelo, ha criticado a quienes lo tachaban de sanguinario, y en relación con la muerte de Lorca, comenta que «lo más probable es que [Queipo] ni supiera quién era Lorca ni se enterara de su situación». Pero no es fácil que el general ignorase la fama de Lorca, como célebre poeta y dramaturgo republicano, defensor de los pobres. Y, si la desconocía, es probable que Valdés le comentara que el poeta granadino era amigo del dirigente socialista Fernando de los Ríos y homosexual, dos circunstancias que habrían justificado de sobra que Queipo autorizase su ejecución.[171] Otra de las nietas de Queipo, Ana Quevedo, sostiene, de forma harto inverosímil, que, cuando este se enteró de la noticia, se enfadó por considerarlo un grave error político. Pero Ana Quevedo nació diez años después del asesinato de García Lorca y tenía solo cinco cuando su abuelo murió. Genoveva era un año mayor. Por lo tanto, es muy difícil que tanto una como otra hablaran del asunto con Queipo, por lo que su opinión solo puede basarse en comentarios de terceros.[172]

Como Generalísimo, Franco restringió el papel activo de Queipo en la guerra a asegurar el control de la Segunda División Militar. Sin embargo, a raíz de su fracaso en el intento de conquistar Madrid, Franco aceptó la propuesta de Queipo de avanzar poco a poco hacia Málaga, después de que la campaña para limpiar el resto de Andalucía que había iniciado a mediados de diciembre obtuviera un éxito considerable.[173] La marcha sobre Málaga comenzó el 9 de enero de 1937, bajo el mando conjunto del italiano Mario Roatta, desde tierra, y de Queipo, que se instaló en el crucero de batalla *Canarias*.[174] Después de los bombardeos de saturación de la aviación italiana y de los buques de guerra rebeldes, el lunes 8 de febrero de 1937, una Málaga mal defendida fue ocupada por las columnas de tropas rebeldes e italianas.[175] Durante los meses anteriores, en sus emisiones y en folletos lanzados sobre la ciudad, Queipo había amenazado con infligir una sangrienta venganza por la represión llevada a cabo por los anarquistas durante los siete meses desde que comenzara la guerra.[176] Sus espeluznantes amenazas confirmaban los escalofriantes relatos que referían miles de refugiados sobre el salvajismo con que había actuado el Ejército de África al irrumpir en los pueblos de Cádiz, Sevilla, Córdoba y Granada. Las caídas de Antequera el 12 de agosto y de Ronda el 17 de septiembre habían provocado que Málaga estuviera inundada de mujeres, niños y ancianos desesperados y hambrientos.[177]

A pesar de la facilidad de su victoria, Queipo no tuvo piedad. Cientos de republicanos fueron fusilados.[178] Antes de que los ocupantes comenzaran con las ejecuciones, decenas de miles de refugiados huyeron despavoridos por la única vía de escape posible: los casi doscientos kilómetros de la carretera de la costa hacia Almería. Su huida fue espontánea y no tenía cobertura militar. En su emisión del 8 de febrero, Queipo se refirió entusiasmado a «grandes masas de fugitivos que salían de Málaga para Motril, y la Aviación salió para ayudarles a correr, lo que consiguió bombardeando las concentraciones de fugitivos e incendiando varios camiones». La magnitud de la represión dentro de la ciudad caída explicaba por qué estaban dispuestos a pasar por el calvario: en Málaga capital, casi cuatro mil republicanos fueron fusilados solo en la primera semana y los asesinatos continuaron al mismo ritmo durante meses. A lo largo de la carretera mal asfaltada, llena de cadáveres y heridos, la gente aterrorizada avanzaba con dificultad, sin comida ni agua.[179]

Se calcula que emprendieron la huida más de cien mil desplazados, algunos sin nada, otros con utensilios de cocina y ropa de cama. Es imposible calcular el número de muertos, pero parece que fueron más de tres mil.[180] En sus emisiones, Queipo negó haber atacado a los refugiados y culpó de su huida a la propaganda republicana.[181] Sin embargo, en el relato de los hechos lleno de autobombo que acompañaba a su solicitud de la Laureada, se jactó de haber perseguido a unos quinientos republicanos «sañudamente sin que uno solo lograse escapar». Los refugiados que desbordaban la carretera de Málaga a Almería fueron bombardeados desde el mar por los buques de guerra

Cervera y *Baleares* y bombardeados desde el aire y luego ametrallados por las unidades italianas que los perseguían. Gerald Brenan, explica así por qué participó Queipo en estas carnicerías en Sevilla y en otras ciudades capturadas: «Seguro que no debió de disgustarle porque era sádico por naturaleza, y las ejecuciones continuaron sin tregua meses después de que sus posiciones estuvieran consolidadas».[182]

Además de su carácter sanguinario, tanto el antisemitismo como la admiración por Hitler eran características habituales de los discursos de Queipo. Uno de los más radicales fue el que pronunció en su charla del 4 de septiembre de 1936, en el que, no sin contradicción, se refirió a «una raza tan cobarde como la hebrea» para luego describir los ambiciosos planes de dominación mundial de los judíos: «En estos momentos críticos los judíos también luchan en España y su lucha no es porque les importe la democracia y la libertad, sino que es de una envergadura un poco mayor, pues luchan el judaísmo contra el cristianismo, creyendo este último [*sic*] que ha llegado el momento oportuno de asaltar el imperio del mundo». Haciendo un revoltillo con las distintas fuerzas que integraban el bando republicano, Queipo afirmó que «reunidos los masones, anarquistas, socialistas, etc., etc., extremistas con el judaísmo, son como los tentáculos de una misma fiera», instrumentos con los que «el judaísmo, según el Consejo Supremo, lucha en estos instantes para imponerse al mundo entero, tratando de hacerlo empleando todos los procedimientos, para que la raza judía domine en todo el orbe. [...] La URSS, según ellos, quiere decir la Unión de Repúblicas Socialistas Soviéticas, cuando la verdad es que significa Unión Rabínica de los Sabios de Sión».[183]

Queipo solía afirmar que los gobiernos de las democracias eran títeres de los judíos e insultaba a los políticos republicanos alegando que eran de origen hebreo. El 15 de octubre de 1936, junto con un himno de alabanza a Hitler, declaró: «Con los judíos ni discutir siquiera, que han puesto en peligro los cimientos de nuestra civilización». En febrero de 1937, expresó su convencimiento de la autenticidad de *Los protocolos de los sabios de Sión*. El 8 de marzo de 1937, alabó así la hostilidad de los musulmanes hacia el judaísmo: «el pueblo musulmán me ha dado una gran prueba de su perspicacia, en su trato a los hebreos, que le hemos censurado, antes de advertir lo que es esa raza propagadora del comunismo, acaparadora de oro, y con aspiraciones de sojuzgar el mundo que, si las lograse, harían a todos los pueblos tan despreciables como ellos lo son». Al cabo de dos meses, en mayo, afirmaba que la riqueza de Estados Unidos estaba en manos judías para retomar la idea de la dominación hebrea mundial.

El 10 de septiembre, calificó a la Rusia soviética de primer eslabón de lo que a su juicio era la cadena de dominación mundial de los judíos. De aquí a la adulación del Tercer Reich solo mediaba un paso: «Siempre he creído en el gran talento de Hitler y de sus colaboradores. Lo han demostrado empezando por echar de Alemania a esa raza traidora, cobarde y maldita, que habiéndose adueñado del oro del mundo entero, gracias a la estupidez de los cristianos, quiere ahora adueñarse también del mundo, con la ayuda de los Prieto, de los Ríos y de otros desalmados que se han vendido a ellos».[184] En octubre de 1938, representó en Cádiz a Franco en la ceremonia de despedida de las tropas italianas que estaban siendo repatriadas. En su discurso a los combatientes que se marchaban, les agradeció su idealismo al venir a España «para combatir a los miserables a sueldo de Moscú, que querían hundir a su propia Patria para entregarla inerme a la esclavitud del oprobioso judaísmo» y rindió homenaje a Mussolini por su ayuda en una «guerra que sostenemos, más que contra los rojillos españoles, contra el miserable judaísmo, que no tuvo inconveniente en aliarse con los soldados de Moscú».[185]

Queipo justificó su actuación en Sevilla mediante el antisemitismo: «El bolchevismo tenía elegida Sevilla para hacerla blanco de sus horrores, que son vergüenza de la sociedad. Todos, los ateos, los judíos, los masones, los rojos en general, se habían conciliado contra nuestra Patria».[186] Por eso Queipo impuso una multa de 138.000 pesetas a la reducidísima comunidad judía de la capital andaluza, además de dar carta blanca a la Falange sevillana para que atacara y saqueara sus casas y comercios.[187] Precisamente la Falange difundía las opiniones de Queipo en folletos de tono apocalíptico: «Habéis sido testigos horrorizados de la catástrofe preparada por los sicarios de Moscú. España vivía entregada al espíritu asiático de Rusia. Judaísmo, Masonería, Marxismo: he ahí los tres enemigos de nuestra redención. Respirábamos un aire pestilente de cloaca, de charca infecta, donde se revolvían detritus negativos de vileza y destrucción, que alegres vientos de justicia han logrado purificar».[188]

Queipo hubiera querido que su victoria en Málaga fuera el inicio de un paseo militar por Andalucía Oriental. Sin embargo, Franco estaba obsesionado con Madrid y no deseaba regalarle triunfos. Por eso le prohibió que avanzara hacia el este, con gran disgusto de Queipo,[189] que, con profundo resentimiento, se dio cuenta de que su capacidad para competir con Franco era cada vez menor.[190] No obstante, tras conquistar grandes áreas de Andalucía, estaba construyendo su propia base de poder autónomo para un futuro desafío al Generalísimo. Una indicación simbólica de la rivalidad fue la creación por parte de Queipo, en emulación de la Guardia Mora ceremonial de Franco, de una unidad de veinte regulares montados como escolta personal.[191] A ojos de Franco, Queipo seguía siendo un problema, cuando no una amenaza seria.

De hecho, Franco estaba lo suficientemente preocupado por los signos de ambición política de Queipo como para enviar a su hermano Nicolás a Sevilla, en un intento infructuoso de cortar los vínculos de Queipo con la oligarquía local. Esta creciente tensión fue el tema de un informe de Cantalupo a Ciano, fechado el 1 de marzo de 1937:

> Sobre todo después de la ocupación de Málaga, el general Queipo de Llano ha iniciado una política personal perfectamente visible, no solo con sus estúpidas charlas diarias en la radio, que tanto atraen a las masas y le proporcionan una fácil popularidad, sino también con actos que podrían calificarse de gobierno en toda la región de Sevilla, fundamentados en sus maniobras con los partidos y en la manipulación de grandes intereses económicos, con el objeto de conseguir una base desde la que eventualmente pueda escalar en condiciones más fáciles hacia posiciones más altas, probablemente centrales, y en todo caso contra Franco: todo esto es sobradamente conocido, hasta el punto de que el hermano del Generalísimo fue en privado a Sevilla a cortarle las alas, sustrayéndole el apoyo de los elementos capitalistas. Pero la incapacidad de Franco para dominar a Queipo de Llano y encuadrarlo dentro de los límites de la disciplina en los que puede actuar un general al mando de tropas, no deja de provocar críticas, comentarios

y conclusiones pesimistas sobre su actitud como hombre de gobierno. Su lenguaje y su actitud siguen siendo débiles e impersonales.[192]

No sería hasta el 30 de enero de 1938, cuando Franco creó su primer gabinete regular, que la marginación de Queipo fue completa. El gobierno de la Junta Técnica del Estado de Burgos se extinguió formalmente sin que Queipo fuera siquiera consultado. Ese mismo día se le prohibió continuar con sus charlas radiofónicas. Su última alocución fue transmitida el 1 de febrero. Para proteger su reputación en Sevilla, pronunció un discurso inverosímil en el que proclamaba que la decisión de interrumpir las emisiones era solo suya, una afirmación fraudulenta que fue repetida años más tarde por Cuesta Monereo. Al mismo tiempo, aseguró que Franco le había ofrecido el Ministerio de Agricultura, pero que él lo había rechazado.[193]

La creación del gabinete de Franco marcó el fin de la taifa de Queipo en el sur. Este nunca se había resignado a la superioridad del Generalísimo. A su vez, Franco estaba decidido a poner fin al poder de Queipo como virrey de Sevilla. Serrano Suñer se convirtió en ministro del Interior y en la todopoderosa figura dominante. Para comenzar con el proceso de disminución del poder de Queipo, en febrero de 1938, Serrano Suñer ascendió a su protegido Pedro Gamero del Castillo, jefe provincial de la Falange en Sevilla, a gobernador civil de toda la provincia. Para indignación de Queipo, en octubre, Gamero despidió a Ramón de Carranza como alcalde. Queipo voló inmediatamente a Burgos para exigir que se revocara la decisión. Cuando, a pesar de las amenazas físicas de Queipo, Serrano Suñer se negó, la fricción entre ambos aumentó en intensidad.[194]

Además, Queipo odiaba a Serrano Suñer y era considerado en algunos círculos como un posible líder de la oposición militar a la Falange. En mayo de 1939, Franco recibió una carta del coronel Juan Beigbeder, el alto comisario en el Marruecos español, informándole de que Queipo planeaba una visita a Marruecos. Cuesta Monereo, ahora teniente coronel, había estado haciendo sondeos en nombre de Queipo para la creación de un directorio militar que sustituyera a Franco y neutralizara el poder de la Falange.[195] En un gesto de autoengrandecimiento, cuando la Legión Cóndor alemana regresó a

Alemania, Queipo, sin el permiso de Franco, se había anticipado y había ido en avión a Berlín a recibirlos.[196] Franco se enfadó muchísimo, pero no actuó de inmediato. Él y Serrano Suñer esperaban el momento oportuno.

Queipo proporcionó a Franco la excusa para actuar con contundencia cuando se excedió al mostrar en público su falta de respeto, en un discurso desafiante que pronunció con su hija Maruja a su lado, como de costumbre, el 18 de julio, día en que Franco celebraba su victoria. Entre otras provocaciones, se mostró indignado por el hecho de que Franco hubiera concedido la condecoración militar de la Cruz Laureada de San Fernando a Valladolid pero no a Sevilla, la sede de su autoridad, y proclamó que nunca había querido la medalla para sí, lo que en realidad era mentira. Su disgusto era comprensible dado el papel que había desempeñado Sevilla en el alzamiento de 1936 y el hecho de que Valladolid era un núcleo fuerte de la Falange. Queipo dedujo que el honor otorgado a la ciudad vallisoletana era una humillación ideada por Serrano Suñer, a quien aludió de forma inequívoca: «Al paso que vamos, van a resultar héroes muñecos de trapo, que tienen la barriga de serrín, o muñecos de barro que se rompen con facilidad». Entre las múltiples falsedades de su discurso, afirmó que Mola le había dicho que estaba a punto de huir a Francia hasta que oyó a Queipo hablar por Radio Sevilla. Queipo también se jactó de que, en realidad, él había querido capitanear el alzamiento en Madrid y de que, si se lo hubieran permitido, el resultado habría sido otro: «Yo quería haberme sublevado en Madrid, y tengo el presentimiento de que quizás las cosas hubieran ocurrido de manera distinta a como ocurrieron». Además, enfureció a Franco al recordar que le habían concedido el poder los militares y solo provisionalmente.[197]

El cúmulo de insultos personales y las críticas públicas al poder de Serrano Suñer empujaron a Franco a actuar. Atrajo a Queipo a Burgos con el pretexto de llamarlo a «consultas». Al mismo tiempo, envió al general Andrés Saliquet a que asumiera las funciones de Queipo en Sevilla, sabiendo que este nunca había perdonado a Saliquet por reemplazarlo como líder de los sublevados en Valladolid. Fue una humillación cuidadosamente calculada por Franco, en venganza por una larga lista de desaires sufridos a manos del burlón

Queipo. En una tensa reunión, el Generalísimo blandió una gruesa carpeta con copias de los discursos y cartas de Queipo repletas de comentarios insultantes sobre él. Al parecer, algunas de estas misivas se las había proporcionado Cuesta Monereo, quien seguramente pretendía cubrirse ahora que el fin de Queipo estaba a la vista.[198] El 20 de julio, Queipo fue destituido del cargo de capitán general de la Segunda División Militar y destinado al «servicio de otros ministerios». Fue confinado en Burgos en un hotel sencillo, el María Isabel, acordonado por policías que, según Queipo, tenían orden de tirar a matar si intentaba salir.

Su alarma resulta evidente en una entrevista que concedió al periodista estadounidense Reynolds Packard, en la que presentó la versión oficial de que, en una reunión amistosa, había aceptado con gusto la oferta de su amigo Franco de un cargo en el extranjero.[199] Aunque se habló de enviarlo a Buenos Aires, la propuesta no prosperó, sino que, al final, decidieron mandarlo a dirigir una inexistente misión militar española en Roma, donde sería vigilado por los fascistas.[200] Serrano le había dicho al ministro de Asuntos Exteriores de Mussolini, el conde Galeazzo Ciano, que consideraba a Queipo un «loco». Cuando la propuesta llegó a Roma el 27 de julio, Ciano la definió como una «hábil jugada para poner fin a todos los rumores de estos días, librarse de Queipo de Llano y, al mismo tiempo, ponerlo bajo control».[201] El general Gastone Gambara, jefe de la Misión Militar Italiana en España, informó a Ciano que Serrano Suñer le había dicho que Queipo era un «traditore incorreggibile».[202]

Durante sus últimos días antes de partir hacia Italia, Queipo fue escoltado por el general Antonio Sagardía Ramos, inspector general de la Policía Nacional, que vigilaba a Queipo de forma tan estricta que este le llamó «mi niñera». Queipo invirtió el tiempo que le quedaba en España en una especie de gira de despedida por Andalucía, aunque le prohibieron ir a Sevilla. En el Ejército empezó a correr el rumor de que las guarniciones locales iban a rebelarse a favor de Queipo y, por eso, las tropas permanecieron confinadas en los cuarteles durante unos días.[203] En su informe al general Varela, ministro de la Guerra, Sagardía comentó que el gobernador civil de Córdoba, Eduardo Valera Valverde, le había comunicado la consternación de

Queipo por la noticia de que su degradación no hubiera provocado un levantamiento en Andalucía. En previsión de un golpe de Estado, Queipo había ordenado a Valera Valverde que ignorara cualquier instrucción del cuartel general de Franco que contradijera sus propios decretos. Sagardía también informó sobre las actividades corruptas de Queipo que recordaban a las artimañas que había empleado para la compra de Gambogaz. Sagardía comentó que Queipo había burlado la legislación franquista para proteger las propiedades de Alcalá-Zamora y sus amigos en Priego de Córdoba. Había cobrado alquileres en su nombre y enviado las cantidades recaudadas a Alcalá-Zamora en París. Reveló, además, que, gracias a la protección de Queipo, la curtiduría del yerno de este, Calixto García Martín, esposo de Mercedes, estaba obteniendo pingües beneficios.[204]

Al no poder regresar a Sevilla para organizar su casa y recoger sus pertenencias, Queipo se vio obligado a esperar a su familia y su equipaje en Alcalá de Guadaira. El 16 de agosto partió hacia Roma junto con su hija Maruja y dos ayudantes, César López Guerrero y Julián Quevedo. Su esposa Genoveva se negó a acompañarle y se quedó en Sevilla. Tras un nuevo retraso en Barcelona, el grupo llegó a Roma el 21 de agosto, donde le aclararon que no tenía ninguna misión concreta. Su exilio iba a ser una jaula de oro, en una gigantesca y hermosa prisión donde permanecería bajo vigilancia policial constante. Queipo lo aprovechó para empezar a escribir unas memorias autocomplacientes y largas cartas de queja a quienes consideraba que le habían agraviado. Aunque desde luego no sea habitual en quienes escriben su autobiografía hablar mal del sujeto, el grado de falsedad y exageración en lo que se ha conservado de las cartas y memorias de Queipo es impresionante.[205]

Queipo permitió a Pedro Sainz Rodríguez que leyera un borrador de sus memorias en Roma:

> Recuerdo que hablaba de Franco con verdadero apasionamiento, era una diatriba contra él. Se contaba todas las anécdotas peyorativas que corrían entre los enemigos del general Franco, y normalmente, cuando aparecía en el relato, le denominaba «Paca la Culona». Allí contaba incidentes de la vida de Franco en África, haciendo resaltar

su fría crueldad y la complacencia con que asistía a las penas de apaleamiento con que a veces eran sancionados los regulares.[206]

La facilidad con que Franco se impuso a Queipo resulta sorprendente incluso para un maestro en el control de los rivales de su propio bando. La enemistad de Queipo hacia Serrano Suñer aumentó proporcionalmente a su lógico rencor hacia Franco. Todo lo que a Queipo le parecían ofensas y descortesías, como la vigilancia policial o el tiempo que Mussolini tardó en concederle audiencia, lo atribuía tanto a Serrano Suñer como a Franco. De hecho, cuando por fin el Duce lo recibió y Queipo se quejó del retraso, Mussolini le enseñó como respuesta una carta de Franco que calificaba a Queipo de «antifascista peligroso». Al final de la audiencia, entregaron a Queipo una carpeta de cuero rojo que contenía una fotografía dedicada del Duce. Ya en el hotel, ordenó a su ayudante Julián Quevedo que la rompiera.[207] El 1 de octubre de 1940, cuando Serrano Suñer, ahora ministro de Asuntos Exteriores, fue a Roma para entrevistarse con Ciano, Queipo se vio obligado a formar parte de la delegación de la embajada que fue a recibirle, pero, con su típico infantilismo, se negó a estrechar la mano de Serrano o a hablar con él, así como a asistir al almuerzo oficial en el Ministerio de Asuntos Exteriores italiano. Ciano presentó numerosas quejas sobre el comportamiento de Queipo en Roma, que describió como «conducta caracterizada por la constante y desenfrenada emisión de insultos y atrocidades contra el Generalísimo y Jefe del Estado, contra el ministro del Ejército, contra mí, y contra el Gobierno en general». Para explicar cómo alguien en misión oficial podía hablar de esa manera, Serrano Suñer le dijo a Ciano que Queipo era «bandito e bestia».[208] El resentimiento contra Serrano Suñer que había comenzado en 1938, cuando, como ministro del Interior, desbarató el poder de Queipo como señor independiente de Sevilla, se encoñó con los años. Cuando Serrano publicó su libro sobre el papel de España en la Segunda Guerra Mundial, no entró en detalles sobre la Guerra Civil. Queipo se indignó porque solo se refería a su «golpe audaz». Luego, cuando Queipo leyó los comentarios de Serrano a Ciano en la versión publicada del diario del ministro italiano, dio rienda suelta a su rencor en dos cartas furiosas y profundamente ofensivas.[209] En respuesta a la primera, Serrano Suñer contestó con mesura, negándose a igualar el tono agresivo e insultante de Queipo. El 24 de octubre de 1948, para justificar su lenguaje, Queipo respondió con su típica falta de contención: «Cuando hablamos de las víboras, en general, lo hacemos con indiferencia y repugnancia; pero, si nos encontramos frente a una de estas, sentimos, instintivamente, el deseo de aplastarla. Por eso ha sido una suerte que este diálogo se haya desarrollado por escrito, porque, frente a Vd., el instinto me hubiera impelido a pretender aplastarlo».[210]

Durante su estancia en Italia, la relación mucho más que paternal de Queipo con su hija Maruja, que entonces contaba treinta y pocos años, se volvió posesiva y asfixiante. Queipo se negaba a salir del hotel para cualquier acto oficial o social a menos que ella lo acompañara y ahuyentaba deliberadamente a cualquier hombre que se interesara por ella. Uno de estos candidatos a novio era Julián Quevedo, viudo de cincuenta y cinco años que colmó a Maruja de atenciones y regalos hasta que, poco a poco, sus sentimientos se vieron correspondidos. Aparte de una breve visita a Roma, la esposa de Queipo se quedó en Sevilla. Ya intranquila por la naturaleza de la relación de su marido con su hija, Genoveva estaba encantada por el creciente afecto entre Maruja y Julián Quevedo. No del todo desinteresadamente, se lo comentó al general, que hasta entonces no se había dado cuenta de la incipiente relación. Queipo reaccionó poseído por los celos y se volvió aún más obsesivo en sus esfuerzos por conseguir que Maruja solamente estuviera a solas con él, lo que hizo aumentar las sospechas de Genoveva. Cuando Maruja decidió casarse con Julián sin su consentimiento, Queipo, en un arrebato de cólera incontrolable, la desheredó. Su madre entonces dio rienda suelta a sus sospechas y le preguntó a Maruja si su oposición al matrimonio «se debía a motivos que iban más allá del amor paterno». A continuación, le preguntó a su hija si Queipo «alguna vez se te ha insinuado o se ha propasado contigo». Cuando Maruja se negó a responder, su madre sacó las lógicas y perturbadoras conclusiones.[211]

Además de su resentimiento contra Franco, Serrano e incluso contra Julián Quevedo, Queipo albergaba rencor a Alfonso XIII, a quien nunca le perdonó lo que consideraba la traición del rey en 1928. Aunque se alojaban en el mismo hotel, Queipo rechazó groseramente la invitación de Alfonso para que hablaran de sus diferencias pasadas, y le envió nota de que no deseaba oír sus excusas. Ni siquiera saludaba al monarca depuesto cuando coincidían en el vestíbulo o incluso en el ascensor. Cuando Alfonso XIII murió el 28 de febrero de 1941 y Queipo fue a firmar en el libro de condolencias, una dama de la aristocracia que esperaba su turno, le comentó: «Mi general, Su Majestad ha perdonado a todos antes de morir». Creyendo que con estas palabras la dama se refería a la traición de Queipo al rey en 1931, le espetó: «Para perdonar no hay que morir, señora. ¿O cree usted que si yo no lo hubiese perdonado estaría aquí?». Y lo cierto es que, al ir a dar el pésame con el uniforme de gala, Queipo desobedecía las instrucciones explícitas de Franco, que se resistía a que se guardara luto oficial por el rey.[212]

En parte debido a sus intensos celos de Maruja, Queipo decidió hacer caso omiso de las órdenes de Franco y regresar a España. Esperaba tener más control sobre los movimientos de su hija en el domicilio familiar. Incluso en Sevilla y viviendo con su esposa, su obsesión por Maruja siguió aumentando, y la presionó sin tregua para que rompiera su relación con Julián Quevedo. Cuando finalmente Maruja y Julián se casaron en Madrid a principios de julio de 1946, ningún otro miembro de la familia asistió a la ceremonia y Queipo le impidió recoger sus pertenencias del hogar familiar. Maruja pasó la noche anterior a la boda en casa de una amiga. Queipo envió unas monjas al domicilio de su prometido para registrarlo, creyendo que la encontrarían allí *in fraganti*. Para su vergüenza, lo encontraron solo.[213]

En 1939, cuando el ayudante de Roatta, el teniente coronel Emilio Faldella, publicó su crónica de la campaña, Queipo le escribió una carta furibunda quejándose de que en el libro había rebajado la importancia de su intervención.[214] Según un informe de la policía secreta, Queipo se resistía a volver a Roma por miedo a la reacción que pudiera provocar su polémica con Faldella. Había escrito una circular a todos los coroneles de guarnición del Ejército italiano «manifestando que el Coronel [Faldella] autor del libro era un vulgar mentiroso y que él, como General y español, desmentía públicamente la osadía del mencionado Coronel». Y continuó manteniendo una acalorada correspondencia con Faldella.[215]

Entre 1939 y 1942, Queipo intentó de todas las formas posibles hacerse con la Cruz Laureada de San Fernando. Después de que su solicitud inicial del 29 de junio de 1939 quedara sin resolver durante once meses, escribió una carta a Franco quejándose de la tardanza en la resolución. En la misiva, y en el relato adjunto de sus servicios, citaba como principales méritos la toma de Sevilla y la conquista de las provincias de Huelva, Cádiz, Málaga y la mayor parte de Jaén, Granada y Badajoz, donde atribuía el éxito de la represión a «mi acción personal». También afirmaba que el golpe militar de 1936 se había preparado por iniciativa suya: «Fui el iniciador del movimiento salvador», aunque, después de visitar las guarniciones de toda España, «creí más conveniente que fuese el general Mola el que tomase la iniciativa». Mantenía que lo que había decidido a Mola a seguir adelante había sido su oferta de conseguir el apoyo del general Miguel Cabanellas. Sostenía que se había acordado que él dirigiría el alzamiento en Valladolid y que la noticia provocó un gran entusiasmo entre los derechistas de la ciudad, aunque al final, del alzamiento en dicha ciudad se encargase el general Saliquet, mientras enviaban a Queipo a Sevilla, donde, según él —olvidando convenientemente la meticulosa planificación de Cuesta Monereo—, no había nada organizado y no existía ninguna sección fiable de la guarnición. Reiteraba su repetidísimo relato de cómo había tomado la ciudad gracias a su propia audacia y con la ayuda de un pequeño grupo de soldados. Afirmaba, a continuación, que muchas guarniciones se habían adherido al alzamiento en respuesta a sus primeras emisiones radiofónicas. Lo más asombroso de todo es que, según Queipo, «el dominio de Sevilla fue el hecho más trascendental de la campaña, sin el cual no hubiera sido posible sostenerla ni, mucho menos, ganarla». En la carta también le recordaba a Franco que le había prometido dos veces concederle la Laureada, una en el otoño de 1936 en Burgos y otra en 1938 cuando lo relevó del mando del Ejército del Sur.[216] Antes de responder a la solicitud, Franco demostró su malicia hacia Queipo. El 15 de marzo de 1940 le concedió a él y a su odiado rival Saliquet la Medalla Militar, como si su contribución a la victoria rebelde hubiera sido la misma. Los argumentos a favor de la concesión eran parecidos a los utilizados por Franco para concederse a sí mismo la Laureada. El decreto fue firmado por Varela como ministro de la Guerra, un acto que Queipo describió más tarde como un «crimen punible». Su furia se debió a que se le otorgara a Saliquet el mérito de la operación de captura del valle de la Serena en Badajoz, que para Queipo era exclusivamente suyo. También le ofendió el hecho de que Varela describiera su participación en la operación como de mero apoyo a Saliquet. Como estaba en Roma, Queipo no pudo asistir a la espectacular ceremonia en la que Franco le impuso la medalla a Saliquet solo. La solicitud de la Laureada para Queipo fue rechazada en mayo de 1941.[217]

En sus memorias, Queipo hace una afirmación de lo más sorprendente: «Serví al Generalísimo con lealtad no superada por nadie».[218] Desde luego, Franco no lo veía así. En 1942, humilló dos veces más a Queipo. Su situación de «al servicio de otros ministerios» cambió a la de «disponible forzoso», lo que le dejaba sin destino. En julio de 1942, cuando se crearon las Cortes franquistas para dar un barniz liberal a la dictadura, Queipo fue uno de los pocos generales de alto rango a los que no se les dio un escaño como procurador, junto con otros críticos de Franco, como Kindelán, Yagüe y Varela.[219] Queipo recibió por fin la Gran Cruz Laureada en febrero de 1944, después de haberlo solicitado repetidamente. El premio reflejaba el hecho de que Franco estaba tratando de reforzar su posición, en un momento en que la oposición monárquica en la cúpula militar iba en aumento y los aliados le presionaban para que rompiera sus lazos con el Tercer Reich. Una gran multitud se congregó en la plaza de España de Sevilla el 8 de mayo de 1944 para presenciar la ceremonia en la que Franco le impuso la medalla, y se organizó un espectacular desfile militar.[220]

El 1 de abril de 1950, ya gravemente enfermo, Queipo se enteró de que Franco le había otorgado el título de marqués de Queipo de Llano. Se decepcionó en parte porque aspiraba a un ducado, pero sobre todo se indignó porque Saliquet también había obtenido un marquesado. Su ira se enconó y acabó enviando una carta furibunda a Franco en la que escribía: «es para mí más desagradable aún, cuando veo que se me equipara, otra vez, con el general Saliquet a quien no señalaría, ciertamente, a mis nietos como modelo de ciudadano o de militar, digno de ser imitado». Calificó el triunfo de Saliquet en Valladolid como fácil, en comparación con el suyo en Sevilla, y se refirió a sus propias hazañas militares como «brillantes».

En una relación muy poco convincente de sus méritos, Queipo, que tanto había hecho por la República en 1931, escribió:

> No fui nunca antimonárquico, aunque llegué a ser enemigo irreconciliable de D. Alfonso. Yo le profesaba un cariño, una adhesión tal, que siempre estuve dispuesto a jugarme la vida en su defensa, pero correspondió a esa adhesión y a mi lealtad, con la burla más sangrienta. Después de esto, ya no tenía por qué serle leal. Entonces juré [...] que si antes me hubiera jugado la vida por defenderlo, desde entonces me la jugaría para arrojarlo del trono [...]. Busqué contactos por todas las partes, con todo caso de elementos y conseguí al fin ver satisfechos mis deseos [...] poco después comencé a conspirar contra la República para reinstaurar la monarquía.[221]

En 1954, Franco le comentó a su primo Pacón: «Yo siempre noté la poca gracia que le hacía a este que yo mandase, y me obedecía de mala gana».[222] Queipo murió el 9 de marzo de 1951. Franco no se dignó a asistir al funeral, sino que envió en su lugar al ministro del Ejército, Fidel Dávila. El hombre que había presidido el asesinato de decenas de miles de andaluces fue enterrado vestido de penitente de la Cofradía de la Virgen de la Macarena. Mentiroso, traidor y asesino, no hay motivo para sospechar que se arrepintiera ni hiciera penitencia de ninguno de sus actos.[223]

8

La guerra interminable

El éxito de la ficción del contubernio judeomasónico-bolchevique tanto para justificar el esfuerzo bélico rebelde como para generar entusiasmo por el mismo es indiscutible. Cabe pensar que al terminar la guerra también terminaría la necesidad de mentir sobre los judíos; sin embargo, como suele ocurrir con las mentiras, estas siempre van a más. Esto no quiere decir que los propagandistas del contubernio no creyeran sinceramente en su existencia. De hecho, tras la Guerra Civil, creyéndose parte de una imparable marea fascista internacional, Franco dio rienda suelta a su convicción de la amenaza tóxica que suponían los judíos y los masones. Su retórica antisemita fue secundada por sus camaradas de la cúpula militar. En el banquete de despedida de la Legión Cóndor en mayo de 1939, el general Alfredo Kindelán manifestó: «Hemos afrontado, sin miedo, a los enemigos de nuestra fe y de nuestra civilización. Luchamos contra el comunismo, la masonería internacional y los judíos, y los vencimos, con la ayuda del Altísimo y de la Virgen María».[1]

Catorce meses más tarde, en el cuarto aniversario del golpe militar, en un discurso en el que Franco se dirigió a la cúpula de las fuerzas militares de tierra, mar y aire, equiparó la guerra contra la República con la reconquista de España de manos del islam. Comparó el régimen fruto de su victoria con el Estado que crearon los Reyes Católicos, Isabel y Fernando, al tiempo que rechazaba los valores de la monarquía liberal y evocaba el esplendor del Siglo de Oro: «No se ha derramado la sangre de nuestros muertos para volver a los tiempos decadentes del pasado. No queremos volver a los tiempos blanduchos que nos trajeron los tristes días de Cuba y Filipinas. No queremos volver al siglo XIX. Hemos derramado la sangre de nuestros muertos para hacer una nación y crear un Imperio». Tras mencionar los logros de Isabel y Fernando como referentes de la gloria imperial a la que aspiraba, Franco afirmó que los Reyes Católicos encontraron «una España dividida, una España sojuzgada, una España llena de miserias, una España rica en cicateos y egoísmos [...]. ¿Y qué es lo que hicieron los Reyes Católicos? ¿Qué fue su primer acto político? El de preparar la unidad de España, uniendo los dos grandes pedazos en que estaba dividida [Aragón y Castilla]». En el proyecto de los Reyes Católicos fue clave «la expulsión de los judíos, más que un acto racista como los de hoy, por la perturbación creada para el logro de la Unidad por una raza extraña adueñada de un pueblo y esclava de los bienes materiales».[2]

A finales de diciembre del mismo año 1940, en la ceremonia de ofrenda al apóstol Santiago, el gobernador civil de La Coruña, el coronel Emilio de Aspe Baamonde, leyó la siguiente oración en representación de Franco: «No permitas, Santiago, que cuando, con la sangre de nuestros muertos, hemos salvado a la Patria de las logias judías y nos vemos empeñados en crear un nuevo y más perfecto orden, germinen los poderes ocultos de las sectas y envuelvan a España en las tinieblas de la impiedad».[3] No fue hasta que la suerte dejó de sonreír al Eje cuando Franco se enfrentó a la necesidad de mentir sobre su antisemitismo. Del mismo modo, no fue hasta que necesitó la ayuda de Estados Unidos cuando sintió la necesidad de disimular su obsesión por la masonería.

El cúmulo de mentiras sobre el contubernio judeomasónico-bolchevique continuó hasta bien entrada la Segunda Guerra Mundial e incluso más allá de la misma, aunque muy en particular durante los años de servil colaboración del régimen con el Tercer Reich. La embajada alemana en Madrid distribuyó millones de panfletos antisemitas y regó con cuantiosas subvenciones a una prensa española predispuesta a su favor, algo imposible sin la aprobación oficial. El aparato mediático falangista era especialmente susceptible a la capacidad de seducción de Hans Lazar, el siniestro secretario de prensa de la embajada alemana, un hombre cuyo virulento antisemitismo obedecía casi con toda probabilidad a su afán de ocultar su ascendencia judía. Este brillante propagandista, con 432 personas a sus órdenes, dedicaba la mayor parte de su importantísimo presupuesto a los sobornos. Lazar suministraba a los beneficiarios falangistas material de propaganda nazi que luego estos publicaban como noticias objetivamente ciertas. Pero el éxito de Lazar no se limitó a la Falange. Los carlistas y monárquicos que se habían tragado el mito del contubernio judeomasónico-bolchevique, incluido el propio Franco, no necesitaban sobornos de los alemanes para seguir creyendo en él. Entre otros muchos, periódicos como el *ABC* e *Informaciones* continuaron propagando el mito.[4]

El esfuerzo de los franquistas por demostrar que el antisemitismo no había sido el centro de la propaganda del régimen comenzó antes del final de la guerra mundial. Los desmentidos se basaban en los esfuerzos del régimen de Franco en favor de los refugiados judíos. No hay duda de que se salvó un número importante de vidas de judíos que huyeron del terror nazi pasando por España. Entre veinte y treinta y cinco mil refugiados judíos atravesaron el territorio español, algunos clandestinamente mientras que a otros se les autorizaba el tránsito «legalmente», a regañadientes, pero no la residencia.[5] Las palabras clave son «atravesar» y «a regañadientes». A los refugiados que conseguían entrar en España sin visado los internaban en campos de prisioneros en condiciones de hacinamiento y sin higiene alguna. Las organizaciones de ayuda judía estaban prohibidas en España y, por tanto, se les impedía prestar asistencia humanitaria a los refugiados. En junio de 1941, el Ministerio de Asuntos Exteriores, bajo el mando de Serrano Suñer, informó a los cónsules españoles en Grecia y los Balcanes de que el Gobierno no reconocía a los judíos sefardíes locales como ciudadanos españoles y que no podían recibir protección consular. El régimen permitió que la Gestapo capturara a los refugiados judíos alemanes y de otra procedencia y se los llevara de vuelta al Tercer Reich.[6] El hecho de que muchos sobrevivieran gracias a su entrada en España ha sido la base del mito autocomplaciente de que la actitud de Franco hacia los judíos fue benévola.[7] Después de 1945, su régimen hizo un gran esfuerzo por propagar tanto ese mito como el aún mayor de que

Franco había apoyado en secreto a los aliados occidentales en la guerra mediante una neutralidad mantenida heroicamente contra todo pronóstico. En un discurso de 1946, afirmó que «España salvó a Inglaterra» de la derrota en la Segunda Guerra Mundial.[8] El dictador fue el principal protagonista de los esfuerzos de su régimen por reinventar el pasado. En una entrevista muy difundida con el abogado y político estadounidense Merwin K. Hart, en San Sebastián, el 18 de agosto de 1947, soltó esta escandalosa mentira: «Habiendo sido pedido que se acogiese unos millares de niños judíos, España ofreció instalaciones modelo para recibirlos, garantizándoles su libertad confesional con la dirección y presencia de aquellos doctores de su fe que quisieran acompañarlos. Si intrigas internacionales lo evitaron, con perjuicio grave para tantos seres desdichados, la posición noble y tolerante de España no pudo ser más clara».[9] El 7 de junio de 1950, Franco declaró en una entrevista con el *Daily Mirror* que, en el protectorado español de Marruecos y en otras posesiones coloniales, los judíos gozaban de plena libertad religiosa, así como de la ayuda y protección de las autoridades españolas.[10]

El esfuerzo propagandístico se intensificó en el otoño de 1949 cuando el régimen publicó en francés, inglés y español un largo panfleto, *España y los judíos*, en respuesta a un discurso pronunciado por el embajador de Israel, Abba Eban, ante la Asamblea General de las Naciones Unidas en Lake Success el 16 de mayo de ese mismo año.[11] En su exposición de argumentos en contra de una propuesta de varias naciones latinoamericanas favorables al restablecimiento de las relaciones diplomáticas con España, el embajador Eban dijo:

> Ni por un momento afirmamos que el régimen español tuviera cualquier participación directa en aquella política de exterminio, pero sí que afirmamos que era un aliado activo y simpatizante del régimen que fue responsable y por tanto contribuía a la eficacia de la alianza. [...] Para nosotros, el punto central e inevitable es la asociación de este régimen con aquella alianza nazi-fascista que corroía los cimientos morales de la vida civilizada e infligía sobre la raza humana su más terrible y devastador castigo. De aquella coalición, la única expresión que sobrevive es el régimen español que le recibía con efusión, y acep-

taba, felicitaba y apoyaba la perspectiva de la supremacía nazi en Europa y el mundo.[12]

Para refutar las palabras de Eban, las cincuenta páginas del panfleto afirmaban que España había salvado a miles de judíos de Francia, el Marruecos francés, Hungría, Bulgaria, Rumanía y Grecia y contrastaban la supuesta benevolencia de Franco hacia los judíos con la presunta indiferencia de Gran Bretaña.[13] También sostenían que España no había actuado por oportunismo sino por «simpatía y amistad hacia una raza perseguida, a la que los españoles se sienten unidos por vínculos tradicionales de sangre y de cultura»,[14] una afirmación de una hipocresía descarada a la luz de las numerosas justificaciones hechas por destacados colaboradores de Franco del objetivo de la Inquisición de purificar la sangre española con la eliminación de todo resto de sangre judía y morisca. El panfleto no mencionaba los esfuerzos realizados por el régimen para impedir que los refugiados judíos se quedaran en España. Además, el texto revelaba el antisemitismo latente del régimen, al manifestar que la expulsión de los judíos en 1492 había sido la única forma de garantizar la supervivencia de la nación española.[15] De hecho, un aspecto fundamental de la política franquista fue considerar que la expulsión de los judíos de 1492 seguía vigente.[16]

Como subrayó el embajador Eban, era preciso explicar cómo había sido posible la actitud supuestamente humanitaria de Franco en el contexto de la virulenta retórica antisemita de su régimen y su ayuda estratégica al Tercer Reich, que España ofreció mientras la Alemania de Hitler llevaba a cabo un genocidio contra los judíos, y que solo cesó cuando resultaba evidente que el Reich iba a perder la guerra. Eban mencionaba el hecho de que el propio Franco, junto con importantes figuras de su régimen, había expresado su aprobación ante las medidas antisemitas del Tercer Reich.

Desde el estallido de la Segunda Guerra Mundial hasta finales de 1942, la dictadura franquista no permitió a los refugiados judíos establecerse en España, aunque tuvieran pasaporte español. Tanto los que entraron ilegalmente en el país durante los primeros años de la guerra como los que fracasaron en su tránsito fueron internados en el campo de concentración de Miranda de Ebro. Algunos eran devueltos en la frontera.[17] Irónicamente, fue la convicción, compartida por Franco y su amigo y asesor, Luis Carrero Blanco, de que los judíos controlaban la política y la economía en Estados Unidos y Gran Bretaña, lo que llevó, después de 1943, a la decisión oportunista de mejorar el trato hacia los refugiados hebreos. Tras la caída de Mussolini, Franco se vio obligado a admitir la posibilidad de que, si Hitler perdía la guerra, su régimen necesitaría el apoyo y la voluntad de las potencias anglosajonas. Por ello, como póliza de seguro, empezó a contemplar la idea de ganarse el favor de la comunidad judía internacional. Preocupado por la imagen del régimen en la prensa extranjera, que Franco también creía controlada por los judíos, aceptó el consejo de sus asesores de que era el momento de mejorar las relaciones con el Congreso Judío Mundial. El primer paso sería la creación del mito del rescate de los refugiados judíos por parte de España. De hecho, a pesar de la retórica de la posguerra al respecto, la política fundamental del régimen hacia ellos apenas cambió en relación con su actitud de 1936 a 1945.

Al final de la Guerra Civil, la sinagoga de Barcelona había sido saqueada y clausurada a cal y canto. A los refugiados judíos, los retenían en la frontera con Francia para impedirles entrar en España.[18] El 4 de junio de 1940, Franco aprovechó la oportunidad que le brindaba la conquista alemana de Francia para ocupar Tánger. Los consiguientes ataques a los refugiados judíos en dicha ciudad fueron elogiados por la emisora falangista de Valladolid, que describió a las víctimas como «escoria anglófila y francófila» y lamentó que Hitler no los hubiera «exterminado a todos». Los judíos, aterrorizados y temiendo lo peor, huyeron de la zona.[19] En el interminable discurso de fin de año de Franco radiado el 31 de diciembre de 1939, una llamativa manifestación de antisemitismo quedó enterrada en una montaña de retórica sobre la implacable justicia de los vencedores y las cuestionables estadísticas sobre la economía; refiriéndose en tono aprobador a las leyes raciales del Tercer Reich, Franco dijo:

Ahora comprenderéis los motivos que han llevado a distintas naciones a combatir y alejar de sus actividades aquellas razas en que la codicia y el interés es el estigma que les caracteriza ya que su predominio en la sociedad es causa de perturbación y peligro para el logro de su destino histórico. Nosotros, que por la gracia de Dios y la clara visión de los Reyes Católicos hace siglos nos liberamos de tan pesada carga, no podemos permanecer indiferentes ante esta nueva floración de espíritus codiciosos y egoístas, tan apegados a los bienes terrenos, que con más gusto sacrifican los hijos que sus turbios intereses.

Además de publicarse en la prensa de la época, el texto completo del discurso gozó de una amplia difusión en forma de panfleto.[20] Ni que decir tiene que sus declaraciones más antisemitas fueron eliminadas de las recopilaciones posteriores de sus discursos.

Un estímulo constante para el antisemitismo de Franco fueron los consejos del almirante Luis Carrero Blanco, con quien mantuvo una relación muy estrecha desde que se conocieron en 1925 hasta el asesinato de este último en 1973. En un plan estratégico elaborado para Franco sobre el papel de la Marina en el Mediterráneo, redactado a principios de agosto de 1938, Carrero había escrito que la guerra era «un conflicto de vida o muerte» en que se jugaba «nada menos que la existencia de la civilización cristiana». El informe gustó tanto a Franco que Carrero fue ascendido a jefe de Operaciones del Estado Mayor de la Armada.[21] Al final de la Guerra Civil, Carrero escribió sus reflexiones sobre la rebelión de las tripulaciones de la Marina en julio de 1936. Describió la República como «la cabeza de puente del comunismo y el comunismo no es por sí solo nada, sino, con la masonería, la democracia y la plutocracia, una herramienta del judaísmo». Este era el lenguaje del padre Tusquets que, sin duda, contribuyó a congraciar aún más a Carrero con Franco.[22]

El 7 de mayo de 1941, Franco nombró a Carrero subsecretario de la Presidencia del Gobierno, es decir, su secretario de gabinete. En la práctica, se había convertido en el jefe de gabinete político del dictador, con la misión de «preparar al mando los elementos de juicio para sus decisiones, establecer estas en órdenes o instrucciones y velar por su cumplimiento». De hecho, su mano puede verse en muchos de los discursos de Franco, al igual que las ideas que aportó pueden leerse en un libro que Carrero estaba escribiendo en esa época:

España, paladín de la fe en Cristo, está otra vez contra el verdadero enemigo: el Judaísmo. Se trata de una fase más de la lucha que secularmente sacude al Mundo. Porque el Mundo, aunque no lo parezca, aunque en apariencia sus contiendas tengan un origen en causas muy distintas, vive una constante guerra de tipo esencialmente religioso. Es la lucha del Cristianismo contra el Judaísmo. Guerra a muerte, como tiene que serlo la lucha del Bien contra el Mal, de la verdad contra la mentira, de la luz contra la oscuridad.

Asimismo, Carrero escribió que el judaísmo, en su guerra contra el cristianismo,

ha sabido recurrir a medias de todo linaje. La Reforma, primero; después, las ideas de la Enciclopedia, el liberalismo, el izquierdismo ateo, la masonería, el marxismo, el comunismo, todo ello han sido minas puestas al reducto inexpugnable del cristianismo católico. Con habilidad extraordinaria, el judaísmo ha atacado siempre la idea de patria, esgrimiendo, con simultaneidad en apariencia paradójica, las armas de los separatismos y de los internacionalismos; en el aspecto económico, ha fomentado el crecimiento de los imperialismos capitalistas, a la vez que, para procurar secesiones en el seno de la Iglesia Católica, como las ideas materialistas del más puro ateísmo. Los medios son lo de menos; su fin es siempre el mismo: destruir, aniquilar y envilecer todo cuanto representa Civilización cristiana, para edificar sobre sus ruinas el utópico Imperio Sionista del Pueblo Elegido.[23]

A mediados de diciembre de 1941, cuando Franco todavía estaba entusiasmado con las victorias de los alemanes en Rusia, Carrero redactó un informe de tono radical, en el que escribió:

El frente anglosajón soviético, que ha llegado a constituirse por una acción personal de Roosevelt, al servicio de las Logias y los Judíos, es realmente el frente del Poder Judaico donde alzan sus banderas todo el complejo de las democracias, masonería, liberalismo, plutocracia y comunismo, que han sido las armas clásicas de que el

Judaísmo se ha valido para provocar una situación de catástrofe que pudiera cristalizar en el derrumbamiento de la Civilización Cristiana.

Carrero estaba convencido de que si España entraba en la guerra, tenía que estar del lado del Eje, porque, tal como escribió, «el Eje lucha hoy contra todo lo que es en el fondo la anti-España».[24]

Cuando la ofensiva alemana contra Rusia empezó a flaquear, la confianza de Carrero en la invencibilidad del Tercer Reich hizo lo propio. El desembarco angloamericano en el norte de África, el 8 de noviembre de 1942, fue inevitablemente un nuevo motivo de preocupación. Sin embargo, Carrero seguía convencido de la victoria final de Alemania, como quedó claro en un informe que redactó para Franco el 11 de noviembre, en el que reiteraba lo que Franco ya creía: «España tiene una decidida voluntad de intervención al lado del Eje por cuanto éste combate a nuestros enemigos naturales, que son ese complejo de democracias, masonería, liberalismo, plutocracia y comunismo, armas con las que el Poder Judaico trata de aniquilar la Civilización Cristiana, cuya defensa constituye nuestra misión histórica en lo universal». El 18 de diciembre, la combinación de las victorias aliadas en el norte de África y el contraataque ruso que conduciría a la victoria en Stalingrado inclinó a Carrero a recomendar cautela a Franco, aunque continuara afirmando que la causa de la guerra era «el fundamental designio judaico de aniquilar Europa como medio de reducir a ruinas la Civilización Cristiana».[25]

El 29 de mayo de 1942, Franco pronunció un discurso ante la Sección Femenina de la Falange en el castillo de la Mota de Medina del Campo, en la provincia de Valladolid. En este emblemático edificio asociado a Isabel la Católica, la reina que había expulsado a los judíos cuatrocientos cincuenta años antes, Franco se hizo eco, en su ensalzamiento de la soberana, de las ideas de su amigo, Antonio Vallejo-Nágera. Sus elogios a Isabel se centraron de nuevo en su logro de la «unidad racial», porque «cuando los judíos traicionaban a España son expulsados» y porque «crea una política revolucionaria, una política totalitaria y racista al final». La comparación implícita con la política racial del Tercer Reich insinúa que Franco se enorgullecía de que, a su juicio, los alemanes no hicieran más que seguir el ejemplo de Isabel.[26]

Franco reveló a menudo su convicción de que el contubernio judeomasónico-bolchevique existía realmente. Creía que los judíos eran los aliados tanto del capitalismo estadounidense como del bolchevismo soviético. En abril de 1943, envió al papa Pío XII un documento que, según él, había recibido de una fuente totalmente fiable y que era el texto de una carta de Roosevelt a Stalin. Para Franco, era una prueba de «la masonería internacional y el judaísmo imponiendo a sus afiliados la ejecución de un programa de odio contra nuestra civilización católica»;[27] no obstante, no logró convencer al Vaticano. Unas semanas más tarde, el 4 de mayo, en Huelva, Franco denunció «la actuación monstruosa de unas organizaciones de propaganda al servicio del capitalismo, del judaísmo, sembrando ideas y repartiéndolas para que los tontos o los menos dotados las repitan».[28]

El antisemitismo de raíz religiosa de la derecha franquista apenas se diferenciaba del racismo del Tercer Reich, como se hizo patente de varias maneras. El amigo de Franco, Antonio Vallejo-Nágera, era ya devoto de las teorías eugenésicas. La similitud de la política del régimen hacia los judíos con la de la Alemania nazi puede verse en el rechazo en enero de 1939 por parte del entonces ministro de Asuntos Exteriores, el conde de Jordana, de la propuesta de que se permitiera el asentamiento en España de ciento cincuenta mil católicos rumanos de origen judío. A pesar de que estos individuos, en su mayoría prósperos, podían aportar a España considerables recursos económicos, el ministro del régimen en Rumanía, Pedro de Prat y Soutzo, reveló en un informe al Ministerio de Asuntos Exteriores su opinión de que «las aguas bautismales» no «cambiarían mucho la mentalidad y la raza» de estos judíos que pretendían «escapar a la persecución que merece indudablemente este pueblo, por su espíritu destructivo y su codicia, por lo que su entrada en España se asemejaría a una plaga de parásitos».[29]

El 11 de mayo de 1939, el Gobierno de Franco en Burgos promulgó unas «Normas para el paso de las fronteras españolas, y modelo de solicitud de autorización para entrar en España», en las que se incluía una lista de las categorías de personas a las que se debía denegar el pasaporte o el visado; entre ellas, las «que tuvieran marcado carácter judío; a los judíos, excepto aquellos en los que concurran especiales circunstancias de amistad con España y adhesión probada al Movimiento Nacional, y a los masones». Las normas no especificaban cómo los cónsules a los que se presentaba la petición debían identificar el «marcado carácter judío» de los solicitantes, más allá, se supone, de su aspecto físico.[30] En los documentos de identidad y los permisos de residencia de los hebreos se estampaba la palabra «judío» con tinta roja. En uno de los pocos expedientes personales que se conservan de 1944, el de una judía de Barcelona, María Sinaí León, se precisaba que no tenía afiliación política alguna conocida, pero «se le supone la peligrosidad propia de la raza judía a la que pertenece». Otro, de fecha mucho más tardía (1957), informaba de un individuo considerado «peligroso por su origen israelita». En otra parte del mismo expediente, dicho individuo era denunciado como enemigo de la «causa nacional» por «motivos raciales».[31]

A principios de junio de 1939, como ministro del Interior y jefe efectivo de la Falange, Ramón Serrano Suñer participó en los actos de celebración en Roma del regreso de las tropas italianas que habían luchado a favor de Franco. Al tiempo que reafirmaba la solidaridad de la España victoriosa con el Eje, Serrano Suñer proclamó que el judaísmo era el enemigo de la Nueva España.[32] Más tarde, como ministro de Asuntos Exteriores, se opuso a la entrada en España de judíos convertidos al catolicismo, cosa que no es de extrañar, en vista del entusiasmo que gran parte de la prensa rebelde mostró por la legislación antisemita alemana e italiana.

En diciembre de 1939 se publicó la séptima edición de una de las traducciones al español de *Los protocolos* con mayor éxito comercial, la del duque de la Victoria. Fue aclamada en el *ABC* como «una revelación profética de males que, ahora, los españoles, en particular, hemos tenido que sufrir». Esta edición, así como también una inmediatamente posterior impresa con el trabajo de los prisioneros republicanos vencidos, se agotaron enseguida.[33] Hacia esa época se publicó otro opúsculo virulentamente antisemita cuyo autor era el fanático policía ultraderechista Juan Segura Nieto, que había ayudado a Tusquets a producir y distribuir el boletín de apoyo a los militares conspiradores de Barcelona, los *Cuadernos de Información*. Al igual que Tusquets, Segura Nieto era miembro del Club España y había pasado los tres años de la guerra escondido en Barcelona y llorando la muerte de su hermana, militante en la misma causa, por lo que descargó su amargura en su ¡*Alerta*!... *Francmasonería y Judaísmo*. El renovado interés por *Los protocolos* parece haber sido inspirado por los servicios de propaganda oficiales.[34]

En general, las publicaciones antisemitas contaban con el apoyo del régimen. Un protegido de Serrano Suñer, Ángel Alcázar de Velasco, escribió, con la aprobación de su benefactor: «el comunismo es una doctrina al servicio del judaísmo [...]. Todavía los españoles no hemos reparado bastante en los estragos que viene produciendo esta secta con su labor silenciosa, torva y siniestra. Basta hojear los *Protocolos de los sabios de Sión* o acuerdos del Congreso judío celebrado en Basilea en agosto de 1897 para darse cuenta de los propósitos y fines del judaísmo». Afirmaba Alcázar que los judíos aprovechaban su dominio de la prensa, el cine y el mundo de la moda para fomentar ideas degeneradas y destruir los valores cristianos.[35] Ni siquiera un dirigente falangista más liberal, e incluso más tarde venerado, como Dionisio Ridruejo, fue inmune al antisemitismo. Como voluntario de la División Azul española, a su paso por Polonia camino de Rusia a finales de agosto de 1941, su unidad se encontró con una columna de prisioneros. Escribe Ridruejo: «en muchos brazos se ve el odioso brazalete amarillo con la estrella de Sión. Aquí —pobres gentes desamparadas— dan pena, pese a la repulsión que indudablemente produce en nosotros —por no sé qué atávico rencor— la "raza elegida"».[36]

Numerosos informes sobre las atrocidades alemanas en Europa del Este pasaron por la mesa de Franco, enviados por oficiales de la División Azul, por una delegación de médicos y por diplomáticos.[37] El 5 de marzo de 1943, el embajador de España en Berlín, Ginés Vidal, escribió lo siguiente a Jordana:

> El viernes 26 y el sábado 27 del pasado mes de febrero se llevó a cabo en Berlín y en otras ciudades de Alemania una batida para expulsar a los últimos judíos que tenían su residencia en el Reich. [...] Supongo que estos días ya habrán sido todos deportados a las regiones del Este de Europa. Según rumores que ya conocerá V. E. y que son naturalmente imposibles de comprobar, tales deportaciones y otras

que han precedido, no tendrían de ello más que el nombre, pues se trataría simplemente de un traslado en malas condiciones a lugares donde pueden ser fácilmente «eliminados» sin distinción de sexo ni de edad.[38]

Pese a estar informado del holocausto, Franco permitía que se presentara a la opinión pública española un feroz antisemitismo —racial y religioso— en los medios de comunicación oficiales de su régimen, fuertemente controlados, tanto de la Iglesia católica como de la Falange. No cabe duda de que, al igual que sus representantes diplomáticos, los directores de los periódicos y sus corresponsales en el extranjero eran conscientes de la persecución a la que estaban siendo sometidos los judíos en toda la Europa continental por parte de los ocupantes alemanes.[39] El profesor Alfonso Lazo localizó en la prensa diaria 98 artículos sobre la persecución antijudía llevada a cabo por los alemanes. De ellos, 33 eran meramente descriptivos mientras que 65 eran entusiastas. Ni uno solo criticaba las atrocidades que se estaban cometiendo contra los judíos. Las medidas de las que se informaba favorablemente, como las expulsiones de comunidades judías y la imposición de trabajos forzados en varios países europeos, se justificaban por estar dirigidas contra «elementos peligrosos». Muchas revistas falangistas y católicas también estaban repletas de propaganda antisemita.[40]

Aunque los periodistas no relataran detalles espeluznantes de los campos de exterminio, los calificativos habituales para describir a los judíos, como «inmundos e infectos», apuntan al conocimiento de las políticas de exterminio, así como a su aprobación. En cuanto a las leyes con las que la Francia de Vichy se proponía eliminar a los parásitos sociales, un corresponsal español comentó: «en concepto de parásitos, no hay quien gane a los individuos de origen judío». La victoria de Alemania sobre Francia en 1940 fue aclamada como la apertura del camino hacia «la disolución del judaísmo». Las declaraciones de Himmler sobre «la eliminación de elementos anti-sociales» coincidieron con la reiterada presencia en la prensa y en los discursos de Franco de la idea de que los judíos eran eso, elementos antisociales. Al fin y al cabo, la propia definición de Franco de los judíos como portadores «de perturbación y peligro social» deja pocas dudas sobre el antisemitismo de su régimen.[41]

El 5 de mayo de 1941, ante la presunta peligrosidad de la población hebrea en España, la Dirección General de Seguridad (DGS) inició el proceso de recopilación de un archivo con los nombres de todos los judíos residentes en el Estado. El entonces director era otro protegido del ministro del Interior, el ferviente pronazi José Finat Escrivá de Romaní, conde de Mayalde. La «Circular n.º 11» de la DGS se envió a todos los gobernadores civiles solicitando informes individuales sobre «los israelitas, *nacionales y extranjeros* avecindados en esa provincia», indicando su «filiación personal y político-social, medios de vida, actividades comerciales, situación actual, grado de peligrosidad, conceptuación policial».

En el preámbulo de la circular se especificaba que

> la necesidad de conocer de modo concreto y terminante los lugares y personas que, en un momento dado, pudieran ser obstáculo o medio de actuación contrario a los postulados que informan al Nuevo Estado, requiere se preste atención especial a los judíos residentes en nuestra Patria, recogiendo, en debida forma, cuantos detalles y antecedentes permitan determinar la ideología de cada uno de ellos y sus posibilidades de acción, dentro y fuera del territorio nacional.

El documento especificaba a continuación que «las personas objeto de la medida que le encomiendo han de ser principalmente aquellas de origen español designadas con el nombre de sefarditas, puesto que por su adaptación al ambiente y similitud con nuestro temperamento poseen mayores garantías de ocultar su origen y hasta pasar desapercibidas, sin posibilidad alguna de coartar el alcance de fáciles manejos perturbadores».[42] Esta iniciativa había sido precedida en diciembre de 1939 por la recogida de información sobre los judíos que vivían en Barcelona por parte del entonces gobernador civil, Wenceslao González Oliveros, un ferviente admirador de las políticas racistas nazis. A medida que aumentaba la afluencia de refugiados procedentes de la Europa ocupada por los alemanes, se controlaba cada vez más su entrada en España.[43]

A partir de finales de 1940 empezaron a producirse detenciones de judíos.[44] Se ha apuntado a que la finalidad del censo que se estaba elaborando a partir de las respuestas de los gobernadores civiles era facilitar la deportación de los judíos en caso de que España entrara en la guerra mundial del lado del Eje. Poco después de que Serrano Suñer asumiera la cartera de Asuntos Exteriores, el 20 de mayo de 1942, el conde de Mayalde fue enviado a Berlín como embajador de España. Es posible —aunque no existen pruebas documentales, solo sospechas— que el conde de Mayalde entregara la lista a Himmler, para congraciarse.[45] Resulta verosímil, dado que desde 1937 existía una estrecha colaboración entre la policía franquista y la Gestapo. Además, como se ha visto, el padre Juan Tusquets llevaba tiempo elaborando febrilmente listas de presuntos judíos y masones. A propuesta del propio Franco, su cuartel general había creado la Sección Judeomasónica del Servicio de Información Militar, bajo la dirección conjunta del padre Tusquets y del comandante Antonio Palau.[46]

Tras la caída de Serrano Suñer en septiembre de 1942, la Operación Antorcha de desembarco aliado en el norte de África al cabo de un mes y los posteriores reveses del Eje en la zona, la prensa del régimen recibió la orden de moderar su entusiasmo proalemán. Sin embargo, en abril de 1943, la Falange obligó a todos los medios de comunicación españoles a publicar una declaración que relacionaba los esfuerzos franquistas en la Guerra Civil con los esfuerzos de los alemanes en la Segunda Guerra Mundial: «la Guerra de España, como la de hoy, fue una guerra civil en el sentido Europeo y Universal; fue una guerra entre el fascismo y el antifascismo. De un lado judíos, masones, demócratas, liberales, comunistas y anarquistas; de otro lado, España, Italia y Alemania. En un orden mucho más vasto, esta situación se repite hoy».[47]

José María Doussinague, el director proalemán de Política Exterior del Ministerio de Asuntos Exteriores, hacía tiempo que creía que el único interés para España de los judíos sefardíes era su riqueza.[48] A principios de enero de 1943, envió instrucciones a los diplomáticos españoles de que no se comprometieran a salvar a los judíos con pasaporte español e impidieran que se estableciera cualquier vínculo entre los sefardíes y la nacionalidad española. Los cónsules debían hacer que su principal preocupación con respecto a los judíos sefardíes en el país al que estaban destinados fuera evitar que los alemanes se apoderaran de riquezas y propiedades que, según la instrucción, «en cierto modo, forman parte del patrimonio nacional». Tres semanas más tarde, la Embajada de Alemania en Madrid informaba al Gobierno español de que, a partir del 31 de marzo de 1943, el Tercer Reich iba a poner fin al «trato especial» que se había dispensado hasta entonces a los judíos españoles residentes en Francia, Bélgica, los Países Bajos y demás territorios ocupados. En lo sucesivo, serían detenidos y deportados junto con los de otras nacionalidades. Berlín recomendó al Gobierno español que repatriara a sus nacionales judíos antes de esa fecha.

Doussinague escribió una nota al conde de Jordana, sustituto de Serrano Suñer al frente del Ministerio de Asuntos Exteriores, en la que decía que esto planteaba el siguiente «grave dilema»: si España permitía que se aplicaran las leyes alemanas a los judíos sefardíes, «corremos el riesgo de que se agrave la hostilidad existente contra nosotros, especialmente en América, acusándosenos de verdugos y cómplices de asesinatos». El texto de su nota revela que era del todo consciente de lo que estaban haciendo los alemanes y que, además, no se oponía a ello. Doussinague añade: «no es tampoco aceptable la solución de traerlos a España, donde su raza, su dinero, su anglofilia y su masonería los convertirían en agentes de toda clase de intrigas».

Las dos posibles soluciones que proponía Doussinague eran, o bien que fueran repatriados a su país natal de los Balcanes, o bien que se les permitiera pasar por territorio español en tránsito a cualquier otro país que les proporcionase un visado de entrada. Aceptada por Jordana y Franco, la política española hacia sus ciudadanos judíos se basó en estas propuestas de Doussinague. Siguiendo su primera recomendación, en febrero Jordana ordenó a Ginés Vidal, embajador de España en Berlín, que consiguiera visados de entrada en Grecia, Turquía o cualquier otro país para los judíos españoles. Sin embargo, pronto quedó claro que los terceros países no estaban dispuestos a aceptar a judíos españoles que la propia España no aceptase. No sin reticencias, al cabo de dos meses, Jordana modificó su posición: a propuesta de Vidal, se permitiría a cierto número de judíos —nunca más de 250 a la vez— permanecer en España hasta que lograran obtener sus visados.

Doussinague formuló su recomendación de proteger del modo que fuera a los judíos «por el malísimo efecto que haría» en caso contrario; sin embargo, la política adoptada por Jordana era más estricta: «sólo con garantía absoluta y escrita de que únicamente en tránsito y por muy escasos días pasarían por España y podría accederse a su entrada. De otro modo habría que renunciar, pues no es posible agravar nuestros problemas con este nuevo de indudable alcance». En este sentido, Jordana escribía al ministro del Ejército, el general Carlos Asensio Cabanillas, el 28 de diciembre de 1943:

> Son muchos cientos los sefarditas con nacionalidad española que están en Europa, sea en campos de concentración, sea a punto de ir a ellos, y nosotros no los podemos traer a España a instalarse en nuestro país porque esto no nos conviene de ninguna manera, ni el Caudillo lo autoriza, ni los podemos dejar en su situación actual aparentando ignorar su condición de ciudadanos españoles, porque esto puede dar lugar a graves campañas de prensa en el extranjero y principalmente en América, y provocarnos serias dificultades de orden internacional.
>
> En vista de lo cual, se pensó en irlos trayendo por grupos de un centenar, poco más o menos, y cuando un grupo hubiera salido ya de España, pasando por nuestro país como la luz por el cristal, sin dejar rastro, traer un segundo grupo, hacerlos salir para dar entrada a los sucesivos, etc. Siendo este el mecanismo, claro es que la base del mismo estaba en que nosotros no permitiéramos de ninguna manera que los sefarditas quedaran en España.

Además, según la propuesta de Jordana, los judíos que quisieran venir a España tendrían que aportar documentación completa para demostrar su ciudadanía y la de sus familias, una condición que reducía considerablemente el número de candidatos. Cuando se discutió en el gabinete, Jordana aseguró al ministro del Interior, Blas Pérez, que se impondría el más estricto control policial a los hebreos durante su tránsito por España. Como mínimo un diplomático español escribió a Doussinague para protestar, porque esta política condenaba a muerte a numerosos judíos españoles.[49]

El 7 de abril de 1943 Churchill almorzó con el embajador de Franco, el duque de Alba, y aludió al cierre de las fronteras españolas a los refugiados judíos y a los prisioneros de guerra fugados. En palabras poco dadas a la confusión, le dijo que «si su Gobierno fuera tan lejos como para impedir que llegaran esos pobres desafortunados que buscaban amparo de los horrores de la dominación nazi, y que si fuera aún más lejos y cometiera la ofensa de devolverlos a las autoridades alemanas, eso sería algo que nunca podría olvidarse y que emponzoñaría las relaciones entre los españoles y los británicos». El informe que hizo Churchill de este encuentro fue remitido al embajador inglés en Madrid, sir Samuel Hoare, quien, como Alba, se lo relató a Jordana.[50]

El embajador estadounidense en Madrid, Carlton Hayes, reiteró tanto a Franco como a Jordana lo que Doussinague había sugerido sobre el daño que la política judía del régimen podía causar al prestigio de España en los países aliados. Franco estaba especialmente preocupado por su imagen en la prensa extranjera, y convencido de que esta se hallaba bajo el control del contubernio judeomasónico-bolchevique. Por eso, en noviembre de 1943, aceptó por fin las recomendaciones de Jordana, Javier Martínez de Bedoya y su propio hermano Nicolás de que había llegado el momento de mejorar las relaciones con el Congreso Judío Mundial, como primer paso para la construcción del mito de sus esfuerzos en favor de los refugiados judíos. Si bien es remotamente posible que Franco y sus ministros y funcionarios no supieran con exactitud cómo se aplicaban las medidas antisemitas del Tercer Reich en las cámaras de gas de los campos nazis, hay pocas razones para suponer que las hubieran desaprobado. Carlton Hayes, que por lo demás simpatizaba con Franco, creía que la nueva política del Caudillo hacia los judíos se había trazado exclusivamente con fines propagandísticos.[51]

En abril de 1944, el encargado de negocios de la legación española en Budapest, Miguel Ángel de Muguiro, informó a Madrid de que el Gobierno húngaro había enviado a cientos de miles de judíos a los campos alemanes de Polonia. Al mismo tiempo, el Gobierno de

Madrid estaba recibiendo numerosas peticiones de organizaciones hebreas de Marruecos solicitando que se salvara a centenares de niños judíos de Europa del Este llevándolos a Tánger. Es evidente, pues, que el Gobierno de Franco estaba plenamente informado de las matanzas de judíos por parte de los nazis. En mayo de 1944, Muguiro fue sustituido como encargado de negocios por un joven diplomático católico, Ángel Sanz Briz, quien se enteró con horror, en reuniones con diplomáticos de otros países neutrales, de que la cifra de judíos húngaros enviados a los campos era de casi medio millón. Más tarde, llegaron a su poder los documentos escritos por dos prisioneros, Rudolf Vrba y Alfred Wetzler, que habían logrado escapar del campo de exterminio de Auschwitz. En ellos se describía lo que había ocurrido en 1943 con cuarenta y cinco mil judíos de Salónica que habían sido enviados a dicho centro. Sanz Briz remitió ambos documentos directamente a Franco, expresando su consternación por el hecho de que los trenes que iban a los campos alemanes llevaban a mujeres, niños y ancianos.

Finalmente, como resultado de las peticiones enviadas a Madrid tanto desde Londres como desde Washington, Sanz Briz recibió la reticente autorización de Franco para repatriar a un número reducido de judíos, siempre que fueran de origen español. El Gobierno húngaro dio permiso al diplomático para expedir pasaportes a doscientas personas. En realidad, Sanz Briz emitió cientos de pasaportes y cartas de protección que certificaban el origen sefardí de dos mil judíos. Mediante el simple recurso de sellar los visados y certificados con cifras inferiores a doscientos, consiguió engañar a la Administración húngara, que ya estaba desbordada ante el caos que reinaba en el país. Sanz Briz alquiló varios edificios en los que colocó rótulos con la leyenda: «Anejo a la legación española. Edificio extraterritorial». Cuando el Ejército Rojo ya se acercaba a Budapest, Sanz Briz tuvo que volver a España y su labor fue proseguida por Giorgio Perlasca, un empleado italiano de la legación.[52]

Pero Sanz Briz no fue el único diplomático español que salvó vidas de judíos. Se calcula que Julio Palencia Álvarez-Tubau, ministro plenipotenciario español en Sofía (Bulgaria), salvó también a unos seiscientos, por lo que fue declarado persona *non grata* por las autoridades. Un agregado de la Embajada de España en Berlín, José Ruiz Santaella, realizó asimismo esfuerzos heroicos con el mismo fin. El embajador en Bucarest, José Rojas Moreno, consiguió salvar a un gran número entre 1941 y 1943 mediante el ardid de colocar en sus casas rótulos de aspecto oficial con la leyenda: «Aquí residen ciudadanos españoles». El cónsul en Atenas, Sebastián de Romero Radigales, a pesar de la tenaz oposición de Doussinague, del Ministerio de Asuntos Exteriores, y con considerable riesgo para sí, consiguió poner a salvo a más de trescientos cincuenta judíos sefardíes de Salónica de la muerte en el campo alemán de Bergen-Belsen, en Hanover. El Ministerio había tenido amplias oportunidades para prevenir que estos fueran deportados, pero no había hecho el menor esfuerzo. Solo tras la desesperada intervención de Romero Radigales se les aseguró su liberación y transporte a España. El cónsul general en París, Bernardo Rolland Miota, contra la decidida oposición del embajador español pronazi, Félix de Lequerica, se arriesgó personalmente para facilitar la huida a Marruecos de unos dos mil judíos. Las actividades de todos estos diplomáticos se llevaron a cabo sin el permiso del Ministerio de Asuntos Exteriores español.[53]

Resulta irónico que el convencimiento de Franco de la existencia de una todopoderosa alianza judeomasónica y bolchevique estuviera detrás del desvergonzado oportunismo con el que su régimen acabó dispensando una mínima ayuda a los refugiados judíos. Como ya hemos dicho, tras la caída de Mussolini, el Caudillo comenzó a contemplar la remota posibilidad, hasta entonces impensable, de que Hitler perdiera la guerra. En consecuencia, creyendo que los judíos controlaban la política y la economía tanto de Estados Unidos como de Gran Bretaña, Franco aceptó la recomendación de sus asesores de que era necesario congraciarse con la comunidad judía internacional, aunque la compra de esta póliza de seguros no le llevó a expresar ningún tipo de oposición a las atrocidades cometidas por los alemanes contra los judíos.

La prensa controlada por el régimen anunció la muerte de Hitler como si este hubiera caído heroicamente en combate. Se insinuó que los horrores de los campos de exterminio alemanes eran consecuencia del caos de la derrota. Los esfuerzos de Franco por proyectar la idea de que había salvado la vida de numerosos judíos pasaban por alto el hecho de que su régimen había hecho todo lo posible por impedir que los sefardíes se establecieran en España tras la Segunda Guerra Mundial. En julio y diciembre de 1945, su Gobierno emitió dos decretos en virtud de los cuales los judíos que no hubieran recibido la nacionalidad española gracias al decreto de la dictadura del general Miguel Primo de Rivera de diciembre de 1924 o que no estuvieran inscritos en el censo no podían ser considerados ciudadanos españoles. El Gobierno de Madrid anunció que facilitaría la repatriación a sus países de origen de los judíos que tuvieran la nacionalidad española. El objetivo de ambos decretos era evitar que los judíos sefardíes que habían vivido previamente en otros lugares entraran y se instalaran en España.[54] Después de la Segunda Guerra Mundial, la eminencia gris de Franco, Carrero Blanco, realizó una serie de emisiones radiofónicas con el pseudónimo «Juan de la Cosa», en las que, entre noviembre de 1945 y octubre de 1946, calificó de «vengativos» y «criminales» los juicios de Núremberg entonces en curso.[55]

Los esfuerzos de Jordana y Martínez Bedoya por congraciar al régimen con la comunidad judía mundial y la publicación del folleto *España y los judíos* revelaron la magnitud de la preocupación de Franco por lo que consideraba el inmenso poder hebreo en Estados Unidos, Gran Bretaña y el resto del mundo. Por eso, aunque continuara realizando declaraciones antisemitas tras la derrota del Tercer Reich, pasó a hacerlas con pseudónimo. Franco siguió refiriéndose a menudo a sectas materialistas y conspiraciones masónicas, lo que indica que su fe en la existencia del contubernio judeomasónico-bolchevique había sobrevivido a la derrota del Eje.[56] Casi dos años después de la muerte de Hitler, Franco, el autoproclamado salvador de los judíos, escribió una serie de cincuenta artículos antisemitas y antimasónicos en el diario falangista *Arriba*, bajo el pseudónimo de «Jakim Boor». El primero se publicó el 14 de diciembre de 1946, solo dos días después de que una sesión plenaria de la Asamblea General de las Naciones Unidas excluyera a España de todos sus organismos dependientes, pidiera al Consejo de Seguridad que estudiara las medidas que adoptar si, en un plazo razonable, esta seguía teniendo un Gobierno cuya autoridad no emanara del consentimiento de sus gobernados y pidiera a todas las naciones miembros que retiraran a sus embajadores del país.

En su artículo, Franco achacaba la hostilidad de las Naciones Unidas a la perfidia de masones y judíos. Tras afirmar que el personal de la organización estaba formado por masones, escribió:

> Esto explica esa tibieza, convertida en complicidad, de la Sociedad de las Naciones ante los monstruosos crímenes y persecuciones que sufre la Iglesia Católica en Europa. La masonería, como el judaísmo, odia a la religión católica, y predominando, como predominan, en los Gobiernos y en las Asambleas internacionales, ¿cómo van a condenar ni tomar medidas contra lo que en su fuero interno les agrada y aprovecha? ¡Qué diferencia entre el clamor que se levantó cuando unos puñados de judíos eran blanco del racismo alemán, que sirvió para arrastrar a algunos pueblos hacia la guerra, y esta indiferencia e hipócrita condenación, que pasa como un relámpago por las agencias, por la Prensa y por la radio intervenidas por aquellos Poderes!

El hecho de que Franco describiera la Shoá como «unos puñados de judíos» blanco del racismo alemán revela su indiferencia, cuando no su aprobación, de la matanza de millones de personas. No es de extrañar, teniendo en cuenta que el asesinato de decenas de miles de sus compatriotas, para él, no era más que la aplicación de la justicia.[57]

Artículo tras artículo, Franco revela su hostilidad esencial hacia «un pueblo enquistado en la sociedad en que vive, que ve en la secta un campo ideal para las maquinaciones a que un complejo secular de inferioridad y de rencor desde la dispersión le viene arrastrando: son los judíos del mundo, el ejército de especuladores acostumbrados a quebrantar o bordear la ley, que se acoge a la secta para considerarse poderosos».[58]

Que Franco era el autor de los artículos firmados por Jakim Boor lo reconoció en 1982 la institución dedicada a salvaguardar su memoria, la Fundación Nacional Francisco Franco, cuando publicó una edición facsímil del libro que los había recopilado.[59] En su momento, Franco se hizo la ilusión de que el pseudónimo le permitiría dar rienda suelta a su antisemitismo y a su odio a la masonería sin consecuencias diplomáticas. Para mayor engaño, se anunció oficialmente que Franco había recibido en audiencia a «Mr. Jakin Boor».[60] El subterfugio sirvió de poco. El hecho de que estos artículos se publicaran en *Arriba*, el diario oficial de la Falange, se interpretó en *The New York Times* como una sanción oficial al más alto nivel de las opiniones expresadas en ellos. La Casa Blanca recibió miles de telegramas de protesta. Washington sabía perfectamente que los artículos eran obra de Franco.[61]

Cuando este acabó dándose cuenta de que estas diatribas estaban perjudicando la posición internacional de España, introdujo algunos débiles argumentos en otro artículo publicado a mediados de julio de 1950, para intentar demostrar que no era antisemita. El contexto en el que los expuso los desvirtuó por completo. Para empezar, Franco se refería a *Los protocolos de los sabios de Sión* como si se tratara de un documento histórico riguroso que pusiera «al descubierto las doctrinas talmúdicas y su conspiración para apoderarse de los resortes de la sociedad»; no obstante, alegaba que *Los protocolos*, al concentrar «sobre el judaísmo el recelo y la suspicacia de la opinión pública de las naciones en los años siguientes», había desviado la atención «del verdadero centro de poder que la masonería encarnaba. [...] Que lo español, por católico y por español, es igualmente detestado por la masonería y el judaísmo, es evidente; pero judaísmo no quiere decir pueblo hebreo, sino esa minoría judía conspiradora que utiliza a la masonería como uno de sus instrumentos».

Más adelante, en el texto citado, Franco se contradecía con esta reveladora justificación de la expulsión de los judíos en 1492: «La expulsión de los judíos de España no revestía un carácter racial e incluso religioso, ya que los judíos habían perdido este carácter para convertirse, durante el siglo XV, en una secta fanática, incrédula y tenebrosa, carente de fundamentos religiosos, pero que animados de un rencor profundo contra los católicos conspiraban contra ellos con alevosa hipocresía». Entre los ejemplos que daba de esta malicia se encontraban el sacrificio y la crucifixión de niños por parte de los judíos. Por lo tanto, escribió Franco, la decisión de los Reyes Católicos de expulsarlos no obedecía a una motivación religiosa, sino que solo pretendía «la extirpación de unas sectas degeneradas, secretas, conspiradoras y criminales, que si no eran ya una francmasonería, constituían un preludio de lo que ésta había de ser». En este relato demencial, la expulsión no puso fin al peligro que suponían «las sociedades secretas judías».[62] Es como si Franco ignorase que, tras la expulsión de los judíos en 1492, se habían promulgado los estatutos de limpieza de sangre para impedir que nadie con sangre judía ocupara altos cargos.[63]

Se ha especulado que, en la redacción de los artículos de Jakim Boor, Franco y Luis Carrero Blanco trabajaron juntos como coautores, sobre la base de borradores encargados al siempre inquieto y excéntrico, por no decir desquiciado, Ernesto Giménez Caballero, que se consideraba el D'Annunzio español.[64] Este antiguo surrealista y pionero del fascismo español había idolatrado brevemente a Azaña, quien, por su parte, consideraba los escritos de Giménez Caballero «lunáticos» y a él, «estúpido».[65] El extravagante Giménez Caballero era un fantasioso que saltaba frívolamente de una idea a otra, dejando un rastro de libros y panfletos escritos a toda velocidad. Consiguió formar parte del círculo de aduladores que rodeaban a Franco gracias a su labor en la sección de Prensa y Propaganda del improvisado Gobierno rebelde de Salamanca. La unidad había sido confiada a la errática dirección del general José Millán Astray a principios de octubre de 1936. Cuando Giménez Caballero se presentó en busca de trabajo, afirmando llevar un mensaje de Mussolini, consiguió una entrevista con el propio Franco el 7 de noviembre. El Caudillo, después de leer *Genio de España*, estuvo encantado de utilizar a Giménez Caballero en la maquinaria de propaganda que estaba construyendo Millán Astray.[66]

El tipo de ambiente que reinaba entre la clase dominante del régimen franquista puede deducirse del hecho de que, para hacer carrera, a Giménez Caballero —que había sido un miembro clave del movimiento filosefardita que había ensalzado la herencia judía de España— le pareciese conveniente intensificar el antisemitismo de sus propios escritos. Eso se debe en parte a la dimensión imperialista de su filosefardismo y también a las sospechas de sus compañeros de la Falange de que tanto su aspecto físico como su interés por los sefardíes de Salónica y Marruecos pudieran deberse a que él era judío.[67] En sus artículos, Giménez Caballero argumentaba, de un modo parecido a Pemán, que todos los judíos y masones eran aliados del Gobierno republicano y de Rusia. Llegó a defender el recurso a los autos de fe «para purificar» España de los judíos infiltrados en el país.[68] Entusiasta del «fascismo latino», al principio se mostró hostil al nazismo, que consideraba un fenómeno pagano frente al fascismo cristiano italiano. De hecho, en la versión de 1932 de su panegírico del misticismo fascista *Genio de España,* reeditado repetidas veces, sostenía que mientras que el antisemitismo nazi era racista, la versión española era totalmente religiosa. Sin embargo, ya entonces Giménez Caballero justificaba el racismo nazi con el argumento de que «El *Genio de Israel* es también esencialmente *racista,* basado en una *continuidad de sangre,* en un *jus sanguinis.* Los *judíos* son los *hitlerianos* de Oriente». En 1939, descartaba la existencia de todo antisemitismo español con un extraño argumento: que la expulsión de los judíos en 1492 no había tenido nada que ver con la purificación racial, sino con el inicio del pluralismo racial: «Nosotros somos un pueblo *raceador,* pero jamás *racista».* El término «raceador» suele aplicarse a los sementales destinados a mejorar una raza. Según Giménez Caballero, esta mejora racial se debía a que España es un «país fecundo, genital, genial. Somos raceadores, donjuanes, magníficos garañones varoniles de pueblos». Estas palabras siguieron apareciendo en *Genio de España* hasta la séptima edición, de 1971.[69] Es posible que su antisemitismo posterior fuera su respuesta a las acusaciones falangistas de que era judío.

Los comentarios de Giménez Caballero sobre garañones viriles y donjuanismo y sus esfuerzos por ganarse el favor de Franco revelan que se dejaba llevar por igual por su libido y su ambición. La imaginería sexual abunda en sus escritos erótico-fascistas. En un artículo de 1937, escribió sobre Franco: «No tiene sable. Sólo se le ve en el bolsillo de la guerrera una pequeña varita negra y plateada. He aquí su bastón de mando, su vara mágica. Su porra, su falo incomparable».[70] Aunque la sed de adulación de Franco pareciese insaciable, cuesta creer que el adusto gallego pudiera tragarse semejante disparate. Los intentos de Giménez Caballero por congraciarse con Franco durante toda su vida no pudieron caer más en la lisonja ni en la lujuria. Pronunció muchos discursos aduladores, pero se superó a sí mismo en su librito *España y Franco*:[71]

> Nosotros los Combatientes hemos visto a Franco en las altas horas de la madrugada, en medio del calor o de la nieve —en páramos, en rincones abruptos, en mitad de un campamento— tendida su alma, distendidos sus nervios sobre el plano de combate, sobre el mapa de España, «operando en vivo sobre el cuerpo de España», con urgencia y tragedia de quirurgo que opera a su propia hija, a su propia madre, a su propia mujer amada. Nosotros hemos visto caer las lágrimas de Franco sobre el cuerpo de esta madre, de esta mujer, de esta hija suya que es España, mientras en las manos le corría la sangre y el dolor del sacro cuerpo en estertores. ¿Quién se ha metido en las entrañas de España como Franco hasta el punto de no saber ya hoy si España es Franco o si Franco es España? ¡Oh, Franco, Caudillo nuestro, padre de España! ¡Adelante! ¡Adelante![72]

Las ambiciones y obsesiones sexuales de Giménez Caballero salieron a relucir en un extraño episodio a finales de 1941. En septiembre, en Berlín, Hitler se había reunido con Pilar Primo de Rivera, hija del dictador Miguel y hermana del fundador de la Falange, José Antonio, lo que dio pie a febriles especulaciones por parte de Giménez Caballero, que estaba allí presente e intentó urdir un grotesco plan para emparejar a Pilar con el Führer. La fantasía erótica de Giménez Caballero pretendía asegurar a España una posición importante en el nuevo orden mundial fascista que esperaba que surgiera de la victoria de Hitler en la Segunda Guerra Mundial. En sintonía con su idea de que la misión de España era engendrar nuevas razas, ahora acariciaba la idea de establecer una nueva dinastía que garantizara la perpetuación de este nuevo orden, mezclando la eficiencia teutónica con la sensualidad mediterránea. La oportunidad de lanzar el plan se le presentó en octubre, en una conferencia en Weimar presidida por el ministro nazi de Propaganda e Ilustración Pública, Joseph Goebbels. Giménez Caballero ya se había congraciado con Goebbels al hacerle la delirante oferta de conseguir que los jesuitas se convirtieran en propagandistas de Hitler. En un cóctel para los delegados, Giménez Caballero compartió con Magda Goebbels sus ideas sobre cómo latinizar a Hitler. Después, regresó a Madrid, donde informó a Franco, y a Roma, donde puso al corriente a los contactos en el Vaticano de su plan para «catolizar a Hitler». De vuelta a Berlín, el 23 de diciembre de 1941, le invitaron a cenar en casa de Goebbels, que tuvo que ausentarse y dejó a Giménez Caballero a solas con Magda. En el transcurso de un tórrido encuentro con la escultural *Frau* Goebbels, le repitió su idea para asegurar el porvenir de la humanidad. Pero Magda Goebbels se lo quitó de la cabeza al confiarle que las heridas que había sufrido el Führer durante la Primera Guerra Mundial le impedían llevar a cabo cualquier función reproductiva.[73]

A su regreso a Madrid, Giménez Caballero informó a Franco del resultado de la misión que se había autoimpuesto. No tenemos constancia de la reacción del Caudillo, aunque Giménez Caballero afirma que lo «comprendió». Giménez Caballero también se encargó de hablar con el nuncio del Papa y otros contactos eclesiásticos.[74] Mientras Franco estaba redactando los artículos publicados con el pseudónimo de «Jakim Boor», Este estaba en estrecho contacto con él. El 4 de diciembre de 1947 llamó por teléfono a Franco para felicitarle por su cincuenta y cinco cumpleaños. Al día siguiente, le pidió audiencia: «Habiendo vaticinado desde 1932 que existiría V. E. como Rey natural de España y habiendo contribuido además a tal "Realidad" con mi esfuerzo y mi pluma creo tener más derecho que quizá nadie en nuestro país para ofreceros hoy mis previsiones históricas más o menos próximas por si pueden seros útiles. Yo creo que sí».[75]

Los artículos en que colaboraron Giménez Caballero y Carrero Blanco eran de un ardiente antisemitismo, y, pese a resultar perjudiciales para el propósito de mantener buenas relaciones con unos Estados Unidos que Franco consideraba personalmente un títere en manos del judaísmo internacional y de la masonería, siguieron publicándose.[76] El recrudecimiento del antisemitismo del Caudillo en la segunda mitad de los años cuarenta refleja su ira ante la oposición del Estado de Israel al restablecimiento de relaciones diplomáticas con España, expresada sin tapujos en el discurso de Abba Eban. No cabe duda de que la publicación del panfleto *España y los judíos* contó con su pleno apoyo. Pero, pese a esta iniciativa propagandística, de sus artículos se desprende con claridad que seguía creyendo con el mismo fervor de siempre en el contubernio judeomasónico-bolchevique:

> El carácter judaico de la masonería se acusa a través de su literatura y de sus ritos. El problema de si la masonería es una obra eminentemente judía o un instrumento de que el judaísmo se aprovecha a partir del siglo XIX no tiene para nosotros trascendencia. El hecho es que marchan inseparablemente unidos y los judíos suelen ocupar en muchas de sus logias los principales puestos. Pero así como la masonería ha logrado dominar sobre la mayoría de sus miembros, no ocurre lo mismo con el judaísmo; el hebreo es antes judío que masón y subordina a su creencia y a su pasión judaica todos los intereses de la orden, no obstante lo cual aparece ocupando los principales puestos de la masonería. Esto justifica el que el ateísmo tradicional que en los países católicos la masonería arrastra, se una en su actuación universal al odio atávico que, desde la venida de Cristo, su muerte y su resurrección, siente el judío hacia la religión verdadera, que alimenta su espíritu de lucha y de destrucción del orden existente.[77]

La elevación del cardenal Angelo Roncalli al pontificado como Juan XXIII marcó el inicio de una liberalización dentro de la Iglesia católica que dejó obsoleta la defensa antisemita y antimasónica de Franco de esa anticuada idea sobre el catolicismo. Gracias al ecumenismo progresista de Juan XXIII, la Iglesia católica relajó su enemistad con el judaísmo. Esto llevó a la creación, en octubre de 1961, de la asociación educativa Amistad Judeo-Cristiana, cuyos representantes trasladaron numerosas quejas a Manuel Fraga Iribarne, ministro de Información y Turismo de Franco de 1962 a 1969, sobre el antisemitismo de artículos y comentarios que aparecían en la prensa, la radio y la televisión. El ministro se mostró comprensivo, pero no hay pruebas de que adoptara medida alguna. De hecho, sus opiniones sobre los judíos se revelaron después de que Franco lo destituyera. Durante muchos siglos, la Iglesia católica había incluido en la liturgia del Viernes Santo una oración por la conversión de los «pérfidos judíos» (*perfidis judæis*), acusados del asesinato de Jesucristo. Después de la Semana Santa de 1959, el papa Juan XXIII eliminó dicha oración. En 1971, al final del pregón del Viernes Santo de la Semana Santa en Zamora, en la catedral de esta ciudad, Fraga Iribarne reflexionó así sobre las circunstancias de la crucifixión de Jesucristo, acusado de sedición: «La lección terrible de la Semana Santa debe ser nuevamente revalorizada, asimilada. Los judíos prefirieron la injusticia al desorden, el inmovilismo a la esperanza y el milagro, el egoísmo a la caridad. Aún no han terminado de expiar la sangre caída sobre ellos y sobre sus hijos. El dinero, como siempre, fue la gran tentación. Judas traicionó por treinta monedas […]. Por supuesto, se equivocaron, Jerusalén e Israel serían destruidas». A pesar de los éxitos que cosechó la Amistad Judeo-Cristiana, el antisemitismo siguió siendo dominante en algunos sectores de la Iglesia.[78]

La pervivencia y tolerancia oficial del antisemitismo en el transcurso de la dictadura franquista quedó patente en el hecho de que la rígida censura del régimen permitiera la publicación, junto con otras obras antisemitas, de doce ediciones de *Los protocolos de los sabios de Sión*.[79] Cuando Luis Carrero Blanco fue asesinado por ETA el 20 de diciembre de 1973, se dice que llevaba consigo un borrador escrito a mano de su testamento político, que pensaba leer ante el Consejo de Ministros. Este documento, profundamente reaccionario, se supone que estaba inspirado en *Los protocolos de los sabios de Sión*. Se encontró un ejemplar del libro en su mesilla de noche y, al parecer, eso fue lo último que leyó antes de morir.[80]

El antisemitismo fue una parte fundamental del legado de la dictadura franquista. En 1979, *Los protocolos* se seguían citando como prueba documental de las pérfidas intrigas de judíos y masones. Al igual que Tusquets había hecho antes con respecto a la Segunda República, César Casanova González-Mateo utilizó *Los protocolos* como guía para interpretar la Transición democrática a mediados de la década de 1970 en su *Manual de urgencia sobre el sionismo en España*. Según su editor, Alberto Vassallo de Mumbert, Casanova revelaba en el libro que «la programación propuesta en *Los protocolos de los sabios de Sión* se estaba ejecutando meticulosamente en nuestra patria». En una alusión al último discurso público de Franco, Vassallo lanzaba esta dura advertencia:

> Lector: Francisco Franco tenía razón cuando advertía a los españoles de la conjura judeo-masónica en contubernio con el marxismo internacional. Y como los españoles nos hicimos los sordos y escondimos la cabeza debajo del ala, aquí los tenemos amenazantes en cada esquina, malformando nuestro pensamiento por medio de la prensa, radio, televisión y espectáculos y organizando el asalto al poder para destruir todos los valores morales y materiales que han venido constituyendo el gran patrimonio de los españoles como paladín y reserva de los valores de Occidente.[81]

Por su parte, Casanova escribía: «¡Qué reveladores son, de la situación actual de España, los *Protocolos de Sión* […]! Parecen trozos arrancados de la prensa actual, y son, nada más y nada menos, que de *Los peligros judeo-masónicos. Los Protocolos de los Sabios de Sión*. […]. La misión del sionismo ha sido cumplida ya por el presidente Suárez».[82] Su furibundo antisemitismo salta a la vista en todo el libro:

> El viejo e histórico Sanedrín se ha venido perpetuando como sociedad secreta a través de los siglos con una doctrina, unos métodos y unas metas invariables. Su sede la tuvo muchos años en Londres; después, y al olor del dinero, pasó a Nueva York, desde donde dirige y controla todos los movimientos del capital, las revoluciones, el armamento, la guerra, la pornografía y demás métodos que hunden o degradan a los pueblos.

Casanova alaba a Franco y a Carrero Blanco por sus esfuerzos en defender a España de la amenaza de «la misión impuesta por los Sabios de Sión de dominar el mundo». Del mismo modo que las obras de Carlavilla, Tusquets y Pemán se proponían destruir la Segunda República, el *Manual de urgencia sobre el sionismo en España* sostenía que el contubernio judeomasónico-bolchevique había provocado la transición a la democracia en España para destruir el catolicismo.[83]

El discurso antisemita siguió estando omnipresente mucho después de la muerte de Franco. Su éxito comercial más espectacular fue el enorme y fantástico tratado de Fernando Sánchez Dragó *Gárgoris y Habidis. Una historia mágica de España*, publicado por primera vez en 1979. Entre sus muchas ideas curiosas sobre la relación entre España y los judíos, se encuentra la extraña tesis de que los propios judíos fueron responsables del Holocausto.[84] En 1981, Cecilio Calleja escribió en el diario católico *Ya*: «El enemigo número uno de España y de la Iglesia es la Masonería. Lo han dicho la Iglesia, Mauricio Carlavilla, Vicente de la Fuente, Francisco de Luis, el generalísimo Francisco Franco, Eduardo Comín Colomer, Juan de la Cosa [pseudónimo de Carrero Blanco], Ricardo de la Cierva, y todo lo confirman los mismos *Protocolos de los Sabios de Sión*».[85]

El libelo de sangre sobre el supuesto sacrificio ritual de un niño por parte de los judíos en 1489 en el pueblo toledano de La Guardia sigue apareciendo en la web de la Archidiócesis de Madrid.[86] El sábado 13 de febrero de 2021, se celebró una concentración en el cementerio de la Almudena de Madrid, junto al monumento a la División Azul, para conmemorar a los voluntarios españoles que murieron luchando junto a los alemanes en la Unión Soviética. Se exhibieron banderas con símbolos nazis y pancartas con lemas antisemitas. Según la prensa, una de las principales manifestantes, Isabel M. Peralta, pronunció un discurso en el que manifestó: «Es nuestra suprema obligación luchar por España y luchar por una Europa ahora débil y liquidada por el enemigo, un enemigo que siempre va a ser el mismo, aunque con distintas máscaras: el judío. Nada más certero que esta afirmación: el judío es el culpable. El judío es el culpable y la División Azul luchó por ello. El comunismo es una invención judía».[87] Se ha relacionado a Peralta con grupos de extrema derecha que han atacado a los inmigrantes. En otro acto, ella misma acusó a los jóvenes inmigrantes de «llevar enfermedades» y los calificó de «bazofia extranjera que se dedican a violar, a amenazar, a robar, a atracar y a turbar la paz de un pueblo». En Twitter, denunció al sionismo: «Está claro que no me falta razón, a la vista saltan las consecuencias de señalar al sionismo y a ciertos estratos de esa raza como los que dominan el mundo».[88]

Como hemos visto, en Cádiz, la derecha local sigue venerando a José María Pemán, no como el artífice del odio que fue, sino como un paladín de la reconciliación.[89] Así perviven las mentiras.

Notas

PRÓLOGO

1. Gonzalo Álvarez Chillida, *El antisemitismo en España. La imagen del judío (1812-2002)*, Madrid, Marcial Pons, 2002.

2. Isabelle Rohr, *The Spanish Right and the Jews, 1898-1945. Antisemitism and Opportunism*, Brighton, Sussex Academic Press, 2007. [Hay trad. cast.: *La derecha española y los judíos, 1898-1945*, Valencia, Servei de Publicacions de la Universitat de València, 2010.]

3. Javier Domínguez Arribas, *El enemigo judeo-masónico en la propaganda franquista (1936-1945)*, Madrid, Marcial Pons Historia, 2009.

4. José Antonio Ferrer Benimeli, *El contubernio judeo-masónico-comunista. Del satanismo al escándalo de la P-2*, Madrid, Istmo, 1982.

5. Bernd Rother, *Franco y el Holocausto*, Madrid, Marcial Pons, 2005.

1. *FAKE NEWS* Y GUERRA CIVIL

1. Jorge Villarín, *Guerra contra el judaísmo bolchevique. Crónicas del frente*, Cádiz, Establecimientos Cerón, 1937.

2. Haim Avni, *Spain, the Jews, and Franco*, Filadelfia, The Jewish Publication Society of America, 1982, pp. 43-45 [hay trad. cast.: *España, Franco y los judíos*, Madrid, Altalena, 1982]; Isidro González, *Los judíos y la Segunda República 1931-1939*, Madrid, Alianza, 2004, pp. 151-168, 199-210, 259-266; *The Jewish Chronicle*, 31 de marzo de 1933 y 2 de noviembre de 1934.

3. Juan Tusquets, *La francmasonería, crimen de lesa patria*, Burgos, Ediciones Antisectarias, 1936, p. 51.

4. Juan Tusquets, *Masones y pacifistas*, Burgos, Ediciones Antisectarias, 1939, p. 262.

5. Isabelle Rohr, *The Spanish Right and the Jews, 1898-1945. Antisemitism and Opportunism*, Brighton, Sussex Academic Press, 2007, p. 4. [Hay trad. cast.: *La derecha española y los judíos, 1898-1945*, Valencia, Servei de Publicacions de la Universitat de València, 2010.]

6. Pedro Carlos González Cuevas, *Acción Española. Teología política y nacionalismo autoritario en España (1913-1936)*, Madrid, Tecnos, 1998, pp. 148-155.

7. Juan Tusquets, *Orígenes de la revolución española*, Barcelona, Vilamala, 1932.

8. *Los peligros judeo-masónicos. Los protocolos de los Sabios de Sión*, Madrid, Fax, 1932.

9. *Los poderes ocultos de España. Los Protocolos y su aplicación a España. Infiltraciones masónicas en el catalanismo. ¿El señor Macià es masón?*, Barcelona, Vilamala, Biblioteca Las Sectas, 1932. Traducción de Alfonso Jaraix.

10. Enrique Herrera Oria, *Los cautivos de Vizcaya. Memorias del P. Enrique Herrera Oria, SJ, preso durante cuatro meses y medio en la cárcel de Bilbao y condenado a ocho años y un día de prisión*, Bilbao, Aldus, 1938, pp. 12-13; *Protocolos de los Sabios de Sión*, Valladolid, Libertad / Afrodisio Aguado, 1934; Onésimo Redondo, «El autor y el precursor de los "Protocolos"» y «El precursor de los "Protocolos"», *Libertad*, 55 y 57 (27 de junio y 11 de julio de 1932), publicados en *Obras completas. Edición cronológica II*, Madrid, Publicaciones Españolas, 1955, pp. 201-204, 223-226.

11. *Los poderes ocultos de España...*; Gonzalo Álvarez Chillida, *El antisemitismo en España. La imagen del judío (1812-2002)*, Madrid, Marcial Pons, 2002, pp. 302-303, 496-497.

12. Ramiro Ledesma Ramos, «La ruta de Alemania», *JONS*, 1 (mayo de 1933), en *Escritos políticos 1935-1936*, Madrid, Herederos de Ramiro Ledesma Ramos, 1988, pp. 67-70; Ramiro Ledesma Ramos, *¿Fascismo en España?* Barcelona, Ariel, 1968², p. 302.

13. *The Jewish Chronicle*, 7 de diciembre de 1934; *Arriba*, 18 de abril y 2 de mayo de 1935; Álvarez Chillida, *El antisemitismo en España...*, pp. 342-343; José Antonio Primo de Rivera, *Obras*, Madrid, Sección Femenina de FET y de las JONS, 1966⁴, p. 192.

14. Sancho Dávila y Julián Pemartín, *Hacia la historia de la Falange. Primera contribución de Sevilla*, Jerez, Jerez Industrial, 1938, pp. 24-27.

15. *Acción Española*, II, 10 (1 de mayo de 1932), p. 422.

16. *Ibid.*, pp. 434-438; Mons. Ernest Jouin, *Le péril judéo-maçonnique. Les Protocols des Sages de Sion*, París, Revue Internationale des Societés Secrètes, 1932.

17. Julián Cortés Cavanillas, *La caída de Alfonso XIII. Causas y episodios de una revolución*, Madrid, Librería de San Martín 1933[7], pp. 25, 33-34.

18. Dr. F. Murillo, «El mejoramiento de la raza, base del engrandecimiento de Alemania», *Acción Española*,VIII, 44 (1 de enero de 1934), pp. 780-793, esp. pp.782-783; Wenceslao González Olivero, «Algunas notas sobre el momento científico de la doctrina racista», *Acción Española*, IX, 52 (1 de mayo de 1934), pp. 329-337, esp. pp. 335-336, y *Acción Española*, IX, 53 (16 de mayo de 1934), pp. 417-428.

19. Herbert R. Southworth, *Conspiracy and the Spanish Civil War. The Brainwashing of Francisco Franco*, Londres, Routledge-Cañada Blanch Studies, 2002, pp. 166-167. [Hay trad. cast.: *El lavado de cerebro de Francisco Franco. Conspiración y Guerra Civil*, Barcelona, Crítica, 2000.]

20. Francisco Franco Bahamonde, «Apuntes» personales sobre la República y la guerra civil, Madrid, Fundación Francisco Franco, 1987, pp. 7-9; Federico Grau, «Psicopatología de un dictador. Entrevista a Carlos Castilla del Pino», *El Viejo Topo*, Extra 1 (1977), pp. 18-22.

21. Pilar Jaraiz Franco, *Historia de una disidencia*, Barcelona, Planeta, 1981, pp. 58-60.

22. José Antonio Ferrer Benimeli, «Franco contra la masonería», *Historia 16*, II, 15 (julio de 1977), pp. 43-44.

23. George Hills, *Franco, the Man and his Nation*, Nueva York, Macmillan, 1967, p. 157 [hay trad. cast.: *Franco. El hombre y su nación*, Madrid, Librería Editorial San Martín, 1968]; Luis Suárez Fernández, *Francisco Franco y su tiempo*, 8 vols., Madrid, Fundación Nacional Francisco Franco, 1984, I, pp. 197-198.

24. Brian Crozier, *Franco. A Biographical History*, Londres, Eyre and Spottiswoode, 1967, pp. 92-93 [hay trad. cast.: *Franco. Historia y biografía*, 2 vols., Madrid, Editorial Magisterio Español, 1969]; Southworth, *Conspiracy...*, pp. 130, 167.

25. José Antonio Ferrer Benimeli, *Masonería española contemporánea*, 2 vols., Madrid, Siglo XXI, 1980, II, pp. 168-170; Francisco Franco Salgado-Araujo, *Mis conversaciones privadas con Franco*, Barcelona, Planeta, 1976, p. 152.

26. Fernando García Lahiguera, *Ramón Serrano Suñer. Un documento para la historia*, Barcelona, Argos Vergara, 1983, p. 41; Heleno Saña, *El franquismo sin mitos. Conversaciones con Serrano Suñer*, Barcelona, Grijalbo, 1982, p. 42; Ramón Garriga, *La Señora de El Pardo*, Barcelona, Planeta, 1979, pp. 57-59.

27. Francisco de Luis, *La masonería contra España*, Burgos, Imprenta Aldecoa, 1935, p. 153.

28. Juan Tusquets, *Orígenes de la revolución española*, Barcelona, Vilamala, 1932, pp. 30-44, 137-142; De Luis, *La masonería contra España*..., pp. 6, 99-102, 158-160, 191; Martin Blinkhorn, *Carlism and Crisis in Spain 1931-1939*, Cambridge, Cambridge University Press, 1975, pp. 46, 179; Álvarez Chillida, *El antisemitismo en España*..., pp. 181, 334-348.

29. *El Debate*, 22 de agosto de 1933.

30. *Ibid.*, 17 de octubre de 1933.

31. *Ibid.*, 24 de septiembre de 1933.

32. Álvarez Chillida, *El antisemitismo en España*..., p. 336.

33. *El Debate*, 17 de octubre de 1933.

34. *El Socialista*, 17 de octubre de 1933. El viaje de Gil Robles a Alemania no pasó desapercibido (véase *ibid.*, 14 de octubre de 1933). Para el comentario de De los Ríos, véase *ibid.*, 21 de octubre de 1933.

35. *CEDA*, 31 de octubre de 1933.

36. *The Jewish Chronicle*, 23 de marzo de 1934, pp. 47-49.

37. *El Debate*, 21, 22 y 24 de abril de 1934; *El Socialista*, 22 y 24 de abril de 1934; José Monge Bernal, *Acción Popular (estudios de biología política)*, Madrid, Imp. Sáez Hermanos, 1936, pp. 258-261; Henry Buckley, *Life and Death of the Spanish Republic*, Londres, I. B. Tauris, 2003, pp. 126-127. [Hay trad. cast.: *Vida y muerte de la República española*, Barcelona, Espasa, 2013.]

38. *El Debate*, 21 y 28 de mayo de 1935; *Arriba*, 13 de junio de 1935 (que ilustró el reportaje del mitin de Uclés con una fotografía de cerdos amontonándose en el pesebre); *JAP*, 14 de marzo, 27 de abril y 1 de junio de 1935.

39. Franco al secretario de la Entente, 16 de mayo de 1934, publicada en *Documentos inéditos para la historia del Generalísimo Franco*, vols. 1, 2-I, 2-II, III, IV, Madrid, Fundación Nacional Francisco Franco, 1992-1994, I, Madrid, 1992, pp. 11-12; Hills, *Franco*..., p. 193.

40. Southworth, *Conspiracy*..., pp. 162-163; Suárez Fernández, *Francisco Franco*, I..., pp. 268-269.

41. Franco Bahamonde, «Apuntes» personales..., pp. 11-12.

42. *Documentos inéditos*, I..., p. 12.

43. Southworth, *Conspiracy*..., pp. 179-183; *Documentos inéditos*, I... pp. 13-23.

44. *Documentos inéditos*, I..., pp. 11-23.

45. Hills, *Franco*..., p. 207; Franco Bahamonde, «Apuntes» personales..., p. 23.

46. Paul Preston, *Franco. A Biography*, Londres, HarperCollins, 1993, pp. 115-119 [hay trad. cast.: *Franco. Caudillo de España*, Barcelona, Debate, 2015]; Crozier, *Franco...*, p. 174; Súarez Fernández, *Francisco Franco*, II..., p. 30, n. 38.

47. *JAP*, 28 de diciembre de 1935.

48. Fernando Montero Pérez-Hinojosa, «*Gracia y Justicia*. Un semanario antimasónico en la lucha contra la Segunda República española», en José Antonio Ferrer Benimeli, ed., *La masonería en la historia de España*, Zaragoza, Diputación General de Aragón, 1989, pp. 385-408; Álvarez Chillida, *El antisemitismo en España...*, p. 338.

49. *Gracia y Justicia*, 7 y 21 de diciembre de 1935, 4 de enero de 1936; José Antonio Ferrer Benimeli, *El contubernio judeo-masónico-comunista. Del satanismo al escándalo de la P-2*, Madrid, Istmo, 1982, pp. 279-281.

50. Álvarez Chillida, *El antisemitismo en España...*, pp. 295-296, 312-318; Javier Domínguez Arribas, *El enemigo judeo-masónico en la propaganda franquista (1936-1945)*, Madrid, Marcial Pons Historia, 2009, pp. 161-162.

51. Marta Simó Sánchez, *La memoria de l'Holocaust a l'Estat Espanyol. Des d'una perspectiva sociològica i una perspectiva històrica*, tesis doctoral, Barcelona, Universidad Autónoma de Barcelona, 2018, pp. 208-209.

52. José García Rodríguez, *La organización ilegal y clandestina. Unión Militar Española (UME). Azote de la II República española*, Madrid, autor, 2014, pp. 33, 139-145.

53. *ABC* de Sevilla, 24 de julio de 1936.

54. Luis Castro, «Yo daré las consignas». La prensa y la propaganda en el primer franquismo, Madrid, Marcial Pons, 2020, pp. 57-60, 106.

55. *ABC* de Sevilla, 20 de diciembre de 1936.

56. Rohr, *The Spanish Right and the Jews...*, p. 5.

57. *Ibid.* pp. 73, 75, 79-80; Álvarez Chillida, *El antisemitismo en España...*, pp. 369-372.

58. *The Jewish Chronicle*, 19 de febrero de 1937.

59. *Ibid.*, 19 de marzo de 1937.

60. *Ibid.*, 24 de septiembre, 8 de octubre de 1937 y 30 de septiembre de 1938.

61. Cardenal Gomá, *Por Dios y por España 1936-1939*, Barcelona, Casulleras, 1940, pp. 310-314.

62. *ABC*, 29 de septiembre de 1939; [Francisco Franco Bahamonde], *Palabras del Caudillo 19 abril 1937 – 7 diciembre 1942*, Madrid, Vicesecretaría de Educación Popular, 1943, p. 145.

63. Tusquets, *Orígenes de la revolución*... Sobre sus relaciones con Franco, véanse las entrevistas con Antoni Mora, «Joan Tusquets, en els 90 anys d'un home d'estudi i de combat», en Institut d'Estudis Tarraconenses Ramón Berenguer IV, *Anuari 1990-1991 de la Societat d'Estudis d'Història Eclesiàstica Moderna i Contemporània de Catalunya*, Tarragona, Diputació de Tarragona, 1992, pp. 231-242; y con Lluís Bonada, *Avui*, 28 de febrero de 1990.

64. María Luisa Rodríguez Aisa, *El cardenal Gomá y la guerra de España. Aspectos de la gestión pública del Primado 1936-1939*, Madrid, Consejo Superior de Investigaciones Científicas, 1981, pp. 241-242.

65. Gomá, *Por Dios y por España*..., pp. 465-467; Giuliana Di Febo, *Ritos de guerra y de victoria en la España franquista*, Valencia, Publicacions de la Universitat de València, 2012², p. 51.

66. Manuel Álvaro Dueñas, *«Por ministerio de la ley y voluntad del Caudillo». La Jurisdicción Especial de Responsabilidades Políticas (1939-1945)*, Madrid, Centro de Estudios Políticos y Constitucionales, 2006, pp. 125-126; Enrique Suñer, *Los intelectuales y la tragedia española*, San Sebastián, Editorial Española, 1938², pp. 143-153.

67. Suñer, *Los intelectuales*..., p. 81.

68. *Ibid.*, pp. 5-6, 166-167, 171.

69. *Ibid.*, pp. 166-167.

70. *Ibid.*, p. 35.

71. *Ibid.*, p. 171.

72. Diego Catalán, *El archivo del romancero. Historia documentada de un siglo de historia*, 2 vols., Madrid, Fundación Ramón Menéndez Pidal, 2001.

73. Antonio Vallejo-Nágera, *Higiene de la Raza. La asexualización de los psicópatas*, Madrid, Medicina, 1934.

74. Carlos Castilla del Pino, *Pretérito imperfecto. Autobiografía*, Barcelona, Tusquets, 1997, p. 301.

75. Antonio Vallejo-Nágera, *Eugenesia de la hispanidad y regeneración de la raza española*, Burgos, Talleres Gráficos El Noticiero, 1937, p. 114; Antonio Vallejo-Nágera, *Divagaciones intranscendentes*, Valladolid, Talleres Tipográficos Cuesta, 1938, pp. 15-18.

76. Antonio Nadal Sánchez, «Experiencias psíquicas sobre mujeres marxistas malagueñas», en *Las mujeres y la guerra civil española*, Madrid, Ministerio de Cultura, 1991, pp. 340-350; Michael Richards, «Morality and Biology in the Spanish Civil War. Psychiatrists, Revolution and Women Prisoners in Málaga», *Contemporary European History*, 10, 3 (2001), pp. 395-421; Javier Rodrigo, *Cautivos. Campos de concentración en la España franquista*

(1936-1947), Barcelona, Crítica, 2005, pp. 141-146; Carl Geiser, *Prisoners of the Good Fight. Americans Against Franco Fascism*, Westport (Connecticut), Lawrence Hill, 1986, p. 154; Antonio Vallejo-Nágera, *La locura y la guerra. Psicopatología de la Guerra española*, Valladolid, Librería Santarén, 1939, pp. 222-223; Antonio Vallejo y Eduardo Martínez, «Psiquismo del fanatismo marxista. Investigaciones psicológicas en marxistas femeninos delincuentes», *Revista Española de Medicina y Cirugía de Guerra*, 9, pp. 398-413; Ricard Vinyes, *Irredentas. Las presas políticas y sus hijos en las cárceles franquistas*, Madrid, Temas de Hoy, 2002, pp. 62-70.

77. Vinyes, *Irredentas...*, pp. 49-57.

78. Jacques Maritain, *Los rebeldes españoles no hacen una guerra santa*, Valencia, Ediciones Españolas, 1937, p. 2.

79. Jacques Maritain, «Prefacio» a Alfred Mendizábal, *Aux origines d'une tragédie. La politique espagnole de 1923 à 1936*, París, Desclée de Brouwer, 1937, pp. 24-31. [Hay trad. cast.: *Los orígenes de una tragedia. La política española desde 1923 hasta 1936*, Madrid, Centro de Estudios Políticos y Constitucionales, 2012.]

80. Ramón Serrano Suñer, *Siete discursos*, Bilbao, Fe, 1938, pp. 53-57.

81. *ABC* de Sevilla, 21 de junio de 1938.

82. Herbert R. Southworth, *El mito de la cruzada de Franco*, Paul Preston (ed.), Barcelona, Debolsillo, 2008, pp. 296-306; Juan Tusquets, *Masones y pacifistas...*, pp. 99-116.

83. Carlos Fernández Santander, *Antología de 40 años (1936-1975)*, Sada-A Coruña, Ediciós do Castro, 1983, p. 56.

84. José Pemartín, *Qué es «lo nuevo». Consideraciones sobre el momento español presente*, Madrid, Espasa Calpe, 1940³, p. 17.

85. *Ibid.*, pp. 322-333.

86. Anónimo (Herbert R. Southworth), *Franco's «Mein Kampf». The Fascist State in Rebel Spain. An Official Blueprint*, Nueva York, The Spanish Information Bureau, 1939, pp. 3, 5, 6.

87. Rohr, *The Spanish Right and the Jews...*, pp. 92-94.

88. *Ibid.*, pp. 84-89; Álvarez Chillida, *El antisemitismo en España...*, pp. 366-368; Michael Richards, *A Time of Silence. Civil War and the Culture of Repression in Franco's Spain, 1936-1945*, Cambridge, Cambridge University Press, 1998, p. 57 [hay trad. cast.: *Un tiempo de silencio. La Guerra Civil y la cultura de la represión en la España de Franco, 1936-1945*, Barcelona, Crítica, 1999]; *The Jewish Chronicle*, 7, 21 de agosto, 4 de septiembre de 1936 y 26 de febrero de 1937.

89. *La Ciudad y los Campos*, 263 (30 de enero de 1937); 264 (6 de febrero de 1937); 265 (13 de febrero de 1937); 266 (20 de febrero de 1937);

268 (6 de marzo de 1937); 269 (13 de marzo de 1937); 270 (20 de marzo de 1937); citados en Sid Lowe, *Catholicism, War and the Foundation of Francoism. The Juventud de Acción Popular in Spain, 1931-1939*, Brighton, Sussex Academic Press / Cañada Blanch, 2010, pp. 201, 247.

90. *ABC*, 20 de mayo de 1939; [Franco Bahamonde], *Palabras del Caudillo 19 abril 1937 – 7 diciembre 1942...*, pp. 101-102.

91. *ABC* de Madrid, 19 de julio de 1939; Giuliana Di Febo, *La santa de la raza. Un culto barroco en la España franquista (1937-1962)*, Barcelona, Icaria, 1988, p. 57.

2. EL POLICÍA

1. Mauricio Carlavilla, *Anti-España 1959. Autores, cómplices y encubridores del comunismo*, Madrid, NOS, 1959, p. 69.

2. Eladio Romero García, *Julián Mauricio Carlavilla del Barrio. El policía franquista que destapó la conspiración mundial*, Almería, Círculo Rojo, 2018, pp. 15-17.

3. Carta de solicitud para las oposiciones a agente de policía, Melilla, 25 de octubre de 1920; Expediente 1736, Expediente personal de Julián Mauricio Carlavilla del Barrio, Archivo General del Ministerio de Interior; Carlavilla, *Anti-España 1959...*, p. 347.

4. Expediente 1736, Carlavilla, doc. 8, 3 de junio de 1922: carta del gobernador de Valencia pidiendo traslado de Carlavilla, 6 de junio de 1922 (asume destino en Zaragoza).

5. Eduardo González Calleja, *El máuser y el sufragio. Orden público, subversión y violencia política en la crisis de la Restauración (1917-1931)*, Madrid, Consejo Superior de Investigaciones Científicas, 1999, p. 53.

6. Ángel Smith, *Anarchism, Revolution and Reaction. Catalan Labour and the Crisis of the Spanish State, 1898-1923*, Nueva York, Berghahn Books, 2007, pp. 347-350; Abel Paz, *Durruti en la Revolución española*, Madrid, Fundación Anselmo Lorenzo, 1996, pp. 94-106; Ricardo Sanz, *El sindicalismo y la política. Los «Solidarios» y «Nosotros»*, Toulouse, autor e Imprimerie Dulaurier, 1966, pp. 103-118.

7. Expediente 1736, Carlavilla, doc. 11, 17 de marzo de 1923 (destinado a Segovia); doc. 13, 22 de marzo de 1923 (destinado a Bilbao); doc. 15, 19 de abril de 1923 (llega a Bilbao); doc. 238, 4 de marzo de 1947 (solicitud de licencia de uso de armas); doc. 272, 30 de enero de 1940 (expediente disciplinario).

8. Mauricio Karl, *Asesinos de España. Marxismo, anarquismo, masonería. Compendio*, Madrid, Imp. Sáez Hermanos, 1936, p. 134-139; en lo sucesivo, *Compendio…*

9. Para el relato de las actividades de Carlavilla en Bilbao, véase Indalecio Prieto, *Yo y Moscú*, prólogo, comentarios y notas de Mauricio Carlavilla, Madrid, NOS, 1960, pp. 429-438. El relato de Prieto del intento de asesinato se encuentra en Indalecio Prieto, *Entresijos de la guerra de España (Intrigas de nazis, fascistas y comunistas)*, Buenos Aires, Bases, 1954, pp. 75-77.

10. Expediente 1736, Carlavilla, doc. 31, 1 de diciembre de 1924 (felicitación a funcionarios en la contención de revueltas y la represión a anarquistas y comunistas).

11. Expediente 1736, Carlavilla, doc. 18, 2 de octubre de 1923 (enviado de Bilbao a Madrid), doc. 23, 8 de octubre de 1923 (asume destino en Madrid), doc. 37, 19 de octubre de 1925 (destinado a Marruecos), doc. 40, 4 de noviembre de 1925 (llega a Tetuán), doc. 42, 25 de enero de 1926 (investigaciones en Bilbao); Eduardo Connolly, «Mauricio Carlavilla. El encanto de la conspiración», *Hibris. Revista de bibliofilia*, 23 (septiembre-octubre de 2004), pp. 4-5.

12. *ABC*, 11 de abril de 1927.

13. Expediente 1736, Carlavilla, doc. 46, 28 de marzo de 1927 (marqués de Magaz a Pedro Bazán, director general de Seguridad).

14. Expediente 1736, Carlavilla, doc. 43, 15 de diciembre de 1926 (cese de Carlavilla); doc. 43 bis, 30 de noviembre de 1926 (informe de la Alta Comisaría de España en Marruecos); doc. 44, 21 de enero de 1927 (solicitud de destino); doc. 44 bis, 14 de marzo de 1927 (Bazán, petición de detalles); doc. 45, 14 de marzo de 1927 (informe de la Alta Comisaría); doc. 47, 27 de junio de 1927 (le dan plaza en Madrid), doc. 52, 14 de marzo de 1928 (petición de pagos); doc. 47 bis, 21 de julio de 1928 (petición de pagos desestimada).

15. Expediente 1736, Carlavilla, doc. 49, 16 de enero de 1928 (pasa a la 1.ª Brigada de la División de Ferrocarriles); doc. 53, 4 de diciembre de 1928; doc. 55, 5 de febrero de 1929 (una felicitación).

16. *El Imparcial*, 9 de octubre de 1928; *La Voz*, 10 de octubre de 1928.

17. *La Voz*, 31 de enero de 1929.

18. Carlavilla, *Anti-España 1959…*, pp. 431-433.

19. *Ibid.*, p. 434.

20. Karl, *Compendio…*, pp. 62-68, 76-81.

21. Cuenta su versión de los hechos en Karl, *Compendio…*, pp. 82-89; Mauricio Karl, *El enemigo. Marxismo, anarquismo, masonería*, Santiago de Chi-

le, Ercilla, 19374, pp. 92-99. Para un relato que desmonta la versión de Carlavilla, véase Juan-Simeón Vidarte, *No queríamos al rey. Testimonio de un socialista español*, Barcelona, Grijalbo, 1977, pp. 256-259. Sobre los planes de matrimonio de Primo, véanse *Estampa*, 24 de abril de 1928; *ABC*, 24, 28, 1 y 9 de junio de 1928.

22. Carlavilla, *Anti-España 1959...*, p. 434.

23. *ABC*, 27 de diciembre de 1930.

24. Enrique Castro Delgado, *Hombres made in Moscú*, Barcelona, Luis de Caralt, 1965, pp. 62-65.

25. Expediente 1736, Carlavilla, doc. 67, 6 de enero de 1931 (pasa a la División de Investigación Social), doc. 272, 1 de febrero de 1940 (expediente de depuración); González Calleja, *El máuser y el sufragio...*, p. 565.

26. Emilio Mola Vidal, *Obras completas*, Valladolid, Librería Santarén, 1940, pp. 624, 757-758; Carlavilla, *Anti-España 1959...*, pp. 18, 434-438.

27. Mauricio Carlavilla del Barrio, *Sodomitas*, Madrid, NOS, 1956, pp. 136-161.

28. Carlavilla, *Anti-España 1959...*, p. 439.

29. Mauricio Karl, *El Comunismo en España. 5 años en el partido, su organización y sus misterios*, Madrid, Imp. Sáez Hermanos, 1931, pp. 5-8, 439; Karl, *El enemigo...*, p. 11.

30. *Mundo Gráfico*, 1 de junio de 1932; *ABC*, 15 de marzo de 1932, p. 15.

31. *ABC*, 17 de abril de 1932.

32. *Heraldo de Madrid*, 25 de febrero de 1932.

33. *La Época*, 3 de marzo de 1932.

34. *Ahora*, 30 de noviembre de 1933; *ABC*, 7 de diciembre de 1933; Carlavilla, *Anti-España 1959...*, p. 27.

35. *Acción Española*, 10 (Madrid, 1 de mayo de 1932), pp. 439-441.

36. Expediente 1736, Carlavilla, doc. 129, 27 de septiembre de 1935 (separación del Cuerpo de Investigación y Vigilancia); doc. 272, 1 de febrero de 1940 (expediente de depuración).

37. *Ahora*, 19 y 25 de septiembre, 20 de noviembre de 1931 y 30 de noviembre de 1933; Alejandro Lerroux, *La pequeña historia. Apuntes para la Historia grande vividos y redactados por el autor*, Buenos Aires, Cimera, 1945, p. 436.

38. Expediente 1736, Carlavilla, doc. 272, 1 de febrero de 1940 (expediente de depuración); Carlavilla, *Anti-España 1959...*, pp. 26-27; Juan Antonio Ansaldo, *¿Para qué? De Alfonso XIII a Juan III*, Buenos Aires, Editorial Vasca-Ekin, 1951, p. 50.

39. *ABC*, 21 de junio de 1935 (jefe superior de la Policía de Madrid), 11 de julio de 1935 (comisario jefe del Cuerpo de Vigilancia), 17 de agosto y 11 de noviembre de 1935 (jefe superior de la Policía de Barcelona), 27 de noviembre de 1935 (delegado general de Orden Público). Véanse José María Miguélez Rueda, «Transformaciones y cambios en la policía española durante la II República», *Espacio, Tiempo y Forma*, Serie V, *Historia Contemporánea*, 10 (1997), p. 219; Manuel Tuñón de Lara, *La España del siglo xx*, París, Librería Española, 1973², pp. 275, 362, 381; *Ahora*, 1 y 7 de agosto de 1935; Lerroux, *La pequeña historia...*, pp. 434-437, 579-580.

40. Mauricio Karl, *Asesinos de España. Marxismo, anarquismo, masonería*, Madrid, Bergua, 1935. Sobre Carlavilla, véanse Herbert R. Southworth, *Antifalange. Estudio crítico de «Falange en la guerra de España. La unificación y Hedilla» de Maximiano García Venero*, París, Ruedo Ibérico, 1967, p. 175; Herbert R. Southworth, *Conspiracy and the Spanish Civil War. The Brainwashing of Francisco Franco*, Londres, Routledge-Cañada Blanch Studies, 2002, pp. 207, 212-213; Gonzalo Álvarez Chillida, *El antisemitismo en España. La imagen del judío (1812-2002)*, Madrid, Marcial Pons, 2002, pp. 320-321. Según Ricardo de la Cierva, *Bibliografía sobre la guerra de España (1936-1939) y sus antecedentes*, Barcelona, Ariel, 1968, pp. 115, 140, 365, su nombre completo era Mauricio Carlavilla de la Vega; sin embargo, uno de sus últimos libros, publicado cuando ya no consideraba necesario utilizar pseudónimo, está firmado como «Mauricio Carlavilla del Barrio "Mauricio Karl"», *Sodomitas...*

41. Karl, *El enemigo...*, pp. 24-31, 171; Karl, *Compendio...*, pp. 20-26, 35-45, 177, 196-207.

42. Karl, *Asesinos de España...*, p. 154.

43. Karl, *Compendio...*, pp. 70-75; *ABC*, 5 de julio y 21 de agosto de 1934.

44. Carta de «Mauricio Karl», *La Época*, 19 de septiembre de 1934, *El Siglo Futuro*, 20 de septiembre de 1934.

45. Expediente 1736, Carlavilla, doc. 118, *ABC*, 24 de septiembre de 1934 (destinado a la Oficina de Información y Enlace de la Dirección General de Seguridad).

46. *Ahora*, 3 de mayo de 1936; *El Sol*, 3 de mayo de 1936; *Claridad*, 4 de mayo de 1936. La presencia de Carlavilla en Asturias en el Estado Mayor de Doval consta en el demoledor informe sobre las atrocidades que redactó Félix Gordón Ordás y que se reproduce en Margarita Nelken, *Por qué hicimos la revolución*, Barcelona, París y Nueva York, Ediciones Sociales Internacionales, 1936, p. 183.

47. Karl, *Compendio...*, p. 321.

48. Declaración del testigo Juan Aguasca Bonmatí a la Causa General, Archivo Histórico Nacional, FC–Causa General, 1630, exp. 1, p. 15.

49. Expediente 1736, Carlavilla, doc. 272, 1 de febrero de 1940 (expediente de depuración). Sobre cómo se pagó la impresión de ejemplares adicionales, véase *Claridad*, 16 de mayo de 1936.

50. Karl, *Asesinos de España...*, p. 397.

51. *La Nación*, 4 de octubre de 1935; *La Época*, 10 de octubre de 1935; Romero García, *Julián Mauricio Carlavilla del Barrio...*, pp. 72-73.

52. Karl, *Compendio...*, pp. 21-24 (los judíos en España), 85-89, 320-321 (ejemplares gratuitos para el Ejército). Sobre Cambó, véanse pp. 74-75; Julio Rodríguez Puértolas, *Literatura fascista española*, 2 vols., Madrid, Akal, 1986, 1987, I, p. 309; Maximiano García Venero, *Falange en la guerra de España. La unificación y Hedilla*, París, Ruedo Ibérico, 1967, p. 309.

53. *El Siglo Futuro*, 25 de enero, 2 y 4 de marzo de 1936.

54. Álvaro de Albornoz, «El orden público», *La Libertad*, 5 de julio de 1935; «Mauricio Karl replica al ex ministro Albornoz», *El Siglo Futuro*, 27 de julio de 1935; Karl, *Asesinos de España...*, p. 330. La cita sobre Casares se encuentra en Karl, *El enemigo...*, p. 119.

55. Karl, *El enemigo...*, pp. 108-111.

56. *La Voz*, 28 de febrero de 1935; *La Época*, 5 de marzo de 1935.

57. Felipe Ximénez de Sandoval, *José Antonio. Biografía apasionada*, prólogo de Ramón Serrano Suñer, Barcelona, Juventud, 1941, pp. 70-71.

58. Expediente 1736, Carlavilla, doc. 129, 27 de septiembre de 1935 (separación del Cuerpo de Investigación y Vigilancia), doc. 272, 1 de febrero de 1940 (expediente de depuración); *ABC*, 6 de mayo de 1936; *Ahora*, 6 de mayo de 1936; *Claridad*, 5 de mayo de 1936; *El Socialista*, 6 de mayo de 1936; Juan-Simeón Vidarte, *Todos fuimos culpables*, México, Fondo de Cultura Económica, 1973, p. 111.

59. Expediente 1736, Carlavilla, doc. 138, 23 de enero de 1936 (recurso contencioso-administrativo en el Tribunal Supremo); *ABC*, 24 de octubre de 1935.

60. Eduardo González Calleja, *Contrarrevolucionarios. Radicalización violenta de las derechas durante la Segunda República, 1931-1936*, Madrid, Alianza, 2011, pp. 97, 114-115, 118; Antonio Cacho Zabalza, *La Unión Militar Española*, Alicante, Egasa, 1940, pp. 13-18; Stanley G. Payne, *Politics and the Military in Modern Spain*, Stanford (California), Stanford University Press, 1967, pp. 293-294, 301-311 [hay trad. cast.: *Los militares y la política en la España*

contemporánea, Madrid, Ruedo Ibérico, 1968]. La versión de Payne está muy influida por sus conversaciones con Pardo Reina.

61. Expediente 1736, Carlavilla, doc. 272, 1 de febrero de 1940 (expediente de depuración); *ABC*, 3 de mayo de 1936; *Ahora*, 3 de mayo de 1936; *Claridad*, 2 y 16 de mayo de 1936; *El Socialista*, 3 de mayo de 1936.

62. Expediente 1736, Carlavilla, doc. 272, expediente de depuración, 1 de febrero de 1940; *Claridad*, 4 de mayo de 1936; José María García Márquez, *La «Semana sangrienta» de julio de 1931 en Sevilla. Entre la historia y la manipulación*, Sevilla, Aconcagua, 2019, p. 127; Juan Ortiz Villalba, *Sevilla 1936. Del golpe militar a la Guerra Civil*, Sevilla, Diputación Provincial, 1997, pp. 158-159; Edmundo Barbero, *El infierno azul. Seis meses en el feudo de Queipo*, Madrid, Talleres del SUIG (CNT), 1937, p. 39.

63. *Claridad*, 2 y 4 de mayo de 1936; *ABC*, 3 y 7 de mayo de 1936; *Ahora* 3, 6 y 7 de mayo de 1936; *El Sol*, 3 de mayo de 1936; expediente 1736, doc. 272, 1 de febrero de 1940 (expediente de depuración); Romero García, *Julián Mauricio Carlavilla del Barrio...*, pp. 78-80.

64. Archivo Histórico Nacional, Sumario 167/1936, FC-AUDIEN-CIA T MADRID CRIMINAL, 76, exp. 17.

65. *ABC*, 3 de mayo de 1936; Payne, *Politics and the Military...*, p. 504.

66. Expediente 1736, Carlavilla, doc. 272, expediente de depuración, 1 de febrero de 1940; *Claridad*, 4 de mayo de 1936.

67. Julián Zugazagoitia, *Guerra y vicisitudes de los españoles*, 2 vols., París, Librería Española, 19682, I, p. 99; Julio Gil Pecharromán, *José Antonio Primo de Rivera. Retrato de un visionario*, Madrid, Temas de hoy, 1996, p. 507.

68. Joan Maria Thomàs, *El gran golpe. El «caso Hedilla» o cómo Franco se quedó con Falange*, Barcelona, Debate, 2014, pp. 368-369; Zugazagoitia, *Guerra y vicisitudes*, I..., pp. 176-177, 261-262. Véase la versión de los hechos de Largo Calvo en Ascensión Hernández de León-Portilla, *España desde México. Vida y testimonio de transterrados*, Madrid, Algaba, 2004, pp. 221-239, esp. pp. 231-232; carta a su padre, 20 de septiembre de 1936; Bernardo Gil Mugarza, *España en llamas, 1936*, Barcelona, Acervo, 1968, pp. 231-232.

69. Expediente 1736, Carlavilla, doc. 272, expediente de depuración, 1 de febrero de 1940; Thomàs, *El gran golpe...*, pp. 34-35; Ximénez de Sandoval, *José Antonio...*, p. 585; García Venero, *Falange en la guerra de España...*, pp. 309, 343; Connolly, «Mauricio Carlavilla»..., p. 6.

70. *F. E.*, 1 de octubre de 1936.

71. Francisco Franco Bahamonde, *Textos de doctrina política. Palabras y escritos de 1945 a 1950*, Madrid, Publicaciones Españolas, 1951, pp. 334-335;

Paul Preston, *El Cid and the Masonic Super-State. Franco, the Western Powers and the Cold War*, Londres, London School of Economics, 1993, *passim*.

72. Karl, *Asesinos de España...*, pp. 65, 89, 259, 296-297, 391.

73. Expediente 1736, Carlavilla, doc. 238, 6 de marzo de 1947 (Informe sobre la carrera de Carlavilla); Archivo General de la Policía, Archivo Bajas, expediente 1376, doc. 144, 19 de septiembre de 1939, doc. 168, 5 de octubre de 1940, citado por José Luis Rodríguez Jiménez, «Carlavilla, un personaje al servicio de las teorías conspirativas judeo-masónico-comunistas y de la conspiración contra la Segunda República Española», en J. A. Ferrer Benimeli (coord.), *La masonería española. Represión y exilios*, actas del XII Simposio Internacional de Historia de la Masonería Española, Zaragoza, Gobierno de Aragón, 2010, pp. 871-885; Romero García, *Julián Mauricio Carlavilla del Barrio...*, pp. 90-92. Sobre las transacciones económicas, véase Eusebio Medina García, «Contrabando en la frontera de Portugal. Orígenes, estructuras, conflicto y cambio social», tesis doctoral, Madrid, Universidad Complutense de Madrid, 2001, esp. p. 242.

74. Arquivo Nacional, Torre do Tombo, Lisboa, PIDE, Servicios Centrales, Registro General de Presos, lib. 57, registro n.º 11232 (Carlavilla), lib. 59, registro n.º 11645 (Vélez).

75. Expediente 1736, Carlavilla, doc. 272, expediente de depuración, 1 de febrero de 1940.

76. Josep Cruanyes, *El papers de Salamanca. L'espoliació del patrimoni documental de Catalunya*, Barcelona, Edicions 62, 2003, pp.15-16, 42-56; José Luis Rodríguez Jiménez, «Una aproximación al trasfondo ideológico de la represión. Teoría de la conspiración y policía política franquista», en Jaume Sobrequés, Carme Molinero y Margarida Sala, eds., *Els camps de concentració i el món penitenciari a Espanya durant la guerra civil i el franquisme*, Barcelona, Museu d'Història de Catalunya / Crítica, 2003, pp. 416-420; Paul Preston, *The Spanish Holocaust. Inquisition and Extermination in Twentieth Century Spain*, Londres, HarperCollins, 2012, pp. 486-489 [hay trad. cast.: *El holocausto español. Odio y exterminio en la Guerra Civil y después*, Barcelona, Debate, 2011]; Álvarez Chillida, *El antisemitismo en España...*, p. 394.

77. Expediente 1736, Carlavilla, doc. 159, 9 de marzo de 1940 (Tribunal Supremo, recurso); doc. 160, 9 de mayo de 1940 (anulación de la separación de 1935); doc. 161, 16 de mayo de 1940 (reconocido como anticomunista y antimasón); doc. 162, 16 de mayo de 1940 (agente de 1.ª clase con antigüedad hasta 1 de abril de 1937); doc. 169, 21 de noviembre de 1940 (petición de abono de haberes desde que fue separado por la República).

78. Rodríguez Jiménez, «Una aproximación»..., pp. 416-419.

79. Carlavilla, *Sodomitas*..., pp. 58-61.

80. Expediente 1736, Carlavilla, doc. 172, 2 de marzo de 1941 (solicitud de excedencia); doc. 180, 8 de mayo de 1941 (cesa en el cargo por «excedente voluntario»); doc. 186, 30 de julio de 1941 (solicitud de reingreso en la plantilla de Madrid y destinado, 13 de agosto de 1941, a Palma de Mallorca); doc. 197, 31 de diciembre de 1941 (nombrado inspector de segunda clase); doc. 198, 19 de enero de 1942; doc. 204, 27 de abril de 1942; doc. 206, 5 de mayo de 1942; doc. 210, 19 de junio de 1942; doc. 218, 5 de agosto de 1942; doc. 221, 20 de agosto de 1942 (asuntos médicos); doc. 228, 22 de septiembre de 1942 (solicita excedencia voluntaria); doc. 229, 9 de octubre de 1942 (concedida).

81. Archivo General de la Policía, Archivo Bajas, expediente 1376, doc. sin numeración, citado por Rodríguez Jiménez, «Carlavilla, un personaje»..., pp. 884-885; Romero García, *Julián Mauricio Carlavilla del Barrio*..., p. 183.

82. *Informaciones*, 16 y 18 de septiembre de 1936; Eduard Masjuan Bracons, «Eduardo Barriobero y Herrán i la justícia revolucionària a la Barcelona de 1936», Segon Congrés Recerques, *Enfrontaments civils. Postguerres i reconstruccions*, 2 vols., Lleida, Associació Recerques i Pagès Editors, 2002, II, pp. 1024-1035.

83. *El Imparcial*, 9 de octubre de 1928; *La Voz*, 10 de octubre de 1928; Francisco Horacio, «La policía del mundo contra los ladrones internacionales», *Estampa*, 242 (Madrid, 27 de agosto de 1932), pp. 7-11.

84. Expediente 1736, Carlavilla, doc. 238, 13 de diciembre de 1947 (solicitud), doc. 242, 12 de enero de 1948 (ingreso); Connolly, «Mauricio Carlavilla»..., p. 5.

85. Expediente 1736, Carlavilla, doc. 244, 9 de diciembre de 1952 (reingreso al cuerpo); doc. 248, 30 de diciembre de 1952 (traslado a Madrid); doc. 256, 6 de octubre de 1953 (ascenso a comisario de 1.ª clase); doc. 277, 13 de febrero de 1957 (jubilación).

86. Connolly, «Mauricio Carlavilla»..., p. 14.

87. *ABC*, 10 de octubre de 1956.

88. Sidney Warburg, *El dinero de Hitler*, prólogo y ampliaciones históricas de Mauricio Carlavilla, «Mauricio Karl», Madrid, NOS, 1955. Anuncio en el periódico *ABC*, 9 de noviembre de 1956.

89. Carlavilla, *Sodomitas*..., pp. 10, 13-19, 58-66, 103-108, 137, 192-195, 223-262.

90. Mauricio Carlavilla, *Satanismo*, Madrid, NOS, 1957, pp. 28-34, 60,

112-113. Para un estudio de sus publicaciones, véase Romero García, *Julián Mauricio Carlavilla del Barrio...*, pp. 136-148.

91. *ABC*, 9 de noviembre de 1956.

92. W. G. Krivitsky, *I Was Stalin's Agent*, Londres, Hamish Hamilton, 1939; y W. Krivitsky: *In Stalin's Secret Service*, Nueva York, Harper & Row, 1939.

93. Boris Volodarsky, *Stalin's Agent. The Life and Death of Alexander Orlov*, Oxford, Oxford University Press, 2013, pp. 54-56, 73-74.

94. Valentín González, *El Campesino. Yo escogí la esclavitud*, prólogo de Mauricio Carlavilla «Mauricio Karl» (s. l., s. f.). Sobre la gestión del libro, Herbert R. Southworth, «"The Grand Camouflage". Julián Gorkin, Burnett Bolloten and the Spanish Civil War», en Paul Preston y Ann Mackenzie, eds., *The Republic Besieged. Civil War in Spain 1936-1939*, Edimburgo, Edinburgh University Press, 1996, pp. 262-272; Burnett Bolloten, *The Spanish Civil War. Revolution and Counterrevolution*, Hemel Hempstead, Harvester Wheatsheaf, 1991, p. 810.

95. *ABC*, 14, 24 de noviembre y 3 de diciembre de 1953.

96. Jesús Hernández, *Yo fui un ministro de Stalin*, México, América, 1953; Jesús Hernández, *Yo, ministro de Stalin en España*, prólogo y notas de Mauricio Carlavilla, Madrid, NOS, 1954, pp. 5-35; Fernando Hernández Sánchez, *Comunistas sin partido. Jesús Hernández, ministro en la guerra civil, disidente en el exilio*, Madrid, Raíces, 2007, pp. 13-14, 30-31.

97. Indalecio Prieto, *Yo y Moscú*, prólogo, comentarios y notas de Mauricio Carlavilla, Madrid, NOS, 1960, pp. 37-38; Indalecio Prieto, *Cómo y por qué salí del Ministerio de Defensa Nacional. Intrigas de los rusos en España (Texto taquigráfico del informe pronunciado el 9 de agosto de 1938 ante el Comité Nacional del Partido Socialista Obrero Español)*, México, Impresos y Papeles, 1940.

98. Francisco Largo Caballero, *Mis recuerdos. Cartas a un amigo (Prólogo y notas de Enrique de Francisco)*, México, Unidas, 1954; *Francisco Largo Caballero. Correspondencia secreta. Prólogo y Notas de Mauricio Carlavilla*, Madrid, NOS, 1961; Julio Aróstegui, *Largo Caballero. El tesón y la quimera*, Barcelona, Debate, 2013, pp. 28, 728.

99. Mauricio Carlavilla, *El Rey. Radiografía del reinado de Alfonso XIII*, Madrid, NOS, 1956, pp. 98-99.

100. *Ibid.*, pp. 17-18, 119-124, 306-307, 468-469; Karl, *Compendio...*, pp. 56-59.

101. Carlavilla, *El Rey...*, pp. 25-31, 59-60, 76, 95-97, 222, 233.

102. Mauricio Carlavilla, *Borbones masones desde Fernando VII a Alfonso XIII*, Barcelona, Acervo, 1967.

103. Puede leerse un análisis exhaustivo y muy entretenido del libro en Romero García, *Julián Mauricio Carlavilla del Barrio...*, pp. 150-158.

104. Carlavilla, *Anti-España 1959...*, pp. 376-377.

105. Discurso a las Cortes, 14 de mayo de 1946, en Franco Bahamonde, *Textos de doctrina política...*, pp. 31-59, esp. pp. 40-42.

106. Discurso a los abades benedictinos, Francisco Franco Bahamonde, *Franco ha dicho. Primer apéndice (contiene de 1º enero 1947 a 1º abril 1949)*, Madrid, Voz, 1949, pp. 75-76.

107. Discurso al Frente de Juventudes, 28 de marzo de 1950, Franco Bahamonde, *Textos de doctrina política...*, pp. 191-195.

108. Carlavilla, *Anti-España 1959...*, pp. 44-46.

109. Serge Nilus, *Protocolos de los sabios de Sión*, Madrid, NOS, 1963; Connolly, «Mauricio Carlavilla»..., pp. 14-15; Aurelio Sallairai, *Protocolos de los sabios de Sión y la subversión mundial*, Buenos Aires, sin editor, 1972, pp. 13-14.

110. Pilar Jaraiz Franco, *Historia de una disidencia*, Barcelona, Planeta, 1981, p. 191; Francisco Franco Salgado-Araujo, *Franco Salgado-Araujo. Mis conversaciones privadas con Franco*, Barcelona, Planeta, 1976, pp. 366, 381-382; Francisco Franco, «Notas mecanografiadas sobre masonería», doc. n.º 45, legajo 246, n.º 4, *Manuscritos de Franco*, Fundación Francisco Franco, Madrid.

111. Connolly, «Mauricio Carlavilla»..., pp. 6, 11; *En torno al XIX Congreso del Partido Comunista de la U.R.S.S.*, Presidencia del Gobierno – Dirección General de Marruecos y Colonias, Boletín de Información Especial, 1953; *Beria*, Presidencia dcl Gobierno – Dirección General de Marruecos y Colonias, Boletín de Información Especial, 1953.

112. Mauricio Karl, *Moscú hoy*, Barcelona, AHR, 1955.

113. Carlavilla, *Anti-España 1959...*, pp. 18-20.

114. Información proporcionada al autor por Herbert Southworth después de que este entrevistara a Carlavilla.

115. Connolly, «Mauricio Carlavilla»..., pp. 5-7; información proporcionada al autor por Herbert Southworth, quien visitó a Carlavilla a principios de los años setenta; Xavier Casals Messeguer, *Neonazis en España. De las audiciones wagnerianas a los skinheads (1966-1995)*, Barcelona, Grijalbo-Mondadori, 1995, pp. 49, 50, 65, 291; Xavier Casals Messeguer, *La tentación neofascista en España*, Barcelona, Plaza y Janés, 1998, pp. 34, 76.

116. *ABC*, 25 de junio de 1982; *El País*, 26 de junio de 1982.

3. EL SACERDOTE

1. Sobre la vida de Tusquets, véanse las entrevistas con Antoni Mora, «Joan Tusquets, en els 90 anys d'un home d'estudi i de combat», en Institut d'Estudis Tarraconenses Ramón Berenguer IV, *Anuari 1990-1991 de la Societat d'Estudis d'Història Eclesiàstica Moderna i Contemporània de Catalunya*, Tarragona, Diputació de Tarragona, 1992, pp. 231-242; Joan Subirà, *Capellans en temps de Franco*, Barcelona, Mediterrània, 1996, pp. 15-37, y Lluís Bonada, *Avui*, 28 de febrero de 1990.

2. Pare Miquel d'Esplugues, «Pròleg» a Joan Tusquets, *El teosofisme*, vol. 3, Tremp, Llibreria Central, 1927, p. 21.

3. Juan Tusquets, *Masones y pacifistas*, Burgos, Ediciones Antisectarias, 1939, p. 87.

4. Tusquets, *El teosofisme...*, p. 217.

5. Mora, «Joan Tusquets»..., p. 234; José Antonio Ferrer Benimeli, *El contubernio judeo-masónico-comunista. Del Satanismo al escándalo de la P-2*, Madrid, Istmo, 1982, pp. 191-197; Jordi Canal, «Las campañas antisectarias de Juan Tusquets (1927-1939). Una aproximación a los orígenes del contubernio judeo-masónico-comunista en España», en José Antonio Ferrer Benimeli (coord.), *La masonería en la España del siglo XX*, 2 vols., Toledo, Universidad de Castilla-La Mancha, 1996, pp. 1193-1214; Javier Domínguez Arribas, *El enemigo judeo-masónico en la propaganda franquista (1936-1945)*, Madrid, Marcial Pons Historia, 2009, pp. 237-242.

6. Sobre las acusaciones de Tusquets contra Macià, véase Juan Tusquets, *Orígenes de la revolución española*, Barcelona, Vilamala, 19323, pp. 147-151; Tusquets, *Masones y pacifistas...*, pp. 103-105; Hilari Raguer, *La Unió Democràtica de Catalunya i el seu temps (1931-1939)*, Barcelona, Publicacions de l'Abadia de Montserrat, 1976, pp. 279-280.

7. *El Correo Catalán*, 3 de marzo de 1932, Vidal i Barraquer a Tedeschini, 15 de marzo de 1932, Arxiu Vidal i Barraquer, *Església i Estat durant la Segona República espanyola 1931/1936*, 4 vols. en 8 partes, Barcelona, Publicacions de l'Abadia de Montserrat, 1971-1990, II, pp. 386, 637-638, III, p. 935.

8. Sobre el episodio del robo, véase Mora, «Joan Tusquets»..., pp. 234-235; Subirà, *Capellans...*, pp. 22-23; para la apertura de sobres mediante el vapor, conversación del autor con Albert Manent.

9. Subirà, *Capellans...*, p. 37.

10. *La Vanguardia*, 19 de febrero de 1932; Tusquets, *Orígenes de la revolución...*, p. 3.

11. Cipriano Montserrat, «Pórtico», en Tusquets, *Orígenes de la revolución...*, p. 7.

12. Tusquets, *Orígenes de la revolución...*, pp. 51-54, 68-71, 122-125, 207-215.

13. *Ibid.*, p. 13.

14. *Ibid.*, pp. 35-36, 39-40.

15. *Ibid.*, pp. 12-13.

16. Carta de la Gran Logia del Noreste de España, Barcelona, 19 de febrero de 1932, insistiendo en la amenaza que supone el libro de Tusquets y mencionando la carta abierta, Archivo Histórico Nacional, sección Masonería, legajo 792, exp. 11.

17. Ramón Díaz, *La verdad de la francmasonería. Réplica al libro del Pbro. Tusquets*, Barcelona, Librería Española, 1932.

18. Folleto de propaganda de Matías Usero Torrente, *Mi respuesta al P. Tusquets*, La Coruña, Imp. Moret, 1934; carta de la logia de El Ferrol, 1 de marzo de 1934, elogiando la iniciativa del doctor Usero y animando a los masones a imitarla, Archivo Histórico Nacional, sección Masonería, legajo 792, exp. 11.

19. Para el punto de vista de Tusquets, véase Mora, «Joan Tusquets»..., p. 235; Subirà, *Capellans...*, p. 16. Estoy en deuda con el doctor Chris Ealham por sus observaciones sobre el presunto incidente.

20. Tusquets, *Orígenes de la revolución...*, pp. 101, 137-138. Alcalá-Zamora escribió una carta de protesta al arzobispo Vidal i Barraquer, 26 de marzo de 1932, Arxiu Vidal i Barraquer, *Església i Estat*, II..., pp. 644-646.

21. *El Correo Catalán*, 28 de febrero de 1932; *La Vanguardia*, 24 de febrero de 1932 y 3 de marzo de 1932.

22. Tusquets, *Orígenes de la revolución...*, pp. 35-36, 99.

23. *Los poderes ocultos de España. Los Protocolos y su aplicación a España. Infiltraciones masónicas en el catalanismo. ¿El señor Macià es masón?*, Barcelona, Vilamala, col. «Las Sectas», 1932.

24. «Fabio», «Estudio crítico de los Protocolos», *Los poderes ocultos de España...*, pp. 7-34.

25. Jesús Lizárraga, «Aplicación a España de los Protocolos», *Los poderes ocultos de España...*, pp. 35-46.

26. Esther Tusquets Guillén, *Habíamos ganado la guerra*, Barcelona, Ediciones B, 2007, pp. 62-66.

27. René Llanas de Niubó, *El Judaísmo*, Barcelona, Vilamala, col. «Las Sectas», 1935, vol. 14, p. 163; *La Vanguardia*, 20 de mayo de 1932; *El Siglo Futuro*, 3 de abril de 1933; *ABC*, 5 de abril de 1933.

28. Canal, «Las campañas antisectarias de Juan Tusquets»..., p. 1213.

29. Subirà, *Capellans*..., p. 24-25; Mora, «Joan Tusquets»..., p. 236.

30. «Hitler ante el problema judaico», en *La dictadura masónica en España y en el mundo*, Barcelona, Vilamala, col. «Las Sectas», 1934, vol. 10, pp. 98-113.

31. Juan Tusquets, «Intervención de la masonería en la crisis política actual», *Secretos de la política española*, Barcelona, Vilamala, 1934, pp. 7-15.

32. Joaquín Guiu, «Muerte cristiana de Don Francisco Maciá», *Secretos*..., pp. 16-19.

33. «Desmintiendo una patraña a propósito de Rizal», *Secretos*..., pp. 20-172.

34. «Relación de los talleres dependientes del Grande Oriente Español», *Secretos*..., pp. 173-182.

35. Ignasi Riera, *Los catalanes de Franco*, Barcelona, Plaza y Janés, 1998, pp. 126-127.

36. Declaración de Carolina Barderi Solé a la Causa General, Provincia de Barcelona, 21 de mayo de 1942, Archivo Histórico Nacional (Pieza segunda de Barcelona. Del Alzamiento Nacional. Antecedentes, Ejército Rojo y Liberación), FC-Causa General, leg. 1630, exp. 1, p. 485; Declaración del testigo Firmo Casanova y de Vallés a la Causa General, Provincia de Barcelona, 8 de junio de 1942, Archivo Histórico Nacional (Pieza segunda de Barcelona. Del Alzamiento Nacional. Antecedentes, Ejército Rojo y Liberación), FC-Causa General, leg. 1630, exp. 1, p. 507; José Fernando Mota Muñoz, «"Precursores de la unificación". El España Club y el voluntariado español, una experiencia unitaria de la extrema derecha barcelonesa (1935-1936)», *Historia y Política*, 28 (2012), pp. 284, 300; Carlos Píriz González, *En campo enemigo. La Quinta Columna en la Guerra Civil española (c. 1936-1941)*, tesis doctoral, Universidad de Salamanca, 2019, pp. 105-106.

37. Declaración del testigo Juan Aguasca Bonmatí a la Causa General, 2 de diciembre de 1940, Archivo Histórico Nacional (Pieza segunda de Barcelona. Del Alzamiento Nacional. Antecedentes, Ejército Rojo y Liberación), FC-Causa General, leg. 1630, exp. 1, pp. 9-25; Declaración del testigo Renato Llanas de Niubó a la Causa General, 17 de marzo de 1942, Archivo Histórico Nacional (Pieza segunda de Barcelona. Del Alzamiento Nacional. Antecedentes, Ejército Rojo y Liberación), FC-Causa General, leg. 1630, exp. 1, pp. 437-438.

38. Ramón Serrano Suñer, «Prólogo» a Tusquets, *Masones y pacifistas*..., p. 7.

39. Declaración del testigo Juan Segura Nieto a la Causa General, 5 de mayo de 1941, Archivo Histórico Nacional (Pieza segunda de Barcelona. Del Alzamiento Nacional. Antecedentes, Ejército Rojo y Liberación), FC–Causa General, leg. 1630, exp. 1, pp. 165-166.

40. Tusquets, *Orígenes de la revolución...*, pp. 51-57, 95-96, 122-126, 170, 177, 207-215. Sobre la confección de listas, véase Declaración del testigo Firmo Casanova y de Vallés a la Causa General..., pp. 506-508.

41. Maria Thomas, «The front line of Albion's perfidy. Inputs into the making of British policy towards Spain. The racism and snobbery of Norman King», *International Journal of Iberian Studies*, 20, 2 (2007), pp. 105-127.

42. Declaración del testigo Bartolomé Galí Coll a la Causa General, Provincia de Barcelona, 28 de octubre de 1941, Archivo Histórico Nacional (Pieza segunda de Barcelona. Del Alzamiento Nacional. Antecedentes, Ejército Rojo y Liberación), FC–Causa General, leg. 1630, exp. 1, pp. 307-313.

43. Declaración de Carolina Barderi Solé a la Causa General..., pp. 484-486; Declaración del testigo Ramón Tubau Coma a la Causa General, Provincia de Barcelona, 2 de junio de 1942, Archivo Histórico Nacional (Pieza segunda de Barcelona. Del Alzamiento Nacional. Antecedentes, Ejército Rojo y Liberación), FC–Causa General, leg. 1630, exp. 1, pp. 495-499.

44. Declaración del testigo Ramón Tubau Coma..., pp. 495-496.

45. Jordi Albertí, *El silencí de les campanes. De l'anticlericalisme del segle XIX a la persecució religiosa durant la Guerra Civil a Catalunya*, Barcelona, Proa, 2007, p. 337; Josep M.ª Solé i Sabaté y Joan Villarroya i Font, *La repressió a la reraguarda [sic] de Catalunya (1936-1939)*, 2 vols., Barcelona, Publicacions de l'Abadia de Montserrat, 1989, II, p. 536.

46. Declaración del testigo Firmo Casanova..., pp. 507-508; Declaración de Carolina Barderi Solé..., p. 485; Declaración del testigo Ramón Tubau Coma..., pp. 498-499.

47. Tusquets, *Masones y pacifistas...*, pp. 99-100.

48. Mora, «Joan Tusquets»..., p. 237; Riera, *Los catalanes de Franco...*, pp. 126-127, 274; Canal, «Las campañas antisectarias de Juan Tusquets»..., pp. 1207-1208.

49. Albert Manent i Segimon, *De 1936 a 1975. Estudis sobre la Guerra Civil i el franquisme*, Barcelona, Publicacions de l'Abadia de Montserrat, 1999, pp. 88-89; Subirà, *Capellans...*, pp. 25-27; Mora, «Joan Tusquets»..., pp. 236-237.

50. Archivo Gomá, *Documentos de la Guerra Civil 1. Julio-diciembre de 1936*, José Andrés-Gallego y Antón M. Pazos (eds.), Madrid, Consejo Su-

perior de Investigaciones Científicas, 2001, pp. 216-220, 488; Archivo Gomá, *Documentos de la Guerra Civil 3. Febrero de 1937*, Madrid, Consejo Superior de Investigaciones Científicas, 2002, pp. 55-56, 217-218; Archivo Gomá, *Documentos de la Guerra Civil 4. Marzo de 1937*, Madrid, Consejo Superior de Investigaciones Científicas, 2002, pp. 212-213.

51. Antonio Pérez de Olaguer, *Lágrimas y sonrisas*, Burgos, Ediciones Antisectarias, 1938, pp. 107-111, 127-131.

52. En sus propias palabras, «La meva popularitat va a repercutir entre el militars i la gent que preparava el cop d'Estat. De manera que quan aconsegueixo fugir a l'Espanya nacional, sóc rebut amb entusiasme». Entrevistas con Mora, «Joan Tusquets»..., p. 237, y Lluís Bonada, *Avui*, 28 de febrero de 1990.

53. Expediente 1736, Expediente personal de Julián Mauricio Carlavilla del Barrio, Archivo General del Ministerio de Interior, doc. 238, 4 de marzo de 1947, doc. 272; Maximiano García Venero, *Falange en la guerra de España. La unificación y Hedilla*, París, Ruedo Ibérico, 1967, pp. 309, 343.

54. Canal, «Las campañas antisectarias de Juan Tusquets»..., pp. 1208-1209.

55. Juan Tusquets, *Masones y pacifistas...*, p. 257.

56. Juan Tusquets, «Escrito sobre la Instrucción religiosa en la enseñanza oficial», 20 de octubre de 1936, Archivo Gomá, *Documentos 1...*, pp. 216-217; Gomá a Tusquets, 15 de febrero de 1937, Archivo Gomá, *Documentos 3...*, pp. 217-218; declaraciones de Tusquets a Lluís Bonada, *Avui*, 28 de febrero de 1990; Subirà, *Capellans...*, pp. 15-16; Ramón Garriga, *La Señora de El Pardo*, Barcelona, Planeta, 1979, p. 182; Archivo Gomá, *Documentos 1...*, p. 336.

57. Subirà, *Capellans...*, p. 32.

58. Pérez de Olaguer, *Lágrimas y sonrisas...*, pp. 67-68.

59. Sobre el papel de Tusquets en el SIM, véase Domínguez Arribas, *El enemigo judeo-masónico...*, pp. 248-250. En el otoño de 1938, Tusquets menciona a «mi buen amigo el comandante Palau» en una carta a Gomá, José Andrés-Gallego, *¿Fascismo o Estado católico? Ideología, religión y censura en la España de Franco 1937-1941*, Madrid, Encuentro, 1997, p. 176. También admite tener conocimiento del material que recopilaba el SIM en Tusquets, *Masones y pacifistas...*, p. 218.

60. Testimonio de Ramón Serrano Suñer al autor; García Venero, *Falange en la guerra de España...*, p. 343; Ramón Garriga, *El cardenal Segura y el Nacional-Catolicismo*, Barcelona, Planeta, 1977, p. 200; Subirà, *Capellans...*, p. 32; Ferrer Benimeli, *El contubernio judeo-masónico-comunista...*, pp. 191-197; Canal, «Las campañas antisectarias de Juan Tusquets»..., pp. 1207-1208.

61. Gomá a Pacelli, 8 de abril de 1937, Archivo Gomá, *Documentos de la Guerra Civil 5. Abril-mayo de 1937*, José Andrés-Gallego y Antón M. Pazos (eds.), Madrid, Consejo Superior de Investigaciones Científicas, 2003, pp. 81-83.

62. Tusquets, *Masones y pacifistas...*, p. 258.

63. Subirà, *Capellans...*, p. 32; Tusquets a Gomá, 17 de febrero de 1937, Archivo Gomá, *Documentos 3...*, pp. 247-248; Hilari Raguer, *La pólvora y el incienso. La Iglesia católica y la guerra civil española (1936-1939)*, Barcelona, Península, 2001, pp. 207-208; Joan Maria Thomàs, *Falange, guerra civil, franquisme. F.E.T. y de las J.O.N.S. de Barcelona en els primers anys de règim franquista*, Barcelona, Publicacions de l'Abadia de Montserrat, 1992, p. 465.

64. Subirà, *Capellans...*, p. 32.

65. Eduardo Connolly de Pernas, «El padre Tusquets. Olvidando el pasado», *Hibris. Revista de bibliografía*, 35 (2006), pp. 19-35; Domínguez Arribas, *El enemigo judeo-masónico...*, pp. 524-525.

66. Josep Massot i Muntaner, *Església i societat a la Catalunya contemporània*, Barcelona, Publicacions de l'Abadia de Montserrat, 2003, pp. 459-460; Ana Martínez Rus, «La represión cultural. Libros destruidos, bibliotecas depuradas y lecturas vigiladas», en Julio Arostegui (coord.), *Franco. La represión como sistema,* Barcelona, Flor del Viento, 2012, pp. 402-403.

67. «La revolución española y sus fuerzas ocultas. Los judíos»; «Espiritu demagógico de Israel», *Domingo*, San Sebastián, 14 y 21 de marzo de 1937, citados por Josep Benet, *L'intent franquista de genocidi cultural contra Catalunya*, Barcelona, Publicacions de l'Abadia de Montserrat, 1995, p. 115; Borja de Riquer, «Els catalans de Burgos», *Arreu*, 5, Barcelona, noviembre de 1976; Domínguez Arribas, *El enemigo judeo-masónico...*, pp. 268-270.

68. Domínguez Arribas, *El enemigo judeo-masónico...*, pp. 260-262, 266-267; Serrano Suñer, «Prólogo» a Tusquets, *Masones y pacifistas...*, pp. 5-10.

69. Domínguez Arribas, *El enemigo judeo-masónico...*, p. 242.

70. *Ibid.*, p. 243.

71. Antonio Pérez de Olaguer, «La masonería y el doctor Tusquets», *La Unión*, Sevilla, 21 de noviembre de 1936, p. 16; Pérez de Olaguer, *Lágrimas y sonrisas...*, pp. 109-111.

72. Antonio Ruiz Vilaplana, *Doy fe... Un año de actuación en la España nacionalista*, París, Imprimerie Coopérative Étoile, s. f. [1938], pp. 193-195; Tusquets, *Masones y pacifistas...*, pp. 99.

73. Juan Tusquets, *La francmasonería, crimen de lesa patria*, Burgos, Ediciones Antisectarias, 1936, pp. 3-4, 7-8, 13, 19, 23-29, 41-45.

74. Juan Tusquets, *Masonería y separatismo*, Burgos, Ediciones Antisectarias, 1937, p. 8.

75. *Ibid.*, pp. 20-21; Tusquets, *Masones y pacifistas...*, p. 183.

76. Tusquets, *Masonería y separatismo...*, pp. 35-47, 62-66; Massot, *Església i societat...*, p. 460; Tusquets, *Masones y pacifistas...*, 104-106.

77. Borja de Riquer i Permanyer, «Joan Ventosa i Calvell, l'home de la Lliga Catalana a Burgos. Les relacions dels catalanistes conservadors amb els militars rebels durant la Guerra Civil», *Segle XX. Revista Catalana d'Història*, 5 (2012), pp. 37-61.

78. Estoy en deuda con el doctor Borja de Riquer, que me proporcionó una copia de la carta, cuyo original se encuentra en el Fons Borràs de la Biblioteca de Catalunya.

79. Juan José Morales Ruiz, *El discurso antimasónico en la Guerra Civil española, 1936-1939*, Zaragoza, Diputación General de Aragón, 2001, pp. 335-337; Dominguez Arribas, *El enemigo judeo-masónico...*, p. 244.

80. Ruiz Vilaplana, *Doy fe...*, pp. 193-195.

81. Josep Cruanyes, *El papers de Salamanca. L'espoliació del patrimoni documental de Catalunya*, Barcelona, Edicions 62, 2003, pp. 42-47; Santiago López García y Severiano Delgado Cruz, «Víctimas y Nuevo Estado 1936-1940», en Ricardo Robledo (ed.), *Historia de Salamanca, V. Siglo XX*, Salamanca, Centro de Estudios Salmantinos, 2001, p. 263.

82. Jaime del Burgo, *Conspiración y Guerra Civil*, Madrid, Alfaguara, 1970, pp. 260, 552, 631, 703-706; Ramón Serrano Suñer, *Entre el silencio y la propaganda, la Historia como fue. Memorias*, Barcelona, Planeta, 1977, p. 34; Pedro Sainz Rodríguez, *Testimonio y recuerdos*, Barcelona, Planeta, 1978, pp. 329-330.

83. Cruanyes, *El papers...*, pp. 15-16, 47-56; López García y Delgado Cruz, «Víctimas y Nuevo Estado»..., p. 264.

84. Ulibarri a Tusquets, 10, 17 de mayo, Tusquets a Ulibarri, 11, 18 de mayo, Ulibarri al jefe provincial de Falange de Toledo, 28 de junio de 1938, Archivo General de la Guerra Civil, Masonería A, 792/11. Véanse también Javier Domínguez Arribas, «Juan Tusquets y sus ediciones antisectarias (1936-1939)», en José Antonio Ferrer Benimeli (coord.), *La masonería española en la época de Sagasta*, vol. 2, Zaragoza, Gobierno de Aragón, 2007, pp. 1167-1169; Domínguez Arribas, *El enemigo judeo-masónico...*, pp. 250-256; Cruanyes, *El papers...*, pp. 234-235.

85. Tusquets, *Masones y pacifistas...*, p. 100.

86. *Ibid.*, pp. 45, 48-49.

87. *Ibid*, pp. 19, 21-22, 87-92.

88. *Ibid*, pp. 87-90, 224-225.

89. *Ibid*, pp. 94-98, 120.

90. Martínez Rus, «La represión cultural»..., pp. 377-382.

91. Cruanyes, *El papers*..., pp. 29-36, 218-235; Domínguez Arribas, *El enemigo judeo-masónico*..., pp. 252-253.

92. Sainz Rodríguez, *Testimonio y recuerdos*..., p. 387.

93. Herbert R. Southworth, *El mito de la cruzada de Franco*, París, Ruedo Ibérico, 1963, pp. 108-112; Ramón Serrano Suñer, *Siete discursos*, Bilbao, Fe, 1938, pp. 54-57; Hilari Raguer, *La pólvora y el incienso*..., pp. 285-287; Tusquets, *Masones y pacifistas*..., pp. 100-101.

94. Borja de Riquer i Permanyer, *L'últim Cambó (1936-1947). La dreta catalanista davant la Guerra Civil i el franquisme*, Vic, Eumo, 1996, p. 122.

95. Hilari Raguer, *Escrits dispersos d'història*, Barcelona, Institut d'Estudis Catalans, 2018, pp. 188-189; José Andrés-Gallego, ¿*Fascismo o Estado católico? Ideología, religión y censura en la España de Franco 1937-1941*, Madrid, Encuentro, 1997, pp. 134, 161; Archivo Gomá, *Documentos de la Guerra Civil 9. Enero-marzo de 1938*, Madrid, Consejo Superior de Investigaciones Científicas, 2006, pp. 302-303, 309-310, 374.

96. Mora, «Joan Tusquets»..., p. 239.

97. Tusquets, *Masones y pacifistas*..., p. 257; Mora, «Joan Tusquets»..., pp. 238-239; Riera, *Los catalanes de Franco*..., p. 127; Canal, «Las campañas antisectarias de Juan Tusquets»..., pp. 1208-1209.

98. Stohrer en Wilhelmstrasse, 19 de octubre de 1938, *Documents on German Foreign Policy Series D, Volume III*, Londres, HMSO, 1951, pp. 772-773; Raguer, *La Unió Democràtica*..., p. 463; Tusquets, *Masones y pacifistas*..., pp. 188-190.

99. Mora, «Joan Tusquets»..., pp. 238-239; Riera, *Los catalanes de Franco*..., p. 127; Canal, «Las campañas antisectarias de Juan Tusquets»..., pp. 1208-1209.

100. Entrevistas con Lluís Bonada, *Avui*, 28 de febrero de 1990; con Mora, «Joan Tusquets»..., p. 239; y con Subirà, *Capellans*..., p. 36.

101. Riquer, «Els catalans de Burgos»..., p. 46; María Luisa Rodríguez Aisa, *El cardenal Gomá y la guerra de España. Aspectos de la gestión pública del Primado 1936-1939*, Madrid, Consejo Superior de Investigaciones Científicas, 1981, pp. 186-188 y 496-514; Domínguez Arribas, *El enemigo judeo-masónico*..., pp. 279-281.

102. Tusquets Guillén, *Habíamos ganado*..., pp. 153-156, 158-161; Mora, «Joan Tusquets»..., p. 234.

103. Arxiu Vidal i Barraquer, *Església i Estat,* II..., pp. 386, 638, 644-646 y III, p. 935; Subirà, *Capellans...,* p. 21.

104. Subirà, *Capellans...,* pp. 31-32; Tusquets, *Masones y pacifistas...,* p. 274.

105. Subirà, *Capellans...,* pp. 25 (Dachau), 30-31 (Franco), 32-33 (catalanismo); entrevista de Lluís Bonada, *Avui,* 28 de febrero de 1990; entrevista de Mora, «Joan Tusquets»..., p. 234; de Canal, «Las campañas antisectarias de Juan Tusquets»..., p. 1213.

106. En cuanto a su éxito al respecto, véase Ramona Valls y Conrad Vilanou, «Joan Tusquets (1901-1998). Intel·lectual i pensador comparatista», *Revista Catalana de Teología,* XXVII, 1 (2002), pp. 107-122.

4. EL POETA

1. José Manuel Caballero Bonald, «A propósito de un caballero» y José María de Areilza, «Un gran señor jerezano», ambos en *El País,* 21 de julio de 1981. Véase también Alberto Reig Tapia, *La Cruzada de 1936. Mitos y memoria,* Madrid, Alianza, 2006, pp. 244-246.

2. *El País,* 20 de mayo de 1981.

3. Javier Tusell y Gonzalo Álvarez Chillida, *Pemán. Un trayecto intelectual desde la extrema derecha hasta la democracia,* Barcelona, Planeta, 1998, p. 8.

4. Reig Tapia, *La Cruzada de 1936...,* pp. 236-287.

5. José María Pemán, *Apuntes autobiográficos. Confesión general y otros,* Madrid, Edibesa, 1998, pp. 23-25, 40-42; Gonzalo Álvarez Chillida, *José María Pemán. Pensamiento y trayectoria de un monárquico (1897-1941),* Cádiz, Universidad de Cádiz, 1996, pp. 17-18, 189-190.

6. *ABC* de Madrid, 28 de enero de 1925; Álvarez Chillida, *José María Pemán. Pensamiento y trayectoria...,* p. 21.

7. Pemán, *Apuntes autobiográficos...,* pp. 52-53, 65.

8. Eduardo Ortega y Gasset, *España encadenada. La verdad sobre la dictadura,* París, Juan Durá, 1925, pp. 295-298; Álvarez Chillida, *José María Pemán. Pensamiento y trayectoria...,* pp. 22-29.

9. José María Pemán, *El hecho y la idea de la Unión Patriótica,* Madrid, Imprenta Artística Sáez Hermanos, 1929, pp. 28-29, 105, 308-309; Alejandro Quiroga, *Making Spaniards. Primo de Rivera and the Nationalization of the Masses, 1923-1930,* Londres, Palgrave Macmillan, 2007, pp. 58-60 [hay trad. cast.: *Haciendo españoles. La nacionalización de las masas en la dictadura de Primo de*

Rivera, Madrid, Centro de Estudios Políticos y Constitucionales-Marcial Pons, 2008]; Julio Gil Pecharromán, *Conservadores subversivos. La derecha autoritaria alfonsina (1913-1936)*, Madrid, Eudema, 1994, pp. 49-53.

10. Quiroga, *Making Spaniards...*, pp. 165-171.

11. Alfonso Bullón de Mendoza y Gómez de Valugera, *José Calvo Sotelo*, Barcelona, Ariel, 2004, pp. 215-216.

12. Pemán, *El hecho y la idea...*, pp. 235-255, 390-394.

13. José María Pemán, «Prólogo» a *El pensamiento de Primo de Rivera. Sus notas, artículos y discursos*, Madrid, Ediciones de la Junta de Propaganda Patriótica y Ciudadana, 1929.

14. Tusell y Álvarez Chillida, *Pemán...*, pp. 19-21.

15. *Unión Monárquica*, 15 de noviembre de 1929, pp. 28-30.

16. Pemán, *El hecho y la idea...*, pp. 253-255.

17. *ABC* de Madrid, 2 de agosto de 1927.

18. José María Pemán, *Mis almuerzos con gente importante*, Barcelona, Dopesa, 1970, pp. 89-90; Bullón de Mendoza, *José Calvo Sotelo...*, p. 228.

19. Pemán, *El hecho y la idea...*, pp. 110-111.

20. Pemán, *Mis almuerzos...*, pp. 41-55.

21. Eduardo Aunós, *Primo de Rivera. Soldado y gobernante*, Madrid, Alhambra, 1944, pp. 219-225.

22. *ABC* de Sevilla, 18 de marzo de 1930.

23. José María Pemán, *Obras completas. Tomo V. Doctrina y oratoria*, Madrid, Escelicer, 1953, pp. 173-176.

24. Eugenio Vegas Latapié, *Escritos políticos*, Madrid, Cultura Española, 1940, p. 8; discurso de Quintanar en el hotel Ritz, Madrid, 24 de abril de 1932, *Acción Española*, 1 de mayo de 1932; Paul Preston, «Alfonsist Monarchism and the Coming of the Spanish Civil War», *Journal of Contemporary History*, 7, 3-4 (1972), p. 90; José Calvo Sotelo, *Mis servicios al Estado. Seis años de gestión. Apuntes para la Historia*, Madrid, Imprenta Clásica Española, 1931, pp. 370-373; Gil Pecharromán, *Conservadores subversivos...*, pp. 67-74.

25. Álvarez Chillida, *José María Pemán. Pensamiento y trayectoria...*, pp. 34-35.

26. *ABC* de Sevilla, 31 de octubre de 1930.

27. Shlomo Ben Ami, «The Forerunners of Spanish Fascism. Unión Patriótica and Unión Monárquica», *European Studies Review*, 9, 1 (1979), pp. 49-79, esp. pp. 61-63.

28. Shlomo Ben Ami, *The Origins of the Second Republic in Spain*, Oxford, Oxford University Press, 1978, pp. 183-185 [hay trad. cast.: *Los orí-*

genes de la Segunda República española. Anatomía de una transición, Madrid, Alianza Universidad, 1990]; Eugenio Vegas Latapié, *Memorias políticas. El suicido de la monarquía y la Segunda República*, Barcelona, Planeta, 1983, pp. 89-90; Álvarez Chillida, *José María Pemán. Pensamiento y trayectoria...*, pp. 36-39.

29. José María Pemán, *Mis encuentros con Franco*, Barcelona, Dopesa, 1976, pp. 11-20.

30. *ABC* de Madrid, 5 de julio y 9 de diciembre de 1930.

31. *ABC* de Sevilla, 8 de marzo de 1931; Diego Caro Cancela, *La Segunda República en Cádiz. Elecciones y partidos políticos*, Cádiz, Diputación Provincial de Cádiz, 1987, pp. 59-61; Álvarez Chillida, *José María Pemán. Pensamiento y trayectoria...*, pp. 40-48; Bullón de Mendoza, *José Calvo Sotelo...*, pp. 250-255, 266, 270, 274-275.

32. Pemán, *Doctrina...*, p. 196.

33. Preston, «Alfonsist Monarchism»..., pp. 90-91; Vegas Latapié, *Memorias políticas...*, pp. 88-89, 121-126.

34. Eugenio Vegas Latapié, *El pensamiento político de Calvo Sotelo*, Madrid, Cultura Española, 1941, pp. 88-92; Pemán, *Doctrina...*, pp. 265-266; Vegas Latapié, *Escritos políticos...*, pp. 9-12; Eugenio Vegas Latapié, *La frustración en la victoria. Memorias políticas. 1938-1942*, Madrid, Actas, 1995, pp. 239-240; «Maeztu y Acción Española», *ABC* de Madrid, 2 de noviembre de 1952.

35. Raúl Morodo, *Orígenes ideológicos del franquismo. Acción Española*, Madrid, Alianza, 1985, pp. 31-39.

36. Álvarez Chillida, *José María Pemán. Pensamiento y trayectoria...*, pp. 55-59.

37. *ABC* de Madrid, 20 de febrero y 19 de abril de 1932; *Acción Española*, 6 (1 de marzo de 1932).

38. *Ellas. Semanario de Mujeres Españolas*, 1 (29 de mayo de 1932), p. 5.

39. «El socialismo, aliado del judaísmo», *Ellas*, 47 (16 de abril de 1933); «Traidores que venden a su patria. Ante la invasión de los judíos», 53 (28 de mayo de 1933); «Socialismo, comunismo, judaísmo», 58 (2 de julio de 1933); Álvarez Chillida, *José María Pemán. Pensamiento y trayectoria...*, pp. 64, 351.

40. Vegas Latapié, *Memorias políticas...*, pp. 136, 144-146; José María Pemán, «Carta a mi amigo de Gibraltar», *ABC* de Madrid, 13 de enero de 1959; José M. Pemán, *Un soldado en la Historia. Vida del capitán general Varela*, Cádiz, Escelicer, 1954, pp. 109-122; Gil Pecharromán, *Conservadores subversivos...*, pp. 108-113; Pedro Carlos González Cuevas, *Acción Española. Teología política y nacionalismo autoritario en España (1913-1936)*, Madrid, Tecnos, 1998, pp. 164-172.

41. González Cuevas, *Acción Española...*, pp. 172-175.

42. *Ellas. Semanario de Mujeres Españolas*, 18 (25 de septiembre de 1932), pp. 1-2, 8-9; 24 (6 de noviembre de 1932), pp. 1-2, 10; 26 (20 de noviembre de 1932), pp. 1-2; 29 (11 de diciembre de 1932), pp. 2-3.

43. *Ellas. Semanario de Mujeres Españolas*, 6 (3 de julio de 1932), p. 1; 8 (17 de julio de 1932), p. 1.

44. Pemán, *Doctrina...*, pp. 206-208.

45. *ABC* de Madrid, 12, 24 de enero de 1933.

46. *ABC* de Madrid, 24 de febrero de 1933; Martin Blinkhorn, *Carlism and Crisis in Spain 1931-1939*, Cambridge, Cambridge University Press, 1975, pp. 108-111; Joaquín Arrarás, *Historia de la Segunda República española* [en lo sucesivo, *HSRE*], 4 vols., Madrid, Editora Nacional, 1956-1968, II, pp. 154-163; Gil Pecharromán, *Conservadores subversivos...*, pp. 130-131.

47. *Ellas. Semanario de Mujeres Españolas*, 42 (12 de marzo de 1933); Blinkhorn, *Carlism...*, pp. 156-159.

48. *Acción Española*, 37 (16 de septiembre de 1933), p. 83.

49. Arrarás, *HSRE*, II..., p. 264; Vegas Latapié, *Memorias políticas...*, pp. 185-186; Álvarez Chillida, *José María Pemán. Pensamiento y trayectoria...*, pp. 65-68.

50. *ABC* de Madrid, 14, 21 de noviembre y 15 de diciembre; *Blanco y Negro*, 19 de noviembre de 1933; Pemán, *Apuntes autobiográficos...*, pp. 65-66; Gil Pecharromán, *Conservadores subversivos...*, p. 144; Caro Cancela, *La Segunda República en Cádiz*, pp. 134, 151-152, 161-164, 173-180, 186; Arrarás, *HSRE*, II..., p. 280.

51. José María Pemán, «Situación de paso, no de turno», *Acción Española*, 43 (16 de diciembre de 1933), p. 669.

52. Dionisio Ridruejo, *Casi unas memorias*, Barcelona, Planeta, 1976, pp. 202-203; Ramón Serrano Suñer, *Entre el silencio y la propaganda, la Historia como fue. Memorias*, Barcelona, Planeta, 1977, pp. 85-86.

53. Álvarez Chillida, *José María Pemán. Pensamiento y trayectoria...*, pp. 71-76; Gil Pecharromán, *Conservadores subversivos...*, pp. 197-208.

54. «Hay que conquistar el Estado», José Calvo Sotelo, *La voz de un perseguido*, vol. 1, Madrid, Librería de San Martín, 1933, pp. 313-317; José María Pemán, «Prólogo» a *La voz de un perseguido*, vol. 2, Madrid, Librería de San Martín, 1934, pp. XI-XV; Bullón de Mendoza, *José Calvo Sotelo...*, pp. 348-350.

55. José María Pemán, «Cartas a un escéptico en materia de formas de gobierno», *Acción Española*, 58-59 (1 de agosto de 1934), pp. 385-393; 62-63 (1 de octubre de 1934), pp. 25-33; 64-65 (1 de noviembre de 1934), pp. 231-240; 66-67 (1 de diciembre de 1934), pp. 470-479; 70 (1 de febrero de 1935), pp. 233-245; 72-73 (marzo de 1935), pp. 417-427; 74 (1 de abril

de 1935), pp. 22-35; 75 (mayo de 1935), pp. 275-294;Vegas Latapié, *Memorias políticas...*, p. 229.

56. «Cartas», I, *Acción Española*, 58-59 (1 de agosto de 1934), pp. 386-387, 391.

57. «Cartas», II, *Acción Española*, 62-63 (1 de octubre de 1934), p. 28; «Cartas», III, *Acción Española*, 64-65 (1 de noviembre de 1934), p. 233.

58. «Cartas», IV, *Acción Española*, 66-67 (1 de diciembre de 1934), p. 477.

59. «Cartas»,V, *Acción Española*, 70 (1 de febrero de 1935), pp. 237-238, 243.

60. «Cartas»,VI, *Acción Española*, 72-73 (marzo de 1935), pp. 417, 421, 427.

61. «Cartas»,VII, *Acción Española*, 74 (abril de 1935), pp. 22-23, 34-35.

62. «Cartas»,VIII, *Acción Española*, 75 (mayo de 1935), pp. 287-288.

63. Arrarás, *HSRE*, II..., pp. 361-363.

64. Pemán, *Apuntes autobiográficos...*, pp. 68-71; Arrarás, *HSRE*, II..., pp. 391, 410.

65. Pemán, *Apuntes autobiográficos...*, p. 66.

66. *ABC* de Madrid, 31 de julio de 1936; Pemán, *Un soldado en la historia...*, pp. 140-143; Arrarás, *HSRE*, IV..., pp. 350-351.

67. José María Pemán, «Calvo Sotelo, precursor del movimiento nacional», en *La vida y la obra de José Calvo Sotelo. Homenaje de la Real Academia de Jurisprudencia y Legislación a su presidente perpetuo José Calvo Sotelo que ofrendó su vida por Dios y por España el 13 de Julio de 1936*, Madrid, Imprenta de Galo Sáez, 1942, pp. 258-259 (de 255-272).

68. *ABC* de Sevilla, 23 de octubre de 1936.

69. El error aparece en Pemán, *Mis almuerzos...*, pp. 89-92.

70. *Diario de las sesiones de Cortes, Congreso de los Diputados, comenzaron el 16 de marzo de 1936*, 16 de junio de 1936. La presunta amenaza aparece como real en Luis Suárez Fernández, *Francisco Franco y su tiempo*, 8 vols., Madrid, Fundación Nacional Francisco Franco, 1984, II, p. 36.

71. *ABC* de Sevilla, 29 de septiembre de 1936.

72. Pemán, *Doctrina...*, pp. 1723-1724.

73. José María Pemán, *Arengas y crónicas de guerra*, Cádiz, Establecimientos Cerón, 1937, pp. 11-13.

74. *ABC* de Sevilla, 28 de julio de 1936. Pemán reiteró estas ideas en sus charlas en Radio Jerez el 12 de agosto y en Radio Club Portugués el 29 de agosto, *Ideal* (Granada) 13, 30 de agosto de 1936.

75. *ABC* de Sevilla, 16 de agosto de 1936; una versión ligeramente distinta aparece en Pemán, *Arengas...*, pp. 17-24.

76. Pemán, «La hora del deber», *ABC* de Sevilla, 19 de agosto de 1936.

77. Paul Preston, *The Spanish Holocaust. Inquisition and Extermination in Twentieth Century Spain*, Londres, HarperCollins, 2012, cap. 5. [Hay trad. cast.: *El holocausto español. Odio y exterminio en la Guerra Civil y después*, Barcelona, Debate, 2011.]

78. *ABC* de Sevilla, 30 de octubre de 1936.

79. Eugenio Vegas Latapié, *Los caminos del desengaño. Memorias políticas II. 1936-1938*, Madrid, Giner, 1987, p. 69; *Diario de Jerez*, 20 de marzo de 2011; Vegas Latapié, *La frustración...*, p. 45.

80. Arcángel Bedmar González, *República, guerra y represión. Lucena 1931-1939*, Lucena, Ayuntamiento de Lucena, 20102, p. 143; *Ideal* (Granada), 26 de agosto de 1936; Pemán, *Arengas...*, pp. 25-33.

81. Pemán, *Mis encuentros con Franco...*, pp. 47-56, 89.

82. Pemán, *Mis almuerzos...*, pp. 152-153; Georges Bernanos, *Les grands cimitières sous la lune*, París, Plon, 1938. [Hay trad. cast.: *Los grandes cementerios bajo la luna*, Barcelona, Lumen, 2009.]

83. *ABC* de Sevilla, 21 de diciembre de 1937.

84. Ian Gibson, *El asesinato de García Lorca*, Barcelona, Ediciones B, 2018, pp. 255-256.

85. Marta Osorio, *Miedo, olvido y fantasía. Agustín Penón. Crónica de su investigación sobre Federico García Lorca (1955-1956)*, Granada, Comares, 2001, pp. 668-669; Ian Gibson, *El hombre que detuvo a García Lorca. Ramón Ruiz Alonso y la muerte del poeta*, Madrid, Aguilar, 2007, p. 174; Eduardo Molina Fajardo, *Los últimos días de García Lorca*, Barcelona, Plaza y Janés, 1983, pp. 192-195; Gabriel Pozo, *Lorca, el último paseo. Claves para entender el asesinato del poeta*, Granada, Almed, 2009, pp. 138-139.

86. Pemán, «García Lorca», *ABC* de Madrid, 12 de diciembre de 1948; Álvarez Chillida, *José María Pemán. Pensamiento y trayectoria...*, p. 89.

87. Pemán a Molina Fajardo, 24 de abril de 1969, en Molina Fajardo, *Los últimos días...*, pp. 387-388.

88. Vegas Latapié, *Los caminos...*, pp. 71-75; Federico Sopeña, *Vida y obra de Manuel de Falla*, Madrid, Turner, 1988, pp. 195-197; Gonzalo Redondo, *Historia de la Iglesia en España 1931-1939. II La Guerra Civil (1936-1939)*, Madrid, Rialp, 1993, p. 158; Pemán, *Mis encuentros con Franco...*, p. 126, sobre su necesidad de preparar de antemano las conversaciones.

89. Álvarez Chillida, *José María Pemán. Pensamiento y trayectoria...*, pp. 86-87, 99-100; Pemán, *Mis encuentros con Franco...*, pp. 98-100.

90. Álvarez Chillida, *José María Pemán. Pensamiento y trayectoria...*, pp. 387-388.

91. Pemán, *Mis encuentros con Franco*..., pp. 142-145. Sobre los «Leones de Rota», véase Fernando Romero Romero, «Víctimas de la represión en la Sierra de Cádiz durante la Guerra Civil (1936-1939)», *Almajar*, 2,Villamartín, 2005, pp. 209-240; Fernando Romero Romero, «Falangistas, héroes y matones. Fernando Zamacola y los Leones de Rota», *Cuadernos para el Diálogo*, 33 (septiembre de 2008), pp. 32-38; Carlos Castillo del Pino, *Casa del Olivo. Autobiografía (1949-2003)*, Barcelona,Tusquets, 2004, pp. 372-373.

92. Arcadi Espada, «José María Pemán y su redentora», *El Mundo*, 22 de noviembre de 2015.

93. *ABC* de Madrid, 5 de diciembre de 1948.

94. Pemán, *Arengas*..., pp. 36-38; Reig Tapia, *La Cruzada de 1936*..., pp. 118-119, 197-198.

95. *ABC* de Sevilla, 23, 24 de octubre de 1936.

96. *Ibid.*, 6 de noviembre de 1936.

97. *Ibid.*, 9 de septiembre de 1936.

98. Pemán, *Arengas*..., p. 71.

99. Vegas Latapié, *Los caminos*..., pp. 74, 92, 184.

100. *ABC* de Sevilla, 9 de enero, 6 de julio y 2 de noviembre de 1937.

101. Jorge Villarín, *La guerra en España contra el judaísmo bolchevique*, Cádiz, Establecimientos Cerón, 1937, pp. 30-33.

102. *ABC* de Sevilla, 12 de marzo de 1937; Pemán, *Apuntes autobiográficos*..., p. 104.

103. *ABC* de Sevilla, 16 de octubre, 7 de noviembre de 1936, 18 y 31 de julio de 1937; Pemán, *Doctrina*..., p. 1725; José María Pemán, *De la entrada en Madrid, historia de tres días (27, 28 y 29 de marzo)*, Cádiz,Verba, 1939, p. 6.

104. *ABC* de Sevilla, 8 de marzo (estreno de *De ellos es el mundo*), 16 de enero, 17 de abril, 14 de julio y 10 de septiembre de 1938; *Boletín Oficial del Estado*, 21 de abril de 1938.

105. Vegas Latapié, *Los caminos*..., pp. 92-94, 98-102; Redondo, *Historia de la Iglesia*, II..., pp. 145-151; Álvarez Chillida, *José María Pemán. Pensamiento y trayectoria*..., pp. 89-90; Pemán, *Mis almuerzos*..., p. 13.

106. Pemán, *Doctrina*..., pp. 1731-1732; José Ignacio Escobar, *Así empezó*, Madrid, G. del Toro, 1974, pp. 169-173; Jaume Claret Miranda, *El atroz desmoche. La destrucción de la Universidad española por el franquismo (1936-1945)*, Barcelona, Crítica, 2006, pp. 36-37; Redondo, *Historia de la Iglesia*, II..., pp. 147-149; Francisco Serrat Bonastre, *Salamanca, 1936. Memorias del primer «ministro» de Asuntos Exteriores de Franco*, Barcelona, Crítica, 2014, p. 56; Alicia AltedVigil, *Política del Nuevo Estado sobre el Patrimonio Cultural y*

la Educación durante la Guerra Civil española, Madrid, Dirección General de Bellas Artes y Archivos, 1984, p. 32.

107. *ABC* de Madrid, 2 de junio de 1946.

108. *Boletín Oficial del Estado*, 10 de diciembre de 1936; Vegas Latapié, *Los caminos...*, p. 104; Redondo, *Historia de la Iglesia*, II..., p. 149; Francisco Morente Valero, «La depuración franquista del magisterio público. Un estado de la cuestión», *Hispania*, 61, 208 (2001), p. 671.

109. Vegas Latapié, *Los caminos...*, pp. 104-105; Francisco Morente Valero, *La depuración del magisterio nacional (1936-1943). La escuela y el Estado Nuevo*, Valladolid, Ámbito Alarife, 1997, pp. 102, 222.

110. Claret Miranda, *El atroz desmoche...*, pp. 36, 40, 63-64; Morente Valero, *La depuración del magisterio...*, pp. 226-228; Tusell y Álvarez Chillida, *Pemán...*, pp. 49-53.

111. *ABC* de Sevilla, 19 de marzo de 1937.

112. *El Adelanto de Salamanca*, 13 de octubre de 1936; *ABC* de Sevilla, 13 de octubre de 1936; Luciano González Egido, *Agonizar en Salamanca. Unamuno, julio-diciembre de 1936*, Madrid, Alianza, 1986, p. 135.

113. *ABC* de Madrid, 27 de enero de 1937; Severiano Delgado Cruz, *Arqueología de un mito. El acto del 12 de octubre de 1936 en el Paraninfo de la Universidad de Salamanca*, Madrid, Sílex, 2019, pp. 203-207; Luis Moure Mariño, *La generación del 36. Memorias de Salamanca y Burgos*, Sada-A Coruña, Ediciós do Castro, 1989, pp. 75-83; Carlos Rojas, *¡Muera la inteligencia! ¡Viva la muerte! Salamanca, 1936. Unamuno y Millán Astray frente a frente*, Barcelona, Planeta, 1995, p. 138. No es cierto, como insinúa Francisco Vigueras Roldán, en *Los «paseados» con Lorca. El maestro cojo y los banderilleros*, Sevilla, Comunicación Social, 2007, p. 105, que el comentario de Pemán guardara relación con el asesinato de Federico García Lorca.

114. José María Pemán, «La verdad de aquel día», *ABC* de Madrid, 26 de noviembre de 1962.

115. *ABC* de Sevilla, 14 de octubre de 1936; Moure Mariño, *La generación del 36...*, p. 82.

116. Véase, por ejemplo, *Boletín Oficial del Estado*, 28 de octubre y 21 de noviembre de 1936.

117. Morente Valero, *La depuración del magisterio...*, pp. 200-201; Wenceslao Álvarez Oblanca, *La represión de postguerra en León. Depuración de la enseñanza (1936-1943)*, León, Santiago García, 1986, p. 122; J. Crespo Redondo *et al.*, *Purga de maestros en la Guerra Civil. La depuración del magisterio nacional en la provincia de Burgos*, Valladolid, Ámbito Alarife, 1987, p. 74; Julián

Casanova, «Rebelión y revolución», en Santos Juliá (coord.), *Víctimas de la Guerra Civil*, Madrid, Temas de Hoy, 1999, p. 95.

118. Vegas Latapié, *Los caminos...*, p. 106.

119. *ABC* de Sevilla, 4 de mayo de 1937.

120. Javier Tusell, *Franco en la guerra civil. Una biografía política*, Barcelona, Tusquets, 1992, pp. 150-151.

121. *ABC* de Sevilla, 16 de diciembre de 1936.

122. *Ibid.*, 22 de enero de 1937.

123. Álvarez Chillida, *José María Pemán. Pensamiento y trayectoria...*, p. 12.

124. *ABC* de Sevilla, 13 de diciembre de 1936, 1, 2 y 5 de enero de 1937; Herbert R. Southworth, *El mito de la cruzada de Franco*, Paul Preston (ed.), Barcelona, Debolsillo, 2008, p. 257.

125. Pemán, *Arengas...*, pp. 87, 94-95.

126. Pemán, «Historia de mi camisa y mi vejez», *ABC* de Madrid, 3 de enero de 1967.

127. Vegas Latapié, *Los caminos...*, pp. 69-70.

128. Aniceto de Castro Albarrán, *Guerra santa. El sentido católico del movimiento nacional español*, Burgos, Editorial Española, 1938, pp. 138-139; Vegas Latapié, *Los caminos...*, pp. 254-257; Maximiano García Venero, *Historia de la Unificación (Falange y Requeté en 1937)*, Madrid, Agesa, 1970, p. 216.

129. Blinkhorn, *Carlism...*, p. 285; Tusell y Álvarez Chillida, *Pemán...*, pp. 59-60.

130. José María Pemán, *Poema de la bestia y el ángel*, Zaragoza, Jerarquía, 1938. En las notas posteriores, remito a la edición publicada después de la guerra, en agosto de 1939, *Poema de la bestia y el ángel*, Madrid, Ediciones Españolas, 1939.

131. Tusell, *Franco en la guerra civil...*, p. 166.

132. Pemán, *Poema...*, pp. 29, 47, 49.

133. *Ibid.*, p. 98; Gonzalo Álvarez Chillida, *El antisemitismo en España. La imagen del judío (1812-2002)*, Madrid, Marcial Pons, 2002, pp. 358-359; Michael Seidman, *The Victorious Counterrevolution. The Nationalist Effort in the Spanish Civil War*, Madison, University of Wisconsin Press, 2011, pp. 194, 207.

134. Pemán, *Poema...*, p. 67.

135. *Ibid.*, p. 114.

136. Tusell y Álvarez Chillida, *Pemán...*, pp. 58, 263.

137. José María Pemán, *La historia de España contada con sencillez*, 2 to-

mos, Cádiz, Establecimientos Cerón y Librería Cervantes, 1939, I, pp. 225-226; Tusell y Álvarez Chillida, *Pemán...*, pp. 57-58.

138. Pemán, *Poema...*, pp. 69, 71. La idea de España como «piel de toro» deriva de un comentario del geógrafo griego Estrabón.

139. *Ibid.*, p. 118.

140. Véase, por ejemplo, Gumersindo Montes Agudo, *Pepe Sainz. Una vida en la Falange*, Barcelona, Pal·las de Horta, 1939, p. 93.

141. Pemán, *Mis almuerzos...*, p. 138.

142. *ABC* de Sevilla, 5, 11 de junio de 1938.

143. Fotografía de Pemán y Millán Astray presidiendo un acto multitudinario, *ABC* de Sevilla, 4 de junio de 1938; «Esto os traigo de la fuente misma», 7 de junio de 1938. Sobre el retrato autografiado, véase Álvarez Chillida, *José María Pemán. Pensamiento y trayectoria...*, p. 112.

144. Pemán, *Poema...*, p. 92.

145. *ABC* de Sevilla, 20 de julio de 1938.

146. Vegas Latapié, *La frustración...*, pp. 61-75, 97-98, 139-140; Tusell, *Franco en la guerra civil...*, p. 285.

147. Pemán, «Historia de mi camisa y mi vejez», *ABC* de Madrid, 3 de enero de 1967.

148. *ABC* de Sevilla, 27 de enero de 1939; véase la fotografía de Pemán, con uniforme de falangista, en Pemán, *Mis encuentros con Franco...*, p. 247.

149. Álvarez Chillida, *José María Pemán. Pensamiento y trayectoria...*, pp. 391-392.

150. Pemán, «Historia de mi camisa y mi vejez»...

151. Pemán, *La historia de España*, I..., pp. 68-73, 100-101, 184, 225-226.

152. *Ibid.*, I, pp. 212, 224-229.

153. *Ibid.*, II, pp. 84, 113, 144-149, 160-161, 193, 206.

154. *Ibid.*, II, pp. 168-170.

155. Pemán, *Mis encuentros con Franco...*, pp. 47-48.

156. Pemán, *De la entrada en Madrid...*, pp. 5-7, 15, 22, 24.

157. Pemán, *Mis almuerzos...*, pp. 179-183.

158. *ABC* de Sevilla, 2 de abril, 16 y 18 de julio de 1939.

159. José María Pemán, *Crónicas de antes y después del diluvio*, Valladolid, Imprenta Castellana, 1939, pp. 146, 149, 216, 227, 230-231.

160. José María Pemán, «Semblanza del Caudillo Franco», *Ejército*, 1 (1940).

161. *ABC* de Madrid, 10 de diciembre de 1936.

162. Pemán, *Mis encuentros con Franco...*, p. 108.

163. Sobre el timo de la gasolina, véase *La Voz de Galicia*, 8 de febrero de 1940; *La Vanguardia Española*, 21 de enero y 8 de febrero de 1940; Charles Foltz, Jr., *The Masquerade in Spain*, Boston, Houghton Mifflin, 1948, pp. 258-260; Juan Antonio Ansaldo, *¿Para qué...? (de Alfonso XIII a Juan III)*, Buenos Aires, Editorial Vasca-Ekin, 1951, pp. 254-256; José Larraz, *Memorias*, Madrid, Real Academia de Ciencias Morales y Políticas, 2006, pp. 248-249; Ignacio Martínez de Pisón, *Filek. El estafador que engañó a Franco*, Barcelona, Seix Barral, 2018, pp. 141-199.

164. Pemán, *Mis encuentros con Franco...*, p. 104.

165. Pemán, «Calvo Sotelo, precursor»..., pp. 255-272.

166. Miguel Primo de Rivera a Pemán, 14 de julio de 1940, reproducida en Vegas Latapié, *La frustración...*, pp. 207-211.

167. Pemán, «Calvo Sotelo, precursor»..., pp. 269-270; Manuel Halcón, «Pemán, su impavidez», *ABC* de Sevilla, 3 de noviembre de 1967; Pemán, *Mis almuerzos...*, pp. 237-247; Vegas Latapié, *Los caminos...*, p. 282; Pemán, *Mis encuentros con Franco...*, pp. 111-113, 123, 131, 133.

168. Pemán, *Apuntes autobiográficos...*, pp. 126-131; las cartas entre Pemán y Primo de Rivera se reproducen en Vegas Latapié, *La frustración...*, pp. 212-213.

169. Vegas Latapié, *La frustración...*, pp. 213-214; Álvarez Chillida, *José María Pemán. Pensamiento y trayectoria...*, pp. 124-126.

170. Vegas Latapié, *La frustración...*, pp. 260-263.

171. *Ibid.*, pp. 226-227, 394; Luis María Anson, *Don Juan*, Barcelona, Plaza y Janés, 1994, p. 325.

172. Tusell y Álvarez Chillida, *Pemán...*, pp. 73-76, 82-85.

173. Javier Tusell, *Franco y los católicos. La política interior española entre 1945 y 1957*, Madrid, Alianza, 1984, p. 118.

174. Xavier Tusell, *La oposición democrática al franquismo 1939-1962*, Barcelona, Planeta, 1977, pp. 112-116; Tusell y Álvarez Chillida, *Pemán...*, pp. 85-88.

175. Anson, *Don Juan...*, pp. 42-45, 59-68, 224, 325-326, 339-354, 375-376, 391-394; José María Toquero, *Franco y Don Juan. La oposición monárquica al franquismo*, Barcelona, Plaza y Janés/Cambio 16, 1989, pp. 252-435; Pedro Sainz Rodríguez, *Un reinado en la sombra*, Barcelona, Planeta, 1981, pp. 79-80, 83-85, 101-102; Tusell y Álvarez Chillida, *Pemán...*, pp. 88-96, 107-112, 126-134.

176. Tusell, *Franco y los católicos...*, pp. 111-112.

177. *Ibid.*, p. 331.

178. Tusell y Álvarez Chillida, *Pemán...*, p. 135.

179. «El catalán. Un vaso de agua clara», *ABC* de Madrid, 17 de abril de 1970; Josep Andreu i Abelló, «1970. La campaña en defensa del catalán», *El País*, 16 de junio de 1976.

180. *Unión Monárquica*, 15 de noviembre de 1929, p. 30.

181. Pemán, *Mis encuentros con Franco...*, pp. 43, 47-48.

182. Reig Tapia, *La Cruzada de 1936...*, pp. 252-253.

183. Anson, *Don Juan...*, p. 60.

184. Francisco Franco Salgado-Araujo, *Franco Salgado-Araujo. Mis conversaciones privadas con Franco*, Barcelona, Planeta, 1976, pp. 208, 335, 356, 477-478, 490-491.

185. Cristóbal Orellana y José García Cabrera, «Calle José María Pemán, en Jerez, como si tal cosa», *La Voz del Sur*, 20 de diciembre de 2020.

5. EL MENSAJERO

1. Peter Kemp, *Mine Were of Trouble*, Londres, Cassell, 1957, p. 50; Luis Arias González, *Gonzalo de Aguilera Munro, XI conde de Alba de Yeltes (1886-1965). Vidas y radicalismo de un hidalgo heterodoxo*, Salamanca, Universidad de Salamanca, 2013, pp. 128-129.

2. Estoy en deuda con Ricardo Robledo, que me habló de los sucesos de la Dehesa de Continos y me proporcionó información de la Asociación de Memoria Histórica de Salamanca. Véase también *La Crónica de Salamanca*, 4 de octubre de 2015.

3. Aguilera a Magdalena, 5 de agosto y 2 de octubre de 1936, CAY, 1, 96, 2 y 5; Arias González, *Gonzalo de Aguilera...*, pp. 139-140.

4. *La Mañana*, Jaén, 16 de enero de 1934.

5. *Ibid.*, 1 de octubre de 1932, 21 y 27 de enero, 3 y 18 de febrero, 5 de abril de 1933; *El Adelanto*, Salamanca, 19 de octubre de 1932; *Región*, Cáceres, 24 de febrero de 1933; *El Obrero de la Tierra*, 14 de enero y 4 de marzo de 1933, 6, 13, 20 de enero y 17 de febrero de 1934; *El Socialista*, 21 de enero, 20 de abril, 1 de julio de 1933. Véase también Paul Preston, *The Coming of the Spanish Civil War. Reform Reaction and Revolution in the Second Spanish Republic 1931-1936*, Londres, Routledge, 1994², pp. 101-102, 111, 134-135, 140, 148-149, 184-185. [Hay trad. cast.: *La destrucción de la demo-*

cracia en España. Reforma, reacción y revolución en la Segunda República, Debate, Barcelona, 2018.]

6. Preston, *The Coming of the Spanish Civil War...*, pp. 147-153, 245, 259-260; Paul Preston, «The Agrarian War in the South», en Paul Preston, ed., *Revolution and War in Spain 1931-1939*, Londres, Methuen, 1984, pp. 159-181.

7. Alfonso Lazo, *Retrato de fascismo rural en Sevilla*, Sevilla, Universidad de Sevilla, 1998, pp. 11-14.

8. Manuel Sánchez del Arco, *El sur de España en la reconquista de Madrid (diario de operaciones glosado por un testigo)*, Sevilla, Editorial Sevillana, 1937[2], pp. 18-20.

9. Edmond Taylor, «Assignment in Hell», en Frank C. Hanighen, *Nothing but Danger*, Nueva York, National Travel Club, 1939, p. 65.

10. John Whitaker, «Prelude to World War. A Witness from Spain», *Foreign Affairs*, 21, 1-4 (octubre de 1942-julio de 1943), p. 107.

11. Taylor, «Assignment in Hell»..., pp. 64-65.

12. Francisco Gonzálbez Ruiz, *Yo he creído en Franco. Proceso de una gran desilusión. (Dos meses en la cárcel de Sevilla)*, París, Imprimerie Coopérative Étoile, 1937, p. 147.

13. Webb Miller, *I Found No Peace*, Londres, The Book Club, 1937, p. 344.

14. Whitaker, «Prelude to World War»..., p. 107.

15. Charles Foltz Jr., *The Masquerade in Spain*, Boston, Houghton Mifflin, 1948, p. 116.

16. Francis McCullagh, *In Franco's Spain*, Londres, Burns, Oates & Washbourne, 1937, pp. 104-107.

17. Noel Monks, *Eyewitness*, Londres, Frederick Muller, 1955, p. 73.

18. McCullagh, *In Franco's Spain...*, pp. 104-129; Arthur Koestler, *Spanish Testament*, Londres, Victor Gollancz, 1937, p. 220; Monks, *Eyewitness...*, pp. 80-82.

19. Koestler, *Spanish Testament...*, pp. 223-231; Arthur Koestler, *The Invisible Writing*, Londres, Hutchinson, 1969[2], pp. 413-420, 427; sir Peter Chalmers-Mitchell, *My House in Malaga*, Londres, Faber & Faber, 1938, pp. 269-289; Luis Bolín, *Spain. The Vital Years*, Filadelfia, J. B. Lippincott, 1967, pp. 247-249. [Hay trad. cast.: *Los años vitales*, Madrid, Espasa Calpe, 1968.]

20. Virginia Cowles, *Looking for Trouble*, Londres, Hamish Hamilton, 1941, pp. 90-94; Harold G. Cardozo, *The March of a Nation. My Year of Spain's Civil War*, Londres, The Right Book Club, 1937, p. 301.

21. Aunque lo mencionan varios corresponsales, solo Virginia Cowles parecía conocer su nombre de pila, que según ella era Ignacio. Véase Cowles, *Looking for Trouble...*, p. 70. No figura en Estado Mayor Central, *Anuario Militar de España 1936*, Madrid, Ministerio de la Guerra, 1936, pp. 323, 399. Es posible que Rosales, que actuaba como oficial de prensa, estuviera en la reserva con la paga íntegra gracias a las reformas introducidas por Azaña en 1931 o que, como Bolín, sencillamente le hubieran dado el rango honorífico de capitán.

22. Cowles, *Looking for Trouble...*, p. 70.

23. Frances Davis, *My Shadow in the Sun*, Nueva York, Carrick & Evans, 1940, p. 136.

24. Michael Richards, *A Time of Silence. Civil War and the Culture of Repression in Franco's Spain. 1936-1945*, Cambridge, Cambridge University Press, 1998, p. 18; Juan Carlos Losada Malvárez, *Ideología del Ejército franquista 1939-1959*, Madrid, Istmo, 1990, pp. 28-30.

25. Conde de Alba de Yeltes, *Cartas a un sobrino*, s. e., s. f., pp. 72-84.

26. [Francisco Franco Bahamonde], *Palabras del Caudillo 19 abril 1937 – 31 diciembre 1938*, Barcelona, Fe, 1939, p. 261.

27. Whitaker, «Prelude to World War»..., p. 108.

28. *Ibid.*

29. Aguilera a Inés Luna, 30 de noviembre de 1909, 9 de febrero y 6 de junio de 1910, Archivo Histórico Provincial de Salamanca, Fondo Luna Terrero, Inés Luna-Gonzalo de Aguilera, Correspondencia 1909 [en lo sucesivo, AHPS, FLT].

30. Aguilera a Inés Luna, 19 de noviembre de 1909, AHPS, FLT...; Arias González, *Gonzalo de Aguilera...*, pp. 32-41.

31. Carta del padre F. J. Turner SJ, archivero del Stonyhurst College, al autor, 19 de mayo de 1999; Arnold Lunn, *Spanish Rehearsal*, Londres, Hutchinson, 1937, p. 70.

32. Carta del padre Turner al autor.

33. Alba de Yeltes, *Cartas a un sobrino...*, p. 28; Arias González, *Gonzalo de Aguilera...*, pp. 47-55; Aguilera a Inés Luna, 13 de diciembre de 1909, AHPS, FLT...

34. Aguilera a Inés Luna, 5, 20 y 22 de mayo, 3 y 19 de junio, 28 y 30 de septiembre, 18 de octubre, 4 y 28 de noviembre, 8 y 12 de diciembre de 1909, 21 de enero, 12 y 19 de febrero de 1910, AHPS, FLT...

35. Hoja de servicios de Gonzalo de Aguilera y Munro, Archivo General Militar de Segovia (AGMS, Secc. 1.ª, leg. A-407). La información sobre

la actitud de su padre se basa en declaraciones al autor, 30 de julio de 1999, del doctor Salvador Llopis Llopis, cronista de la ciudad de Salamanca.Véase también Arias González, *Gonzalo de Aguilera...*, pp. 55-68.

36. Arias González, *Gonzalo de Aguilera...*, pp. 70-75.

37. Alba deYeltes, *Cartas a un sobrino...*, p. 101.

38. *La Gaceta Regional*, 30 de agosto de 1964.

39. Hoja de servicios de Gonzalo de Aguilera...; *Archivo General Militar de Segovia*; *Índice de expedientes personales*, Madrid, Hidalguía, 1959, I, p. 57.

40. Ministerio de la Guerra, Sección Personal, 21 de noviembre de 1932, leg. 416, Gonzalo de Aguilera y Munro,Archivo General Militar de Segovia. Sobre las reformas militares, véase Michael Alpert, *La reforma militar de Azaña (1931-1933)*, Madrid, Siglo XXI, 1982, pp. 133-149.

41. Juan Ximénez Embún y Ángel González Palencia, *Catálogo alfabético de los documentos referentes a títulos del Reino y Grandezas de España conservados en la sección de Consejos Suprimidos*, Madrid, Patronato Nacional de Archivos Históricos, 1951, pp. 36-37, 51; J.Atienza, *Nobiliario español. Diccionario heráldico de apellidos españoles y títulos nobiliarios*, Madrid, Aguilar, 1959³, p. 790. Curiosamente, Gonzalo se refería a sí mismo ora como el decimosexto conde, ora como el decimoséptimo.

42. Kemp, *Mine Were of Trouble...*, p. 49; Lunn, *Spanish Rehearsal...*, pp. 42, 50.

43. Entrevista del 30 de julio de 1999 con el doctor Salvador Llopis Llopis. Inés Luna falleció en Barcelona en 1953.

44. Arias González, *Gonzalo de Aguilera...*, p. 6.

45. Sobre MartínVeloz, véase Javier Infante, «Sables y naipes. Diego Martín Veloz (1875-1938). De cómo un matón de casino se convirtió en caudillo rural», en Ricardo Robledo, ed., *Esta salvaje pesadilla. Salamanca en la Guerra Civil española*, Barcelona, Crítica, 2007, pp. 264-279, 425, 428; José Venegas, *Andanzas y recuerdos de España*, Montevideo, Feria del Libro, 1943, pp. 74-85; Indalecio Prieto, *De mi vida. Recuerdos, estampas, siluetas, sombras. 1883-1962*, México, El Sitio, s. f. [1965], pp. 181-192; L. Santiago Díez Cano y Pedro Carasa Soto, «Caciques, dinero y favores. La restauración en Salamanca», en Ricardo Robledo, ed., *Historia de Salamanca, vol. V. Siglo XX*, Salamanca, Centro de Estudios Salmantinos, 2001, pp. 143-144.

46. Aguilera a Inés Luna, 19 de abril de 1909,AHPS, FLT...; Salvador Llopis Llopis, *La prócer dama doña Inés Luna Terrero, sus predecesores y familiares cercanos*, Salamanca, 2000, pp. 221-226.

47. Aguilera a Inés Luna, 22 de abril y 1 de julio de 1909, AHPS, FLT...

48. Aguilera a Inés Luna, 24 de agosto y 7 de septiembre de 1909, AHPS, FLT...; Llopis Llopis, *La prócer dama...*, p. 227.

49. Aguilera a Inés Luna, 9, 11, 12, 14, 18 y 19 de septiembre de 1909, AHPS, FLT...

50. Aguilera a Inés Luna, 30 de septiembre de 1909, AHPS, FLT...

51. Aguilera a Inés Luna, 3, 6 y 8 de octubre de 1909, AHPS, FLT...

52. Llopis Llopis, *La prócer dama...*, p. 233.

53. Aguilera a Inés Luna, 16 y 20 de octubre de 1909, AHPS, FLT...

54. Copia de la carta por cortesía de Salvador Llopis Llopis. Véase también Llopis Llopis, *La prócer dama...*, pp. 233-234.

55. Aguilera a Inés Luna, 23 de octubre de 1909, AHPS, FLT...

56. Aguilera a Inés Luna, 26 y 27 de octubre de 1909, AHPS, FLT...

57. Aguilera a Inés Luna, 26 y 27 de octubre de 1909, AHPS, FLT...

58. Aguilera a Inés Luna, 6, 10, 14 y 30 de noviembre de 1909, AHPS, FLT...

59. Aguilera a Inés Luna, 12 de diciembre de 1909, AHPS, FLT...

60. Aguilera a Inés Luna, 22 de enero de 1910, AHPS, FLT...

61. Aguilera a Inés Luna, 26 de enero de 1910, AHPS, FLT...

62. Aguilera a Inés Luna, 9 y 15 de febrero, 4 y 5 de marzo, 16 y 24 de junio de 1910, Inés Luna a Aguilera, 5 de marzo de 1910, AHPS, FLT...; Llopis Llopis, *La prócer dama...*, pp. 237.

63. Aguilera a Inés Luna, 8 de febrero de 1911, AHPS, FLT...

64. Aguilera a Inés Luna, 24 de marzo de 1911, AHPS, FLT...; Llopis Llopis, *La prócer dama...*, pp. 237-238.

65. Aguilera a Inés Luna, 7 de mayo y 13 de junio de 1913, AHPS, FLT...

66. Llopis Llopis, *La prócer dama...*, pp. 250-254. Salvador Llopis pudo consultar la última parte de la correspondencia entre Gonzalo e Inés, que, por motivos desconocidos, no se encuentra en el fondo de Inés Luna del Archivo Histórico Provincial de Salamanca.

67. Paul Preston, *A People Betrayed. A History of Corruption, Political Incompetence and Social Division in Modern Spain 1874-2018*, Londres, William Collins, 2020, pp. 206, 210. [Hay trad. cast.: *Un pueblo traicionado. Corrupción, incompetencia política y división social*, Barcelona, Debate, 2019.]

68. Llopis Llopis, *La prócer dama...*, pp. 228-229.

69. Testimonio de Llopis Llopis, 30 de julio de 1999. Sobre Magdalena y su familia, véase Arias González, *Gonzalo de Aguilera...*, pp. 79-91. Sobre

Inés, «De burguesa excéntrica a amante de Primo de Rivera», *El País*, 19 de abril de 2008. Sobre el patrimonio de su familia, véase Ricardo Robledo y Santiago Díez Cano, «La derrota del rentista. Historia económica y política del caso de Luna Terrero (1855-1955)», en S. De Dios y Eugenia Torijano, eds., *Escritos de historia. Estudios en homenaje al profesor Javier Infante*, Salamanca, Universidad de Salamanca, 2019, pp. 147-170.

70. Alba de Yeltes, *Cartas a un sobrino...*, p. 167.

71. Arias González, *Gonzalo de Aguilera...*, pp. 106-111.

72. Juan de la Cierva a Aguilera, 3 de octubre de 1935, Archivo de la Universidad de Salamanca, Conde de Alba de Yeltes, AUSA, CAY, 1, 24; Bolín a Aguilera, 28 de enero de 1937, AUSA, CAY, 1, 80; Arias González, *Gonzalo de Aguilera...*, pp. 123-140.

73. Arias González, *Gonzalo de Aguilera...*, pp. 124-126; Estado Mayor Central, *Anuario Militar de España 1936...*, p. 151.

74. Aguilera a Ada Munro, 19 de julio de 1936, AUSA, CAY, 1, 101, 1; «Informe sobre el capitán de Caballería retirado, D. Gonzalo de Aguilera Munro», 2 de diciembre de 1937, Ministerio de la Guerra, Sección Personal, leg. 416, Gonzalo de Aguilera y Munro, Archivo General Militar de Segovia [en lo sucesivo, Informe GAM, leg. 416, AGMS].

75. Severiano Delgado Cruz, *Arqueología de un mito. El acto del 12 de octubre de 1936 en el Paraninfo de la Universidad de Salamanca*, Madrid, Sílex, 2019, pp. 69-79; André Salmon, *Souvenirs sans fin*, París, Gallimard, 1955, pp. 17-22.

76. Aguilera a Magdalena, 30 de julio y 5 de agosto de 1936, AUSA, CAY, 1, 96, 1 y 2.

77. Aguilera a Magdalena, 13 y 16 de septiembre de 1936, AUSA, CAY, 1, 96, 3 y 4.

78. Por ejemplo, Aguilera a Magdalena, 16 de septiembre de 1936, 4 y 17 de mayo de 1937, CAY, 1, 96, 4, 12, 16.

79. Sefton Delmer, *Trail Sinister. An Autobiography*, Londres, Secker & Warburg, 1961, p. 277; Cardozo, *The March of a Nation...*, p. 63.

80. Miller, *I Found No Peace...*, pp. 326-327.

81. Frances Davis, *A Fearful Innocence*, Kent (Ohio), Kent State University Press, 1981, p. 158.

82. John T. Whitaker, *We Cannot Escape History*, Nueva York, Macmillan, 1943, p. 109.

83. Informe GAM, leg. 416, AGMS...; Cardozo, *The March of a Nation...*, pp. 78-87. Sobre la batalla de Irún, véase Hugh Thomas, *The Spanish*

Civil War, Londres, Hamish Hamilton, 1977³, pp. 377-379 [Hay trad. cast.: *La Guerra Civil española*, Barcelona, Debolsillo, 2020]; Servicio Histórico Militar (coronel José Manuel Martínez Bande), *Nueve meses de guerra en el norte*, Madrid, San Martín, 1980, pp. 82-84.

84. Cox, *Defence of Madrid...*, p. 19.

85. Informe GAM, leg. 416, AGMS... Lunn, *Spanish Rehearsal...*, pp. 42, cuenta un incidente similar en el que el compañero de Aguilera era «un periodista francés». Es muy posible que la anécdota fuera sobre la experiencia con Strunk, pero quedara distorsionada al relatarla Aguilera o Lunn.

86. Davis, *A Fearful Innocence...*, pp. 151-153; H. R. Knickerbocker, *The Siege of the Alcazar*, Londres, Hutchinson, s. f. [1937], p. 136; Cardozo, *The March of a Nation...*, pp. 284-286; Miller, *I Found No Peace...*, p. 322.

87. Davis, *My Shadow...*, pp. 130-131, 165, 171; McCullagh, *In Franco's Spain...*, pp. 111-112; Cardozo, *The March of a Nation...*, pp. 220-221.

88. Taylor, «Assignment in Hell»..., pp. 64, 67; Miller, *I Found No Peace...*, p. 322; Whitaker, «Prelude to World War»..., pp. 108-109.

89. Knickerbocker, *The Siege of the Alcazar...*, p. 136.

90. «A Journalist», *Foreign Journalists under Franco's Terror*, Londres, United Editorial, 1937, pp. 26-30. Véase Herbert R. Southworth, *Guernica! Guernica! A Study of Journalism, Propaganda and History*, Berkeley, University of California Press, 1977, pp. 52, 420, n. 62. [Hay trad. cast.: *La destrucción de Guernica. Periodismo, diplomacia, propaganda e historia*, Granada, Comares, 2013.]

91. Whitaker, «Prelude to World War»..., p. 109.

92. Cardozo, *The March of a Nation...*, pp. 63, 285-286. Los demás periodistas trataban a Cardozo de «comandante».

93. Véase el salvoconducto emitido en Salamanca, 23 de noviembre de 1936, leg. 416, Gonzalo de Aguilera y Munro, Archivo General Militar de Segovia...; Cardozo, *The March of a Nation...*, p. 286.

94. Lunn, *Spanish Rehearsal...*, pp. 50-55.

95. *Ibid.*, pp. 46, 62.

96. Whitaker, *We Cannot Escape History...*, p. 115.

97. Aguilera a Magdalena, 15 de abril y 5 de mayo de 1937, AUSA, CAY, 1, 96, 10 y 13.

98. Delmer, *Trail Sinister...*, p. 278.

99. *Ibid.*, pp. 277-278.

100. Delmer a Aguilera, 8 de marzo, AUSA, CAY, 1, 82. En la carta no consta el año, pero como Delmer habla en ella por extenso del libro de

Constancia de la Mora, *In Place of Splendor. The Autobiography of a Spanish Woman*, Nueva York, Harcourt, Brace, 1939, casi con toda certeza es de 1940. [Hay ed. cast.: *Doble esplendor*, Madrid, Gadir, 2017.]

101. Lunn, *Spanish Rehearsal...*, p. 46.

102. Taylor, «Assignment in Hell»..., p. 64.

103. Davis, *My Shadow...*, pp. 98-99.

104. Taylor, «Assignment in Hell»..., p. 64.

105. Davis, *A Fearful Innocence...*, pp. 158-159.

106. Merry del Val a Aguilera, AUSA, CAY, 1, 88, 2. El telegrama está sin datar, pero Monks solo estuvo en Madrid en mayo, junio y julio de 1937; Monks, *Eyewitness...*, pp. 100-106.

107. Lunn a Aguilera, 19 de abril y 7 de septiembre de 1937, AUSA, CAY, 1, 86.

108. Lunn, *Spanish Rehearsal...*, pp. 70, 75.

109. Conde de Alba de Yeltes, *El átomo. Sus componentes, energía y medio*, Madrid, Talleres M. Rollán, 1946.

110. Alba de Yeltes, *Cartas a un sobrino*. El libro estaba mal impreso, en una edición no venal posiblemente costeada por Aguilera. El ejemplar de la Biblioteca Nacional de Madrid contiene varias páginas mecanoscritas añadidas con posterioridad, seguramente también por el propio Aguilera.

111. Kemp, *Mine Were of Trouble...*, p. 50.

112. Whitaker, «Prelude to World War»..., p. 108; Whitaker, *We Cannot Escape History...*, pp. 108-110.

113. Aguilera a Magdalena, 2 de octubre de 1936, AUSA, CAY, 1, 96, 5.

114. Aguilera a Magdalena, 15, 23 de abril y 10 de mayo de 1937, AUSA, CAY, 1, 96, 10, 11, 15.

115. Aguilera a Magdalena, 22 de junio de 1937, AUSA, CAY, 1, 96, 18.

116. Informe GAM, leg. 416, AGMS...; Cardozo, *The March of a Nation...*, pp. 286-301. En la vida civil, Lambarri trabajaba de diseñador para la revista *Vogue*. Véase Reynolds y Eleanor Packard, *Balcony Empire*, Nueva York, Oxford University Press, 1942, p. 54.

117. Aguilera a Magdalena, 22 de junio de 1937, AUSA, CAY, 1, 96, 18.

118. Aguilera a Magdalena, 17 de mayo de 1937, AUSA, CAY, 1, 96, 16.

119. Aguilera a Magdalena, 4 de mayo de 1937, AUSA, CAY, 1, 96, 12.

120. *The Sphere*, 14 de noviembre de 1936, p. 265 y 12 de diciembre de 1936, pp. 16-17. *The Belfast Telegraph* y *The Yorkshire Evening Post*, 9 de noviembre de 1936.

121. Southworth, *Guernica! Guernica!*..., pp. 64-67, 334-335, 337.

122. *Foreign Journalists*..., p. 7.

123. Knickerbocker a Aguilera, 28 de marzo de 1937, AUSA, CAY, 1, 84.

124. Bowers a Hull, 12 de abril de 1937, *Foreign Relations of the United States 1937*, Washington, United States Government Printing Office, 1954, vol. I, pp. 279-280.

125. Southworth, *Guernica! Guernica!*..., pp. 51-52, 419, n. 59.

126. *Ibid.*, pp. 52, 419-420, n. 60.

127. Knickerbocker a Aguilera, 22 de agosto de 1937, AUSA, CAY, 1, 84.

128. Arias González, *Gonzalo de Aguilera*..., p. 128.

129. Informe GAM, leg. 416, AGMS...

130. Borrador de la solicitud de reingreso en la escala activa del Ejército de Gonzalo de Aguilera y Munro, AUSA, CAY, 2, 3.

131. Informe GAM, leg. 416, AGMS...; Kemp, *Mine Were of Trouble*..., pp. 99-101; General Sagardía, *Del Alto Ebro a las Fuentes del Llobregat. Treinta y dos meses de guerra de la 62 División*, Madrid, Editora Nacional, 1940, p. 106.

132. Cowles, *Looking for Trouble*..., pp. 86-87.

133. *Ibid.*, p. 90.

134. *Ibid.*, p. 92.

135. *Ibid.*, p. 93.

136. *Ibid.*, pp. 95-99.

137. Kemp, *Mine Were of Trouble*..., p. 50.

138. Carta de Cassell & Co. a Herbert R. Southworth, 27 de marzo de 1968, y entrevista de Southworth con D'Hospital, 14 de septiembre de 1968, Southworth, *Guernica! Guernica!*..., p. 418, nn. 47 y 48.

139. Juan Antonio Sacaluga, *La resistencia socialista en Asturias 1937-1962*, Madrid, Pablo Iglesias, 1986, pp. 5-6.

140. Cecil Gerahty, *The Road to Madrid*, Londres, Hutchinson, 1937, p. 35; Arias González, *Gonzalo de Aguilera*..., p. 156.

141. Lunn, *Spanish Rehearsal*..., p. 63.

142. *Ibid.*, p. 66.

143. Taylor, «Assignment in Hell»..., p. 68.

144. McCullagh, *In Franco's Spain*..., p. 112.

145. Aguilera a Ada Munro, 18 de junio, 1 y 9 de agosto, 10 y 22 de septiembre de 1939, 8 de noviembre de 1940, AUSA, CAY, 1, 101.

146. Arias González, *Gonzalo de Aguilera*..., pp. 182-199.

147. Bravo a Aguilera, 9 de julio de 1945 y 3 de febrero de 1946, Aguilera a Bravo, 2 de diciembre de 1945, AUSA, CAY, 1, 15.

148. No tienen fecha, pero contienen alusiones internas a la prensa internacional que dejan claro que estuvo escribiendo como mínimo hasta 1953; *Cartas a un sobrino...*, pp. 110, 123, nota a la p. 126.

149. *Ibid.*, pp. 1-2.

150. *Ibid.*, p. 6.

151. *Ibid.*, pp. 32, 71, 97.

152. *Ibid.*, pp. 66-68, 114.

153. Aguilera a Inés Luna, 9 de septiembre, 19 y 20 de noviembre, 4 y 13 y fragmento sin datar de diciembre de 1909, AHPS, FLT.

154. *Cartas a un sobrino...*, pp. 82-83, 88-89, 92-96.

155. *Ibid.*, pp. 91.

156. *Ibid.*, p. 91. La obra rezuma anticlericalismo, pero véanse sobre todo las pp. 78-87 y la nota marcada con asterisco en la p. 218.

157. *Ibid.*, pp. 151-176.

158. Arias González, *Gonzalo de Aguilera...*, pp. 216-219; Hilari Raguer, *La pólvora y el incienso. La Iglesia y la Guerra Civil española*, Barcelona, Península, 2001, p. 375.

159. Arias González, *Gonzalo de Aguilera...*, p. 11.

160. Para un comentario de sus escritos publicados en *La Gaceta Regional*, Arias González, *Gonzalo de Aguilera...*, pp. 227-231.

161. Aguilera a Inés Luna, 9 de septiembre de 1909 y 8 de febrero de 2011, AHPS, FLT; Arturo Ezquerro, «Captain Aguilera and filicide. A group-analytic commentary», *Contexts. Group Analytic Society International*, 88 (verano de 2020), pp. 1-16.

162. *El Caso*, 5 de septiembre de 1964.

163. *Ibid.*; Arias González, *Gonzalo de Aguilera...*, pp. 209-212.

164. Arias González, *Gonzalo de Aguilera...*, pp. 213-216.

165. *Ibid.*, pp. 255-256.

166. *Ibid.*, pp. 207-208.

167. Ezquerro, «Captain Aguilera and filicide»..., p. 11.

168. Documentación sobre Gonzalo de Aguilera y Munro, remitida a su viuda, leg. 416, Archivo General Militar de Segovia; *El Adelanto*, Salamanca, 29, 30 de agosto y 1 de septiembre de 1964; *El Caso*, 5 de septiembre de 1964; *La Gaceta Regional*, 30 de agosto y 1 de septiembre de 1964; *ABC*, 24 de agosto de 1964; Arias González, *Gonzalo de Aguilera...*, pp. 258-267.

169. Declaraciones al autor, 30 de julio de 1999, del doctor Salvador Llopis Llopis, cronista de la ciudad de Salamanca y biógrafo de Inés Luna Terrero.

170. Entrevista de Mariano Sanz González al doctor Desiderio López, director del hospital, 27 de octubre de 1999; Arias González, *Gonzalo de Aguilera...*, p. 268.

171. Miller, *I Found No Peace...*, p. 344.

6. EL ASESINO DEL NORTE

1. Jorge Vigón, *General Mola (el conspirador)*, Barcelona, AHR, 1957, pp. 15-18; José María Iribarren, *Mola. Datos para una biografía y para la historia del Alzamiento Nacional*, Zaragoza, Librería General, 1938, pp. 159-164.

2. Sobre su personalidad, véanse Guillermo Cabanellas, *La guerra de los mil días. Nacimiento, vida y muerte de la II República española*, 2 vols., Buenos Aires, Grijalbo, 1973, I, p. 303; Carlos Blanco Escolá, *General Mola. Elególatra que provocó la Guerra Civil*, Madrid, La Esfera de los Libros, 2002, pp. 29-30.

3. José María Iribarren, *Con el general Mola. Escenas y aspectos inéditos de la Guerra Civil*, Zaragoza, Librería General, 1937, pp. 352-353.

4. *Ibid.*, pp. 129, 191; Iribarren, *Mola. Datos...*, pp. 9-10, 150, 178, 243-244, 277-278.

5. Gustau Nerín, *La guerra que vino de África*, Barcelona, Crítica, 2005, pp. 26-28, 42; Emilio Mola Vidal, *Obras completas*, Valladolid, Librería Santarén, 1940, pp. 971, 1002; José María Gil Robles, *No fue posible la paz*, Barcelona, Ariel, 1968, pp. 728-735.

6. Ino Bernard, *Mola. Mártir de España*, Granada, Librería Prieto, 1938, pp. 27-28; Vigón, *General Mola...*, pp. 22-30.

7. Vigón, *General Mola...*, pp. 33-36.

8. Mola, *Obras...*, pp. 195-201.

9. *Ibid.*, pp. 102, 129-130, 137 («¡Todo se esperaba de mi acometividad e inteligencia!») y p. 228 (Larache «era modelo de disciplina, instrucción y espíritu», virtudes que Mola atribuía a «un jefe enérgico»).

10. Blanco Escolá, *General Mola...*, p. 51.

11. Vigón, *General Mola...*, pp. 12-13.

12. Comandante [Ramón] Franco, *Madrid bajo las bombas*, Madrid, 1931, p. 102; Blanco Escolá, *General Mola...*, pp. 61-64.

13. Mola, *Obras...*, pp. 297-298; Eduardo González Calleja, *El máuser y el sufragio. Orden público, subversión y violencia política en la crisis de la Restauración (1917-1931)*, Madrid, Consejo Superior de Investigaciones Científicas, 1999,

pp. 221, 286-289, 509-511; Blanco Escolá, *General Mola...*, pp. 79-81, 187-188.

14. Mola, *Obras...*, pp. 240-251, 259-260, 276-277; González Calleja, *El máuser y el sufragio...*, pp. 509-511; Juan-Simeón Vidarte, *No queríamos al Rey. Testimonio de un socialista español*, Barcelona, Grijalbo, 1977, pp. 288-289.

15. Juan-Simeón Vidarte, *Todos fuimos culpables*, México, Fondo de Cultura Económica, 1973, p. 701.

16. Mola, *Obras...*, pp. 454-455, 548-549; [Ramón] Franco, *Madrid bajo las bombas*, pp. 171-172; Ramón Garriga, *Ramón Franco. El hermano maldito*, Barcelona, Planeta, 1978, pp. 186-193, 201-204; Blanco Escolá, *General Mola...*, pp. 188-189.

17. Herbert R. Southworth, *El lavado de cerebro de Francisco Franco. Conspiración y Guerra Civil*, Barcelona, Crítica, 2000, p. 235; Mola, *Obras...*, pp. 308-312; Eduardo González Calleja y Fernando del Rey Reguillo, *La defensa armada contra la revolución. Una historia de las guardias cívicas en la España del siglo XX*, Madrid, Consejo Superior de Investigaciones Científicas, 1995, pp. 226-232.

18. Vigón, *General Mola...*, pp. 57-58, 63-64; B. Félix Maíz, *Mola. Aquel hombre*, Barcelona, Planeta, 1976, pp. 25-28, 43-44, 84-86, 238; Paul Robinson, *The White Russian Army in Exile 1920-1941*, Oxford, Clarendon Press, 2002, pp. 174-177, 208-210, 224-225, 236.

19. Iribarren, *Con el general Mola...*, p. 242.

20. Mola, *Obras...*, pp. 349, 394-395, 408-412, 435; [Ramón] Franco, *Madrid bajo las bombas*, pp. 87, 104-114; Garriga, *Ramón Franco...*, pp. 173-178, 182-189; Carmen Díaz, *Mi vida con Ramón Franco*, Barcelona, Planeta, 1981, pp. 94-153; Gonzalo Queipo de Llano, *El movimiento reivindicativo de Cuatro Vientos*, Madrid, Tipografía Yagües, 1933, pp. 54-55, 63-64.

21. Mola, *Obras...*, pp. 417-421, 429-435, 471-482, 495-496.

22. José María Azpíroz Pascual y Fernando Elboj Broto, *La sublevación de Jaca*, Zaragoza, Guara, 1984, pp. 33-40, 81-87; Graco Marsá, *La sublevación de Jaca. Relato de un rebelde*, Madrid, Zeus, 19312, pp. 57-81, 159-189; Mola, *Obras...*, pp. 471-475.

23. Ángel Ossorio y Gallardo, *Mis memorias*, Buenos Aires, Losada, 1946, pp. 161-163; Henry Buckley, *Life and Death of the Spanish Republic*, Londres, Hamish Hamilton, 1940, pp. 29-30; Azpíroz y Elboj, *La sublevación...*, pp. 109-117; Julio Álvarez del Vayo, *The Last Optimist*, Londres, Putnam, 1950, pp. 197-198; Manuel de Burgos y Mazo, *De la República a...?*, Madrid, Javier Morata, 1931, pp. 83-84.

24. Mola, *Obras...*, pp. 447, 543; Francisco Largo Caballero, *Mis recuerdos. Cartas a un amigo (Prólogo y notas de Enrique de Francisco)*, México, Unidas, 1954, pp. 111-113.

25. Mola, *Obras...*, pp. 763-790;Vidarte, *No queríamos al Rey...*, pp. 368-370.

26. *Renovación*, 20 de abril y 10 de mayo de 1931; Iribarren, *Mola. Datos...*, p. 34; Juan-Simeón Vidarte, *Las Cortes Constituyentes de 1931-1933*, Barcelona, Grijalbo, 1976, p. 22.

27. Vigón, *General Mola...*, p. 75.

28. Ramón Serrano Suñer, *Entre el silencio y la propaganda, la Historia como fue. Memorias*, Barcelona, Planeta, 1977, p. 214.

29. Hoja de servicios de Emilio Mola Vidal, Archivo General Militar de Segovia, secc. 1.ª, 3422-M, exp. 0., pp. 53-54; *ABC*, 23 de abril de 1931; Estado Mayor Central, *Anuario Militar de España 1931*, Madrid, Ministerio de la Guerra, 1931, p. 224: Mola, *Obras...*, pp. 879-880; Iribarren, *Mola. Datos...*, pp. 39-40; Manuel Azaña, *Obras completas*, 4 vols., México DF, Oasis, 1966-1968, I, p. 64.

30. *Gaceta de Madrid*, 16 de abril de 1931; Fernando Jesús Hernández Ruiz, «Ángel Galarza Gago (1892-1966). Ministro de Gobernación de la Segunda República Española. Del republicanismo radical socialista al socialismo y al exilio», *Revista Europea de Historia de las Ideas Políticas y de las Instituciones Públicas*, 9 (2015), pp. 369-394.

31. Vigón, *General Mola...*, pp. 75-76; Carolyn P. Boyd, «Responsibilities and the Second Spanish Republic 1931-1936», *European History Quarterly*, 14 (1984), pp. 151-182.

32. *ABC*, 29 de abril, 2 de mayo y 4 de julio de 1931.

33. *Gaceta de Madrid*, 14 de mayo de 1931; Hoja de servicios de Emilio Mola Vidal..., pp. 53-54; *ABC*, 4 de julio de 1931; Estado Mayor Central, *Anuario Militar de España 1931...*, p. 224: Mola, *Obras...*, pp. 879-880; Iribarren, *Mola. Datos...*, pp. 39-40; Azaña, *Obras completas...*, I, p. 64.

34. Alfonso Bullón de Mendoza y Gómez de Valugera, *José Calvo Sotelo*, Barcelona, Ariel, 2004, p. 282; Blanco Escolá, *General Mola...*, pp. 126-127; Mola, *Obras...*, pp. 879-880; Iribarren, *Mola. Datos...*, pp. 39-40; Azaña, *Obras completas...*, I, p. 64.

35. Jesús María Palomares Ibáñez, *La Guerra Civil en la ciudad de Valladolid. Entusiasmo y represión en la «Capital del Alzamiento»*, Valladolid, Ayuntamiento de Valladolid, 2001, p. 54.

36. Azaña, *Obras completas...*, IV, entradas de diario de los días 5 y 6 de abril de 1931, pp. 64, 67; Hoja de servicios de Emilio Mola Vidal, p. 54.

37. Estado Mayor Central, *Anuario Militar de España 1932*, Madrid, Ministerio de la Guerra, 1932, p. 181; *Anuario Militar de España 1933*, Madrid, Ministerio de la Guerra, 1933, p. 392;Vigón, *General Mola*...; Iribarren, *Mola. Datos*..., pp. 39-40, 180; sobre las reformas de Azaña, véanse Blanco Escolá, *General Mola*..., pp. 115-125; Gabriel Cardona, «Mola, el general que pudo mandar», *La Aventura de la historia*, 41 (2002), p. 46.

38. Agradezco a Fernando Puell que me informara de la decisión del Tribunal Supremo y del decreto de 9 de marzo de 1932, *Gaceta de Madrid*, 71 (11 de marzo), p. 1767.

39. W. Hooper, *Manual práctico de ajedrez*, Madrid, Librería Bergua, 1933; Iribarren, *Con el general Mola*..., p. 292; Iribarren, *Mola. Datos*..., pp. 177, 180-181.

40. Decreto n.º 61, *Diario Oficial del Ministerio de la Guerra*, 11 de marzo de 1932.

41. *Lo que yo supe. Memorias de mi paso por la Dirección General de Seguridad*, escrito en 1931 pero no publicado hasta enero de 1933, en Mola, *Obras*..., p. 347. Reseña de Vegas Latapié, *Acción Española*,VI, 31 (16 de junio de 1933).

42. Mola, *Obras*..., pp. 574-575.

43. B. Félix Maíz, *Mola frente a Franco. Guerra y muerte del General Mola*, Pamplona, Laocoonte, 2007, pp. 251-254, 344-345.

44. Iribarren, *Mola. Datos*..., p. 186.

45. Mola, *Obras*..., pp. 1045-1046.

46. *Ibid.*, pp. 1047, 1096, 1101, 1166-1167.

47. Blanco Escolá, *General Mola*..., pp. 12-13.

48. Mola a Sanjurjo, 12 de agosto y 9 de diciembre de 1934, citado en Fernando del Rey, «Percepciones contrarrevolucionarias. Octubre de 1934 en el epistolario del general Sanjurjo», *Revista de Estudios Políticos (nueva época)*, 159 (enero-marzo de 2013), pp. 77-105, esp. pp. 85 y 102; Mola a Sanjurjo, 12 de agosto, 10 de septiembre y 9 de diciembre de 1934, citado en Enrique Sacanell Ruiz de Apodaca, *El general Sanjurjo, héroe y víctima. El militar que pudo evitar la dictadura franquista*, Madrid, La Esfera de los Libros, 2004, pp. 143, 152, 156-157.

49. Maíz, *Mola. Aquel hombre*..., pp. 24-25; Gabriel Cardona, *El poder militar en la España contemporánea hasta la Guerra Civil*, Madrid, Siglo XXI, 1983, p. 224; Francisco Franco Bahamonde, *«Apuntes» personales sobre la República y la Guerra Civil*, Madrid, Fundación Francisco Franco, 1987, p. 15.

50. Gil Robles, *No fue posible*..., pp. 234-262; Carlos Martínez de Cam-

pos, *Ayer 1931-1953*, Madrid, Instituto de Estudios Políticos, 1970, p. 32; Iribarren, *Mola. Datos...*, p. 44; B. Félix Maíz, *Alzamiento en España. De un diario de la conspiración*, Pamplona, Gómez, 1952[2], pp. 32-33; Eduardo González Calleja, *Contrarrevolucionarios. Radicalización violenta de las derechas durante la Segunda República, 1931-1936*, Madrid, Alianza, 2011, pp. 290-296; Ricardo de la Cierva, *Francisco Franco. Un siglo de España*, 2 vols., Madrid, Editora Nacional, 1973, pp. 392-398.

51. Iribarren, *Con el general Mola...*, p. 29.

52. Blanco Escolá, *General Mola...*, pp. 214-218, 269-271.

53. Fernando del Rey, «Los papeles de un conspirador. Documentos para la historia de las tramas golpistas de 1936», *Dimensioni e problemi della ricerca storica*, 2 (2018), pp. 130-135.

54. Maíz, *Mola. Aquel hombre...*, pp. 62-65, 92, 199, 205; Bullón de Mendoza, *José Calvo Sotelo...*, p. 659; Cardona, *El poder militar...*, pp. 233-234; Blanco Escolá, *General Mola...*, p. 220.

55. Gil Robles, *No fue posible...*, pp. 719-720; Joaquín Arrarás, *Historia de la Cruzada española*, 8 vols., 36 tomos, Madrid, Ediciones Españolas, 1939-1943, II, t. 9, p. 467; Franco Bahamonde, *«Apuntes» personales...*, pp. 33-34; Iribarren, *Mola. Datos...*, pp. 45-46; Iribarren, *Con el general Mola...*, pp. 14-15; Varela a Sanjurjo, s. f. [marzo de 1936]; Sacanell, *El general Sanjurjo...*, pp. 30-32.

56. Del Rey, «Los papeles de un conspirador»..., pp. 137-146; José María Pemán, *Un soldado en la Historia. Vida del capitán general Varela*, Cádiz, Escelicer, 1954, pp. 140-148; Federico Martínez Roda, *Varela. El general antifascista de Franco*, Madrid, La Esfera de los Libros, 2012, pp. 121-124; José Solchaga, «Memorias», *Historia*, 16 (2000), pp. 22-36; Jaime Ignacio del Burgo, «Introducción» a Maíz, *Mola frente a Franco...*, pp. 92-93; Sacanell, *El general Sanjurjo...*, pp. 188-189, 200, 212, 216; Vigón, *General Mola...*, p. 92.

57. Maíz, *Mola frente a Franco...*, p. 514.

58. Cabanellas, *La guerra de los mil días...*, I, p. 334; Maíz, *Mola. Aquel hombre...*, p. 202.

59. Sobre los contactos directos de March con los generales, véase Nerín, *La guerra...*, pp. 132-133.

60. Arturo Dixon, *Señor Monopolio. La asombrosa vida de Juan March*, Barcelona, Planeta, 1985, p. 134; Luis Romero, *Tres días de julio (18, 19 y 20 de 1936)*, Barcelona, Ariel, 1968[2], p. 20; Bernardo Díaz Nosty, *La irresistible ascensión de Juan March*, Madrid, Sedmay, 1977, pp. 303-307; Ramón Garriga, *Juan March y su tiempo*, Barcelona, Planeta, 1976, pp. 373-376.

61. José Ángel Sánchez Asiaín, *La financiación de la Guerra Civil española. Una aproximación histórica*, Barcelona, Crítica, 2012, pp. 118-125, 1143-1147; Maíz, *Mola. Aquel hombre...*, pp. 230-235.

62. Jehanne Wake, *Kleinwort Benson. The History of Two Families in Banking*, Nueva York, Oxford University Press, 1997, pp. 250-254; José Ángel Sánchez Asiaín, *La financiación de la Guerra Civil española. Una aproximación histórica*, Barcelona, Crítica, 2012, pp. 119-120, 180-185, 199-204.

63. José Martín Blázquez, *I Helped to Build an Army. Civil War Memoirs of a Spanish Staff Officer*, Londres, Secker & Warburg, 1939, p. 85.

64. Maíz, *Alzamiento...*, pp. 23-28, 52-56, 61-63, 67, 82-86, 110, 142-144, 162, 317-329.

65. Rafael García Serrano, *La gran esperanza*, Barcelona, Planeta, 1983, pp. 202-205; Maíz, *Mola. Aquel hombre...*, pp. 188, 192, 236; Miguel Sánchez-Ostiz, *El Escarmiento*, Pamplona, Pamiela, 2013, pp. 54-55, 135-137.

66. Juan de Iturralde, *La guerra de Franco, los vascos y la Iglesia*, San Sebastián, Publicaciones del Clero Vasco, 1978, 2 vols., I, p. 48; Fernando Puell de la Villa, «La trama militar de la conspiración», en Francisco Sánchez Pérez, ed., *Los mitos del 18 de julio*, Barcelona, Crítica, 2013, pp. 71-77. Todas las instrucciones de Mola, menos la segunda, dirigida a Yagüe, en *ibid.*, pp. 341-367.

67. Cabanellas, *La guerra de los mil días...*, II, p. 845.

68. Mola, *Obras...*, pp. 1192, 1195-1196.

69. Mola, «Directivas para Marruecos», en Puell, «La trama militar»..., pp. 364-365.

70. Luis E. Togores, *Yagüe. El general falangista de Franco*, Madrid, La Esfera de los Libros, 2010, pp. 193-194; Francisco Alía Miranda, *Julio de 1936. Conspiración y alzamiento contra la Segunda República*, Barcelona, Crítica, 2011, p. 105.

71. Publicadas en Mohammad Ibn Azzuz Hakim, *La actitud de los moros ante el Alzamiento. Marruecos 1936*, Málaga, Algazara, 1997, pp. 100-102.

72. Iribarren, *Mola. Datos...*, pp. 52, 58-62; Juan José Calleja, *Yagüe. Un corazón al rojo*, Barcelona, Juventud, 1963, pp. 75-77.

73. Iribarren, *Mola. Datos...*, p. 53; Vigón, *General Mola...*, pp. 91-92; Puell, «La trama militar»..., p. 343-348.

74. Del Rey, «Los papeles de un conspirador»..., pp. 146-150; Gabriel Cardona, *Historia militar de una guerra civil. Estrategias y tácticas de la guerra de España*, Barcelona, Flor del Viento, 2006, pp. 38-42; Blanco Escolá, *General Mola...*, pp. 247-248; Ángel Viñas, *¿Quién quiso la Guerra Civil? Historia de una conspiración*, Barcelona, Crítica, 2019, pp. 183-187.

75. Puell, «La trama militar»..., p. 366.

76. Vigón, *General Mola*..., p. 95; Sacanell, *El general Sanjurjo*..., pp. 204-205, 216-218.

77. Blanco Escolá, *General Mola*..., pp. 246-247; Sánchez-Ostiz, *El Escarmiento*..., p. 204; García Serrano, *La gran esperanza*..., p. 178.

78. Cabanellas, *La guerra de los mil días*..., I, pp. 314-316, 351-352; Vigón, *General Mola*..., pp. 104-105; Maíz, *Mola. Aquel hombre*..., pp. 131-133, 143-155, 193-194, 228-229.

79. Puell, «La trama militar»..., pp. 358-359; Viñas, *¿Quién quiso la Guerra Civil?*..., pp. 189-190; Iturralde, *La guerra de Franco...*, I, p. 354; Sánchez-Ostiz, *El Escarmiento*..., p. 154.

80. Pedro Luis Angosto, *José Alonso Mallol. El hombre que pudo evitar la guerra*, Alicante, Instituto de Cultura Juan Gil-Albert, 2010, pp. 199, 212-214; Dolores Ibárruri, *El único camino*, Madrid, Castalia, 1992, p. 349; Enrique Líster, *Nuestra guerra*, París, Colección Ebro, 1966, pp. 30-31.

81. Iribarren, *Mola. Datos*..., p. 71.

82. Maíz, *Alzamiento*..., pp. 61-62, 67, 73-75; Viñas, *¿Quién quiso la Guerra Civil?*..., p. 55; Juan Antonio Ansaldo, *¿Para qué...? (de Alfonso XIII a Juan III)*, Buenos Aires, Editorial Vasca-Ekin, 1951, pp. 47-50; Eugenio Vegas Latapié, *Memorias políticas. El suicido de la monarquía y la Segunda República*, Barcelona, Planeta, 1983, pp. 158, 162; Julio Gil Pecharromán, *Conservadores subversivos. La derecha autoritaria alfonsina (1913-1936)*, Madrid, Eudema, 1994, pp. 264, 269; Vigón, *General Mola*..., p. 54.

83. Maíz, *Alzamiento*..., pp. 201-205; Maíz, *Mola. Aquel hombre*..., pp. 214-219; González Calleja, *Contrarrevolucionarios*..., p. 349; Vigón, *General Mola*..., pp. 93-94; Iribarren, *Mola. Datos*..., pp. 55-56.

84. Mariano Ansó, *Yo fui ministro de Negrín*, Barcelona, Planeta, 1976, pp. 122-123; Carlos Fernández Santander, *Casares Quiroga. Una pasión republicana*, Sada-A Coruña, Ediciós do Castro, 2000, pp. 235-240; Cabanellas, *La guerra de los mil días...*, I, pp. 356, 376-380.

85. Iribarren, *Con el general Mola*..., p. 17; *Mola. Datos*, p. 65.

86. «Prólogo» a Alfredo Kindelán Duany, *Mis cuadernos de guerra*, Barcelona, Planeta, 1982², p. 42.

87. Alfredo Kindelán Duany, *La verdad de mis relaciones con Franco*, Barcelona, Planeta, 1981, pp. 173-174; Maíz, *Alzamiento*..., pp. 276-278; Vegas Latapié, *Memorias políticas...*, p. 276; Serrano Suñer, *Entre el silencio y la propaganda*, pp. 120-121. Sobre Elena Medina, Consuelo Olagüe y Luisa Beloqui, véanse Vigón, *General Mola*..., p. 110; José Antonio Vaca de Osma, *La*

larga guerra de Francisco Franco, Madrid, RIALP, 1991, pp. 110-111, Iribarren, *Mola. Datos...*, p. 73; Ansó, *Yo fui ministro de Negrín...*, p. 124; Iribarren, *Con el general Mola...*, pp. 39, 42; Luis Romero, *Por qué y cómo mataron a Calvo Sotelo*, Barcelona, Planeta, 1982, pp. 238, 247-248, 264.

88. Hilari Raguer, *El general Batet. Franco contra Batet. Crónica de una venganza*, Barcelona, Península, 1996, pp. 220-225; Maíz, *Alzamiento...*, pp. 238-240, 247-252; Iribarren, *Con el general Mola...*, pp. 50-53, 180-184; Vigón, *General Mola...*, p. 109; Maíz, *Mola. Aquel hombre...*, pp. 256-259, 302-304; Iribarren, *Mola. Datos...*, pp. 90-95.

89. Vigón, *General Mola...*, p. 100; Emilio Esteban Infantes, *General Sanjurjo. Un laureado en el Penal del Dueso*, Barcelona, AHR, 1958, pp. 254-255; Jorge Fernández-Coppel, *General Gavilán. De enlace del general Mola a jefe de la Casa Militar de Franco*, Madrid, La Esfera de los Libros, 2005, p. 51; Maíz, *Mola. Aquel hombre...*, pp. 223-224; Franco Bahamonde, *«Apuntes» personales...*, p. 34.

90. Puell, «La trama militar»..., p. 361.

91. Iribarren, *Con el general Mola...*, pp. 54-55; Maíz, *Alzamiento...*, pp. 231-232; Raguer, *El general Batet...*, p. 227.

92. Cabanellas, *La guerra de los mil días...*, I, p. 353; Maíz, *Alzamiento...*, pp. 150-151; Antonio Lizarza Iribarren, *Memorias de la conspiración*, Pamplona, Gómez, 1969[4], pp. 105-110; para la desesperación al borde del suicidio de Mola, véase una nota manuscrita añadida por Iribarren, *Con el general Mola...*, p. 53, así como la carta a un amigo escrita por Iribarren en 1965, citada en Eugenio Vegas Latapié, *Los caminos del desengaño. Memorias políticas II. 1936-1938*, Madrid, Giner, 1987, pp. 416, 515. La carta de Iribarren puede leerse en Vicente Cacho Viu, «Los escritos de José María Iribarren», *Cuadernos de Historia Moderna y Contemporánea*, 5 (1984), pp. 241-242. Véase también Franco Bahamonde, *«Apuntes» personales...*, p. 37.

93. Esteban Infantes, *General Sanjurjo...*, pp. 254-255.

94. Iturralde, *La guerra de Franco...*, I, pp. 98-104, 121-124; Maíz, *Mola. Aquel hombre...*, p. 259.

95. Viñas, *¿Quién quiso la Guerra Civil?...*, pp. 398-399; Lizarza Iribarren, *Memorias...*, pp. 113-124, 133-139; Manuel Fal Conde, «Aportación de Gil Robles al Alzamiento», *ABC* de Sevilla, 30 de abril de 1968; Vigón, *General Mola...*, p. 101, 107; Cabanellas, *La guerra de los mil días...*, I, pp. 351-353; Gil Robles, *No fue posible...*, pp. 728-733; Maíz, *Mola. Aquel hombre...*, pp. 271, 279.

96. Diego Martínez Barrio, *Memorias*, Barcelona, Planeta, 1983,

pp. 358-364; Iturralde, *La guerra de Franco*…, I, pp. 168-169; Maíz, *Alzamiento*…, p. 304; Iribarren, *Con el general Mola*…, pp. 65-66.

97. Mola, *Obras*…, p. 1173.

98. Iturralde, *La guerra de Franco*…, I, p. 433.Véase también Hugh Thomas, *The Spanish Civil War*, Londres, Hamish Hamilton, 1977³, p. 260. [Hay trad. cast.: *La Guerra Civil española*, Barcelona, Debolsillo, 2020.]

99. Galo Vierge, *Los culpables. Pamplona 1936*, Pamplona, Pamiela, 2009, pp. 66-67; Iribarren, *Mola. Datos*…, pp. 99-103; Iribarren, *Con el general Mola*…, pp. 56-60; Sánchez-Ostiz, *El Escarmiento*…, pp. 181-196.

100. *Le Temps*, 16 de agosto de 1936.

101. Julio González Soto, *Esbozo de una síntesis del ideario de Mola en relación con el Movimiento Nacional*, Burgos, Hijos de Santiago Rodríguez, 1937, p. 53.

102. Fernando Mikelarena Peña, «La intensidad de la limpieza política franquista en 1936 en la Ribera de Navarra», *Hispania Nova. Revista de Historia Contemporánea*, 9 (2009), p. 5; Iturralde, *La guerra de Franco*…, I, pp. 447-454.

103. Sánchez-Ostiz, *El Escarmiento*…, pp. 54-55, 66, 136-137, 204-205, 261-262, 277-278.

104. Nota manuscrita, Iribarren, *Con el general Mola*…, p. 191.

105. Iribarren, *Con el general Mola*…, p. 155.

106. Gil Robles, *No fue posible*…, p. 721, n. 62.

107. Iribarren, *Con el general Mola*…, p. 73-76; Cabanellas, *La guerra de los mil días*…, I, p. 631.

108. Iturralde, *La guerra de Franco*…, I, pp. 393-394.

109. Reynolds y Eleanor Packard, *Balcony Empire. Fascist Italy at War*, Nueva York, Oxford University Press, 1942, pp. 44-45.

110. *Le Matin*, 24 de julio de 1936; Sefton Delmer, *Trail Sinister. An Autobiography*, Londres, Secker & Warburg, 1961, pp. 273-274.

111. Antonio Ruiz Vilaplana, *Doy fe… Un año de actuación en la España nacionalista*, París, Imprimerie Coopérative Étoile, s. f. [1938], pp. 56-57.

112. Maíz, *Alzamiento*…, pp. 307-311; *Foreign Relations of the United States 1936* [en lo sucesivo, *FRUS*], Washington, U.S. Government Printing Office, 1954, vol. II, p. 449; *ABC* de Sevilla, 26 de julio de 1936; Iribarren, *Con el general Mola*…, pp. 106-107, 122; Vegas Latapié, *Los caminos*…, pp. 32-33; Vidarte, *Todos fuimos culpables*…, p. 702.

113. Joaquín Pérez Madrigal, *Pérez (vida y trabajo de uno)*, Madrid, Instituto Editorial Reus, 1955, pp. 137-140; Iribarren, *Con el general Mola*…, pp. 194-195; Sánchez-Ostiz, *El Escarmiento*…, pp. 179-181.

114. Cabanellas, *La guerra de los mil días...*, I, pp. 632-633; Pérez Madrigal, *Pérez...*, pp. 149-164. Lo confirma una nota manuscrita de 1944 añadida por Iribarren al ejemplar de *Con el general Mola...*, p. 105, que obsequió a su amigo José María Azcona; Arrarás, *Historia de la Cruzada...*, III, p. 513, IV, p. 218.

115. Josep Fontana, «Julio de 1936», *Público*, 29 de junio de 2010.

116. García Serrano, *La gran esperanza...*, pp. 153-160.

117. Iturralde, *La Guerra de Franco...*, I, pp. 438-440.

118. Altaffaylla, *Navarra. De la esperanza al terror*, Tafalla, Altaffaylla, 20048, pp. 718-719; Mikelarena Peña, «La intensidad de la limpieza política»..., p. 5.

119. Arrarás, *Historia de la Cruzada*, III, 13..., pp. 498-504; Jesús Vicente Aguirre González, *Aquí nunca pasó nada. La Rioja 1936*, Logroño, Ochoa, 2007, pp. 55, 63, 66-67, 74, 111-113.

120. Patricio Escobal, *Las sacas (Memorias)*, Sada-A Coruña, Ediciós do Castro, 2005, pp. 83-86; Antonio Hernández García, *La represión en La Rioja durante la Guerra Civil*, Logroño, Soria, A. Hernández García-Ingrabel, 1984, 3 vols., I, pp. 47-60, II, pp. 23-130, 141-173, III, pp. 57-63, 101-137; María Cristina Rivero Noval, *La ruptura de la paz civil. Represión en La Rioja (1936-1939)*, Logroño, Instituto de Estudios Riojanos, 1992, pp. 67-79; Carlos Gil Andrés, *Lejos del frente*, pp. 107, 212-220, 252; Aguirre González, *Aquí nunca pasó nada...*, pp. 966-970.

121. Ramón Villares, «Galicia mártir», en Jesús de Juana y Julio Prada, coords., *Lo que han hecho en Galicia. Violencia política, represión y exilio (1936-1939)*, Barcelona, Crítica, 2007, p. VIII; Antonio Miguez Macho, *Xenocidio e represión franquista en Galicia. A violencia de retagarda en Galicia na Guerra Civil (1936-1939)*, Santiago de Compostela, Lóstrego, 2009, pp. 54-59.

122. Carlos Fernández Santander, *Alzamiento y guerra civil en Galicia (1936-1939)*, 2 t., Sada-A Coruña, Ediciós do Castro, 2000, I, pp. 13, 85-101. Las cifras más fiables y en constante actualización sobre la represión en Galicia proceden de Lourenzo Fernández Prieto *et al.*, *Vítimas da represión en Galicia (1936-1939)*, Santiago de Compostela, Universidade de Santiago y Xunta de Galicia, 2009, pp. 11-23. En el caso de Lugo, presenta cifras más altas María Jesús Souto Blanco, «Golpe de Estado y represión franquista en la provincia de Lugo», en De Juana y Prada, *Lo que han hecho en Galicia...*, pp. 90-96.

123. Enrique Berzal de la Rosa, coord., *Testimonio de voces olvidadas*, 2 vols., León, Fundación 27 de Marzo, 2007, I, p. 18, II, pp. 178-179; Ignacio

Martín Jiménez, *La Guerra Civil en Valladolid, 1936-1939. Amaneceres ensangrentados*, Valladolid, Ámbito, 2000, pp. 199-208; Palomares Ibáñez, *La Guerra Civil...*, pp. 145-147. Los nombres de las mujeres fusiladas constan en las listas de las pp. 161-185.

124. Martín Blázquez, *I Helped to Build an Army...*, pp. 163-164.

125. Arrarás, *Historia de la Cruzada*, III, 12..., pp. 430-431; Santiago López García y Severiano Delgado Cruz, «Que no se olvide el castigo. La represión en Salamanca durante la Guerra Civil», en Ricardo Robledo, ed., *Esta salvaje pesadilla. Salamanca en la Guerra Civil española*, Barcelona, Crítica, 2007, pp. 106-107, 110-117.

126. González Soto, *Esbozo...*, p. 31.

127. *Ibid.*, p. 245; Iribarren, *Mola. Datos...*, p. 177.

128. Iribarren, *Con el general Mola...*, pp. 297-301; Iribarren, *Mola. Datos...*, pp. 211-212; Palomares Ibáñez, *La Guerra Civil...*, p. 54.

129. Miguel de Unamuno, *El resentimiento trágico de la vida. Notas sobre la revolución y guerra civil españolas*, Madrid, Alianza, 1991, p. 57.

130. Iribarren, *Mola. Datos...*, pp. 11, 67-70; *Con el general Mola...*, pp. 164-165, 243.

131. Iribarren, *Mola. Datos...*, pp. 148-149.

132. Maíz, *Mola. Aquel hombre...*, p. 185.

133. José Ignacio Escobar, *Así empezó*, Madrid, G. del Toro, 1974, pp. 55-58; Vigón, *General Mola...*, pp. 204-205.

134. Iribarren, *Con el general Mola...*, pp. 249-250.

135. Ángel Viñas, *Franco, Hitler y el estallido de la Guerra Civil. Antecedentes y consecuencias*, Madrid, Alianza, 2001, pp. 305-308; Escobar, *Así empezó...*, pp. 94-118.

136. Viñas, *Franco, Hitler...*, p. 428.

137. Francisco Franco Salgado-Araujo, *Mi vida junto a Franco*, Barcelona, Planeta, 1977, pp. 173, 349-354; José Manuel Martínez Bande, «Del alzamiento a la Guerra Civil, verano de 1936. Correspondencia Franco/Mola», *Historia y Vida*, 93 (1975), p. 23; Carlos Blanco Escolá, *La incompetencia militar de Franco*, Madrid, Alianza, 2000, pp. 246-255; Cardona, *Historia militar...*

138. Maíz, *Mola frente a Franco...*, pp. 156-157, 164-173, 182-183, 364.

139. Iribarren, *Mola. Datos...*, pp. 130-133; Vigón, *General Mola...*, pp. 91-92; Maíz, *Mola frente a Franco...*, p. 220-223; Iturralde, *La guerra de Franco...*, II, pp. 113-114, 118-119; Franco Bahamonde, *«Apuntes» personales...*, p. 40; Martínez Bande, «Correspondencia Franco/Mola»..., p. 22.

140. Gonzalo Soto, *Esbozo*..., pp. 10-17.

141. Maíz, *Mola frente a Franco*..., pp. 245-246.

142. Martínez Bande, «Correspondencia Franco/Mola»..., p. 21; Suárez Fernández, *Francisco Franco*..., II, p. 79; Iribarren, *Con el general Mola*..., p. 157, menciona la llegada del telegrama el 29 de julio.

143. Iribarren, *Mola. Datos*..., p. 149; Martínez Bande, «Correspondencia Franco/Mola»..., p. 21.

144. Iribarren, *Con el general Mola*..., pp. 168-169, 222-223.

145. *Ibid.*, pp. 94, 245.

146. *Ibid.*, p. 282.

147. Cardona, *Historia militar*..., pp. 38-40.

148. *Le Matin*, 24 de julio de 1936; Nerín, *La guerra*..., pp. 149-150.

149. Vegas Latapié, *Los caminos*..., pp. 36-42, 292; Francisco Bonmatí de Codecido, *El Príncipe Don Juan de España*, Valladolid, Librería Santarén, 1938, pp. 224-237; José María Toquero, *Don Juan de Borbón. El Rey padre*, Barcelona, Plaza y Janés - Cambio 16, 1992, pp. 87-89; Iribarren, *Mola. Datos*..., pp. 166-167; Cabanellas, *La guerra de los mil días*..., I, pp. 636-637.

150. José María Pemán, *Mis encuentros con Franco*, Barcelona, Dopesa, 1976, pp. 188-193; Iribarren, *Con el general Mola*..., p. 254, nota manuscrita en el ejemplar de Azcona.

151. Seydel a Canaris, 15 de agosto de 1936, *Documents on German Foreign Policy* [en lo sucesivo, *DGFP*], Series D, vol. III, Londres, HMSO, 1951, D, III, p. 40.

152. Escobar, *Así empezó*..., pp. 119-124.

153. Guillermo Cabanellas, *Cuatro generales*, 2 vols., Barcelona, Planeta, 1977, II, p. 327.

154. Martínez Bande, «Correspondencia Franco/Mola»..., p. 22.

155. Franco Salgado-Araujo, *Mi vida*..., pp. 189-190; Iribarren, *Con el general Mola*..., pp. 262-264.

156. *Dez anos de política externa (1936-1947). A naçaõ portuguesa e a segunda guerra mundial*, III, Lisboa, 1964, p. 156; *The Times*, 11, 17 de agosto de 1936.

157. Seydel a Canaris, 16 de agosto de 1937, *DGFP*, D, III..., pp. 42-43.

158. Martínez Bande, «Correspondencia Franco/Mola»..., pp. 23-24.

159. Ángel Viñas, «Los espías nazis entran en la Guerra Civil», en Ángel Viñas, *Guerra, dinero, dictadura. Ayuda fascista y autarquía en la España de Franco*, Barcelona, Crítica, 1984, pp. 50, 57-58.

160. · *Gaceta de Tenerife*, 26 de agosto de 1936; Maíz, *Mola frente a Franco...*, pp. 274-276.

161. *L'Oeuvre*, 17 de agosto de 1936.

162. *The Times*, 29 y 31 de agosto, 1, 2, 4 y 5 de septiembre de 1936; José Manuel Martínez Bande, *Nueve meses de guerra en el norte*, Madrid, San Martín, 1980, pp. 64-86; Xabier Irujo, *Gernika 26 de abril de 1937*, Barcelona, Crítica, 2017, p. 67.

163. Iribarren, *Con el general Mola...*, p. 320; Suárez Fernández, *Francisco Franco...*, II, p. 97.

164. Mola, *Obras...*, pp. 1177-1180.

165. Pemán, *Mis encuentros con Franco...*, p. 48.

166. Iribarren, *Con el general Mola...*, pp. 78, 88-89; Aguirre González, *Aquí nunca pasó nada...*, pp. 65-67; Rivero Noval, *La ruptura de la paz civil...*, pp. 50-51.

167. Paul Preston, *Franco. A Biography*, Londres, HarperCollins, 1993, pp. 173-179 [hay trad. cast.: *Franco. Caudillo de España*, Barcelona, Debate, 2015, pp. 210-212]; Kindelán, *Mis cuadernos...*, pp. 103-105; Ramón Garriga, *Nicolás Franco. El hermano brujo*, Barcelona, Planeta, 1980, pp. 97-104; Cabanellas, *La guerra de los mil días...*, II, pp. 196, 305-306; Iribarren, *Mola. Datos...*, pp. 232-233.

168. Estado Mayor Central, *Anuario Militar de España 1936*, Madrid, Ministerio de la Guerra, 1936, p. 150.

169. Iribarren, *Mola. Datos...*, pp. 232-233; Del Burgo, «Introducción» a Maíz, *Mola frente a Franco...*, pp. 129-131, 288-290, 309, 321-323.

170. Solchaga, «Memorias»..., p. 26.

171. Sacanell, *El general Sanjurjo...*, p. 157; Maíz, *Mola frente a Franco...*, pp. 261-265, 276-284, 393-394.

172. Ramón Garriga, *La España de Franco. De la División Azul al pacto con los Estados Unidos (1943 a 1951)*, Puebla (México), Cajica, 1971, p. 73; Serrano Suñer, *Entre el silencio y la propaganda*, p. 163; *ABC* de Sevilla, 30 de septiembre de 1936; *The Times*, 2 de octubre de 1936.

173. Pedro Sainz Rodríguez, *Testimonio y recuerdos*, Barcelona, Planeta, 1978, pp. 248-249.

174. Vegas Latapié, *Los caminos...*, p. 87.

175. Maíz, *Mola frente a Franco...*, pp. 324-325.

176. Geoffrey Cox, *Defence of Madrid*, Londres, Victor Gollancz, 1937, p. 19; Noel Monks, *Eyewitness*, Londres, Frederick Muller, 1955, pp. 71-72.

177. Javier Cervera Gil, *Madrid en guerra. La ciudad clandestina, 1936-*

1939, Madrid, Alianza, 2006, pp. 145-146; Cox, *Defence of Madrid...*, p. 39; Monks, *Eyewitness...*, p. 71. Según Carlos Contreras, «En defensa de Madrid. La quinta columna», *Milicia Popular*, 10 de octubre de 1936, la rueda de prensa de Mola se celebró unos días antes.

178. *Mundo Obrero*, 3 de octubre de 1936.

179. *Ibid.*, 5 de octubre de 1936.

180. Contreras, «En defensa de Madrid»...

181. *El Liberal*, 10, 16 de octubre de 1936.

182. *Heraldo de Madrid*, 21 de octubre de 1936.

183. Paul Preston, *The Spanish Holocaust. Inquisition and Extermination in Twentieth Century Spain*, Londres, HarperCollins, 2012, pp. 341-375. [Hay trad. cast.: *El holocausto español. Odio y exterminio en la Guerra Civil y después*, Barcelona, Debate, 2011.]

184. Stoyán Mínev (Stepanov), *Las causas de la derrota de la República española*, edición de Ángel L. Encinas Moral, Madrid, Miraguano, 2003, pp. 93, 111-112.

185. Roberto Cantalupo, *Fu la Spagna. Ambasciata presso Franco. Febbraio-Aprile 1937*, Milán, Mondadori, 1948, pp. 120-121.

186. Maíz, *Mola frente a Franco...*, pp. 334-339, 347-350, 372, 394-395, 402-412, 418-419, 431-433, 503-504, 517-518; Jaime del Burgo, *Conspiración y Guerra Civil*, Madrid, Editorial Alfaguara, 1970, pp. 687-692; Faupel a Wilhelmstrasse, 14 de abril de 1937, *DGFP*, D, III..., p. 268; Martin Blinkhorn, *Carlism and Crisis in Spain 1931-1939*, Cambridge, Cambridge University Press, 1975, pp. 273-275; Iturralde, *La guerra de Franco...*, II, pp. 60-62.

187. Maíz, *Mola frente a Franco...*, pp. 374-375, 383-385, 426; Kindelán, *Mis cuadernos...*, pp. 120-123; Vigón, *General Mola...*, pp. 303-304; Areilza, *Así los he visto...*, p. 132.

188. Franco Salgado-Araujo, *Mi vida...*, p. 225.

189. Kindelán, *Mis cuadernos...*, pp. 119-20; José Manuel Martínez Bande, *Vizcaya*, Madrid, Editorial San Martín, 1971, pp. 13-17; Klaus A. Maier, *Guernica 26.4.1937. Die deutsche Intervention in Spanien und der 'Fall Guernica'*, Freiburg, Rombach, 1975, pp. 44-45 [hay trad. cast.: *Guernica. 26-4-1937. La intervención alemana en España y el caso «Guernica»*, Madrid, Sedmay, 1976]; Vigón, *General Mola...*, p. 311; Ángel Viñas, «La responsibilidad de la destrucción de Guernica», en Viñas, *Guerra, dinero, dictadura...*, p. 99.

190. Cantalupo a Ciano, 17 de febrero de 1937, *I Documenti Diplomatici Italiani* [en lo sucesivo, *DDI*], 8.ª serie, vol. VI, Roma, Libreria dello Stato, 1997, pp. 222-223.

191. Wolfram von Richthofen, «Spanien-Tagebuch», anotaciones de diario de los días 20, 24, 25 y 26 de marzo de 1937, en Maier, *Guernica 26.4.1937...*, pp. 77-81.

192. Cantalupo, *Fu la Spagna...*, pp. 223-224.

193. Cantalupo a Ciano, 9 de abril de 1937, *DDI*, 8.ª serie, vol.VI..., p. 546.

194. Faupel a Wilhelmstrasse, 21 de abril de 1937, *DGFP*, D, III..., pp. 274-275.

195. Von Richthofen, «Spanien-Tagebuch», anotaciones de diario de los días 24 y 28 de marzo de 1937, en Maier, *Guernica 26.4.1937...*, pp. 79, 82.

196. En 1939, se comenzó a trabajar en una historia oficial de la Luftwaffe sobre la Legión Cóndor en el País Vasco, Kriegswissenschaftlichen Abteilung der Luftwaffe, Arbeitsgruppe Spanienkrieg, *Die Kämpfe im Norden*. La primera versión, Bundesarchiv, Militärarchiv, Freiburg, Akt II L 14/2, p. 29, es de lo más reveladora. La versión posterior, de marzo de 1940, es más comedida: *Die Kämpfe im Norden*, Bundesarchiv, Militärarchiv, Freiburg, Akt II L 14/3. Por ejemplo, omite la referencia a que la ofensiva se lanzó sin consideración alguna por la población civil. Véase Herbert R. Southworth, *Guernica! Guernica! A Study of Journalism, Propaganda and History*, Berkeley, University of California Press, 1977, pp. 276, 478, n. 205 [hay trad. cast.: *La destrucción de Guernica. Periodismo, diplomacia, propaganda e historia*, Granada, Comares, 2013.]. Agradezco a Ana Teresa Núñez Monasterio, del Museo de la Paz de Guernica, que me haya proporcionado ambos documentos.

197. Maier, *Guernica 26.4.1937...*, pp. 45-46; Viñas, «La responsabilidad de la destrucción de Guernica», en Viñas, *Guerra, dinero, dictadura...*, pp. 99-102.

198. G. L. Steer, *The Tree of Guernica. A Field Study of Modern War*, Londres, 1938, p. 159; Iñaki Egaña, Marisol Martínez y David Mendaza, *1936 Guerra civil en Euskal Herria. III La guerra en Araba. El levantamiento militar en Bizkaia, Pamplona*, Aralar Liburuak, 1999, p. 211; Manuel Aznar, *Historia militar de la guerra de España (1936-1939)*, Madrid, Idea, 1940, p. 398.

199. Javier Ugarte, «Represión como instrumento de acción política del Nuevo Estado (Álava, 1936-1939)», *Historia Contemporánea*, 35 (2007), p. 259.

200. Jon Irazabal Agirre, *Durango 31 de marzo de 1937*, Abadiño, Gerediaga Elkartea, 2001, pp. 68-84, 96-102; Steer, *The Tree of Guernica...*, pp. 160-170; Southworth, *Guernica! Guernica!...*, pp. 368-369.

201. Solchaga, «Memorias»..., p. 28.

202. Maier, *Guernica 26.4.1937...*, pp. 9-52; Von Richthofen, «Spanien-Tagebuch», anotaciones de diario del 2 y el 5 de abril de 1937, en

Maier, *Guernica 26.4.1937...*, pp. 86-87, 90; *Die Kämpfe im Norden*, 1.ª versión..., pp. 38-39, 46-47; *Die Kämpfe im Norden*, 2.ª versión..., pp. 57-61; Viñas, «La responsabilidad de la destrucción de Guernica», en Viñas, *Guerra, dinero, dictadura...*, pp. 102-104; Martínez Bande, *Vizcaya...*, p. 84.

203. Von Richthofen, «Spanien-Tagebuch», anotación de diario del 9 de abril de 1937, en Maier, *Guernica 26.4.1937...*, p. 94.

204. Faupel a Wilhemstrasse, 1 de mayo de 1937, *DGFP*, D, III..., p. 278.

205. Irujo, *Gernika 26 de abril...*, p. 84.

206. Von Richthofen, «Spanien-Tagebuch», anotación de diario del 20 de abril de 1937, en Maier, *Guernica 26.4.1937...*, p. 99.

207. *Ibid.*, anotación de diario del 23 de abril de 1937, p. 101.

208. *Ibid.*, anotación de diario del 25 de abril de 1937, pp. 101-103.

209. Gordon Thomas y Max Morgan-Witts, *The Day Guernica Died*, Londres, Hodder & Stoughton, 1975, pp. 144, 296; Claude Bowers, *My Mission to Spain*, Londres, Victor Gollancz, 1954, p. 343. [Hay trad. cast.: *Mi misión en España. En el umbral de la Segunda Guerra Mundial*, Barcelona, Arzalia, 2019.]

210. Von Richthofen, «Spanien-Tagebuch», anotación de diario del 26 de abril de 1937, en Maier, *Guernica 26.4.1937...*, pp. 103-104; Irujo, *Gernika 26 de abril...*, pp. 93-96, 105-107.

211. Bowers a Hull, 30 de abril de 1937, *FRUS 1937*, 1954, I..., p. 290.

212. *Daily Herald*, 27, 28 y 29 de abril de 1937.

213. Irujo, *Gernika 26 de abril...*, pp. 109-110, 190-191, 206.

214. *DDI*, 8.ª serie, vol. VI..., p. 539.

215. José de Arteche, *Un vasco en la postguerra (1906-1971)*, Bilbao, La Gran Enciclopedia Vasca, 1977, pp. 198, 222, 237; Sánchez-Ostiz, *El Escarmiento...*, pp. 117-118, 325-326.

216. Von Richthofen, «Spanien-Tagebuch», anotaciones de diario de los días 27 y 30 de abril de 1937, en Maier, *Guernica 26.4.1937...*, pp. 106, 109, anexo 11, p. 149; Maier, *Guernica 26.4.1937...*, p. 66; Southworth, *Guernica! Guernica!...*, pp. 276-277.

217. Irujo, *Gernika 26 de abril...*, p. 77.

218. Mola, *Obras...*, pp. 1185-1196; Serrano Suñer, *Entre el silencio y la propaganda...*, pp. 211-213; Maíz, *Mola frente a Franco...*, pp. 356, 396-402, 420-421; Cacho Viu, «Los escritos de José María Iribarren»..., pp. 249-250.

219. Vegas Latapié, *Los caminos...*, p. 194; Maíz, *Alzamiento...*, pp. 258-259; Vidarte, *Todos fuimos culpables...*, pp. 700-702.

220. Iribarren, *Con el general Mola...*, p. 294; Iribarren, *Mola. Datos...*, pp. 193-194.

221. Iribarren, *Mola. Datos...*, pp. 277-278. Existe un relato detallado del proceso en unas notas manuscritas de Iribarren, preparadas en mayo de 1944 para su amigo José María Azcona, pp. 1-8. Agradezco a Xabier Irujo que me diera una copia de dichas notas [en lo sucesivo, «Notas para Azcona»].

222. Sobre la mediocridad de Arias Paz, véase Eugenio Vegas Latapié, *La frustración en la victoria. Memorias políticas. 1938-1942*, Madrid, Actas, 1995, pp. 69-70.

223. «Notas para Azcona»..., pp. 9-25; Vegas Latapié, *Los caminos...*, pp. 185, 239-245; Cacho Viu, «Los escritos de José María Iribarren»..., pp. 243-248; Ricardo Ollaquindia, «Un libro de José María Iribarren condenado por la censura», *Príncipe de Viana*, año 64, 229 (2003), pp. 471-484.

224. «Notas para Azcona»..., pp. 26-36.

225. Maíz, *Mola frente a Franco...*, pp. 544-549.

226. Iribarren, *Mola. Datos...*, pp. 283-284; José Antonio Silva, *Cómo asesinar con un avión*, Barcelona, Planeta, 1981, pp. 81-90; Maíz, *Mola frente a Franco...*, pp. 552-553, 568-575; Federico Bravo Morata, *Franco y los muertos providenciales*, Madrid, Fenicia, 1979, pp. 149-181; Blanco Escolá, *General Mola...*, pp. 339-340; Vegas Latapié, *Los caminos...*, pp. 296-298.

227. Del Burgo, «Introducción» a Maíz, *Mola frente a Franco...*, p. 144.

228. Declaraciones de Ramón Serrano Suñer al autor, 21 de noviembre de 1990; Heleno Saña, *El franquismo sin mitos. Conversaciones con Serrano Suñer*, Barcelona, Grijalbo, 1982, pp. 94-95; Ignacio Merino, *Serrano Suñer. Conciencia y poder*, Madrid, Algaba, 2004, pp. 238-239.

229. Vegas Latapié, *Los caminos...*, pp. 291-292.

230. Cantalupo a Ciano, 17 de febrero de 1937, *DDI*, 8.ª serie, vol. VI..., pp. 221-222.

231. Maíz, *Mola frente a Franco...*, pp. 503-518, 541-555; Faupel a Wilhelmstrasse, 9 de julio de 1937, *DGFP*, D, III..., p. 410.

232. Sacanell, *El general Sanjurjo...*, p. 156; Del Burgo, «Introducción» a Maíz, *Mola frente a Franco...*, pp. 553, 560-562; Viñas, *¿Quién quiso la Guerra Civil?...*, pp. 180, 357-538, 361-362.

233. Ruiz Vilaplana, *Doy fe...*, pp. 121-122.

234. Adolf Hitler, *Hitler's Table Talk 1941-1944*, Londres, Weidenfeld & Nicolson, 1953, p. 608.

7. El psicópata del Sur

1. Luis de Armiñán, *Excmo. Sr. General Don Gonzalo Queipo de Llano y Sierra Jefe del Ejército del Sur*, Ávila, Imprenta Católica, 1937, p. 3.

2. Antonio Olmedo Delgado y José Cuesta Monereo, *General Queipo de Llano (aventura y audacia)*, Barcelona, AHR, 1958, p. 7. Véase, más recientemente, Nicolás Salas, *Quién fue Gonzalo Queipo de Llano y Sierra. 1875-1951*, Sevilla, Abec Editores, 2012, pp. 11-14, 423-432.

3. Guzmán de Alfarache [pseudónimo de Enrique Vila], *¡18 de julio! Historia del alzamiento glorioso de Sevilla*, Sevilla, FE, 1937, p. 7.

4. Jorge Fernández-Coppel, comp., *Queipo de Llano. Memorias de la Guerra Civil*, Madrid, La Esfera de los Libros, 2008, pp. 113, 141, 147.

5. Ana Quevedo y Queipo de Llano, *Queipo de Llano. Gloria e infortunio de un general*, Barcelona, Planeta, 2001, pp. 34-40; Olmedo y Cuesta, *General Queipo...*, pp. 10-13, 32.

6. Quevedo, *Queipo de Llano...*, pp. 41-52, 56-59; Olmedo y Cuesta, *General Queipo...*, pp. 19-27; Hoja de servicios de Gonzalo Queipo de Llano Sierra, Archivo General Militar de Segovia, pp. 9-11.

7. Quevedo, *Queipo de Llano...*, pp. 52-53.

8. *Ibid.*, pp. 66-78.

9. Olmedo y Cuesta, *General Queipo...*, pp. 36-50; Quevedo, *Queipo de Llano...*, pp. 87-97; Hoja de servicios de Gonzalo Queipo de Llano..., pp. 16-21.

10. Pedro Sainz Rodríguez, *Testimonio y recuerdos*, Barcelona, Planeta, 1978, p. 272.

11. Quevedo, *Queipo de Llano...*, p. 467; Guillermo Cabanellas, *Cuatro generales*, 2 vols., Barcelona, Planeta, 1977, II, p. 443; Manuel Barrios, *El último virrey. Queipo de Llano*, Sevilla, J. Rodríguez Castillejo, 1990³, p. 194.

12. Olmedo y Cuesta, *General Queipo...*, pp. 45-50.

13. Ignacio Hidalgo de Cisneros, *Cambio de rumbo (Memorias)*, 2 vols., Bucarest, Colección Ebro, 1964, II, pp. 15-16.

14. David Woolman, *Rebels in the Rif. Abd el Krim and the Rif Rebellion*, Stanford (California), Stanford University Press, 1969, pp. 83-95.

15. Francisco Hernández Mir, *La Dictadura ante la Historia. Un crimen de lesa patria*, Madrid, Compañía Ibero-Americana de Publicaciones, 1930, p. 97.

16. Gonzalo Queipo de Llano, *El general Queipo de Llano perseguido por la dictadura*, Madrid, Javier Morato, 1930, pp. 41-43, 68-72, 77-81, 101-103, 131-133.

17. Gonzalo Queipo de Llano, «Nuestro Propósito», en *Revista de Tropas Coloniales*, año 1, 1 (enero de 1924).

18. Queipo de Llano, *El general Queipo de Llano perseguido...*, pp. 104-135; Ricardo de la Cierva, *Francisco Franco. Un siglo de España*, 2 vols., Madrid, Editora Nacional, 1973, I, pp. 245-246; Woolman, *Rebels...*, p. 138; Guillermo Cabanellas, *La guerra de los mil días. Nacimiento, vida y muerte de la II República española*, 2 vols., Buenos Aires, Grijalbo, 1973, I, pp. 140-141. Las cartas pueden consultarse en el expediente de Queipo de Llano del Archivo General Militar de Segovia.

19. Queipo de Llano, *El general Queipo de Llano perseguido...*, pp. 41-43, 68-72, 77-81, 201; Olmedo y Cuesta, *General Queipo...*, pp. 74-75; Gustau Nerín, *La guerra que vino de África*, Barcelona, Crítica, 2005, pp. 48-49.

20. Cabanellas, *Cuatro generales...*, I, p. 121.

21. Queipo de Llano, *El general Queipo de Llano perseguido...*, pp. 157-161, 207-218; Nerín, *La guerra...*, pp. 95-96.

22. Queipo al presidente de la Junta Clasificadora, Archivo General Militar Segovia, Expediente Queipo de Llano/28; Queipo de Llano, *El general Queipo de Llano perseguido...*, pp. 221-229; Nerín, *La guerra...*, p. 49.

23. Cabanellas, *Cuatro generales...*, I, pp. 132-133; Olmedo y Cuesta, *General Queipo...*, pp. 67-72.

24. Queipo de Llano, *El general Queipo de Llano perseguido...*, pp. 15-17; Quevedo, *Queipo de Llano...*, pp. 240-243; Miguel Primo de Rivera y Urquijo, *Papeles póstumos de José Antonio*, Barcelona, Plaza y Janés, 1996, pp. 24, 26-27, 51; Ian Gibson, *En busca de José Antonio*, Barcelona, Planeta, 1980, pp. 192-196; Joan Maria Thomàs, *José Antonio. Realidad y mito*, Barcelona, Debate, 2017, pp. 92-95; Julio Gil Pecharromán, *José Antonio Primo de Rivera. Retrato de un visionario*, Madrid, Temas de Hoy, 1996, pp. 98-99, 142-143; Manuel Azaña, *Obras completas*, 4 vols., México DF, Oasis, 1966-1968, IV, p. 410.

25. Queipo de Llano, *El general Queipo de Llano perseguido...*, pp. 24-25.

26. Ian Gibson, *Queipo de Llano. Sevilla, verano de 1936*, Barcelona, Grijalbo, 1986, p. 19.

27. Gonzalo Queipo de Llano, *El movimiento reivindicativo de Cuatro Vientos*, Madrid, Tipografía Yagües, 1933, pp. 32, 51.

28. Antonio Cordón, *Trayectoria (Recuerdos de un artillero)*, Sevilla, Espuela de Plata, 2008, pp. 334-335; Carlos Blanco Escolá, *General Mola. El ególatra que provocó la Guerra Civil*, Madrid, La Esfera de los Libros, 2002, pp. 248.

29. Queipo de Llano a Franco, 18 de junio de 1950, en Francisco Franco Salgado-Araujo, *Mi vida junto a Franco*, Barcelona, Planeta, 1977, pp. 390-392; Archivo Natalio Rivas, Real Academia de la Historia, leg. II – 8923; José María Gil Robles, *No fue posible la paz*, Barcelona, Ariel, 1968, pp. 722-726.

30. Emilio Mola Vidal, *Obras completas*, Valladolid, Librería Santarén, 1940, pp. 333-334, 347-350, 394, 434-435, 1038-1041; Cordón, *Trayectoria...*, pp. 336-337; Queipo de Llano, *El movimiento reivindicativo*, pp. 54-55, 63-64.

31. Juan-Simeón Vidarte, *No queríamos al Rey. Testimonio de un socialista español*, Barcelona, Grijalbo, 1977, pp. 256-259.

32. Emilio Mola Vidal, *Tempestad, calma, intriga y crisis. Memorias de mi paso por la Dirección General de Seguridad*, Madrid, Librería Bergua, 1932, p. 76; Quevedo, *Queipo de Llano...*, pp. 252-259, 284-285, 301-302.

33. Graco Marsá, *La sublevación de Jaca. Relato de un rebelde*, Madrid, Zeus, 1931, *passim*; José María Azpíroz Pascual y Fernando Elboj Broto, *La sublevación de Jaca*, Zaragoza, Guara, 1984, pp. 27-36, 109-117; Comandante [Ramón] Franco, *Madrid bajo las bombas*, Madrid, Zeus, 1931, pp. 164-174; Queipo de Llano, *El movimiento reivindicativo...*, pp. 91-113, 121-128. Sobre los motivos por los que no se produjo la huelga, véase Shlomo Ben Ami, *The Origins of the Second Republic in Spain*, Oxford, Oxford University Press, 1978, pp. 149-150 [hay trad. cast.: *Los orígenes de la Segunda República española. Anatomía de una transición*, Madrid, Alianza Universidad, 1990].

34. Franco a Varela, 27 de diciembre de 1930, Archivo Varela, Cádiz, Expediente Personal Queipo de Llano, carpeta 148, pp. 75-77.

35. Hidalgo de Cisneros, *Cambio de rumbo...*, I, pp. 216-23, 230; Franco, *Madrid bajo las bombas...*, pp. 193-203, 223, 229; Nerín, *La guerra...*, pp. 86, 202.

36. «El General Burguete acusa», *ABC* de Madrid, 16 de marzo de 1937.; Diego Martínez Barrio, *Memorias*, Barcelona, Planeta, 1983, p. 18.

37. Hidalgo de Cisneros, *Cambio de rumbo...*, I, pp. 237-239, 243-246; Vidarte, *No queríamos al Rey...*, p. 343; Quevedo, *Queipo de Llano...*, pp. 310-311.

38. Azaña, *Obras completas...*, IV, pp. 71-72.

39. Hidalgo de Cisneros, *Cambio de rumbo...*, II, pp. 15-16.

40. Olmedo y Cuesta, *General Queipo...*, pp. 73, 79-80.

41. Quevedo, *Queipo de Llano...*, pp. 313-317.

42. Gil Robles, *No fue posible...*, pp. 39-40; Quevedo, *Queipo de Llano...*, p. 319.

43. «El General Burguete acusa»...

44. Azaña, *Obras completas...*, IV, pp. 15, 28-29.

45. Olmedo y Cuesta, *General Queipo...*, pp. 72-73.

46. Azaña, *Obras completas...*, IV, pp. 10-11, 13, 15, 499; Coronel Segismundo Casado, *Así cayó Madrid. Último episodio de la Guerra Civil española*, Madrid, Guadiana de Publicaciones, 1968, p. 32; Olmedo y Cuesta, *General Queipo...*, pp. 79-81; Gabriel Cardona, *El poder militar en la España contemporánea hasta la Guerra Civil*, Madrid, Siglo XXI, 1983, pp. 156-157; Gibson, *Queipo de Llano...*, pp. 32-33.

47. Azaña, *Obras completas...*, IV, pp. 50, 117-118; Martínez Barrio, *Memorias...*, pp. 138-139.

48. *ABC*, 8 de diciembre de 1931; Azaña, *Obras completas...*, IV, p. 263; Quevedo, *Queipo de Llano...*, pp. 320-325.

49. Azaña, *Obras completas...*, IV, pp. 120, 139, 261.

50. *Ibid.*, pp. 126, 139, 212-213, 304.

51. *Ibid.*, pp. 287-288.

52. *Ibid.*, pp. 301, 376; Martínez Barrio, *Memorias...*, pp. 138-139.

53. Manuel Azaña, *Diarios, 1932-1933. «Los cuadernos robados»*, Barcelona, Grijalbo-Mondadori, 1997, p. 37.

54. Joaquín Arrarás, *Historia de la Segunda República española*, 4 vols., Madrid, Editora Nacional, 1956-1968, I, pp. 522-523.

55. Juan Ortiz Villalba, *Sevilla 1936. Del golpe militar a la Guerra Civil*, Sevilla, Diputación Provincial, 1998, p. 281.

56. *ABC*, 8, 9 de marzo de 1933; Azaña, *Obras completas...*, IV, pp. 462, 465-466, 498-499; Niceto Alcalá-Zamora, *Memorias*, Barcelona, Planeta, 1977, p. 235; Quevedo, *Queipo de Llano...*, pp. 327-328; Blanco Escolá, *General Mola...*, pp. 157-158.

57. Gil Robles, *No fue posible...*, p. 235.

58. *ABC*, 9, 10 y 11 de mayo de 1934; Quevedo, *Queipo de Llano...*, pp. 329-336.

59. Martínez Barrio, *Memorias...*, p. 322.

60. Mola, *Obras...*, pp. 879-880; Iribarren, *Mola...*, pp. 39-40; Azaña, *Obras completas...*, IV, p. 67.

61. Gil Robles, *No fue posible...*, pp. 719-720; Joaquín Arrarás, *Historia de la Cruzada española*, 8 vols., 36 t., Madrid, Ediciones Españolas, 1939-1943, II, p. 467; Francisco Franco Bahamonde, *«Apuntes» personales sobre la República y la Guerra Civil*, Madrid, Fundación Francisco Franco, 1987, p. 33; B. Félix Maíz, *Alzamiento en España. De un diario de la conspiración*, Pamplona, Gómez, 19522, pp. 50-51; José María Iribarren, *Mola. Datos para una biografía y para la historia*

del Alzamiento Nacional, Zaragoza, Librería General, 1938, pp. 45-46; José María Iribarren, *Con el general Mola. Escenas y aspectos inéditos de la Guerra Civil*, Zaragoza, Librería General, 1937, pp. 14-15; Felipe Bertrán Güell, *Preparación y desarrollo del Alzamiento nacional*, Valladolid, Librería Santarén, 1939, p. 116.

62. Arrarás, *Historia de la Segunda República…*, IV, p. 345; General Jorge Vigón, *General Mola (el conspirador)*, Barcelona, AHR, 1957, p. 95; Blanco Escolá, *General Mola…*, p. 249.

63. Queipo de Llano a Franco, 18 de junio de 1950, en Franco Salgado-Araujo, *Mi vida…*, pp. 390-392; Quevedo, *Queipo de Llano…*, pp. 348-349; B. Félix Maíz, *Mola. Aquel hombre*, Barcelona, Planeta, 1976, pp. 78-81, 106, 133-135, 199-201, 225-228; Olmedo y Cuesta, *General Queipo…*, pp. 84-86; Cardona, *El poder militar…*, pp. 234, 243.

64. Queipo de Llano a Franco, 18 de junio de 1950, Franco Salgado-Araujo, *Mi vida…*, pp. 390-392; Gil Robles, *No fue posible…*, pp. 722-724, 726-727.

65. José María García Márquez, *La «Semana sangrienta» de julio de 1931 en Sevilla. Entre la historia y la manipulación*, Sevilla, Aconcagua, 2019, pp. 83-85.

66. José Manuel Macarro Vera, *La utopía revolucionaria. Sevilla en la Segunda República*, Sevilla, Monte de Piedad y Caja de Ahorros, 1985, pp. 253, 264; Leandro Álvarez Rey, *La derecha en la II República. Sevilla, 1931-1936*, Sevilla, Universidad de Sevilla y Ayuntamiento de Sevilla, 1993, pp. 251-258.

67. Ronald Fraser, *Blood of Spain. The Experience of Civil War 1936-1939*, Londres, Allen Lane, 1979, p. 50.

68. Guzmán de Alfarache, *¡18 de julio!…*, pp. 41-42; Manuel Sánchez del Arco, *El sur de España en la reconquista de Madrid (diario de operaciones glosado por un testigo)*, Sevilla, Sevillana, 19372, p. 27; Olmedo y Cuesta, *General Queipo…*, p. 88; Francisco Espinosa Maestre, *La justicia de Queipo. (Violencia selectiva y terror fascista en la II División en 1936) Sevilla, Huelva, Cádiz, Córdoba, Málaga y Badajoz*, Barcelona, Crítica, 2005², pp. 30-31; Luis Bolín, *Spain. The Vital Years*, Filadelfia, J. B. Lippincott, 1967, p. 183 [hay trad. cast.: *Los años vitales*, Madrid, Espasa Calpe, 1967]; Fernández-Coppel, *Queipo de Llano. Memorias…*, pp. 118-119.

69. Espinosa Maestre, *La justicia de Queipo…*, pp. 30-33; Guzmán de Alfarache, *¡18 de julio!…*, pp. 141-142.

70. Guzmán de Alfarache, *¡18 de julio!…*, p. 42; Olmedo y Cuesta, *General Queipo…*, pp. 86-88.

71. José María Varela Rendueles, *Rebelión en Sevilla. Memorias de su Gobernador rebelde*, Sevilla, Ayuntamiento, 1982, pp. 76-80.

72. General Queipo de Llano, «Cómo dominamos a Sevilla», en *Estampas de la guerra. Tomo Quinto, Frentes de Andalucía y Extremadura*, San Sebastián, Editora Nacional, 1938, p. 29.

73. Fernández-Coppel, *Queipo de Llano. Memorias...*, p. 25; Guzmán de Alfarache, *¡18 de julio!...*, pp. 43-48; Olmedo y Cuesta, *General Queipo...*, p. 89.

74. Quevedo, *Queipo de Llano...*, pp. 351-352, 372, 399-401.

75. Ortiz Villalba, *Sevilla 1936...*, pp. 78-79; Fernández-Coppel, *Queipo de Llano. Memorias...*, pp. 34-36; Guzmán de Alfarache, *¡18 de julio!...*, p. 49; Olmedo y Cuesta, *General Queipo...*, pp. 94-95, 100-101; Varela Rendueles, *Rebelión en Sevilla...*, p. 105; Espinosa Maestre, *La justicia de Queipo...*, pp. 109-114.

76. Archivo Natalio Rivas, Real Academia de la Historia (Madrid), leg. II – 8923; Olmedo y Cuesta, *General Queipo...*, pp. 100-101; Armiñán, *Excmo. Sr. General...*, pp. 17-18.

77. Guzmán de Alfarache, *¡18 de julio!...*, p. 62; Fernández-Coppel, *Queipo de Llano. Memorias...*, p. 38.

78. Queipo de Llano, «Cómo dominamos Sevilla»..., pp. 28-30; *ABC* de Sevilla, 18 de julio de 1937; *La Unión* de Sevilla, 18 de julio de 1937; *El Correo de Andalucía* de Sevilla, 18 de julio de 1937.

79. Archivo del Tribunal Militar Territorial Segundo (Sevilla), SUM 239/1938, citado por Rubén Serém, *A Laboratory of Terror, Conspiracy, Coup d'état and Civil War in Seville, 1936-1939. History and Myth in Francoist Spain*, Brighton, Sussex Academic Press, 2017, pp. 69-70.

80. Olmedo y Cuesta, *General Queipo...*, p. 118; Cabanellas, *La guerra de los mil días...*, I, p. 395; Barrios, *El último virrey...*, p. 87.

81. Queipo de Llano, «Cómo dominamos Sevilla»..., pp. 30-31; Guzmán de Alfarache, *¡18 de julio!...*, p. 66; Olmedo y Cuesta, *General Queipo...*, pp. 103-110.

82. Archivo del Tribunal Militar Territorial Segundo (Sevilla), 243/1938, citado por Serém, *A Laboratory of Terror...*, pp. 5, 8, 11, 68-71; Espinosa Maestre, *La justicia de Queipo...*, pp. 29-33.

83. H. R. Knickerbocker, *The Siege of the Alcazar. A War-Log of the Spanish Revolution*, Londres, Hutchinson, s. f. [1937], pp. 27-29.

84. Francisco Espinosa Maestre, *La columna de la muerte. El avance del ejército franquista de Sevilla a Badajoz*, Barcelona, Crítica, 2003, pp. 1-2; Hoja de servicios de Gonzalo Queipo de Llano..., pp. 32-33.

85. Queipo de Llano, «Cómo dominamos a Sevilla»..., pp. 28-35; *ABC*, 2 de febrero de 1938. Pueden leerse versiones parecidas del mismo

mito en Olmedo y Cuesta, *General Queipo...*, y Arrarás, *Historia de la Cruza-da...*, III, p. 174; Armiñán, *Excmo. Sr. General...*, p. 28. Existe una versión actualizada del mito en Nicolás Salas, *Sevilla fue la clave. República, Alzamien-to, Guerra Civil (1931-39)*, 2 vols., Sevilla, Castillejo, 1992. Para estudios que ponen en duda el heroísmo de Queipo de Llano, véanse Barrios, *El último virrey...*, pp. 50-52, 58-63 y Ortiz Villalba, *Sevilla 1936...*, pp. 127-128. El mito de la hazaña épica de Queipo de Llano se desmonta con gran habilidad en Espinosa Maestre, *La justicia de Queipo...*, pp. 45-56. Véase también Hugh Thomas, *The Spanish Civil War*, Londres, Hamish Hamilton, 1977[3], pp. 210-212 [hay trad. cast.: *La Guerra Civil española*, Barcelona, Debolsillo, 2020.].

86. Espinosa Maestre, *La justicia de Queipo...*, pp. 51-53. Vila publicó sus listas en la obra escrita con el pseudónimo «Guzmán de Alfarache», *¡18 de julio!...*, pp. 72-88, 110-115, 130-137, 153-160, 223-269. Véase también Barrios, *El último virrey...*, pp. 88-91, que afirma que los rebeldes contaban con seis mil hombres.

87. Sánchez del Arco, *El sur de España...*, pp. 27-35; Guzmán de Alfa-rache, *¡18 de julio!...*, pp. 91-110; Francisco Espinosa Maestre, *Guerra y repre-sión en el sur de España*, Valencia, Publicacions de la Universitat de València, 2012, pp. 133-169.

88. *ABC*, 31 de marzo de 1964.

89. Sánchez del Arco, *El sur de España...*, pp. 17-20, 31; Cándido Ortiz de Villajos, *De Sevilla a Madrid, ruta libertadora de la columna Castejón*, Grana-da, Librería Prieto, 1937, p. 27.

90. Informe Gutiérrez Flores, 11 de octubre de 1940, Archivo General Militar (Madrid), Zona Nacional, armario 18, leg. 35, carpeta 23. Agradezco a Rúben Sérem que me informase de la existencia de estos documentos.

91. Queipo de Llano, «Cómo dominamos a Sevilla»..., pp. 32-33.

92. Rafael de Medina Vilallonga, duque de Medinaceli, *Tiempo pasado*, Sevilla, Gráfica Sevillana, 1971, pp. 39-40; Ortiz Villalba, *Sevilla 1936...*, pp. 116-117.

93. *El Correo de Andalucía*, 22 de julio de 1936.

94. Edmundo Barbero, *El infierno azul. Seis meses en el feudo de Queipo*, Madrid, Talleres del SUIG (CNT), 1937, pp. 25-28.

95. Carta sin fecha de Cuesta-Monereo a Queipo de Llano, publicada en Fernández-Coppel, *Queipo de Llano. Memorias...*, p. 42, n. 19.

96. Julio de Ramón-Laca, *Bajo la férula de Queipo. Cómo fue gobernada Andalucía*, Sevilla, Imprenta Comercial del Diario FE, 1939, pp. 15-18.

97. Joaquín Gil Honduvilla, *Justicia en guerra. Bando de guerra y jurisdic-

ción militar en el Bajo Guadalquivir, Sevilla, Ayuntamiento de Sevilla / Patronato del Real Alcázar, 2007, pp. 82-83, 100-105.

98. Servicio Histórico Militar, Madrid, Zona Nacional, armario 18, leg. 35, carpeta 22.

99. *ABC*, 24 de julio de 1936; Ramón-Laca, *Bajo la férula...*, pp. 27-29.

100. Espinosa Maestre, *La justicia de Queipo...*, pp. 251-256.

101. Juan Manuel Baquero, *Que fuera mi tierra. Anuario 2015*, Sevilla, Extra! Comunicación / Dirección General de Memoria Democrática, Consejería de Cultura, Junta de Andalucía, 2016, p. 90.

102. Para un estudio de la represión bajo la jurisdicción de Queipo, véase Paul Preston, *The Spanish Holocaust. Inquisition and Extermination in Twentieth Century Spain*, Londres, HarperCollins, 2012, cap. 5. [Hay trad. cast.: *El holocausto español. Odio y exterminio en la Guerra Civil y después*, Barcelona, Debate, 2011.]

103. *ABC*, 23 de julio de 1936; *La Unión*, 23 de julio de 1936; Gibson, *Queipo de Llano...*, p. 165.

104. *La Unión*, 30 de agosto de 1936.

105. *ABC*, 23 de julio, 16 de agosto y 25 de octubre de 1936, 1 y 26 de junio, 5 de septiembre y 22 de diciembre de 1937; *La Unión*, 23 y 31 de julio de 1936; Arthur Koestler, *Spanish Testament*, Londres, Victor Gollancz, 1937, p. 31. [Hay trad. cast.: *Diálogo con la muerte. Un testamento español*, Salamanca, Amarante, 2015.]

106. José Cuesta Monereo, *Una figura para la historia. El general Queipo de Llano. Primer locutor de radio en la Guerra de Liberación*, Sevilla, Jefatura Provincial del Movimiento de Sevilla, 1969, p. 31.

107. *ABC*, 26 de julio de 1936.

108. Koestler, *Spanish Testament...*, pp. 34, 84-88.

109. *La Unión*, 23 de julio y 26 de octubre de 1936, *ABC*, 1 de octubre de 1936 y 15 de noviembre de 1937.

110. Cabanellas, *La guerra de los mil días...*, I, pp. 399-401; *ABC*, 30 de agosto de 1936; Gibson, *Queipo de Llano...*, p. 431.

111. *La Unión*, 25 de julio de 1936; *ABC*, 26 de julio y 29 de agosto de 1936.

112. Dionisio Ridruejo, *Casi unas memorias*, Barcelona, Planeta, 1976, pp. 150, 212.

113. Francisco Espinosa y José María Lama, «La columna de los ocho mil», *Revista de Fiestas de Reina*, Badajoz, agosto de 2001; Espinosa Maestre, *La columna de la muerte...*, pp. 195-199; José María Lama, *Una biografía frente al olvido. José González Barrero, alcalde de Zafra en la Segunda República*, Badajoz,

Diputación de Badajoz, 2000, pp. 128-130; Cayetano Ibarra, *La otra mitad de la historia que nos contaron. Fuente de Cantos, República y guerra 1931-1939*, Badajoz, Diputación de Badajoz, 2005, pp. 281-293; Ángel Hernández García, «La columna de los ocho mil. Una tragedia olvidada», *Revista de Fiestas de Reina*, Badajoz, 7 (agosto de 2005), pp. 103-108; Ángel Olmedo Alonso, *Llerena 1936. Fuentes orales para la recuperación de la memoria histórica*, Badajoz, Diputación de Badajoz, 2010, pp. 168-182; *ABC* de Sevilla, 19 de septiembre de 1936.

114. Carlos G. Mauriño Longoria, *Memorias*, Ronda, familia del autor, s. f. [1937], pp. 34, 37-38, 42, 48, 54, 64, 68, 74, 80, 92, 98, 103; Lawrence Dundas, *Behind the Spanish Mask*, Londres, Robert Hale, 1943, pp. 61-68; Gerald Brenan, *Personal Record 1920-1972*, Londres, Jonathan Cape, 1974, p. 298.

115. Barrios, *El último virrey...*, pp. 78-81, 98-99, 145-147; Gibson, *Queipo de Llano...*, pp. 71-72; Cuesta, *Una figura...*, pp. 26-27; Salas, *Quién fue Gonzalo Queipo...*, pp. 305-312.

116. Gamel Woolsey, *Death's Other Kingdom*, Londres, Longmans, Green, 1939, p. 126.

117. *ABC*, 16 de agosto de 1936, *La Unión*, 11 y 13 de agosto de 1936; Gibson, *Queipo de Llano...*, pp. 118-119, 330, 343, 356-357.

118. Antonio Bahamonde y Sánchez de Castro, *Un año con Queipo*, Barcelona, Ediciones Españolas, s. f. [1938], pp. 140-142.

119. Helen Nicholson, *Death in the Morning*, Londres, Lovat Dickson, 1937, pp. 27, 72-74, 81-82; Judith Keene, *Fighting for Franco. International Volunteers in Nationalist Spain during the Spanish Civil War. 1936-1939*, Londres, Leicester University Press, 2001, pp. 249-252. [Hay trad. cast.: *Muerte en la madrugada*, Granada, Atrio, 2007.]

120. Sir Peter Chalmers-Mitchell, *My House in Malaga*, Londres, Faber & Faber, 1938, p. 110.

121. Queipo de Llano, *El movimiento reivindicativo...*, pp. 43-44.

122. *ABC*, 5 de agosto de 1936; *La Unión*, 31 de agosto de 1936.

123. *La Unión*, 19 de agosto de 1936; Gibson, *Queipo de Llano...*, p. 370.

124. Mauriño Longoria, *Memorias...*, pp. 73, 82.

125. *ABC*, 16 de agosto de 1936; Gibson, *Queipo de Llano...*, pp. 96-100; Bahamonde, *Un año con Queipo...*, pp. 34-36.

126. José Augusto, *Jornal de um correspondente da guerra em Espanha*, Lisboa, Empresa Nacional de Publicidade, 1936, pp. 39-41.

127. José María Pemán, *Mis almuerzos con gente importante*, Barcelona, Dopesa, 1970, pp. 157-158. Para la versión censurada, véase *ABC*, 16 de agosto de 1936.

128. Gibson, *Queipo de Llano...*, pp. 82, 84, 456.

129. Archivo General Militar (Madrid), armario 18, leg. 6, carpeta 5.

130. Claude G. Bowers, *My Mission to Spain*, Londres, Victor Gollancz, 1954, p. 335. [Hay trad. cast.: *Mi misión en España. En el umbral de la Segunda Guerra Mundial*, Barcelona, Arzalia, 2019.]

131. Esteban C. Gómez Gómez, *El eco de las descargas. Adiós a la esperanza republicana*, Barcelona, Escega, 2002, p. 135.

132. Brenan, *Personal Record...*, pp. 296-300; Woolsey, *Death's Other Kingdom...*, pp. 34-35.

133. J. A. Giménez Arnau, *Memorias de memoria. Descifre vuecencia personalmente*, Barcelona, Destino, 1978, p. 70.

134. Cuesta, *Una figura...*, pp. 11, 25, 27.

135. *ABC*, 25 de julio de 1936; *La Unión*, 26 de julio de 1936.

136. *ABC*, 30 de marzo de 1938; José Alcalá-Zamora y Queipo de Llano, «Prólogo», en Fernández-Coppel, *Queipo de Llano. Memorias...*, p. XV.

137. Espinosa Maestre, *La justicia de Queipo...*, pp. 259-260; Eduardo Domínguez Lobato, *Cien capítulos de retaguardia (alrededor de un diario)*, Madrid, G. del Toro, 1973, pp. 79-81.

138. Queipo al Ministerio del Ejército, 29 de junio de 1939; Declaración jurada de los servicios prestados del general Queipo de Llano; Queipo a Franco, 31 de mayo de 1940, Queipo de Llano y Sierra, Gonzalo, sección 1.ª, leg. Q-13, Archivo General Militar de Segovia. Sobre estas operaciones, véanse P. Bernabé Copado, SJ, *Con la columna Redondo. Combates y conquistas. Crónica de guerra*, Sevilla, Imprenta de la Gavidia, 1937, pp. 41-60, 68-85; Francisco Espinosa Maestre, *La guerra civil en Huelva*, Huelva, Diputación Provincial, 2005⁴, pp. 174-254.

139. *ABC*, 16 de agosto de 1936; Gibson, *Queipo de Llano...*, pp. 382, 408, 418, 424, 426.

140. Ramón-Laca, *Bajo la férula...*, pp. 36-37; Serém, *A Laboratory of Terror...*, pp. 156-165.

141. *ABC*, 24 de julio de 1936 (taxistas), 30 de julio de 1936 (bomberos); Serém, *A Laboratory of Terror...*, p. 153.

142. *La Unión*, 23 y 24 de julio de 1936; Bahamonde, *Un año con Queipo...*, pp. 78-88.

143. *La Unión*, 26 de julio de 1936, 11 de febrero y 27 de mayo de 1937; *ABC*, 10 de agosto, 5 de septiembre, 23 de octubre y 16 de noviembre de 1936.

144. Antonio Ruiz Vilaplana, *Doy fe... Un año de actuación en la España nacionalista*, París, Imprimerie Coopérative Étoile, s. f. [1938], pp. 127-129.

145. Espinosa Maestre, *La columna de la muerte...*, p. 487, n. 363.

146. *ABC*, 25 de agosto y 5 de septiembre de 1936, 17 de agosto de 1937.

147. Olmedo y Cuesta, *General Queipo...*, pp. 335-338.

148. *ABC*, 17 de agosto y 22 de septiembre de 1937, 18 de febrero de 1938.

149. Eva Saiz, «La ley amenaza el cortijo de Queipo de Llano en Sevilla», *El País*, 25 de septiembre de 2020; Olmedo y Cuesta, *General Queipo...*, p. 335; Gonzalo Queipo de Llano, «Queipo de Llano y La Corta de la Cartuja», *El País*, 15 de julio de 1976.

150. José Villa Rodríguez, *La Andalucía del Frente Popular (febrero-julio 1936)*, tesis doctoral inédita, Sevilla, Universidad de Sevilla, 2020, pp. 599-601.

151. *ABC*, 9 de diciembre de 1937.

152. *ABC*, 24 y 25 de diciembre de 1937; *La Unión*, 18 y 22 de septiembre de 1937.

153. *ABC*, 18 de febrero de 1938; Juan Miguel Baquero, «Así logró Queipo el cortijo Gambogaz: dinero del Banco de España y una fundación para comprar la finca "en diferido"», *elDiario.es*, 22 de marzo de 2021; Saiz, «La ley amenaza»...

154. Agradezco a José María García Márquez la información sobre el campo de concentración y la carta citada, del Gobierno Civil de la Provincia de Sevilla al director de la Prisión Provincial de Sevilla, 17 de mayo de 1939. Del expediente de uno de los prisioneros en cuestión, exp. 41.003, Juan Fernández Mazón, Archivo Histórico Provincial de Sevilla (AHPSE), Fondo Prisión Provincial, exp. 26.130 0007.

155. Juan Manuel Baquero, «Investigaciones históricas demuestran que la finca sevillana de Queipo de Llano usó esclavos del franquismo», *elDiario.es*, 1 de noviembre de 2018.

156. Carlos Babío Urkidi y Manuel Pérez Lorenzo, *Meirás. Un pazo, un caudillo, un espolio*, A Coruña, Fundación Galiza Sempre, 2017, pp. 57-85, 121-147, 162-183, 223-267.

157. Quevedo, *Queipo de Llano...*, pp. 496-498.

158. Cabanellas, *La guerra de los mil días...*, I, p. 657.

159. Eugenio Vegas Latapié, *Los caminos del desengaño. Memorias políticas II. 1936-1938*, Madrid, Giner, 1987, p. 71.

160. Franco Salgado-Araujo, *Mi vida...*, p. 180; Cabanellas, *La guerra de los mil días...*, I, pp. 642-643.

161. Véase su discurso del 18 de julio de 1939, *ABC*, 19 de julio de 1939; Quevedo, *Queipo de Llano...*, pp. 416-418.

162. «El General Burguete acusa»…; *La Unión*, 18 de marzo de 1937.

163. Campins, anotaciones de diario del 1 de julio al 14 de agosto de 1936, reproducidas en Manuel Turón Yebra, *El general Miguel Campins y su época (1880-1936)*, tesis doctoral, Universidad Complutense de Madrid, 2002, pp. 720-736; carta de Campins a Dolores Rolla, 21 de julio de 1936, *ibid.*, pp. 737-740; carta de Campins al general Orgaz, s. f., *ibid.*, pp. 744-747.

164. *La Unión*, 22 de julio de 1936; *ABC*, 22 de julio de 1936.

165. Expediente del general Campins, 2.ª División Orgánica, Estado Mayor, Archivo General Militar, Segovia; Dolores Rolla de Campins a Queipo de Llano, 16 de agosto de 1936; Turón Yebra, *El general Miguel Campins...*, pp. 522-549; *ABC*, 15 y 18 de agosto de 1936; Franco Salgado-Araujo, *Mi vida...*, pp. 185-188, 348-353; Gibson, *Queipo de Llano...*, pp. 101-105.

166. Gibson, *Queipo de Llano...*, pp. 104-105; Cabanellas, *La guerra de los mil días…*, II, pp. 872-873.

167. Vegas Latapié, *Los caminos...*, pp. 86-87; Sainz Rodríguez, *Testimonio y recuerdos...*, p. 272.

168. Cabanellas, *La guerra de los mil días…*, I, pp. 654-655.

169. Ramón Serrano Suñer, *Entre el silencio y la propaganda, la Historia como fue. Memorias*, Barcelona, Planeta, 1977, pp. 215-216; Quevedo, *Queipo de Llano...*, p. 465.

170. Ian Gibson, *El asesinato de García Lorca*, Barcelona, Ediciones B, 2018, pp. 200-202, 237-239; Eduardo Molina Fajardo, *Los últimos días de García Lorca*, Barcelona, Plaza y Janés, 1983, pp. 49-50, 95, 192-194, 252; Ian Gibson, ed., *Agustín Penón. Diario de una búsqueda lorquiana (1955-56)*, Barcelona, Plaza y Janés, 1990, pp. 77-78, 219.

171. Genoveva García Queipo de Llano, «Un Queipo de Llano incomprensible», *ABC* de Madrid, 13 de junio de 1986.

172. Quevedo, *Queipo de Llano...*, pp. 397-398.

173. José Manuel Martínez Bande, *La campaña de Andalucía*, Madrid, San Martín, 1986², pp. 153-165. El relato de la campaña escrito por el propio Queipo puede leerse en «Servicios de Campaña», adjunto a su Declaración de Servicios Prestados, Queipo de Llano y Sierra, Gonzalo, sección 1.ª, leg. Q-13, Archivo General Militar de Segovia.

174. Emilio Faldella, *Venti mesi di guerra in Spagna*, Florencia, Le Monnier, 1939, pp. 233-235.

175. Martínez Bande, *La campaña de Andalucía...*, pp. 169-210.

176. *ABC*, 23 de agosto, 3 de septiembre, 10 y 22 de noviembre de 1936; Edward Norton, *Muerte en Málaga. Testimonio de un americano sobre la*

Guerra Civil española, Málaga, Universidad de Málaga, 2004, pp. 170-187, 193-208, 225-242; Juan Antonio Ramos Hitos, *Guerra civil en Málaga 1936-1937. Revisión Histórica*, Málaga, Algazara, 2004², pp. 217-235, 244-272, 283-285; Ángel Gollonet Megías y José Morales López, *Sangre y fuego. Málaga*, Granada, Librería Prieto, 1937; G. Gómez Bajuelo, *Málaga bajo el dominio rojo*, Cádiz, Establecimientos Cerón, 1937, pp. 81-84; Padre Tomás López, *Treinta semanas en poder de los rojos en Málaga de julio a febrero*, Sevilla, Imprenta de San Antonio, 1938, pp. 61-66, 93-101; Francisco García Alonso, *Flores del heroísmo*, Sevilla, Imprenta de la Gavidia, 1939, pp. 76-79, 90-103, 129-136.

177. Encarnación Barranquero Texeira y Lucía Prieto Borrego, *Población y Guerra Civil en Málaga. Caída, éxodo y refugio*, Málaga, Centro de Ediciones de la Diputación de Málaga, 2007, pp. 21-99; Encarnación Barranquero Texeira, *Málaga entre la guerra y la posguerra. El franquismo*, Málaga, Arguval, 1994, p. 202; Bahamonde, *Un año con Queipo...*, pp. 125-129.

178. Bahamonde, *Un año con Queipo...*, pp. 132-135.

179. *ABC*, 9 y 10 de febrero de 1937; *La Unión*, 10 de febrero de 1937; Barranquero y Prieto, *Población y Guerra Civil...*, pp. 180-209.

180. Dr. Norman Bethune, *The Crime on the Road Malaga-Almeria*, s. l., Publicaciones Iberia, 1937, pp. 8-9; T. C. Worsley, *Behind the Battle*, Londres, Robert Hale, 1939, pp. 185-188, 197-201; *The Times*, 17, 24 de febrero y 3 de marzo de 1937.

181. *ABC*, 24 de febrero de 1937; *La Unión*, 25 de febrero de 1937; Martínez Bande, *La campaña de Andalucía...*, pp. 210-211.

182. Brenan, *Personal Record...*, p. 298.

183. *El Progreso* (Lugo), 5 de septiembre de 1936.

184. *ABC*, 15 de octubre y 13 de diciembre de 1936, 13 de enero, 7 de febrero, 7 de marzo, 15 de abril, 21 y 22 de mayo, 22 de junio, 4 y 21 de julio, 5 de septiembre, 26 y 31 de diciembre de 1937, 14 de enero de 1938; *La Unión*, 8, 9 de marzo y 11 de septiembre de 1937.

185. *ABC* de Sevilla, 16 de octubre de 1938; *Proa* (León), 16 de octubre de 1938; *Azul* (Córdoba), 16 de octubre de 1938; *El Adelanto* (Salamanca), 16 de octubre de 1938.

186. *El Correo de Andalucía* de Sevilla, 18 de julio de 1937.

187. Antonio Marquina Barrio y Gloria Inés Ospina, *España y los judíos en el siglo XX*, Madrid, Espasa Calpe, 1987, pp. 131-132.

188. Citado por Serém, *A Laboratory of Terror...*, pp. 142-143.

189. Cabanellas, *La guerra de los mil días...*, II, pp. 718-719.

190. Cantalupo a Ciano, 17 de febrero de 1937, ASMAE, Spagna Fondo di Guerra, 287/137, b. 38.

191. Nerín, *La guerra...*, p. 234.

192. Cantalupo a Ciano, 1 de marzo de 1937 XV, ASMAE, Ufficio Spagna, b.10.

193. *ABC*, 1, 6 y 10 de febrero, 30 de junio de 1938; Vegas Latapié, *Los caminos...*, pp. 121-122; Quevedo, *Queipo de Llano...*, pp. 443-447; Serrano Suñer, *Entre el silencio y la propaganda...*, p. 218; Cuesta, *Una figura...*, p. 33.

194. *ABC*, 17 de febrero y 1 de noviembre de 1938; Serrano Suñer, *Entre el silencio y la propaganda...*, pp. 216-218; Francisco Franco Salgado-Araujo, *Franco Salgado-Araujo. Mis conversaciones privadas con Franco*, Barcelona, Planeta, 1976, p. 70.

195. Beigbeder a Franco, 11 de mayo de 1939, *Documentos inéditos para la historia del Generalísimo Franco*, 5 vols., Madrid, Fundación Nacional Francisco Franco, 1992-1994, I, pp. 412-413; Franco Salgado-Araujo, *Mis conversaciones...*, p. 327; Luis Suárez Fernández, *Francisco Franco y su tiempo*, 8 vols., Madrid, Fundación Nacional Francisco Franco, 1984, II, pp. 422-423.

196. Ramón Garriga, *La España de Franco. Las relaciones con Hitler*, Puebla (México), Cajica, 1970², p. 64.

197. *ABC*, 19 de julio de 1939; Garriga, *Las relaciones con Hitler...*, pp. 64-65.

198. Cabanellas, *Cuatro generales...*, II, pp. 438-439, 443; Carlos Fernández Santander, *Tensiones militares durante el franquismo*, Barcelona, Plaza y Janés, 1985, pp. 16-21.

199. Reynolds Packard, «Franco y yo actuamos estrechamente dice Queipo», *El Tiempo* (Bogotá), 26 de julio de 1939.

200. Cabanellas, *Cuatro generales...*, II, pp. 438-439; Xavier Tusell y Genoveva García Queipo de Llano, *Franco y Mussolini. La política española durante la Segunda Guerra Mundial*, Barcelona, Planeta, 1985, pp. 41-42.

201. Galeazzo Ciano, anotaciones de diario del 23 y 27 de julio de 1939, *Diario 1937-1943*, edición de Renzo De Felice, Milán, Rizzoli, 1980, pp. 322-323.

202. Gambara a Ciano, 9 de agosto de 1939, *I Documenti Diplomatici Italiani*, 8.ª serie, vol. XII, Roma, Libreria dello Stato, 1997, p. 607.

203. Gabriel Cardona, *El gigante descalzo. El Ejército de Franco*, Madrid, Aguilar, 2003, pp. 157, 174; Quevedo, *Queipo de Llano...*, pp. 469-471.

204. Actas de la reunión entre Sagardía y Varela, 19 de agosto de 1939, Archivo Varela, Cádiz, Expediente Queipo de Llano, 0071-0072.

205. Fernández-Coppel, *Queipo de Llano. Memorias...*, pp. 321-336; Quevedo, *Queipo de Llano...*, pp. 465-471; *The Times*, 22, 25 y 26 de julio de 1939.

206. Sainz Rodríguez, *Testimonio y recuerdos...*, pp. 271-272; Fernández-Coppel, *Queipo de Llano. Memorias* está repleto de críticas a Franco..., pp. 136-144, 149-159.

207. Quevedo, *Queipo de Llano...*, pp. 472-479, 486-488.

208. Ciano, anotación de diario del 1 de octubre de 1940, *Diario 1937-1943...*, p. 468; Serrano Suñer a Queipo, 6 de octubre de 1948, Archivo Natalio Rivas, Real Academia de la Historia (Madrid), leg. II – 8923.

209. Ramón Serrano Suñer, *Entre Hendaya y Gibraltar*, Madrid, Ediciones y Publicaciones Españolas, 1947, p. 18; Serrano Suñer, *Entre el silencio y la propaganda...*, pp. 218-219.

210. Queipo de Llano a Serrano Suñer, 24 de octubre de 1948, Archivo Natalio Rivas, Real Academia de la Historia (Madrid), leg. II – 8923.

211. Quevedo, *Queipo de Llano...*, pp. 479, 489-491, 506-513.

212. Queipo a Franco, 18 de junio de 1950, en Franco Salgado-Araujo, *Mi vida...*, pp. 390-392; Gabriel Cardona, *Franco y sus generales. La manicura del tigre*, Madrid, Temas de Hoy, 2001, p. 50; Giménez Arnau, *Memorias de memoria...*, p. 127; Quevedo, *Queipo de Llano...*, pp. 480-482.

213. Quevedo, *Queipo de Llano...*, pp. 491-498, 503, 510-512.

214. Queipo de Llano a Faldella, 30 de noviembre de 1939, en Quevedo, *Queipo de Llano...*, pp. 405-415.

215. Dirección General de Seguridad, Grupo de Información de Madrid, «Sobre el General Queipo de Llano», 4 de marzo de 1942; «Comentarios de los Ayudantes del General Queipo de Llano», 6 de marzo de 1942; Jefatura Superior de la Policía de Madrid, «Sobre estancia del General Queipo de Llano en esta Capital», 7 de marzo de 1942, Expediente Queipo de Llano y Sierra, Gonzalo, sección 1.ª, leg. Q-13, 3, Archivo General Militar de Segovia.

216. Queipo al Ministerio del Ejército, 29 de junio de 1939; Declaración jurada de los servicios prestados del general Queipo de Llano, en Queipo de Llano y Sierra, Gonzalo, sección 1.ª, leg. Q-13, Archivo General Militar de Segovia.

217. Queipo a Franco, 18 de junio de 1950, en Franco Salgado-Araujo, *Mi vida...*, pp. 390-392; *ABC*, 2 de abril de 1940.

218. Cardona, *La manicura...*, p. 56; Fernández-Coppel, *Queipo de Llano. Memorias...*, pp. 318-319, 325.

219. Queipo, Hoja de servicios de Gonzalo Queipo de Llano..., p. 31; Cardona, *La manicura*..., pp. 80-81, 95-96, 99.

220. *ABC,* 9 de mayo de 1944; Serrano Suñer, *Entre el silencio y la propaganda*..., pp. 219-220; Paul Preston, *Franco. A Biography*, Londres, HarperCollins, 1993, pp. 511-514 [hay trad. cast.: *Franco. Caudillo de España*, Barcelona, Debate, 2015]; Cardona, *La manicura*..., p. 109.

221. Queipo, Hoja de servicios de Gonzalo Queipo de Llano..., p. 34; Queipo de Llano a Franco, 18 de junio de 1950, Archivo Natalio Rivas, Real Academia de la Historia (Madrid), leg. II – 8923.

222. Franco Salgado-Araujo, *Mis conversaciones*..., p. 64.

223. *ABC*, 10 y 11 de marzo de 1951; Quevedo, *Queipo de Llano*..., pp. 13-27, 516-522.

8. La guerra interminable

1. *ABC*, 13 de mayo de 1939.

2. *ABC*, 18 de julio de 1940.

3. *ABC*, 31 de diciembre de 1940.

4. *The Jewish Chronicle*, 26 de abril y 28 de junio de 1940; *The Times*, 6 de enero de 1943; Ramón Garriga, *La España de Franco. Las relaciones con Hitler*, Puebla (México), Cajica, 1970[2], pp. 86-93; Manuel Ros Agudo, *La guerra secreta de Franco 1939-1945*, Barcelona, Crítica, 2002, pp. 274-277; Sir Samuel Hoare, *Ambassador on Special Mission*, Londres, Collins, 1946, pp. 54-55, 103-104; Gonzalo Álvarez Chillida, *El antisemitismo en España. La imagen del judío (1812-2002)*, Madrid, Marcial Pons, 2002, pp. 381-384; Javier Terrón Montero, *La prensa de España durante el régimen de Franco*, Madrid, Centro de Investigaciones Sociológicas, 1981, pp. 41-54; Mercedes Peñalba-Sotorrío, «Beyond the War: Nazi Propaganda Aims in Spain during the Second World War», *Journal of Contemporary History*, 54, 4 (2019), pp. 902-926; Ingrid Schulze Schneider, «La propaganda alemana en España 1942-1944», *Espacio, tiempo y forma. Serie V, Historia contemporánea*, 7 (1994), pp. 371-386; Ingrid Schulze Schneider, «Éxitos y fracasos de la propaganda alemana en España: 1939-1944», *Melanges de la Casa de Velázquez*, 31 (1995), pp. 197-218.

5. Bernd Rother, *Franco y el Holocausto*, Madrid, Marcial Pons, 2005, p. 158; José Antonio Lisbona Martín, *Más allá del deber. La respuesta humanitaria del Servicio Exterior frente al holocausto*, Madrid, Ministerio de Asuntos Exteriores y de Cooperación, 2015, pp. 40-41.

6. *The Jewish Chronicle*, 25 de abril de 1940, 13 de junio de 1941, 16 de enero y 24 de julio de 1942.

7. Rother, *Franco y el Holocausto...*, pp. 405-410.

8. Discurso a las Cortes, 14 de mayo de 1946, en Francisco Franco Bahamonde, *Textos de doctrina política. Palabras y escritos de 1945 a 1950*, Madrid, Publicaciones Españolas, 1951, pp. 31-59, esp. pp. 40-42, 55.

9. Franco Bahamonde, *Textos de doctrina política...*, pp. 245-258.

10. Francisco Franco Bahamonde, *Franco ha dicho. Segundo apéndice*, Madrid, Voz, 1951, p. 79.

11. *España y los judíos*, Madrid, Oficina de Información Diplomática, 1949. Véanse la traducción al francés y un comentario en Luciano Casali y Lola Harana, *L'oportunisme de Franco. Un informe sobre la qüestió jueva (1949)*, Catarroja/Barcelona, Afers/Centre d'Estudis Històrics Internacionals, 2013.

12. *Foreign Relations of the United States 1949*, Washington, U.S. Government Printing Office, 1975, IV, pp. 742-743; Raanan Rein, *In the Shadow of the Holocaust and the Inquisition. Israel's Relations with Francoist Spain*, Londres, Routledge, 1997, pp. 35-41.

13. *España y los judíos*, Madrid, Oficina de Información Diplomática, 1949, pp. 29, 43, 47; Isabelle Rohr, *The Spanish Right and the Jews, 1898-1945. Antisemitism and Opportunism*, Brighton, Sussex Academic Press, 2007, pp. 1-2 [hay trad. cast.: *La derecha española y los judíos, 1898-1945*, Valencia, Servei de Publicacions de la Universitat de València, 2010.]. Incluso poco antes de la muerte de Franco, en 1975, las ideas del panfleto seguían propagándose en España: Federico Ysart, *España y los judíos en la Segunda Guerra Mundial*, Barcelona, Dopesa, 1973.

14. Ysart, *España y los judíos...*, p. 9.

15. *Ibid.*, pp. 16, 29.

16. Álvarez Chillida, *El antisemitismo...*, p. 413.

17. Rohr, *The Spanish Right and the Jews...*, pp. 2-3.

18. *The Jewish Chronicle*, 14 y 26 de abril, 21 de junio y 5 de julio de 1940.

19. Matthieu Séguéla, *Pétain-Franco. Les secrets d'une alliance*, París, Albin Michel, 1992, pp. 80-81; *The Jewish Chronicle*, 8 de noviembre de 1940.

20. *ABC*, 2 de enero de 1940; *Mensaje del Caudillo a los españoles. Discurso pronunciado por S. E. el Jefe del Estado la noche del 31 de diciembre de 1939*, Madrid, Editora Nacional, 1940.

21. Javier Tusell, *Carrero. La eminencia gris del régimen de Franco*, Madrid, Temas de Hoy, 1993, pp. 30-31.

22. Carrero Blanco, «La revolución comunista en la Marina», citado por Tusell, *Carrero...*, pp. 32-33.

23. Luis Carrero Blanco, *España y el mar*, Madrid, Editora Nacional, 1941, pp. 9-10.

24. Tusell, *Carrero...*, pp. 45-52, 60-63.

25. *Ibid.*, pp. 83-87.

26. *Arriba*, 30 de mayo de 1942; [Francisco Franco Bahamonde], *Palabras del Caudillo 19 abril 1937 – 7 diciembre 1942*, Madrid, Editora Nacional, 1943, p. 213.

27. Citado en Xavier Tusell y Genoveva García Queipo de Llano, *Franco y Mussolini. La política española durante la Segunda Guerra Mundial*, Barcelona, Planeta, 1985, p. 185.

28. *ABC*, 5 de mayo de 1943. Mucho más compleja y sutil es la reconstrucción de Javier Domínguez Arribas, *El enemigo judeo-masónico en la propaganda franquista (1936-1945)*, Madrid, Marcial Pons Historia, 2009, pp. 84-93.

29. Rohr, *The Spanish Right and the Jews...*, pp. 90-91.

30. «Normas para el paso de las fronteras españolas y modelo de solicitud de autorización para entrar en España», Equipo Nizkor, <www.derechos.org/nizkor/espana/doc/franco9.html>, 13 de diciembre de 2012; «El bisabuelo de Alberto Ruiz Gallardón, José Rojas Moreno, cómplice del holocausto», Equipo Nizkor, <www.derechos.org/nizkor/espana/doc/hoenigsfeld6.html>, 26 de diciembre de 2012; Rother, *Franco y el Holocausto...*, pp. 131-133.

31. Jacobo Israel Garzón, «España y los judíos (1939-1945). Una visión general», en Jacobo Israel Garzón y Alejandro Baer, *España y el Holocausto (1939-1945). Historia y testimonios*, Madrid, Hebraica, 2007, pp. 20-21.

32. *Arriba*, 7, 10, 11 y 14 de junio de 1939; *ABC* de Madrid, 10, 11, 14 y 15 de junio de 1939.

33. *ABC* de Madrid, 17 de diciembre de 1939; Monseñor Jouin, *Los peligros judeo-masónicos. Los protocolos de los Sabios de Sión*, Madrid, Ediciones FAX, 1939; Serguéi A. Nilus, *Los protocolos de los sabios de Sión*, Madrid, Imprenta de los Talleres Penitenciarios de Alcalá de Henares, 1940; Álvarez Chillida, *El antisemitismo...*, p. 496.

34. Declaración del testigo Juan Segura Nieto a la Causa General, 5 de mayo de 1941, Archivo Histórico Nacional (Pieza segunda de Barcelona. Del Alzamiento Nacional. Antecedentes, Ejército Rojo y Liberación), FC-Causa General, leg. 1.630, exp. 1, pp. 163-166; Juan Segura Nieto, *¡Alerta!... Franc-*

masonería y Judaísmo, Barcelona, Felipe González Rojas, 1940, pp. 7-11, 32-34, 40-49; José Fernando Mota Muñoz, «"Precursores de la unificación": el España Club y el voluntariado español, una experiencia unitaria de la extrema derecha barcelonesa (1935-1936)», *Historia y Política*, 28 (2012), pp. 273-303.

35. Ángel Alcázar de Velasco, *Serrano Suñer en la Falange*, Madrid/Barcelona, Patria, 1941, pp. 28-32.

36. Dionisio Ridruejo, *Los cuadernos de Rusia*, Barcelona, Planeta, 1978, p. 40.

37. «Informe secreto sobre el trato a los judíos en Polonia», diciembre de 1941, *Documentos inéditos para la historia del Generalísimo Franco*, vols. I-IV, Madrid, Fundación Nacional Francisco Franco, 1992-1994, II-2, pp. 404-408; «Informes de la DGS», 28 de abril, 20 de agosto de 1942, *Documentos inéditos*, III, pp. 346, 571-572.

38. Vidal a Jordana (5 de marzo de 1943), Ministerio de Asuntos Exteriores, R1177-1, citado por Emilio Sáenz-Francés San Baldomero, «La deportación en 1943 de la comunidad sefardita de Salónica», *Aportes. Revista de historia contemporánea*, 26 (2011), 77, pp. 44-45.

39. Rother, *Franco y el Holocausto...*, pp. 125-129.

40. Alfonso Lazo, *La Iglesia, la Falange y el fascismo. Un estudio sobre la prensa española de posguerra*, Sevilla, Universidad de Sevilla, 1995, pp. 188-186; Rother, *Franco y el Holocausto...*, pp. 68-77, 125-129.

41. Lazo, *La Iglesia, la Falange y el fascismo...*, pp. 187-190.

42. Garzón, «España y los judíos»..., pp. 18-23.

43. Rohr, *The Spanish Right and the Jews...*, pp. 102-103, 106-110.

44. Pilar Vera, «La huida silenciosa», *Diario de Cádiz*, 30 de agosto de 2009; Javier Dale, «El éxodo de un judío catalán», *La Vanguardia*, 26 de marzo de 2010.

45. Jorge M. Reverte, «La lista de Franco para el Holocausto», *El País*, 20 de junio de 2010.

46. Sobre las medidas contra los judíos y los masones durante la Guerra Civil, véase Paul Preston, *El holocausto español. Odio y exterminio en la Guerra Civil y después*, Barcelona, Debate, 2011, pp. 633-634.

47. Lazo, *La Iglesia, la Falange y el fascismo...*, pp. 283-284.

48. Rohr, *The Spanish Right and the Jews...*, pp. 30-32, 124; Haim Avni, *Spain, the Jews and Franco*, Filadelfia, The Jewish Publication Society, 1982, pp. 130-135. [Hay trad. cast.: *España, Franco y los judíos*, Madrid, Altalena, 1982.]

49. Javier Tusell, *Franco, España y la II Guerra Mundial. Entre el Eje y la neutralidad*, Madrid, Temas de Hoy, 1995, pp. 585-589; Eduardo Martín de

Pozuelo, *El franquismo, cómplice del Holocausto*, Barcelona, La Vanguardia, 2012, pp. 39-40; Danielle Rozenberg, *La España contemporánea y la cuestión judía*, Madrid, Marcial Pons, 2010, p. 232; Rohr, *The Spanish Right and the Jews...*, pp. 123-147.

50. Martin Gilbert, *Road to Victory. Winston S. Churchill 1941-1945*, Londres, Heineman, 1986, pp. 377-378.

51. Rohr, *The Spanish Right and the Jews...*, pp. 144-146; Javier Martínez Bedoya, *Memorias desde mi aldea*, Valladolid, Ámbito, 1996, pp. 224-232.

52. Rother, *Franco y el Holocausto...*, pp. 128-129, 408-409; Antonio Marquina Barrio y Gloria Inés Ospina, *España y los judíos en el siglo xx*, Madrid, Espasa Calpe, 1987, pp. 212-222; Diego Carcedo, *Un español frente al Holocausto. Así salvó Ángel Sanz Briz 5.000 judíos*, Madrid, Temas de Hoy, 2000, pp. 199-268; Rohr, *The Spanish Right and the Jews...*, pp. 149-152; Juan Diego Quesada, «Franco lo Supo – Excelencia, esto ocurre en Auschwitz», *El País*, 21 de marzo de 2010.

53. «Testimonio de Isaac Revah en el Acto de recuerdo del Holocausto. Asamblea de Madrid, 27 de enero de 2011», *eSepharad*, <esefarad. com/?p=35907>; «Visados para la libertad. Diplomáticos españoles y el holocausto», Madrid, Ministerio de Asuntos Exteriores, 2013; Emilio Sáenz-Francés, «La deportación en 1943 de la comunidad sefardita de Salónica», pp. 45-53.

54. Rohr, *The Spanish Right and the Jews...*, p. 153; Álvarez Chillida, *El antisemitismo...*, pp. 414-417.

55. Álvarez Chillida, *El antisemitismo...*, p. 416; Juan de la Cosa, *Las tribulaciones de don Prudencio. Comentarios de un español*, Valencia, Semana Gráfica, 1947. Las citas proceden de la reimpresión publicada ya con su verdadero nombre, Luis Carrero Blanco, *Las tribulaciones de don Prudencio. Diplomacia subterránea. Comentarios de un español*, Madrid, Fuerza Nueva, 1973, pp. 163, 170, 183, 334-339.

56. Véanse las referencias a los discursos de Franco en el capítulo sobre Mauricio Carlavilla.

57. *Arriba*, 16 de julio de 1949; Jakim Boor [pseudónimo de Francisco Franco Bahamonde], *Masonería*, Madrid, Gráficas Valera, 1952, pp. 65-66.

58. *Arriba*, 11 de diciembre de 1949; Jakim Boor, *Masonería...*, p. 96.

59. Francisco Franco Bahamonde («Jakim Boor»), *Masonería*, Madrid, Fundación Nacional Francisco Franco, 1982.

60. Rogelio Baón, *La cara humana de un Caudillo*, Madrid, San Martín, 1975, p. 99.

61. Luis Suárez Fernández, *Francisco Franco y su tiempo*, 8 vols., Madrid, Fundación Nacional Francisco Franco, 1984, IV, pp. 431-433.

62. *Arriba*, 16 de julio de 1950; Jakim Boor, *Masonería...*, pp. 220-224. Para una interpretación menos crítica, por no decir benévola, de los arrebatos antisemitas de Franco, véase Andrée Bachoud, *Franco*, Barcelona, Crítica, 2000, pp. 232-236.

63. Rohr, *The Spanish Right and the Jews...*, p. 5.

64. José Antonio Ferrer Benimeli, *El contubernio judeo-masónico-comunista. Del satanismo al escándalo de la P-2*, Madrid, Istmo, 1982, p. 315.

65. Herbert R. Southworth, *Antifalange. Estudio crítico de «Falange en la guerra de España. La unificación y Hedilla» de Maximiano García Venero*, París, Ruedo Ibérico, 1967, pp. 63-70; Manuel Azaña, *Obras completas*, 4 vols., México, Oasis, 1966-1968, IV, pp. 229, 421.

66. Ernesto Giménez Caballero, *Memorias de un dictador*, Barcelona, Planeta, 1979, pp. 88-90.

67. Southworth, *Antifalange...*, pp. 32-34; Rohr, *The Spanish Right and the Jews...*, pp. 28-30; Andrés Trapiello, *Las armas y las letras. Literatura y Guerra Civil (1936-1939)*, Barcelona, Destino, 20103, pp. 63-65.

68. Rohr, *The Spanish Right and the Jews...*, pp. 73, 82.

69. Ernesto Giménez Caballero, *Genio de España. Exaltaciones a una resurrección nacional y del mundo*, Barcelona, Jerarquía, 1939[4], pp. 110-113; Madrid, Doncel, 1971[7], pp. 105-109.

70. *La Gaceta Regional* (Salamanca), 25 de abril de 1937, citado en Carlos Fernández Santander, *Antología de 40 años (1936-1975)*, Sada-A Coruña, Ediciós do Castro, 1983, p. 38.

71. Eugenio Vegas Latapié, *Los caminos del desengaño. Memorias políticas II. 1936-1938*, Madrid, Giner, 1987, pp. 249, 259.

72. Ernesto Giménez Caballero, *España y Franco*, Cegama (Guipúzcoa), Los Combatientes, 1938, pp. 30-31.

73. Giménez Caballero, *Memorias...*, pp. 148-152. Sobre los jesuitas, véase Ramón Garriga, *La España de Franco. Las relaciones con Hitler*, Puebla (México), Cajica, 1970[2], pp. 314-315.

74. Giménez Caballero *Memorias...*, p. 154.

75. Giménez Caballero a Franco, 5 de diciembre de 1947, publicada por Jesús Palacios, *Las cartas de Franco. La correspondencia desconocida que marcó el destino de España*, Madrid, La Esfera de Los Libros, 2005, pp. 251-252.

76. Ramón Garriga, *El general Yagüe*, Barcelona, Planeta, 1985, pp. 268-269.

77. Jakim Boor, *Masonería...*, pp. 96, 140-141; Álvarez Chillida, *El an-*

tisemitismo…, pp. 396-401; Domínguez Arribas, *El enemigo judeo-masónico…*, pp. 93-97.

78. Álvarez Chillida, *El antisemitismo…,* pp. 445-452; Manuel Fraga Iribarne, *Pregón de Semana Santa 1971*, Zamora, Junta Pro-Semana Santa, 1971; Javier de la Puerta, «Fraga y los Judíos: Semana Santa en Zamora (1971)», *Diario del Aire*, 18 de abril de 2013.

79. Samuel Hadas, «Un legado para la transición. Israel», en Raanan Rein, ed., *España e Israel. Veinte años después*, Madrid, Fundación Tres Culturas del Mediterráneo, 2007, p. 47.

80. Javier Tusell, «El día en que voló Carrero Blanco», *El País*, 14 de diciembre de 1998; Ferrer Benimeli, *El contubernio judeo-masónico-comunista…*, pp. 327-328.

81. Alberto Vassallo de Mumbert, «Introducción del Editor», a César Casanova González-Mateo, *Manual de urgencia sobre el sionismo en España. Los innumerables perjuros de nuestra patria*, Madrid, 1979, pp. 9-10.

82. Casanova González-Mateo, *Manual de urgencia…*, pp. 159-160.

83. *Ibid.*, pp. 72-73, 90-94, 98-101.

84. Álvarez Chillida, *El antisemitismo…*, pp. 474-481; Fernando Sánchez Dragó, *Gárgoris y Habidis. Una historia mágica de España*, Barcelona, Planeta, 2001.

85. *Ya*, 19 de julio de 1981, citado por Ferrer Benimeli, *El contubernio judeo-masónico-comunista…*, p. 135.

86. Véase <oracionyliturgia.archimadrid.org/2015/09/25/el-santo nino-de-la-guardia-martir-%E2%80%A0-1489-3-3-2-2>. [Consultado el 7 de mayo de 2021 *(N. del T.)*]

87. *El País*, 16 de febrero de 2021; *The Times*, 18 de febrero de 2021.

88. *20 Minutos*, 16 de febrero de 2021.

89. *Diario de Cádiz*, 28 de julio de 2021.

Bibliografía

FUENTES DE ARCHIVO

Archivo General Militar de Segovia:
Expediente de Gonzalo Aguilera Munro
Expediente de Gonzalo Queipo de Llano y Sierra
Expediente del general Campins
Hoja de servicios de Gonzalo Aguilera y Munro
Hoja de servicios de Emilio Mola Vidal
Hoja de servicios de Gonzalo Queipo de Llano Sierra
Archivo Natalio Rivas, Real Academia de la Historia
Archivo Varela, Cádiz
Archivo Histórico Nacional
Archivo Histórico Provincial de Salamanca, Fondo Luna Terrero
Archivo de la Universidad de Salamanca, Conde de Alba de Yeltes
Archivio Storico del Ministero Affari Esteri, Spagna Fondo di Guerra, 287/137, b.38
Ufficio Spagna
Arquivo Nacional, Torre de Tombo, Lisboa, PIDE, Serviços Centrais, Registro Geral de Presos
Archivo General del Ministerio de Interior

FUENTES PRIMARIAS PUBLICADAS

Archivo Gomá, Documentos de la guerra civil, XIII vols., José Andrés-

Gallego y Antón M. Pazos, eds., Madrid, Consejo Superior de Investigaciones Científicas, 2001-2007.

Boletín Oficial del Estado.

Dez anos de política externa (1936-1947) a naçaõ portuguesa e a segunda guerra mundial, III, Lisboa, 1964.

Diario de sesiones de las Cortes Constituyentes de la República española. Comenzaron el 14 de julio de 1931, 25 vols., Madrid, Sucesores de Rivadeneyra, 1933.

Diario de las sesiones de Cortes, Congreso de los Diputados. Comenzaron el 8 de diciembre de 1933, 18 vols., Madrid, Sucesores de Rivadeneyra, 1935.

Diario de las sesiones de Cortes, Congreso de los Diputados. Comenzaron el 16 de marzo de 1936, 4 vols., Madrid, Sucesores de Rivadeneyra, 1936.

Documentos inéditos para la historia del Generalísimo Franco, vols. 1, 2-I, 2-II, III, IV, Madrid, Fundación Nacional Francisco Franco, 1992-1994.

Documents on German Foreign Policy, series D, vol. III, Londres, HMSO, 1951.

Estado Mayor Central, *Anuario Militar de España 1931,* Madrid, Ministerio de la Guerra, 1931.

Estado Mayor Central, *Anuario Militar de España 1936,* Madrid, Ministerio de la Guerra, 1936.

Foreign Relations of the United States 1937, vol. I, Washington, United States Government Printing Office, 1954.

Foreign Relations of the United States 1949, vol. IV, Washington, U.S. Government Printing Office, 1975.

I Documenti Diplomatici Italiani, 8.ª serie, vol.VI, Roma, Libreria dello Stato, 1997.

I Documenti Diplomatici Italiani, 8.ª serie, vol. XII, Roma, Libreria dello Stato, 1952.

Periódicos y revistas

ABC de Madrid
ABC de Sevilla
Acción Española

Ahora

Arriba

Avui

Azul (Córdoba)

Blanco y Negro

CEDA

Claridad

Daily Herald

Diario de Cádiz

Diario de Jerez

Diario Oficial del Ministerio de la Guerra

El Adelanto (Salamanca)

El Caso

El Correo Catalán

El Correo de Andalucía (Sevilla)

El Debate

El Imparcial

El Liberal

El Mundo

El Obrero de la Tierra

El País

El Progreso (Lugo)

El Siglo Futuro

El Socialista

El Sol

Ellas. Semanario de Mujeres Españolas

Estampa

F.E.

Gaceta de Madrid

Gaceta de Tenerife

Gracia y Justicia

Heraldo de Madrid

Ideal (Granada)

Informaciones

JAP

La Ciudad y los Campos

La Crónica de Salamanca
La Época
La Gaceta Regional (Salamanca)
La Mañana
La Nación
La Unión (Sevilla)
La Vanguardia
La Voz (Madrid)
La Voz de Galicia
La Voz del Sur
Le Matin
Le Temps
L'Oeuvre
Milicia Popular
Mundo Gráfico
Mundo Obrero
Región (Cáceres)
The Belfast Telegraph
The Jewish Chronicle
The Sphere
The Times
The Yorkshire Evening Post
Tiempo (Bogotá)
Unión Monárquica
Ya

OBRAS, DIARIOS Y MEMORIAS DE LOS PROTAGONISTAS

Aguilera, Gonzalo de, conde Alba de Yeltes, *Cartas a un sobrino*, s. e., s. f.
—, *El átomo. Sus componentes, energía y medio*, Madrid, Talleres M. Rollán, 1946.
Anónimo, *Los peligros judeo-masónicos. Los protocolos de los Sabios de Sión*, Madrid, Fax, 1932.
—, *Protocolos de los Sabios de Sión*, Valladolid, Libertad-Afrodisio Aguado, 1934.

Azaña, Manuel, *Diarios, 1932-1933*. «*Los cuadernos robados*», Barcelona, Grijalbo-Mondadori, 1997.

—, *Obras completas*, 4 vols., México, Oasis, 1966-1968.

Cantalupo, Roberto, *Fu la Spagna. Ambasciata presso Franco. Febbraio-Aprile 1937*, Milán, Mondadori, 1948.

Carlavilla del Barrio, Mauricio, *Anti-España 1959. Autores, cómplices y encubridores del comunismo*, Madrid, NOS, 1959.

—, *Borbones Masones desde Fernando VII a Alfonso XIII*, Barcelona, Acervo, 1967.

—, *El Rey: radiografía del reinado de Alfonso XIII*, Madrid, NOS, 1956.

—, *Satanismo*, Madrid, NOS, 1957.

Carlavilla del Barrio, Mauricio, «Mauricio Karl», *Sodomitas*, Madrid, NOS, 1956.

—, *Asesinos de España. Marxismo, anarquismo, masonería. Compendio*, Madrid, Imp. Sáez Hermanos, 1936.

—, *El Comunismo en España. 5 años en el partido, su organización y sus misterios*, Madrid, Imp. Sáez Hermanos, 1931.

—, *El enemigo: marxismo, anarquismo, masonería*, Santiago de Chile, Ercilla, 1937[4].

—, *Moscú hoy*, Barcelona, AHR, 1955.

Carrero Blanco, Luis, *Las tribulaciones de Don Prudencio. Diplomacia subterránea. Comentarios de un español*, Madrid, Fuerza Nueva, 1973.

Casanova González-Mateo, César, *Manual de urgencia sobre el Sionismo en España. Los innumerables perjuros de nuestra patria*, Madrid, Vassallo de Mumbert, 1979.

Faldella, Emilio, *Venti mesi di guerra in Spagna*, Florencia, Le Monnier, 1939.

Franco Bahamonde, Francisco, *Franco ha dicho*, primer apéndice (contiene de 1.º enero 1947 a 1.º abril 1949), Madrid, Voz, 1949.

—, *Franco ha dicho*, segundo apéndice, Madrid, Voz, 1951.

—, *Manuscritos de Franco*, Fundación Francisco Franco, Madrid.

—, «Jakim Boor», *Masonería*, Madrid, Gráficas Valera, 1952.

—, *Mensaje del Caudillo a los españoles: discurso pronunciado por S. E. el Jefe del Estado la noche del 31 de diciembre de 1939*, Madrid, 1940.

—, *Palabras del Caudillo 19 abril 1937 - 7 diciembre 1942*, Madrid, Vicesecretaría de Educación Popular, 1943.

—, *Palabras del Caudillo 19 abril 1937 - 31 diciembre 1938*, Barcelona, Fe, 1939.

—, *Textos de doctrina política: palabras y escritos de 1945 a 1950*, Madrid, Publicaciones Españolas, 1951.

—, «Apuntes» personales sobre la República y la guerra civil, Madrid, Fundación Francisco Franco, 1987.

Giménez Caballero, Ernesto, *España y Franco*, Cegama, Los Combatientes, 1938.

—, *Genio de España. Exaltaciones a una resurrección nacional. Y del mundo*, Barcelona, Jerarquía, 1939[4]. Madrid, Doncel, 1971[7].

—, *Memorias de un dictador*, Barcelona, Planeta, 1979.

Jouin, Mons. Ernest, *Le péril judéo maçonnique. Les «Protocols» des Sages» de Sion*, París, Revue Internationale des Societés Secretes, 1932.

Mola Vidal, Emilio, *Obras completas*, Valladolid, Librería Santarén, 1940.

Llanas de Niubó, René, *El Judaísmo*, Barcelona, Vilamala, 1935.

Luis, Francisco de, *La masonería contra España*, Burgos, Imprenta Aldecoa, 1935.

Pemán, José María, *Apuntes autobiográficos. Confesión general y otros*, Madrid, Edibesa, 1998.

—, *Arengas y crónicas de guerra*, Cádiz, Establecimientos Cerón, 1937.

—, *Crónicas de antes y después del diluvio*, Valladolid, Imprenta Castellana, 1939.

—, *De la entrada en Madrid, historia de tres días (27, 28 y 29 de marzo)*, Cádiz, Verba, 1939.

—, *El hecho y la idea de la Unión Patriótica*, Madrid, Imprenta Artística Sáez Hermanos, 1929.

—, *El pensamiento de Primo de Rivera. Sus notas, artículos y discursos*, prólogo, Madrid, Junta de Propaganda Patriótica y Ciudadana, 1929.

—, *La historia de España contada con sencillez*, 2 t., Cádiz, Establecimientos Cerón y Librería Cervantes, 1939.

—, *Mis almuerzos con gente importante*, Barcelona, Dopesa, 1970.

—, *Mis encuentros con Franco*, Barcelona, Dopesa, 1976.

—, *Obras completas, V Doctrina y oratoria*, 5 tomos, Madrid, Escelicer, 1953.

—, *Poema de la bestia y el ángel*, Madrid, Ediciones Españolas, 1939.

—, «Semblanza del Caudillo Franco», *Ejército*, 1 (1940).

—, *Un soldado en la Historia. Vida del capitán general Varela*, Cádiz, Escelicer, 1954.

Pemartín, José, *Qué es «lo nuevo». Consideraciones sobre el momento español presente*, Madrid, Espasa Calpe, 1940³.

Queipo de Llano, Gonzalo, «Cómo dominamos a Sevilla», *Estampas de la guerra, Tomo Quinto, Frentes de Andalucía y Extremadura*, San Sebastián, Editora Nacional, 1938.

—, «Nuestro propósito», *Revista de Tropas Coloniales*, Ceuta, año 1, 1 (enero de 1924).

—, *El general Queipo de Llano perseguido por la dictadura*, Madrid, Javier Morato, 1930.

—, *El movimiento reivindicativo de Cuatro Vientos*, Madrid, Tipografía Yagües, 1933.

Redondo, Onésimo, *Obras completas. Edición cronológica II*, Madrid, Publicaciones Españolas, 1955.

Ridruejo, Dionisio, *Los cuadernos de Rusia*, Barcelona, Planeta, 1978.

—, *Casi unas memorias*, Barcelona, Planeta, 1976.

Sallairai, Aurelio, *Protocolos de los sabios de Sión y la subversión mundial*, Buenos Aires, s. e., 1972.

Suñer, Enrique, *Los intelectuales y la tragedia española*, San Sebastián, Editorial Española, 1938².

Serrano Suñer, Ramón, *Entre Hendaya y Gibraltar*, Madrid, Ediciones y Publicaciones Españolas, 1947.

—, *Entre el silencio y la propaganda, la Historia como fue. Memorias*, Barcelona, Planeta, 1977.

—, *Siete discursos*, Bilbao, Fe, 1938.

Tusquets, Joan, *El teosofisme*, vol. 3, Tremp, Llibreria Central, 1927.

—, *La francmasonería, crimen de lesa patria*, Burgos, Ediciones Antisectarias, 1936.

—, *Masonería y separatismo*, Burgos, Ediciones Antisectarias, 1937.

—, *Masones y pacifistas*, Burgos, Ediciones Antisectarias, 1939.

—, *Orígenes de la revolución española*, Barcelona, Vilamala, 1932.

—, et al., *La dictadura masónica en España y en el mundo*, Barcelona, Vilamala, 1934.

—, et al., *Los poderes ocultos de España: Los Protocolos y su aplicación a

España - Infiltraciones masónicas en el catalanismo - ¿El señor Macià es masón?, Barcelona, Vilamala, 1932.

—, *et al.*, *Secretos de la política española*, Barcelona, Vilamala, 1934.

Vallejo-Nágera, Antonio, *Divagaciones intranscendentes*, Valladolid, Talleres Tipográficos Cuesta, 1938)

—, *Higiene de la raza. La asexualización de los psicópatas*, Madrid, Medicina, 1934.

—, *La locura y la guerra. Psicopatología de la Guerra española*, Valladolid, Librería Santarén, 1939.

—, *Eugenesia de la hispanidad y regeneración de la raza española*, Burgos, Editorial Nacional, 1937.

—, y Eduardo Martínez, «Psiquismo del fanatismo marxista. Investigaciones psicológicas en marxistas femeninos delincuentes», *Revista Española de Medicina y Cirugía de Guerra*, 9.

Von Richthofen, Wolfram, «Spanien-Tagebuch», reproducido en Klaus A. Maier, *Guernica 26.4.1937: Die deutsche Intervention in Spanien und der «Fall Guernica»*, Friburgo, Verlag Rombach, 1975.

OTROS LIBROS Y ARTÍCULOS

«Visados para la libertad. Diplomáticos españoles y el holocausto», Madrid, Ministerio de Asuntos Exteriores, 2013.

Albertí, Jordi, *El silenci de les campanes. De l'anticlericalisme del segle XIX a la persecució religiosa durant la Guerra Civil a Catalunya*, Barcelona, Proa, 2007.

Alcalá Zamora, Niceto, *Memorias*, Barcelona, Planeta, 1977.

Alcázar de Velasco, Ángel, *Serrano Suñer en la Falange*, Madrid, Barcelona, Patria, 1941.

Alfarache, Guzmán de, (pseudónimo de Enrique Vila), ¡18 de julio! Historia del alzamiento glorioso de Sevilla, Sevilla, FE, 1937.

Alía Miranda, Francisco, *Julio de 1936: Conspiración y alzamiento contra la Segunda República*, Barcelona, Crítica, 2011.

Alpert, Michael, *La reforma militar de Azaña (1931-1933)*, Madrid, Siglo XXI, 1982.

Altaffaylla, *Navarra. De la esperanza al terror*, Tafalla, Altaffaylla, 2004[8].

Aguirre González, Jesús Vicente, *Aquí nunca pasó nada. La Rioja 1936*, Logroño, Ochoa, 2007.

Alted Vigil, Alicia, *Política del Nuevo Estado sobre el Patrimonio Cultural y la Educación durante la guerra civil española*, Madrid, Dirección General de Bellas Artes y Archivos, 1984.

Álvarez Chillida, Gonzalo, *El antisemitismo en España. La imagen del judío (1812-2002)*, Madrid, Marcial Pons, 2002.

—, *José María Pemán. Pensamiento y trayectoria de un monárquico (1897-1941)*, Cádiz, Universidad de Cádiz, Servicio de Publicaciones, 1996.

Álvarez del Vayo, Julio, *The Last Optimist*, Londres, Putnam, 1950.

Álvarez Oblanca, Wenceslao, *La represión de postguerra en León. Depuración de la enseñanza (1936-1943)*, León, Santiago García editor, 1986.

Álvarez Rey, Leandro, *La derecha en la II República: Sevilla, 1931-1936*, Sevilla, Universidad de Sevilla y Ayuntamiento de Sevilla, 1993.

Álvaro Dueñas, Manuel, *«Por ministerio de la ley y voluntad del Caudillo», La Jurisdicción Especial de Responsabilidades Políticas (1939-1945)*, Madrid, Centro de Estudios Políticos y Constitucionales, 2006.

Andrés-Gallego, José, ¿Fascismo o Estado católico? Ideología, religión y censura en la España de Franco 1937-1941, Madrid, Encuentro, 1997.

Angosto, Pedro Luis, *José Alonso Mallol. El hombre que pudo evitar la guerra*, Alicante, Instituto de Cultura Juan Gil-Albert, 2010.

Anónimo (Herbert R. Southworth), *Franco's «Mein Kampf»: The Fascist State in Rebel Spain: An Official Blueprint*, Nueva York, The Spanish Information Bureau, 1939.

Ansaldo, Juan Antonio, ¿Para qué? De Alfonso XIII a Juan III, Buenos Aires, Editorial Vasca-Ekin, 1951.

Ansó, Mariano, *Yo fui ministro de Negrín*, Barcelona, Planeta, 1976.

Anson, Luis María, *Don Juan*, Barcelona, Plaza y Janés, 1994.

Arias González, Luis, *Gonzalo de Aguilera Munro XI Conde de Alba de Yeltes (1886-1965). Vidas y radicalismo de un hidalgo heterodoxo*, Salamanca, Universidad de Salamanca, 2013.

Armiñán, Luis de, *Excmo. Sr. General Don Gonzalo Queipo de Llano y Sierra Jefe del Ejército del Sur*, Ávila, Imprenta Católica, 1937.

Aróstegui, Julio, *Largo Caballero: El tesón y la quimera*, Barcelona, Debate, 2013.

Arrarás, Joaquín, *Historia de la cruzada española*, 8 vols., Madrid, Ediciones Españolas, 1939-1943.

—, *Historia de la Segunda República española*, 4 vols., Madrid, Editora Nacional, 1956-1968.

Arteche, José de, *Un vasco en la posguerra (1906-1971)*, Bilbao, La Gran Enciclopedia Vasca, 1977.

Arxiu Vidal i Barraquer, *Esglesia i Estat durant la Segona República espanyola 1931/1936*, 4 volúmenes en 8 partes, Monasterio de Montserrat, Publicacions de l'Abadia de Montserrat, 1971-1990.

Atienza, J., *Nobiliario español: diccionario heráldico de apellidos españoles y títulos nobiliarios*, Madrid, Aguilar, 1959[3].

Augusto, José, *Jornal de um correspondente da guerra em Espanha*, Lisboa, Empresa Nacional de Publicidade, 1936.

Aunós, Eduardo, *Primo de Rivera. Soldado y gobernante*, Madrid, Alhambra, 1944.

Avni, Haim, *Spain, the Jews, and Franco*, Filadelfia, The Jewish Publication Society of America, 1982. [Hay trad. cast.: *España, Franco y los judíos*, Madrid, Altalena, 1982.]

Aznar, Manuel, *Historia militar de la guerra de España (1936-1939)*, Madrid, Idea, 1940.

Azpíroz Pascual, José María y Elboj Broto, Fernando, *La sublevación de Jaca*, Zaragoza, Guara, 1984.

Azzuz Hakim, Mohammad Ibn, *La actitud de los moros ante el alzamiento. Marruecos 1936*, Málaga, Algazara, 1997.

Babío Urkidi, Carlos y Manuel Pérez Lorenzo, *Meirás. Un pazo, un caudillo, un espolio*, A Coruña, Fundación Galiza Sempre, 2017.

Bachoud, Andrée, *Franco*, Barcelona, Crítica, 2000.

Bahamonde y Sánchez de Castro, Antonio, *Un año con Queipo*, Barcelona, Ediciones Españolas, s. f. [1938].

Baón, Rogelio, *La cara humana de un Caudillo*, Madrid, San Martín, 1975.

Baquero, Juan Manuel, *Que fuera mi tierra. Anuario 2015*, Sevilla, Extra! Comunicación / Dirección General de Memoria Democrática, Consejería de Cultura, Junta de Andalucía, 2016.

Barbero, Edmundo, *El infierno azul (Seis meses en el feudo de Queipo)*, Madrid, Talleres del SUIG (CNT), 1937.

Barranquero Texeira, Encarnación, *Málaga entre la guerra y la posguerra: el franquismo*, Málaga, Arguval, 1994.

—, y Lucía Prieto Borrego, *Población y guerra civil en Málaga. Caída, éxodo y refugio*, Málaga, Centro de Ediciones de la Diputación de Málaga, 2007.

Barrios, Manuel, *El último virrey Queipo de Llano*, Sevilla, J. Rodríguez Castillejo, 1990[3].

Bedmar González, Arcángel, *República, guerra y represión. Lucena 1931-1939*, Lucena, Ayuntamiento de Lucena, 2010[2].

Ben Ami, Shlomo, «The Forerunners of Spanish Fascism. Unión Patriótica and Unión Monárquica», *European Studies Review*, vol. 9, 1 (1979). [Hay trad. cast.: *Los orígenes de la Segunda República española. Anatomía de una transición*, Madrid, Alianza Universidad, 1990.]

—, *The Origins of the Second Republic in Spain*, Oxford, Oxford University Press, 1978.

Benet, Josep, *L'intent franquista de genocidi cultural contra Catalunya*, Barcelona, Publicacions de l'Abadia de Montserrat, 1995.

Bernanos, Georges, *Les grands cimitières sous la lune*, París, Plon, 1938. [Hay trad. cast.: *Los grandes cementerios bajo la luna*, Barcelona, Lumen, 2009.]

Bernard, Ino, *Mola mártir de España*, Granada, Librería Prieto, 1938.

Bertrán Güell, Felipe, *Preparación y desarrollo del alzamiento nacional*, Valladolid, Librería Santarén, 1939.

Berzal de la Rosa, Enrique, coord., *Testimonio de voces olvidadas*, 2 vols., León, Fundación 27 de marzo, 2007.

Bethune, Dr. Norman, *The Crime on the Road Malaga-Almeria*, s. l., Iberia, 1937.

Blanco Escolá, Carlos, *General Mola. El ególatra que provocó la guerra civil*, Madrid, La Esfera de los Libros, 2002.

Blanco Escolá, Carlos, *La incompetencia militar de Franco*, Madrid, Alianza, 2000.

Blinkhorn, Martin, *Carlism and Crisis in Spain 1931-1939*, Cambridge, Cambridge University Press, 1975.

Bolín, Luis, *Spain: The Vital Years*, Filadelfia, J. B. Lippincott, 1967. [Hay trad. cast.: *España. Los años vitales*, Madrid, Espasa Calpe, 1967.]

Bolloten, Burnett, *The Spanish Civil War: Revolution and Counterrevolution*, Hemel Hempstead, Harvester Wheatsheaf, 1991.

Bonmati de Codecido, Francisco, *El Príncipe Don Juan de España*, Valladolid, Librería Santarén, 1938.

Bowers, Claude, *My Mission to Spain*, Londres, Victor Gollancz, 1954. [Hay trad. cast.; *Mi misión en España. En el umbral de la Segunda Guerra Mundial*, Barcelona, Arzalia, 2019.]

Boyd, Carolyn P., «Responsibilities and the Second Spanish Republic 1931-6», *European History Quarterly*, 14 (1984).

Bravo Morata, Federico, *Franco y los muertos providenciales*, Madrid, Fenicia, 1979.

Brenan, Gerald, *Personal Record 1920-1972*, Londres, Jonathan Cape, 1974.

Buckley, Henry, *Life and Death of the Spanish Republic. A Witness to the Spanish Civil War*, Londres, I. B. Tauris, 2013. [Hay trad. cast.: *Vida y muerte de la República española*, Barcelona, Espasa, 2013.]

Bullón de Mendoza y Gómez de Valugera, Alfonso, *José Calvo Sotelo*, Barcelona, Ariel, 2004.

Burgo, Jaime del, *Conspiración y guerra civil*, Madrid, Alfaguara, 1970.

Burgos y Mazo, Manuel de, *De la República a…?*, Madrid, Javier Morata, 1931.

Cabanellas, Guillermo, *La guerra de los mil días. Nacimiento, vida y muerte de la II República española*, 2 vols., Buenos Aires, Grijalbo, 1973.

Cacho Viu, Vicente, «Los escritos de José María Iribarren», *Cuadernos de Historia Moderna y Contemporánea*, 5 (1984).

Cacho Zabalza, Antonio, *La Unión Militar Española*, Alicante, Egasa, 1940.

Calleja, Juan José, *Un corazón al rojo*, Barcelona, Juventud, 1963.

Calvo Sotelo, José, *La voz de un perseguido*, 2 vols., Madrid, Librería de San Martin, 1933-1934.

—, *Mis servicios al Estado. Seis años de gestión: apuntes para la Historia*, Madrid, Imprenta Clásica Española, 1931.

Canal, Jordi, «Las campañas antisectarias de Juan Tusquets (1927-1939): Una aproximación a los orígenes del contubernio judeo-masónico-comunista en España», en José Antonio Ferrer Benimeli (coord.), *La masonería en la España del siglo* XX, 2 vols., Toledo, Universidad de Castilla-La Mancha, 1996.

Carcedo, Diego, *Un español frente al Holocausto. Así salvó Ángel Sanz Briz 5.000 judíos*, Madrid, Temas de Hoy, 2000.

Cardona, Gabriel, *El gigante descalzo. El Ejército de Franco*, Madrid, Aguilar, 2003.

—, *El poder militar en la España contemporánea hasta la guerra civil*, Madrid, Siglo XXI, 1983.

—, *Franco y sus generales. La manicura del tigre*, Madrid, Temas de Hoy, 2001.

—, *Historia militar de una guerra civil. Estrategias y tácticas de la guerra de España*, Barcelona: Flor del Viento, 2006.

Cardozo, Harold G., *The March of a Nation. My Year of Spain's Civil War*, Londres, The Right Book Club, 1937.

Caro Cancela, Diego, *La Segunda República en Cádiz. Elecciones y partidos políticos*, Cádiz: Diputación Provincial de Cádiz, 1987.

Casado, Coronel Segismundo, *Así cayó Madrid. Último episodio de la guerra civil española*, Madrid: Guadiana de Publicaciones, 1968.

Casali, Luciano y Lola Harana, *L'oportunisme de Franco. Un informe sobre la qüestió jueva (1949)*, Catarroja/Barcelona, Afers & Centre d'Estudis Històrics Internacionals, 2013.

Casals Messeguer, Xavier, *La tentación neofascista en España*, Barcelona, Plaza y Janés, 1998.

Casals Messeguer, Xavier, *Neonazis en España. De las audiciones wagnerianas a los skinheads (1966-1995)*, Barcelona, Grijalbo-Mondadori, 1995.

Castilla del Pino, Carlos, *Pretérito imperfecto. Autobiografía*, Barcelona, Tusquets, 1997.

—, *Casa del Olivo. Autobiografía (1949-2003)*, Barcelona, Tusquets, 2004.

Castro Albarrán, Aniceto de, *Guerra santa. El sentido católico del movimiento nacional español*, Burgos, Editorial Española, 1938.

Castro Delgado, Enrique, *Hombres made in Moscú*, Barcelona, Luis de Caralt, 1965.

Castro, Luis, *«Yo daré las consignas». La prensa y la propaganda en el primer franquismo*, Madrid, Marcial Pons, 2020.

Catalán, Diego, *El archivo del romancero: historia documentada de un siglo de historia*, 2 vols., Madrid, Fundación Ramón Menéndez Pidal, 2001.

Cervera Gil, Javier, *Madrid en guerra. La ciudad clandestina 1936-1939*, Madrid, Alianza, 2006[2].

Chalmers-Mitchell, Sir Peter, *My House in Malaga*, Londres, Faber & Faber, 1938.

Ciano, Galeazzo, *Diario 1937-1943*, Renzo De Felice (ed.), Milán, Rizzoli, 1980.

Claret Miranda, Jaume, *El atroz desmoche. La destrucción de la Universidad española por el franquismo, 1936-1945*, Barcelona, Crítica, 2006.

Connolly de Pernas, Eduardo, «El padre Tusquets: olvidando el pasado», *Hibris. Revista de bibliografía*, 35 (2006).

—, «Mauricio Carlavilla: el encanto de la conspiración», *Hibris. Revista de bibliografía,* 23 (septiembre-octubre de 2004).

Copado, P. Bernabé, SJ, *Con la columna Redondo. Combates y conquistas. Crónica de guerra*, Sevilla, Imprenta de la Gavidia, 1937.

Cordón, Antonio, *Trayectoria (Recuerdos de un artillero)*, Sevilla, Espuela de Plata, 2008.

Cortés Cavanillas, Julián, *La caída de Alfonso XIII. Causas y episodios de una revolución*, Madrid, Librería de San Martín, 1933[7].

Cowles, Virginia, *Looking for Trouble*, Londres, Hamish Hamilton, 1941.

Cox, Geoffrey, *Defence of Madrid*, Londres, Victor Gollancz, 1937.

Crozier, Brian, *Franco: A Biographical History*, Londres, Eyre and Spottiswoode, 1967. [Hay trad. cast.: *Franco. Historia y biografía*, 2 vols., Madrid, Editorial Magisterio Español, 1969.]

Cruanyes, Josep, *El papers de Salamanca. L'espoliació del patrimoni documental de Catalunya*, Barcelona, Edicions 62, 2003.

Cuesta Monereo, José, *Una figura para la historia. El general Queipo de Llano. Primer locutor de radio en la Guerra de Liberación*, Sevilla, Jefatura Provincial del Movimiento de Sevilla, 1969.

Dávila, Sancho y Julián Pemartín, *Hacia la historia de la Falange: primera contribución de Sevilla*, Jerez, Jerez Industrial, 1938.

Davis, Frances, *A Fearful Innocence*, Kent (Ohio), Kent State University Press, 1981.

—, *My Shadow in the Sun*, Nueva York, Carrick & Evans, 1940.

De Juana, Jesús y Julio Prada (coords.), *Lo que han hecho en Galicia. Violencia política, represión y exilio (1936-1939)*, Barcelona, Crítica, 2007.

De la Cierva, Ricardo, *Bibliografía sobre la guerra de España (1936-1939) y sus antecedentes*, Barcelona, Ariel, 1968.

—, *Francisco Franco. Un siglo de España*, 2 vols., Madrid, Editora Nacional, 1973.

De la Puerta, Javier, «Fraga y los Judíos: Semana Santa en Zamora (1971)», *Diario del Aire*, 18 de abril de 2013.

Del Rey, Fernando, «Los papeles de un conspirador. Documentos para la historia de las tramas golpistas de 1936», *Dimensioni e problemi della ricerca storica*, 2 (2018).

—, «Percepciones contrarrevolucionarias. Octubre de 1934 en el epistolario del general Sanjurjo», *Revista de Estudios Políticos (nueva época)*, 159 (enero–marzo de 2013).

Delgado Cruz, Severiano, *Arqueología de un mito. El acto del 12 de octubre de 1936 en el Paraninfo de la Universidad de Salamanca*, Madrid, Sílex, 2019.

Delmer, Sefton, *Trail Sinister. An Autobiography*, Londres, Secker & Warburg, 1961.

Di Febo, Giuliana, *La santa de la raza: Un culto barroco en la España franquista (1937-1962)*, Barcelona, Icaria, 1988.

Di Febo, Giuliana, *Ritos de guerra y de victoria en la España franquista*, Valencia, Publicacions de la Universitat de València, 2012^2.

Díaz, Carmen, *Mi vida con Ramón Franco*, Barcelona, Planeta, 1981.

Díaz Nosty, Bernardo, *La irresistible ascensión de Juan March*, Madrid, Sedmay, 1977.

Díaz, Ramón, *La verdad de la francmasonería. Réplica al libro del Pbro. Tusquets*, Barcelona, Librería Española, 1932.

Díez Cano, Santiago y Pedro Carasa Soto, «Caciques, dinero y favores. La restauración en Salamanca», en Ricardo Robledo (ed.), *Historia de Salamanca, V, Siglo XX*, Salamanca, Centro de Estudios Salmantinos, 2001.

Dixon, Arturo, *Señor Monopolio. La asombrosa vida de Juan March*, Barcelona, Planeta, 1985.

Domínguez Arribas, Javier, *El enemigo judeo-masónico en la propaganda franquista (1936-1945)*, Madrid, Marcial Pons Historia, 2009.

Domínguez Lobato, Eduardo, *Cien capítulos de retaguardia (alrededor de un diario)*, Madrid, G. del Toro, 1973.

Dundas, Lawrence, *Behind the Spanish Mask*, Londres, Robert Hale, 1943.

Egaña, Iñaki, Marisol Martínez y David Mendaza, *1936 Guerra civil en Euskal Herria III La guerra en Araba. El levantamiento militar en Bizkaia*, Pamplona, Aralar Liburuak, 1999.

Escobal, Patricio, *Las sacas (Memorias)*, Sada-A Coruña, Edicios do Castro, 2005.

Escobar, José Ignacio, *Así empezó*, Madrid, G. del Toro, 1974.

España y los Judíos, Madrid, Oficina de Información Diplomática, 1949.

Espinosa Maestre, Francisco, *Guerra y represión en el sur de España*, Valencia, Publicacions de la Universitat de València, 2012.

—, *La columna de la muerte. El avance del ejército franquista de Sevilla a Badajoz*, Barcelona, Crítica, 2003.

—, *La guerra civil en Huelva*, Huelva, Diputación Provincial, 2005[4].

—, *La justicia de Queipo. (Violencia selectiva y terror fascista en la II División en 1936) Sevilla, Huelva, Cádiz, Córdoba, Málaga y Badajoz*, Barcelona, Crítica, 2005[2].

—, y José María Lama, «La columna de los ocho mil», *Revista de Fiestas de Reina*, agosto (2001).

Esteban Infantes, Emilio, *General Sanjurjo (Un laureado en el Penal del Dueso)*, Barcelona, AHR, 1958.

Ezquerro, Arturo, «Captain Aguilera and filicide: A group-analytic commentary», *Contexts. Group Analytic Society International*, 88 (verano de 2020).

Fernández Coppel, Jorge, *General Gavilán: De enlace del general Mola a jefe de la Casa Militar de Franco*, Madrid, La Esfera de los Libros, 2005.

Fernández Prieto, Lourenzo, *et al.*, *Víctimas da represión en Galicia (1936-1939)*, Santiago de Compostela, Universidad de Santiago y Xunta de Galicia, 2009.

Fernández Santander, Carlos, *Alzamiento y guerra civil en Galicia (1936-1939)*, 2 tomos, Sada-A Coruña, Ediciós do Castro, 2000.

—, *Antología de 40 años (1936-1975)*, Sada-A Coruña, Ediciós do Castro, 1983.

—, *Casares Quiroga, una pasión republicana*, Sada-A Coruña, Ediciós do Castro, 2000.

—, *Tensiones militares durante el franquismo*, Barcelona, Plaza y Janés, 1985.

Fernández-Coppel, Jorge (comp.), *Queipo de Llano. Memorias de la guerra civil*, Madrid, La Esfera de los Libros, 2008.

Ferrer Benimeli, José Antonio, *Masonería española contemporánea*, 2 vols., Madrid, Siglo XXI, 1980.

—, (coord.), *La masonería española. Represión y exilios*, actas del XII Simposio Internacional de Historia de la Masonería Española, Zaragoza, Gobierno de Aragón, 2010.

—, (ed)., *La masonería en la historia de España*, Zaragoza, Diputación General de Aragón, 1989.

—, *El contubernio judeo-masónico-comunista*, Madrid, Istmo, 1982.

—, «Franco contra la masonería», *Historia 16*, II, 15 (julio de 1977).

Foltz, Charles Jr., *The Masquerade in Spain*, Boston, Houghton Mifflin, 1948.

Foreign Journalists under Franco's Terror, Londres, United Editorial, 1937.

Fraga Iribarne, Manuel, *Pregón de Semana Santa 1971*, Zamora, Junta Pro-Semana Santa, 1971.

Franco Salgado-Araujo, Francisco, *Mis conversaciones privadas con Franco*, Barcelona, Planeta, 1976.

—, *Mi vida junto a Franco*, Barcelona, Planeta, 1977.

Franco, Comandante [Ramón], *Madrid bajo las bombas*, Madrid, Zeus, 1931.

Fraser, Ronald, *Blood of Spain: The Experience of Civil War 1936-1939*, Londres, Allen Lane, 1979.

García Alonso, Francisco, *Flores del heroísmo*, Sevilla, Imprenta de la Gavidia, 1939.

García Lahiguera, Fernando, *Ramón Serrano Suñer: un documento para la historia*, Barcelona, Argos Vergara, 1983.

García Márquez, José María, *La «Semana sangrienta» de julio de 1931 en Sevilla. Entre la historia y la manipulación*, Sevilla, Aconcagua, 2019.

García Rodríguez, José, *La organización ilegal y clandestina. Unión Militar Española (UME). Azote de la II República española*, Madrid, Autor, 2014.

García Serrano, Rafael, *La gran esperanza*, Barcelona, Planeta, 1983.

García Venero, Maximiano, *Falange en la guerra civil de España: la unificación y Hedilla*, París, Ruedo Ibérico, 1967.

—, *Historia de la Unificación (Falange y Requeté en 1937)*, Madrid, Agesa, 1970.

Garriga, Ramón, *El Cardenal Segura y el Nacional-Catolicismo*, Barcelona, Planeta, 1977.

—, *El general Yagüe*, Barcelona, Planeta, 1985.

—, *Juan March y su tiempo*, Barcelona, Planeta, 1976.

—, *La Señora de El Pardo*, Barcelona, Planeta, 1979.

—, *Nicolás Franco, el hermano brujo*, Barcelona, Planeta, 1980.

—, *La España de Franco. De la División Azul al pacto con los Estados Unidos (1943 a 1951)*, Puebla (México), Cajica, 1971.

—, *Ramón Franco, el hermano maldito*, Barcelona, Planeta, 1978.

Geiser, Carl, *Prisoners of the Good Fight: Americans Against Franco Fascism*, Westport (Connecticut), Lawrence Hill, 1986.

Gerahty, Cecil, *The Road to Madrid*, Londres, Hutchinson, 1937.

Gibson, Ian, *El asesinato de García Lorca*, Barcelona, Ediciones B, 2018.

—, *El hombre que detuvo a García Lorca. Ramón Ruiz Alonso y la muerte del poeta*, Madrid, Aguilar, 2007.

—, *En busca de José Antonio*, Barcelona, Planeta, 1980.

—, *Queipo de Llano. Sevilla, verano de 1936*, Barcelona, Grijalbo, 1986.

Gil Andrés, Carlos, *Lejos del frente. La guerra civil en la Rioja alta*, Barcelona, Crítica, 2006.

Gil Honduvilla, Joaquín, *Justicia en guerra. Bando de guerra y jurisdicción militar en el Bajo Guadalquivir*, Sevilla, Ayuntamiento de Sevilla, Patronato del Real Alcázar, 2007.

Gil Mugarza, Bernardo, *España en llamas, 1936*, Barcelona, Acervo, 1968.

Gil Pecharromán, Julio, *Conservadores subversivos. La derecha autoritaria alfonsina (1913-1936)*, Madrid, Eudema, 1994.

—, *José Antonio Primo de Rivera. Retrato de un visionario*, Madrid, Temas de Hoy, 1996.

Gil Robles, José María, *No fue posible la paz*, Barcelona, Ariel, 1968.

Gilbert, Martin, *Road to Victory: Winston S. Churchill 1941-1945*, Londres, Heinemann, 1986.

Giménez Arnau, J. A., *Memorias de memoria. Descifre vuecencia personalmente*, Barcelona, Destino, 1978.

Gollonet Megías, Ángel y José Morales López, *Sangre y fuego: Málaga*, Granada, Librería Prieto, 1937.

Gomá, Cardenal Isidro, *Por Dios y por España 1936-1939*, Barcelona, Casulleras, 1940.

Gómez Bajuelo, G., *Málaga bajo el dominio rojo*, Cádiz, Establecimientos Cerón, 1937.

Gómez Gómez, Esteban C., *El eco de las descargas. Adiós a la esperanza republicana*, Barcelona, Escega, 2002.

Gonzálbez Ruiz, Francisco, *Yo he creído en Franco. Proceso de una gran desilusión (Dos meses en la cárcel de Sevilla)*, París, Imprimerie Coopérative Étoile, 1937.

González Calleja, Eduardo, *Contrarrevolucionarios. Radicalización violenta de las derechas durante la Segunda República, 1931-1936*, Madrid, Alianza, 2011.

—, *El máuser y el sufragio. Orden público, subversión y violencia política en la crisis de la Restauración (1917-1931)*, Madrid, Consejo Superior de Investigaciones Científicas, 1999.

—, y Fernando del Rey Reguillo, *La defensa armada contra la revolución: una historia de las guardias cívicas en la España del siglo XX*, Madrid, Consejo Superior de Investigaciones Científicas, 1995.

González Cuevas, Pedro Carlos, *Acción Española. Teología política y nacionalismo autoritario en España (1913-1936)*, Madrid, Tecnos, 1998.

González Egido, Luciano, *Agonizar en Salamanca: Unamuno julio-diciembre 1936*, Madrid, Alianza, 1986.

González Soto, Julio, *Esbozo de una síntesis del ideario de Mola en relación con el Movimiento Nacional*, Burgos, Hijos de Santiago Rodríguez Editores, 1937.

González, Isidro, *Los judíos y la Segunda República 1931-1939*, Madrid, Alianza, 2004.

González, Valentín, «El Campesino», *Yo escogí la esclavitud*, prólogo de Mauricio Carlavilla «Mauricio Karl» (s. l., s. f.).

Grau, Federico, «Psicopatología de un dictador: entrevista a Carlos Castilla del Pino», *El Viejo Topo,* Extra 1 (1977).

Hernández de León-Portilla, Ascensión, *España desde México. Vida y testimonio de transterrados,* Madrid, Algaba, 2004.

Hernández García, Ángel, «La columna de los ocho mil: una tragedia olvidada», *Revista de Fiestas de Reina,* 7 (agosto 2005).

Hernández García, Antonio, *La represión en La Rioja durante la guerra civil,* 3 vols., Logroño, autor, 1982.

Hernández Mir, Francisco, *La Dictadura ante la Historia: un crimen de lesa patria,* Madrid, Compañía Ibero-Americana de Publicaciones, 1930.

Hernández Ruiz, Fernando Jesús, «Ángel Galarza Gago (1892-1966). Ministro de Gobernación de la Segunda República Española, del republicanismo radical socialista al socialismo y al exilio», *Revista Europea de Historia de las Ideas Políticas y de las Instituciones Públicas,* 9 (2015).

Hernández Sánchez, Fernando, *Comunistas sin partido. Jesús Hernández, ministro en la guerra civil, disidente en el exilio,* Madrid, Raíces, 2007.

Hernández, Jesús, *Yo fui un ministro de Stalin,* México D. F., América, 1953.

—, *Yo, ministro de Stalin en España,* prólogo y notas de Mauricio Carlavilla, Madrid, NOS, 1954.

Herrera Oria, Enrique, *Los cautivos de Vizcaya. Memorias del P. Enrique Herrera Oria, SJ, preso durante cuatro meses y medio en la cárcel de Bilbao y condenado a ocho años y un día de prisión,* Bilbao, Aldus, 1938.

Hidalgo de Cisneros, Ignacio, *Cambio de rumbo (Memorias),* 2 vols., Bucarest, Colección Ebro, 1964.

Hills, George, *Franco, the Man and his Nation,* Nueva York, Macmillan, 1967. [Hay trad. cast.: *Franco. El hombre y su nación,* Madrid, Librería Editorial San Martín, 1968.]

Hitler, Adolf, *Hitler's Table Talk 1941-1944,* Londres, Weidenfeld & Nicolson, 1953.

Ibarra, Cayetano, *La otra mitad de la historia que nos contaron. Fuente de Cantos, República y guerra 1931-1939,* Badajoz, Diputación de Badajoz, 2005.

Ibárrurri, Dolores, *El único camino*, Madrid, Castalia, 1992.

Infante, Javier, «Sables y naipes: Diego Martín Veloz (1875-1938). De cómo un matón de casino se convirtió en caudillo rural», en Ricardo Robledo (ed.), *Esta salvaje pesadilla. Salamanca en la guerra civil española*, Barcelona, Crítica, 2007.

Irazabal Agirre, Jon, *Durango 31 de marzo de 1937*, Abadiño, Gerediaga Elkartea, 2001.

Iribarren, José María, *Con el general Mola. Escenas y aspectos inéditos de la guerra civil*, Zaragoza, Librería General, 1937.

—, *Mola. Datos para una biografía y para la historia del alzamiento nacional*, Zaragoza, Librería General, 1938.

Irujo, Xabier, *Gernika 26 de abril de 1937*, Barcelona, Crítica, 2017.

Israel Garzón, Jacobo, «España y los judíos (1939-1945). Una visión general», en Jacobo Israel Garzón y Alejandro Baer, *España y el Holocausto (1939-1945). Historia y testimonios*, Madrid, Ebraica, 2007.

Iturralde, Juan de, *La guerra de Franco, los vascos y la Iglesia*, 2 vols., San Sebastián, Publicaciones del Clero Vasco, 1978.

Jaráiz Franco, Pilar, *Historia de una disidencia*, Barcelona, Planeta, 1981.

Juliá, Santos (coord.), *Víctimas de la guerra civil*, Madrid, Temas de Hoy, 1999.

Keene, Judith, *Fighting for Franco. International Volunteers in Nationalist Spain during the Spanish Civil War, 1936-1939*, Londres, Leicester University Press, 2001.

Kemp, Peter, *Mine Were of Trouble*, Londres, Cassell, 1957.

Kindelán Duany, Alfredo, *Mis cuadernos de guerra*, Barcelona, Planeta, 1982[2].

—, *La verdad de mis relaciones con Franco*, Barcelona, 1981.

Knickerbocker, H. R., *The Siege of the Alcazar*, Londres, Hutchinson, n. d. [1937].

Koestler, Arthur, *Spanish Testament*, Londres, Victor Gollancz, 1937. [Hay trad. cast.: *Diálogo con la muerte. Un testamento español*, Salamanca, Amarante, 2004.]

—, *The Invisible Writing*, Londres, Hutchinson, 1969[2].

Kriegswissenschaftlichen Abteilung der Luftwaffe, Arbeitsgruppe Spanienkrieg, *Die Kämpfe im Norden*, Bundesarchiv, Militärarchiv, Freiburg, Akt II L 14/2.

Krivitsky, W.G., *I Was Stalin's Agent*, Londres, Hamish Hamilton, 1939.

La vida y la obra de José Calvo Sotelo. Homenaje de la Real Academia de Jurisprudencia y Legislación a su presidente perpetuo José Calvo Sotelo que ofrendó su vida por Dios y por España el 13 de Julio de 1936, Madrid, Imprenta de Galo Sáez, 1942.

Largo Caballero, Francisco, *Correspondencia secreta*, prólogo y notas de Mauricio Carlavilla, Madrid, NOS, 1961.

—, *Mis recuerdos. Cartas a un amigo (Prólogo y notas de Enrique de Francisco)*, México, Unidas, 1954.

Larraz, José, *Memorias*, Madrid, Real Academia de Ciencias Morales y Políticas, 2006.

Lazo, Alfonso, *La Iglesia, la Falange y el fascismo (un estudio sobre la prensa española de postguerra)*, Sevilla, Universidad de Sevilla, 1995.

—, *Retrato de fascismo rural en Sevilla*, Sevilla, Universidad de Sevilla, 1998.

Ledesma Ramos, Ramiro, *¿Fascismo en España?*, Barcelona, Ariel, 1968[2].

—, *Escritos políticos 1935-1936*, Madrid, Herederos de Ramiro Ledesma Ramos, 1988.

Lerroux, Alejandro, *La pequeña historia. Apuntes para la Historia grande vividos y redactados por el autor*, Buenos Aires, Cimera, 1945.

Lisbona Martín, José Antonio, *Más allá del deber. La respuesta humanitaria del Servicio Exterior frente al holocausto*, Madrid, Ministerio de Asuntos Exteriores y de Cooperación, 2015.

Líster, Enrique, *Nuestra guerra*, París, Colección Ebro, 1966.

Lizarza Iribarren, Antonio, *Memorias de la conspiración*, Pamplona, Gómez, 1969[5].

Llopis Llopis, Salvador, *La prócer dama doña Inés Luna Terrero, sus predecesores y familiares cercanos*, Salamanca, autor, 2000.

López, Padre Tomás, *Treinta semanas en poder de los rojos en Málaga de julio a febrero*, Sevilla, Imprenta de San Antonio, 1938.

López García, Santiago y Severiano Delgado Cruz, «Víctimas y Nuevo Estado 1936-1940», en Ricardo Robledo (ed.), *Historia de Salamanca, V, Siglo XX*, Salamanca, Centro de Estudios Salmantinos, 2001.

Losada Malvárez, Juan Carlos, *Ideología del Ejército franquista 1939-1959*, Madrid, Istmo, 1990.

Lowe, Sid, *Catholicism, War and the Foundation of Francoism. The Juventud de Acción Popular in Spain, 1931-1939*, Brighton, Sussex Academic Press/Cañada Blanch, 2010.

Lunn, Arnold, *Spanish Rehearsal*, Londres, Hutchinson, 1937.

Macarro Vera, José Manuel, *La utopía revolucionaria: Sevilla en la Segunda República*, Sevilla, Monte de Piedad y Caja de Ahorros, 1985.

Maier, Klaus A., *Guernica 26.4.1937. Die deutsche Intervention in Spanien und der «Fall Guernica»*, Friburgo, Rombach, 1975. [Hay trad. cast.: *Guernica. 26-4-1937. La intervención alemana en España y el caso «Guernica»*, Madrid, Sedmay, 1976.]

Maíz, B. Félix, *Alzamiento en España*, Pamplona, Gómez, 1952[2].

—, *Mola frente a Franco. Guerra y muerte del General Mola*, Pamplona, Laocoonte, 2007.

—, *Mola, aquel hombre*, Barcelona, Planeta, 1976.

Manent i Segimon, Albert, *De 1936 a 1975. Estudis sobre la guerra civil i el franquisme*, Barcelona, Publicacions de l'Abadia de Montserrat, 1999.

María Lama, José, *Una biografía frente al olvido: José González Barrero, alcalde de Zafra en la Segunda República*, Badajoz, Diputación de Badajoz, 2000.

Maritain, Jacques, *Los rebeldes españoles no hacen una guerra santa*, Valencia, Ediciones Españolas, 1937.

Marquina Barrio, Antonio y Gloria Inés Ospina, *España y los judíos en el siglo xx*, Madrid, Espasa Calpe, 1987.

Marsá, Graco, *La sublevación de Jaca. Relato de un rebelde*, Madrid, Zeus, 1931[2].

Martín Blázquez, José, *I Helped to Build an Army: Civil War Memoirs of a Spanish Staff Officer*, Londres, Secker & Warburg, 1939.

Martín de Pozuelo, Eduardo, *El Franquismo, Cómplice del Holocausto*, Barcelona, La Vanguardia, 2012.

Martín Jiménez, Ignacio, *La guerra civil en Valladolid (1936-1939). Amaneceres ensangrentados*, Valladolid, Ámbito, 2000.

Martínez Bande, José Manuel, «Del alzamiento a la Guerra Civil. Verano de 1936: Correspondencia Franco/Mola», *Historia y Vida*, 93 (1975).

—, *La campaña de Andalucía*, Madrid, San Martín, 1986[2].

—, *Nueve meses de guerra en el norte*, Madrid, San Martín, 1980.

—, *Vizcaya*, Madrid, San Martín, 1971.

Martínez Barrio, Diego, *Memorias*, Barcelona, Planeta, 1983.

Martínez Bedoya, Javier, *Memorias desde mi aldea*, Valladolid, Ámbito, 1996.

Martínez de Campos, Carlos, *Ayer 1931-1953*, Madrid, Instituto de Estudios Políticos, 1970.

Martínez de Pisón, Ignacio, *Filek. El estafador que engañó a Franco*, Barcelona, Seix Barral, 2018.

Martínez Roda, Federico, *Varela. El general antifascista de Franco*, Madrid, La Esfera de los Libros, 2012.

Martínez Rus, Ana, «La represión cultural: libros destruidos, bibliotecas depuradas y lecturas vigiladas», en Julio Arostegui (coord.), *Franco: la represión como sistema*, Barcelona, Flor del Viento, 2012.

Masjuan Bracons, Eduard, «Eduardo Barriobero y Herrán i la justícia revolucionària a la Barcelona de 1936», Segon Congrés Recerques, *Enfrontaments civils: Postguerres i reconstruccions*, 2 vols., Lleida, Associació Recerques y Pagès Editors, 2002.

Massot i Muntaner, Josep, *Església i societat a la Catalunya contemporània*, Barcelona, Publicacions de l'Abadia de Montserrat, 2003.

Mauriño Longoria, Carlos G., *Memorias*, Ronda, familia del autor, s. f. [1937].

McCullagh, Francis, *In Franco's Spain*, Londres, Burns, Oates & Washbourne, 1937.

Medina García, Eusebio, «Contrabando en la frontera de Portugal: Orígenes, estructuras, conflicto y cambio social», tesis doctoral, Madrid, Universidad Complutense de Madrid, 2001.

Medina Vilallonga, Rafael de, duque de Medinaceli, *Tiempo pasado*, Sevilla, Gráfica Sevillana, 1971.

Mendizábal, Alfredo, *Aux origines d'une tragédie: la politique espagnole de 1923 à 1936*, París, Desclée de Brouwer, 1937. [Hay trad. cast.: *Los orígenes de una tragedia. La política española desde 1923 hasta 1936*, Madrid, Centro de Estudios Políticos y Constitucionales, 2012.]

Merino, Ignacio, *Serrano Suñer. Conciencia y poder*, Madrid, Algaba, 2004.

Miguélez Rueda, José María, «Transformaciones y cambios en la policía española durante la II República», *Espacio, Tiempo y Forma*, Serie V, *Historia Contemporánea*, 10 (1997).

Miguez Macho, Antonio, *Xenocidio e represión franquista en Galicia. A violencia de retagarda en Galicia na Guerra Civil (1936-1939)*, Santiago de Compostela, Lóstrego, 2009.

Mikelarena Peña, Fernando, «La intensidad de la limpieza política franquista en 1936 en la Ribera de Navarra», *Hispania Nova. Revista de Historia Contemporánea*, 9 (2009).

Miller, Webb, *I Found No Peace*, Londres, The Book Club, 1937.

Mínev Stoyán (Stepanov), *Las causas de la derrota de la República española*, edición de Ángel L. Encinas Moral, Madrid, Miraguano, 2003.

Molina Fajardo, Eduardo, *Los últimos días de García Lorca*, Barcelona, Plaza y Janés, 1983.

Monge Bernal, José, *Acción Popular (estudios de biología política)*, Madrid, Imp. Sáez Hermanos, 1936.

Monks, Noel, *Eyewitness*, Londres, Frederick Muller, 1955.

Montes Agudo, Gumersindo, *Pepe Sainz: una vida en la Falange*, Barcelona, Pal·las de Horta, 1939.

Mora, Antoni, «Joan Tusquets, en els 90 anys d'un home d'estudi i de combat», Institut d'Estudis Tarraconenses Ramón Berenguer IV, *Anuari 1990-1991 de la Societat d'Estudis d'Història Eclesiàstica Moderna i Contemporània de Catalunya*, Tarragona, Diputació de Tarragona, 1992.

Mora, Constancia de la, *In Place of Splendor. The Autobiography of a Spanish Woman*, Nueva York, Harcourt, Brace, 1939. [Hay ed. cast.: *Doble esplendor*, Madrid, Gadir, 2017.]

Morales Ruiz, Juan José, *El discurso antimasónico en la guerra civil española, 1936-1939*, Zaragoza, Diputación General de Aragón, 2001.

Morente Valero, Francisco, «La depuración franquista del magisterio público. Un estado de la cuestión», *Hispania*, 61, 208 (2001).

—, *La depuración del magisterio nacional (1936-1943). La escuela y el Estado Nuevo*, Valladolid, Ámbito Alarife, 1997.

Morodo, Raúl, *Orígenes ideológicos del franquismo: Acción Española*, Madrid, Alianza, 1985.

Mota Muñoz, José Fernando, «"Precursores de la unificación": el España Club y el voluntariado español, una experiencia unitaria de la extrema derecha barcelonesa (1935-1936)», *Historia y Política*, 28 (2012).

Moure Mariño, Luis, *La generación del 36: memorias de Salamanca y Burgos*, Sada-A Coruña, Ediciós do Castro, 1989.

Nadal Sánchez, Antonio, «Experiencias psíquicas sobre mujeres marxistas malagueñas», en *Las mujeres y la guerra civil española*, Madrid, Ministerio de Cultura, 1991.

Nelken, Margarita, *Por qué hicimos la revolución*, Barcelona, París, Nueva York, Ediciones Sociales Internacionales, 1936.

Nerín, Gustau, *La guerra que vino de África*, Barcelona, Crítica, 2005.

Nicholson, Helen, *Death in the Morning*, Londres, Lovat Dickson, 1937. [Hay trad. cast.: *Muerte en la madrugada*, Granada, Atrio, 2007.]

Norton, Edward, *Muerte en Málaga. Testimonio de un americano sobre la guerra civil española*, Málaga, Universidad de Málaga, 2004.

Ollaquindia, Ricardo, «Un libro de José María Iribarren condenado por la censura», *Príncipe de Viana*, año 64, 229 (2003).

Olmedo Alonso, Ángel, *Llerena 1936. Fuentes orales para la recuperación de la memoria histórica*, Badajoz, Diputación de Badajoz, 2010.

Olmedo Delgado, Antonio y José Cuesta Monereo, *General Queipo de Llano (aventura y audacia)*, Barcelona, AHR, 1958.

Ortega y Gasset, Eduardo, *España encadenada. La verdad sobre la dictadura*, París, Juan Dura, 1925.

Ortiz de Villajos, Cándido, *De Sevilla a Madrid, ruta libertadora de la columna Castejón*, Granada, Librería Prieto, 1937.

Ortiz Villalba, Juan, *Sevilla 1936. Del golpe militar a la guerra civil*, Sevilla, Diputación Provincial, 1998.

Osorio, Marta, *Miedo, olvido y fantasía. Agustín Penón. Crónica de su investigación sobre Federico García Lorca (1955-1956)*, Granada, Comares, 2001.

Ossorio y Gallardo, Ángel. *Mis memorias*, Buenos Aires, Losada, 1946.

Packard, Reynolds y Eleanor, *Balcony Empire*, Nueva York, Oxford University Press, 1942.

Palacios, Jesús, *Las cartas de Franco. La correspondencia desconocida que marcó el destino de España*, Madrid, La Esfera de los Libros, 2005.

Palomares Ibáñez, Jesús María, *La guerra civil en la ciudad de Valladolid. Entusiasmo y represión en la «capital del alzamiento»*, Valladolid, Ayuntamiento de Valladolid, 2001.

Payne, Stanley G., *Politics and the Military in Modern Spain*, Stanford (California), Stanford University Press, 1967. [Hay trad. cast.: *Los militares y la política en la España contemporánea*, Madrid, Ruedo Ibérico, 1968.]

Paz, Abel, *Durruti en la revolución española*, Madrid, Fundación Anselmo Lorenzo, 1996.

Peñalba-Sotorrío, Mercedes, «Beyond the War: Nazi Propaganda Aims in Spain during the Second World War», *Journal of Contemporary History*, 54, 4 (2019).

Pérez de Olaguer, Antonio, *Lágrimas y sonrisas*, Burgos, Ediciones Antisectarias, 1938.

Pérez Madrigal, Joaquín, *Pérez (vida y trabajo de uno)*, Madrid, Instituto Editorial Reus, 1955.

Píriz González, Carlos, *En campo enemigo: la Quinta Columna en la Guerra Civil española (c. 1936-1941)*, tesis doctoral, Universidad de Salamanca, 2019.

Pozo, Gabriel, *Lorca, el último paseo: laves para entender el asesinato del poeta*, Granada, Almed, 2009.

Pemartín, José, *Qué es «lo nuevo». Consideraciones sobre el momento presente*, Madrid, Espasa Calpe, 1940³.

Preston, Paul, «Alfonsist Monarchism and the Coming of the Spanish Civil War», *Journal of Contemporary History*, 7, 3-4 (1972).

—, «The Agrarian War in the South» en Paul Preston (ed.), *Revolution and War in Spain 1931-1939*, Londres, Methuen, 1984.

—, *A People Betrayed. A History of Corruption, Political Incompetence and Social Division in Modern Spain 1874-2018*, Londres, William Collins, 2020. [Hay trad. cast.: *Un pueblo traicionado. Corrupción, incompetencia política y división social*, Barcelona, Debate, 2019.]

—, *El Cid and the Masonic Super-State: Franco, the Western Powers and the Cold War*, Londres, London School of Economics, 1993.

—, *Franco. A Biography*, Londres, HarperCollins, 1993. [Hay trad. cast.: *Franco. Caudillo de España*, Barcelona, Debate, 2015.]

—, *The Coming of the Spanish Civil War: Reform Reaction and Revolution in the Second Spanish Republic 1931-1936*, Londres, Routledge, 1994[2]. [Hay trad. cast.: *La destrucción de la democracia en España. Reforma, reacción y revolución en la Segunda República*, Barcelona, Debate, 2018.]

—, *The Spanish Holocaust. Inquisition and Extermination in Twentieth Century Spain*, Londres, HarperCollins, 2012. [Hay trad. cast.: *El holocausto español. Odio y exterminio en la Guerra Civil y después*, Barcelona, Debate, 2011.]

Prieto, Indalecio, *Entresijos de la guerra de España (Intrigas de Nazis, Fascistas y Comunistas)*, Buenos Aires, Bases, 1954.

—, *Cómo y por qué salí del Ministerio de Defensa Nacional. Intrigas de los rusos en España (Texto taquigráfico del informe pronunciado el 9 de agosto de 1938 ante el Comité Nacional del Partido Socialista Obrero Español)*, México D. F., Impresos y Papeles, 1940.

—, *De mi vida: recuerdos, estampas, siluetas, sombras...* 2 vols., México D. F., Oasis, 1965.

—, *Yo y Moscú*, prólogo, comentarios y notas de Mauricio Carlavilla, Madrid, NOS, 1960.

Primo de Rivera y Urquijo, Miguel, *Papeles póstumos de José Antonio*, Barcelona, Plaza y Janés, 1996.

Primo de Rivera, José Antonio, *Obras*, Madrid, Sección Femenina de FET y de las JONS, 1966[4].

Puell de la Villa, Fernando, «La trama militar de la conspiración», en Francisco Sánchez Pérez (ed.), *Los mitos del 18 de julio*, Barcelona, Crítica, 2013.

Quevedo y Queipo de Llano, Ana, *Queipo de Llano. Gloria e infortunio de un general*, Barcelona, Planeta, 2001.

Quiroga, Alejandro, *Making Spaniards: Primo de Rivera and the Nationalization of the Masses, 1923-1930*, Londres, Palgrave Macmillan, 2007. [Hay trad. cast.: *Haciendo españoles. La nacionalización de las masas en la dictadura de Primo de Rivera*, Madrid, Centro de Estudios Políticos y Constitucionales-Marcial Pons, 2008.]

Raguer, Hilari, *El general Batet. Franco contra Batet: Crónica de una venganza*, Barcelona, Península, 1996.

—, *Escrits dispersos d'història*, Barcelona, Institut d'Estudis Catalans, 2018.

—, *La pólvora y el incienso. La Iglesia católica y la guerra civil española (1936-1939)*, Barcelona, Península, 2001.

—, *La Unió Democràtica de Catalunya i el seu temps (1931-1939)*, Barcelona, Publicaciones de l'Abadia de Montserrat, 1976.

Ramón-Laca, Julio de, *Bajo la férula de Queipo: Cómo fue gobernada Andalucía*, Sevilla, Imprenta Comercial del Diario FE, 1939.

Ramos Hitos, Juan Antonio, *Guerra civil en Málaga 1936-1937. Revisión Histórica*, Málaga, Algazara, 2004[2].

Redondo, Gonzalo, *Historia de la Iglesia en España 1931-1939*, 2 vols., Madrid, Rialp, 1993.

Redondo, J. Crespo et al., *Purga de maestros en la guerra civil. La depuración del magisterio nacional en la provincia de Burgos*, Valladolid, Ámbito Alarife, 1987.

Reig Tapia, Alberto, *La Cruzada de 1936. Mitos y memoria*, Madrid, Alianza, 2006.

Rein, Raanan (ed.), *España e Israel. Veinte años después*, Madrid, Fundación Tres Culturas del Mediterráneo, 2007.

—, *In the Shadow of the Holocaust and the Inquisition: Israel's Relations with Francoist Spain*, Londres, Routledge, 1997.

Richards, Michael, «Morality and Biology in the Spanish Civil War: Psychiatrists, Revolution and Women Prisoners in Málaga», *Contemporary European History*, 10, 3 (2001).

Richards, Michael, *A Time of Silence: Civil War and the Culture of Repression in Franco's Spain, 1936-1945*, Cambridge, Cambridge University Press, 1998. [Hay trad. cast.: *Un tiempo de silencio. La Guerra Civil y la cultura de la represión en la España de Franco, 1936-1945*, Barcelona, Crítica, 1999.]

Riera, Ignasi. *Los catalanes de Franco*, Barcelona, Plaza y Janés, 1998.

Riquer i Permanyer, Borja de, *L'últim Cambó (1936-1947). La dreta catalanista davant la guerra civil i el franquisme*, Barcelona, Eumo, 1996.

—, «Joan Ventosa i Calvell, l'home de la Lliga Catalana a Burgos. Les relacions dels catalanistes conservadors amb els militars rebels durant la Guerra Civil», *Segle XX. Revista Catalana d'Història*, 5 (2021).

—, «Els catalans de Burgos», *Arreu*, 5 (1976).

Rivero Noval, María Cristina, *La ruptura de la paz civil: represión en la Rioja (1936-1939)*, Logroño, Instituto de Estudios Riojanos, 1992.

Robinson, Paul, *The White Russian Army in Exile 1920-1941*, Oxford, Clarendon Press, 2002.

Robledo, Ricardo y Santiago Diez Cano, «La derrota del rentista. Historia económica y política del caso de Luna Terrero (1855-1955)», en S. De Dios y Eugenia Torijano (eds.), *Escritos de Historia. Estudios en homenaje al Prof. Javier Infante*, Salamanca, Universidad de Salamanca, 2019.

Rodrigo, Javier, *Cautivos. Campos de concentración en la España franquista, 1936-1947*, Barcelona, Crítica, 2005.

Rodríguez Aisa, María Luisa, *El Cardenal Gomá y la guerra de España: aspectos de la gestión pública del Primado 1936-1939*, Madrid, Consejo Superior de Investigaciones Científicas, 1981.

Rodríguez Jiménez, José Luis, «Una aproximación al trasfondo ideológico de la represión. Teoría de la conspiración y policía política franquista», en Jaume Sobrequés, Carme Molinero y Margarida Sala (eds.), *Els camps de concentració i el mon penitenciari a Espanya durant la guerra civil i el franquisme*, Barcelona, Museu de'Historia de Catalunya-Crítica, 2003.

Rodríguez Puértolas, Julio, *Literatura fascista española*, 2 vols., Madrid, Akal, 1986, 1987.

Rohr, Isabelle, *The Spanish Right and the Jews, 1898-1945. Antisemitism and Opportunism*, Brighton, Sussex Academic Press, 2007. [Hay trad. cast.: *La derecha española y los judíos, 1898-1945*, Valencia, Servei de Publicacions de la Universitat de València, 2010.]

Rojas, Carlos, *¡Muera la inteligencia! ¡Viva la muerte! Salamanca, 1936. Unamuno y Millán Astray frente a frente*, Barcelona, Planeta, 1995.

Romero García, Eladio, *Julián Mauricio Carlavilla del Barrio. El policía franquista que destapó la conspiración mundial*, Almería, Círculo Rojo, 2018.

Romero Romero, Fernando, «Falangistas, héroes y matones. Fernando Zamacola y los Leones de Rota», *Cuadernos para el Diálogo*, 33 (2008).

—, «Víctimas de la represión en la Sierra de Cádiz durante la guerra civil (1936-1939)», *Almajar*, 2 (2005).

Romero, Luis, *Por qué y cómo mataron a Calvo Sotelo*, Barcelona, Planeta, 1982.

—, *Tres días de julio (18, 19 y 20 de 1936)*, Barcelona, Ariel, 1968[2].

Ros Agudo, Manuel, *La guerra secreta de Franco 1939-1945*, Barcelona, Crítica, 2002.

Rother, Bernd, *Franco y el Holocausto*, Madrid, Marcial Pons, 2005.

Rozenberg, Danielle, *La España contemporánea y la cuestión judía*, Madrid, Marcial Pons, 2010.

Ruiz Vilaplana, Antonio, *Doy fe... Un año de actuación en la España nacionalista*, París, Éditions Imprimerie Coopérative Étoile, s. f. [1938].

Sacaluga, Juan Antonio, *La resistencia socialista en Asturias 1937-1962*, Madrid, Pablo Iglesias, 1986.

Sacanell Ruiz de Apodaca, Enrique, *El general Sanjurjo, Héroe y víctima. El militar que pudo evitar la dictadura franquista*, Madrid, La Esfera de los Libros, 2004.

Sáenz-Francés San Baldomero, Emilio, «La deportación en 1943 de la comunidad sefardita de Salónica», *Aportes. Revista de historia contemporánea*, 26 (2011), 77.

Sagardía, General, *Del Alto Ebro a las Fuentes del Llobregat. Treinta y dos meses de guerra de la 62 División*, Madrid, Editora Nacional, 1940.

Sainz Rodríguez, Pedro, *Testimonio y recuerdos*, Barcelona, Planeta, 1978.

—, *Un reinado en la sombra*, Barcelona, Planeta, 1981.

Salas, Nicolás, *Quién fue Gonzalo Queipo de Llano y Sierra 1875-1951*, Sevilla, Abec Editores, 2012.

Salas, Nicolás, *Sevilla fue la clave. República, Alzamiento, Guerra Civil (1931-39)*, 2 vols., Sevilla, Castillejo, 1992.

Sallairai, Aurelio, *Protocolos de los sabios de Sión y la subversión mundial*, Buenos Aires, s. e., 1972.

Salmon, André, *Souvenirs sans fin*, París, Gallimard, 1955.

Sánchez Asiaín, José Ángel, *La financiación de la guerra civil española. Una aproximación histórica*, Barcelona, Crítica, 2012.

Sánchez del Arco, Manuel, *El sur de España en la reconquista de Madrid*, Sevilla, Editorial Sevillana, 1937[2].

Sánchez Dragó, Fernando, *Gárgoris y Habidis. Una historia mágica de España*, Barcelona, Planeta, 2001.

Sánchez-Ostiz, Miguel, *El Escarmiento*, Pamplona, Pamiela, 2013.

Sanz, Ricardo, *El sindicalismo y la política: los «Solidarios» y «Nosotros»*, Toulouse, Imprimerie Dulaurier, 1966.

Saña, Heleno, *El franquismo sin mitos: conversaciones con Serrano Suñer*, Barcelona, Grijalbo, 1982.

Schulze Schneider, Ingrid, «Éxitos y fracasos de la propaganda alemana en España: 1939-1944», *Melanges de la Casa de Velázquez*, 31 (1995).

—, «La propaganda alemana en España 1942-1944», *Espacio, tiempo y forma. Serie V, Historia contemporánea*, 7 (1994).

Séguéla, Matthieu, *Pétain-Franco: les secrets d'une alliance*, París, Albin Michel, 1992.

Segura Nieto, Juan, *¡Alerta! ... Francmasonería y Judaísmo*, Barcelona, Felipe González Rojas, 1940.

Seidman, Michael, *The Victorious Counterrevolution. The Nationalist Effort in the Spanish Civil War*, Madison, University of Wisconsin Press, 2011.

Serém, Rubén, *A Laboratory of Terror, Conspiracy, Coup d'état and Civil War in Seville, 1936-1939. History and Myth in Francoist Spain*, Brighton Sussex Academic Press, 2017.

Serrat Bonastre, Francisco, *Salamanca, 1936. Memorias del primer «ministro» de Asuntos Exteriores de Franco*, Barcelona, Crítica, 2014.

Silva, José Antonio, *Cómo asesinar con un avión*, Barcelona, Planeta, 1981.

Simó Sánchez, Marta, *La memoria de l'Holocaust a l'Estat Espanyol. Des d'una perspectiva sociològica i una perspectiva històrica*, tesis doctoral, Barcelona, Universidad Autónoma de Barcelona, 2018.

Smith, Ángel, *Anarchism, Revolution and Reaction. Catalan Labour and the Crisis of the Spanish State, 1898-1923*, Nueva York, Berghahn Books, 2007.

Sochaga, José, «Memorias», *Historia*, 16 (2000).

Solé i Sabaté, Josep M. y Joan Villarroya i Font, *La repressió a la reraguardia de Catalunya (1936-1939)*, 2 vols., Barcelona, Publicacions de l'Abadia de Montserrat, 1989.

Sopeña, Federico, *Vida y obra de Manuel de Falla*, Madrid, Turner, 1988.

Southworth, Herbert Rutledge, *Antifalange; estudio crítico de «Falange en la guerra de España» de Maximiano García Venero*, París, Ruedo Ibérico, 1967.

—, *Conspiracy and the Spanish Civil War. The Brainwashing of Francisco Franco*, Londres, Routledge, 2002. [Hay trad. cast.: *El lavado de cerebro de Francisco Franco. Conspiración y Guerra Civil*, Barcelona, Crítica, 2000.]

—, *El mito de la cruzada de Franco*, Paul Preston (ed.), Barcelona, Debolsillo, 2008.

—, *Guernica! Guernica! A Study of Journalism, Propaganda and History*, Berkeley, University of California Press, 1977. [Hay trad. cast.: *La destrucción de Guernica. Periodismo, diplomacia, propaganda e historia*, Granada, Comares, 2013.]

—, «"The Grand Camouflage": Julián Gorkín, Burnett Bolloten and the Spanish Civil War», en Paul Preston y Ann Mackenzie, eds., *The Republic Besieged. Civil War in Spain 1936-1939*, Edimburgo, Edinburgh University Press, 1996.

Steer, G. L., *The Tree of Guernica: A Field Study of Modern War*, Londres, 1938. [Hay trad. cast.: *El árbol de Gernika. Un ensayo sobre la guerra moderna*, Tafalla, Txalaparta, 2002.]

Suárez Fernández, Luis, *Francisco Franco y su tiempo*, 8 vols., Madrid, Fundación Nacional Francisco Franco, 1984.

Subirà, Joan, *Capellans en temps de Franco*, Barcelona, Mediterrània, 1996.

Taylor, Edmond, «Assignment in Hell», en Frank C. Hanighen, *Nothing but Danger*, Nueva York, National Travel Club, 1939.

Terrón Montero, Javier, *La prensa de España durante el régimen de Franco*, Madrid, Centro de Investigaciones Sociológicas, 1981.

Thomas, Gordon y Max Morgan-Witts, *The Day Guernica Died*, Londres, Hodder & Stoughton, 1975.

Thomas, Hugh, *The Spanish Civil War*, Londres, Hamish Hamilton, 1977[3]. [Hay trad. cast.: *La Guerra Civil española*, Barcelona, Debolsillo, 2020].

Thomàs, Joan Maria, *El gran golpe. El «Caso Hedilla» o cómo Franco se quedó con Falange*, Barcelona, Debate, 2014.

—, *Falange, guerra civil, franquisme. F.E.T. y de las J.O.N.S. de Barcelona en els primers anys de règim franquista*, Barcelona, Publicacions de L'Abadia de Montserrat, 1992.

—, *José Antonio. Realidad y mito*, Barcelona, Debate, 2017.

—, «The front line of Albion's perfidy. Inputs into the making of British policy towards Spain: The racism and snobbery of Norman King», *International Journal of Iberian Studies*, 20, 2, (2007).

Togores, Luis E., Yagüe. *El general falangista de Franco*, Madrid, La Esfera de los Libros, 2010.

Toquero, José María, *Franco y Don Juan: La oposición monárquica al franquismo*, Barcelona, Plaza y Janés-Cambio 16, 1989.

Trapiello, Andrés, *Las armas y las letras. Literatura y Guerra Civil (1936-1939)*, Barcelona, Destino, 2010³.

Tuñón de Lara, Manuel, *La España del siglo XX*, París, Librería Española, 1973².

Turón Yebra, Manuel, *El General Miguel Campins y su época (1880-1936)*, tesis doctoral, Universidad Complutense de Madrid, 2002.

Tusell, Javier, *Carrero. La eminencia gris del régimen de Franco*, Madrid, Temas de Hoy, 1993.

—, *Franco en la guerra civil. Una biografía política*, Barcelona, Tusquets, 1992.

—, *Franco y los católicos: la política interior española entre 1945 y 1957*, Madrid, Alianza, 1984.

—, *Franco, España y la II guerra mundial. Entre el Eje y la neutralidad*, Madrid, Temas de Hoy, 1995.

—, *La oposición democrática al franquismo 1939-1962*, Barcelona, Planeta, 1977.

—, «Memorias inéditas del general Solchaga: "¡Menos mal que los rojos son peores!"», *La aventura de la historia*, 16 (febrero de 2000), pp. 22-36.

—, y Genoveva García Queipo de Llano, *Franco y Mussolini: la política española durante la segunda guerra mundial*, Barcelona, Planeta, 1985.

—, y Gonzalo Álvarez Chillida, *Pemán. Un trayecto intelectual desde la extrema derecha hasta la democracia*, Barcelona, Planeta, 1998.

Tusquets Guillén, Esther, *Habíamos ganado la guerra*, Barcelona, Bruguera, 2007.

Ugarte, Javier, «Represión como instrumento de acción política del

Nuevo Estado», Álava, 1936-1939), *Historia Contemporánea*, 35 (2007).

Unamuno, Miguel de, *El resentimiento trágico de la vida. Notas sobre la revolución y guerra civil españolas*, Madrid, Alianza, 1991.

Vaca de Osma, José Antonio, *La larga guerra de Francisco Franco*, Madrid, Rialp, 1991.

Valls, Ramona y Conrad Vilanou, Conrad, «Joan Tusquets (1901-1998). Intel·lectual i pensador comparatista», *Revista Catalana de Teologia*, XXVII, 1 (2002).

Varela Rendueles, José María, *Rebelión en Sevilla: memorias de su Gobernador rebelde*, Sevilla, Ayuntamiento de Sevilla, 1982.

Vegas Latapié, Eugenio, *El pensamiento político de Calvo Sotelo*, Madrid, Cultura Española, 1941.

—, *Escritos políticos*, Madrid, Cultura Española, 1940.

—, *La frustración en la Victoria. Memorias políticas: 1938-1942*, Madrid, Actas, 1995.

—, *Los caminos del desengaño. Memorias políticas 2: 1936-1938*, Madrid, Giner, 1987.

—, *Memorias políticas: el suicidio de la monarquía y la Segunda República*, Barcelona, Planeta, 1983.

Venegas, José, *Andanzas y recuerdos de España*, Montevideo, Feria del Libro, 1943.

Vidarte, Juan-Simeón, *No queríamos al Rey: testimonio de un socialista español*, Barcelona, Grijalbo, 1977.

—, *Las Cortes Constituyentes de 1931-1933*, Barcelona, Grijalbo, 1976.

—, *Todos fuimos culpables*, México, Fondo de Cultura Económica, 1973.

Vierge, Galo, *Los culpables. Pamplona 1936*, Pamplona, Pamiela, 2009.

Vigón, Jorge, *General Mola (el conspirador)*, Barcelona, AHR, 1957.

Vigueras Roldán, Francisco, *Los «paseados» con Lorca. El maestro cojo y los banderilleros*, Sevilla, Comunicación Social, 2007.

Villa Rodríguez, José, *Andalucía en la Segunda República. Tiempo de Frente Popular (febrero-julio 1936)*, tesis doctoral, Universidad de Sevilla, 2020.

Villarín, Jorge, *Guerra contra el judaísmo en España. Crónicas del frente*, Cádiz, Establecimientos Cerón, 1937.

Vinyes, Ricard, *Irredentas. Las presas políticas y sus hijos en las cárceles franquistas*, Madrid, Temas de Hoy, 2002.

Viñas, Ángel, *¿Quién quiso la guerra civil? Historia de una conspiración*, Barcelona, Crítica, 2019.

—, *Franco, Hitler y el estallido de la guerra civil. Antecedentes y consecuencias*, Madrid, Alianza, 2001.

—, *Guerra, dinero, dictadura: ayuda fascista y autarquía en la España de Franco*, Barcelona, Crítica, 1984.

Volodarsky, Boris, *Stalin's Agent. The Life and Death of Alexander Orlov*, Oxford, Oxford University Press, 2013.

Wake, Jehanne, *Kleinwort Benson: The History of Two Families in Banking*, Nueva York, Oxford University Press, 1997.

Warburg, Sidney, *El dinero de Hitler*, prólogo y ampliaciones históricas de Mauricio Carlavilla, «Mauricio Karl», Madrid, NOS, 1955.

Whitaker, John, «Prelude to World War. A Witness from Spain», *Foreign Affairs*, 21, 1-4 (octubre de 1942-julio de 1943).

—, *We Cannot Escape History*, Nueva York, Macmillan, 1943.

Woolman, David, *Rebels in the Rif: Abd el Krim and the Rif Rebellion*, Stanford (California), Stanford University Press, 1969.

Woolsey, Gamel, *Death's Other Kingdom*, Londres, Longmans, Green, 1939.

Worsley, T. C., *Behind the Battle*, Londres, Robert Hale, 1939.

Ximénez Embún, Juan y Ángel González Palencia, *Catálogo alfabético de los documentos referentes a títulos del Reino y Grandezas de España conservados en la sección de Consejos Suprimidos*, Madrid, Patronato Nacional de Archivos Históricos, 1951.

Ximénez de Sandoval, Felipe, *José Antonio (Biografía apasionada)*, prólogo de Ramón Serrano Suñer, Barcelona, Juventud, 1941.

Ysart, Federico, *España y los judíos en la segunda guerra mundial*, Barcelona, Dopesa, 1973.

Zugazagoitia, Julián, *Guerra y vicisitudes de los españoles*, 2 vols., París, Librería Española, 1968[2].

Agradecimientos

Atrapado en Londres por la pandemia, estoy en deuda con los conocimientos de internet de Estanislao Sánchez Méndez y Stephen Rainbird, con las pesquisas de Claudio Calles en los archivos de Salamanca y con la generosidad de Xabier Irujo al permitirme consultar los papeles de José María Irribaren.

Mis conversaciones con amigos y colegas me han aclarado las ideas sobre numerosos aspectos del libro. Hace casi medio siglo, Herbert Southworth me presentó los escritos tóxicos de Mauricio Carlavilla y la insólita trayectoria de Gonzalo de Aguilera. La correspondencia iniciada hace más de quince años con Eduardo Connolly de Pernas sobre las publicaciones tanto de Carlavilla como de Joan Tusquets ha contribuido al desarrollo de mis opiniones sobre ambos personajes. Chris Ealham, Josep Massot i Muntaner y el difunto Albert Manent me ayudaron a desentrañar algunas de las patrañas urdidas por el padre Tusquets en su vida posterior para ocultar sus nada cristianas actividades. Severiano Delgado Cruz y Luis Castro arrojaron luz sobre el papel que desempeñó José María Pemán en la persecución de los maestros. Los conocimientos excepcionales de Ricardo Robledo sobre la clase terrateniente de Salamanca me proporcionó un contexto inestimable para el capítulo sobre Gonzalo de Aguilera. Estoy en deuda con Emilio Majuelo y Miguel Sánchez-Ostiz por sus investigaciones sobre la represión en Navarra durante el tiempo en que Mola se ocupó de la guerra en el Norte. Rúben Serém, Francisco Espinosa Maestre y José María García Márquez han acudido regularmente en mi ayuda con respecto al papel de Queipo en la represión en Sevilla y en toda Andalucía y Extremadura. Juan Miguel Baquero y José Villa Rodríguez me han ayudado a comprender el turbio mundo de los negocios inmobiliarios de Queipo de Llanos.

Estoy en deuda con mis amigos Kathryn Phillips-Miles, Simon Deefholts, Linda Palfreeman y Lala Isla por su amabilidad a la hora de leer el texto, pulir su estilo y ayudarme a traducir la poesía y la prosa más artificiosas y rebuscadas de José María Pemán y Ernesto Giménez Caballero.

Dedico el libro a Francisco Espinosa Maestre y Ángel Viñas.

Índice alfabético

caída de, 24, 194
complot contra, 52, 64, 295
muerte de, 166, 342
Alhucemas, desembarco de, 227
Ali Gaurri, 213
Allanegui Lusarreta, Manuel, 309-310
Alonso Vega, Camilo, 165, 166
Álvarez, Ginés, 191
Álvarez de Toledo, familia, 192
Álvarez Mendizábal, Juan de Dios, 80, 162
Álvarez-Rementería, Alberto, 306
Álvarez-Rementería, Eduardo, 306, 307
Álvarez Ruiz, Francisca Magdalena, 183, 185, 186, 187, 188, 189, 190, 191, 192, 205, 206, 214, 220, 222
Amanecer, diario, 113
Amistad Judeo-Cristiana, asociación, 374, 375
anarquismo, 51, 63, 64, 77
Ansaldo, Juan Antonio, 57, 246, 250
Antikomintern, 31
antisemitismo, 18, 19, 20, 21, 23, 30, 33, 34, 35, 36, 43, 44, 45, 61, 82, 89, 96, 113, 126, 157, 158, 333, 334, 348, 349, 351, 352, 353, 356, 358, 359, 360, 369, 370, 371, 373, 374, 375, 376, *véase también* judíos
Antonio Lázaro, barco mercante, 258
Antoniutti, Ildebrando, 118
Aranda, Antonio, 148
Archivo de la Corona de Aragón, 119
Arias Paz, Manuel, 254, 280, 281
Aristóteles, 215

Armas, Laureano de, 35
Arrarás, Joaquín, 282, 304
Arriba, diario, 21, 367, 369
Artero, José, 217, 218
Asamblea General de las Naciones Unidas, 350, 367
Asamblea Nacional Consultiva, 128, 169
Ascaso, Francisco, 48
Asensio Cabanillas, Carlos, 363
Asociación Americana de Psiquiatría, 215
Asociación Antimasónica Internacional, 96, 121
Asociación Católica Nacional de Propagandistas (ACNP), 127
Asociación de Memoria Histórica de Salamanca, 171
Asociación Militar Republicana, 294
Asociación Sacerdotal San Antonio María Claret, 74
Aspe Baamonde, Emilio de, 348
Associated Press, 176
Ateneo de Madrid, 229, 232
Aubert, Théodore, 23
Auschwitz, campo de exterminio, 365
Aviazione Legionaria, 276
Ayala, Ángel, 127
Azaña, Manuel, 26, 28, 64, 144, 183, 208, 232, 238, 244, 299, 300, 302
homosexualidad, 54, 77
intento de asesinato, 65, 66
Azcona, José María, 249
Aznar, Agustín, 69

Bacall, Lauren, 210
Bach, Johann Sebastian, 180

«Para viajar lejos no hay mejor nave que un libro».

EMILY DICKINSON

Gracias por tu lectura de este libro.

En **penguinlibros.club** encontrarás las mejores
recomendaciones de lectura.

Únete a nuestra comunidad y viaja con nosotros.

penguinlibros.club

Penguin
Random House
Grupo Editorial

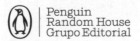 penguinlibros